中国烟草
CHINA TOBACCO

郴州市烟草商业志

（2003—2020）

郴州市烟草商业志编纂委员会 编

方志出版社
Publishing House of Local Records

图书在版编目（CIP）数据

郴州市烟草商业志：2003—2020 / 郴州市烟草商业志编纂委员会编 .—北京：方志出版社，2022.8

ISBN 978-7-5144-5238-9

Ⅰ.①郴… Ⅱ.①郴… Ⅲ.①烟草工业—概况—郴州—2003-2020 Ⅳ.①F426.89

中国版本图书馆 CIP 数据核字（2022）第 155663 号

责任编辑：何明忠
责任校对：刘玉霞
责任印制：梅中英
出 版 者：方志出版社
地　　址：北京市朝阳区潘家园东里 9 号（国家方志馆 4 层）
邮　　编：100021
网　　址：http://www.zgfzcb.cn
发　　行：方志出版社图书营销中心（010-67110500）
印　　刷：郴州市天虹彩色印刷有限责任公司
开　　本：889 毫米 ×1194 毫米　1/16
印　　张：28.75
字　　数：921 千字
版　　次：2022 年 8 月第 1 版
印　　次：2022 年 8 月第 1 次印刷
定　　价：223.00 元

《郴州市烟草商业志》编纂委员会

主　　任：高志强

副 主 任：阳关云　张伟军　李武进　曾小晖　王建平
　　　　　曹圣金

委　　员：彭海峰　杨　辉　贺　强　张小军　刘红日
　　　　　李祝云　阳正林　李宏光　李晓燕　欧阳诚军
　　　　　陈小康　刘卫华　唐跃进　杨士卿　齐　铭
　　　　　杨淑琼　曹桂华　曾广庆　曹志辉　苏　伟
　　　　　彭　智　邓小强　罗传龙　何爱国　欧阳资春
　　　　　陈瑞忠　柳　超　罗　茜　林述平　何泽仁

修志办公室

主　　任：彭海峰

副 主 任：彭　智

成　　员：周路阔　许淘莎　廖　理　袁奇志

编纂人员

主　　编：何田松

执行主编：彭　智

编写执笔：何田松　彭　智　邹昌阶　胡　潇

评审人员

湖南省烟草专卖局（公司）：肖和元

郴州市地方志编纂室：张让前　李小如

郴州市人民政府烟草工作办公室：李承爱

郴州市烟草专卖局（公司）：

左　虹	龙四坤	朱伟文	刘　旭	许京文	李　丹	李友文
李丽娟	吴亚初	何　腾	张　可	张建文	罗　芸	周义云
周路阔	徐　锋	唐　堃	黄文波	曾柏春	雷忠东	戴　培

湖南烟叶复烤有限公司：胡战卫

郴州市农业科学研究所烟草研究室：罗经仁

各县（市）烟草专卖局（分公司）：陈　焘　李　涛　周诗敏　陆　准　周灵辉　周小飞　谢　维　袁林飞　黄舒洁

主要资料与照片提供者

王利臣	邓春明	朱伟文	刘思军	许京文	李　珍	李　涛
李永刚	李丽娟	李祝英	肖依依	何丽妃	何纯会	何湘平
余金龙	张　赛	陆　准	陈　焘	陈　斌	周小飞	周丽彬
胡　琦	胡丽华	胡镕东	禹文舜	袁奇志	郭远雄	唐　娟
黄德文	曹永新	彭　良	谢　岚	谢　维	雷忠东	谭金花

图片编辑

何田松　彭　智　胡　潇

序 言

盛世修志，既是优良传统，更是使命担当。功在当下，利在长远，惠泽千秋。值此中华民族从站起来到富起来，再到开启强起来的新征程，中国共产党建党一百周年暨脱贫攻坚战取得圆满成功，我国实现全面小康之际，《郴州市烟草商业志（2003—2020）》终于付梓出版。这是郴州市烟草商业系统文化软实力建设的又一硕果，值得全市烟草商业系统共同庆贺。

此次出版的志书，是对2003年前所编纂的《郴州市烟草志》的续修。该志书的编修，坚持以马克思列宁主义、毛泽东思想、邓小平理论、"三个代表"重要思想、科学发展观、习近平新时代中国特色社会主义思想为指导，坚持辩证唯物主义和历史唯物主义的立场、观点和方法，严守"尊重历史，承前启后，详今略古"的原则，用规范简洁、通俗易懂的语言，实事求是地简要记载了郴州市烟草商业系统2003—2020年的发展历史和成就。该志书共分为7篇33章108节，完整准确全面展示了郴州市烟草系统十八年的烤烟产销、卷烟购销、专卖管理、烟草科技、管理创新、烟政管理、党的建设与企业文化建设的方方面面，以及做出突出贡献的人物、获得市（厅）级以上的荣誉。通过对各部门原始资料的收集整理，以及对档案室翔实史料的查阅，用述、记、志、传、图、表、录等体裁，客观地再现了郴州市烟草商业系统在这十八年中对新情况、新问题及解决问题而产生的新思路、新举措，真实描述了一步一个脚印的发展历程，展现了郴州市烟草专卖局（公司）从亏损到赢利、从普通到优秀、从大而不强到强而壮实的波澜壮阔的历史画卷。

郴州市烟草专卖局（公司）从1984年成立以来，经历与郴州卷烟厂合并成立湘南烟草（集团）公司，后又工商分家、解散集团，以及下属县级公司法人资格取消、天泰烟叶复烤有限责任公司剥离出去等机构改革，至今已有近40年的历史。2003年是原湘南烟草（集团）公司解散、郴州市烟草公司恢复运行后的第二年，当时全市烟草商业系统背负着沉重的历史亏损包袱，负债上亿元，烟叶年经营规模仅2.50万吨，卷烟年销量仅12.19万箱，既有大量不良资产，生产经营管理基础设施又严重滞后，资产贡献率低；同时，干部职工队伍严重超编超员，平均文化水平偏低，人均劳效不高。如何尽快实现扭亏为盈和可持续发展，成为全市烟草商业系统的严峻考验。

郴州烟草商业系统在之后的发展中，坚持深化改革、规范经营、技术创新、管理创新，逐步建立、完善和加强目标管理、预算管理、绩效管理、精益管理，重整行装强基固本，自强厚德凝心聚力，企业迅速扭亏增盈、摆脱困境，并乘势而上，"两烟"经营规模逐年扩大，年纳税利连创新高，呈现出良好发展势头。中共十八大以后，在习近平新时代中国特色社会主义思想的指导下，在国家局、省局的正确领导下，以党建为引领，以"国家利益至上、消费者利益至上"的行业共同价值观为指导，攻坚克难，稳中求进，担当作为，砥砺奋进。全市烟草商业系统在基层党建、"两烟"经营、专卖执法、企业管理、文明建设等各方面都取得了傲人佳绩。至2020年，烟叶年生产经营规模由2003年的2.50万吨增长到5万吨，卷烟年经营规模由2003年的12.19万箱增长到17.17万箱，“两烟”销售额由2003年的20.80亿元增长到83.50亿元，税利由2003年的1.52亿元增长到22.10亿元。十八年里，共向国家和地方缴纳税利215.66亿元，为国家和本地建设做出了巨大贡献；全市烟草商业系统经过四届市局（公司）党组和领导班子的坚强领导和潜心谋划，以及全体干部职工的奋力拼搏，发生脱胎换骨、翻天覆地的变化！

修志是为资治、教化和存史。该志书，对于“以烟为生、精于此道”的全体郴烟人而言，可以此志为鉴，总结经验，吸取教训，加油充电，继续奋进；对于陆续进入烟草行业的新员工而言，这就是一部快速了解行业历史和特点的好教材，有利于快速融入行业，熟悉业务流程，成长成才；对存史价值而言，该志书既是原《郴州市烟草志》不可或缺的组成部分，更是郴州地方志因篇幅所限对烟草记述不详尽的重要补充，为后世保留了珍贵翔实的资料信息，成一方之信史，效用巨大。

“以铜为镜，可以正衣冠；以史为鉴，可以知兴替；以人为镜，可以明得失。”历史就是最好的教科书，读史明志，知古鉴今，开卷有益。希望全市系统干部职工以志为鉴，潜心做事，低调做人，践行“感恩、传承、创新、卓越”的郴州烟草企业文化，打造“严格规范、富有效率、充满活力”的郴州烟草企业，推动高质量发展持续进位、高效能治理不断进步，造就高素质队伍积极进取。为国家增税、烟农和零售户增收、消费者满意、企业增效，郴烟人要永远拼搏，加大奉献。

最后，对于在编纂《郴州市烟草商业志（2003—2020）》这一艰巨系统工程中付出辛勤汗水的同事们，尤其是对修志办为此殚精竭虑、呕心沥血的编纂人员致以衷心的感谢和诚挚的敬意！对该志书从编纂到出版给予关心、帮助和指导的各界人士，特别是省烟草学会及郴州市地方志编纂室的领导和专家们，表示诚挚的谢意！

是为序。

郴州市烟草专卖局（公司） 党组书记
局长、经理

2022年2月

凡 例

一、本志以马克思列宁主义、毛泽东思想、邓小平理论、“三个代表”重要思想、科学发展观、习近平新时代中国特色社会主义思想为指导，坚持辩证唯物主义和历史唯物主义的立场、观点和方法，本着“尊重历史，承前启后，详今略古”的原则，全面真实地反映郴州市烟草行政与商业系统的历史和现状，突出特色，力争思想性、科学性和资料性相统一。

二、本志为《郴州市烟草志》的续志（缺烟草工业部分），记述的时间断限，上起2003年，下至2020年年末。个别史实为交代发生背景，保持叙事连贯性，简要追溯。也有个别史实简要前溯是出于对前志的补遗。

三、记述内容为郴州境内烟草行政与商业系统；对断限期内划出单位，记述至划出当年。

四、记述地域原则上以郴州市现辖地域为限。

五、本志基本框架由篇、章、节、目四个层次构成，采用述、记、志、传、图、表、录等体裁。前冠分类主图，直观历史与现状重要场景。“概述”提要介绍期内事物发展概貌，揭示兴衰起伏因果、客观规律。“大事记”编年记载大事、新事、要事。专志为志书主体，分门别类，记述事物的历史和现状。部分插图佐证当期情景。表格分插于相关章节，以翔实的数据支撑志书正文。人物传记和人物简介仅限记述期内县处级职务人物和省部级及以上授奖人物。名录记载厅级以上机构授奖的先进人物和高级技术职称人物；集体荣誉记载市（厅）级以上机构授予的重要奖项。末设附录，选录具有重要历史意义的有关法规、政策文件和具有重要参考价值的资料。

六、本志行文采用现代语体文和第三人称记叙，力求文风严谨、朴实、简洁、流畅、规范。

七、本志遵循“事以类从、类为一志”和“横分门类、纵述始末”的原则编写。记述方法，详记起始、变化和现状，体现行业特色；叙事力求实事求是、述而不论，个别必要的议论不空泛；交叉事物此详彼略，详略互补。

八、本志涉及的组织机构、职衔、地点、时政术语等，均采用当时称谓，首次出现为全称，后以简称。对人直书其名，不冠虚衔和褒贬之词，必须说明身份的，首次出现时在姓名前冠以职务（职称）。

九、本志所用数据和资料，主要源自郴州市烟草专卖局（公司）及各县（市、区）烟草专卖局（分公司）档案室，其他各相关单位的历史档案，相关部门提供的资料、年鉴，以及现场采访实况资料；少量参照相关史志、书刊、信息报道和知情人的口碑资料。

十、本志计量单位，按1984年国务院《关于在我国统一实行法定计量单位的命令》执行；数字书写，执行中华人民共和国国家质量监督检验检疫总局、中国国家标准化管理委员会2011年发布的《出版物上数字用法》（GB/T15835—2011）。

上级领导调研、考察

▲2012年8月，湖南省委副书记、省长徐守盛（左二）到桂阳县调研烟草工作

▲2016年1月20日，湖南省委副书记孙金龙（前右二）到桂阳县调研烟草工作

▲2018年6月，湖南省委副书记乌兰（左三）参观“福城金叶”展厅

▲2011年6月21—23日，湖南省委常委、副省长于来山出席在郴州举行的全国烟草现代农业现场会

▲2011年12月7—8日，国家局局长姜成康（左一）到桂阳县鸿运合作社考察

▲2014年5月9日，国家局局长凌成兴（左三）到郴州调研

▲2006年2月18日，国家局副局长何泽华（前右六）到郴州调研

▲2014年5月，国家局副局长杨培森（前右二）到桂阳县调研

上级领导调研、考察

▲2015年11月，国家局副局长段铁力（右三）走访郴州零售户

▲2017年6月，中国烟叶公司总经理陈江华（右三）到郴州调研

▲2005年4月1日，省局（公司）局长、总经理杨先杰（中）考察桂阳县烟水配套工程

▲2017年8月17日，省局（公司）局长、总经理樊剑峰（前右二）到郴州调研

▲2021年2月，省局（公司）局长、总经理孔祥统（左二）到郴州调研

▲2012年3月，湖南省政府省长助理袁建尧（前左二）考察江源水库建设情况

▲2011年4月，郴州市委书记戴道晋（左三）考察嘉禾县普满精准农业示范区

▲2019年8月，郴州市委书记易鹏飞（前右二）到郴州烟草调研

上级领导调研、考察

▲2016年8月，郴州市市长瞿海（右三）到桂阳县调研烟叶收购工作

▲2020年2月，郴州市市长刘志仁（左二）到郴州烟草调研

▲2021年6月，郴州市代市长吴巨培（左三）到郴州烟草调研

▲2017年6月19日，郴州市委副书记陈雪楚（左二）调研烟叶收购工作

▲2019年9月，郴州市副市长陈荣伟（右二）到嘉禾县调研烟叶收购工作

▲2016年2月，郴州市副市长陈海平（前左一）调研烟叶生产工作

▲2016年5月，郴州市副市长雷晓达（前右二）调研新物流中心项目建设工作

▲2014年8月26日，中国烟叶公司副总经理吴洪田（前中）、省局（公司）总农艺师赵松义（左一）到郴州调研

上级领导调研、考察

▲2019年4月，中国烟叶公司副总经理刘建利（左五）到郴州调研

▲2016年3月，国家局水源办副主任吴践志（左二）到郴州调研

▲2008年10月17日，省局（公司）副局长张志刚（中）到郴州复烤厂调研

▲2018年12月29日，省局（公司）副局长李民灯（右二）到郴州调研

▲2019年7月16日，省局（公司）副总经理徐文军（前左三）到郴州调研

▲2019年1月，省局（公司）副总经理谢建宏（左三）到资兴市调研卷烟营销工作

▲2018年4月，省局（公司）副总经理黄国联（右二）、总农艺师陆中山（右一）到郴州调研

▲2019年1月，省局（公司）纪检组组长代伟（左二）到资兴市参加全省重点工作推进会

主要基础设施

▲郴州市局（公司）办公楼

▲桂阳县局（分公司）办公楼

▲嘉禾县局（分公司）办公楼

▲安仁县局（分公司）办公楼

▲永兴县局（分公司）办公楼

▲宜章县局（分公司）办公楼

主要基础设施

▲临武县局（分公司）办公楼

▲资兴市局（分公司）办公楼

▲汝城县局（分公司）办公楼

▲桂东县局（分公司）办公楼

▲桂东县局（分公司）物流中转站

▲郴州市烟叶购销公司办公楼

▲郴州市公司物流配送中心

▲郴州市局（公司）鸡公石中心仓库

工商协同与专家指导

▲订单生产工商衔接会（2013年度）

▲2016年6月，福城金叶品牌建设座谈会

▲全国十余省卷烟工业企业在郴州长期联办烟叶基地。图为广东中烟驻点人员查看烟叶生产情况

▲2018年7月，省局（公司）局长、总经理樊剑峰（右四），江苏中烟总经理曾献兵（右五）到桂阳县调研烟叶生产工作

▲2016年6月1日，云南省局（公司）调研组到郴州调研

▲2017年3月20日，河南中烟领导（左）到郴州调研

▲2017年7月18日，江西中烟副总经理赵明强（右二）到郴州调研

▲2017年10月27日，山东中烟领导（左）到郴州调研

烟叶生产经营

▲2018年3月，广西中烟与郴州市局（公司）座谈

▲2019年5月15日，广东中烟领导（左）到郴州调研

▲2017年1月，江西中烟与郴州市局（公司）业务洽谈会

▲2020年7月7日，江苏中烟副总经理王海龙（前右二）、湖南省局（公司）副总经理徐文军（左三）到郴州调研

▲2020年7月15日，上海烟草集团副总经理唐煦（右二）、湖南省局（公司）总农艺师陆中山（前右三）到郴州调研

▲2020年7月27日，怀化市委常委、常务副市长张扬平（前右三）率团到郴州考察烟叶生产工作

▲2018年5月23日，全国知名烟草专家罗登山（右二）、刘国顺（右三）到郴州考察指导

▲2016年6月，湖南农业大学教授周冀衡（右二）到郴州参加浓香品牌推介现场会

烟基建设

▲投入巨资，为全市基本烟田配套建设烟路、水渠。图为嘉禾县普满乡烟基建设场景

▲全市烟区普遍建成大棚育苗工场。图为北湖区华塘镇招旅村育苗工场

▲全市新建、改建密集式智能控制烤房2万余座。图为桂阳县仁义镇烤房群

▲全市基本烟田普遍开展土地整理。图为嘉禾县普满乡土地整理现场

▲全市烟区普遍开展土壤改良。图为桂阳县某村土地整理、火土灰施用、稻草还田一角

▲烟草援建的五座大中型水库工程之一：桂阳县桃源水库

▲烟草援建的五座大中型水库工程之一：北湖区江源水库

▲烟草援建的五座大中型水库工程之一：永兴县黄口堰水库

烟叶生产经营

栽培与烤制

▲郴州市政府每年召开烟叶工作会议，部署全市烟叶生产收购工作

▲烟草农资供应到站、到村

▲烟田机械化翻耕

▲专业化育苗——剪叶

▲自2013年起，推行水、旱两段式假植育苗

▲地膜覆盖栽培

▲稻草覆盖栽培

▲中耕追肥培土

烟叶生产经营

▲自2015年起，推行蚜茧蜂、赤眼蜂生物防治，年均放蜂4亿只

▲自2017年起，试行无人机植保

▲烟叶丰收景象

▲烟区大田

▲烟叶落黄，成熟采收

▲烟叶烘烤——上房

▲烟叶烘烤——烤后烟叶

▲郴州市政府对优秀职业烟农予以表彰奖励

烟叶生产经营

收购流程

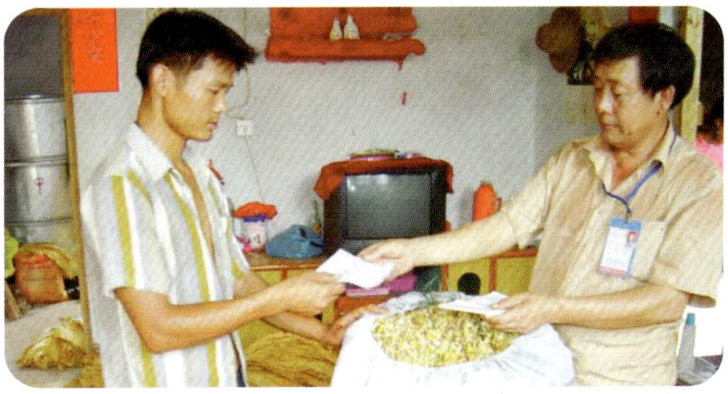

▲入户预检

▲自2012年起，推行的在站预检专业化分级

▲烟站专栏公示收购政策和纪律

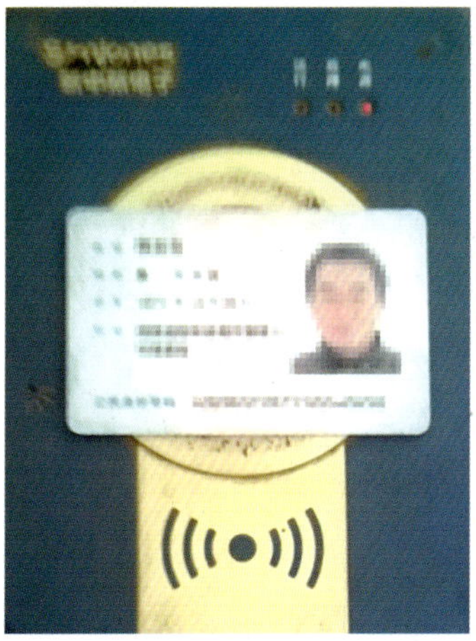

◀烟农刷身份证，录入其交烟合同信息，凭证交烟

▲烟农按精准预约，将已预检烟叶送入初检室

▲在初检室，由初检员进行初检后，将烟叶送入封闭室

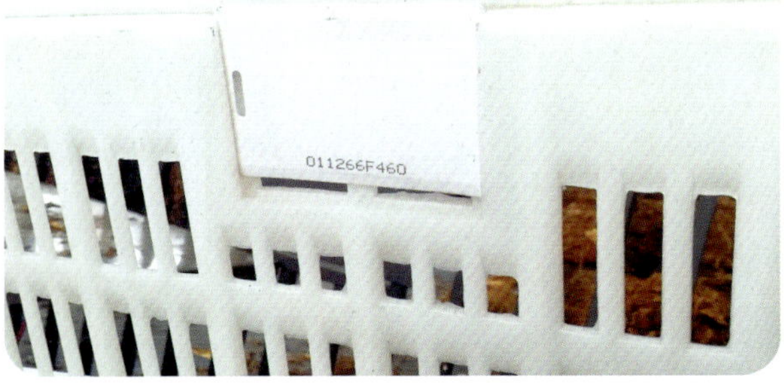

▲装烟筐均有编号和电子芯片，由流水线扫描仪读取自动编号

▲封闭室验级员对烟叶定级，取等级牌置于筐内，并按“定级”键，通知某筐为某级，该信息录入电脑

▲烟叶从封闭室输出，过磅，数据录入电脑

▲所收散烟分等级堆放，等待打包

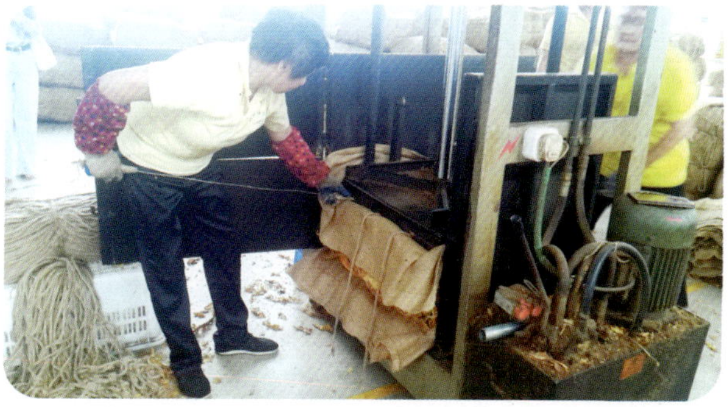

▲以液压打包机进行打包

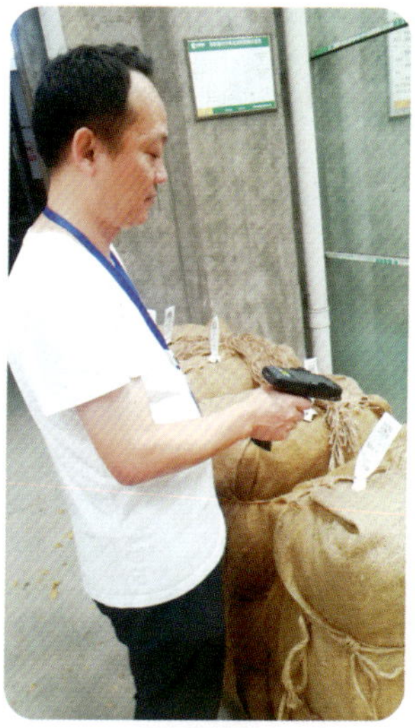

▲烟包挂二维码标签，可进行质量追溯。接到调拨令后，扫描烟包出库

▲站长对各线收购现场和进度数据实时跟踪监控，烟草各级部门均可远程实时抽查

▲以链式装卸机装车，送往市公司中心库

▲收购数据传输到开票室，对烟农予以电子结算

▲市公司中心库对各站烟叶进行第二次评价验收，之后完成工商交接

烟叶复烤

▲2002年的挂杆复烤作业

▲自2003年起，全面淘汰挂杆复烤工艺，全部采用打叶复烤工艺。图为解包、摆把上打叶复烤流水线作业

▲新复烤厂A、B两条生产线

▲打叶复烤作业中

▲复烤质量现场抽查检测

▲2008年的作业现场监控

▲液压成包

▲片烟包装成品

购进与分销

▲通过中国烟草电子商务系统与各卷烟厂家洽谈、签订购进合同

▲工商协同座谈会

▲工商联谊活动

▲工商联手培育卷烟品牌。图为2017年11月云烟新品推介会

▲2004—2005年全市系统电话集中访销（在市公司八楼）

▲2006年后的各单位电话访销现场

▲自2010年8月起，全市卷烟零售户可在网上零售终端信息系统订货。图为推广培训

卷烟营销

▲自2010年11月起，全市卷烟零售户可用手机订货。图为客户经理指导零售户手机订货

▲卷烟零售户培训

▲客户经理定期到零售店进行现场指导

▲零售户诚信互助小组

▲“福城金网”零售门店

▲自营“636”烟酒连锁店

物流配送

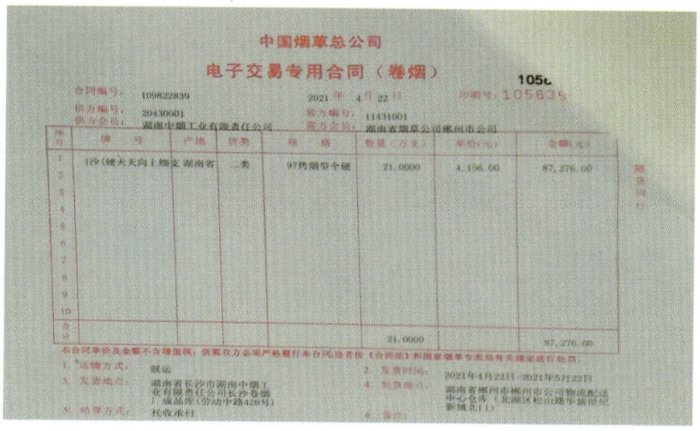
中国烟草总公司
电子交易专用合同（卷烟）
105835
109822839　2021年4月22日
20430001　11431001
湖南中烟工业有限责任公司　湖南省烟草公司郴州市公司
1　湖南省　二类　97烤烟型全硬　21.0000　4,156.00　87,276.00
21.0000　87,276.00
联运　2021年4月22日-2021年5月22日
托收承付

▲到货凭电子交易合同、工业调拨单、准运证进行验收

▲入库货物在皮带机上被对射仪点清数量，准确无误

▲扫码入库，品种、厂家等信息自动录入电脑（上方为扫描器）

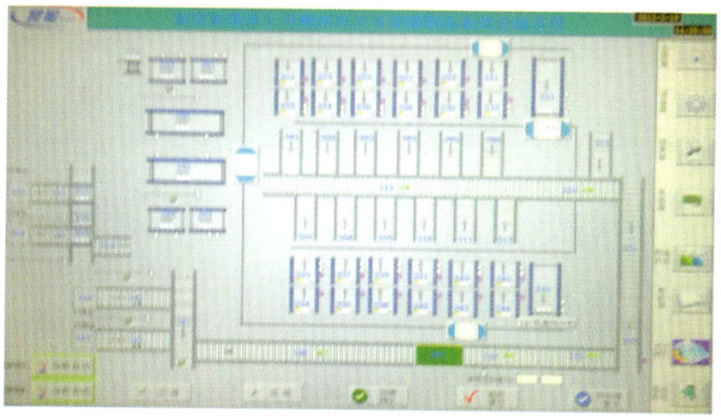

▲高架库信息系统自动显示货架空位、可存放位置

◀以手工把烟箱码在托盘上，准备入高架库

▲卷烟高架库，以穿梭机按电脑指令自动存货或取货

▲高架库按电脑指令（营销中心品种、数量汇总单）自动提货出库

卷烟营销

▲标准条烟以机械手臂抓取件烟，上出库流水线输送到分拣线

▲异型卷烟用叉车送到异型烟分拣线

▲拆箱，将条烟放入分拣储货柜

▲标准条烟按全市各零售户订单分拣

▲异型卷烟分拣

▲多线分拣的条烟合并成一路，按组进入打码、打包工段

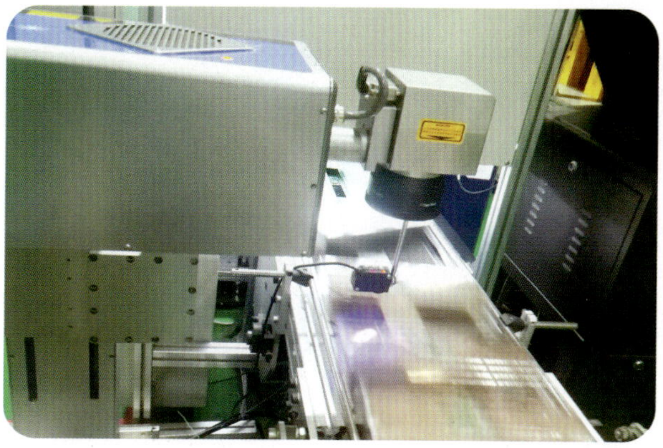

▲条烟在流水线上进行智能识别精准激光打码

▲条烟码印

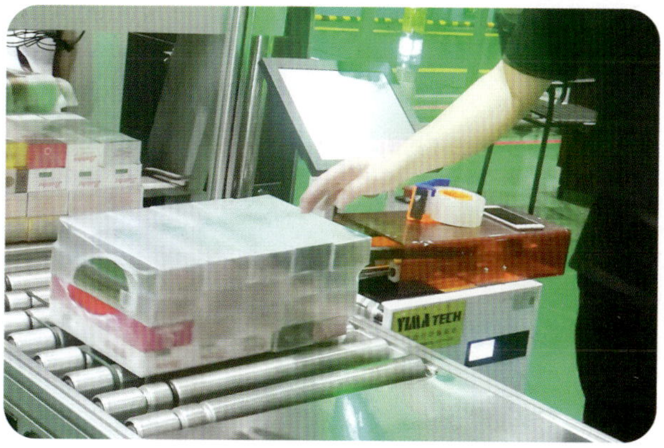

▲按零售户订单，分户打包

▲条烟打包后，按户贴标，分县码盘

▲分县市将各零售户已打包喷码的卷烟装入集装箱

▲以叉车将集装箱放置于牵引车上，准备运往各县市

专卖管理

▲郴州市委、市政府每年部署“两烟”市场综合治理工作，图为2020年全市“两烟”市场综合治理工作联席会议

▲郴州市政府每年召开“两烟”工作会议

▲2009年12月8日，湘粤两省“两烟”市场整治工作协作座谈会

▲2012年12月，全市卷烟打假破网推进现场会

▲市公安局烟草执法大队随时配合缉私打假

▲市、县烟草专卖局每年参加“3·15”打假维权宣传咨询活动

▲专卖管理人员对“涉假”投诉及时处置

▲根据举报线索，与交警合作，精准拦截卷烟走私车辆

▲打假“治异”行动查获非法渠道进货专卖品

▲查获假烟仓库

▲查获并捣毁卷烟制假窝点

▲查获并捣毁非法制丝窝点

▲销毁假冒伪劣卷烟现场

▲对淘汰的烟机设备进行切割销毁（天泰公司）

▲全市烟草系统严格执行国家烟草专卖内部监管法令，规范经营。图为2020年7月22日全市专卖内管暨真烟异常流动治理工作视频会

▲新复烤厂将烟灰烟末制成烟灰棒用作锅炉燃料

文明建设

党群活动

▲市局（公司）党建领导小组工作会议

▲市局（公司）党组中心组学习

▲“不忘初心、牢记使命”主题教育专题研讨交流

▲2016年1月，市局（公司）党组“三严三实”专题民主生活会情况通报会

▲党支部活动考核现场

▲在全市系统持续开展党团员和员工争先创优活动。图为“十佳员工”授奖现场

▲定期召开职代会，重大决策和涉及员工切身利益事项实行民主管理

▲共青团依照章程开展活动。图为2016年组织的青年联谊活动

改革花絮

▲2010年5月，市局（公司）办事公开民主管理体系文件发布会

▲中层岗位竞聘会

▲中高级专业技术职位竞聘会

▲年度领导干部述职述廉及民主测评会议

▲全市系统三项专题检查治理工作视频会

▲精益管理工作推进会

文明建设

教育培训

▲基层站远程教育室（仁义站）

▲基层站阅览室（仁义站）

▲烟叶生产技术现场培训

▲全市系统每年开展全员培训。图为2014年度基层管理人员培训班现场

▲2018年7月，“名师铸才”启动会暨拜师仪式

▲2019年4月，烟叶分级师资培训

▲卷烟营销技能鉴定理论考试现场（2017年度）

▲全市系统定期组织劳动技能鉴定和技能竞赛。图为2019年6月，在郴州举办的全国烟草行业首届烟叶调制职业技能竞赛现场

社会共建

▲2020年6月，市局（公司）安委会工作会议

▲2015年2月，市局（公司）党组成员分别参加老同志新春团拜会并走访慰问老干部及困难职工

▲2020年5月，市局（公司）信访工作专题研讨会

▲2019年11月，普法教育及法律知识竞赛

▲全市系统长期开展文明教育。图为2019年7月全市系统“感恩、奉献、推崇、谦让”青年论坛现场

▲全市系统长期参加社会助学、助残、扶贫活动。图为2019年4月市局局长高志强（左二）到汝城县延寿乡扶贫

▲2019年8月，市局（公司）到市福利院资助残疾儿童

▲2021年5月，市局（公司）对口帮扶村赠送锦旗

文明建设

文化与宣传活动

▲重大节庆日的升国旗活动

▲2009年9月27日，全市系统庆祝新中国成立60周年歌咏比赛

▲2006年11月，全市系统“烟草企业文化”知识竞赛

▲2009年2月，市局（公司）新春游园联欢活动

▲2019年市局“重温党史国史，铭记初心使命”经典诵读活动

▲2020年市局机关工会“战疫情·迎五一”健步行活动

▲2020年7月，全市系统健身抗疫乒羽运动会

▲“感恩奋进新时代　争做最美郴烟人”活动

▲全国精神文明建设工作先进单位

▲全国文明单位

▲全国工人先锋号

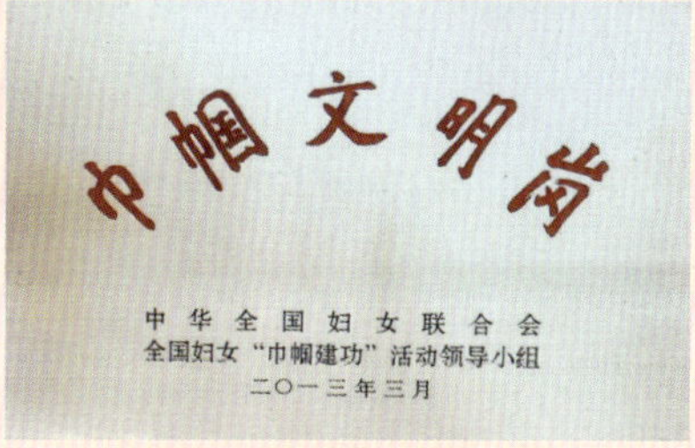

▲全国巾帼文明岗

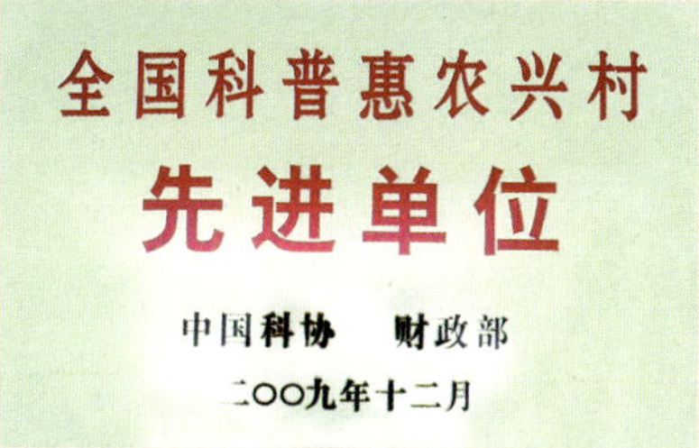

▲全国科普惠农兴村先进单位

▲全国烟叶工作先进单位

▲全国烟基建设先进单位

▲国家烟草优质烟叶生产科技示范基地

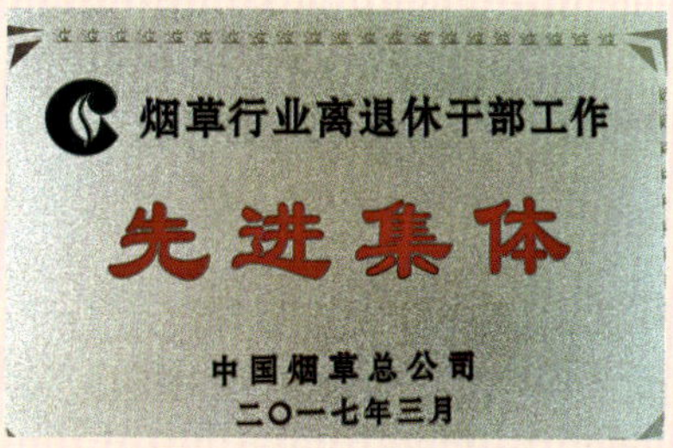

▲行业离退休干部工作先进集体

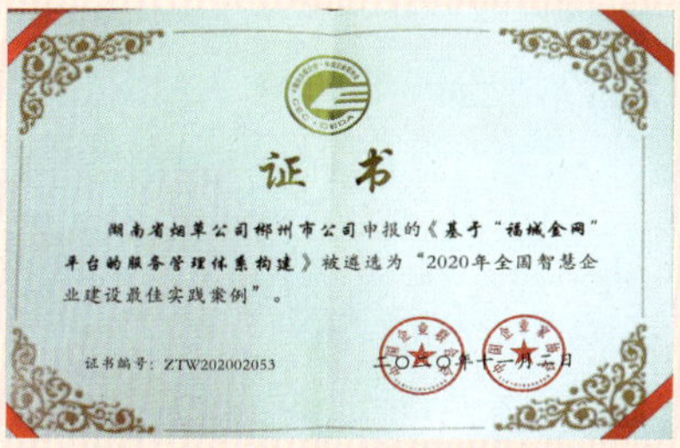

▲全国智慧企业建设最佳实践案例

▲2009年度全省纳税50强企业

▲全省烟草系统工作业绩考核一等奖

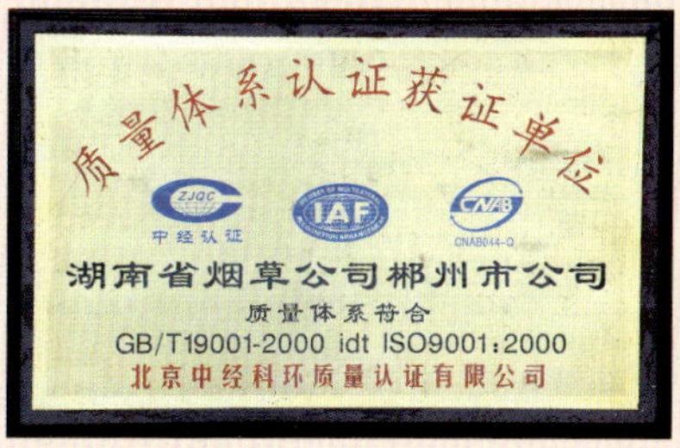

▲质量体系认证获证单位

▲省级文明卫生单位

▲2011年12月，“桂阳烟叶”牌烤烟被认定为“湖南名牌”产品

修志历程

▲2020年7月2日，修志工作启动会

▲2020年7月15—16日，举办修志业务培训班

▲2022年1月12日，志书评审会现场

▲编委会领导、评审专家与修志办人员合影。
前排左起：曹圣金、李承爱、李武进、曹健、肖和元、高志强、张让前、罗经仁、阳关云、刘红日
后排左起：周路阔、彭海峰、胡战卫、彭智、何田松、邹昌阶、许淘莎、胡潇、袁奇志

目 录

概 述

郴州市烟草商业系统（以下简称全市系统）2003年至2020年期间，辖郴州市烟草专卖局（烟草公司）[以下简称市局（公司）]本级、9个县级烟草专卖局（分公司）（曾称公司、营销部）[以下简称县局（分公司）]，遵照1991年6月29日第七届全国人民代表大会常务委员会第二十次会议通过的《中华人民共和国烟草专卖法》、国务院1997年7月3日颁布的《中华人民共和国烟草专卖法实施条例》等法律法规，负责郴州市2区、9县（市）的烟叶生产经营、卷烟营销、"两烟"市场管理。在国家烟草专卖局（以下简称国家局）、中国烟草总公司（以下简称总公司）、湖南省烟草专卖局（公司）[以下简称省局（公司）]、中共郴州市委员会（以下简称市委）、郴州市人民政府（以下简称市政府）的共同领导下，秉承"国家利益至上、消费者利益至上"的行业共同价值观，深化改革，守正创新，锐意进取，取得新的不凡成就。

一、烟叶产销

郴州境内属亚热带季风性湿润气候区，雨量充沛，光照较足，无霜期长，土地肥沃，燃料、电能充足，交通发达，适宜种植烟叶，为20世纪90年代总公司区划的全国六大烟叶较适宜种植区之一，2009年被总公司定为全国四大浓香型烟叶生产基地之一，2017年6月被总公司划为全国八大香型烤烟的"南岭丘陵生态区—焦甜醇甜香型"烟叶区域。在十八年间，郴州烟叶领域发生四大变化：

——烟叶生产严守"双控"，规模逐年做大。自2003年起，郴州市贯彻国家烟叶生产"双控"（控制种植面积和收购总量）政策，以国、省年度计划为核心指标，严格管理生产布局，实施订单生产、收购，每年出台一系列烟叶生产扶持政策，在产前与烟农签订合同，在产中实施技术指导和跟踪服务，每年均顺利完成国家计划。由于所产烟叶质量好，总公司、省公司连年安排郴州开展优质烟叶开发工作，自2005年起，连年安排郴州实施"部分可替代进口"烟叶生产。从2010年起，开启特色优质烟叶生产。郴州的烟叶质量和产品规模，吸引省内外多家厂商到郴州联办烟叶基地，2003年为4家，2004年为9家，2005年达14家。在2008年正式推行"基地单元"机制后，各省中烟公司或烟草集团到郴州联办基地单元的长期维持在17～19家。郴州烟叶受到各地厂商的长期信赖和行业上级赞许，上级下达的烟叶生产收购计划指标也逐年向郴州倾斜。其中，收购计划指标2003年为2.55万吨，2004年为3.10万吨，2005年为4.05万吨（占全省30.2%），2009年为4.10万吨，2011年为5.15万吨；2012—2013年增加到6万吨，占全省总产量的三分之一；2014—2020年维持在5万～5.5万吨，占全省总产量的30%以上，长期稳居全省烟叶产量第一位。

——烟基建设投入巨大，可持续发展后劲十足。自2004年起，遵照湖南省政府《关于基本烟田规划建设与保护实施意见》，郴州市确定基本烟田规模为56万亩（2005年省烟草公司修正为52万亩），占全省基本烟田四分之一。市、县两级人大从立法高度制定和颁布《基本烟田保护制度》，基本烟田保护被列入法治轨道。基本烟田逐级落实到乡镇、村组、丘块，并建立档案，立牌公示，严格保护。全市大规模的烟叶生产基础设施建设（以下简称烟基建设）也由此拉开序幕。烟基建设项目主要包括烟水配套（水泥排灌渠、小水池、小塘坝）、烟路配套（烟田机耕道，分水泥、泥石混合两种）、水源（水库）建设、育苗工场（供苗面积2000亩以上的棚群）建设、新建密集式烤房和“普改密”烤房（10～49座连群为烤房群，50座以上连群为烘烤工场）建设、土地整理改良等；建设资金投入采取国家局、省局、市局三级补贴，与地方政府相关部门助农资金捆绑，烟农自筹一部分或以投工投劳的方式进行。建成后的各项基础设施按照“谁受益，谁管护”的原则，产权移交给烟农、村民小组或村委会，签订产权移交协议，明确管护主体和责任，确保工程发挥长久效益。至2020年，共建成烟水配套排灌渠、水塘等6601条（个、处），烟路配套机耕道1732千米，育苗工场945个（处），新建密集式烤房和“普改密”烤房67896个（处），土地整理24处，资助烟农和专业合作社添置农耕机械19306台（套）；共投资339213.56万元，其中，由国家局、省局、市局出资300848.19万元。另外，还为5座水库建设专项投资7.53亿元。烟草部门为全市烟基建设与水源（水库）建设合计投资高达37.61亿元。建立起52万亩排灌自如、土层深厚、土壤理化指标合理、生态环境能满足优质烤烟生长要求，使烟稻轮作周期达到1.5年左右，以种烟为主、其他作物为辅的基本烟田，烟叶产业基础不断夯实，烟区抵御自然灾害能力持续增强，烟草农业综合生产能力显著提升，为郴州烟叶可持续发展奠定坚实基础。

——科技兴烟力度加大，技术创新方兴未艾。自2003年以来，郴州烟叶生产实施科技兴烟战略，以科技创新支撑烟叶生产做大做强。在基础科技研究方面，市公司组建由高级农艺师领衔的技术中心，每年承接省公司下达的科研课题，并紧贴生产技术实际，自创课题，开展品种引进、改良、试种、区试，土壤普查测试与改良，栽培技术改进，病虫害防治技术改进，烘烤技术改进，农耕机械创制等，取得诸多成果，在十八年间，共获得省、市级科技进步奖108项，专利及知识产权奖63项。在烟叶标准化应用方面，2003年，全市按照《郴州烤烟综合标准化体系》组织生产，市公司成立“烟叶质量管理体系领导小组”。2004年4月，发布实施烟叶ISO 9001质量保证体系标准。2005年10月，获得中质协认证，自此严格按照该质量保证体系组织生产。2007年7月，正式启动烟叶ISO 9001质量保证体系标准和职业健康安全“两标整合”工作。2009年12月，市公司与郴州市质量技术监督局联合发布《烤烟生产技术试验示范推广方法》等7项地方标准，以及《烤烟生产技术效益调查分析方法》等48项企业标准，使全市烟叶标准化生产更为扎实、规范。在烟叶生产科技推广方面，育苗方式历经三次变革。2003年，从小棚为主向大棚发展、两段式育苗向漂浮式育苗发展，至2007年，漂浮式育苗已从2003年移栽应用面积的25%提高到93%；2013年，开始探索“水、旱两段式育苗”方式（把漂浮苗育至4叶1芯时分发给烟农另行培育），至2015年栽培应用达98.5%。地膜覆盖广为应用，以膜下覆盖为主。施肥主要推行测土施肥、“双层施肥法”和“101施肥法”，施肥种类包括农家肥、烟草专用化肥等，自2010年起，为增强郴州烟叶品牌特色，增施饼肥。中耕推行还苗后、团棵期、打顶前三次松土、除草、培土，除草剂应用多在栽前喷施、预防。土壤改良以稻草覆盖、火土灰应用为主，自2007年起，开始推行专项补贴，加大推广力度，得到广泛应用。以水养叶、以水调肥技术一直在应用。在病虫害防治方面，2003年，加大统防统治推广力度，至2006年达到100%；烟田夜间紫外线灯诱杀害虫技术一直在应用，至2009年改用振频式诱蛾（杀虫）灯；药剂应用均采用省公司统一招标的高效低毒农药，自2009年起，为强化生态植保，大力推广无毒生物菌剂农药，2015年开始推行蚜茧蜂防治技术，2018年增放赤眼蜂，年放蜂量逾4亿只，烟田“一蜂一诱一纸”生物防治技术得到广泛应用；无人机杀虫技术于2017年开始应用。在烟叶培植方面，烟叶单株培植目标由20世纪90年代的“全株培育”改为“精华培育”，对不适用烟叶（厂家不需要、不愿购买的低次烟叶）改为主要在田间处置，只保留精华部分进行培育，使上、中等比例达到95%～98%，烟叶培育的有效性、商品适应性和经济价值大大提高。在烟叶采摘方面，坚持以“成熟度”为核心，严格按生产标准、质量管理体系要求进行，自2004年起，推行首烤和准采证制度。自2008年起，推行“下早、中适、上熟”间歇性采摘制度。在烟叶烘烤方面，大力推广密集式烤房和“普改密”标准化烤房，对烘烤工艺先后推行三段式低温慢变黄、“慢升温、慢排湿、慢定色”“中温中湿密集烘烤”（三段式四步）、三段式五步烘烤。种种新技术的应用，使郴州烟叶的“叶长且宽、厚薄适中、组织疏松、油分多、成色好、香气足、可用性高”特色得到充分保障。也因此，2011年6月，国家局副局长何泽华等领导在郴州举办全国烟草现代农业现场会期间对郴州烟叶予以高度评价。2016年12月，国家局局长凌成兴到湖南调研时特别表扬郴州烟叶，“郴州的烟叶很好，大家都想要”。

——烟叶经营守正创新，效率提升。在烟叶收购方面，2003年，首次实行初烤烟叶入户预检制度，烟草站驻村培植员在收购前前往烟农家中，将每户烤好的全部烟叶进行分级和预检定级，所验烟叶按部位、颜色分组入袋扎封，在随挂的预检卡片上标明预检等级；各户烟农按照烟草站预约通知，一次性将已预检的烟叶送交烟草站；烟草站验级员对预检烟叶进行复检，符合等级标准的，予以收购；预检不符合等级标准的，改按复检情况定级，并对预检员予以经济处罚。这一制度的实施，使烟农交烟实现批量交售，交烟次数和排队拥挤现象减少，对加快收购进度，提高扎把纯度和收购质量起到积极作用。烟叶收购时，仍实行烟农凭合同交烟、烟叶按筐编号输入封闭室、验级员在封闭室只认号码进行定级的封闭式收购法，自2006年起，各站点开始推行传送带流水线收购作业，增加烟农身份证读卡、烟筐扫码录号、定级与重量自动录入电脑、开票信息局域传输、收购票据电子打印、收购数据即时录入电脑不可更改等现代化作业手段。2010年在嘉禾县广发站首开散叶收购试点，2013年全面推行散叶收购，操作历史达60年之久的“把烟”收购方式废止，以往的“大把头”“饺子烟”“表里不一”等老大难问题得到彻底解决。2014年，在烟草站收购线加装BS系统工控管理软件、视频监控系统和市县两级喊话系统，利于各级随时抽查，以确保收购操作公平、公正。收购后的烟叶，打包操作由过去的手转螺旋式打包机改为液压式打包机，工作效率大大提高。成包后烟叶装车普遍采用传送带式装卸机装车，以往人背肩扛烟包装车的劳累已免。在烟叶调拨销售方面，各烟草站对收购的烟叶均送至上级中心仓库进行第二次交验。自2005年起，全市烟叶实行“三级跳”（站—市公司中心库—工商交接）经营模式，二次验级改为由站直调市公司中心库验收（免去县级公司验收环节）。在烟叶销售方面，2003年依然以总公司一年一度的全国烟叶订货洽谈会为主，合同货物交接实行供方“送货制”；自2004年起，改为通过总公司中烟电子商务公司设立的“电子商务平台”进行。合同货物交接实行买方“提货制”，在郴州就地交验。由于郴州烟叶受到各地厂商的充分信赖，在郴州联办烟叶基地（自2008年起，改为联办基地单元）的厂商多达十余家，订货数量大，履约率达95%以上，全市每年所产烟叶均可顺利销出，部分年份实现年底前全部清仓销售完毕。

二、烟叶复烤

现代烟草规模化发展，烟叶复烤是不可或缺的一环。初烤烟叶需要通过复烤，消除其青杂气及附着的泥沙、杂物，杀死烟叶上附着的虫卵、微生物，增色增香增醇，使烟叶水分由初烤的16%左右降到11%～13%，方能长期储存，并适应工业投料要求。卷烟工业企业须保持适量的烟叶库存，方能保证原料不间断供应；烟叶须经过一定时间的存储，才能充分醇化，减少吸用刺激性，如此才能做出烟味香醇的高品质卷烟。因此，没有烟叶复烤，烟叶就无法实现大规模生产、大批量收购和长期储存。

2003 年，郴州烟叶复烤厂与市烟叶购销公司合署办公，实行“两块牌子、一套人马”；承担全市所收购的初烤烟叶的复烤加工。复烤设备在 2002 年按照国家局“限期淘汰挂杆工艺”的指令，拆除 2 条挂杆复烤线之后，仅剩余 2 条打叶复烤生产线，年设计产能合计 3 万吨（实际年产能为 4 万吨），后经过连年技术改造，年复烤能力提高到 5 万吨以上。全部采用打叶复烤工艺，所产片烟可为卷烟企业直接投料。按照《关于推行原烟交接、委托加工的实施意见的通知》（国烟法〔2001〕70 号）精神和国家局 1997 年“原则上不搞跨省复烤”的规定，各地厂商在郴州购买的烟叶均需就地进行复烤（除联办基地所产烟叶随其自愿）后，方可运走。但同年，国家局又印发《关于加快打叶复烤企业改革与发展的实施意见》（国烟法〔2003〕68 号），规定：“允许卷烟工业企业在同一省（区）内调拨的烟叶集中到一个打叶复烤企业加工”，各卷烟工业企业在郴州产区调拨的烟叶，其复烤可以在湖南省内 4 家复烤企业中自主选择委托加工点。复烤加工原料承揽竞争因此加剧。郴州市烟草公司作为业务主管单位，郴州市烟叶购销公司作为烟叶调拨业务经办单位，郴州烟叶复烤厂作为复烤加工承办方，在烟叶业务洽谈中，形成“三合一”力量，均努力为复烤厂争取加工货源。本着“巩固老客户，发展新客户”的原则，对在郴州调拨烟叶的客户，通过业务承上启下关系维护、开展工商联谊活动、打响加工质量品牌、强化客服等举措，稳住本地调拨烟叶的就地就近复烤资源基本盘，并努力开拓外地加工原料市场，尽量承揽更多原料加工，以争取企业更大效益。

2004 年 2 月 25 日，郴州烟叶复烤厂从郴州市烟叶购销公司分离单列，正科级建制，直属郴州市烟草专卖局（公司）领导。因市烟草公司实行“大财务”体制，郴州烟叶复烤厂财务实行报账制，半独立核算。

2005 年 6 月 28 日，郴州烟叶复烤厂改制为郴州天泰烟叶复烤有限责任公司（以下简称天泰公司），成为股份制企业。9 月 8 日，完成企业注册登记。9 月 15 日，举行揭牌仪式，正式运作。天泰公司由郴州市烟草公司、上海烟草集团、广州卷烟总厂、长沙卷烟厂 4 家烟草企业合股经营。原始股份总额为 16122.07 万元。其中，郴州市烟草公司以原复烤厂不动产（不含土地）及设备等固定资产作价 11122.07 万元出资，占总股本的 68.98%。公司实行股东会、董事会、监事会现代法人治理机制，公司总经理及副总经理均由董事会聘任。以公司总经理为首的经营管理团队负责公司运行管理的日常工作，每年向董事会递交经营管理等方面的责任书，年终接受董事会、监事会考核，兑现奖惩。公司盈亏，均按股份比例分享或担责。郴州市烟草公司控股占近七成，通过“绝对持股”实际掌握对天泰公司的主要管理、决策权。自 2006 年起，天泰公司实行完全独立核算。

2011 年 8 月 1 日，国家烟草专卖局、中国烟草总公司下达《关于湖南省公司打叶复烤企业体制改革的批复》（国烟法〔2011〕356 号），组建湖南烟叶复烤有限公司，为湖南省烟草公司直属企业；天泰公司取消法人资格，更名为湖南烟叶复烤有限公司郴州复烤厂，直属湖南烟叶复烤有限公司管理。郴州市烟草公司在原天泰公司的股权转为中国烟草总公司湖南省公司在湖南烟叶复烤有限公司的投资。是年 9 月 19 日，湖南烟叶复烤有限公司郴州复烤厂举行挂牌仪式，自此脱离郴州市烟草公司控股管辖。2015 年 9 月 12 日，郴州复烤厂由下湄桥司马洞整体搬迁至北湖区华塘镇油山厂区新址。新购安装一条打叶复烤生产线，命名为 A 线；搬迁改造一条打叶复烤生产线，命名为 B 线。9 月 16 日，A 生产线正式投入生产；B 生产线于 10 月 10 日投产。

2003—2011 年，郴州复烤厂在隶属郴州市烟草商业系统的九年间，共投料加工初烤烟 374743.55 吨，年平均 41638.17 吨；共产出片烟 295659.20 吨，年平均 32851.02 吨，出片率为 78.89%；共创利润 12679.76 万元，年平均 1408.86 万元。2011 年移交时，期末所有者权益 15880.37 万元。

三、卷烟营销

2003—2020年，郴州境内卷烟经营体制、经营模式均发生重大变化。

2003年，在北湖、苏仙两区的城区卷烟经营批发业务已于上年7月划归市烟草公司直接经营的基础上，是年7月1日起，两区农村访销配送业务及人员上划市公司。卷烟购进以组团参加每半年一次的“北京（全国）卷烟批发交易会”进行订购。全市卷烟批发全面取消城区批发店，农村批发部大力缩减。全市系统卷烟批发经营模式延续上年做法，在城区实行“全面访销、全面配送、访销分离（设片区客户经理每周登门访销，后由专门的配送车组交货结算）、专销（专卖管理与销售管理）结合”模式，在农村则实行“重点访销、多级配送（市—县—乡镇）、访销一体（每周分线路带货访销一次，当面访询订货、当面交货、当场收款）”的访销、配送模式。对零售户通过建档实行户籍化管理，卷烟批发只向“入网”零售户供应。对送货到户的卷烟货款收取，在城区，上半年以收取现金为主，下半年推广POS机后，以刷卡即时汇入公司账户、电子结算为主；在农村、乡镇仍实行一手交货、一手收现金的方式。所收货款均于当日及时存入公司的银行账户。

2004年，卷烟购进改为通过中国烟草总公司中烟电子商务公司设立的“电子商务平台”进行，凭省公司、总公司审定的会员卡入网洽谈。每年11月由厂、商双方在网上订立下一年度上半年卷烟购销协议，5月订立本年度下半年卷烟购销协议，每月由购方在“大协议”的框架内，确定下月卷烟调拨“小合同”。厂方按照“小合同”发货，开具增值税发票托收货款，购方验收货物后，通过财会付款。是年4月，开始在郴州城区试行卷烟电话访销，每周以电话询问零售户下周所需订货品种、数量，然后以电脑汇集订单，采集的订单发送到物流中心，按户分拣打包配送。9月1日，全市卷烟批发订单采集全面实行电话访销的方式，撤销农村坐店和访送一体车组，对未通电话的客户由各单位免费为其安装电话，并整合访销线路，减少电话订货员数量。卷烟营销逐步向“集中访销、分散配送、城乡一体”的大配送格局迈进。自2004年8月起，启动银烟联网电子结算业务，全市城区80%的卷烟零售户实行电子刷卡结算的方式。

自2005年4月1日起，市公司成立电话访销“呼叫中心”，全市系统各公司电话访销员经过精简，到市公司八楼集中办公，各自对片区客户“呼叫”，每天及时汇总订单采集结果。各县（市）公司卷烟营销机构仅保留客户服务部和物流配送部，对偏远农村和山区零星分散的零售户采取“指定代送、约定取货”的方式，以作为集中配送的补充形式，实现卷烟配送向偏远农村的有效延伸，全市共设约定取货点36个。自4月起，启动卷烟货款网络“在线代扣”试点，要求卷烟零售户到工商银行办理一张结算卡，卷烟营销中心凭客户的收货签字单从银行直接划收货款，9月在市本级城区全面推行。6月13日，省局下发《关于在卷烟零售户中开展烟草专卖诚信等级管理的实施意见》，对卷烟零售户由户籍化管理正式转为诚信等级管理。市局（公司）向卷烟零售户作出访销、配送、专卖管理承诺，零售户向市局（公司）签订诚信守法经营承诺书。公司对卷烟零售户按诚信表现分为A、B、C、D四个种类，A类为守法经营户，B类为基本守法经营户，C类为违规经营户，D类为严重违法违规经营户，并按照类别进行管理。对A类实行信任式管理，帮助理财，促进销售；对B类实行教育式管理，进行谈话诫勉，促其转变；对C类实行监控式管理，采取暂停供货，限期整改再供货的措施；对D类实行重点打击式管理，予以取缔。

自2006年1月起，县级公司法人资格取消，县公司改为市公司营销部（2007年7月又改为分公司）。全市系统按照“五个集中”（集中购进、订货、管理、核算、配送）的模式和“统一标准、全市联动”的指导思想，转换经营模式，再造业务流程。自3月12日起，全市卷烟营销模式改为“一访、二配、三送”模式，每周对各零售户访销一次、采集订单，然后将订单汇总，并按照每户所需品种、数量生成其“订单包”，由营销中心将各零售户信息汇总成“信息包”后传送配送中心；配送中心按照“信息包”分户逐一分拣，并在每条卷烟包装上喷码，按照全市各零售户所定的卷烟品牌、数量打成小包，又按照县（市）集成一堆，待运；后由配送中心派车运送到各县（市）卷烟暂存库（原卷烟仓库），由县级营销部（分公司）将各零售户“小包”送达到各乡镇。是年，卷烟配送分拣作业场所搬迁至下湄桥仓库，陆续配置3条分拣流水线，实行“一库式”分拣作业，并对每条卷烟实行油墨喷码，对零售户进行编号，将编号打在该零售户的卷烟上，便于专卖管理检查、监督和责任追溯。卷烟访销配送到户的货款实行“在线代扣”，从1月1日起扩展到全市各县（市）城镇，在市公司平台上实现商流、物流、资金、信息流全流程的统一管理。该模式至2020年改变不大。

2009年，随着全市拓展公路“村村通”，卷烟批发由市公司直送范围扩大。对离物流配送中心50千米范围内的送货线路进行梳理优化，除资兴市的东江湖库区还保留指定代送业务外，其他各县指定代送业务取消。

2010年，建立科学的货源分配体系，将每半年协议计划量按照零售户等级分配到户，均衡投放。8月，全市正式启动“新商盟”（电子商务交易和网上交互平台）网上订货系统，卷烟零售户可在网上订货；客户经理可通过该系统进行业务指导、品牌宣传，零售户也可通过该系统反馈意见和建议，实现快捷顺畅沟通。11月，在网上订货全面展开的同时，又在全市启动手机订货业务，提供24小时无间断全天候服务。至该年年底，全市已发展网上订货客户7427户，手机订货220户，电子商务客户占全市客户总数的50%，形成“网上订货为主，手机订货为辅，电话订货为补充”的格局。此后，网上、手机订货进一步发展，成为主流。自2013年10月起，将每条卷烟的油墨喷码改为激光打码，使零售户的编号更为隐蔽，不易涂抹和遮盖，便于专卖管理和消费者溯源。

2017年10月26日，物流中心由下湄桥搬迁至月形路烟草物流新区，新购置欧康分拣线3条。是年，市公司对距市区单程50千米内的县（市）设35个终端配送车组直接配送到零售户，对50千米外的县，以5个大型集装箱干线车组将卷烟送到县分公司，再由县分公司分送到辖区城、乡零售户，送货车辆实行“全球定位系统”全程跟踪。

2020年，市公司物流中心再添置1条异型烟分拣线，形成4条分拣线作业。在全省率先应用“卷烟分部位定制打码”技术。卷烟配送实行线路再优化，直送范围扩大到50个车组。郴州市区、两区农村及桂阳、资兴、宜章、永兴县的卷烟配送均由市公司直送到乡镇，大型集装箱干线配送仅保留3组，嘉禾、临武县一组，汝城、桂东县一组，安仁县一组。

2003—2020年，全市卷烟营销经过深化改革和管理创新，呈现出稳步发展的势头。零售户从2003年的16585户发展到2020年的17550户；卷烟销售量从2003年的121970箱增长到2020年的171709箱。在十八年间，全市共销售卷烟2929855箱，年平均162769.72箱；销售总额5006932万元，年平均278162.88万元；毛利总额1337023万元，年平均74279.05万元。

四、专卖管理

2003—2020年，按照《中华人民共和国烟草专卖法》的规定，市、县两级烟草专卖局为全市烟草市场专卖管理的主管部门，在行业上级和当地党委、政府的领导下开展工作。市本级设“两烟”工作领导小组，由市委副书记或副市长任组长，下设烟草办，各烟叶主产县政府亦成立相应组织，并组织公检法及工商、质量技术监督局、交通、高速交警、物价等多个政府部门与烟草专卖主管部门联合开展烟草打私打假、市场整顿与管理工作。在十八年间，全市烟草市场管理经过各方共同努力，基本保持平稳。

——缉私打假合力增强。2003 年，延续由政府牵头，各职能部门参与的烟草市场齐抓共管的工作格局。是年，成立郴州市烟草市场专项治理整顿工作办公室和联合稽查队，参与“两烟”市场整顿。2005 年 12 月 28 日，郴州市委办、政府办联合发布《关于建立郴州市烟草制品打假协作机制的意见》（郴办字〔2005〕109 号），决定调整市整顿规范烟草市场秩序工作领导小组，由市委常委、常务副市长任组长，副市长为常务副组长，市政法委、市委办、市政府办、市公检法、市法制办、市烟草办、市治理办、市监察、财政、质监、工商、烟草等相关部门分管领导为成员，下设办公室，市政府烟草办主任兼主任，各相关单位抽调专人组成联合打假工作队伍，建立打假工作责任制和责任追究制度，由烟草专卖局保障办案、考核表彰经费。此机制一直在延续。2009 年，按照省局部署，烟草与高速交警建立全省性的联合缉私打假机制，在本市烟草局成立公安烟草执法大队。2010 年，根据新修订的《烟草专卖行政处罚程序规定》和“两高”（最高人民法院、最高人民检察院）对涉烟案件的司法解释，修订完善案件查处制度和与公安机关等执法部门联合办案协作机制。在省局的支持下，郴州市局与广东韶关、江西赣州等周边市局建立跨省联合查处涉烟案件联动机制。资兴市局、宜章县局、桂东县局、汝城县局与广东乐昌市局、仁化县局、江西崇义县局签署《关于建立湘、粤、赣三省七县（市）卷烟打假打私协作机制的协议》，形成跨省联合缉私打假机制。2012 年 5 月，由市政法委牵头，成立由公检法、烟草等部门组成的郴州市涉烟刑事案件查处协调领导小组，各县（市）随之跟进成立。2016 年，与广东省清远市烟草专卖局构建烟草专卖联合办案协作机制。2017 年，针对快递业渐成物流主渠道之一的现状，与市邮政部门达成联合执法协议，协调邮政部门成立物流寄递领域烟草专卖协查工作小组，在全市 50 余家寄递企业建立涉烟信息联络员工作机制，突出强化互联网及物流寄递环节涉烟监管。2018 年，由郴州市副市长挂帅的“两烟”工作领导小组下发《关于加强“两烟”市场综合治理工作的意见》，建立“两烟”市场综合治理工作责任机制，将“两烟”市场综合治理工作纳入各县（市、区）综治考核范畴，构建公安、工商、交警、邮管等 20 多个部门联合参与的治理体制；组建烟草执法辅警队伍，明确长期为市公安治安支队烟草执法大队配备 10 名辅警，在市烟草局稽查支队办公，协助开展“两烟”市场综合治理工作。2020 年，突出由政府主导、各方联合协作共管烟草市场机制，继续将烟草市场综合治理工作纳入市直相关单位和各县市区“平安建设”考评内容，涉烟管理项目由市烟草专卖局直接考核，兑现奖罚。烟草市场综合治理工作迈入新格局。

——烟叶市场保持平稳。自 2003 年起，得益于全国烟草规范经营的大环境得以改善，全国统一实行不得无计划、超计划、跨境收购烟叶，违者予以严惩等规定，以往邻省边界地区以高价吸引郴州烟农不惜暴力抗法远赴外地售卖的现象基本消除，每年上亿元的烟叶农业特产税得以在本地稳定缴纳。国家局 2003 年、2005 年两次在郴州召开湘粤赣边界烟叶收购协调会，部署各守辖区、严禁跨区收购事宜。全市烟叶市场管理实行市、县、乡、村四级监管网络，做到一级抓一级，层层有职责，环环有考核，年年兑奖罚。烟叶市场管理的重点是烟叶收购。每年烟叶收购前，均先抓守法遵规教育和舆论宣传，通过开会、电视、广播、报纸、发放宣传资料、墙报等形式，将该年的收购政策、纪律、交售办法，予以公开公示。部分年份由市、县政府下发专项通告，对收购基本原则和打击违法行为的措施广而告之，使之家喻户晓，从而为普遍提高法制意识、创建良好收购秩序打下坚实的思想基础。在烟叶收购期间，启动四级监管网络，落实各级责任，市、县两级组建多部门联合工作组进行巡查督查，乡镇干部入村驻点，宣传政策，引导烟农，确保烟叶不外流，并派人到烟草站轮流值班，维持交售秩序；村委负责本村烟叶交售秩序，并增设巡逻员或信息员开展巡查监督。必要时，在交通要道设立检查点，严禁烟叶外流。桂阳等主产县多年以文件、公开信等形式，严禁党员、干部及其亲属参与烟叶私收私贩、倒买倒卖活动，违者严惩不贷。由于各级高度重视，工作到位，一旦出现秩序混乱的现象，即可及时平息；一旦发现有烟贩活动，即可及时抓获。与此同时，市、县烟草专卖局由质检、专卖、监察、内管等部门组成工作组，侧重于内部监管，深入各烟草站点，对烟叶收购纪律、收购质量、收购服务等进行内部检查、监督，从而形成“政府主导、多部门配合、联合行动、内外兼治”的强大合力。

——卷烟市场整顿卓有成效。自2003年起，卷烟市场管理继续巩固“政府主导、部门参与、各方联动、烟草发挥主动作用”的烟草市场综合治理格局，维护合法经营，打击卷烟生产营销领域的违法行为。市政府先后出台《烟草市场管理暂行办法》《卷烟市场治理终端工作方案》《郴州市烟草制品打假工作责任制考核办法》《关于建立郴州市卷烟打假协作机制的通知》《关于加强烟草专卖管理规范卷烟市场秩序的通告》等文件，并成立卷烟打假工作领导小组，对市境内烟草制品打假工作、卷烟市场治理工作予以领导和支持，在全市实行逐级责任考核制。在行业上级和当地党委、政府的领导和支持下，全市烟草部门除履行日常市场维护职责外，每年均与各相关部门联合对卷烟市场进行1～2次专项整治行动，重点查处制假售假、走私倒卖、无证经营、无证运输、个人批发和跨境批量非法流通等行为。2011年首开打击利用互联网等信息网络非法经营烟草专卖品行动的先河，2017年首次将快递行业纳入专卖监管重点范畴，将专卖监管延伸到涉烟新领域。

——文明执法、为民服务作风转优。全市烟草专卖管理部门按照上级部署，先后开展一系列“强素质、转作风”行动，把专卖执法与服务民众结合起来，树立烟草专卖新形象。自2004年起，推行文明执法、文明用语和执法诚信等级管理，并按郴州市委、市政府的文件要求，全市系统专卖线全面推行政务公开制和办事承诺制，建立政务公开栏，向社会公开行政处罚程序和依据，推行“首问责任制”，改善服务态度，简化办事流程，提高办事效率。每位片区市管员均与零售户建立联系卡，实行上门办证服务，及时解疑释难。2005年，推行《烟草专卖管理人员廉洁自律七条规定》《烟草专卖行政执法群众评议制度》《专卖执法案卷审查制度》；专卖管理人员必须廉洁自律，每年接受群众评议，所办案件必须经过市局烟草专卖行政执法监督委员会（案件处理集体讨论委员会）集体讨论，并接受法规部门复查。2006年，建立省局对市局、市局对县局所办案件的评议审查制度，并建立“行政执法错案责任追究制”，促使执法程序化、规范化；推行“阳光政务”、办事窗口“一站式”服务。2009年11月16日，市局在郴州市政务中心开设办事窗口，受理烟草专卖证件申办、换证事宜，方便群众办事。2010年开展行风评议，专卖行政执法民主评议合格率达100%。2014年，对专卖岗位实体工作实施“有错、无为九种行为一律待岗”，严纪律、优作风，坚决纠正不作为、错作为、慢作为的现象。2016年，市局加强专卖执法体系标准建设，制定专卖管理工作标准45项，履职办事实行标准化管理。2020年，推行“六个严禁”自查工作，修订出台《文明执法工作制度》等7项制度，制定下发《关于进一步规范专卖行政执法的通知》，从行政处罚案件查处、联合办案、纪律要求等方面，具体规范执法行为。经过持续的作风建设，全市专卖管理队伍规范执法、为民服务的作风明显转优。

——内部规范经营迈上新台阶。2003年，根据行业上级的部署，延续自2000年起实施的内部大整顿活动，强化规范经营。专卖内管成为“高压线”之一，成为经营决策、实施过程控制的考量前提。2007

年7月，市局专门成立内管科，与专卖科合署办公。2012年11月，内管科单列，并增加省局派驻职能，成为内管科（省局派驻办），以增权威。自2013年起，全市系统内管部门以规范为准则，强化内部监督职能。在本地烟草工业企业监管方面，向郴州卷烟厂、郴州复烤厂各派“派驻组”，对卷烟生产计划执行进行监督，严禁无计划、超计划生产；对复烤企业严禁无合同、超合同复烤加工；对两个烟草工业企业的生产原料、专用辅料、专用机械的购进、来料渠道进行监督，严禁在“体外”（烟草行业之外）购进或向“体外”转让；对其产成品销售或调拨去向进行监督，严禁无计划、无合同向“体内”供货或向“体外”销售；对其专卖品废弃物、淘汰专用机械的处置进行监督，严格按相关规定合法处置，严禁流向“体外”。在烟草商业企业监管方面，主要分为两线。在烟叶生产经营线，为落实“双控”，对种植收购合同签订、移栽面积进行年度核查，严防超计划、虚报、多报面积，确保与上级计划相匹配；对烟叶收购进行政策、纪律执行情况的监督，严禁无合同收购和跨境收购及违规操作；对烟叶销售调拨的去向、操作规则的执行进行监督，严禁流向“体外”和违规操作。在卷烟营销线，对购进渠道、到货确认、分销去向、零售管理进行监督，严禁无计划、超计划擅自购进，严禁途中抛销、跨境甩卖、非法流通、违规分销、个体变相批发等，确保购进渠道正规、到货准确、辖区（落地）销售、分销合法、零售合规。2013—2020年，全市查处内部违规案件多起，处罚4231人次，其中予以行政处分20人，经济罚款157.44万元。动真格的内管约束，极大地增强烟草企业内部规范经营意识。全市烟草商业系统“两烟”生产经营效益连年大幅增长，实行严格的内管和规范经营起到重要作用。

五、管理创新与文明建设

2003—2020年，全市烟草商业系统在抓好“两烟”规范经营、专卖管理的同时，与时俱进，深化企业改革，改善企业管理，企业软实力得到显著提升。

——持续推进管理创新，建立高效运作机制。2003—2020年，顺应国家法律法规和行业政策的调整、新时期新形势的变化，本着“守正创新”的精神，解放思想，大胆探索，出台一系列管理新手段。管理创新主要项目有：一是计划、考核体系在实践中不断创新改良。在继承原经济、政工、安全、党风廉政建设四种目标管理考核体系的同时，2004年首次设立“经理奖励基金”，奖励业绩突出和有特殊贡献的单位、部门、个人。自2004年起，在经济目标管理责任考核细则中，附设若干重点指标（任务）考核单项奖，并将某些阶段性重点任务临时纳入“工作目标”进行考核，以促进各项工作齐头并进。自2005年起，对安全目标管理实施全员风险抵押承包制。2006年，建立市局对县局、县局对专卖管理部门（稽查大队）、专卖管理部门内部考核的“三级考核机制”，每年对专卖工作进行专项考核。自2007年起，开创以合约式考核文本（绩效合约）进行月度、季度、年度考核的形式，并与绩效挂钩。自2009年起，增设“员工绩效行为素质评价”，与薪资挂钩，加大激励力度；目标管理“否决项”指标取消，被“违法违纪违规责任追究考核”取代，将违法违纪违规受到重大处分者直接列入年度考核最差等次。2013年，安全风险全员抵押制取消，恢复无抵押安全目标管理；政工目标管理与企业党建廉政建设目标管理合二为一。2019年，取消季度绩效考核，改为月度绩效考核。逐步形成“目标管理+单项考核+绩效考核+年度个人综合素质评价”的考核机制，是全市系统管理机制不断创新、完善、进步的结晶。对于推动整体工作有计划、有节奏、有成效地顺利完成，起到核心管理手段的作用。二是推行标准化管理。2003年，启动ISO 9001:2000版质量管理体系认证。2004年4月，体系标准发布实施。2005年10月，取得北京中经科环质量认证有限公司颁发的符合 ISO 9001:2000 标准的“质量管理体系认证证书”，烟叶产前、产中、产后的质量追溯和过程控制能力增强，成为全国烟草商业系统第一家通过此项认证的企业。2007 年 7 月，正式启动烟叶 ISO 9001 质量保证体系标准和职业健康安全“两标整合”工作。2008 年 10 月，全市系统质量、职业健康安全管理体系文件正式颁布。12 月，《郴州烤烟生产技术标准体系》出版发行。2009 年，印发《质量、职业健康安全管理体系文件（B/0 版）》。2012 年，发布并实施烤烟生产良好农业操作规范（GAP），完成烟草商业企业安全生产标准化（YC/T384）规范建设，被授予“安全生产标准化二级企业”称号。2014 年，成立标准化技术委员会，明确由各标技委负责主管业务标准的制定、修订、牵头贯标。2015 年 5 月，发布《企业标准》，共发布技术、管理、工作三个类别的企业标准 706 项。2017 年 1 月，市公司获得“烟草行业商业标准化示范企业”称号。2019 年 1 月，发布修订版《企业标准》，共 554 项；开发并运行“郴州企业标准化管控平台”，实现标准化建设工作与信息化的紧密结合。新版标准出台后，全市系统全面推行，形成“事事有标准，人人用标准”“让标准成为习惯，让习惯符合标准”的格局，极大促进企业管理规范化。三是推行智能化管理。通过十八年持续不断的技术改造、网络升级、软件开发与运用等创新举措，全面建成信息局域网、广域网，市、县、站三级有专用干线连接，形成上下连通、内外结合的现代电子网络，覆盖 91 个办公场所，办公自动化、管理智能化得到普及。其中，卷烟营销配送实现订货谈判签约“商务平台”化、到货和出入库扫描化、信息传递网络化、高架库仓储智能寻位化、配货流水线自动分拣和自动喷印标识、收款无现金化，零售户订货基本实现电话、手机或网络化等；烟叶生产购销实现合同管理智能化、验级流水线作业和信息自动录入化、收购现场视频监控化、收购信息录入传递即时化、现场监控传输远程化、开票电脑化等。至 2020 年，全市烟草商业系统共应用 28 个应用管理系统，促使各项工作劳动强度大为减轻、效率大大提高。四是推行全面预算管理。自 2005 年 1 月起，全市系统正式推行。实行“全覆盖、全过程、全面编制”，并将全面预算实行责任制纳入考核范围，使全员“效益”和“成本”意识得以强化，“先预后做”成为常态。五是推行其他管理新手段。自 2003 年起，推行“阳光采购”；自 2004 年起，推行“5S”管理；自 2008 年起，改为推行“8S”管理，正式推行业务外包；自 2009 年起，推行管理科学 QC 攻关；自 2014 年起，推行精益管理。

——深化劳动人事改革，减员增效取得突破。2003 年，全市系统共有在编员工 2374 人，人员冗余矛盾突出，企业负担重，人均劳效低。全市系统分别于 2004 年、2007 年、2009 年、2011 年、2018 年先后开展五轮人力资源管理体系改革，全面实行干部竞聘、员工“双向选择”竞岗，薪酬与绩效考核挂钩更趋紧密，激励全员敬业爱岗、勤奋履职。自 2003 年起，对编制控制实行“严进宽出”的举措，新进人员实行严格按照指标录用、“逢进必考”，对人员超编主要依靠“自然减员”予以消化，试行全脱产长期培训、选送上大学、开办第三产业安置、个别人员待岗等措施进行人员分流；2005—2007 年，有部分职工自愿有偿解除劳动关系。经过多年努力，至 2020 年，全市系统在编人员降至 1496 人，冗员包袱逐步减轻，基本符合行业“担烟”“箱烟”劳效核定编制，人均劳效显著提高。

——注重人才引进和在职培训，员工队伍结构优化。自 2003 年起，除军转干部、退役军人安置依照规定接收外，其余新进人员均需具有大专以上文化条件。2008 年改为本科以上文化条件。同时，根据岗位需要，适当引进硕士、博士。本着“以人为本、成就自我、发展企业”的原则，自 2003 年起，市局（公司）成立职教工作委员会，先后出台《职工教育培训管理办法》《四支队伍（烟叶、卷烟、专卖、管理）建设实施意见》《人才队伍建设规划》《教育培训经费管理暂行规定》《全市系统职工内部教育培训体系建设实施暂行办法》等，使职工内部教育实现制度化、常态化，并激励员工根据各自特点做好职业发展个人规划。对在岗人员，大力实施鼓励自学成才、选送上大学深造、已有学历后续教育、新进员工先培训后上岗、开展全员培训和重点培训、到先进单位跟班学习、开展岗位技能鉴定培训和竞赛等举措，着力提高员工文化层次和岗位技能。经过持续努力，至 2020 年，全市系统文化层次由以往的以初高中为主转为以大专以上为主，有中专及以下 103 人，大专 609 人，本科 680 人，硕士 103 人，博士 1 人；大专及以上学历者占员工队伍的 93.1%，比 2003 年的 17.1% 提升 76%。共有各类专业技术职称人员 1009 人，其中高级职称 20 人，中级职称 258 人，初级职称 731 人；有各类劳动技能持证人员 1118 人，其中技师 83 人，高级技师 4 人。全市系统 2 人入选“行业技能人才工作专家库专家”，18 人入选“行业优秀技能人才库”，并建立市局（公司）39 人的专家人才库。涌现国家技术能手 2 人，全国烟草技术能手 17 人，全省烟草技术能手 14 人。可谓人才济济，展示出企业具有较高的科技与管理人才优势。

——以党建为引领，精神文明得到传承和发扬。2003—2020 年，全市烟草商业系统各级党组织以“踏石留痕”的作风，狠抓党的组织建设、政治建设、思想建设、制度建设、作风和廉政建设。紧跟上级部署，组织开展一系列党建、思想教育活动，增强党性，各级党组织的战斗堡垒作用和党员的先锋模范作用得到充分发挥。以此为引领，促进生产经营、行政管理规范运行；组织工会、共青团、烟草学会、政研会等群团组织各自按照章程开展活动，全方位获得发展。通过开展职业道德、社会公德、家庭美德、“科学发展观”“八荣八耻”、社会主义核心价值观、“三严三实”“两学一做”“不忘初心、牢记使命”等教育，宣传贯彻“国家利益至上、消费者利益至上”（以下简称“两个至上”）行业共同价值观，2006—2007 年又自创企业“责任、奉献”文化体系，员工素质得到提升，企业凝聚力显著增强。通过积极参加社会共建的各项活动，大力开展内部思想政治工作，落实各项综治措施，及时化解各种潜在风险，企业内部保持稳定。在十八年间，全市烟草商业系统各单位的各方面工作，得到各级党政和社会团体、民众的诸多赞誉。其中，郴州市局（公司）获得国家级“全国文明单位”“全国精神文明建设先进单位”“工人先锋号”“全国烟叶工作先进单位”“全国烟基建设先进单位”，省级“思想政治工作优秀单位”“全省 50 强纳税企业”“文明卫生单位”“文明标兵单位”，市级连续七届“依法行政先进单位”及“党建争先创优先进单位”“纳税先进单位”等。

六、社会贡献

2003—2020 年，全市烟草商业系统以烟草行业“两个至上”共同价值观为指导，深化改革，规范经营，效益连年保持稳定增长，取得傲人佳绩。烟叶生产购销规模从 2003 年的 20.70 万亩、2.55 万吨，增长到 2020 年的 34.80 万亩、5 万吨。卷烟销售从 2003 年的 12.17 万箱增长到 2020 年的 17.55 万箱。“两烟”销售总额由 2003 年的 20.80 亿元增长到 2020 年的 83.50 亿元。固定资产从 2003 年的 2.73 亿元增长到 2020 年的 5.02 亿元。年经营利润从 2003 年的 1.29 亿元发展到 2020 年的 9.52 亿元（缴利 5.81 亿元后，实际留利 3.70 亿元）；企业财力从 2003 年的亏损状态发展到 2020 年的相对丰盈。国有资产得到保值增值，企业实力实现高速、平稳增长。在十八年间，共收购、销售烟叶 798681.55 吨，年平均 44371.20 吨；销售卷烟 2929855 箱，年平均 162769.72 箱；缴纳税利 2156651.14 万元（缴利 612316.26 万元），年平均 119813.95 万元，为国家和地方建设做出了巨大贡献。在十八年间，全市烟草商业系统除依法缴纳巨额税利外，在其他方面也为本地经济建设贡献不菲。在烟基建设方面，先后投资 30.10 亿元，为烟叶主产区普遍建设起配套的水利沟渠、排灌站、机耕道、密集型烤房、育苗大棚等，烟区土地得到整理，土质得到改良；特别值得一提的是，专门投资7.53亿元，与地方政府水利资金合作建成北湖区江源、桂阳县桃源、嘉禾县三百蹬、永兴县黄口堰、安仁县茶安5座大中型水库。巨额投入的烟基建设，被政府和烟农称赞为“民心工程”“德政项目”，达到企业、政府、烟农“三利”目的，既为烟叶可持续发展打下基础，为地方财源建设增强后劲，也为烟区接茬作物种植、抵御自然灾害提供长久的良好条件。在带动烟区群众“脱贫致富”方面，每年为数万户烟农就地解决就业问题，培育出一大批“以此为生，精于此道”的职业烟农，为其家庭解决温饱问题，带领部分职业烟农走上致富路。在十八年间，烟叶收购总额高达169.75亿元（年平均9.43亿元），除去成本（不含劳力成本），实际为本地烟农创收120亿元以上。在结对帮扶、公益捐赠方面，全市系统各单位积极响应当地党委、政府号召，先后对口支援20余个村，投入资金800万元以上，帮扶对口村组改善交通、供电、水利灌溉、饮用水等设施，并开展产业扶持，开拓创收门路，帮助大批群众脱贫。在本地、外地发生特大灾情时，全市系统各单位和员工、党团员均量力而为、慷慨捐款；并多年开展“金叶慈善医疗卡”、助学、助残、助贫、送温暖活动。据统计，在十八年间，全市烟草商业系统向社会捐助金额达1.28亿元以上。

在十八年间，全市烟草商业系统顺应改革大势，砥砺前行，稳中求进，取得较大进步，但仍存在某些不足，企业发展根基还需进一步打牢，潜力还需进一步挖掘。在“控烟”的大环境下，应谋求新形势下的新发展。展望未来，前景可期，全市系统将继续努力拼搏，再创佳绩，回馈社会。

大事记

2003 年

1 月 9 日　市公司下属第三产业经济实体郴州金叶商贸有限责任公司（以下简称金叶商贸公司）注册成立。1 月 19 日举行挂牌与开业庆典。

3 月 13 日　国家烟草专卖局下发“治理卷烟体外循环”五条纪律，全市系统开展自查自纠工作，将卷烟“治非”纳入规范经营重点范畴。

5 月 23 日　湖南省烟草专卖局（公司）实行工、商分设，郴州卷烟厂划归湖南中烟工业公司管辖，市局（公司）仍归湖南省烟草专卖局（公司）管辖。

5 月　贯彻国家局《关于严格控制烟叶种植面积的紧急通知》，遵照国家烟草专卖局“必须牢记 1997 年烟叶超种超收的深刻教训，实地核查移栽面积，严肃纪律，严格考核，对超计划种植和收购的单位及负责人，坚决追究责任，并予以查处”的指示。

6 月 17 日　市公司被国家烟草专卖局评为 2002 年度全国烟叶工作先进单位。

6 月 26 日　市局（公司）党组决定：继上年苏仙区、北湖区烟草公司城区卷烟营销业务上划市公司后，自 7 月 1 日起，“两区”农村卷烟营销业务和相关业务人员上划市公司。

7 月 15 日　国家烟草专卖局专卖管理司、中国烟叶购销公司在郴州市国际大酒店召开广东、江西、福建、湖南、广西五省烟叶收购边界协调会议，就共同打击跨境烟叶非法收购签署协议。

10 月　桂阳县被国家烟草专卖局科技司、中国烟叶购销公司定为全国优质主料烟叶开发基地之一。

11 月 10 日　金叶商贸公司 5 家“金叶名烟名酒连锁店”开业。

2004 年

1 月 1 日　北湖区、苏仙区烟草经营部（原烟草公司）撤销，所属人、财、物及业务工作全部并入市公司。

1 月　湖南省政府办转发《湖南省烟草局关于基本烟田规划建设与保护实施意见的通知》（湘政发〔2004〕6 号）。自 2004 年起，郴州市各烟叶主产县依此确定基本烟田规模为 56 万亩（2005 年省公司调整为 52 万亩），自此持续开展大规模烟叶基础设施建设。

2 月 25 日　郴州烟叶复烤厂从郴州市烟叶购销公司分开单列，半独立核算。

2 月　中国烟草总公司中烟电子商务公司正式启用“电子商务平台”，原每年召开的全国烟叶和卷烟购销订货会均被取消，改由“电子商务平台”进行洽谈交易。

4 月 15 日　根据国务院关于整顿执法人员着装的文件和省烟草专卖局《关于做好整顿统一着装工作的实施方案》（湘烟法〔2004〕129 号），全市烟草专卖管理、执法、稽查及其他人员一律停止着专卖执法制式服装，将全部服装、标识、徽章集中上缴。

4月　郴州市烟草商业系统全面推行卷烟电话访销。

5月14日　市局专卖科（稽查支队）、老干部科搬迁至原北湖区烟草经营部办公大楼办公。

5月21日　郴州市中级人民法院裁定金叶大酒店进入特别清算。经清算，该酒店已无法清偿到期债务呈连续状态，全体债务人亦不同意按比例清偿债务。

6月7日　郴州金叶娱乐有限责任公司清算组接管金叶大酒店，并委托金叶商贸公司负责经营。

6月8日　全国优质烟叶现场鉴评会在桂阳县举行。桂阳县被国家烟草专卖局确定为全国4个可替代进口烟叶生产基地之一。

7月1日　郴州卷烟厂与长沙卷烟厂联合重组。23日，长沙卷烟厂郴州卷烟分厂正式挂牌，国家烟草专卖局副局长杨传德等领导出席挂牌仪式，并考察郴州市烟草专卖局（公司）。

7月2日　市公司根据中国烟叶购销公司关于移交部分国家烟叶储备库的通知精神，向国家烟草专卖局、中国烟草总公司申请接管下湄桥国家烟叶储备库8栋12386平方米，年内获得批准。

7月　从是年新烟上市起，烟叶收购贯彻国家烟草专卖局的“五条纪律”和“七条要求”，全市系统各站全面推行“亏一赔一”制度。烟叶销售由以往的商方“送货制”改为买方“提货制”。

8月19日　湖南省委宣传部副部长、省文明委主任罗志丹一行实地考察市烟草专卖局的诚信体系建设。

9月2—3日　中国烟叶生产购销公司副总经理陈江华、高级农艺师程新宇等一行5人对桂阳县2004年承担的替代进口烟生产示范项目收购的烟叶进行抽样检查。

10—11月　市局（公司）本级实施第一轮人力资源体系建设改革，本着先干部、后普通员工的顺序，开展全员竞争上岗。各县局（公司）随后跟进开展。

11月25日　市局档案室经以省档案局局长黄美春为组长的专家考评组考评，顺利通过验收。成为全省系统第一家市（州）公司档案室“省特级”单位。

12月　郴州市烟草专卖局（公司）机关被湖南省委、省政府授予2004年（届）文明单位称号，并被湖南省爱国卫生运动委员会评为文明卫生单位。

是年　桂阳县被国家烟草专卖局列入全国第四批“国家级农业标准化示范县建设项目”。桂阳县仁义烟草站被评为全国烟草系统学习“三个代表”重要思想先进集体，市局（公司）选派许淘莎作为演讲代表在全国烟草行业工作会议上演讲该站事迹。

2005年

1月1日　全市烟草商业系统正式实行“全面预算管理”，“无预不支”制度自此成为常态。

1月5—6日　省局（公司）局长（总经理）杨先杰到郴州调研，并看望慰问困难职工。

4月1日　郴州市烟草商业系统10个公司卷烟电话访销全部集中到市公司八楼办公。

6月9日　市局（公司）成立投资管理委员会。

6月13日　按照省局统一部署，开始对卷烟零售户实行以诚信等级评价为主的管理模式。

6月28日　郴州烟叶复烤厂改制工作会议暨郴州天泰烟叶复烤有限责任公司入股确认签字仪式及第一次股东大会在郴州国际大酒店举行，原郴州复烤厂正式改制为股份制企业。9月8日，完成企业注册登记。

9月15日，举行揭牌仪式，湖南省烟草专卖局副局长张志刚、郴州市副市长陈海平和各方代表160余人出席仪式。

7月1日 郴州烟草广域网系统正式运行。

7月26日 “全国部分替代进口烟叶项目收购及工业验证工作座谈会”在郴州召开。

7月 全市系统烟叶收购试行“精准预约”，站点机械化收购流水线由24条增至100条。

9月5日 湖南、广东两省烟草专卖局及毗邻的广东韶关、清远，江西的赣州，本省的株洲、衡阳、永州6个市局的主管专卖工作的局领导、专卖办主任汇聚郴州座谈，签署“三省七市”《关于建立卷烟打假协作机制的工作方案》。

9月16日 全国政协原副主席毛致用一行到桂阳县指导烟叶工作。郴州市市长戴道晋、桂阳县委书记吴章钧等陪同调研。

10月21日 郴州市烟草公司取得北京中经科环质量认证有限公司颁发的符合ISO 9001:2000标准的烟叶“质量管理体系认证证书”，成为全国烟草商业系统第一家通过此项认证的企业。12月9日，举行庆祝仪式。

12月16日 郴州市中级人民法院裁定：宣告郴州金叶娱乐有限公司破产还债，由法院指定清算组接管该破产企业。

2006年

1月24日 国家烟草专卖局下发《关于取消湖南省烟草公司郴州市公司所属9家县级烟草公司法人资格的批复》(国烟法〔2006〕78号)，县级烟草公司更名为营销部，其全部资产无偿转入郴州市烟草公司，财务管理体制由独立核算改为非独立核算，费用开支实行年度预算制，工作考核实行年度目标管理责任制。县级烟草专卖局继续保留。

2月9日 省局印发《关于对湖南省烟草公司郴州市公司取消所属县级烟草公司法人资格的批复》(湘烟法〔2006〕18号)。2月27日，市局印发《关于设立湖南省烟草公司郴州市公司桂阳营销部等9个营销部的通知》(郴烟办〔2006〕5号)，正式取消本市9个县级烟草公司法人资格，改设9个营销部，全面实行全市系统集中统一的财务核算模式和预算管理制度。

2月17—18日 国家烟草专卖局副局长何泽华、中国烟叶公司副总经理陈江华一行到桂阳县烟叶种植基地、郴州市烟草公司卷烟分拣线和天泰公司调研。省局（公司）局长（总经理）杨先杰，副总经理吕刚、汪世贵，总农艺师赵松义，郴州市副市长陈海平等陪同调研。

3月14—16日 省公司副总经理汪世贵率烟叶处、湖南农业大学烟草工程研究中心等人员，到桂阳县和平镇石城、白杜两个行政村调研烟叶工作。

4月24日 市局（公司）OA办公自动化系统正式运行。自6月1日起，全市系统正式实施电子公文单轨运行。

5月28—29日 由中国烟叶公司和国家烟草栽培生理生化研究基地主持的密集烤房整体加热设备应用现场观摩会在郴州举行。来自云南、福建、辽宁、河南、湖南5个省级烟叶公司和曲靖、洛阳、三明、铁岭4个市级烟草公司及贵州、福建、黑龙江3个省级烟草研究所等单位的30余人参会。会议由中国烟叶公司博士王刚主持。

7月31日　市公司中心仓库在桂阳县鸡公石正式挂牌。姜孝清、周国生等市局领导出席仪式，并召开收购模式改革动员会。

10月26日　省、市爱卫办领导到市局（公司）检查验收，市局（公司）再次获得“省卫生文明单位”称号。

11月29日　按照省公司统一设计、统一标准建设的“636零售连锁”两家品牌形象店在郴州开业。

2007年

1月5日　在国际大酒店召开郴州市烟草商业工会联合会第一次会员代表大会，郴州市烟草商业工会联合会成立。

1月18日　郴州市烟草商业工会联合会一届一次职工代表大会召开，通过《郴州市烟草专卖局（公司）富余人员分流有偿解除劳动关系实施方案》。部分职工经本人自愿申请、部门同意、公司批准，办理有偿解除劳动关系的手续。

1月　湖南省委、省政府在《湖南日报》上刊登《关于表彰2006届文明城市、文明村镇、文明行业、文明单位、文明标兵单位的决定》。其中，市局获得“省文明标兵单位”称号，永兴县局、嘉禾县局获得“省文明单位”称号。至此，全市系统所有县级局（营销部）均获得市级以上文明单位的称号。

4月2日　市委、市政府主持召开全市“两烟”市场管理暨卷烟打假工作会议，市委常委、市委秘书长何文君，副市长陈海平到会讲话。桂阳、宜章县政府，资兴市烟草专卖局分别作典型经验发言。会议对2006年度全市“两烟”市场管理工作11个先进单位和42名先进个人予以表彰。11个县（市、区）政府向市政府递交工作责任书。

4月27日　湖南省烟草专卖局转发国家烟草专卖局《关于姜孝清、罗高社任职的通知》（湘烟人〔2007〕129号），姜孝清任湖南省烟草专卖局副巡视员（副厅级）。

5月10日　市局（公司）本级启动第二轮人力资源体系建设改革，首次设置“绩效合约”考核体系。各县局（营销部）随后开展。

5月10—11日　省局（公司）局长（总经理）杨先杰到郴州调研基层烟草站建设情况。

5月19日　市公司成立郴州市金叶物业服务有限责任公司（以下简称金叶物业公司）。

5月　郴州市烟叶购销公司由下湄桥搬迁至桂阳县鸡公石中心仓库办公。

6月18—19日　由国家烟草专卖局专卖司、中国烟叶公司牵头，广东、福建、江西、广西、湖南东南五省毗邻地区烟叶收购边界协调会在郴州召开。郴州市副市长陈海平、副秘书长陈荣寿，省局（公司）总农艺师赵松义，广东省局（公司）副总经理黄履东，省局（公司）助理巡视员、郴州市局（公司）局长（经理）姜孝清，各相关省级局整顿办主任、专卖处长、烟叶处长，各毗邻地区市级局局长、专卖科长、烟叶科长，各毗邻县级局局长共80余人参加会议。

6月25日　省局印发《关于湖南省烟草公司郴州市公司建立母子公司体制改革实施方案和公司章程的批复》（湘烟法〔2007〕195号）。7月23日，市局印发《关于变更各县（市）营销部名称的通知》（郴烟办〔2007〕24号），各县（市）营销部名称统一变更为分公司。

6月　桂阳县顺利通过国家级烟叶标准化生产示范县专家组的验收，在全国10个参评项目区（县）中居第三位。7月，被国家标准化管理委员会授予“国家级烟叶标准化生产优秀示范区”称号。

7月10日　市公司成立金叶房地产开发有限责任公司（以下简称金叶房地产公司），负责市公司本级整体搬迁基建项目的土地拍卖摘牌和建设事务。

7月25—26日　国家烟草专卖局烟叶生产基础设施建设检查验收组一行7人，对郴州市2006年度烟叶生产基础设施建设项目进行检查，并对桂阳县12个项目进行现场抽查，顺利通过国家局验收。

9月18日　市局专卖管理监督科被省政府授予“依法办事示范窗口单位”荣誉称号。

9月20日　湖南省政府副秘书长李妙和、湖南省烟草专卖局副局长张志刚一行到郴州桂阳烟区调研烟叶工作。

11月30日　由郴州市委、市人大、市政府、市政协的有关领导组成督查组，在市委常委、秘书长何文君的带领下，深入桂阳县督查烟叶生产基础设施建设工作。

2008年

1月25日　郑雄志任郴州市局（公司）党组书记、局长、经理。

5月29日　中国烟草总公司在北京举办“全国烟叶生产基础设施建设表彰会”，郴州市桂阳县烟草分公司承办的桂阳县仁义镇梧桐烟水配套工程获得“全国烟叶生产基础设施建设优质工程”称号。

8月　按照省公司部署，全市烟叶收购全面实施委托银信部门非现金付款，烟叶款以现金支付模式废止；并在宜章县和桂阳县和平站开展“原收原调”试点。

9月　市局（公司）按照行业上级的统一部署，开展“账销案存资产处置”工作。自2008年起，一大批地处偏僻或征地手续不全的老烟草站、老批发部、旧仓库及老旧机械、旧车等被陆续处置。

10月31日　全省烟叶生产基础设施建设现场会在郴州召开。郴州市市长戴道晋到会致欢迎辞，省政府副省长徐明华、省烟草专卖局局长杨先杰出席会议并讲话，省长助理、省政府秘书长袁建尧，省委督办专员李妙和，省水利厅、财政厅、监察厅、审计厅、国土资源厅、交通厅、农机局、电力公司、农办、农开办、烟草专卖局、中烟公司及全省5000吨以上烟叶产区市（州）政府主要领导，各产烟市（州）烟草专卖局局长及25个重点产烟县政府主要领导、烟草专卖局局长共140余人参加会议。

12月　湖南省“创争活动”领导小组授予郴州市局（公司）第六届“湖南省十佳学习型组织”荣誉称号。

是年　市局获得“全国精神文明建设先进单位”称号。

2009年

1—2月　市局（公司）本级实施第三次人力资源体系建设改革，2月14日完成全员竞争上岗，首次增设“员工绩效行为素质评价”考核体系。各县局（分公司）随后跟进实施。

4月21—22日　国家烟草专卖局“三项检查”重点抽查工作组到郴州市局开展重点抽查。

4月28—29日　省长助理袁建尧一行到郴州嘉禾县广发乡现代烟草农业示范园忠良核心示范区和桂阳县敖泉镇咸宜现代烟草农业示范点、仁义镇梧桐村，就现代烟草农业建设进行调研。

6月2—3日　郴州市人民政府举办特色烟叶可持续发展论坛。

8月　全市各站烟叶上调“二次验收”方式改为“烟叶评价”，实行“当日收购、当日成包、次日调拨”。

8月　中国烟草总公司批复同意将存在经济纠纷的金叶大酒店资产整体划转给郴州市国资委。11月，正式移交。

11月2日　市局在郴州市政务中心开设专卖事务办事窗口。

12月8日　湘粤两省烟草市场整治工作协作座谈会暨合作协议签订仪式在郴州举行。两省以及郴州、韶关两市烟草部门、公安机关的有关领导出席会议，签署《湖南省郴州市烟草专卖局、广东省韶关市烟草专卖局“两烟”市场整治协作机制的工作方案》。

12月18日　首届全省烟草商业系统质量管理体系建设知识竞赛在郴州举行。来自全省14支市（州）局（公司）代表队参加比赛，郴州市局代表队获得团体一等奖。李淑惠等6名选手获得优秀队员奖，郑雄志获得优秀管理者代表奖。

2010年

2月7日　郴州市举办首届郴州市十大杰出经济人物、十大优秀企业评选活动颁奖典礼，市公司获得“十大优秀企业”称号。

3月10—11日　省局局长杨先杰到郴州调研，并与郴州市市长交流工作意见。

3月19日　上海“中华”品牌原料郴州浓香烟叶基地暨现代烟草农业仁义单元建设启动仪式在桂阳县仁义烟草站举行。

3月31日　市公司召开2010年工商协同营销暨品牌培育工作座谈会。全国13家中烟公司的区域经理、业务代表和全市系统卷烟营销线负责人等出席，共同谋划品牌培育之策。

4月25日　郴州市局（公司）举行整体搬迁建设项目开工奠基典礼。市委秘书长何文君主持仪式，160余人参加。

5月5日　桂阳县仁义镇鸿运烤烟专业合作社成立，成为全市第一家烟农专业合作社。2012年发展到57家，2013年按市政府文件进行规范和整合，28家被确定为重点扶持、合作对象。

5月18日　省长助理袁建尧到郴州调研指导现代烟草农业建设工作，省局（公司）副总经理陈江华等陪同调研。

7月15日　全省烟叶收购暨现代烟草农业建设现场会在郴州召开。省长助理袁建尧出席会议并作重要讲话，省局局长杨先杰主持会议，郴州市市长致欢迎辞。省烟草专卖局纪检组长罗高社、副总经理陈江华，湖南中烟工业公司总经理助理李明三，郴州市委、市政府相关领导亲临大会。

7月22日　市局（公司）办事公开民主管理体系文件发布会召开。

8月12—13日　湖南省烟草商业系统纪检监察工作座谈会在郴州召开。省局（公司）党组成员、纪检组长罗高社出席会议。

8月19日　湘粤两省毗邻地区烟叶收购秩序协调座谈会在郴州召开，广东省烟草专卖局党组成员、纪检组长周伟兵出席会议并讲话。郴州、韶关两局领导班子成员，有关部门负责人，毗邻县级局负责人共40人参加会议。

8月　市公司与贵州中烟公司合作，在嘉禾县广发烟草站首次开展“散烟”收购试点。次年，产烟县各确定一个站试点。至2013年，全市各站全面推行散烟收购，传统的“把烟”收购模式废止。

9月6—7日　湖南省人大常委会委员、内司委主任委员陈刚率省人大烟草执法调研组到郴州考察“一法一条例”的贯彻实施、烟草专卖行政执法和烟草生产经营情况。省局局长杨先杰、郴州市人大常委会主任钟本强、副市长陈海平等陪同调研。

9月8日　卷烟“新商盟”网上订货系统启动。11月，卷烟手机订货系统开通。全市卷烟零售户订货实现“网上、手机、电话”三种模式并存。

10月13日　郴州市政府主持召开全市现代烟草农业推进暨2011年全国烟叶收购现场会筹备工作动员大会。

10月18日　国家烟草专卖局科技司司长金忠理到郴州调研指导烟叶收购质量管理工作。

10月25日　全省烟草商业系统思想政治工作现场会暨政研年会在郴州举行。省局党组成员、副局长张志刚，湖南省委宣传部思想政治工作研究会秘书长郭天保出席会议。

10月27日　湘、粤、赣三省七县（市）卷烟打假打私协作机制工作会议在汝城县召开。三省七县（市）烟草专卖局主要负责人在会上签署《关于建立湘、粤、赣三省七县（市）卷烟打假打私协作机制的协议》。

10月29日　国家烟草专卖局局长姜成康在北京会见郴州市委书记戴道晋一行，听取郴州市烟叶产业发展和2011年全国烟叶收购暨现代烟草农业建设现场会筹备情况汇报。

12月2日　省长助理袁建尧到郴州调研指导现代烟草农业建设工作。省政府政策研究室副主任熊惠明、省公司副总经理陈江华等陪同调研。

2011年

1月24日　省局（公司）局长、总经理杨先杰到郴州调研，并走访慰问离退休老职工和困难职工。

2月16—17日　中国烟叶公司副总经理张玉征到郴州调研指导全国烟叶收购暨现代烟草农业建设现场会筹备工作情况。

4月1—2日　国家烟草专卖局副局长何泽华到郴州指导全国烟叶收购暨现代烟草农业建设现场会筹备工作。

4月27日　中国农业科学院烟草研究所所长王元英到郴州调研。省公司副总经理陈江华陪同调研。

4月28日　郴州市委书记戴道晋组织督查2011年全国烟叶收购暨现代烟草农业建设现场会筹备工作。

5月17—18日　中国烟叶公司副总经理聂和平到郴州调研指导工作。省政府研究室副主任熊惠明、省局（公司）副总经理陈江华、郴州市副市长陈海平等陪同调研。

5月25日　中国烟叶公司副总经理吴洪田到郴州调研指导工作。

5月30—31日　湖南省省长助理袁建尧一行到郴州调研指导全国烟叶收购暨现代烟草农业建设现场会筹备工作。

6月9日　郴州市委、市政府召开2011年全国烟叶收购暨现代烟草农业建设现场会筹备工作会前动员大会。

6月21—23日　2011年全国烟叶收购暨现代烟草农业建设现场会在郴州隆重召开。国家烟草专卖局副局长何泽华出席会议并作重要讲话，中国烟叶公司总经理赵振山在会上作工作报告。省委常委、常务副省长于来山，郴州市市长分别在会上致辞。省政府党组成员、省长助理袁建尧，中烟机械集团公司总经理黄崇光，省烟草专卖局局长杨先杰，省发改委副主任黄河，省政府研究室副主任熊惠明，湖南中烟工业公司副总经理曾献兵，郴州市委、市政府相关领导等亲临大会。现场会得到国家局领导“实践性、先进性、前瞻性、可行性和高标准、高水平、高效率、高质量、高层次、高组织管理”的“四性六高”的评价。

7月5日　省委副书记梅克保到桂阳县樟市烟草站调研指导散叶收购工作。

7月14日　省委书记周强到桂阳县考察现代烟草农业工作。省委常委、省委秘书长杨泰波，省烟草专卖局局长杨先杰等陪同调研。

8月1日　国家烟草专卖局、中国烟草总公司下达《关于湖南省公司打叶复烤企业体制改革的批复》（国烟法〔2011〕356号），组建湖南烟叶复烤有限公司，为湖南省烟草公司直属企业；天泰复烤公司取消法人资格，更名为湖南烟叶复烤有限公司郴州复烤厂，直属湖南烟叶复烤有限公司管理。9月16日，湖南烟叶复烤有限公司在郴州举行挂牌仪式，原天泰复烤公司自此脱离市烟草公司控股管辖。

9月11日　中央财经领导小组农村局局长谢德新等一行到郴州嘉禾、桂阳县的烟叶产区，调研指导烤烟专业合作社建设。中国烟叶公司副总经理张玉征，省烟草专卖局局长杨先杰，郴州市委、市政府领导陪同调研。

11月20日　市局（公司）本级召开现代人力资源管理体系建设第四轮全员竞岗工作动员大会，开展中层及以下员工竞争上岗。辖区各县级局（分公司）随后开展。

12月7—8日　国家烟草专卖局局长姜成康到郴州调研。湖南省政府省长助理袁建尧、国家局总会计师张玉霞等陪同调研。

12月16日　郴州市政府组织召开全市2012年烟叶生产暨现代烟草农业建设工作会议，副市长陈海平作主题报告。

12月20日　郴州市烟草专卖局（公司）被中央文明委授予“全国文明单位”称号。

12月　“桂阳牌烟叶”被湖南省质量技术监督局认定为“湖南省名牌产品”。

2012年

2月23日　市政府召开全市烟叶工作会，决定将烟叶工作纳入各产烟县（市）区政府年度综合绩效考核范围。

3月13日　省长助理袁建尧带领省政府研究室副主任熊惠明、省公司烟叶处负责人，到郴州调研烟叶生产及现代烟草农业建设工作。

3月14日　省局局长杨先杰率人劳处、财务处主要负责人等到郴州市局调研。

4月9—10日　省烟草公司副总经理陈江华到郴州、桂阳、永兴县烟叶产区调研烟叶生产、烟叶基础设施建设工作。

4月24日　郴州市委常委、市委秘书长何文君一行到宜章县调研烟叶生产工作。

6月13—14日　中烟物流公司副巡视员李卫国带领国家烟草专卖局专家组到郴州评审论证卷烟物流配送中心建设项目。省局（公司）副总经理李民灯、副巡视员姜孝清，郴州市政府领导陈海平出席论证会。

6月26日　郴州市市长瞿海到桂阳、嘉禾县烟区指导烟叶工作。

7月5日　省局（公司）党组成员、副总经理陈江华到安仁县调研烟叶工作。桂阳县“双喜—樟市”烟叶基地单元被中国烟草总公司授予“全国优秀烟叶基地单元”称号。

7月10—11日　中国烟草总公司合肥设计院院长朱小平带领国家局专家组，对郴州烟草经营业务用房和物流配送中心建设项目进行评审论证。省局（公司）副总经理李民灯、副巡视员姜孝清，郴州市政府领导陈海平出席论证会。

7—8月　试点开展“新出烤房烟叶”在烟草站进行专业化分级预检，效果良好，其后逐步推广。

8月6日　湖南省委副书记、省长徐守盛到桂阳县调研烟叶收购工作。

8月8日　省长助理袁建尧带领省政府研究室副主任熊惠明到郴州调研烟叶生产收购工作。郴州市委副书记、市长瞿海，市委常委、市委秘书长何文君，市政府正厅级干部陈海平等陪同调研。

9月1日　省局（公司）副总经理陈江华到郴州检查指导烟叶收购工作。

9月10日　湖南省人大常委会副主任蔡力峰一行到桂阳县调研现代农业发展情况，并考察烟叶基础设施建设。省农业厅副厅长谢国华、省水利厅副厅长钟再群等陪同调研。

9月13—14日　省局局长杨先杰到郴州调研，先后到桂阳县仁义烟草站、城郊烟草站查看烟叶收购情况，看望郴州市区卷烟零售户，与市局（公司）有关人员座谈。

9月19日　郴州市副市长雷晓达带领“稳增长、促和谐”专题督查组，专程深入桂阳县正和烟草工作站考察烟叶收购情况。

10月10日　郴州市市长瞿海、市政府正厅级干部陈海平到桂阳县调研指导烟叶收购工作。

10月　市公司组队参加全国“为知名品牌建功立业”演讲比赛，市公司的《小烟摊，大变化》获得全省和全国烟草系统一等奖。

11月28日　市政府举行北湖区江源水库竣工庆典仪式，中国烟叶公司总经理赵振山，省政府党组成员、省长助理袁建尧，省政府办公厅党组成员、研究室副主任熊惠明，省水利厅厅长戴军勇，市委副书记、市长瞿海出席庆典。

2013年

1月29—30日　省局（公司）局长、总经理杨先杰深入郴州慰问烟农、困难职工，走访零售户。其后又于6月6日、10月18日，到郴州调研指导工作。

2月3日　市局（公司）举行“感动郴烟——最美郴烟人”颁奖典礼。中共郴州市委常委、宣传部部长周迎春在典礼现场授予郴州市局“全国文明单位”奖牌。

3月13日　省长助理袁建尧到桂阳、永兴县调研指导烟叶生产。

4月2日　省局（公司）副总经理李民灯到桂阳县指导烟叶生产及科研工作。

4月7日　黄国联任郴州市局（公司）党组书记、局长、经理。

4月8日　郴州市委常委、市委秘书长何文君到宜章县调研烟叶生产工作。

4月19日　郴州市委、市政府组织召开全市基本烟田土地整理现场会。市长瞿海等出席会议并讲话。

4月25日　湖南省委常委、省政法委书记，省公安厅党委书记、厅长孙建国在桂阳县开展“转作风、解难题、抓关键、见实效”专项活动期间，专程调研烟叶生产工作。

5月14—15日　中国烟叶公司副总经理张玉征到桂阳县、北湖区调研水源工程建设情况。

6月18日　国家烟草专卖局水源办副主任吴践志带领国家局烟叶基础设施工作检查组，到郴州检查指导烟叶基础设施建设、优化烟叶结构工作。

7月8日　郴州市人大常委会主任钟本强到安仁县烟区调研烟叶工作。

7月23日　桂阳县开秤收购烟叶的第一天，郴州市委副书记、市长瞿海到桂阳县指导烟叶收购工作。

8月26日　全省烟草商业系统廉政风险防控工作观摩会在郴州召开。省局（公司）党组成员、纪检组长罗高社，郴州市纪委副书记李小华出席会议。各市（州）局有关人员90人参会。

8月　按照国家烟草专卖局统一部署，全市系统开始推行“精益管理”。

9月5日　郴州市委常委、市纪委书记龚凤祥到桂阳县正和烟草工作站调研指导党风廉政建设工作。

9月27日　中国烟叶公司副总经理陈江华到郴州烟叶中心仓库检查烟叶备货质量情况。

10月16日　郴州市市长瞿海、市政府正厅级干部陈海平以及市相关部门负责人到桂阳县调研烟草援建的桃源水库建设项目。27日，再次调研该建设项目。

2014年

1月7—8日　省局（公司）党组成员、副总经理李民灯到郴州市局（公司）指导工作。

1月26日　郴州市组织召开“两烟”领导小组会议，市委副书记、市长瞿海主持会议。

2月20日　桂阳县桃源水库工程举行开工仪式。该项目总投资4.2亿元，其中烟草援建资金3.09亿元，时为全省第一、全国第二大的获得烟草援建资金的项目。

3月19日　省局（公司）党组副书记、副局长、副总经理樊剑峰，副总经理李民灯一行到市局（公司）、湖南烟叶复烤有限公司指导工作，郴州市委秘书长首建中等陪同调研。

4月16—17日　中国烟叶公司副总经理包勤一行到郴州烟区调研指导烟叶“双控”、基地单元建设等工作。

5月9日　国家烟草专卖局局长凌成兴率国家局办公室、经济运行司、中国烟叶公司负责人等一行到郴州指导工作，先后考察湖南中烟郴州卷烟厂易地技改现场、桂阳县龙潭街道梧桐村烟叶精益生产示范基地、仁义镇鸿运烤烟专业合作社以及正和烟草工作站。湖南省省长助理袁建尧，省局局长杨先杰、副局长樊剑峰，湖南中烟工业公司负责人及郴州市市长瞿海等陪同调研。

5月21—22日　国家烟草专卖局副局长杨培森到郴州调研，先后考察桂阳县十字乡双林村、敖泉镇塘湾村、龙潭街道梧桐村烟叶精益生产基地、仁义镇大湖村综合利用工场、仁义鸿运烤烟专业合作社和烟草援建的北湖区江源水库，并与鸿运合作社代表，郴州市委、市政府主要领导等分别进行座谈。中国烟叶公司总经理陈江华，国家局办公室副主任徐维华，湖南省局（公司）副局长、副总经理樊剑峰，副总经理李民灯等陪同调研。

6月27日　全国知名烟草专家、16家工业企业代表齐聚郴州，为郴州浓香型烟叶品牌发展献计献策。

8月5日　省局（公司）副局长、副总经理樊剑峰，副总经理李民灯、徐文军等一行，到郴州市局（公司）调研指导工作。

8月19日　郴州市委常委、市纪委书记龚凤祥到郴州市局（公司）指导纪检监察工作。

8月20日　郴州市市长瞿海等到桂阳县烟区指导烟叶收购工作。

8月26日　中国烟叶公司副总经理吴洪田到桂阳县调研。

8月28日　省局纪检组长罗高社到郴州市局（公司）调研。

8月　全市系统38个收购站90条烟叶收购线加装BS系统软件、工控管理机、高清视频监控系统、市县两级喊话系统，全市烟叶收购开始实行全过程近程、远程现场监督。其后在全市各站点全面推行。

11月11日　省局（公司）副总经理李民灯到郴州市局（公司）调研。

2015年

2月4日　桂阳县委书记廖桂生和县长庹登军、副县长李光华等人向郴州市局（公司）送上“冰雹无情　烟草有爱”锦旗，为市局（公司）水源办、烟基办送上“援建水源工程　造福烟区百姓”“烟田整理见实效　惠农惠民暖民心”锦旗，感谢郴州烟草为桂阳富民强县做出的努力与贡献。

2月5日　中央电视台、新华社、《农民日报》、《中国烟草》杂志社、《东方烟草报》等中央及行业媒体记者到郴州采访烟草援建的江源水库等项目，宣传报道郴州现代烟草农业建设情况。

2月6日　省局（公司）党组成员、副总经理李民灯到郴州走访慰问困难职工，看望离退休老职工。

3月3—4日　省长助理袁建尧到郴州调研烟叶生产及水源性工程建设。省政府办公厅副主任熊惠明、省局（公司）副总经理李民灯等陪同调研。

3月11—12日　省人大财经委副主任委员、预算工委主任朱新民到郴州专题调研“两烟”产业发展情况，省局（公司）党组成员、副总经理李民灯陪同调研。

3月18—19日　省局（公司）党组成员、副总经理徐文军到郴州市局（公司）调研。

5月12日　省政府参事、省烟草专卖局（公司）高级农艺师赵松义一行到桂阳县调研指导烟叶生产科研工作。

5月20日　郴州市委常委、市纪委书记李超到桂阳县正和烟草工作站调研指导党风廉政建设工作。

6月11日　国家烟草专卖局“浓香型特色品种的挖掘筛选与研究利用”项目田间鉴评会在郴州召开，全国浓香型烤烟产区育种和栽培专家参加会议。

6月12日　郴州市委书记易鹏飞率市有关单位、部门负责人到郴州市局（公司）调研烟草工作，召开专题会议。市局（公司）、郴州卷烟厂、湖南烟叶复烤有限公司领导参会。

6月9—16日　全国烟草密集烘烤技术培训暨技能比武在桂阳县仁义站举行。

6月16日　市政府评审通过《郴州市烟草产业发展总体规划（2014—2024年）》和《郴州市烟叶产业地理信息数据库》。

6月30日　省局（公司）党组成员、副总经理李民灯到郴州调研烟叶生产工作。

7月1日　郴州市委书记易鹏飞到桂阳县烟区调研烟叶生产工作。

7月10日　共青团郴州市烟草专卖局（公司）委员会成立暨全市系统第一次团员代表大会召开，团市委书记牛威威，郴州市局（公司）局长、经理黄国联出席会议并致辞。

7月29日　省局（公司）局长、总经理樊剑峰到郴州专题调研“十三五”规划编制工作。

7月31日　省局（公司）副总经理徐文军到郴州调研指导工作。

9月　金叶房地产公司经过清算和资产处置后注销。

10月10日　金叶物业公司正式注销。

11月23日　郴州市委常委、宣传部部长张希慧到桂阳县烟草站调研基层思想文化宣传工作。

11月24日　国家烟草专卖局副局长段铁力到郴州调研。国家局经济运行司副司长张一峰，省局（公司）局长、总经理樊剑峰和副总经理李民灯，湖南中烟公司相关领导，郴州市委常委、常务副市长李评，市政府正厅级干部陈海平陪同调研。

12 月 29 日　市局（公司）党组召开 2015 年度领导班子“三严三实”专题民主生活会。省局（公司）党组书记、局长、总经理樊剑峰，郴州市直工委副书记曹飞云到会指导。

2016 年

1 月 20 日　省委副书记孙金龙到桂阳县实地调研指导烤烟专业合作社建设工作。郴州市委书记易鹏飞、市委副书记龚凤祥陪同调研。

1 月 26—27 日　省局（公司）党组成员、副总经理李民灯等一行到郴州调研“两烟”生产经营工作。

4 月 5 日　湖南中烟工业公司副总经理李立到郴州调研卷烟市场。

4 月 14 日　湖南郴州市烟草专卖局、广东清远市烟草专卖局召开联合执法工作协调会，建立联合执法工作机制，共商湘粤边界卷烟打假打私打非工作。

4 月 26 日　郴州市委副书记、市长瞿海，副市长雷晓达等到桂阳县指导烟叶生产和特大雹灾后生产自救工作。

4 月 28—29 日　省局（公司）党组成员、副总经理李民灯到郴州市局（公司）调研。

5 月 5 日　省局（公司）副总经理徐文军到郴州调研烟草科技创新工作。

5 月 11 日　广东中烟工业公司副总经理区广安一行到郴州市局（公司）开展“两烟”互动交流活动。

5 月 18 日　郴州市副市长雷晓达率市政府副秘书长李建军，以及市烟草办、市气象局、国网郴州供电公司、郴电国际有关负责人专题调研烟草工作。

6 月 12—17 日　国家烟草专卖局烟叶调制技师培训鉴定基地落户郴州。全国烟草行业 2016 年度烟叶调制技师国家职业资格认证第二阶段实操培训及鉴定工作在桂阳县仁义镇举行，全国各省（市）级局（公司）的 74 名学员参加培训及鉴定。

6 月 19—20 日　郴州烟草选育烤烟新品“CZ—43”顺利通过全国烟草品种农业评审。

6 月 21 日　市政府主办的郴州“福城金叶”浓香品牌建设座谈会召开，全国知名烟草专家、16 家工业企业代表云集郴州，共商“福城金叶”浓香品牌发展大计，共谋工商研战略合作。省局（公司）副总经理李民灯出席会议。

7 月 11 日　郴州市委副书记、市长瞿海，副市长雷晓达深入桂阳县产烟乡镇，调研指导烟叶工作。

8 月 17 日　湖南中烟工业公司副总经理杨智敏率综合计划部、营销中心、郴州卷烟厂等部门负责人到郴州市公司调研卷烟营销工作。

8 月 31 日　郴州市委副书记、市长瞿海到桂阳、嘉禾县调研指导烟叶收购工作。

8 月 30—31 日　中国烟叶公司总经理陈江华一行到郴州调研烟叶工作。省局（公司）局长（总经理）樊剑峰、副总经理李民灯，郴州市委常委、市委秘书长蒲学联，副市长雷晓达陪同调研。

9 月 7—8 日　省局（公司）副总经理徐文军等一行到郴州调研指导卷烟营销工作。

11 月 14 日　郴州“福城金叶”烟叶商标注册成功。

2017 年

1月16日　省局（公司）党组成员、副总经理徐文军到郴州市局（公司）慰问离退休老职工。

2月14日　郴州市副市长雷晓达到桂阳县调研指导烟叶生产和烟田土地整理工作。

2月15日　郴州市委副书记、市长刘志仁专题调研烟草工作。

3月7日　全国烟草行业高技能人才（烟叶类）培训鉴定基地在郴州揭牌成立。同日，中国烟叶公司副总经理刘建利一行到郴州调研烟叶生产和烟农增收工作。

3月20—21日　河南省烟草专卖局（公司）党组成员、副总经理王泽宗率调研组一行13人到郴州调研烟叶工作。

3月28日　郴州市北湖区江源水库工程通过蓄水验收。

5月5日　郴州市政协协商委派民主监督小组进驻郴州市局（公司），开展为期一年的民主监督工作。

5月25—26日　全国人大常委会预算工委副主任刘修文一行到郴州开展烟叶税立法调研。

6月12—13日　省局（公司）党组书记、局长、总经理樊剑峰到郴州、桂阳县调研指导“两学一做”教育 和“两烟”生产经营管理工作。

6月15日　中国烟叶公司总经理陈江华一行深入郴州桂阳县调研烟农增收工作。

6月19日　郴州市委副书记陈雪楚一行到桂阳县调研烟叶工作。

6月17—21日　烟草行业2017年度全国烟叶调制技师实操培训及鉴定工作在桂阳县仁义镇举行，来自全国12个省62个产区的69名烘烤技术骨干参加培训及鉴定。

6月26—27日　省政府办公厅巡视员熊惠明一行到郴州调研烟草工作。

6月29日　中国烟草总公司发布《全国烤烟香型风格区划》(单行本)，将全国烤烟产区划分为八大香型烟区，郴州被列入南岭丘陵生态区——焦甜醇甜香型烟区，典型产地为桂阳。

6月30日　烟草行业援建的桂阳县桃源水库工程顺利通过下闸蓄水验收。

7月12日　江苏中烟工业公司副总经理王海龙一行4人到郴州市局（公司）调研。

7月13—14日　浙江中烟工业公司副总经理娄晓平一行7人到郴州市局（公司）调研。

7月20日　江西中烟工业有限责任公司副总经理赵明强一行到郴州市局（公司）调研。

7月26日　上海烟草集团有限责任公司党组副书记、纪检组长杨桂选一行到郴州调研烟叶工作。

8月4日　省局（公司）党组成员、副局长李民灯到郴州市局（公司）调研指导工作。

8月17日　省局(公司)党组书记、局长、总经理樊剑峰到郴州调研,与郴州市市长刘志仁就烟叶生产、卷烟营销、打假打私等工作交换意见。

8月22—23日　市政协副主席徐本华到郴州市局（公司）调研。

8月24日　省局（公司）总农艺师陆中山深入郴州调研指导烟叶收购、烟叶二次评价、备货调拨等工作，走访慰问一线干部职工。

8月29日　贵州中烟工业公司总农艺师杨辉率队到“贵烟”品牌特色优质烟叶嘉禾县广发、永兴县高亭基地单元调研烟叶工作。

8月　全市烟叶“二次验级”推行原级原运评价模式。

9月20日　高志强任郴州市局（公司）党组书记、局长、经理。

10 月 12—13 日　省局（公司）党组成员、副总经理徐文军到郴州调研烟叶收购后期工作。

10 月 18 日　市公司卷烟物流中心月形社区新库区正式运作。

10 月 25 日　全省烟草商业系统“为党和人民事业增添正能量”活动推进会在郴州召开。

10 月 26 日　全国人大法律委员会副主任委员孙宝树一行到桂阳县樟市镇调研烟叶工作。

10 月 27 日　山东中烟工业公司副总经理王众声一行 4 人到郴州市局（公司）交流座谈。

11 月 22 日　全省高标准农田建设改革工作推进会在宜章县召开。省委常委、常务副省长陈向群，副省长隋忠诚出席会议并讲话。省政府副秘书长欧阳煌同省发改委、财政厅等 15 个省直部门和 14 个市（州）及辖区县有关领导到宜章县高标准农田现场调研，省局（公司）总农艺师陆中山陪同调研。

11 月 22 日　国家烟草专卖局廉政办主任刘忠带领调研组到郴州市局（公司）就系统性廉洁风险防控等课题开展调研。

2018 年

1 月　市局（公司）被中央精神文明建设指导委员会办公室授予“全国文明单位复查合格”证书，继续拥有“全国文明单位”荣誉称号。

1 月 29 日　郴州市副市长陈荣伟深入桂阳县督导检查烟叶育苗抗冰保苗工作。

3 月 7 日　郴州市副市长陈荣伟到安仁县调研指导抗雹保苗工作。

3 月 15 日　湖南中烟工业公司党组成员、副总经理刘兴到郴州市五岭广场现场指导市烟草消费者权益宣传活动。

3 月 16 日　江西中烟工业公司副总经理赵明强一行到郴州调研烟叶工作。

3 月 30—31 日　国家烟草专卖局水源办副主任吴践志一行到郴州督导“控规模，守红线”工作。

4 月 19 日　郴州市副市长陈荣伟深入桂阳县督导烟叶“控规模，守红线”工作。

4 月 19 日　省局（公司）党组成员、副总经理徐文军一行到郴州调研指导烟叶工作。

4 月 24—25 日　省局（公司）党组成员、副总经理黄国联，总农艺师陆中山到郴州调研指导烟叶、物流、安全工作。

5 月 15 日　全省系统 2018 年精益管理工作推进会在郴州召开。省局（公司）副总经理、党组成员谢建宏出席会议。

5 月 23 日　2018 年度“湖南烟草科技活动周”在郴州启动。省局（公司）副总经理黄国联、郴州市副市长陈荣伟出席活动。

6 月 20 日　浙江中烟工业公司副总经理娄晓平到郴州高端卷烟原料定制化生产基地调研指导工作。

7 月 6 日　湖南中烟工业公司党组成员、副总经理刘兴一行深入郴州调研湘烟品牌维护工作。

7 月 12 日　省局（公司）党组书记、局长、总经理樊剑峰，江苏中烟工业公司总经理曾献兵到桂阳县“南京”高端卷烟原料定制化生产基地调研指导工作。

7 月 25—26 日　国家烟草专卖局烟叶标准化生产实效考评组对郴州市烟叶标准化生产工作实效进行综合考评。

8 月 20—21 日　省局（公司）党组成员、副局长李民灯到郴州调研指导基层组织建设和市场监管工作。

9 月 17 日　安徽中烟工业公司副总经理宁敏一行到郴州调研。

9月29日　江西中烟工业公司副总经理赵明强一行到桂阳县调研指导烟叶收购工作。

10月15—16日　国家烟草专卖局水源办副主任赵素芬一行到郴州调研指导烟草援建水源工程项目建设和资金管理工作。

10月18日　福建省烟草专卖局（公司）总农艺师陈顺辉率调研组一行7人到郴州调研烟叶高成熟度生产工作。

11月8日　省局（公司）党组成员、副局长李民灯和党组成员、副总经理谢建宏，带领办公室、专卖、销售、烟叶、党建、信息等处室负责人深入郴州调研指导工作。

12月10日　市政府组织召开“两烟”市场综合治理工作座谈会。副市长陈荣伟出席会议并讲话。

12月20日　省局（公司）党组成员、副总经理徐文军到桂阳县调研指导烟草站管理工作。

2019年

1月10—11日　全省系统2018年重点工作推进总结会在郴州召开。省局（公司）党组书记、局长、总经理樊剑峰出席会议并讲话。

1月25日　省局（公司）党组成员、副总经理黄国联到郴州市局（公司）开展春节前安全检查工作，并慰问离休职工和困难职工。

2月21—22日　省局（公司）党组成员、副总经理徐文军到郴州市局（公司）调研指导工作。

3月28日　市公司烟叶生产技术中心与郴州市农业科学研究所合作自育烤烟品种“湘烟6号”通过全国品种审定委员会审定，并获得合格证书。

3月　市局（公司）实施第五轮人力资源体系建设改革，开展中层及以下员工竞争上岗。辖区各县级局（分公司）随后开展。

4月2日　国家烟草专卖局技能鉴定中心副主任杨保吉、中国烟叶公司副总经理刘建利一行到郴州指导烟草行业第一届烟叶调制职业技能竞赛筹备工作。

4月17日　全省系统第一届烟叶调制职业技能竞赛初赛在郴州开赛，全市系统53名人员参加预赛，选拔的5名选手均进入全省系统前15名。6月6日，本次技能竞赛落幕。

5月15日　深圳烟草工业公司总经理梁强一行到郴州调研“好日子”品牌培育工作。

6月24日　第十七届全国烟草行业职业技能竞赛暨第一届烟叶调制职业技能竞赛在郴州闭幕。

7月25—26日　市局（公司）的“降低烟叶专业化植保作业成本”获得全国烟草行业优秀QC成果一等奖。

8月14日　郴州市委书记易鹏飞到桂阳县指导烟叶收购工作。

8月27日　上海烟草集团有限责任公司党组成员、副总经理唐煦一行到郴州调研烟叶工作。省公司副总经理徐文军陪同调研。

9月4—5日　省局（公司）党组书记、局长、总经理樊剑峰带领办公室、烟叶处、财务处负责人到郴州调研。

9月11日　省局（公司）党组成员、副总经理徐文军到郴州调研指导烟叶收购工作。

11月8—9日　国家烟草专卖局商业标准化示范企业考评组到郴州市局（公司）开展标准化工作现场复评。

11月12日　郴州市委、市政府召开“两烟”领导小组会议，市委副书记邹文辉、副市长陈荣伟出席会议。

11月25日　湖南省政府副秘书长易佳良到桂阳县调研指导烟叶生产工作。省局（公司）党组成员、副总经理徐文军陪同调研。

12月30日　郴州市副市长陈荣伟到嘉禾县调研指导烟叶大田翻耕和育苗工作。

2020年

1月15日　省局（公司）党组成员、纪检组长代伟带领监察处、规范办部门负责人，到郴州市局（公司）走访慰问困难职工。

1月16日　郴州金叶商贸公司正式撤销，其资产、所属留守的在编正式员工移交市公司。

2月11日　市委副书记、市长刘志仁到郴州市局（公司）调研指导工作。副市长陈荣伟，市政府秘书长黄泽生，郴州市局（公司）党组书记、局长、经理高志强陪同调研。

3月2日　省局（公司）党组成员、副总经理徐文军到郴州调研督导疫情防控和生产经营工作。

3月5日　郴州市委书记易鹏飞、市委常委冯海燕、副市长陈荣伟等一行到苏仙区调研烟叶春耕备耕和疫情防控工作。

3月6日　郴州市副市长陈荣伟到永兴县指导黄口堰水库建设工作。

3月11日　郴州市副市长陈荣伟到宜章县指导烟叶生产工作。

3月13日　市政府组织召开销毁烟草专卖品现场会，副市长陈荣伟出席并讲话。市公安局、市市场监管局、郴州海关等单位相关人员参会。

4月22日　郴州市“两烟”工作领导小组召开全市“两烟”市场综合治理工作联席会议。

4月28日　市局（公司）领导班子集体走访扶贫结对帮扶村——汝城县延寿瑶族乡寿水村，开展脱贫攻坚现场办公。

5月11日　省局（公司）总农艺师陆中山带领省局烟科所、烟叶处有关负责人到郴州指导烟叶生产工作。

6月30日　省局（公司）党组成员、副总经理谢建宏带领销售处负责人到郴州调研指导工作。

7月3日　省局（公司）总农艺师陆中山带领烟叶处负责人到嘉禾、桂阳县烟区，调研指导烟叶生产工作。

7月7日　江苏中烟工业公司副总经理王海龙到桂阳县“南京”高端卷烟原料定制化生产基地调研指导工作。湖南省局（公司）党组成员、副总经理徐文军陪同调研。

7月27日　怀化市委常委、常务副市长张扬平，怀化市烟草专卖局（公司）党组书记、局长、经理向宝铸到桂阳县考察烟叶生产工作。郴州市副市长陈荣伟陪同考察。

7月　市局（公司）内网财务共享中心运行，全市系统所有费用报账均通过该系统进行，既可用电脑操作，也可用手机操作。

8月21日　省局（公司）总农艺师陆中山带领烟叶处相关负责人一行到郴州调研指导烟叶收购工作。

8月28日　江西中烟工业公司副总经理赵明强一行到桂阳县调研指导烟叶收购工作，湖南省局（公司）总农艺师陆中山陪同调研。

8月28日　郴州市副市长陈荣伟等到桂阳县指导烟叶收购工作。

9月7日　郴州市市长刘志仁到安仁县调研指导烟叶收购工作。

9月14日　省局（公司）党组成员、副总经理徐文军一行到郴州调研指导烟叶收购工作。

9月21—22日　省局（公司）党组成员、副总经理谢建宏带领省局8个处室相关负责人，在郴州举行“十四五”规划编制调研会，听取郴州、永州、衡阳市局（公司）及省复烤公司4家直属单位的意见和建议。

9月22—23日　省局（公司）党组书记、局长、总经理樊剑峰带领办公室、党建处和烟叶处负责人到郴州调研指导工作。

10月21日　郴州市副市长陈荣伟到嘉禾县督导调研烟草行业援建水源工程三百蹬水库建设工作。

10月30日　郴州市六三六贸易连锁有限责任公司正式挂牌营业。

11月2日　市局（公司）选送的《基于“福城金网”平台的服务管理体系构建》被中国智慧企业发展论坛评选为“2020年全国智慧企业建设最佳实践案例”。

12月1日　省局（公司）党组成员、副总经理徐文军带领烟叶处和人事处主要负责人一行到桂阳县局（分公司）调研。

第一篇　专卖管理

第一章　机构与队伍

第一节　机构设置与工作机制

2003 年，郴州烟草沿袭统一领导、垂直管理、专卖专营体制。按照《中华人民共和国烟草专卖法》《中华人民共和国烟草专卖法实施条例》等法律法规，在郴州辖区设立市烟草专卖局（公司）和 2 区、9 县（市）烟草专卖局（公司），负责全市的烟叶生产经营、卷烟营销、"两烟" 市场管理。烟草专卖局为本地执行《中华人民共和国烟草专卖法》的行政主管部门，侧重于宏观管理和烟草市场管理、行政执法；烟草公司为国有企业，负责本地烟叶的生产经营和卷烟营销；政企合一，合称为局（公司）。是年，全市烟草商业系统（以下简称全市系统）共有在编员工 2374 人，其中有专卖管理专职人员 109 名。市局下设专卖科（稽查支队）、县局下设专卖股（稽查大队），负责烟草市场日常监管和行政执法，经办相关事务。市局专卖科（稽查支队）共有 38 人，分三个大队，一大队为机动大队，负责大要案查处；二大队负责北湖、苏仙两区 31 个乡镇农村烟草市场管理；三大队负责郴州城区烟草市场管理。遇有重大和紧急行动，三个大队整合行动。为加强对境内烟草工商业生产经营和市场管理的领导，市级设置"两烟"（烟叶、卷烟）工作领导小组，由市委副书记或副市长任组长，下设"烟草工作办公室"（以下简称烟草办，为市政府常设机构），领导、协调相关工作。为加大执法力度，与公安局、工商行政管理局（2018 年起改称市场监督管理局）、技术质量监督局（原标准计量局）、交通局、物价局等执法部门皆有联合执法办案机制，遇有重大执法行动时，可由市、县政府牵头协调，联合执法，形成政府牵头、"条""块"结合、各职能部门参与、齐抓共管的专卖管理工作格局 。

2004 年 5 月，在市委、市政府的支持下，为开展烟草市场整顿专项行动，成立郴州市烟草市场专项治理整顿工作办公室和联合稽查队。8 日，郴州市人民检察院、公安局、监察局、工商局、烟草专卖局等 19 院、局、处，联合发布《行政执法与刑事执法衔接工作机制规定（试行）》（郴检会〔2004〕01 号），规定：对行政执法过程中，发现的涉嫌刑事犯罪的案件，要及时移送有管辖权的公安机关，由公安机关立案侦查，检察院对移送案件和公安侦查活动及时介入监督，各环节皆规定处置时限和规矩，以提高工作效率。14 日，郴州市烟草专卖局专卖科（稽查支队、市局内管办）、老干部科搬迁至原北湖区烟草经营部办公大楼办公。

2005 年 7 月 6 日，湖南省高级人民法院、湖南省人民检察院、湖南省公安厅、湖南省烟草专卖局，依照最高人民法院、最高人民检察院、公安部、国家烟草专卖局联合发布的《关于建立烟草制品打假协作机制的意见》（国烟专〔2004〕945 号）文件精神，联合发布《关于建立烟草制品打假协作机制的意见》（湘烟专〔2005〕251 号），要求：在省级建立全省烟草制品打假协作办公室的基础上，各市（州）要逐级建立相应的组织领导机构；建立定期联席会议制度，每年至少召开一次。打假协作办的主要工作内容：依法组织查办制售假冒伪劣烟草制品案件，治理整顿烟草市场；督促、指导大要案和疑难案件的查办；研究适用法律问题；及时通报有关信息；加强宣传培训工作。12 月 28 日，郴州市委办、政府办联合发布《关于建立郴州市烟草制品打假协作机制的意见》（郴办字〔2005〕109 号），决定调整市整顿规范烟草市场秩序工作领导小组，由市委常委、常务副市长易佩康任组长，副市长陈海平为常务副组长，市政法委、市委办、市政府办、市公检法、市法制办、市烟草办、市治理办、市监察、财政、质监、工商及烟草等相关部门分管领导为成员，下设办公室，市政府烟草办党组书记曹伟兼主任，各相关单位抽调专人组成联合打假工作队伍，建立打假工作责任制和责任追究制度，由烟草专卖局保障办案、考核表彰经费。

2006 年 4 月，“实现城乡一体、提升服务内涵”网建通过省局验收，可在全国联网处理办证、阅文、信息互通、案件协查、报表传送等事务，上达省局、国家局，下达县局、站点，专卖事务办理更加方便快捷。

2009 年，《湖南省打击高速公路运输非法烟草制品联席会议纪要》出台，市局与高速交警耒宜大队制定贯彻实施细则，建立与高速公路交警联合打击烟草违法行为快速联动协作机制。通过与市公安局协商，报经市委、市政府同意，成立公安烟草执法大队。各县级局也根据市局的要求，加强与公安、工商等执法部门的紧密协作。

2010 年，根据新修订的《烟草专卖行政处罚程序规定》和“两高”（最高人民法院、最高人民检察院）对涉烟案件的司法解释，修订完善案件查处制度和与公安等执法部门联合办案协作机制。在省局的支持下，郴州市局与广东韶关、江西赣州等周边市局建立跨省联合查处涉烟（特别是打击跨境非法贩运烟叶违法行为）案件联动机制。资兴市局、宜章县局、桂东县局、汝城县局也积极开展跨省边界县（市）协作，与广东乐昌市局、仁化县局、江西崇义县局签署《关于建立湘、粤、赣三省七县（市）卷烟打假打私协作机制的协议》。

2012 年 5 月，由市政法委牵头，成立由公检法、烟草等部门组成的郴州市涉烟刑事案件查处协调领导小组，各县（市）随之跟进成立。9 月 20 日，郴州市五局委（市政法委、市中级法院、市检察院、市公安局、市烟草专卖局）联合下发《关于加强涉烟刑事案件查处打击工作的若干意见》，对打假工作的组织协调，对涉假案件嫌疑人的抓捕批捕、定罪追刑等关键环节统一认识，对以往打假工作中的难点问题予以破解，具有极强的指导性。与工商管理局合作的烟草市场综合治理机制也进一步修订完善。

2014 年，全市系统启动“三站（所）合一”（烟叶工作站、卷烟营销服务站、烟草专卖监管站合一）市场服务监管模式试点。2015 年，桂阳 3 个基层专卖服务站率先建成。至 2019 年共建成 28 个，使对基层、农村市场的专卖管理和服务功能得到强化。

2016 年，与广东省清远市烟草专卖局构建烟草专卖联合办案协作机制。

2017 年，针对快递业渐成物流主渠道之一的现状，与市邮政部门达成联合执法协议，协调邮政部门成立物流寄递领域烟草专卖协查工作小组，在全市 50 余家寄递企业建立涉烟信息联络员工作机制，突出强化互联网及物流寄递环节涉烟监管。

2018 年，由郴州市副市长挂帅的“两烟”工作领导小组下发《关于加强“两烟”市场综合治理工作的意见》，建立“两烟”市场综合治理工作责任机制，将“两烟”市场综合治理工作纳入各县（市、区）年度综治考核，构建公安、工商、交警、邮管等 20 多个部门联合参与的治理体制；组建烟草执法辅警队伍，明确长期为市公安治安支队烟草执法大队配备 10 名辅警，在市烟草局稽查支队办公，协助开展“两烟”

市场综合治理工作。

2020年，突出政府主导、各方联合协作共管烟草市场机制，继续将烟草市场综合治理工作纳入市直相关单位和各县（市）区“平安建设”考评内容，涉烟管理项目由市烟草专卖局直接考核，兑现奖惩。市政府主持召开“两烟”市场综合治理工作联席会，原则上审议通过新方案及经费管理办法，协作机制体系更加健全完善，烟草市场综合治理工作迈入新格局。

第二节　队伍建设

2003年，市局出台《关于加强专卖队伍内部管理的若干规定》，要求所有专卖稽查人员改进工作方法，亮证执法、挂牌上岗，倡导敬业爱岗、秉公执法、清正廉洁、无私奉献。市管员负责责任区的专卖日常监管，将市场净化率与业绩考核挂钩。市局稽查支队每季度开展一次优秀专卖管理员和优秀稽查员的评选活动，将评选结果张榜公布，予以奖励，激发专卖队伍争先创优的积极性，并推行“优胜劣汰”考核，对不适合人员予以调离，选拔素质较好的人员予以补充，全市专卖队伍人员调整达40余人次。举办以执法办案规则和法律文书制作为主要内容的培训班两期，进一步完善证件管理制度和内勤达标细则，开展专项检查整改工作。

2004年，根据国家局、省局关于抓好专卖执法队伍建设的总体要求，以及市局党组“四支队伍”（烟叶、卷烟、专卖、机关工作队伍）建设的原则，自3月起，在全市专卖执法人员中开展作风纪律的集中整顿工作，全面系统地组织学习国家局《烟草专卖文明执法行为规范》《烟草专卖稽查队伍管理规定》以及市局的内部规章制度，通过开展自查自纠，查思想、挖根源、摆事实、讲道理，进行专题的书面述职，人人过关、触及灵魂，端正作风。6月，按照省局部署，开展“文明执法月”活动。9月，组队参加省局专卖队伍岗位技能竞赛。11—12月，组织全市专卖管理人员80人在永兴县举办军训式培训班，系统学习烟草专卖行政执法的实务操作。年内，出台《专卖执法人员诚信管理办法》《文明执法实施细则》《行政执法规范用语》等多项规定，将国家局“六条纪律”和省局“七条禁令”印发到每一位执法人员手中，并组织“六法一条例”学习考试，将考试不及格的人员调离专卖执法岗位；进一步修订考核制度，将日常执法的意见反馈纳入考核范围；对专卖执法人员诚信服务实行年度扣分管理办法，每人定诚信基本分12分，被扣4分以上者扣奖金，扣12分者调离岗位；开展内勤限期达标专项整改工作，配强内勤人员和设备，专卖内勤管理基本实现信息化；将目标管理“市场净化率”等指标与市管员的工资奖金挂钩，每月考核兑现，每季度评选一次优秀市管员，激发市管员工作积极性。年底，依照省局《湖南省烟草专卖行政处罚案卷评查实施办法》和市局《关于开展文明执法活动的实施方案》的考核细则对各单位的执法行为进行检查考核、计分验收，兑现奖惩。

是年，按郴州市委、市政府的文件要求，全市系统专卖线全面推行政务公开制和办事承诺制，建立政务公开栏，向社会公开行政处罚程序和依据，并推行“首问责任制”，改善服务态度，简化办事流程，提高办事效率。每位片区市管员均与零售户建立联系卡，实行上门办证服务，及时答疑释难。市局连续第四年被评为“郴州市依法行政先进单位”。

2005年6月2日，市局成立烟草专卖行政执法监督委员会，局长（经理）姜孝清为主任，纪检组长邓少文为副主任。从8月起，分批组织全市系统专卖管理人员130人参加省局专卖执法人员第一、二期法律知识统一培训考试。8月26日，市局印发《烟草专卖管理人员廉洁自律七条规定》《烟草专卖行政执法群众评议制度》，由市局法制科、专卖科根据接访和半年一次的相关业务人员代表评议，其结果张榜公

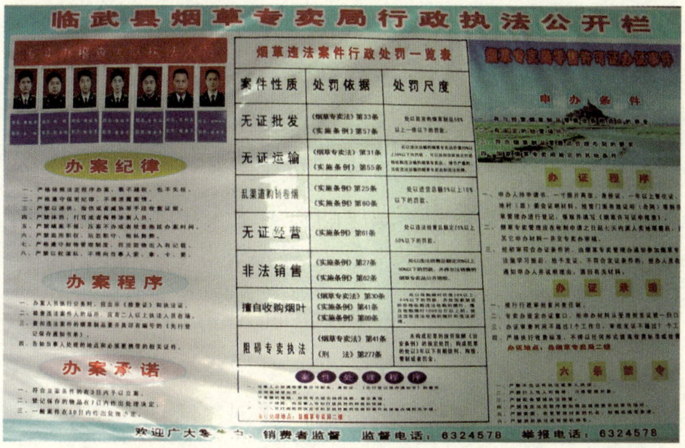

2005年临武县局政务公开栏

布；对群众反映的问题，由法制科督促改进。10月21日，市局印发《专卖执法案卷审查制度》，规定专卖执法案卷（含立案、涉案当事人基本情况及证件复印件、违法事实与证据、处理程序、处理结果等）交由市局法规部门审查。自10月起，按国家局《关于进一步规范烟草行业购买商业保险行为的通知》（国烟人〔2005〕518号）精神，为一线专卖执法人员购买人身意外伤害保险。

2006年，市局出台《专卖稽查队伍教育培训工作方案》，并制定对各县（市）局《行政执法工作评议考核计分标准》的百分制考核办法，年终依评议结果兑现。自9—10月起，全面落实“行政执法错案责任追究制”及省局《湖南省烟草专卖行政执法案件审查办法》《移送涉嫌犯罪案件管理办法》《行政执法职权分解格式》《专卖案件规范化文件备案审查办法》，促进执法程序化、规范化。是年，以创建学习型队伍为目标，举办法规、政策、执法程序、办案文书制作、计算机应用等专题讲座和培训10期，768人次参训，培训面100%；128名专卖管理人员参加省局举办的专卖执法培训。

自2007年1月起，遵照省局《关于印发湖南省烟草商业系统“依法办事示范窗口单位”动态管理办法（试行）的通知》（湘烟法〔2006〕451号）和《关于印发加强县级烟草专卖局专卖管理工作实施意见的通知》（湘烟专〔2006〕456号）精神，推行“阳光政务”、办事窗口“一站式”服务。3月，省局通报2006年度行政执法工作考评情况，郴州市局以89.25分的成绩排名全省第三。9月11日，市局调整行政复议委员会，并成立烟草专卖行政执法工作评议考核领导小组、办证工作领导小组。是年，市局连续第七年被评为“郴州市依法行政先进单位”。

2009年，市、县专卖管理部门按照人力资源改革方案的要求，将专卖管理作为“一线”人力保障重点，充实稽查、内管人员的数量，人员配备到位，全面实行岗位分级管理以及与岗位挂钩的薪酬分配制度，制定部门绩效管理二次考核分配方案，按绩效进行考核、分配。举办4期全市系统专卖业务培训，分3批次组织专卖管理人员参加省局的专卖岗位职业技能鉴定。按照市局质量健康体系建设的要求，开展内审整改工作，进一步修改专卖管理各项工作流程，专卖管理工作作业指导书渐趋完善。在传达省局批评某市专卖执法违规违纪的通报以后，在全市专卖管理线专题开展一次遵纪守法、自查自省、拒腐倡廉专题教育活动。7月7日，市局调整“案件处理集体讨论委员会”名单，由专卖局局长、分管副局长、专卖科各负责人和专干、法规科负责人和专干组成。8月，发生“8·11”重大暴力抗法事件，专卖管理人员表现出依法办案、沉着冷静、英勇无畏的精神，将案件妥善处理。10月28日，市局印发《专卖队伍作风建设工作实施方案》，重点从思想观念、工作质效、工作作风、遵纪守法四个方面进行整顿和引领。11月16日，市局在郴州市政务中心开设办事窗口，主要受理烟草专卖证件申办、换证事宜，方便群众办事。年内，按照国家局、省局关于创建优秀县级局活动的要求，市局成立创建活动领导小组，明确各级工作职责、工作措施、工作要求，制定创建活动考核标准和细则，先期以桂东县局为试点，定期开展全面检查督导工作。12月，对申请达标的单位进行考评，初评合格者上报省局。桂东县局被省“依法治省”领导小组评选为“依法办事示范窗口单位”。

2010年，市局印发年度市、县级局专卖管理考核方案及细则，专卖主管部门据此细化绩效管理二次考核分配方案，每季度进行工作考评，兑现奖惩。根据市局质量体系建设的要求，对专卖管理工作作业指导书进一步修改完善，明确规定每个岗位工作标准和工作流程，提升规范管理工作水平。组织开展全市系统为期3个多月全员参与的专卖岗位练兵活动和技能竞赛活动，参加国家局专卖管理技能鉴定，合格率有所提高。自4月起，组织全市专卖管理人员认真学习贯彻落实新修订的《中华人民共和国烟草专卖法》《烟草专卖行政处罚程序规定》《涉烟刑事案件司法解释》《湖南省烟草专卖管理办法》等，更新知识，提高规范执法能力，并与法制科配合，清理与新法规相抵触的规范性文件，制定新制度、新程序，完善听证制度，理顺案件处理集体决策机制。是年，郴州市开展行风民主评议活动，市烟草系统成为市直单位重要岗位的评议对象，市局及各县局利用这一契机，大力推进“文明示范窗口”创建活动。年末，专卖行政执法民主评议合格率达100%。同年，持续深入开展优秀县级局创建活动。确定桂阳、永兴、宜章、汝城、临武5个县级局为优秀县级局创建活动重点督导达标单位，组织内学桂东县局、外学衡南县局经验并应用于实践。11月，对5个申报创优的县局进行复审，上报省局。11月21日，市局印发《专卖队伍准军事化管理工作方案》，规范专卖队伍准军事化管理。

2011年，推进优秀县级局创建工作，制定创优工作方案，明确以资兴、桂阳、嘉禾、安仁4个县级局为重点创优单位，其他县级局则以巩固创优成果、向创优目标跟进为主。创优目标主要为：人员配强，装备配强，基础工作扎实，制度完善，执法文明，办案规范，作风优良。是年，根据省局专卖管理工作会议精神，制发年度县级局专卖管理考核方案及细则，在全市系统深入开展专卖岗位绩效管理，每季度（月）进行工作考评，奖优罚劣，兑现奖惩。以贯彻质量标准体系为契机，印发《专卖管理工作规范》，重新梳理案件处理、证件管理、内部监管等各个岗位的工作标准、工作流程及评价办法。先后选派11名专卖人员参加省局组织的业务技能竞赛；市、县各局每季度至少组织开展1次专卖业务知识内训，培训面100%。8月，组织全市系统副科长以上干部、各经营线负责人、专卖管理和内管人员125人学习国家局新颁布的《内管工作规范》；举办卷烟鉴别、市场管理、专卖信息系统规范运用、网络案件侦破等业务培训。11月，市局印发《专销结合“三员”联动工作考核细则》，对专卖、营销、配送三部门及其“三员”（卷烟客户经理、专卖稽查员、卷烟配送员）进行专项考核。

2012年，市局下发《郴州市烟草综合治理工作考核实施办法》，对打击制假售假、查处不规范经营、清整市场工作，明确目标和岗位责任，进行考核。是年，每月组织专卖人员学习法律法规，举行案卷文书制作及办案技巧专题培训班，参培面达100%。组织参加全省专卖技能鉴定和省局法律法规及行政执法业务培训，全市系统专卖执法人员均具备执法资格。参加全省专卖技能竞赛，获得团体第六名，1人获得“全省烟草技术能手”称号。为提高案卷文书制作质量，自制《案卷文书制作参考模板》（对标课题），并在全市系统推广应用。加强专卖信息互动，创办《郴烟专卖动态》，全年出刊五期。

2013年，专卖队伍建设抓好平时学习、培训宣教、练兵比武、考评提升。全市系统专卖技能持证率达90%，其中中级43%、高级18%，3人获专卖管理师（二级）资格。

2014年，市局印发《“三员”联动工作实施方案》，建立“分工明确、权责清晰、有效互动、联动考核”的“三员”互动工作模式，以提高工作效率。由“三员”在日常联动工作中，将市场信息情况填入《“三员”市场联动信息反馈单》，分重点、紧急、普通三种情况，分别在第三、二、五天报送到相关部门。每季度由专卖部门牵头召开“三员”联动联席会议，分析情况，解决问题。对履职不力者，予以追责，扣绩效工资。是年，对专卖岗位实体工作实施“有错、无为‘九个一律’待岗”，严纪律、优作风，坚决纠正不作为、错作为、慢作为现象。绩效考核新增“每月对 3 个县级局开展市场暗访和案件评查”的做法。

2015 年，组织举办郴州市第二届专卖管理岗位技能竞赛活动，前后历时三个月，分批分线开展理论知识、技能实操、专卖管理信息系统应用、卷宗制作、卷烟真伪鉴别、行政执法实务情景模拟、队列会操、擒敌拳表演和体能测试等培训，对全市 130 余名专卖人员进行一次“大练兵”。突出抓好专卖技能鉴定，全市专卖管理持证上岗率达 96%。着力依法行政，全面清理专卖执法法律风险防控点，对行政许可、行政处罚案卷启动大清查、严整改。8 月 13 日，市局调整“案件处理集体讨论委员会”。由局长、分管副局长、纪检组长、专卖科长及副科长、案件处理综合干事、法规科干事及记录员组成。

2016 年，全市系统新进专卖稽查员 8 人。经开展全员业务培训，新增一级专卖管理师 1 人、二级专卖管理师 1 人，全市持证人员 122 人。是年，新修订的涉烟法律法规出台，市局加强专卖执法体系标准建设，共梳理、制定专卖标准 45 项（管理标准 34 项、工作标准 11 项），并对 2009 年以来行政处罚卷宗制作和管理情况进行全面梳理和排查，共清查案卷 11446 份，发现问题案卷 329 份，纠查问题 354 个，及时督导各单位对问题进行整改，后续开展自查自纠。认真落实行政处罚文书网上公示工作，确保每起案件都经得起法律和历史检验。

2018 年 11 月，市局本级为加强基层专卖管理，设立 4 个基层专卖、营销工作站，即城区 2 个，栖凤渡、良田各 1 个。市管员分派其中，各分有管理片区或街道，各负专卖日常管理职责，按月考核，如责任区域出现卷烟非法流通、售卖假烟等违法违规案件，市管员受问责处罚。

2019 年 5 月，在全市系统第五轮人力资源整合调整中，配齐配强专卖执法和专卖内部监管人员。继续对内实行绩效管理和二次分配制，奖勤罚懒；开展“福城金网”应用效果月度擂台比武竞赛，根据有效工作协同发起数、市场检查频次、问题客户整改户数综合评分设立英雄榜全能综合奖，对月度排名前三的市管员给予奖励。8 月，国家局下发《卷烟经营内部专卖管理监督工作指引（试行）》，市局迅速组织内管员和专卖管理员开展培训贯彻，并对标修改工作标准。

2020 年，扎实开展专卖执法监督检查工作。对照“六个严禁”自查问题 86 项，涉及 80 人，梳理薄弱环节及廉洁风险点 14 项，约谈 1 人、提醒谈话 39 人、批评教育 25 人，通报批评并减扣绩效 6 人，行政警告 5 人、记过 3 人；针对风险点及薄弱环节，修订出台《文明执法工作制度》等 7 项制度，制定下发《关于进一步规范专卖行政执法的通知》，从行政处罚案件查处、联合办案、纪律要求等方面，具体规范执法行为。年内开展多层次培训，市局制作《行政处罚案件办理指引》系列资料，将案件文书制作标准以“模板”形式发放到各单位，列为培训内容。组织全市系统 108 名专卖人员到湖南司法警官职业学院开展“全员素质再提升”暨专卖管理岗位大练兵活动。修改完善专卖线年度考核指标和月度考核办法，探索推行“积分制”岗位绩效考核和二次分配，激励各单位在打假打私、真烟和大户治理、日常监管等方面务实有为，将案件规范办理、专卖类报表填报等工作纳入考核，带动整体工作上水平。

2020 年郴州市烟草专卖管理队伍情况表

表 1–1

单位	专卖管理执法执勤线					专卖管理内管线			
	人数（人）	执法持证人数（人）	车辆（台）	计算机（台）	其他装备（台）	人数（人）	车辆（辆）	计算机（台）	其他装备（台）
市局	39	38	4	61	63	8	派车	9	—

续表 1-1

单位	专卖管理执法执勤线					专卖管理内管线			
	人数（人）	执法持证人数（人）	车辆（台）	计算机（台）	其他装备（台）	人数（人）	车辆（辆）	计算机（台）	其他装备（台）
桂阳	38	37	4	40	—	5	派车	5	—
嘉禾	12	10	1	14	16	3	派车	3	—
永兴	13	12	1	19	8	3	派车	3	1
安仁	12	12	1	12	6	2	派车	2	—
临武	7	8	1	8	—	2	派车	2	—
宜章	21	17	1	22	2	1	派车	1	—
资兴	9	8	1	9	—	3	派车	3	—
汝城	8	8	1	10	7	1	派车	1	1
桂东	7	7	1	7	7	1	派车	1	—
合计	166	157	16	202	109	29	—	30	2

说明：其他装备含照相机、摄影机、便携式执法摄像机、对讲机、传真机、扫描仪、投影仪、录音设备等，不含个人通信、交通工具

第二章　专卖法规

第一节　新颁涉烟主要法律法规

2003年12月23日，最高人民法院、最高人民检察院、公安部、国家烟草专卖局印发《办理假冒伪劣烟草制品等刑事案件适用法律问题座谈会纪要》(高检会〔2003〕4号)，对涉烟案件认定、量刑的11个具体问题予以明确和解释。2004年12月17日，最高人民法院、最高人民检察院、公安部、国家烟草专卖局联合发布《关于建立烟草制品打假协作机制的意见》(国烟专〔2004〕945号)。2005年10月18日，省高院、省检察院、省烟草专卖局等19院（厅、局）联合发布《关于进一步加强协作配合、深入开展反渎职侵权工作的意见》(湘检会〔2005〕07号)，要求行政执法机关加强涉嫌犯罪案件移送工作。2007年2月25日，国家发展和改革委员会发布《烟草专卖许可证管理办法》，是年3月7日起施行。2009年10月9日，湖南省人民政府第37次常务会议审议通过《湖南省烟草专卖管理办法》，自2010年1月1日起施行。2010年1月21日，工业和信息化部公布《烟草专卖行政处罚程序规定》，是年5月1日起施行，国家烟草专卖局于1998年9月2日公布的《烟草专卖行政处罚程序规定》同时废止。2010年3月25日，最高人民法院、最高人民检察院联合发布《关于办理非法生产、销售烟草专卖品等刑事案件具体应用法律若干问题的解释》，是年3月26日起施行。2013年7月18日，国务院对《中华人民共和国烟草专卖实施条例》进行修正。2013年12月28日，第十二届全国人大常委会第六次会议对《中华人民共和国烟草专卖法》进行第二次修正。2015年4月24日，第十二届全国人大常委会第十四次会议对《中华人民共和国烟草专卖法》进行修正，并以中华人民共和国主席令第二十六号公布，自公布之日起施行。

第二节　涉烟法律法规宣传

2003—2010年，全市系统开展一系列涉烟法律法规宣传工作，舆论先行，让社会公众了解烟草，知法懂法进而守法，配合执法，从而推动各时期中心工作的顺利开展。宣传项目主要有：每年“3·15”消费者权益保护日和每年的“12·4”全国法制宣传日期间，参与当地政府组织的法制宣传活动，张贴标语、悬挂横幅、制作展板，开展专题培训，或上街设点，接受公众各类涉烟事务咨询，教授卷烟真假识别方法，并发放烟草专卖法律法规宣传资料；每年开展打私打假专项行动的前期和中期，通过本地电视台、报纸、网络媒体、短信、宣传车、标语、横幅、宣传册（单）等形式，宣传相关涉烟法律法规和当期政策规定、整顿要求，公布举报电话、举报奖励政策和联系方式，有的年份由政府发布专项整顿公告，并由工作人员将相关宣传资料登门送到相关对象手中，让公众广为知晓，为配合执法打下思想基

利用宣传车巡回宣传涉烟法律法规

础；每年烟叶收购的前期和当期，由市政府发布维护收购秩序的通告，明确工作要求和惩处违法违规条款，广为张贴，并利用当地媒体广而告之，又做成宣传单送至烟农各家各户，从而保证每年数亿元烟叶的收购工作平稳进行；通过举办烟农、卷烟零售户培训班，将涉烟法规列入培训内容；通过各类会议、讲座、内部培训、展览、信息报道、学术交流、普法等方式，宣传涉烟法律法规，使内部人员和各界工作人员掌握基本知识。每逢新法规、新政策出台，必开展培训，学习贯彻；每年按《关于加强“禁止中小学生吸烟”宣传教育工作的通知》（国烟办〔2001〕44号），卷烟销售柜台必须摆放或张贴相关警示牌，不许向未成年人售烟，开展专项活动，劝阻未成年人吸烟；配合普法，开展各项法制宣传。

在2011—2012年开展卷烟市场清理整治专项行动期间，全市发放《致全市卷烟零售户的公开信》宣传资料1万余份，出动宣传车辆百余台次，在电视台滚动播放国家烟草专卖局、公安部、国家工商局、国家技术监督局联合下发的卷烟打私打假和市场整治通告，公布监督举报电话。2012年开展“天价烟”专项治理期间，共发放、张贴《给全市卷烟零售户的一封公开信》和温馨提示卡片3万余张。

2013年，精心打造“卷烟打假在行动”主题宣传品牌，先后与郴州电视台、《郴州日报》、《民主与法制日报》、《中国工业报》等多家媒体签订合作协议，在高速公路省际交界处等主要交通路口制作大型打假举报广告，召开新闻发布会公开介绍重大典型案例，在集市商贸区开展现场咨询和真假烟识别服务，提高人民群众的法律意识、监督意识，扩大案件线索来源，形成全社会识假、拒假、打假的氛围。

2014年，在开展辖区卷烟“治非”期间，市局印发《烟草专卖法律法规宣传手册》2万份，在《郴州日报》《郴州新报》头版刊登《郴州市烟草专卖局关于严厉打击真品卷烟非法流通行为的通告》，加印《郴州日报》1.7万份发放到每个零售户手中；并在郴州广播电台交通频道、郴州电视台、出租车顶LED屏等媒介进行集中宣传，动员社会力量参与到卷烟打假工作中来。在开展中小学校周边卷烟经营户清理整治专项行动中，与零售户签订“不向未成年人出售烟草制品承诺书”16780份，摆放“不向未成年人出售烟草制品警示牌”近1.7万块。

2016年，深入开展卷烟零售“两个全面规范”“五个全面回归”活动，借助《郴州日报》、郴州电视台《天天播报》平台进行专题宣传，并开展“送法进门店”活动，入户宣传讲解相关法律、政策，提高零售户对专卖行政执法的认可度、配合度、支持度。桂东县局精心编撰小报《桂烟客户之音》，免费发放给全体卷烟零售户，并自编自演《我的烟证我做主》视频短片，起到较好的宣传效果。同年，“郴州烟草专卖管理”微信订阅号正式运行。

2018年，在开展打击真品卷烟非法流通行动期间，每月在郴州市广播电视台黄金时段，以“语音＋文字”的形式滚动播放《致全市卷烟零售户的公开信》等7期宣传内容；在《郴州日报》头版刊发《关于严厉打击真品卷烟非法流通的公告》，并加印1.6万份报纸送到零售户手中；在气象台《天气预报》栏目插播打假及举报有奖内容；制作烟草专卖法律法规Flash宣传视频7个，面向全体零售户进行宣传；专、销部门联合集中约谈重点经营户，讲法规、讲政策、讲规范经营的重要性和要求，劝导规范经营。2019年，延续“依法规范经营警示告知书”，在全市卷烟零售店醒目位置张贴，增强警示震慑作用，弘扬全社会“识非、抗非、堵非、打非、治非”的正能量。

2020年，借助电视台、出租车顶LED屏、短信、微信公众号等媒介广泛宣传市五部门《关于加强卷烟打假打私和烟草市场综合治理工作的通告》（以下简称《通告》）和烟草专卖法规，张贴烟草打私打假宣传资料1571份，张贴《通告》和“禁止向未成年人售卖电子烟”警示标识4000余份。

第三章　证件管理

第一节　种类

《中华人民共和国烟草专卖法》第三条规定：国家对烟草专卖品的生产、销售、进出口依法实行专卖管理，并实行烟草专卖许可证制度。

2003年10月20日，国家烟草专卖局下发《关于换发2003版烟草专卖许可证的通知》（国烟专〔2003〕586号），2003版许可证分4种6个样式，分别为：

烟草专卖生产企业许可证。发证对象为从事烟草专卖品生产、加工业务的企业，由国家局核发。

烟草专卖批发企业许可证。发证对象为从事卷烟、雪茄烟批发业务的企业，其中跨省经营的由国家局核发，在省范围内经营的由省级烟草专卖局核发。

烟叶专卖批发企业许可证。发证对象为从事烟叶、复烤烟叶、烟丝、卷烟纸、滤嘴棒、烟用丝束、烟草专用机械经营业务的企业，由国家局核发（自2000年烟叶经营权统归地市级烟草公司后，烟叶批发企业许可证仅授予地市级烟草公司）。

烟草专卖特种经营企业许可证。发证对象为从事烟草专卖品进出口业务、外国烟草制品批发业务、免税烟草制品经营业务、罚没国外烟草制品拍卖和批发业务的企业（含地市、县级烟草公司）。由国家局授权省级烟草专卖局核发。

烟草专卖零售许可证。发证对象为从事烟草制品零售业务的国有企业、集体企业、股份制（合作）企业、有限责任公司、股份有限公司、个人独资企业、合伙企业、外商投资企业，由县级烟草专卖局或地（市）级烟草专卖局核发。

烟草专卖零售许可证（个体）。发证对象为从事烟草制品零售业务的个体工商户，由县级烟草专卖局或地市级烟草专卖局核发。

在此之后，国家局对烟草专卖许可证的种类和审批权限进行多次调整。

2005年10月11日，国家局通知，根据中国加入WTO议定书及其附件规定，外商投资商业企业不得经营烟草，因此停止向外商投资商业企业发放烟草专卖零售许可证。

2007年2月26日，国家局转发国家发改委发布的第51号令《烟草专卖许可证管理办法》（国烟法〔2007〕113号），自3月7日起实施。将烟草专卖许可证简化为四类：烟草专卖生产企业许可证、烟草专卖批发企业许可证、烟草专卖特种经营企业许可证、烟草专卖零售许可证。在实际执行中，由于县级烟草公司已取消法人资格改为市公司营销部，但出于对零售户批发卷烟的需要，改由省局审批核发烟草专卖批发企业许可证和烟草专卖特种经营企业许可证。

2016年5月，省局按国家局通知精神，下发《关于调整烟草专卖许可证管理办法的通知》，烟草专卖特种经营许可证取消；县烟草分公司自此仅保留省局审核发放的烟草专卖批发企业许可证。

2017年2月25月，国家局下发《烟草专卖许可证管理办法实施细则（试行）》（国烟专〔2017〕74号），自5月1日起执行，明确烟草专卖许可证分为三种，即烟草专卖生产企业许可证、烟草专卖批发企业许可证、烟草专卖零售许可证，前两种统称为生产经营类许可证。烟草专卖生产企业许可证由国家局受理、审查和审批。烟草专卖批发企业许可证由企业经营场所所在地的地市级烟草专卖局受理和审核，省级烟草专卖局审批。烟草专卖零售许可证由申请人经营场所所在地县级烟草专卖局受理、审查和审批；申请人经营场所所在地未设县级烟草专卖局的，由地市级烟草专卖局受理、审查、审批。

烟草专卖证件除上述各类许可证外，还有其他各证。

烟叶收购许可证。从事烟叶收购的企业、单位，需持有该证。无证收购为非法。该证归口省局办理，每年由县局报市局，市局汇总审核，再报省局核发。每年一换，交旧领新。自 2007 年起，按省局《烟叶收购许可证管理办法》（湘烟办综〔2007〕96 号），分为长期（三年）和临时（一年）两种，有效期自发证之日起计算；办理长期烟叶收购许可证，必须符合省局烟叶收购站（点）布局规划、种植规模比较稳定且已完成标准化站（点）建设。布局规划内的收购站（点）尚未建成又不能由其他站（点）就近收购的，或在种植规划区内但种植分散且交通不便的，或在种植规划区外仍安排有生产计划且不能由其他站（点）就近收购的，可以办理临时烟叶收购证。凡因生产布局调整而未安排年度生产计划的，收购许可证收回；烟草站（点）存在违规收购问题的，整改到位后核发。

准运证。烟草专卖品运输需持有准运证，无证运输烟草专卖品为非法。该证办理初期规定为：烟草专卖品跨省运输的，由国家局或省局办理；省内运输的，可由省局、地市局、县局办理，皆手工签办，一车（船）一证，每次一证，随货同行，每证有效期最长不得超过 35 天。准运证实行在途查验、到货随行查验制度，接受执法检查，对无证运输的，依法给予处罚。

2003 年 6 月 13 日，省局行文通知：冻结开具省际毗邻准运证。10 月 16 日，国家局通知：研制开发的烟草专卖许可证管理系统即将投入使用，启用后，许可证办理实行网上申办、审批，各级证件管理人须持身份认证卡登录管理系统进行操作。11 月 1 日，省局正式启用省内卷烟准运证计算机网络管理系统和 2003 版防伪准运证，该证一式三联，第一联（红色）存根，第二联（蓝色）交承运单位，第三联（黄底蓝字）随货同行。2004 年 12 月 1 日，正式启用省内烟叶、烟用物资准运证计算机网络管理系统。是年，市局局域网建成，自此，准运证可实行网上申办。准运证网上审批权亦实行分级管理，省际间运输进口的烟草专卖品、罚没的走私烟草专卖品、国产滤嘴棒和烟用丝束、烟草专用机械、国家局直属各业务主管部门分配调拨的烟草专卖品的准运证，由国家局负责审批、签发和管理。其他烟草专卖品准运证均由省级或省级以下烟草专卖局审批、签发和管理。

2004 年 11 月 22 日，省局下发《湖南省内烟草专卖品准运证使用管理办法》（湘烟专〔2004〕343 号），授权全省 104 个市、县（含郴州市及所属 9 县、市）烟草专卖局签发省内卷烟准运证；授权全省 35 个市、县（含郴州市及所属桂阳、嘉禾、宜章、永兴）烟草专卖局签发省内烟叶准运证。

自 2006 年 7 月 1 日起，按国家局通知，启用 2006 版防伪准运证，由烟草专卖办证人员持单位与办证人员个人信息 IC 卡上网办理，用 A4 纸打印给承运人随货同行。9 月 30 日，执行省局《关于加强省内烟叶区内调运管理》的规定：在本辖区内跨县组织烟叶调运，但不属于执行烟叶购销合同的，应凭调拨单申领省内烟叶调拨证；调运计划送省局烟叶处审批备案；调运单位凭申办单、调运单到就近县局签办准运证。

2008 年 7 月 1 日，国家烟草专卖局印发《关于烟叶准运证实行统一管理的通知》，规定：除同一地（市）范围内从烟叶收购站向中心库转运的原烟，由省级烟草专卖局根据实际情况进行管理外，其他烟叶运输的准运证不分省内、省际，统一纳入国家烟草专卖局升级后的烟草专卖证件管理系统进行管理，并统一使用国家烟草专卖局印刷发放的 2006 版烟草专卖品准运证。纳入统一管理的烟叶运输，各级烟草专卖局的审批权不变。准运证统一管理流程分为五项：网上申请，网上审批，准运证制作，到货确认，文档管理。

携带证。按国家局规定，旅客异地旅行需携带卷烟、烟丝的，经确认属于自吸自用或馈赠亲友、不属于销售的，以携带国产卷烟10条为限，国外烟5条为限，或二者合计不超过10条的，或自吸烟丝5千克以内的，可到当地烟草专卖局办理携带证。一次一办。

检查证。自本市烟草专卖局成立起，对各级专职烟草专卖管理人员和兼职专卖管理检查人员发放由省局签发的"烟草专卖检查证"，用作执法执勤检查时的公务证件。自1987年1月1日起，加佩执法胸章。检查证有效期一般为3年，期满换证。持证人遇工作岗位变换、调离、退休、已故等情况，连同胸章一并及时收回。

2003年5月17日，省局下发《关于换发烟草专卖检查证的通知》和《烟草专卖执法检查证管理办法》，规定新申请办理烟草专卖执法检查证人员，必须是专职专卖管理人员，经过专门部门培训考核或行政执法专业培训考核合格，持有国家局组织考试的合格证明和当地法制部门核发的行政执法监督证、行政执法证，方可申办烟草执法检查证。

2004年3月31日，省局下发《关于回收专卖执法工作服装的通知》(湘烟法〔2004〕64号)，根据国务院清理整顿行政执法机关着装工作的指示，要求各级专卖管理、执法、稽查及其他人员一律停着专卖工作服装，4月15日前将全部服装、标识、徽章集中上缴；全市系统原专卖管理员、稽查队员头戴国徽帽、衣缀领花、肩章、臂章、胸章着装取消，改着专用常服。5月，国家局通知，启用"烟草专卖执法督察证"，市州局指定1～3人持有，报省局审批，国家局制发。从6月1日起启用。

2005年1月，国家局印发《烟草专卖执法徽章管理规定》，要求烟草专卖执法人员在依法履行公务时，应佩戴徽章，并出示省级以上烟草专卖行政主管部门签发的检查证件，以表明执法身份；徽章由6位字符组成。

2006年12月，省局下发《关于统一烟草专卖执法证件式样的通知》(湘烟专〔2006〕435号)，规定：申请办理检查证、督察证，必须是烟草系统正式在职人员；聘用人员一律不得办理；持证人员必须取得当地人民政府核发的行政执法证，并通过国家局、省局、市局组织的烟草专卖执法人员法律知识统一考试。

第二节　发证换证与证件监管

2003年5月，全市统一更换烟草专卖执法检查证，新证有效期为3年。7月，向省局申办烟草专卖检查证，共计97个。11月17日，省局部署烟草专卖许可证件统一换发，市、县局着手准备。

2004年，执行省局《关于印发湖南省烟草专卖行政机关实施行政许可配套制度的通知》，建立烟草专卖行政许可统一办理、零售许可证申办、行政许可听证、过错责任追究、行政许可事项监督检查、重大行政许可决定备案、行政许可决定统计报告，以及专卖执法举报、申诉、控告处理办法八项配套制度。是年，市、县局成立换发证工作领导小组，下设办公室，协调相关事宜；配齐电脑、打印机、传真机、扫描仪等，并开展应用培训。先完成生产企业许可证、批发许可证、特种批发经营许可证的换发；特种零售许可证取消；尔后换发零售许可证；通过各类媒体广泛宣传换证政策，专卖、营销部门联手，实行上门服务、分片包干，实地勘察申请户经营条件，对遵纪守法户实行"一站式"服务，免收工本费；新办户经过实地考察认定符合条件后办理；轻微问题户经教育、承诺整改后办理；严重违规户不予办理；对由于已停业、转行等情况不再经营卷烟的，其专卖零售许可证予以注销。对无证经营、伪造或借用证件的予以取缔。各证均通过计算机系统办理，五年一换，每年一检。10月12日，全省系统换发烟草专卖许可证总结会议在郴州召开，与会代表现场观摩郴州市局换发证工作和专卖内勤管理现场，获得好评。至11月底，全市共发放卷烟零售许可证8329个（含新办88个）。

2005年，完成全市卷烟零售许可证续办。4月，市局成立依法办事示范窗口单位创建活动领导小组，印发《2005年度行政执法质量考核评议计分办法》，将办证服务质量纳入专项考核。6月，为推进“依法办事示范窗口单位”创建，按省局统一模式制作“烟草专卖行政许可项目实施程序”及“烟草专卖零售许可证办理流程图”“服务承诺和举报投诉工作要求”等公示牌。11月，市局印发《行政许可规定》，规定办理烟草专卖行政许可证件的办理程序，并设申诉、听证程序。

2006年，省局行文，发放零售许可证要以“按人口拟发证、按销量计划拟发证”之“平均值拟发证”为发证规划指标，强调“特别要加大农村卷烟零售户发证密度”，并将发证工作纳入年度目标管理内容进行考核。省定郴州市卷烟零售许可发证任务为17439户。是年，市局在专卖科办公区专门设置办证服务大厅，从受理到发证实行“一站式”服务。全市共发放卷烟零售许可证18833个。

2007年2月，国家发改委发布《烟草专卖许可证管理办法》，自3月7日起实施，其中增加“中、小学周围”（通常为50米内）不予发放卷烟零售许可证条款。

2009年，完成全市14000余份烟草专卖零售许可证的换发工作。修订《卷烟零售点合理布局方案》，全面审核卷烟零售户市场准入条件，对严重违法零售户，取消其从事烟草经营许可资格，促进卷烟零售市场管理规范化。11月2日，在市政府政务中心设立烟草专卖行政管理对外服务窗口。同时，突出“为民、便民”思想，实行许可证办理的上门服务。市局专卖科顺利通过市依法治市领导小组的考核评议，继续拥有“依法办事示范窗口单位”荣誉称号。1—11月，审批开具烟叶准运证4437份，准运数量7.8万吨；市局审批郴州烟厂卷烟准运证3125份，准运数量2087014万支。12月，市局部署“两烟”市场集中整顿专项行动，结合证件清理行动进行，对有违法和重大违规记录的及一户多证、人证不符、证址不符、中小学校门外周边50米经营店等情况，予以清理。

2010年8月2日，全省专卖管理网络系统与郴州市政务中心行政审批系统接口试运行，实现专卖零售许可证办事项目同步到行政审批系统。10月，全市开展进一步清理规范烟草专卖零售许可证行动，剔除2次以上违规户（不含停业、歇业、注销），确保年内全市发证达到15210户（省定基本目标）且有效运行。

2011年，组织开展换证工作，严格落实合理布局规定，严控总量。是年，规范办理卷烟携带证7份；审批办理烟叶准运证4457份，审批办理卷烟准运证3716份。2012年11月底，全市办理卷烟零售许可证15527个。

2013年7月，市局部署烟草专卖零售许可证换发工作。全市印发宣传资料近17000份；清理持证户4324户，其中注销1515户，登记不予延续358户，责令变更、暂停经营业务分别为1465户、154户；清理无证户795户。截至11月底，全市“换证”工作全面完成，共换发许可证16495户。其中，临武县局联合工商局开展办证、办照“一站式”服务，资兴市局联合工商局开展办证、办照“下乡”服务，得到群众赞许。全年共办理烟叶准运证6271份，卷烟准运证2501份。

2014年，对上年零售许可证换发工作进行“回头看”，探索“三员互动”机制，确保专卖与营销系统零售户数据无缝对接、完全一致；强化许可证依法办理和后续监管，实现许可证管理“六个一致”（证照、证址、证人、名称或字号与实际、企业类型与实际、经营性质与实际相一致）。全市新办零售许可证2510个，延续631个，变更41个，恢复营业80个，责令停业675个，停业46个，注销1652个。审核烟叶准运证6237份、卷烟准运证2478份。3月17日，市局推行行政审批电子监察工作责任追究制度，对在网上政府服务中心办理行政审批超时限、违反审批程序、违反政务公开规定、对符合条件的申请人不予回复等违规行为，电子监察系统分别发出“预警”信号的，纪检监察部门予以督办，限2日内予以纠正；对电子监察系统发出“黄牌”“红牌”警告的，视情予以告诫、检讨、通报批评、诫勉谈话、扣罚绩效工资、调离岗位等处罚。

2015年，全年新办许可证1260个、变更26个、延续350个、注销705个、停业62个、申请歇业508个，审核卷烟准运证2462份、烟叶准运证5802份。制定《商事登记制度改革后续监管实施办法》，强化许可证后续监管，突出对“证、户”真实性的清理整治，集中开展许可证管理检查清理工作。4月30日，市局印发《行政许可配套制度》，含《行政许可首问责任制》《行政许可限时办结制》《行政许可事项政务公开制度》《行政许可服务承诺制》《烟草专卖行政许可过错追究制度》等。

2016年，市局对各县（市）局“规范许可行为＋提升行政服务”工作开展自查自纠和整改落实情况进行专项督查。资兴市局加强“两个真实性”常态化检查，通过SQS（手牵手）管理平台，强化稽查员与客户经理的沟通协作。汝城县局强化许可证动态管理，做到许可则监督、办证则管证。宜章县局实现办理行政许可证件从申请、填表、现场核实、审批、制表入网、制证全程用时由原来的20个工作日缩短到10个工作日内。8月，市局行文要求，将省局原来的烟草专卖管理信息系统的事务全部办理完毕，并将数据移至国家局信息系统，8月29日上线运行。自11月起，对省局《烟草专卖许可证件督查情况的通报》中指出的“人为提高办证门槛、人为增加办证资料、办证按经营条件优劣分等对待、取消合理布局间距、受理核发证件超时、歇业认定不严谨、取消办证资格证据不充分、人证不符、证照期满未换、无证经营尚存”等全省问题，再次对号入座进行全面自查自纠，经七次修改，制定《郴州市两区烟草制品零售点合理布局管理办法》，体现“便民、规范”。是年，全市新办证686个、变更36个、延续283个、注销361个、歇业983个、申请停业89个、责令停业整顿52个、恢复营业35个、补办6个、撤销1个。

2017年，国务院开展全国基层政务公开化规范化试点，郴州是试点之一，国家局、省、市政府均下发年度政务公开工作规范要点。市局按照相关要求，在办事大厅公示工作人员信息、照片、联系方式和服务承诺，在单位窗口柜台放置局行政审批工作人员信息标牌，便于办事人员辨认、查找和投诉；将烟草专卖行政许可事项的项目名称、许可依据、许可条件、办理程序、承诺期限、需要提交的申请材料及办理范本，在政务中心互联网站、办事大厅的触摸屏、办事窗口公布公开；明确除新办类型适用对外承诺期限外，其余申请类型均予以当场办结；明确烟草专卖零售许可证核发期限为8个工作日，比法定的20个工作日缩减60%以上；并全面贯彻落实行政职权事项办理的“三首”（首席代表、首问责任人、首办承诺制）工作制，杜绝“门难进、脸难看”“吃、拿、卡、要”不良现象。是年，为确保全市烟草专卖行政审批项目与省、市政府网上政务服务和行政审批电子监察系统的顺利对接，做好行政审批行为的电子监察工作，市局印发《行政审批电子监察工作责任追究暂行规定》《烟草专卖管理工作规范》《办事指南》等相关文件，统一行政许可各个环节的工作标准，确保烟草专卖行政许可审批改革工作的制度化、规范化、流程化。

2018年，探索制定零售许可准入负面清单。落实“放、管、服”改革工作要求，实行“马上办、网上办、就近办、一次办”，全面推行审批服务“一次办好”。全年新办证3973个、延续8074个、补办17个、变更124个、停业59个、恢复营业32个。对无证户加强监管，实行动态监管、动态统计，定期进行教育警示，对符合办证条件的无证户发放“无证户办证告知书”，督促其主动申请办证；对不符合办证条件的无证户提出整改意见，通过整改达到办证条件，做到引导转化一批；对确实不符合办证条件又屡教不改的无证户，移送到当地工商部门联合处置。全年向工商部门移送无证户634户，工商部门共清理取缔461户。

2019年，构建“互联网+福城金网”监管模式，“四员”依托“福城金网”服务管理平台，可实时发起工作协同。2月，按照国家局、省局文件精神，市局启用“不予发放烟草专卖零售许可证的行政许可相对人名单库”（黑名单）管理系统。至11月，全市新办许可证2244个、延续1107个、变更227个、补办14个、停业54个、恢复营业21个、歇业1256个。联合市场监管部门加大对无证户清理取缔力度，查处打击一批。

2020年，全年新办证1927个、延续930个、注销1060个；至年底，全市共有持证户17616户，较上年末增加911户。集中开展烟草专卖零售许可证专项清理行动，共清理问题575个，整改496个。审批签发准运证5238份，其中烟叶准运证3516份、卷烟准运证1722份。

2003—2020年郴州市烟草专卖证件发放持有情况表

表1-2　　单位：户

年度	生产企业许可证	批发企业许可证	特种经营许可证	烟叶收购许可证	卷烟零售许可证	执法证件	准运证	携带证
2003	2	11	10	不详	16585	97	—	0
2004	2	11	10	—	—	—	—	0
2005	2	11	10	—	—	—	—	0
2006	2	11	10	不详	16349	—	—	0
2007	2	11	10	60+5	—	152	—	0
2008	2	11	10	60+5	—	145	—	0
2009	2	11	10	58+5	—	147	7562	0
2010	2	11	10	60+1	—	147	—	0
2011	2	11	10	60+1	15150	153	8173	14
2012	3	11	10	60+2	15633	166	8185	38
2013	3	11	10	60+2	16495	163	4389	0
2014	3	11	0	60+2	17024	167	7950	0
2015	3	11	0	60+1	17135	164	7261	0
2016	3	11	0	60	16354	137	—	0
2017	3	11	0	55	15181	137	—	0
2018	3	11	0	55	15635	143	—	0
2019	3	10	0	56	16492	119	—	0
2020	3	10	0	55	17616	115	5238	0

说明：1.资料来源于郴州市烟草专卖局专卖管理报表。2.个别年份的栏目数据不详，是因报表变动无相关内容或报表不全。3.自2012年起，新增生产企业许可证1家为湖南复烤公司。4.自2014年起，特种经营许可证取消。5.“烟叶收购许可证”栏，“+”号前为收购站数，“+”号后为收购点数

第四章　市场管理

第一节　烟叶市场监管

2003年，得益于国家局对烟叶实行“按订单收购”、超订单收购或跨区收购受罚、取消或减少广东省邻湘边界县（市）烟叶收购指标（连州市、连南县指标取消，乐昌县指标减少）、持续开展烟叶流通秩序大整顿等政策，邻省边界县市超标加价抢购郴州烟叶的拉力大大减轻，加之广东、福建境内经多年对地下烟厂的打击取缔，地下烟厂到湘粤边界抢购烟叶的活动减少，市境内烟叶收购市场大环境得到改善。7月，为巩固边境地区烟叶收购历年协调成果，国家烟草专卖局专卖管理司、中国烟叶购销公司在郴州召开广东、江西、福建、湖南、广西五省烟叶收购边界协调会议，严令相关各地不得跨境收购，否则将按国家局《关于强化烟草行业内部专卖管理的若干规定》等法规严肃处理。是年，全市烟叶收购推行市、县、乡、村、组“五级监管”，收购方法实行入户预检、预约交售和封闭式验级，7—9月即完成收购，比以往提前2个月结束，秩序平稳。

2005年1月，郴州市整顿和规范烟草市场秩序工作领导小组印发《年度目标责任制考核奖励办法》及《量化考核表》，对辖区烟叶市场秩序整顿和规范工作实行日常考评和年终考核，百分制评分，分等计奖。5月28日，郴州市人民政府发布《郴州市烟叶专卖市场管理暂行办法》（郴政发〔2005〕12号），规定：建立和完善市、县、乡、村四级烟叶市场秩序监管网络，维护好本辖区内烟叶市场秩序；烟草、工商、质监、公安、税务、财政等部门，在当地政府领导下，依照法律法规规定的职权，共同维护烟叶市场秩序，烟叶的种、收、销、运、邮，皆依《中华人民共和国烟草专卖法》及《中华人民共和国烟草专卖法实施条例》等法律法规办理，并明确各级职责、内部纪律、法律责任、监督管理和奖励措施，明确“以暴力、威胁方法阻碍烟草专卖执法人员依法执行任务的，以妨碍公务罪定罪处罚”“煽动群众暴力抗拒烟草专卖法律、行政法规实施的，以煽动暴力抗拒法律实施罪定罪处罚”。6月，郴州市整顿和规范烟草市场秩序工作领导小组召开烟叶收购专项整治会议，部署该年度烟叶收购工作。各产烟县（区）按照市委、市政府要求，均成立烟叶市场整治工作领导小组，建立积极有序的工作机制，制定实施方案，健全巩固市、县、乡、村四级监管网络，各村设3名巡逻员，宜章、安仁各产烟村增设1名信息员，把任务和责任逐级分解到有关单位和个人。各相关县（区）在收购前加大宣传力度，营造规范秩序的氛围，利用宣传车大力宣传烟草专卖法律法规和《郴州市烟叶专卖市场管理暂行办法》，广贴标语，张挂横幅，通过广播、电视、报纸等新闻媒介开展宣传，并在党政机关、企事业单位广泛开展内部遵守烟草专卖法律法规教育，桂阳县纪委、组织部向全县党员、干部发出公开信，桂阳、安仁等县政府向全县烟农发出公开信，交警部门向全县司机发出警示卡。收购期间，全市各产烟县由政府牵头，强化联合执法，干部深入乡村，驻点巡查，实行“三同”（与烟农同吃、同住、同劳动），否则严肃追究失职者责任。市烟草专卖局抽调专卖、质检、纪检、整顿办（内管）等部门人员，分组划片，深入各基层烟草站，重点检查内部对收购纪律执行和烟叶质量等情况，形成“政府主导、多部门配合、联合行动、内外兼治”的格局。对查获的触犯刑法的案件及时移送，立案查办；对工作表现突出者予以奖励。这些举措，在其后历年烟叶收购时期均予以采用，收效良好。7月，由国家局整顿办、专卖司和中国烟叶公司牵头，召开省际烟叶收购边界（含湘粤、湘桂等）协调会议，共同打击跨区收购和倒卖烟叶行为。

2006—2008年，按照湖南省政府《关于2007年烟叶收购有关问题的通知》（湘政办发〔2006〕56号）和《关于2008年烟叶生产购销政策的通知》（湘政办发〔2007〕69号）规定的政策组织烟叶生产收购。收购前，做好烟草专卖法规和政府政策宣传，烟草部门组织做好入户预检，政府系统协调各相关部门做好市场监管组织保障准备。其中，桂阳县成立以县委书记为顾问、县长为组长的烟叶收购工作领导小组，下设综合协调、市场秩序维护、收购宣传、收购督查、收购资金和税收入库保障、收购监察6个工作小组；各产烟乡镇、烟草营销部均成立相应的收购领导小组，并设巡查或驻点工作组，明确责任，各方分工协作，形成强大的工作合力。收购期间，严格实行县、乡、村、组四级市场监管，各级设有联络员随时通报信息，发现烟贩及时报告；乡镇干部入村驻点，宣传政策，引导烟农，确保烟叶不外流；并派人到烟草站轮流值班，维持交售秩序；由烟草专卖、烟办、公安、检察、法院、财税、农机等部门组建烟叶综合稽查联合执法大队（县公安局实行领导管片、派出所包辖区的工作责任制），设立市场流动稽查点，在重点管理区域和交通路口安排专人值班，查处烟叶收购违法违规案件。同时，县纪委、组织部等多部门发布《关于严禁党员干部和国家工作人员非法经营烤烟的通知》，设置六条“高压线”，对违纪者予以严肃查处。

2009年7月，全市烟叶收购暨“两烟”市场管理工作会议

2009年，市局与公安机关等部门联手，先后开展30余次大规模的烟叶稽查行动，查获非法收购走私烟叶69吨，抓获非法烟贩近200人，有效遏制烟叶外流，确保全年收购任务的完成。其中，市本级开展9次，查获非法收购运输的烟叶10余吨，抓获非法烟贩16人。稽查过程中，仍有个别暴力抗法情况存在。

2010年，在省局的支持下，加强与广东韶关、清远，江西赣州等周边市局的联系沟通，开创跨省联合查处涉烟（特别是打击非法贩运烟叶违法行为）案件联动机制。郴州市人民政府发布《关于加强全市烟叶收购专卖管理的通告》，市局制定《郴州市烟叶市场收购秩序管理工作方案》，强调各局应在当地党委、政府的领导下，协调政府各职能部门，落实责任，一级抓一级，层层抓落实。紧抓宣传教育，使群众知法守法，并举报违法行为；对有违法前科人员造册登记并组织学法，使其不再犯；建立县、乡、村三级监管网络，探索烟农自治管理，建立烟农户籍化专卖监管机制，相互监督；建立村（组）信息员和“线人”预警报告机制，为准确打击非法交易窝点和非法运输活动提供可靠情报，并建立重点烟贩“黑名单”制度，实施重点盯防；与交警部门合作，配合交警部门与运输车辆司机签订“不违法承运烟叶责任书”，收购期间加大对货运车辆的检查力度，查得属违法运输者依法予以惩处。对查获案件，实行“以烟找人，以案找网”，深挖同伙。对抓获的烟贩，协同处理到位，形成高压态势。对跨区作案或犯案潜逃人员，利用跨区协作机制，予以严厉打击。市局联合市政府“两烟办”开展调研，并以市“两烟”领导小组名义下发《郴州市烟叶专卖市场目标管理考核办法》，细化责任和奖惩措施，及早布置。同时，对暴力抗法行为，制定在多种情况下的应对预案，在确保自身安全的前提下，实施有效打击。在烟叶收购前，市委、市政府召开联席会议，要求各产烟县、乡政府及市县各相关部门联手维护收购秩序，广泛开展市政府通告的宣传，做到家喻户晓；收购站点要做好服务，做到公平、公正、规范收购；收购期间，组织联合巡查，发现问题及时处理，严禁烟叶外流，坚决打击各类私收私贩烟叶行为，确保烟税目标完成。在烟叶收购旺季，市局及各产烟县局组成包括专卖、质检、纪检等部门的检查组，深入乡村和烟草站，开展收购质量、进度、秩序、纪律督察。对稽查中缴获的烟叶，及时收购或处置。国庆、中秋节期间，收购未停，各联合稽查队仍然对重点区域和重要路段进行日夜巡查。收购期间，查获非法经营烟叶 135.45 吨。由于政府的支持，系统内部强化监管，是年烟叶收购秩序良好。

2011—2016 年，进一步完善市、县、乡、村组“四级联动、以村为主”的烟叶市场监管网络，市、县两级由政府“两烟办”、公安、烟草、工商及其他相关部门组成的烟叶稽查联合执法队伍，将市场维护重心下移至村组，对一些重点线路、路口、村组进行重点布控和监管，昼夜轮班巡回检查，严防倒买倒卖、烟叶外流、跨区收购等违法行为。其中，2013 年查获外流走私烟叶 123.50 吨，查处 1 起国家局、公安部挂牌督办的桂阳县涉案价值 2000 余万元的非法经营烟叶案件，确保全市 5.25 万吨烟叶收购任务顺利完成。2014 年，出动执法人员 21062 人次，设置检查站点 71 个，查处烟叶违法案件 241 起，查获非法烟叶 148.80 吨，查扣车辆 21 台，抓获烟贩 41 人；破获非法经营烟丝、烟叶的国标网络案 4 起，市标网络案 5 起。2015 年，出动烟叶市场管理人员 8625 人次、车辆 1195 台（次），设置检查站点 32 个，抓获烟贩 90 人，查扣车辆 20 余台，没收货物 91.73 吨。2016 年，破获 2 起非法经营烟叶网络案件（资兴市欧阳某兵案、“11·13”案），并根据国家局《关于印发烟草打假打私重大案件和专项行动奖励办法的通知》（国烟财〔2014〕340 号）精神，对破案有功人员予以专项奖励。

2017—2020 年，烟叶市场管理突出政府主导作用，依托“四级联动”烟叶市场监管网络机制，在烟叶收购期间，开展多部门联合执法监管，打击违法收购行为。其中，2017 年出动执法人员 3615 人次，发放宣传资料 30645 份，设置检查站点 28 个，抓获烟贩 26 人（刑拘 13 人、判刑 1 人），查扣车辆 4 台，查获烟叶、烟丝 10.01 吨；并对其中破获桂阳县全某、安仁县夏某非法经营烟叶网络案的有功人员予以专项奖励；市局每年组建烟叶稽查队和烟叶收购督查组，助力烟叶收购；对内整肃收购纪律，内外兼治，加之实行预售烟叶上门预检、精准预约交售，收购秩序相对平稳。

第二节 卷烟市场监管

2003 年，卷烟市场监管继续严格按照《中华人民共和国烟草专卖法》及《中华人民共和国烟草专卖法实施条例》和其他有关规定实施。卷烟统一由烟草公司调拨批发，且应取得烟草专卖批发许可证；其他企业或个人只允许从事卷烟零售，且应取得烟草专卖零售许可证；卷烟和烟丝生产需持有国家局颁发的烟草专卖生产许可证，不得无证生产。因此，卷烟市场监管的主要任务是：打击卷烟制假售假，取缔无证批发，查处卷烟无证运输、走私倒卖，维护持证经营正常秩序，确保烟草财税正常增长。

是年，继续实施 1999 年试行、2000 年推行的卷烟访销配送措施和自 2002 年 3 月起开始实行的卷烟零售户户籍化销售管理，下半年起随着网信系统的设备增加和 POS 机的推广运用，卷烟零售户皆入网编号。分片确定专卖管理员，实行日常巡查、监管责任包干。全市各城镇均成立“卷烟零售同业者协会”，定期规范经营培训和开展活动，交流信息、加强自我约束。在此基础上，加大对打私打假工作力度。市局多次向市委、市政府就烟草市场管理问题进行汇报，得到高度重视，经组织到岳阳、武汉、上海、杭州等地学习取经后，成立烟草市场专项治理整顿工作办公室和联合稽查队，并以市政府的名义印发《烟草市场管理暂行办法》《卷烟市场治理终端工作方案》，形成政府牵头、各职能部门参与的齐抓共管的工作格局。4—8 月，在市政府的领导和组织下，烟草、工商、公安、技术监督等职能部门对卷烟市场开展一次大规模清理整顿活动，持续时间长达四个月。通过整顿，取缔个体私制卷烟、倒卖贩运、批发等违法行为，烟草公司卷烟销量明显上升，市场净化率显著提高，卷烟经营纳税大幅提高。自10月1日起，由国家局开发的“三级（国、省、市）打假卷宗案件信息”计算机网络管理系统在全省布设，各地可利用该系统提供的情报线索，快速查处案件，抓捕犯罪嫌疑人，市局安排专职人员关注案件线索和协查通知，对跨地区协作办案提供帮助。年内，全市在清理整顿烟草市场过程中，捣毁制假、贩藏假烟窝点23个，收缴假冒卷烟4900件、烟丝42.76吨、切丝机22台。其中，较大案件有：市局在春节前查处的2起贩运走私卷烟案，捣毁嘉禾县塘村1个隐蔽在果木林里的卷烟制假窝点；捣毁永兴县油麻墟、北湖区华塘镇2个地下私制烟丝窝点；6月，查处“6·14”特大贩运假冒卷烟案；8月，市联合稽查队查处刘某南贩运假烟案；9月11日和11月10日，市县联合稽查队在永兴捣毁2个制假、贩假卷烟窝点，将长期作案屡次逃脱的惯犯史某兰、李某亮等抓获归案；12月12日，根据群众举报，省局、市局会同本市政府“两烟办”、整顿办、公安局、质量技术监督局及汝城县相关部门，在已倒闭的汝城钨矿废弃的机修车间查获1个制假窝点，缴获YJ14—23卷烟机1台（套）、假冒“芙蓉王”等品牌卷烟450万支及一批制假原辅材料；该案连同前期在三江口镇避暑山庄制假案，合计认定涉案价值456.60万元，抓获制假分子宋某飞、欧某平等15人。

2004年，卷烟市场管理着重抓“四个结合”，即全面清理与重点整顿相结合，经常性检查与突击性检查相结合，集中统一检查与分片包干相结合，全面检查与重点区域、重点户的检查相结合。市本级、永兴、嘉禾等县依靠联合打假力量，对重点区域、重点制售假烟的违法犯罪分子进行重点监控，露头就打。11月18日，市局联合各方打假人员51人，出动车辆10台，在苏仙区廖王坪乡廖王坪村高岭背水库养殖场内捣毁1个正在生产“金钱树”牌烟支的制假窝点，现场抓获制假人员14人，对其中3名主要涉案人员予以刑拘，查获YJ14—23卷烟机和接嘴机各1台、烟丝2020千克、烟支133.50万支、卷烟盘纸48盘、水松纸18盘、滤嘴棒51箱，该起案件的涉案价值为59.78万余元。对已侦结的涉烟刑事案件，根据“两高院”、公安部与国家烟草专卖局的《办理假冒伪劣烟草制品等刑事案件适用法律问题会议纪要》精神，予以重拳打击。5月13日，永兴县人民法院依法对长期从事制售假烟行为的被告人李某亮、李某庭判处有期徒刑并处罚金，系郴州首例对制售假烟案件判处实刑。

2005年6月13日，省局下发《关于在卷烟零售户中开展烟草专卖诚信等级管理的实施意见》，卷烟销售诚信管理取代原户籍化管理。对卷烟零售户按诚信表现分为A（守法户）、B（基本守法户）、C（违规户）、W（严重违法违规户）四个等级分类管理。对C类户，实行监控式管理，通知销售部门暂停供货，限期整改；对W类户，进行重点打击式管理，给予取缔。自10月起，遵照省局文件精神，建立卷烟市场例行检查制度，市管员随时巡查，县局定期检查，市局每月抽查并每季度组织交叉检查，省局每半年组织一次全省性交叉检查并不定期抽查。同月，按照国家局、省局部署，与公安机关联手，开展“打击制售假烟网络”专项行动。12月26日，郴州市整顿和规范烟草市场秩序工作领导小组下发《郴州市烟草制品打假工作责任制考核办法》，市境内烟草制品打假工作由市人民政府统一领导，实行逐级考核制，每年开展一次（年终或次年1月），考核按照目标管理量化指标逐项计分，分等计奖，不达标者无奖并责令整改。12月30日，郴州市政府办下发《举报协查制售假烟案件有功人员奖励暂行办法》，对办案者以外的举报协查人，奖金以现金发放，一案一奖，联合举报一案的奖金由其均分，多人举报一案的由最先举报者得奖，举报协查奖金原则上按查案货值比例提取，最高为5万元，以此调动群众协助打假的积极性。年底，开始实行在配送的每条卷烟上喷码，把送货时间、收货零售户姓名逐条喷录在上，既可防止零售营业中被人“调包”，又便于对转手倒卖的查处。

2006年，市局出台《内部专卖管理长效机制实施方案》，强化内外兼治策略。8月25日，省局、省公安厅根据国家局、公安部文件，下发《制售假烟网络案件标准的有关规定》，明确：制售假烟网络是指在生产、运输、仓储、分销、零售两大环节以上共同实施制售假烟违法犯罪活动，联系紧密、分工明确、组织严密，以非法营利为目的，具有一定规模和网络化特征的制售假烟违法犯罪团伙；制售假烟网络案件的标准为：涉案金额30万元以上，分销、零售店10个以上（或向3个以上制假窝点提供烟机和原辅材料），抓捕或锁定的犯罪嫌疑人5人以上，判处有期徒刑2人以上，四条同时具备的案件。要求每月23日前统计上报，重大案件随时报告，并介绍案件概况和请求协助办案事项。是年，市局出台《卷烟市场检查评分细则》，每月各县（市）局对辖区卷烟市场进行自查，市局每月抽查，每季度组织交叉检查，发现问题，及时整改。共查办卷烟经营违规案件184起，查获违法生产购销卷烟44423.70条。在打私打假工作方面，共出动联合打假人员1694人次，查处假烟案件23起。其中，捣毁烟机制假窝点13个，查获制假烟机22台，查获假冒卷烟3446.95万支，烟叶、烟丝22.01吨，滤嘴棒391万支，卷烟纸3.02吨和大批制假原辅材料；在当地政府和多方配合下，先后取缔桂阳县东城乡卷烟制假窝点多个，查处宜章“5·11”“9·4”卷烟制假网络等大要案件；共抓获涉案人员62人，其中刑事拘留24人、判刑9人。

自2008年6月起，市局联合公安、检察、法院、工商、技术监督等部门，在全市范围开展为期100天的代号为“利剑行动”的严打制售假烟行为专项整治活动。市局成立以郑雄志为组长、王建平为副组长的领导小组，专卖科长（稽查支队支队长）为办公室主任，各县（市）局分管领导为成员；各县（市）均成立相应组织领导机构，明确专人负责具体工作。重点清查整顿城区市场的大宾馆、大超市、名烟名酒商店等高档卷烟销售场所，大农贸市场、小商品市场、火车站、汽车站、货物托运站等货物集散地。对货运站进行摸底造册，截断假烟流通渠道；并加大对农村农贸市场检查的力度和频率，确保城、乡卷烟市场检查到位，不留死角。是年，查获大型非法烟机设备10台。

2009年，充分发挥执法部门联合清理整治卷烟市场合力，组织重大节日期间的卷烟市场专项清理整治行动3次。一季度，开展为期20天的卷烟市场清理整顿“春雷行动”，查获假冒卷烟213.1万支，查获省外回流卷烟332.10万支。“打假破网（打击制售假烟网络）”力度不断增强。5月6日，联合公安机关，成立专案组，对查获57件假烟（涉案金额60.50万余元）的案件展开追踪侦查，上追来源、下追去向，赴广州等地调查取证，刑拘1人，侦破销售假烟网络1个，涉案价值121万余元。此案涉案金额的认定和追刑问题引起省局及公检法机关的高度重视，到郴州进行专题调研，列为全省指导案例。自6月24日起，执行国家烟草专卖局、工信部、公安部、国家工商行政管理局联合文件精神，严厉打击利用互联网等信息网络非法经营烟草专卖品的行为。年内，在卷烟打假打私行动中，缴获制假大型烟机设备4台。

2010年，积极争取各级党委、政府的支持，市委、市政府下发《关于建立郴州市卷烟打假协作机制的通知》，成立市委常委任顾问、分管副市长任组长的卷烟打假领导小组。协调市“两烟办”，提请市政府发布《关于加强烟草专卖管理规范卷烟市场秩序的通告》，将烟草市场监管工作提到更高的层面，成为政府关注的一项重要工作。在省局的支持下，湘粤赣三省七县达成联合打假打私协议。针对运输环节打假存在的问题，与本地公检法等部门共同探讨，形成协调治理新共识。是年，市局制定《卷烟零售市场分类管理工作方案》及《卷烟零售市场分类管理办法》，探索零售户自律和新监管机制，提升监管效能。联手工商、公安部门，先后在春节、“五一”、“十一”期间开展代号为“神虎”的卷烟市场清理整顿行动。全市取缔无证经营户372户，工商部门给予行政处罚的有462户。11月，市局联合通信、公安、工商等部门开展打击利用互联网等信息网络非法经营烟草专卖品专项整治行动。

2011年，以落实国家烟草专卖局、国家工商行政管理局、公安部、国家质量监督检验检疫总局联合打假和规范烟草市场专项行动为契机，进一步规范协作机制的运作，巩固“政府主导、部门参与、各方联动、烟草发挥主动作用”的烟草市场综合治理格局，召开整顿和规范烟草市场秩序工作领导小组联席会议，明确年度及阶段工作重点和主要措施。会同市工商局召开综合整治市场工作会议，出台年度《综合整治市场工作方案》和《考核细则》；与公安、检察部门召开案件查办联席会议，制定《查处网络案件工作方案》；并在系统内部完善专、销共管市场的联动机制。在日常监管方面，按照《郴州市烟草专卖局卷烟市场例行检查制度》，“三员”（市管员、客户经理和送货员）每日巡检，各县级局每月须集中检查1次；市局每季度对各县检查考核1次。开展“六无”（无假冒卷烟、无走私烟、无非法渠道卷烟、无无证照经营卷烟行为、无不规范不文明专卖执法行为、无不规范不文明专营服务行为）示范街（店）创建活动，规划全市创建11条，汝城县率先创建1条，年内全市创成5条。在开展专项治理行动方面，突出“端窝点、打源头、破网络、抓主犯”的工作重点，年内多部门联合先后进行“春雷一霹雳”、中秋节、11月全国烟叶工作郴州现场会前夕的清整行动，使卷烟市场规范程度大大提高。是年，共查处各类涉烟违法案件1780起，其中查处真品卷烟案件1572起，查获真品卷烟8907.84万支，涉案金额5万元以上的真品卷烟案件106起；出动打假人员10372人次，查处假冒卷烟案件208起，查获非法烟草机械9台（套），查获涉案金额5万元以上的假冒卷烟案件15起、假冒卷烟688.97万支。向公检法移送案件39起，拘留19人，逮捕14人，判刑9人；侦破符合国家局标准制售假烟网络案5起和市局标准制售假烟网络案2起，打假破网工作取得重大突破。

2012年5月，市政府专门召开全市卷烟打假工作会议，部署多部门联合打击制售假烟工作；由市政法委牵头，成立由公检法、烟草等部门组成的郴州市涉烟刑事案件查处协调领导小组，各县（市）随之跟进成立，打假力度增强。年内，卷烟市场日常监督改变以往按线路走访的检查方式，突出“科学分类、重点管理、动态检查”。全市对卷烟市场无证经营户进行全面摸底造册，与公安、工商部门联合执法，全年共查处、劝停、取缔无证经营582户。市本级对浙江、福建等外地人经营的烟酒店、礼品回收店进行摸底造册，建立重点监管档案65份。上年规划的全市创建11条卷烟经营“六无”达标街道全部建成。“天价烟”（高档烟每包不得超过100元）专项治理工作基本完成。专卖、营销联动实施“证网合成工程”（对标课题），共同开展零售许可证的常态化清理、新办证零售户入网前培训、签订入网协议，促进卷烟零售户规范经营。在开展打私打假工作方面，联合工商、公安机关开展“春雷二号”“啄木鸟”两次市场清理整治专项行动，联合公安开展专项整治真品卷烟非法流通行动。下发《关于认真落实国家局、省局治理卷烟非法流通有关工作制度的通知》，对从事卷烟非法流通的不法行为严格规范执行“六个原则”予以严厉打击，打掉的制假售假网络案数量、档次同比均有突破。全年全市共查处各类涉烟案件2106起，其中假烟案件304起、真烟案件1802起；查获各种违法违规卷烟12075.34件，其中假冒卷烟1179.55件、真品卷烟10895.79件；破获制售假烟网络案15起，其中国标案7起、省标案2起、市标案6起；刑事拘留45人，逮捕51人，判刑30人。“打假破网”典型案件主要有：资兴市破获2起；宜章县“4·28”制售假烟网络案共抓获团伙成员15人，刑拘13人，逮捕12人；桂东县破获1起涉案金额120余万元、逮捕犯罪嫌疑人5名的国标网络案；永兴、安仁、汝城县各成功侦破1起国标案。

2013年，卷烟市场管理全面推行精细化、针对性、分类型管理，注重“带着问题线索上市场”“针对性检查”“挖究案件根源”。联合工商部门开展“六无”示范街、“三无”（统一店面形象及“三无”灯箱标识，统一证件悬挂区域与内容，统一店面卷烟品牌陈列和价格标签）放心店创建工作，全市共创建示范街15条、放心店264户。通过示范引导零售户自律经营、规范经营，实现由单纯的“检查、打击、处罚”向“打击处罚与示范引导并举”的转变。建立健全“打假破网”情报系统和涉案人员基础信息档案，尤其注重在市场日常监管中去发现线索、挖掘线索、分析和运用线索，卷烟“打假破网”工作的主动性、针对性和有效性增强，破获的11起国标网络案中，有6起是稽查人员在例行检查中发现的。年内，发起多次以“断源头、打窝点”为目标的“封闭式集群战役”，严惩非法收购、储存、加工、运输、倒卖烟叶烟丝违法犯罪行为，切断制假原料来源，发现制假售假踪迹则穷追源头，严惩不贷。其中，资兴市三都镇刘某红倒卖假冒商标卷烟案，由公安部挂牌督办，郴州市、资兴市联合行动，抓捕涉案多名犯罪嫌疑人，追溯假烟来源及去向，终将这个从广东省发货，在郴州、永州市具有28个分销点的售假团伙摧毁；由郴州市烟草、公安联合临武、汝城、桂阳、安仁等县（市）成功发起的辖区内“封闭式集群战役”，亦侦破制假售假案件多起。联合工商管理局成立烟草市场综合治理工作领导小组，先后开展“春雷三号”“南剑一号”“雪茄烟市场治理”等专项行动，采取“拉网式”“地毯式”检查形式，对辖区名烟名酒店、大型超市及货运物流站、车站等场所进行突击检查和布控，高压打击公开摆卖“假、私、非”行为，进一步提升辖区卷烟市场净化率。对于辖区内有销售假烟行为但未达到追刑标准的零售户，将案件移送给工商部门由其依照《中华人民共和国商标法》作出按违法经营额1～3倍的行政处罚，有效解决按照烟草专卖法律法规处罚较轻，容易死灰复燃的问题。全市各级政法委、公检法紧扣涉烟犯罪追刑工作，围绕“侦、诉、审”，加强烟草专卖行政执法与刑事司法的紧密衔接，对涉烟刑事犯罪追刑力度进一步加大。全市共查处各类涉烟违法案件1670起，其中假冒卷烟案件490起、真品卷烟案件1180起，查获违法卷烟7412.10万支（假冒卷烟261.30万支，真品卷烟7150.80万支）；查缴制假烟机设备8台，查获烟丝、烟叶116.90吨；出动执法人员12296人次，侦破制售假烟网络案16起，其中国标案11起（资兴4起，桂阳3起，永兴2起，宜章、安仁各1起），省标案1起，市标案4起；刑拘涉案人员53人，逮捕48人，判刑35人。

查获伪装严密的走私卷烟

2014年，在资兴市局试点国家局“APCD”工作法，借助“外勤助手”，创新实施“I—APCD”市场监管模式。突出无证经营治理，开展清理整顿烟草市场“春风1号”专项行动，对所有涉烟经营场所开展检查，做到“六个一致”，对无证户建立动态档案和“一图一表”，实行分类治理，重点取缔“有一定经营场所、有一定经营规模、有一定经营时间”的无证户；建立“清无”协作长效机制和经费保障机制，每季度向工商部门移交“无证户”名单。全年共清理取缔无证经营户762户，移送涉烟案件180起；下发整改通知书831份，下发处罚决定书763份。开展中小学校周边卷烟经营户清理整治专项行动，与零售户签订“不向未成年人出售烟草制品承诺书”16780份，摆放“不向未成年人出售烟草制品警示牌”近1.7万块。全年出动执法人员9204人次，查处假烟私烟案件546起，查获假冒卷烟299.03万支、走私烟49.16万支；破获假烟网络案20起，其中国标案13起、市标案7起；拘留59人、逮捕62人、判刑44人。

打假各项指标在全省名列前茅。

2015年，在全市系统推广应用具有郴州特色的“I—APCD”工作法。完善“四员”（专卖稽查员、客户经理、配送员、内管员）联动机制，构筑信息联动闭环，及时对异常客户进行依法处理。把“证、户”真实性的清理及维护，作为遏制真烟非法流通的治本之策和专卖管理一项常态化、长效化工作抓紧抓实，对照许可证管理“六个一致”要求，着重清查停歇业户、虚拟客户、证件转移或买卖户、一店多证户、影子客户“五种情形”,共取消经营资格103户、责令整顿停业126户、取缔无证户1016户。与此同时,由烟草、公安、工商三部门联合行动，开展卷烟打假打私打非“南剑二号”“春雷五号”等专项行动，加大对真烟非法流通重点户经营场所、储烟仓库、贩烟窝点、物流货运等重点场所以及途经郴州各要道卷烟的查处力度，使大部分非法流通卷烟止于分销之前，打掉一批制假售假贩私网络。6月1日，嘉禾县侦破1起大型生产销售烟丝网络案。全年全市共出动执法人员7688人次；查处涉烟案件1285起，其中假烟案506起、真烟案779起；查获各类卷烟5145.64万支，其中假烟走私烟335.03万支、真烟4810.61万支，查获的非法流通真烟数排名全省第二；查获烟叶、烟丝75.77吨；侦破网络案26起，其中制售假烟国标案8起、省标案2起、市标案11起、真烟非法流通省标网络案5起；刑事拘留47人、逮捕38人、判刑24人。

2016年，全市系统运用“互联网＋烟草专卖”的模式，将“I—APCD”工作法全面应用到市场日常监管中；探索推行“双随机”抽查机制，规范对卷烟经营户的事中、事后监管；桂阳县局深度融合“I—APCD”卷烟市场监管模式和“四员”协同互进监管机制，对异常订单、异常客户实行落地监管，采取“三级（基层服务站长、专卖股长、分管副局长）约谈”方式予以诫勉，卷烟销售内管加强。6—12月，市局部署卷烟打假打私打非“三要”（国家局强调的“通过卷烟打私打假要市场、要销量、要效益”）“南剑三号”专项行动，市、县10个烟草专卖局与公安、工商、邮政、运管、铁路、快递等部门联合行动。临武县局与高速交警建立协作机制，加大对物流环节卷烟非法流通的监控。安仁县由烟草办牵头，成立“两烟”市场管理工作领导小组，下设卷烟市场稽查大队，并在烟草局设立公安执勤室，切实将烟草市场管理工作提升到政府层面。桂阳、嘉禾等县局联合市监局、公安局等部门，周密部署，开展一系列专项整治行动。全市系统携手工商部门取缔无证户713户，下发处罚决定书659份，整顿查处持证户799户，市场监管效率明显提升。注重发挥公安技侦、网技部门在互联网监管上的先进手段和方法作用，推进线上线下一体化监管，资兴市成功破获郴州市辖区首起利用互联网制售假烟国标网络案。11月16日，宜章县捣毁一个涉案价值近200万元的特大型制假烟丝窝点，现场查获烟叶烟丝等原辅材料60.70吨、生产烟丝的全套设备1套，抓捕涉案人员19人（8名系越南籍人员）。全年出动执法人员7343人次，查处假烟、私烟案400起（走私烟案件162起），真烟案733起；查获假私烟364.99万支、真烟3253.04万支、烟叶烟丝196.21吨；捣毁大型制假窝点1个，查获烟草机械12台；侦破制售假烟国标案6起、省标案1起、市标案8起；刑拘45人、逮捕19人、判刑30人。

2017年，卷烟市场治理实行“三管齐下”。一是真烟“治非”扼住“点线面”。由重点户到重点路段再到重点市场，形成从点到线、从线到面的“监管网”，实施登门普法、劝导履约、见错约谈等针对性监管；联合公安、工商等部门，重点治理公开摆卖“非流”真烟和走私烟、无证经营和“二次批发、左右价格、扰乱市场”“收购倒卖、批发分销、低价倾销”等违法违规行为；建立《卷烟零售大户治理工作制度》，全市确定违法违规卖烟大户重点对象62户，联合公安部门发放“大户依法规范经营警示告知书”，劝退问题大户59户，停业整顿1户，停供限供货源2户。开展“中小零售户唤醒工程”，恢复长期未订货的零售户194户，新办证906户，取缔无证户415户，为稳销量做出努力。联合公安、高速交警加强布控，开展日常巡查和动态监管，封住真烟非法流通的“咽喉”。二是专项行动整治“痾瘴疾”。先后开展“春雷七号”“南剑四号”专项行动。查处真烟案200起、假烟私烟案108起，查获真烟1043.16万支、假烟113.93万支、走私烟14.71万支，侦破省标案1起、市标案4起，拘留9人、逮捕15人、判刑8人。5—9月，开展打击互联网及物流寄递环节涉烟违法犯罪活动专项行动。全市共出动执法人员2448人次、执法车辆568台次，列入重点监管的物流运输配货站点8个、快递企业收发站点89个，检查重点场所213个（次），查封涉烟自媒体账号3个，查处各类涉烟违法案件409起，其中假烟私烟案件269起、真烟案件140起；全市查获卷烟2177.52万支（假烟私烟237.36万支、真烟1940.16万支），刑事拘留1人。三是打假打私找准“关键点”。针对快递业渐成物流主渠道之一的特点，首次以郴州市烟草专卖局、市公安局、市邮政管理局3家名义召开全市卷烟打假工作会议，全市50余家快递企业主要负责人全部参加会议，形成全方位的协同配合体系；协调邮政部门成立物流寄递领域烟草专卖协查工作小组，在全市寄递企业范围建立涉烟信息联络员工作机制，突出强化互联网及物流寄递环节涉烟监管，紧盯“网上销售、网下物流”两个新战场和“实体链条、实物假烟”两个新重点，掐住假冒商标卷烟、走私烟、“非流烟”流通新渠道。1—11月，全市查获寄递环节涉烟案件312起，查获包裹681个、卷烟178.60万支，涉案价值近200万元。始终保持源头打假高压态势，5月，桂阳县捣毁制假烟丝窝点1个，现场查获烟梗17吨、烟叶烟丝15.40吨、大型切丝机等设备9台（套），抓捕涉案人员16人，现场涉案估值150万余元；桂东县捣毁大型制假窝点1个，现场查获烟草机械20台（套）、烟叶烟丝21.04吨。全年查处假私烟案565起，其中涉案价值5万元以上假私烟案12起；查获假私烟613.50万支，捣毁大型制假窝点2个，查获烟叶、烟丝94.46吨，查缴烟草机械31台（套），侦破国标网络案5起、省标案2起、市标案7起，刑事拘留37人、逮捕43人、判刑17人。查处真烟案671起，其中涉案金额5万元以上真烟非法流通案件37起，查获真品卷烟3350.80万支。对破获资兴市张某华等人利用互联网销售假烟案的有功人员予以专项奖励。

2018年，坚持政府主导、联合执法协同管理“两烟”市场。由市政府“两烟”工作领导小组下发《关于加强“两烟”市场综合治理工作的意见》，建立“两烟”市场综合治理工作责任机制，将“两烟”市场综合治理工作纳入各县（市、区）综治考核范畴，构建公安、工商、交警、邮管等20多个部门联合参与的治理体制。同时，为贯彻落实省局关于强化烟草专卖“卡口”监管的工作要求，深入开展卷烟打假打私和打击真烟非法流通倒卖活动，经与高速交警部门达成协议，在宜章小塘收费站、临武堡城收费站、汝城九龙江收费站设置省际高速公路烟草稽查“卡口”；与邮政部门协作，继续联手把控快递物流链的烟草“非流”关；又与公安网技部门合作，对互联网、微信、QQ群等现代社群交流媒体进行涉烟交易情报监控，筛选线索，并发展“线人”，以扩大情报线源，发现情况，实施精准打击。全市“政府领导、部门联合、多方参与、密切协作”的工作体系得到健全完善，“两烟”市场综合治理合力增强。在真烟“治非”工作方面，坚持双向（跨境流入、流出）打击，制定《重大真品卷烟案件监督工作制度》《真烟案件查办工作指导意见》《专卖管理问责办法》《真品卷烟非法流通治理奖惩机制》等制度，以本地市场治理为主，进一步明晰运行体制、各方责任、考核办法和奖罚措施；自6月起，为扭转真烟“治非”被动局面，全市系统痛下决心，联合各方先后发起“夏季风暴”和“秋季攻势”，发扬“5+2”“白＋黑”“晴＋雨”工作精神，开展错时、错峰检查；在高速“卡口”推行派驻专班制，与高速交警联合执法及无人机实时监控，依法查处一批非法运输案件。烟草专、销部门联合清理整顿市场，摸排“问题客户”2201户，停供3964户次、暂停访销111户、降档2028户，整改许可证问题客户159户，其中列为重点“黑名单”183户，查处打击156户，打掉真烟“非流”仓库117个，查获省外流入真烟944.80万支。进一步严格许可准入关，全市办理歇业2245户，停业59户，收回许可证87份。对北湖区五岭批发大市场内的29家卷烟零售（有个体批发卷烟嫌疑）重点户予以清理整治，签订“退出卷烟经营承诺书”，采取约谈、警示、停供、降档、打击、取缔等措施，在一个季度内全部清理干净，困扰郴州多年的该处卷烟“非流”集散之地顽疾得以扫除。通过多管齐下，全市真烟“非流”被动局面逐步扭转。全年查办假烟、私烟案889起，查获假烟私烟1138.80万支；捣毁大型制假窝点2个、烟丝加工厂3个、烟叶烟丝仓库16个，查获烟叶烟丝217.02吨、卷烟纸1874千克、滤嘴棒225万支、烟草机械26台；侦破国标网络案7起，刑拘57人、逮捕25人、判刑32人。

2019年，卷烟市场打私打假和“治非”工作在市政府“两烟”工作领导小组的支持下，继续纳入各相关市级局和各县（市）年度综治考核项目，并行文明确：该项目由市烟草专卖局实施考核，兑现奖罚。市公安局10名辅警常驻市烟草稽查支队，随时参与各项稽查行动。新制定《联合查办涉烟无证运输案件暂行规定》，公路“卡口”、邮政寄递、交通安检配合把关；每季度开展一次联合稽查，先后开展“春雷九号”“猎狐”“夏季风暴二号”“秋季攻势二号”等专项行动。打私打假办案实行“一案双查”，既查本案，又追根溯源深挖源头。在烟草系统内部，构建“互联网＋福城金网”监管模式，“四员”依托“福城金网”服务管理平台，可实时发起工作协同；积极推进专、销基层工作站建设，将监管责任分解到基层站一线人员，以考核、问责倒逼工作站抓紧抓实。推行按照“九大标准”排查“问题客户”，严格实施违规大户“黑名单”管控机制，对重点“黑名单”户由市管员和客户经理一周一查，对一般“黑名单”户两周一查，均长期盯防；创造性地推行专卖线党员带头治理真烟“非流”和违规大户，实行“二包一”组队监管。全年共排查卷烟经营疑似问题7131个，确定“问题客户”6301户次，行政处罚558户次、批评教育204户次、注销131户次、取缔33户次、劝退歇业137户次、停业整顿2户次、引导办证533户次、清理取缔无证户102户次，营销停供1702户次、降档2736户次、暂停访销136户次、减供限量535户次。全年查办涉烟案件1580起，其中涉案金额5万元以上大要案184起；侦破国标案3起、省标案1起；捣毁大型制假窝点1个、烟丝仓库2个、烟丝加工点2个，查获烟叶烟丝147.60吨、卷烟纸8.60吨、滤嘴棒384.60万支、大型烟机3台（套）；查获假烟私烟1215.40万支、真烟5816.20万支（查获省外流入真烟1102.30万支、堵截省内流出真烟2852.90万支）；被省外执法单位查获真烟35.95万支，居全省第11位。在汝城县破获“5·30”制假售假大案1起；侦办真烟涉刑案件1起。全年涉烟案件刑拘39人，逮捕44人，判刑43人。

2020年，郴州市烟草、公安、交通、市监、邮管五部门召开联席会议，联合发布《关于加强卷烟打假打私和烟草市场综合治理工作的通告》，开展协同稽查。在大力做好宣传警示工作的基础上，重点加强制售假烟、走私卷烟“上游源头”“中游运输”“下游分销”等环节稽查。在“上游源头”打假环节，累计摸排行政村395个、居委会87个、养殖场139个、废旧仓库154个、简易板房69个、废弃厂矿115个、用电量异常场所4个，分析判断高风险区域13个、中风险区域47个，捣毁制假窝点1个、非法加工烟丝窝点7个、烟叶仓库4个，查获烟叶烟丝130348千克、非法加工设备26台（套）、滤嘴棒和水松纸若干，抓捕犯罪嫌疑人18人。在“中游运输”稽查环节，创新实施“南扩西移”战略，重点向广东、福建等制假源头地区发展“线人”，向广西等走私重灾区布驻“线人”，实行省外驻点制度，走私烟和假烟一旦入境，可提前预警，全年共截获省外流入真烟2693.39万支，堵截省内流出真烟1830.61万支，查获辖区流动真烟1562.15万支。在“下游分销”稽查环节，坚持落实“问题客户”排查和“黑名单”监管制度，全市共排查卷烟经营疑似问题3719个，确定“问题客户”3488户次，予以警示教育335户次、劝退歇业93户次、注销114户次，引导办证393户次，移交市场监管部门处理无证户62户次；暂停访销198户次，停供968户次，减供限量893户次，重点监管289户次。对倒卖卷烟大户的查处打击，实施顶格处罚，以案溯源、以案查案、以案破网，将违法违规大户从“有证打到无证，无证打到判刑”，共取消经营资格17户、劝退歇业7户。侦办真烟涉刑案件4起，其中市本级侦破的李某英等人非法经营案，成功摧毁跨三省七地的卷烟地下销售网络1个，刑拘人数创近年全省真烟涉刑案件之最。全年侦破国标网络案2起，因涉假涉私共刑拘27人、逮捕15人、判刑7人，形成强大的震慑力和正效应。年内，专题开展“电子烟”和“样品卷烟”清查整顿行动，摸排电子烟实体店13家、电子烟元件生产企业1家，采集互联网电子烟销售及广告信息7条，联合市场监管部门查处违法经营电子烟案件1起，成功劝退电子烟实体店2家，劝阻下架销售电子烟商户4家，责令整改卷烟自动售卖机4台（次）。

2003—2020年郴州市烟草专卖管理查处案件统计表

表1–3

年份	查处案件（起）	查处结果							
		没收手工、假冒卷烟（万支）	没收走私卷烟（万支）	收购卷烟（万支）	没收收购烟叶（千克）	没收原辅材料		没收制假烟机具（台、套）	
						烟丝、卷烟纸（千克）	滤嘴棒（万支）	机械	手工
2003	450	7705	35.86	0	42760	47080	92	24	0
2004	621	8059	74	312	10860	94700	117	21	14
2005	261	10310	1.70	133	30500	9600	635.50	49	1
2006	344	3844.09	0	790.52	22110	3020	391	24	8
2007	514	2968.26	0	1075.81	14737	980.50	95.25	26	12
2008	1678	4640.61	0	1957.32	66150	1600	2	10	19
2009	1612	1596.32	0	2537.57	91080	0	159.04	6	9
2010	1551	2179.78	0	5825.59	174390	2400	111	6	17
2011	1780	688.54	0	8907.84	139068.50	0	0	9	0
2012	2106	1103.32	149.76	10895.79	73778.70	1125	52.50	2	0
2013	1670	257	60.25	7150.77	116873.70	0	2.29	8	0
2014	1172	288.81	22.03	3442.90	136790.70	75	0.05	3	0
2015	1285	259.67	3.55	4879.83	75768	0	0	1	0
2016	1133	276.61	29.34	3253.04	181258.50	0	0	12	0
2017	1537	623.28	104.29	5572.08	221602.39	0	0	33	0
2018	1665	810.02	226.47	5865.16	217685.95	1874620	225.12	28	0
2019	1589	1062.52	105.38	5736.39	178825	8597600	386.64	11	0
2020	1558	1016.20	12.03	6085.67	151851.23	967950	454.25	15	0
总计	22526	47689.03	824.66	74421.29	1946089.67	11600750.50	2723.64	288	80

说明：资料来源于郴州市烟草专卖局历年专卖工作年终报表，由于报表格式和统计项目不同，个别数据由专卖科补充提供

第五章　规费和罚没财物管理

第一节　规费管理

规费，是行政机关在为特定人办理某些事务或证件时依法征收的行政手续费。按照国家烟草专卖局、财政部下发的《关于烟草专卖许可证收费标准及其使用范围的暂行规定》，烟草专卖许可证收费属于国家规费收入，实行以收抵支、多余上缴财政的管理办法。各级分成比例时有调整。规费使用范围：证册印刷费（指印制烟草专卖许可证、准运证、准购证、检查证、申请书、表册、档案袋等费用）、专业资料费、专业宣传费、其他费用（包括培训烟草专卖工作人员等费用）。需开支时，编制预算报当地财政审批拨给。

2003年11月26日，市局印发《关于换发烟草专卖许可证的通知》，换证收费标准仍按国家物价局、财政部《关于调整烟草专卖许可证收费标准的通知》(〔1993〕价费字163号）执行，规费收取后不再逐级按比例上缴，而由各发证单位直接向当地财政上缴。

2004年1月，市财政局通知：行政事业性收费纳入预算管理。7月7日，国家局下发《关于取消烟草专卖许可证收费的通知》(国烟财〔2004〕428号），自是年7月1日起取消烟草专卖许可证收费。

2017年4月，国家局下发《烟草专卖许可证管理办法实施细则（试行）》，再次规定：烟草专卖局办理烟草专卖许可证，不得收取任何费用。

第二节　罚没财物管理

一、罚没规定

烟草专卖局作为行政执法机关，依照《中华人民共和国烟草专卖法》和《中华人民共和国烟草专卖法实施条例》及国家、省烟草专卖局的相关规定执法办案，对涉烟违法行为依法予以查处。规定：不得将罚没收入与执法部门的经费划拨和职工的奖金、福利挂钩；不得下达罚没收入指标；一律使用财政机关统一制发的罚没凭证，凭证领缴、结算、对账均有制度规定。涉烟案件稽查罚没主要规定如下：

烟叶类　对擅自收购烟叶的，按其收购总值的20%以上、50%以下处以罚款，之后交当地烟草公司按国家规定的价格收购；对违法收购数额巨大(1000千克以上)的，依法没收其违法收购的烟叶和违法所得，烟叶交当地烟草公司处理。对无证运输烟叶的，依法查扣，先处以20%～50%罚款，再交当地烟草公司按国家规定的价格收购；情节严重（如屡犯、抗拒检查或违法运输烟叶价值5万元以上等）的，处以没收。2005年7月1日起，郴州市人民政府实施《烟叶专卖市场管理暂行办法》，对协助烟贩作案的司机和车辆，“承运人明知是烟叶而为无准运证的单位、个人运输的，没收违法所得，可以并处违法运输的烟叶价值10%以上20%以下的罚款”。对邮寄、携带烟叶者，“超过国务院有关部门规定限量一倍以上的，处以违法运输的烟叶价值20%以上50%以下罚款，并按国家规定的价格收购违法运输的烟叶”。2007年2月起，《关于罚没烟叶的管理办法（试行）》(国烟法〔2006〕950号）在本省实施，在仍执行对违法案件据情罚款或没收的规定基础上，对罚没烟叶的处置作出新的规定。罚没的烟叶由辖区具有烟叶存储条件的烟草仓库保管，结案前实行分案管理和单独封存。经鉴定质量、检验定级后，通过国家局“烟叶基础软件”中的“烟叶罚没专户”进行收购，对罚款收购的列级烟叶，按当地同等级烟叶收购价的70%确定收购价格；属于级外原烟（有使用价值的）、国产复烤烟叶、烟草薄片、烟丝的，按其估算价值的70%确定收购价格；无使用价值的废弃烟叶不进行价值估算。没收的烟叶中属于列级原烟的，按当地同等级烟叶收购价作价；属于级外原烟（有使用价值的）、国产复烤烟叶、烟草薄片、烟丝的，按其估算价值确定收购价格。结案后，罚没的烟叶通过中烟电子烟叶交易平台与卷烟工业企业签订购销合同纳入流通渠道，工、商双方对罚没烟叶的购销不占收购、购进计划指标。

卷烟、雪茄烟及烟丝类 查获的假冒商标卷烟、雪茄烟，查处单位将质量检测报告书、处罚决定书和罚没收据，报省局审核批复，向被侵权卷烟厂下达支付奖金通知书，烟厂将奖金支付给查处单位，该奖金从烟厂生产发展基金中列支。2006年3月，省局下拨给郴州市局2005年度打假经费补助349万元；2007年3月，省局拨给郴州打假经费补助248万元，并加“总机构打假经费”补助50万元。其后各年均有此类补助。该经费的拨给，依上年度打假成果而计算，包括查获假冒伪劣卷烟、烟机及查处制假售假的办案经费补助。由烟草、公安、工商、海关等行政执法部门查获没收的走私进口烟统交烟草公司，按当地市场零售价7折收购，以当地市场零售价倒扣10%为处理批发价，加盖“处理走私烟”印章后，交给持有特种零售许可证的烟草公司销售。假冒伪劣卷烟、雪茄烟（含非法机制冒牌烟、白包烟、手工卷烟）及烟丝则一律没收，公开销毁。对走私（含无证托运、自运等）正规国产真烟，先按20%～50%罚款，再按当地市场批发价的70%作价统交烟草公司收购变卖处理；情节严重的（含运输的烟草专卖品价值超过5万元或者运输卷烟数量超过100件的，被烟草专卖行政主管部门处罚2次以上的，非法运输走私烟草专卖品的，抗拒检查的，运输无烟草专卖生产许可证的企业生产的烟草专卖品的，使用改装、伪装运输工具逃避检查的，其他情节严重的行为），依法没收其违法运输的烟草专卖品和违法所得。2006年6月起，执行《关于对专卖罚没卷烟操作处理的通知》（国烟计〔2006〕67号），规定：对依法收购的卷烟当地无此品种的按全国统一批发价的70%收购；包装破损或出厂时间超过两年的，可以酌情降低收购价，但不得低于统一批发价的50%。法定收购、没收的，应严格进行品质鉴定，确认品质良好方可入库。进入营销网络系统以“罚没烟入库”“供货商—××市烟草专卖局”等操作进行“购进确认”，然后分销。2007年9月24日起，执行《罚没卷烟管理办法》（国烟专〔2007〕413号），规定：依法收购的卷烟按照统一批发价（批发目录无该牌号的按同类卷烟的平均批发价）的70%收购；依法罚没的卷烟（真烟）以不低于统一批发价的60%收购；统一批发价格目录中没有该牌号卷烟的，按目录中同类卷烟的平均批发价格的60%收购。销售罚没卷烟，可在统一批发价的基础上降低5%～10%；包装破损、出厂时间超过两年等情况的，可降低不超过20%。罚没卷烟入库不扫码，进入“行业卷烟生产经营管理系统”进行商业入库，设置单独业务模块进行专门处理；其保管费、运费、鉴别检验等费用列入办案经费，纳入预算管理。

卷烟盘纸、烟用丝束、烟草专用机械及其配套零部件类 对无烟草专卖生产许可证生产卷烟纸、滤嘴棒、烟用丝束或者烟草专用机械的，由烟草专卖行政主管部门责令停止生产，没收违法所得，处以违法生产的烟草专卖品价值1～2倍罚款，并将其违法生产的烟草专卖品公开销毁。对违反《烟草专卖法》第27条生产卷烟纸、滤嘴棒、烟用丝束、烟草专用机械的企业，将产品销售给非法生产、经营单位、个人的，以及违反《烟草专卖法》第40条第一款走私烟草专卖品的，除责令停止销售、没收违法所得、处以罚款外，还要将其非法销售的烟草专卖品公开销毁。对无证运输和打假现场查获的上述专卖品，一律没收。

二、罚没财物处置及专卖经费管理

2003年，郴州市及辖区各县（市）烟草专卖局对专卖罚没财物管理继续执行《中华人民共和国行政处罚法》和国家、省、市财政、审计、烟草等主管部门的相关规定，严格实行“收支两条线”管理模式，罚没收入除按规定应返还给案件当事人的部分外，先全额上缴当地财政部门，不得坐支、截留、挪用；罚没物品及暂扣物品，任何部门、单位和个人不得占用、调换、压价、私分或变相私分。然后，向财政机关编报“办案经费补助”预算，经财政机关审查同意后核拨返回，主要用于法规宣传、相关会议、稽查案件、奖励举报人和办案有功人员等，先批后用，凭发票报账。对暂时保管的罚没收入和财政返拨的办案经费，建立单独账号，存于财务，专卖执法部门建立专门台账，指定专人负责管理和核算，定期对账和报送报表。“办案经费补助”开支范围严格遵守财政部有关规定，专款专用，不得用于增加人员编制开支和基本建设开支。

各类依法查获、没收的烟草专卖品实物，均即时造册登记，入库保管，分案管理，设立台账，一案一账，定期汇总上报省局审核备案。其处置，烟叶、卷烟皆先进行品质鉴定，品质良好的依规进入销售环节变卖；卷烟生产辅料、烟机及其零配件，经鉴定品质良好的，报上级行政主管部门处理。不能变卖的假冒伪劣或变质烟草专卖品，皆分批公开销毁，铁质物品送往省局指定的钢铁厂作熔化处理。

2005年7月14日，国家局下发《关于加强对拍卖没收走私烟草专卖品管理的通知》（国烟专〔2005〕306号），规定：经鉴定品质良好的罚没烟草专卖品，其变卖也可报经省局同意，委托国家局批准的13家（辽宁、大连、河北、浙江、山东、福建、上海、广东、广西、海南、深圳、天津、江苏）烟草拍卖行进行拍卖。10月，省局下达《全省打假费用开支有关问题的指导性意见》，规定：一线专卖执法人员购买人身意外伤害保险费用，可在福利费中列支，福利费不足的在应付工资中列支；打假办案经费纳入预算，突发大要案查办经费，应追加预算；联合各方打私打假办案及协调会议经费，列入卷烟打假费用核算，不再对此进行年度考核。

2006年，市局出台《打假经费使用管理办法》，将打假经费列入预算，但因突发案件，其办案经费可予以追加。预算内的开支，履行财务报账手续并按审批权限批准后予以报销。自12月21日起，执行省局《加强县级烟草专卖局专卖管理工作的实施意见》，县级局办案、打私打假（含与地方政府及执法部门的协调）费用开支“由市级局统一掌握”，纳入预算管理，不可预知的办案经费予以追加预算。

2007年起，执行国家局《关于罚没烟叶的管理办法（试行）》（国烟法〔2006〕950号）和《罚没卷烟管理办法（试行）》（国烟专〔2007〕413号）文件后，除罚金全额上缴外，涉案烟叶、卷烟等专卖品变卖所得收入亦实行“除应返还当事人的部分外，应全额上缴同级财政”，其他执法和司法机关处理的罚没烟草专卖品，其变价款或拍卖款交该委托机关上缴财政部门的规定；收购罚没原烟的烟草商业企业，应依法缴纳烟叶税。处理案件的仓储费、运费、检测费、拍卖佣金等费用，在办案经费中列支，纳入预算管理。8月17日，市局印发《专卖打假经费使用规定》，规定：打假经费在财务中列支，一案一结，一事一档。专卖部门指定专人负责打假经费的使用管理工作。打假协办费用，1万～3万元（不含）由市局分管副局长审批，3万元（含）以上由市局局长审批。

2016年3月30日，市局印发《专卖类经费报销管理规定（试行）》。7月13日，市局印发《专卖类经费报销管理补充规定》，规定：烟草打假打私打非协办费和所有的专卖管理协办费，都必须凭合法合规票据支付到协办单位财务账户，各项协办工作的先进集体奖励款亦需支付到获奖单位财务账户。各项举报奖励，不适用烟草系统内部人员。协作办案确需在外就餐的，需严格执行报告制度；郴州境内办案，无协作单位参与的不报销在外就餐费。

2003—2020年，郴州市烟草专卖局罚没及变卖收入共计79862376.44元，各年度均全额上缴财政。

2003—2020年郴州市烟草专卖局上缴罚没及变卖收入款统计表

表1-4 单位：元

年份	罚没及变卖收入总额	上缴财政额度
2003	895400	895400
2004	1402800	1402800
2005	629800	629800
2006	219200	219200
2007	229586.35	229586.35
2008	823561.15	823561.15
2009	750983.30	750983.30
2010	4866285.57	4866285.57
2011	7341728.95	7341728.95
2012	11111700.71	11111700.71
2013	11863177.05	11863177.05
2014	3298748.62	3298748.62
2015	7011003.66	7011003.66
2016	3998505.71	3998505.71
2017	4811479.77	4811479.77
2018	3944276.28	3944276.28
2019	5633897.30	5633897.30
2020	11030242.03	11030242.03
合计	79862376.44	79862376.44

说明：资料来源于郴州市烟草专卖局专卖工作年终报表。因报表不全，部分数据采自年度工作报告等，2003—2008年部分数据不够精确

第六章　内部监管

第一节　内部监管机制

2003年，内部专卖监督管理事务由市局整顿经济秩序领导小组下设的整顿经济秩序办公室（简称整顿办，2000年整顿烟叶流通秩序时成立，与专卖科合署办公；2001年增加卷烟流通秩序和财经秩序整顿职能）主管。全市系统各层级单位的年度目标管理考核，均实行“内部专卖管理重大违规”一票否决制。是年，国家局下达卷烟体外循环专项整顿的“五条纪律”，市局成立专项治理卷烟体外循环工作领导小组。

2004年12月8日，设立经济运行科，整顿办并入该科。

2005年5月9日，市局调整专项治理卷烟体外循环工作领导小组，姜孝清任组长，工作办设在专卖科，朱咸军为主任。全市系统开展包括专卖内管在内的五项专门整顿。6月，建立烟叶、卷烟违规案件快报制度。11月9日，市局印发《郴州市烟草专卖局内部专卖监督管理制度》，分为烟叶生产经营、卷烟销售、对卷烟工业复烤企业三大类内管，明确具体要求，确定市局专卖、整顿办、纪检监察、人事部门为监督部门，各县级局及各经办部门的主要领导为责任人，实行责任追究。12月，修订《内部专卖管理监督实施细则》。

2006年，根据行业上级部署，市、县局两级局将内部专卖管理事务独立管理。5月10日，整顿办改为内管办（亦称内控办），不再与经济运行科合署办公，调整为与监察科合署办公。是年，市局对县级局专卖内管工作实行年终专项考核。此后，该制度一直延续。

2007年3月，市局印发《郴州市烟草专卖局内部专卖管理监督工作制度》，内含教育培训、工作报告、备案备查、定期检查、案件移交、责任追究、工作联系、同级监督、烟厂监管、复烤企业监管、内部考核等12项内管制度，均为修订试行版。7月28日，市局成立内部专卖管理监督科（简称内管科），接管原内管办职责，与专卖管理科（稽查支队）合署办公。县级局随之跟进。

2010年12月，市局根据国家局《烟草行业内部专卖管理监督工作规范》（国烟专〔2008〕395号），制定《内部专卖管理监督工作规范实施细则》。对市局、县级局日常工作、定期工作、同级监督、涉烟工业企业监管的具体事项、工作流程均作出明确规定。

2011年，全市系统开展人力资源定岗与薪酬改革，加强内管力量，配备专职专卖内部监管员17人，各相关单位和部门配备兼职内管联络员28人，形成较完善的内部专卖监管网络；并实行绩效合约与薪酬月度、季度考核挂钩，以激励各单位、部门强化内管积极性。7月，市局印发《违反卷烟规范经营责任追究办法（暂行）》，统一规范责任追究标准和处理依据。9月，上年承担省局委托的烟叶内管网上系统开发项目，经过一年的开发试用，正式运行。11月，市局印发《内部专卖管理监督工作规范实施细则》，共13章71条。年内，下发《加强内部专卖管理监督工作的通知》，出台《卷烟预警处理工作准则》。

2012年11月19日，市局印发《设立内部专卖管理监督派驻机构的通知》，设立湖南省烟草专卖局派驻郴州市烟草专卖局内部专卖管理监督办公室（正科级部门）（以下简称郴州市局内管派驻办）；设立资汝桂专卖管理监督片区派驻工作组（副科级部门），桂阳县局、嘉禾县局、永兴县局、安仁县局、宜章县局、临武县局各设立1个内部专卖管理监督派驻工作组（正股级部门）；原市、县级局的内部专卖管理监督机构同时撤销。年底，郴州市局内管派驻办正式挂牌运行，增加省局派驻职责，市局内管科（省局内管派驻办）不再挂靠专卖科，成为编制内科室。

2013年年初，郴州市局内管派驻办完善机构人员设置配备，下设派驻组，资兴、汝城、桂东3个县级局设立1个片区派驻组，其余6个县级局分别设立6个派驻组，郴州烟厂、郴州复烤厂各设1个派驻组。郴州烟厂驻厂员为李玉兰（2016年改为刘思军），郴州复烤厂为陈必仲（2019年起改为何万春）。2月底，全市内管派驻机构全部组建到位，各片区派驻办按规定配齐人员和办公设施，全系统30名内管人员到岗到位，市局及各县级局均调整内管工作领导小组，内管部门工作职责和相关工作制度得到完善。9月，市局调整内部专卖监督管理领导小组，黄国联任组长。10月，市局贯彻国家局《关于进一步规范“两烟”生产经营行为纪律要求的通知》（国烟办〔2013〕262号），对标修改内管制度，出台《“两烟”生产经营内部专卖管理监督责任追究办法（试行）》，共6章40条，对79种不规范行为进行责任追究。新推行“五型监管法”，即专家型监管、预防型监管、现场型监管、服务型监管和要素型监管。内管工作实行月度工作例会制。

2015年3月，市局印发《治理真品卷烟非法流通约谈实施办法》，对被国家局、省局督办真品卷烟非法流通案件当事单位（部门）的主要负责人，季度、年度“非烟”查获数量居前三位当事单位（部门）的主要负责人、专卖与营销分管领导予以约谈，进行警示，约谈后10日内向市局提交整改报告。

2016年，针对上年度出现本市真品卷烟被外省执法单位查获数量靠前的情况，对“治非”考核方案作出重大调整：将卷烟非法流出量纳入市局月度考核，考核对象由单独对内管部门扩大到内管、营销、专卖部门，考核时间由原年度总考核、季度考核改为每月兑现。具体操作办法是：考核扣分值＝单位流出量 ÷ 该单位年度计划销量千分比，营销、专卖、内管分别按扣分值4∶3∶3比例分摊。10月，出台《真烟非法流通奖惩机制》，从局长（经理）特别奖中对非法流出数量为零的单位给予奖励并在次月兑现。

2017年4月，全市系统启动实施卷烟营销“33111”内管机制，即由内管部门牵头，营销、专卖、配送三线配合，坚持“三个诊断”“三个联动发力整改”“一个考核”“一个通报”“一个联动会”。

2018年，市局制发《全市系统真品卷烟非法流通治理奖惩机制》《精准打击违法倒烟大户行动方案》等，建立健全治理违法违规大户的长效机制；印发《真品卷烟案件督查工作制度》《真烟案件查办工作指导意见》，全面规范真烟案件查办工作；修订《内部专卖管理监督责任追究办法》及《内部专卖管理监督责任追究办法补充规定》《规范卷烟经营相关工作机制》，进一步规范操作流程，堵塞制度漏洞，严格责任追究。是年底，建立违规经营户“黑名单”管理责任制。

2019年8月，市局对照国家局《卷烟经营内部专卖管理监督工作指引（试行）》文件中8个环节管理规范性文件的有关要求，全面梳理卷烟经营、内部监管相关制度，制定监管实操标准，发布专卖内管标准体系26个，其中管理标准13个、工作标准13个。

第二节　烟草工业企业监管

郴州市境内原有烟草工业企业3家，即郴州卷烟厂、郴州复烤厂和桂阳复烤厂。2003年10月，桂阳复烤厂彻底关闭。2011年8月1日，国家局批复组建湖南烟叶复烤有限公司（办公地址设在郴州市南岭大道316号），郴州天泰复烤有限责任公司（郴州烟叶复烤厂改制企业）改制为湖南烟叶复烤有限公司郴州复烤厂。至2020年，市境内存有郴州卷烟厂、湖南烟叶复烤有限公司和郴州复烤厂3家烟草工业企业。对本地烟草工业企业的专卖内部监管工作内容主要分为三类：生产许可证检验、烟机的购进与报废处置监管、残次废弃烟草专卖品处置。

一、生产许可证检验

烟草专卖生产企业许可证，是烟草工业企业合法生产的法律证件，由国家局核发，一般五年一换证。无证或持过期许可证组织生产或超出许可范围经营为非法。郴州市烟草专卖局定期对本地烟草工业企业实施查验，每年至少查验一次。至2020年，本地烟草工业企业持有的烟草专卖生产企业许可证号分别为：郴州卷烟厂1143100426；湖南烟叶复烤公司1143100520；湖南烟叶复烤有限公司郴州复烤厂1143100528。2003—2020年，本地各烟草工业企业未发生过无证组织生产或超出许可范围经营等违法违规情况。

二、烟机的购进与报废处置监管

（一）购进监管

卷烟厂、复烤厂的生产线、机组等专用机械，属于国家烟草专卖品，由国家局定点企业生产。其购进，必须持有国家局准购批文。郴州卷烟、复烤生产企业每次添置新的生产线和技改所需的更新机组，皆持国家局批文，到国家局定点各厂家采购，以招投标方式，选用合适机型。2008年，国家局全面开展“三项工作”（物资采购、投资、广告宣传）整顿后，郴州烟草工业企业均将烟草专用机械及其机组、主要配件的采购纳入“单一渠道来源”物资采购范围，进一步严格监管。2003—2011年，市局对直属或控股的郴州复烤厂（天泰公司）的烟草专用机械和机组的购进，进行直接监管；郴州卷烟厂则以本厂和省中烟公司内部监管为主，市局受省局委托进行间接监管。2012年以后，本地烟草工业企业对烟草专用机械和机组的购进，转为企业及其主管单位内管为主，市局受省局委托进行间接监管。烟草工业企业其他社会通用设备、零部件材料等，则按照市场交易规则，实施招投标采购。

（二）报废处置监管

2002年，郴州复烤厂（司马洞厂区）拆除2条挂杆复烤生产线。2003年，桂阳复烤厂（鸡公石厂区）拆除挂杆复烤生产线1条。按照国家局规定，对在2003年限期内拆除的挂杆复烤生产线，均予以适当的经济补偿。2014年，郴州复烤厂（司马洞厂区）原仿科马斯打叶生产线（后改为仿玛克6000千克/小时节能型）拆除。2003—2020年，郴州卷烟厂亦有部分技改项目设备拆除。拆除时，均由省、市烟草专卖局派出专卖管理人员现场监督，进行现场录像、照相，以电焊割、气割方式将生产线分块切割，兼以砸毁，然后分件记录，堆放集中，报市局、省局审核备案，由本单位人员和专卖管理人员押运到省局指定的钢铁厂（一般为湘潭、涟源钢铁厂）进行熔化销毁，并全程监督销毁过程。对技改、大修撤换的专用机组、配件，以及库存不适用的专用配件，皆先清点堆放，临销毁处置前，请省、市烟草专卖局专卖行政管理人员到场，鉴证之后方可销毁。一切烟草专用机械设备、配件，销毁过程完结后，均据实填写各类相关表格，写出销毁过程文字总结，连同销毁过程影像资料，上报省局、国家局审查备案。对拆除、技改更新过程中，某些具有价值的机组、零配件，需要留用的，需专题向烟草专卖机关申请，得到批准后方可留用。

另外，根据烟草专卖法规，计划内烟草厂家不得向计划外烟草厂家、地下烟厂提供任何设备、零部件和技术帮助以及修理、组装烟草机械，市内各烟草工业企业皆遵照执行。

历年来，市内各烟草工业企业对烟机管理十分规范，确保烟机购进来路正当合法，淘汰、报废的烟机及配件没有流入非法厂家的现象，未发生过违法违规事件。

三、残次废弃烟草专卖品处置

自2003年起，对烟草工业企业专卖品废弃物的处置，基本沿袭前制。先收集储存，登记造册，再集中申请处置。处置方法一般有6种：一是将烟叶碎片进行筛选，回收利用。二是对烟梗（分为长梗、短梗）、废弃烟叶的可用部分，加工委托方表示自己需要的，回返给加工委托方，进行薄片加工制作烟丝，用作低次卷烟原料；运出前，由驻厂烟草专卖管理员亲临现场核实品种、数量，登记在册，并与加工方协助客户办妥发货、准运手续，随货同行。客户方收货后，进行到货确认。自2012年1月18日起，省局下发《残次废弃烟草专卖品处理监督管理办法（试行）》，增加运输途中需派人押运、GPS卫星定位跟踪的规定，以确保不丢失。三是对加工委托方认定不需要的烟梗、残次或废弃烟叶以及烟末烟灰，实行就地销毁，将专卖品废弃物拉到垃圾场，泼上柴油焚烧，之后雇请推土机、挖掘机进行填埋；自2012年1月18日起，依照省局《残次废弃烟草专卖品处理监督管理办法（试行）》新增规定：对残次、废弃烟草专卖品进行委托销毁的，“各烟草工商企业应当按照有关规定和标准支付、收取残次、废弃烟草专卖品处置费和保管费”，时价为200元/吨。同年12月19日，国家局下达《关于进一步加强烟草专卖品废弃物处置管理的通知》，规定：烟草废弃物除在厂区用于锅炉燃烧部分外，其余的必须经粉碎毁形后（粉碎后的颗粒不得大于40目），使其无法用于制作烟丝，方可运出厂区处置。四是对授权加工方进行处置的，加工方可以卖给烟草行业内合法厂家。相关手续如前。五是按照省局指令，送往指定的烟草萃取物加工厂（如常德汉寿正阳生物农药厂），用作生物农药加工。长途外运时，手续办理和押运、卫星定位跟踪等措施与返回给厂家货物运输规定相同。但郴州工业企业的残次废弃专卖品处置极少应用此法。六是用作锅炉燃料，产生蒸汽，用于复烤、制丝、取暖等方面的供热。其中，郴州复烤厂在低倍率差速流化床生物质锅炉技术基本成熟后，2014年与北京热华能源科技有限公司合作，建成生物质锅炉，将烟末、烟灰压成燃料棒（大小如筷子，长约1厘米）；与烟梗、残次废弃烟叶分类直接以专用皮带流水线输送至锅炉房，进行焚烧，烟、煤混烧比例一般为8∶2，其炉渣可用作有机肥料基质，被外包销售，既可减少填埋、外运处置麻烦，减少环境污染，还可增加附加效益。此法渐成烟草专卖品残次废弃物处置主流。

郴州复烤厂生物质炉渣直接转化为有机肥基质予以外包销出

2006—2011年郴州天泰复烤公司烟草残次及废弃专卖品处理情况表

表1–5　　单位：吨

年份	烟梗				碎片			烟灰		
	出口	委托方带回	销给合法单位	销毁	委托方带回	销给合法单位	销毁	委托方带回	销给合法单位	销毁
2006	0	0	378.40	937.64	0	0	0.83	0	0	955.30

续表 1-5

年份	烟梗				碎片			烟灰		
	出口	委托方带回	销给合法单位	销毁	委托方带回	销给合法单位	销毁	委托方带回	销给合法单位	销毁
2007	0	0	1000	1335.80	0	100	19.18	0	0	990.30
2008	0	0	570.80	2584.30	0	53.40	26.70	0	0	1097.40
2009	0	130.30	2394	1069.10	0	53	0	0	2.30	1463.60
2010	2179.70	8509.20	0	7708.90	0	103.20	0	0	0	2292.70
2011	1307.20	1247.60	800	7698.20	0	44.50	22	0	44.50	1485.40

第三节　烟草商业企业监管

2003 年，国家局发布专项治理卷烟体外循环“五条纪律”，省局下发《关于进一步规范全省生产经营行为的紧急通知》，市局成立“治理卷烟体外循环”工作领导小组和专门的工作办公室，组织实施。采取先自查、后检查、整改以后再复查的措施，分别对 9 个县级烟草公司和本级卷烟销售部门进行全面清查，对“五组平衡差数”特别是到货、销售、库存数进行认真盘清核对并上报；市、县两级局（公司）均根据新要求修订健全相关规章制度。卷烟营销推行“到货确认”“落地（辖区）销售”制度，县级公司的卷烟货源一律由市公司分拨，到货卷烟只向入网零售户供货。11 月 17 日，执行省局新规定，严格卷烟产销衔接合同的执行，严禁超计划和无合同（含不经上级公司鉴证纳入调拨计划擅自与烟厂搞计划外进货）购进卷烟、无证运输、跨区批发。自此，“治理卷烟非法流通”（以下简称“治非”）成为规范卷烟经营的一项长期重点工作。

2004 年，“卷烟体外循环”治理工作重点清查“体外购进、整进整出、乱价抛售”等问题，共查出体外循环卷烟 5931.50 万支（含 2003 年 2—4 季度），对全市系统 95 名责任人给予纪律和行政处分。此次全国性的专项治理，使卷烟经营大环境大为改善，郴州境内卷烟销售逐渐步入良性发展轨道，销售指标全面提升，效益连年向好。

2005 年，按照省局部署，开展烟叶生产经营秩序工作整顿，5—9 月进行自查和自行复查，逐村逐户核查种植合同与面积、烟用物资供应等，严查烟叶收购中的虚开发票、擅自提价套取现金、系统外收购、跨区收购、代人存储、工商原烟交接不严和货款转弯结算、违规复烤等问题，然后汇总，分类处置，针对性整改，健全制度；12 月顺利通过省局抽查验收。

2006 年年初，市局成立内管自查工作领导小组，对上年内管执行情况自查整改，局长姜孝清任组长，增设内管办由专卖科兼管，配备 7 人。其中，专干 3 名，驻厂员 2 名，熟悉卷烟、烟叶业务的副主任各 1 名（主任由专卖科科长兼任）。各县级局和直属单位、部门均成立内管自查工作领导小组和工作机构，第一责任人向市局局长签交责任承诺书。2—4 月开展自查，自查范围包括烟叶生产和购销、复烤生产、卷烟购销经营的合同、台账、报表、票据、准运证等。对查处的问题，一事一案，一案一档，复制数据来源和原始材料备档，写出问题基本情况和原因分析，提出处理意见。在此基础上，又对本年度情况开展相同自查。共查出问题 22 个，处理相关责任人 305 人。5—6 月自查情况上报，省局抽查；7 月国家局抽查，均验收过关。是年，市局加强按合同收购烟叶制度监督，落实“一把手负责制”和“问责制”，强调任何单位、个人不得以任何理由无合同收购烟叶、超计划超合同收购烟叶、跨地区收购烟叶、收购套购辖区外烟叶；不得违反国家标准和收购价格压级压价或提级提价收购烟叶，不得向烟农打“白条”。打叶复烤企业严禁无合同加工烟叶。

2009年，市局开展日常监管和检查考核62次，下达整改意见书13份，及时完善日常监管、定期检查、自查自纠、工作痕迹化等方面的工作规范，统一工作流程和标准。配合省局专卖内管处完成两起烟农举报不规范经营事件的调查处理，并下达专卖内管整改意见书。

2010年，开展对烟叶生产合同与移栽面积实况核对专项检查，针对发现的问题，下达整改通知书，督促整改。并对省局转来真品卷烟案件予以协查，与本地公安、工商等部门合作，追溯发货、到货地，顺利结案。

2011年，启动异常情况调查程序62次，防止卷烟经营不规范问题的发生。对烟叶种植、收购开展核查和监管，对发现的问题，及时下达整改意见书，责令有关单位整改到位。年内，先后对7个单位（部门）64名责任人予以通报和经济处罚。

2013年，在烟叶生产经营监管方面，按程序要求销毁市本级和各产烟县上年因自然灾害影响积存的2250吨级外残次废弃烟叶。一季度，核查烟草种子来源、质量、价格、合同和烟苗适应性，确保烟草种子和烟苗管理规范化、制度化。6月，开展烟叶种植实有面积、收购合同专项检查。7月22日至10月17日，由内管办牵头，纪检监察、经济运行、烟叶生产经营部等部门组成督察组，开展烟叶收购流程、纪律、质量督查，共下发警示（整改）通知书19份，处理人员24人次，处罚金额5万余元。在卷烟经营监管方面，组织全市系统对上年度卷烟经营情况开展全面自查，6月、10月进行复查；开展“天价烟”治理，通过跟车抽查或走访调查，高档卷烟未出现超1000元/条或100元/包现象；5月，开展对“同一IP地址、同一电话号码重复订货”现象的专项治理，筛选涉事零售户，跟随配送车组31次，调查零售户407户，开展实际经营能力与客户等级是否相符调研，防止“大户控小户”行为出现。5月22日，省局下发湖北随州真品卷烟非法流通案中涉及郴州货源的整改督办函，市局党组迅速启动内管工作流程，由县局内管派驻组对涉案零售户进行调查核实。6月21日，各涉及单位反馈调查处理结果，共处理责任人员57人次，经济处罚16600元。年内，全市内管部门共处理各类卷烟经营预警641231个，启动调查程序636起。

2014年，市局制发《2014年烟叶合同签订规范》，把“严控规模、坚守红线”作为全市烟叶生产监管的核心，杜绝“多签”“虚签”“假签”现象。烟叶收购期间，由内管部门牵头，从纪检、烟叶等职能部门抽调人员组成烟叶收购流程纪律质量督查组，对全市57个烟叶收购站（点）、123条收购线开展收购纪律、操作流程、收购质量检查，严防跨区收购、无合同或超合同收购、非上班时间收烟、弄虚作假、虚开发票、内外勾结、谋取私利等情况发生，先后下发警示（整改）通知书48份，处理违规违纪人员98人次，经济处罚102人次，处罚金额66340元，烟草站（点）对烟叶专业合作社考核处罚金额29000元。市局及各产烟县区督查组下发督查情况通报16期，处理通报28份。卷烟营销方面，自3月20日起，全市系统启动“两个真实性检查”，共走访调查零售户18254户次，检查覆盖率达100%，共发现问题3576个，其中客户真实类问题1170个、客户需求类问题1290个、其他类问题1116个。针对查出的问题，各单位（部门）分别采取边整边改、限期整改的方式，对184户实施停业处理，注销144户，帮助363户客户更换银行卡结算方式，全市共处理内部相关责任人员166人次，经济处罚50000元。9月29日，市局印发《治理真品卷烟非法流通工作方案》，形成专卖、营销、物流部门“三员”联动机制，并调整考核指标，将真品卷烟非法流通纳入各县级局领导工作业绩考核、月度绩效考核范围，被省外执法单位查处非法流通数量排名全省前三的，对相关县级局、卷烟经营部门实行一票否决；同时，开展以市场真实性需求为导向的营销改革，印发《烟草专卖法律法规宣传手册》《卷烟销售规范经营告知书》和《郴州市烟草专卖局关于严厉打击真品卷烟非法流通行为的通告》3 万份，试行“双喜”等品牌作为客户自主选择货源品种，省外不适销烟比例逐月下降，力求减少对不适销卷烟跨区甩卖。年内，对上年度积存的 928.36 吨残次废弃烟叶，以注水、填埋方式用作果园基肥，其中用于能进大型车辆且能避免水源污染的永兴县湘阴渡镇秀水坳果场 900 吨，宜章县玉溪镇樟涵村果场 28.36 吨，由所在村组提供劳力，预先掘好沟坑，进行销毁处理，过后复查腐化效果，创新全省销毁废弃烟叶模式。

2015 年，市局修改、充实、调整年度工作目标任务及考核指标，先后下发 7 个内管工作指导性文件，细化问题整改标准，落实全程监管。自 4 月起，启动对县级局内管月度检查考核。举办全市内管业务培训 3 期。开展专项检查 7 次，下发检查通报 9 期，全市内管部门共走访调查卷烟零售户 7200 户次，走访烟农 540 户次，查摆经营性问题 605 个，追究相关责任人员 475 人次。其中，烟叶收购巡回检查期间，下发烟叶收购督查警示通知书 53 份，整改通知书 38 份，处理违纪违规人员 134 人次，处罚金额 68000 元，查处典型案件 4 起，免职 5 人，受理举报投诉 4 起，调查核实处理 4 起。年内，试点总结完善、推广桂阳县方元烟草站烟叶合同监管模式。

2016 年，针对上一年四季度郴州外流卷烟被查排名靠前的情况，调整考核方案，将卷烟非法流出量纳入市局月度考核范围，考核对象为内管、营销、专卖部门。着眼夯实市场基础和工作基础，在全市系统开展“五个坚决回归”，即按真实需求正常均衡投放货源、正常客户评价体系、“以我为主”的访销配送运行模式、一切围绕市场转的内部考核评价模式、全面理性规范的坚决回归。

2017 年，严格按照国家局卷烟监管指标和省局“十个严禁”要求扎实开展对全市系统卷烟经营情况的日常监管检查，突出从订货方式上发现是否有违规行为，看货源投放是否按计划进行，大、中、小客户货源投放是否公正、公平、相对合理，从源头上促进规范经营。强化卷烟“治非”考核，采取“月考核、周通报、日信息”形式紧盯“非流”动态，纳入月度绩效考核兑现，全市上下形成“治非”工作合力。内管办针对卷烟不规范问题启动调查核实流程 8 起，开展各类督查、检查、调研 14 次，下发整改通知书（规范意见书）24 份。全年发现卷烟经营问题线索 701 条，整改问题 561 个，经济处罚 191 人次、59700 元，诫勉谈话 5 人次，通报批评 27 人次。年内，全市非法外流卷烟被外省查处量在全省排名第十三位，取得启动“治非”工作以来最好成绩。在烟叶生产经营方面，5 月，市局内管部门牵头组织开展本年烟叶生产育苗移栽及合同签订专项检查，针对合同签订流程、合同基础信息、实际种植烟叶面积大于套餐供应面积等方面存在的问题，落实整改措施。8—10 月，由内管办牵头的烟叶收购督查组对 58 个烟叶收购站（点）、103 条收购线全程督查，针对烟叶生产经营不规范行为共下发警示（整改）通知书 11 份，处理违纪违规人员 151 人次，扣除绩效工资 91642 元。监督问责走向“严、紧、硬”。

2017 年 3 月，召开落实规范经营十条禁令会议

2018年，郴州发生“4·10”和“5·19”两起真烟“非流”大要案件，全市系统认真反思，深刻吸取教训。市局党组明确提出“宁肯牺牲销量，也要保规范”的工作导向，成立“治非”专项工作领导小组，修订、制定8项制度，规范指导，强化责任追究。制定卷烟市场清理整顿方案，集中力量开展卷烟市场整治的“夏季风暴”、清理卷烟经营“问题客户”、精准打击违法违规大户以及“秋季攻势”等专项行动，推行每周报告进度、成果制度，并将治理违法违规大户工作纳入年度重点工作和各单位工作业绩考核范围，在全市上下构建“主要领导挂帅指挥、分管领导现场调度、专卖部门组织牵头、相关部门齐抓共管”的工作格局，全力推进专项行动持续深入开展。年内，彻查“问题客户”，对1357户分类整治，分别给予停供1～4周警告、注销卷烟零售许可证等处罚。11月底，启动实施《大户治理周分析沟通机制》，查得“七种情形”违规户986户，予以整治。先后对宜章、汝城、桂阳、资兴、永兴、安仁分公司等单位存在的问题进行实地核查、复查。全市系统共下发卷烟营销内部监督管理整改（督办）通知书24份，问责党组成员2人、中层干部21人次、一线人员219人次。其中，行政警告处分10人，记过4人，降级处分1人，诫勉谈话6人次，通报批评40人次，扣减绩效242人次，扣减绩效工资22.34万元。是年，对烟叶生产经营线，开展双控（种植面积、收购量）“守红线”专项检查和收购工作全程现场巡查，共查处烟叶收购违纪违规人员58人次（1人开除留用2年），下发警示（整改）通知书6份，扣减绩效工资31898.40元。

2019年，全市系统持续保持“治非”高压态势。建立专卖、内管、营销、物流四部门每半月召开联席会议制度，定期通报“治非”情况，研讨联手处置对策，是年召开联席会议29次，下发规范卷烟经营通报29期。将违规大户治理确定为卷烟非法流通整治的重点，明确专卖、内管、营销、物流等部门工作职责和联动监督考核办法，推动大户治理向精准化、制度化、常态化迈进。内管部门对“黑名单”户档位控制、货源管控、监管、打击情况每月检查考核1次，同时加强取缔“黑名单”户的后续监管。市、县各局将真烟外流数量作为内管考核的主要依据，纳入月度、年度考核范围，对内部敷衍上报“黑名单”、核查不实等情况严肃追责。8月，市局对标国家局下发的《卷烟经营内部专卖管理监督工作指引（试行）》修改卷烟营销和内管实操标准。年内，以数据分析与实地检查核实相结合，各单位自查与市局复查、省局抽查的方式，对烟叶生产收购重点环节开展检查，对查出的问题逐一整改，使监管效能提高。全年内管问责共下发整改通知书19份、督办通知书6份；对涉及真烟非法流通以及卷烟经营不规范问题追责处理754人次，其中行政警告5人、诫勉谈话6人、通报批评55人、经济处罚670人次，共计扣减绩效工资31.73万元。是年，根据国家局部署，将“治理卷烟非法流通”调整为“治理卷烟异常流动”（以下简称“治异”）。

2020年，市局制发《2020年真烟异常流动控制线及案件督查管理考核方案》，将全市年度外流控制数细分到每个辖区、每个部门、每个月度，做到当月考核、次月兑现。市局出台《贯彻落实〈卷烟经营内部专卖管理监督工作指引（试行）〉实施细则》，建立健全各环节监督流程、标准，实现对商业企业卷烟经营全过程闭环监督，全年开展“九个环节”月度检查12次、专项检查2次。出台《精准治理违法违规大户第六阶段工作意见》，全面提升

2020年7月，召开全市专卖内管暨真烟异常流动治理工作视频会议

违法违规大户精准治理水平；重新修订《郴州市烟草公司违法违规零售户动态评价处理标准》，统一印发“卷烟规范经营警示教育通知书”，进一步规范对违反烟草专卖相关法律法规零售户的处理；定期召开规范经营联席会议，通报“问题客户”、涉案零售户、“黑名单”的名单上报、管控处置和真烟异常流动情况，严格落实真烟异常流动月度控制线管理，全年召开规范经营联席会议 32 次，下发《卷烟规范经营通报》15 期、《真烟异常流动及违法大户治理情况通报》4 期、《卷烟规范经营情况分析报告》2 期。至年底，全市共排查卷烟经营疑似问题 3859 个，甄别确认“问题客户”3552 户次，其中专卖甄别确认 1966 户次、营销甄别确认 1574 户次、物流甄别确认 12 户次；确认违规“黑名单”零售户共计 91 户，列为监管重点。专卖部门做好真烟案件码段抄报工作，加强真烟案件涉案客户追溯力度。全市对违法违规零售户采取减供限量 927 户次，停供 1120 户次，暂停访销 229 户次，注销 126 户次，书面提醒 334 户次，歇业 103 户次，引导办证 375 户次，责令停业整顿 19 户次，重点监管 262 户次，移交工商部门 57 户次。在烟叶生产经营监管方面，开展种植合同与实际移栽面积现场核对，防止虚报和瞒报；在烟叶收购监管方面，通过实地查看、调阅系统数据，检查流程、质量、合同调整及执行情况，以及盘存仓库实物、抽查烟包等级、核查原收原调等方式，对 7 个产区的 36 个站点、87 条收购线进行督查，下达“烟叶收购督查警示通知书”3 份，妥善处理烟农举报 3 起、烟农投诉 9 起；出台《残次废弃烟草专卖品销毁处理实施细则》，再次细化规范全市烟草行业残次废弃烟草专卖品处理行为。年内，遵照国家局、省局规定，开展行业干部职工及其亲属参与卷烟零售经营的专项治理，对涉及“四种情形”的问题全部整改到位；对“两烟”经营管控不严出现的问题，严肃问责，内部经济处罚 1476 人次，罚款 41.34 万元。全年未发生真烟外流大要案，被省外执法单位查获真烟 19.38 万支，被查量排名全省第 13 位，居全省 14 个地州市公司被查量“最少”之列。2020 年 7 月，郴州市局在全省真烟异常流动治理座谈会上作经验介绍典型发言。该年度郴州专卖内管工作指标考核分值排名全省系统第一。

2013—2020 年郴州市烟草专卖局查处内部违规案件情况表

表 1–6

年度	问题类型	行政处分（人）	经济处罚（人）	处罚金额（元）	其他处罚（人次）		
					训诫谈话	通报批评	免职停职
2013	烟叶类	0	24	50000.00	0	0	0
	卷烟类	0	57	16600.00	0	0	0
2014	烟叶类	0	102	66340.00	0	0	0
	卷烟类	0	166	50000.00	0	0	0
2015	烟叶类	0	134	68000.00	0	0	5
	卷烟类	0	341	51000.00	0	0	0
2016	烟叶类	0	74	39090.86	0	0	0
	卷烟类	0	545	95960.00	5	0	0

续表 1-6

年度	问题类型	行政处分（人）	经济处罚（人）	处罚金额（元）	其他处罚（人次）		
					训诫谈话	通报批评	免职停职
2017	烟叶类	0	151	91642.00	0	0	0
	卷烟类	0	191	59700.00	5	27	0
2018	烟叶类	1	58	31898.40	0	0	0
	卷烟类	15	242	223400.00	6	40	2
2019	烟叶类	0	25	62940.41	0	18	0
	卷烟类	5	645	254400.00	6	55	0
2020	烟叶类	0	147	105240.00	0	0	0
	卷烟类	0	1329	308200.00	0	0	0
合计		21	4231	1574411.67	22	140	7

说明：内管派驻办成立于 2012 年年底，其内管报表从 2013 年起统计

第二篇　烤烟生产购销

第一章　种植与调制

第一节　生产布局管理

一、生产规模

2003年，郴州市烤烟生产继续落实国务院办公厅1998年下达的“双控”（控制生产面积和收购总量）政策，贯彻国家局“压缩面积、合同种植、主攻质量、提高效益”和“既要控得住又要稳得住”的工作方针，坚持以市场为导向，以上级计划下达的年度烟叶收购指标为核心指标安排烟叶生产。在具体落实举措上，一是以行业上级下达的年度烟叶收购计划指标为宏观控制目标，以每亩合同收购量（通常约为130千克/亩）测算，计算出烟叶种植总面积，再将种植、收购计划分解到产区县（区），县（区）再分解到乡镇和烟草站。实际执行中，由于实行生产合同户丰年超产优质烟叶报省局批准后的加收数量可抵减下一年计划指标的政策，年度收购计划指标与年度实际执行存在差异，此政策一直在延续。二是提高生产集中度，种植和收购计划向基础条件好、生产水平高的区域倾斜。三是推行烟农适度规模种植，实行区域化成片管理。四是严格落实订单生产，未签种植和收购合同者，其生产的烟叶不予收购。五是以市场需求为导向，推行对不受市场欢迎的低次烟叶不予收购政策，让有限的收购计划指标发挥最大效用，既充分满足工业厂家的需要，又减少压库滞销现象，还可提高收购均价，增加税收和烟农收益。5月4日，国家局下发《关于严格控制烟叶种植面积的紧急通知》，要求必须牢记1997年烟叶超种超收的深刻教训，严控移栽面积，防止超种反弹；各地应指定专人，实地核查，情况上报；要严肃纪律，严格考核，“对超计划种植和收购的单位及负责人，要坚决追究责任，并予以查处”。是年，省安排郴州市烟叶收购计划指标2.55万吨，较2001—2002年的2.5万吨略有增加。全市落实种植面积20.71万亩。桂阳、嘉禾、永兴三县占总计划的90.2%。在烟区调整上，市政府行文规定：年收购0.25万吨的县为省级烟叶生产重点县，列为长期发展产区；鼓励规模种植，桂阳县种烟面积低于4000亩、其他产烟县（区）在1500亩以下的乡镇不安排生产计划，不设收购点；种烟在3亩以下的农户不予签订生产收购合同。

2004年，国务院颁布《关于深化改革、严格土地管理的决定》，明确“农民集体所有建设用地使用权可以依法流转”的规定。自此，烟区土地流转依法进行，利于烟叶规模种植推行。年初，湖南省政府办转发《湖南省烟草局关于基本烟田规划建设与保护实施意见的通知》（湘政发〔2004〕6号），基本烟田保护工作正式提上各级政府和省内烟草行业各级单位的重要议程。3月10日，省局下达《湖南省基本烟田规划建设与保护具体实施办法》，郴州市依此确定基本烟田规模为56万亩（2005年省公司调整为52万亩），占全省基本烟田的25%。确定之后，立牌公示，严格保护；抓好土壤改良，严格环保。是年，省安排郴州烟叶收购计划3.05万吨，市安排桂阳2.15万吨、嘉禾0.375万吨、永兴0.20万吨，三县占全市计划的

89.3%；余为宜章 1000 吨、安仁 750 吨、临武 500 吨、北湖苏仙两区 1000 吨。年中，省又给郴州增加收购计划 5000 吨，各县（区）计划相应增加，其中永兴县收购计划增至 2500 吨，进入省烟叶生产重点县行列。全市共落实种植面积 24.46 万亩。

2005 年，省下达郴州烟叶收购计划指标 4.05 万吨，较 2003 年大幅增加 1.50 万吨，市安排桂阳 2.70 万吨、嘉禾 0.425 万吨、永兴 0.30 万吨、安仁 0.25 万吨、宜章 0.20 万吨、临武 0.05 万吨、苏仙 0.05 万吨、北湖 0.05 万吨；安仁进入省烟叶生产重点县行列。2 月 16 日，湖南省人民政府下发《关于加强烟叶产业化建设的通知》（湘政发〔2005〕31 号），规划目标为：贯彻"市场引导、计划种植、主攻质量、调整布局"的生产方针，实施烟叶可持续发展战略，出台 12 条支持烟叶产业化建设的政策。其中，对基本烟田保护和烟叶生产明确多项措施：一是加强烟叶产业化建设的组织领导。各产区市（州）、县级政府要成立相关领导小组和工作班子，制定实施方案，协调解决相关问题，明确职责，积极配合，大力支持。二是严格计划管理，切实维护烟叶计划的严肃性。各产区政府要严格按照国家计划，组织烟叶生产、收购，烟草公司按合同落实烟叶生产和收购。三是优化生产布局，提高烟叶种植的集中度。要按照"计划种植、总量控制，市场导向、订单农业，优化布局、扶优扶强"的要求，优化配置烟叶资源，适度做大优质产区，扶持培育潜力产区。进一步优化种烟乡镇、丘块和农户结构，实现规模种植，提高烟叶生产集中度。

2006 年 2 月 24 日，国家局召开"双控"工作电视电话会议。郴州市政府及各产区政府高度重视，迅速传达会议精神，市政府成立"双控"工作领导小组和工作班子，结合年度烟叶生产收购工作进行专门部署，强化措施，明确责任，组织各级工作人员深入基层，广泛开展"双控"宣传。层层签订责任状，市局与县局、县局与烟草站、烟草站与培植员均签订"双控"责任状，列入单位目标管理和个人绩效考核内容，谁违规谁受罚，实行一票否决制。各产区先行自查，市局、省局抽查，做到"四个统一"：统一育苗；统一供苗，按合同面积供应苗盘，每亩控制在 1200 株以内，从源头上控制面积；统一按合同面积供应配套农资，在合同和领用表上逐一签名登记；统一合同文本，在移栽前签订，并编号存档，确保合同与实种面积的真实性。

2007 年，为桂东县扶贫安排的少量烟叶种植计划取消。

2008 年，省政府办下发《关于 2008 年烟叶生产购销政策的通知》（湘政办发〔2007〕69 号），烟叶种植和收购计划仍由省下达到市（州），各市（州）再下达到县（市）区；计划分解向重点县、乡、村倾斜。坚持按合同供应生产物资和收购烟叶，对无合同、超合同种植的烟叶一律不予收购，对合同面积内增产烟叶一律抵扣下一年度烟叶种植收购计划。4 月，市政府办印发《关于加强 2008 年烟叶生产购销和市场管理的通知》（郴政办发〔2008〕3 号），明确是年烟叶种植和收购计划分解向 2500 吨以上的产烟县、250 吨以上的产烟乡镇、100 吨以上的产烟村倾斜。是年，全市按照"做大做强老产区，做精做细小产区"的布局理念，结合烟田建设规划，积极引导烟草种植向生态适宜、种烟愿望较强、当地政府重视、组织实施效率较高的产区转移。由村组统一组织，依法实行土地流转，为发展规模化种植创造条件。同时，修订完善《郴州烤烟综合标准》，推动烟叶标准化生产。重点发展面积在 20 ～ 50 亩的职业烟农种植户，规模化种植水平提高。

2009 年，市政府办行文，要求按照现代烟草农业的发展思路，进一步巩固稳定产烟老区，科学规划建设烟叶新区，逐步实现规模种植。明确全市烟叶 29.30 万亩种植面积和 4.10 万吨收购计划分解仍向 2500 吨以上的产烟县、500 吨以上的乡镇、150 吨以上的村倾斜。各产烟县区调整布局思路，制定优惠政策，引导土地流转，走"布局促发展"的新路子。如宜章县积极发展白沙种植新区 1460 亩；安仁县发展新的百亩村、千亩乡。推进适度规模种植，培养一批"愿种、能种、乐于此道、以此为生"的职业烟农队伍，部分产区引入桂阳县经验丰富的烟农跨县承包种植，促进发展。全市户均种植面积提高到 7.78 亩。

2011 年，全国烟叶收购暨现代烟草农业建设现场会在郴州召开。郴州市委、市政府和各产烟县（区）政府及烟草部门极为重视，全力协调配合，郴州烟草形象得到充分展示，得到国家局、省政府、省局领导的高度评价，烟叶产品质量、规模得到来自全国各地工商企业的青睐，为郴州烟叶的可持续发展带来良好契机。是年，国、省两级对郴州格外看重，将年度烟叶收购计划指标大幅提高到 5.15 万吨。桂阳县收购计划指标达到 3.50 万吨，占全市近 70%。各产烟县种植面积均有较大幅度提高，通过控制 200 亩以下种植行政村和 100 亩以下种植组，生产布局得到进一步优化，全市户均种植规模达到 10 亩。2011 年 4 月，市政府办行文明确，烟叶生产分解计划倾斜重点县、乡规模起点不变，重点村规模起点由 150 吨以上改为 250 吨以上；在依法、自愿、有偿的基础上推进烟农土地流转，逐步实现现代烟草农业示范区连片规模 100 ～ 200 亩以上、户均种烟 15 亩以上目标。

2012 年，借助上年全国烟叶收购暨现代烟草农业建设现场会在郴州召开的影响力，省局下达郴州年度烟叶收购计划指标达 6 万吨。市政府安排烤烟生产计划种植面积 42.35 万亩。新增指标向安仁、宜章、永兴、嘉禾倾斜较多。是年，中央和国务院办公厅印发《关于引导农村土地经营权有序流转发展农业适度规模经营的意见》，要求大力加强土地流转和适度规模经营，为进一步发展烟叶规模种植提供政策推动力。

2013 年，全市烤烟生产坚持“稳规模、提质量、树品牌”的烟叶工作方针，落实国家局守住“红线”的要求。省下达郴州年度烟叶收购计划指标 5.50 万吨，种植面积达到 41 万亩。全市烟叶生产以桂阳为龙头，安仁、永兴、嘉禾、宜章四县并驾齐驱和苏仙、北湖两区及临武县加速发展的格局趋于稳定，烟叶生产回到盛产巅峰时期。

2017 年 12 月 5 日，国家局召开全国烟叶工作电视电话会议。会议指出：受控烟形势影响，每年烟叶消耗减少，全国烟叶产量从 2012 年的 274.40 万吨，逐年调减，至 2017 年减至 190 万吨，但全国烟叶库存仍在 1 亿吨以上高位运行，因此，需对烟叶产量、收购量进一步调控。市局专此呈文向市委、市政府汇报。市委书记易鹏飞于 12 月 13 日批示：“双控”一定要落实到每一项工作，每一个环节，每个县、乡、村，甚至到产区地块，要早宣传、早部署、早落实。

2018—2020 年，遵照国家局“控总量、去库存、守红线”精神，全市烟叶生产坚持“控总量、提质量、强特色、优结构”的指导思想，落实“守红线、保底线”目标任务。三年间，随着国家控烟形势发展和卷烟备料库存压缩的需要，烟叶种植面积随之实行宏观调控，省下达郴州年度收购计划指标保持在 5 万吨。2020 年，全市坚持订单生产和按合同落实烟叶种植面积，继续推广烟农适度规模种植，严控 100 亩以上大户和 5 亩以下小户，重点发展 30 ～ 60 亩的适度规模户。全市种植面积 38.40 万亩（包括高端卷烟原料定制化开发 2 万吨的生产面积），建成 16 个高标准（高端卷烟原料定制化开发、标准化生产、精益管理）科技示范园区。其中，桂阳 5 个，嘉禾、永兴、安仁、宜章、两区各 2 个，临武 1 个。

2003—2020 年郴州市烤烟生产情况统计表

表 2-1　　单位：万亩

类别/年度	合计		桂阳县		嘉禾县		永兴县		宜章县		安仁县		临武县		北湖、苏仙区	
	计划面积	实种面积	计划面积	实种面积	计划面积	实种面积	计划面积	实种面积	计划面积	实种面积	计划面积	实种面积	计划面积	实种面积	计划面积	实种面积
2003	21.90	21.95	14.40	14.40	3.00	2.98	1.20	1.20	0.50	0.50	1.00	1.07	0.40	0.40	1.40	1.40
2004	24.87	25.07	17.20	17.20	3.00	3.00	1.60	1.63	0.90	0.90	0.87	0.81	0.40	0.23	0.90	1.30

续表 2-1

类别 年度	合计		桂阳县		嘉禾县		永兴县		宜章县		安仁县		临武县		北湖、苏仙区	
	计划面积	实种面积	计划面积	实种面积	计划面积	实种面积	计划面积	实种面积	计划面积	实种面积	计划面积	实种面积	计划面积	实种面积	计划面积	实种面积
2005	30.85	31.23	20.00	20.30	3.50	3.49	2.20	2.20	1.65	1.65	2.04	1.89	0.40	0.40	1.06	1.30
2006	30.80	30.65	20.00	20.00	3.20	3.44	2.40	2.40	1.60	1.60	2.40	2.03	0.40	0.37	0.80	0.81
2007	27.50	26.82	18.00	17.50	2.85	2.85	2.10	1.65	1.60	1.46	2.10	1.52	0.25	0.92	0.60	0.92
2008	30.00	29.56	20.60	20.61	3.00	3.15	1.80	1.84	1.60	1.08	1.80	1.67	0.10	0.19	1.10	1.02
2009	29.30	28.38	20.00	20.35	3.20	2.69	2.10	2.02	1.20	0.86	1.80	1.54	0.10	0.10	0.90	0.82
2010	27.00	24.53	19.00	17.38	2.65	2.41	1.86	1.69	0.94	0.84	1.60	1.38	0.10	0.09	0.85	0.74
2011	36.02	35.06	24.47	24.26	3.50	3.55	2.80	3.00	1.75	1.00	2.10	2.13	0.35	0.09	1.05	1.03
2012	42.35	40.34	26.00	24.11	4.20	4.14	4.00	3.92	2.10	2.17	4.00	3.80	0.35	0.32	1.70	1.88
2013	43.00	41.09	24.00	22.10	4.10	4.02	4.30	4.32	3.60	3.90	4.00	4.09	0.20	0.22	2.80	2.44
2014	42.00	39.84	22.00	20.93	4.00	3.68	4.20	4.00	4.00	3.80	4.20	4.00	0.50	0.48	3.10	2.95
2015	35.21	36.50	18.84	20.01	3.30	3.42	3.43	3.43	3.30	3.30	3.43	3.43	0.44	0.44	2.47	2.47
2016	38.87	38.92	19.62	19.67	3.42	3.42	4.16	4.16	3.70	3.70	4.16	4.16	0.48	0.48	3.33	3.33
2017	42.00	38.15	21.00	18.94	3.60	3.25	4.50	4.06	4.00	3.61	4.50	4.33	1.00	0.90	3.40	3.06
2018	38.00	37.91	19.40	19.37	3.30	3.29	3.90	3.97	3.70	3.66	4.10	4.06	0.80	0.79	2.80	2.77
2019	40.70	40.05	20.80	20.80	3.70	3.71	4.30	4.22	4.00	3.86	4.30	3.84	1.00	0.97	2.60	2.65
2020	38.40	38.40	19.30	19.30	3.85	3.85	3.85	3.85	3.85	3.85	3.85	3.85	1.10	1.10	2.60	2.60

说明：桂东县 2003—2006 年烟叶种植面积分别为 500 亩、254 亩、238 亩、144.50 亩

二、种植合同管理

2003 年，郴州市认真贯彻“双控”政策，始终把烤烟种植、收购合同的签订与落实作为重要环节来抓，与全市 8 个县（区）、79 个乡（镇）、535 个村的 55992 户烟农签订烤烟生产收购合同、约定种植面积和收购量。烟叶生产收购合同的签订，一般在每年 3 月（含）前由烟草站主持、乡（镇）政府协助，将上级下达给当地的计划指标分解到村组和烟农个人，烟草站培植（技术）员进村入组，与烟农逐个签订合同。合同签订之后，其数据逐级汇总上报。烟苗移栽之后，片管培植员先行过细核查，烟草各级部门和政府有关部门再进行现场检查，核对实种面积，发现有合同约定面积未落实、为冒领惠农资金物资而虚报面积的，及时查处、整改。

自 2004 年起，按照郴州市政府下发《关于 2004 年烟叶生产购销政策的通知》（郴政办发〔2004〕6 号），规定：对种植面积不足 3 亩、没有合格烤房的种烟农户，不予安排生产计划。对上年度签订产购合同而没有履行合同的农户不予签订合同。合同实行微机管理，收购期间对照合同收购，无合同或者超合同种

植的烟叶，烟草部门不予收购。是年，全市签订烟叶种植合同5.52万份，约定种植面积24.46万亩。

2005年，全市签订烟叶种植合同6.87万份，约定种植面积31.12万亩。全市系统按照省局部署，开展烟叶种植合同专项大检查，各县先自查，市局再复查，最后通过省局验收。2006年，全市系统建立烟叶生产、收购合同“一把手负责制”和“追责制”，签订烟叶种植合同5.53万份，约定种植面积30.64万亩。

2007年1月12日，国家局颁布《烟草种植收购合同管理暂行办法》，规定烟叶种植收购必须签订合同；合同签订的依据为上级下达的国家计划；根据国家计划，安排指导性种植面积；合同甲方为县级烟草公司，乙方为种烟农户，双方本着平等、自愿的原则协商签订；合同的主要内容有指导性种植面积和株数、种植品种、烟叶收购数量、种烟地块所属基本烟田编号、调制设施及其容量、收购烟叶的烟草工作站名称及收购时间、收购价格、烟叶生产投入补贴政策等；合同一经签订，双方必须共同遵照执行，违者将追究违约责任并依规处罚。省局转发此文时增加条款：合同文本一式两份，一份交烟农，另一份存市公司；烟叶种植面积按水田1100株/亩、旱田1200株/亩核定。是年，为落实国家局和省局对烟草种植收购合同的管理要求，市公司印发《烟叶种植收购合同管理实施细则》（郴烟叶〔2007〕38号），明确落实合同制，采用统一合同格式，规范合同签订程序，提高合同签订质量。7月，市局（公司）成立内管科，监督烟叶生产收购合同的签订与实际落实情况成为该科常务工作项目之一，每年均组织专项检查。

2008年，全市继续落实郴烟叶〔2007〕38号文件精神，严格合同管理，统一按照1100株/亩的标准与烟农签订种植收购合同，以株数定面积，以面积定产量，合同约定收购量为125千克/亩。特色优质烟叶开发基地的种植收购合同加盖特色优质烟叶开发合同专用章。合同信息在合同签订后10个工作日内准确无误地录入微机系统。同时，加大合同检查力度，维护烟叶种植收购合同严肃性。对合同生产的每丘烟田立牌标注烟农姓名、烟田编号、面积、种植株数、合同签订人，并逐户、逐丘、逐块核实到位，杜绝虚假合同，违者一经查实，严肃追究相关人员责任。是年，全市共签订烟叶种植收购合同3.77万份，落实种植面积29.56万亩。

2009—2012年，全市系统采取逐株点蔸、以株定亩、以亩定产措施，核实烤烟移栽面积。按核实面积与烟农签订合同，约定收购量。全市将“防过热”作为烟叶生产首要任务，市局先后出台《关于防止烟叶生产过热稳定烟叶生产规模的通知》等4个文件，积极争取地方党委、政府的理解与支持，以合同管理为主线，严格将生产计划落实到站、到村、到丘。“点蔸”核查，按照自检申报、技术员逐丘逐块核实、烟草站检查组按比例进行抽查、市局组织检查队复查四层关口，最终核定烟农种植面积，并严格按照每亩1100株的标准签订合同。同时采取按合同配送烟种、农用物资、控制供苗数量，强化栽后核实等系列配套措施。四年间，与烟农签订种植收购合同数分别为3.65万份、3.07万份、2.17万份、2.14万份，约定种植面积分别为29.30万亩、24.53万亩、34.98万亩、40.35万亩。2012年，市公司制定《2012年烟叶种植收购合同管理实施方案》，再次规定：烟叶生产收购合同按照“烟农申请—资格审查—合同签订—合同公示—核实面

烟苗移栽后，开展“点蔸”面积核查

积一合同修正一录入系统一建立档案一合同调整”流程进行；点蔸核实则按照“建立供苗台账一烟草站点蔸一结果公示一县分公司核查一市烟叶生产经营部抽查一市公司复查”流程进行。

2013—2015年，全市实行物资流、资金流、烟苗流三个维度辅证合同真实性。增加身份识别捆绑，试行新的合同管理信息系统。烟叶合同签订实行正式员工包户负责制，责任内容包括合同真实性、数据准确性、程序规范性及变更及时性等，在年度内因合同出现的任何问题均追究对应员工责任。市公司采取电访和实地查访等形式进行抽查，对烟农基本信息准确性低于90%和合同签订不真实的包户责任人进行经济处罚和行政追责。这些举措一直延续。

2016年，全面推行“二代身份证电子识别＋烟农面签＋资金在线支付”的合同管理模式，建立田块核实、烟苗发放、物资供应、烟叶保险及种、烤对接等环节的关联管控机制。其后，延续该举措。

2017年，严格种烟资格审核，明确规定每个户口本只能签订一份合同，严控新增烟农户和百亩以上大户，重点发展20～50亩的适度规模经营户。严格按计划、按合同组织生产，严把烟地预留、烟田翻耕、烟苗供应、农用物资配送、种植保险等重点关口。对计划外烟地一律不签订种植收购合同，一律不予种植保险，一律不供应套餐物资和烟苗，及时引导烟农改种其他作物。是年起，推行GPS测亩仪与点蔸相结合核实面积办法。

2018年，合同签订前增设“烟农种植烤烟申请承诺书”环节，合同佐证资料以“四个必不可少”为标准，即申请承诺书、种植面积组成情况表、购苗记录与“烟用套餐”物资交款凭证、种植面积核实表和精益生产App移栽核实记录表不可少。实施“三不签、三不种”措施，即本市以外户籍者不签，劳动力不足者不签，生产水平低下者不签；低洼易涝地不种，病虫害严重的田块不种，排灌设施不配套的区域不种。

2020年，全市系统执行市局（公司）新的《烟叶种植合同管理办法》，进一步严肃合同管理纪律，层层压实责任，以站（点）为单位全面推行合同集中面签，建立合同签订倒查责任制，杜绝虚假合同。加大对面积核实的力度，试点采用无人机遥感技术核查面积，确保合同面积真实性。做好合同过程管理的公示监督，加大信息公开和群众监督力度。全市签订烟叶种植收购合同1.57万份，合同约定种植面积38.40万亩、约定收购量4.80万吨。

2003—2020年郴州市烟叶种植收购合同签订情况统计表

表2-2

年份	种烟乡数量（个）	种烟村数量（个）	签订户数（户）	签订面积（亩）	签订收购量（50千克）
2003	79	535	55992	207000	510000
2004	76	516	58809	247000	620000
2005	93	631	68666	311200	805000
2006	—	—	55300	306400	—
2007	84	689	43830	257478	770410
2008	91	701	37738	295557	856321
2009	91	685	36500	283924	8522224
2010	88	626	30671	245301	830641
2011	88	624	21681	349826	1000000

续表 2-2

年份	种烟乡数量（个）	种烟村数量（个）	签订户数（户）	签订面积（亩）	签订收购量（50千克）
2012	87	703	21428	403461	1100000
2013	91	804	21422	410717	1015000
2014	94	851	23542	398400	996011
2015	93	836	20694	365000	1030003
2016	97	901	21272	388700	1000409
2017	95	886	22096	381500	1068000
2018	94	831	20429	377952	985000
2019	93	797	17202	400389	1019000
2020	96	828	15963	348000	960000

第二节　品种

一、种源

2003年，烤烟生产的种子繁育与供应继续严格遵守《中华人民共和国烟草专卖法实施条例》《中华人民共和国种子法》和相关规定，纳入专卖管理范围，由烟草行业单一渠道供给。严禁除烟草部门和经批准的涉烟单位之外的自繁自育。郴州市农科所烟草研究室作为全国28个“国家烟草良种繁育基地”之一，继续承担烤烟良种（裸种）繁育工作。其生产的烟草裸种，送往省局（公司）委托的中南烟草试验站永州基地（以下简称中南站永州基地）验收，该基地将省内各良种繁育基地生产的和经省局批准从全国各地调入、引进的烟草种子，分品种加工成包衣种子（一般为70～75倍包衣），分袋包装（一般每包1万粒，每包可供3.50亩种植）。然后，按照各地市来年种子需求，经省局（公司）批准下达计划供种。因此，郴州烟草种子供应继续执行省局规定：由各产烟县根据上级下达的次年烟叶生产预安排，提报种子需求计划，经市公司汇总上报到省公司，再由省公司下达供种计划，由市公司统一到中南站永州基地采购提货，再分配到产烟县公司，县公司再分配到各烟草站和育苗工场。

2006年11月16日，国家局印发《烟草种子管理办法》（国烟科〔2006〕819号），规定：烟叶种植必须使用由全国烟草品种审定委员会或国家局授权的省烟草品种审定专家组审定通过的品种。省级烟草专卖局（公司）可相应设立省级烟草品种审评委员会，负责组织省级品种试验和审评，并将通过审评的品种推荐参加全国品试或省级品种审定。种子生产与经营：从事烟草种子生产经营的单位必须经烟草种子主管部门批准。中国烟叶公司和省级烟草专卖局（公司）烟叶处负责对种子质量的监督，可以委托烟草种子质量检验机构对种子质量进行检验。任何单位或个人以最终服务于烟草生产为目的，从国（境）外引入、携带、邮寄烟草种子、种苗、花粉及其他繁殖材料，必须依法通过检疫。29日，省公司下达2007年烤烟种子价格和调种安排。除从外省购买引进的品种外，全省统一使用催芽包衣种子，由中南站永州基地负责加工供应。常规品种每袋（含种子1万粒）7元，不育系每袋9元。从省外购进的包衣种子，均按进价供应。根据各产区上报的年度烤烟用种计划和卷烟工业企业对原料的要求，省公司对各上报计划作适当调整，各产区严格控制种子发放。未经省公司许可，不得擅自从其他单位购种使用。各市（州）公司按照省公司下达的调种计划，派专人持单位介绍信到中南站永州基地调种。

2007 年 2 月，国家局下发《关于加强烟草种子管理的紧急通知》（国烟办综〔2007〕47 号），执行其规定：烟草良种繁育基地由省局（公司）管理，非国家局定点生产单位一律不准生产经营；任何种子生产经营单位不得向行业外供应生产用种；省内烟草种子生产供应，由省局（公司）根据烟叶种植规模统一安排计划，不得超规模超数量生产供应；省际间种子供应须经双方省级局（公司）确认，方可调运，并报中国烟叶公司备案。未经审定品种禁止推广种植。新品种试验、示范，单个品种应严格控制在万亩以内。杜绝农民自留种现象，对屡犯不改的不得再与之签订烟叶种植收购合同，并严格跟踪监督，防止其无合同种植烟叶。对于违反《烟草种子管理办法》等相关管理文件规定的行为，一经查实，必须严肃处理并追究相关人员责任。

2013 年 11 月 20 日，郴州市人民政府发布《关于严厉打击非法生产经营烟草种子行为、规范烟草品种种植的通告》（以下简称《通告》），规定：烟叶种植必须使用由全国烟草品种审定委员会审定（认定）的品种。烟草种子生产经营实行许可证制度。严禁烟农自留或购买非合同约定的烟草种子用于自育烟苗上市交易、流通、移栽大田。违反合同约定，用自留种和杂劣品种进行育苗并移栽大田的，烟草公司依法取消与其签订的烟叶收购合同，烟农不享受任何生产补贴，所生产的烟叶不予收购，由此产生的损失由烟农自行承担。由烟草、公安、工商、农业等部门密切配合，依法打击非法生产经营烟草种子和烟苗的行为。《通告》颁布后，全市开展宣传贯彻工作。

2019 年，市公司和郴州市农业科学研究所烟草研究室联合培育的“湘烟 6 号”通过全国烟草品种审定委员会审定。

2020 年，各乡镇、烟草站在育苗、留花留种等环节均进行仔细排查，发现私自育苗和留种的，立即采取处理措施。对不听劝阻，顽固坚持自留种育苗户，一律不予签订烟叶种植收购合同，其生产的烟叶一律不予收购。境内烟农自留品种、自行育苗种植现象消失。

二、品种更新

2003 年，郴州市主栽品种为“云烟 87”和老牌主打品种“K326”。辅助品种有 20 世纪 90 年代主打品种之一的“G80”及由市烟草公司和市农科所联合培育成功的“湘烟 1 号”。

2004 年，推广种植烤烟新品种“云烟 85”达 7.70 万亩，形成以“K326”“云烟 87”“云烟 85”为主导品种、实行“一乡一品”的种植格局。

2006 年，为做好新品种储备，引进试种少量改良型“G80”。2007 年，对提纯复壮型“湘烟 1 号”及引进的“云烟 201”“中烟 98”等 7 个新品种加强示范种植。

2008 年，郴州市供应品种数量为：“K326” 3.36 万袋，“云烟 87” 6 万袋，“云烟 85” 2000 袋，“云烟 202” 100 袋，“云烟 203” 100 袋，“中烟 98” 100 袋，“贵烟 4 号” 100 袋，“NC9511” 50 袋。合计 9.605 万袋，每袋为 1 万粒。所供品种“云烟 87”占 62.5%，“K326”占 35%，“云烟 85”占 2%，其他占 0.5%。

2009 年，对改良型“湘烟 1 号”“云烟 202”“云烟 203”“HY—9—7”等品种进行示范种植。同时根据各品种的特性，积极开展配套栽培措施的研究。

2010 年，全市加大品种示范推广力度，要求各产烟县根据当地实际情况和品种特性，选择适合本地特点的示范品种 3 ～ 5 个，每个品种示范面积为 100 亩左右，集中连片实行“园区示范”。为保示范达到预期效果，市局明确由烟科所牵头，烟叶生产经营部配合，按科研程序立项管理。

2011 年，由于“云烟 87”抗性好、只需中等肥力、大田分层落黄好、易烘烤、橘黄烟叶多、叶长、产量中上，表现突出，越来越受烟农喜爱，全市烤烟品种结构是：“云烟 87”种植占 60%，“K326”占 30%，其他品种占 10%，布局基本上是“一乡一品”或“一站一品”。2 月，市公司印发《烤烟新品种筛选推广示范工作实施方案》，分别在桂阳、嘉禾、永兴、安仁、宜章五个产区进行，严格实行“园区化”管理，规模 300 亩左右，集中连片确保直观效果，每个园区示范品种 3 ～ 5 个，每个品种示范面积 50 ～ 100 亩。示范品种包括“粤烟 97”“湘烟 1 号”“湘烟 2 号”“HY —9 —7”“KRK26”“云烟 203”“NC55”“NC297”8 个。通过新品种筛选示范，进一步验证新品种特性和栽培适应性，为新品种的推广应用提供技术依据。

2014 年，市公司推行烤烟品牌特色战略，调整产品结构，以减轻品种单一风险。扶持彰显郴州浓香特色的“K326”品种种植，专门制定《“K326”品种生产示范工作方案》，计划全市种植 15 万亩，年产量 2 万吨。烟叶生产经营部向全市 13 个种植基地派出 26 名技术员进行全程技术指导和质量跟踪。对种植“K326”品种的区域实行统一育苗供苗，统一种植技术，统一烘烤工艺。在设施设备配置、物资供应、收购验收评价方面进行倾斜。烟叶收购、评价、调拨上实行单收、单验、单存、单调。所收烟叶除享受普惠性烟叶生产的所有扶持政策外，收购价上浮 10%，每亩免费配送饼肥 20 千克。

2015 年，全市“云烟 87”种植比例扩大至 80.49 %，“K326”“湘烟 3 号”“云烟 99”种植比例为 19.51 %。建立品种科技示范园 7 个，分别开展“CZ —43”“云烟 99”“湘烟 3 号”“湘烟 5 号”“NC297”“NC71”“粤烟 98”品种示范，其中“云烟 99”“CZ —43”“湘烟 5 号”产量质量表现最佳。

2017 年，形成以“云烟 87”“K326”“湘烟 5 号”为主、“CZ —43”“NC297”为辅的种植格局。建立品种科技示范园 7 个，示范效果良好。

2019 年，全市主栽品种为“云烟 87”“K326”和“湘烟 5 号”，各产区按照“一站一品”或“一乡一品”组织生产。

2020 年，全市共种植烤烟品种 6 个，主推“湘烟 6 号”“湘烟 7 号”“NC297”，将“云烟 87”从上年的 93%压缩至 70%左右，并协调 11 家工业企业开展新品种工业验证。

2011—2020 年郴州市烟草品种布局表

表 2-3　　　　单位：亩

年度	“云烟 87”	“K326”	其他云烟系列	粤烟系列	湘烟系列	NC 系列	其他
2011	281592	62897	5325	0	—	0	—
2012	271239	79285	34828	0	17856	0	—
2013	274932	25379	10977	14760	84670	0	—
2014	233231	144849	—	0	20315	0	6
2015	298422	15322	27678	0	23578	0	—
2016	315013	26784	30756	0	16132	15	—
2017	324519	38756	—	0	16884	1027	315

续表 2-3

年度	“云烟 87”	“K326”	其他云烟系列	粤烟系列	湘烟系列	NC 系列	其他
2018	347705	11068	—	0	13178	6001	—
2019	367074	10020	—	1976	21321	—	—
2020	272552	21254	—	0	77394	12800	—

第三节　育苗与供苗

2003 年，郴州市烟叶育苗仍存在合同户烟农分散小棚育苗和烟草公司大棚育苗两种状况。每座大棚育苗可供种植 100 ～ 120 亩，便于良种化控制并可按规范要求集中管理，育成后免费发给烟农。因此，继续大力推广大棚育苗。在当期大棚育苗方式上，漂浮育苗与两段式育苗并存。其中，漂浮式育苗又分为水泥池和塑料大盘池两种；两段式育苗又分为大棚里面的母床套小棚（为主要）和不套小棚两种，烟苗长至 4 叶 1 芯时免费发给各种植户，由烟草公司发给塑料托盘进行假植（其费用列入种植补贴），即另择地、起畦、整齐摆放，上覆矮拱棚进行培育。漂浮苗或“一段苗”均按每亩 1100 株 + 预备苗的数量（一般按 1200 株 / 亩）发放，由村民按合同约定亩数签字自提。是年，漂浮式育苗应用面积 5.40 万亩，比上年的 0.60 万亩提高 8 倍。全市栽培应用面积两段式育苗占 75%，漂浮式育苗占 25%。漂浮式育苗具有一次育成、省工省时的优点，推广加速。

2004 年，市公司烟叶科（烟科所）与桂阳县公司合作，开展“高度集中育苗”（一个乡只设一个育苗点）试点，在仁义镇白云村一片高坡旱地上连片设置 51 座育苗大棚，称为“万亩育苗点”，在棚内苗床平整后，整齐平摆塑料育苗池，加上营养水，实行漂浮式育苗。育苗取得成功，但发现过于集中、管理复杂，有些村民因路远、取苗排队误时而导致移栽不及时等诸多弊端，以乡为单位集中育苗方式停止。是年，集约化育苗技术得到普及，漂浮苗和两段育苗可供移栽面积 21.36 万亩，占合同种植面积的 87.32%。其中，漂浮育苗移栽面积达 10.98 万亩，占比达 45%以上。

2005 年，推行每 3000 亩左右、以一村或多村联合设置大棚集约化育苗点，均采用漂浮式育苗技术。市公司烟叶科（烟科所）与桂阳县公司合作，在仁义镇汪山村进行分村育苗试点，建立漂浮育苗大棚 2 座。村民就近取苗，各方称便，予以推广。是年，建成育苗大棚 3000 余座，漂浮式育苗应用面积提高到 70%，两段式育苗降至 30%。是年，基本实现由供种向全面供苗的转变。

嘉禾县普满烟草站集约化育苗工场

2007 年，全市烤烟集约化漂浮育苗应用面积占比达 93%。12 月 7 日，省公司下发《湖南省烟叶生产补贴管理办法（试行）》（湘烟叶〔2007〕389号），规定：加大对专业化育苗基地建设的支持力度。由当地烟农推荐、乡镇和烟草站审核确定懂技术、会管理的烟农为育苗专业户，负责育苗、供苗和育苗基地的运行维护与管理。由当地政府或烟农提供育苗土地，烟草部门提供育苗基地建设的相关设备及安装费用，育苗专业户委托烟草部门代购育苗物资，按进价供给；接受当地政府和烟草部门支持的育苗专业户，其供苗价格经当地政府和烟草站核定后按成本价供应给烟农。

2008年年初，遭到百年难遇的特大冰冻灾害，全市烟叶生产一线人员发扬“人在棚在”的“大棚精神”，每天24小时守护烟苗大棚，全市3634座育苗大棚无一损坏。是年起，执行《湖南省烟叶生产补贴管理办法》（湘烟叶〔2007〕389号），规定：开展委托专业户育苗试点，试行按成本价供应给烟农。首开商品化供苗先例。

2009年，积极探索商品化供苗模式。每个县选择一个乡（镇）进行完全商品化育苗试点：由育苗专业户向烟草公司租赁育苗材料，独立管理大棚自行育苗，烟草公司提供技术服务，漂浮苗按成本作价向种植户出售，每亩35元左右。种植户可免育苗之累，供苗可靠，可腾出时间从事其他工作，为市场接受。

2012年12月，市公司印发《专业化育苗管理办法（试行）》，规定：为规范集约化、专业化育苗管理，减少劳动用工，降低生产成本，保证种植主体能种植优良品种和壮苗移栽，由烟草公司组织已注册且具有资质条件的烟农专业合作社，在烟草公司指定的育苗点，由专业化服务队开展育苗和精准配送工作，并负责对烟草公司提供的育苗资金进行规范管理。烟草站对育苗过程进行监督，对育苗数量、壮苗标准、精准配送及物资管理等工作目标进行考核。考核结果与育苗补贴挂钩。漂浮育苗达到100%，烟苗商品化全面实施，价格为40元/亩左右，并实现由烟农专业合作社按合同面积进行精准配送。

2013年，试点探索水、旱两段式育苗法，即以漂浮苗育至4叶1芯时，分发给各种植户，由烟草公司提供塑料托盘，由烟农自行培育并炼苗数日进行带土移栽。如此育成之苗，更壮实，抗逆性更强，移栽带土更多，更易成活，还苗期更短。经试验成功后，予以推广。3月20日，郴州境内发生雹灾，桂阳、安仁、永兴等烟区通过互相调剂补苗，减少灾害影响。

2014年，对水、旱两段式育苗假植塑料格盘实施补贴，以草签合同面积数量为上限，在烟草站领取假植塑料格盘（21张/亩）时，向烟农收取5元/亩的假植塑料格盘费，超出成本部分由烟草公司进行补贴。

2015年，专业育苗（含预备苗）面积达44.82万亩，覆盖率100%，其中普及推广水、旱两段式育苗面积24.73万亩，壮苗率达98.5%。

2017年，全市烤烟生产水、旱两段式育苗种植面积达31.50万亩。2018年，水、旱两段式育苗种植面积31万亩。由于物价、工价上涨，合作社将烟苗商品化供应价格提高到50元/亩。

2019年3月，市公司印发《烟苗发放、剩余烟苗销毁、收购废弃烟叶处理规范（试行）》，规定：育苗继续实行基本用苗+备用苗+防灾用苗计划，其中，备用苗+防灾用苗控制在10%左右。每亩配给烟苗1200株；发放流程为：烟苗评价

水、旱两段式育成之苗

（由烟农合作社、烟农、乡镇政府或村委会、烟草部门四方代表组成评价小组议价）—评价公示—确定配给方案并公示—收款开单—烟农到约定育苗点提苗。剩余烟苗销毁流程为：毁苗申请（由育苗外包方在烟苗发放结束后提出）—烟草站核实申报—县分公司审批—现场监督实物销毁。是年，水、旱两段式育苗移栽面积 30.50 万亩。

2020 年，全市育苗 44 万亩。其中，基本用苗 39.96 万亩，备用苗 2.72 万亩，防灾用苗 1.14 万亩。由烟草公司实发补贴 628.27 万元（经站、县查验，不达标的扣减补贴）。通过全面抓“剪叶控苗”和“断水炼苗”，基本解决烟苗培育不壮的问题，烟苗质量持续提高。

第四节　栽培

一、备耕

2003 年，郴州市烟田备耕承袭以往成熟经验，结合市烟草公司生产技术方案的技术要求进行。烟稻轮作水田在晚稻收割完毕之后，提倡稻草还田，将稻草切成 3 ～ 4 段，均匀撒在田间，然后灌水浸泡 10 ～ 15 天，再翻耕。或将稻草切成 3 ～ 5 厘米长，加入少量生石灰，拌粪水和腐殖菌堆垛，然后用薄膜覆盖，加压堆制，起垄前均匀撒在田间，等待起垄。pH 值 5.0 以下偏酸土壤，每亩撒石灰 50 ～ 80 千克，调节酸碱度。对于偏碱的土壤，只能增施有机肥和使用酸性肥料加以改善。翻耕多在 11—12 月寒冷时段进行，利于冻死虫卵、分化有机质、改善土壤疏松度。翻毕开好围沟、腰沟。

2010 年，桂阳县仁义镇率先成立烟农专业合作社。2011 年，在嘉禾普满等 5 个产烟乡镇成立专业合作社。2012 年，各主要产烟乡镇陆续成立专业合作社。各专业合作社通过业务外包形式从事烟草各环节服务。为提高承包烟田备耕作业效率，依托国家农机补贴政策和烟草公司的专项补贴，购置大批农机。每年自行摸底、自主安排，为有需求的烟农提供代耕服务。代耕价格时为 80 元 / 亩，后随行就市，工价有所提高，2018 年提至 120 元 / 亩。

2014 年，市公司行文规定：对在上年底前完成翻耕，且上年度完成合同种植、交售任务的烟农，经烟草部门验收合格后予以补贴 50 元 / 亩，在 11 月前通过转账方式予以兑现。此补贴政策两三年执行一次，到 2020 年依然延续。

2015 年，全市烟田机耕面积 32.8 万亩，占种植面积的 90.9%。落实“先深翻后起垄”25.57 万亩，占 70%，同比提高 18.17%。

至 2020 年，全市共设立烟农专业合作社 28 个，代耕业务量达到 38 万亩，服务工价提至 130 元 / 亩。

二、移栽

2003 年起，郴州市烟苗移栽按照市公司每年下达的《烟叶生产技术方案》技术细节要求进行。在烟苗移栽期，各环节技术要求一般为：

（一）起垄

在移栽前 10 ～ 15 天按行距 1.2 米完成起垄，呈龟背形，垄面泥碎整平，单行高垄，垄高不低于 30 厘米。

（二）移栽期施肥

采用“双层施肥法”或“101”施肥法。“双层施肥法”：垄中开一条10厘米浅沟，将配套基肥的80%施入用作底肥；然后按照50厘米株距打穴，将配套基肥的20%和火土灰作为上层肥穴施，注意上层肥和底层肥必须保持10～15厘米距离。“101”施肥法：按照50厘米株距打穴，将各种农家肥和基肥的20%施于穴内，80%的基肥施于穴间中部垂直于垄体10～15厘米、长10～15厘米的位置。

（三）栽前化学除草

基肥施完后，在垄体湿润的条件下，每亩用都尔乳剂100～120毫升兑水50千克均匀喷施垄面，然后移栽。此举具有提前预防草害之功效。

（四）移栽时间和方法

3月5日以前移栽完毕（比以往提前1～2周，利于烟叶充分成熟）。最好选择雨后初或阴天进行移栽，垄体必须充分湿润，土壤保持水分85%以上。移栽时要将穴内土、肥充分拌匀，选择均匀一致、健壮无病的5～6叶带土烟苗移栽于穴内，尽量深栽。如果火土灰较多，必须加盖泥土。若是漂浮苗移栽，移栽前要使基质充分吸水，利于取苗，并保持根部水分，以提高烟苗抗旱力，缩短还苗期；移栽时不能直接与肥料接触，防止伤根；深栽，利于侧根生长。移栽后，浇足“安蔸水”。可在“安蔸水”里加入少量“敌杀死”（漂浮苗可另加0.1%的硝酸钾）等，预防地下害虫。对于有蜗牛危害的烟区，应在烟蔸周围放置“蜗克星”或“密达”颗粒。

（五）移栽株距

一般为稻田1100株/亩，旱田1300株/亩。株距一般为0.5×0.5米。自2006年起，因在烟叶生产中施行“脚叶、顶叶田间处理”“残叶、病叶不烘烤”，产量减少，为弥补产量，一度推行稻田每亩种植1200株，株距改为0.45×0.45米；2015年又改为：宽行窄株，水田1.2×0.45×0.45米，亩栽1100株；旱田和高岸田栽培密度为1.1×0.5米。2019年按“福城金叶”栽培要求，宽行窄株，水田1.2×0.5×0.55米，亩栽1050～1100株；旱田及高岸田1.1×（0.5～0.55）米，亩栽1150～1200株；行宽距不超过1.3米。

（六）地膜覆盖

时有膜下栽培、膜上栽培两种方法，均有保温、保湿、提高地温、节肥保肥、减少草害、促进烟苗早生快发的作用。膜上栽培法：整平垄面后先覆盖农膜，再对准植株穴划十字口，栽进烟苗，烟苗上部露出膜面。膜下栽培法：栽完烟苗，随即盖膜，全部烟苗完全置于膜下，待烟苗壮实顶膜之际，再划口将苗引出膜面。膜下栽培除具有共同优点外，还具有防霜冻的功效，对移栽季节提前的烟苗安全度过寒潮期，效果突出，故而渐成主流，对漂浮苗则要求全部应用膜下栽培法。凡地膜覆盖，均要求同一丘块当天盖膜完毕，同一区域要集中精力3～5天栽完。全市地膜覆盖及其配套技术应用，2003年为15.51万亩，2004年达到18.05万亩。2005年占到移栽总面积的80%。

三、田间管理

（一）稻草覆盖

2003年，稻草多用于切断还田，直接覆盖在烟行较少的区域。试验表明，稻草覆盖烟行，具有保温保湿、根部遮阳、迟滞杂草生长、腐烂后增加烟田有机质等作用。2007年，开始推行专项补贴（由市公司补贴40元/亩）举措，加大推广力度。全市共完成稻草覆盖面积257909亩，占总种植面积的87.26%。2008年，凡进行稻草还田后又采用地膜覆盖的，也视同稻草覆盖一并享此补贴。自2011年后，随着晚稻机械化收割方式的普及，绝大部分稻草收割时就地粉碎，后经翻耕还田。至2012年，补贴降至20元/亩。2013年，取消补贴。

（二）科学施肥

1. 土杂肥。火土灰从2003年以前，便广泛应用于农业及烤烟生产。施用火土灰可以改良土壤结构，在一定范围内保持并提高土壤肥力，继而提高烟叶产量和质量。每亩用火土灰400～500千克、充分腐熟的厩肥300～400千克、过磷酸钙10千克混合施用，或每亩500千克火土灰加10千克过磷酸钙混合施用。在移栽前7～15天施入穴中。自2003年起，此项技术全市应用面积每年达80%以上。2017年，全市烤烟生产施用火土灰面积达30万亩，水肥一体化面积6.8万亩，2019年全市火土灰施用面积达32万亩，并推广施用有机菌肥2万亩。

2. 化学肥料。施用模式一：烟草专用基肥50千克，烟草专用追肥50千克，烟草专用提苗肥5～7.5千克，硫酸钾10千克。施用模式二：烟草专用基肥50千克，硝酸钾30千克，烟草专用提苗肥10千克，硫酸钾10千克。缺素土壤需要补充的肥料：缺镁的土壤，一般每亩施用硫酸镁10～15千克；缺锰的土壤，一般亩施硫酸锰1千克；缺锌的土壤，一般亩施硫酸锌1～1.5千克。缺钼、缺锌、缺硼、缺锰的土壤建议用含这些养分的叶面肥喷施。追肥施用时间与方法：第一次为移栽后5～7天，每亩用1.5～2千克烟草专用提苗肥浇施。第二次为移栽后10～15天，每亩用3.5～5千克烟草专用提苗肥浇施。第三次为移栽后20～25天，每亩用剩余的烟草专用提苗肥和10～12.5千克烟草专用追肥或5～7.5千克硝酸钾浇施。第四次为移栽后30～35天，每亩用20～22.5千克烟草专用追肥或12.5～15千克硝酸钾浇施。第五次为移栽后40～45天，每亩用15～20千克烟草专用追肥或7.5～12.5千克硝酸钾浇施。第六次为移栽后50～55天，每亩用10千克硫酸钾浇施。

土壤养分跟踪监测

3. 饼肥。由岳阳临湘化肥厂生产，省公司要求统一订购。从2010年开始试用，自2011年起，在优质烟叶开发中推广应用，主要用于增加烟叶的香气和油分。2018年，全市烤烟生产施用饼肥增香面积37.80万亩，2019年增至40.04万亩。

4. 测土施肥。1993年，全市进行第一次测土施肥调查。第二次植烟土壤普查从2010年开始。根据郴州市烟草公司、湖南省土壤肥料研究所、湖南农业大学资源环境学院2015年11月《郴州市第二次植烟土壤普查报告》，对全市及7个产烟县的植烟土壤通过普查后进行测土施肥，植烟土壤综合肥力处于“高”水平，但部分产区土壤养分不一，有的微量元素不平衡，需根据土壤条件分类平衡施肥。

郴州市第二次植烟土壤普查养分状况表

表2-4

项目	比例（%）					2015年平均值	2015年标准差	适宜值	单位
	极低	低	适宜	高	很高				
pH	4.27	6.64	26.73	12.70	49.67	6.18	0.92	5.50～7.00	—
有机质	0.09	3.51	14.31	25.40	56.68	26.53	7.44	25～35	g/kg

续表 2-4

项目	比例（%）					2015 年平均值	2015 年标准差	适宜值	单位
	极低	低	适宜	高	很高				
碱解氮	0	2.94	32.51	41.52	23.03	142.97	35.81	110 ～ 180	mg/kg
有效磷	0.28	2.56	14.03	23.13	60.00	41.60	37.88	10 ～ 20	mg/kg
速效钾	5.12	26.82	35.92	26.64	5.50	246.22	182.26	160 ～ 240	mg/kg
交换性钙	0.19	4.45	10.24	22.18	62.94	10.61	8.34	6 ～ 10	cmol/kg
交换性镁	6.82	25.21	20.66	34.03	13.27	2.09	2.19	1.00 ～ 1.50	cmol/kg
有效硼	0	3.70	62.27	31.09	2.94	0.65	0.29	0.30 ～ 0.60	mg/kg
有效锌	0.19	2.65	19.43	48.44	29.29	2.11	1.38	1 ～ 2	mg/kg
有效铁	0	0	0	13.74	86.26	127.72	98.62	4.50 ～ 10	mg/kg
有效铜	0	0.09	0.19	21.14	78.58	2.23	1.45	0.50 ～ 1.00	mg/kg
有效锰	4.64	8.34	26.35	34.31	26.35	34.76	23.91	10 ～ 20	mg/kg
有效硫	0	0.95	17.73	48.34	32.99	28.02	49.50	10 ～ 20	mg/kg
有效钼	23.51	24.55	18.48	11.18	22.27	0.16	0.11	0.10 ～ 0.15	mg/kg
水溶性氯	64.74	11.56	15.07	5.59	3.03	4.49	4.29	10 ～ 20	mg/kg
全氮	0	0	16.87	83.13	—	1.54	0.38	1 ～ 2	g/kg
全磷	6.92	52.32	39.34	1.42	—	0.86	0.66	1.00 ～ 1.50	g/kg
全钾	19.53	60.28	15.83	4.36	—	17.14	8.46	15 ～ 20	g/kg

（三）以水养叶、以水调肥

2002 年，开始推行以水养叶、以水调肥技术，目的是合理调控烟田水分，提高肥料利用效率，促进烟株正常生长发育。主要做法为：根据烤烟大田生产需水规律，还苗期田间水分保持在 70%左右，伸根期 60%～ 70%，旺长及成熟期 70%～ 80%，合理调控烟田水分。此技术一直在沿用。

（四）中耕培土

第一次在移栽后 10 ～ 15 天进行浅中耕小培土，保墒保肥，促进烟苗早发。第二次在烟株进入团棵前期（栽后 25 ～ 30 天），结合施肥进行大中耕高培土，要求近锄浅、远锄深，除净杂草，疏松土壤，培高培满垄体，使泥土与茎秆紧密接触，以利培育双层根系，同时摘除近地的 1 ～ 2 片脚叶，提高旺长期肥料利用效率。第三次大培土在打顶前进行，除净杂草，摘除近地的 1 ～ 2 片脚叶，将垄沟的泥土刨松培到垄体烟株周围，进一步加高垄体，利于不定根的生长，提高肥料利用率和烟叶耐熟性，防止早衰。有条件的大户可采取机械中耕，实现农机和农艺的有机结合。此技术自 2003 年起一直在应用。

烟叶现花打顶

（五）打顶抑芽

2003 年，对烟株腋芽去除后以抑芽剂进行局部涂抹抑制其再生长；对烟株打顶，分为现蕾打顶和现花打顶。打顶在晴天进行。2011 年，按照优化烟叶田间结构的要求，改为 50%左右中心花开放时一次性打顶，打顶后须留节 1 ～ 2 厘米，并在 24 小时内，抹去 2 厘米以上的腋芽，并按要求使用抑芽剂。同时清除近地面的 3 ～ 4 片假熟、破烂、有泥污的脚叶。

（六）病虫害防治

1. 化学药剂防治。2003—2020 年，针对烟地病虫害，全市贯彻“预防为主，综合防治”的方针，每年通过选点设立观测网进行调查，根据病虫害发生规律，分期发布病虫害预测预报（每年 4 ～ 6 期），由市公司烟叶生产技术部门（技术中心）制定统一的防治指导方案，并通过统一招标采购适用的农药分发至各产区施用。鉴于烟叶生产环保、安全的需要，药剂均选择两种以上省公司入围目录的化学药剂轮换使用，并按照《农药安全使用规范总则》（NY/T 1276）和《烟草田间农药合理使用规程》（YC/T 371）施用。施用方法有：叶面喷施、灌根、撒施等。为防止病虫害“此杀彼留”，全市各烟叶产区逐步建立完善“统防统治”制度，以专业化服务队伍为实施主体，分区划片，统一施药时间、品种和次数。2004 年“统防统治”面积为 7.18 万亩，2005 年为 20 万亩，2006 年达到 100%。2017 年，开始推行无人机施药技术，应用面积为 0.83 万亩。2020 年，无人机专业化植保服务面积达到 36.90 万亩。市公司技术中心通过手机开设烟田病虫害“指尖诊断室”，组织市、县、站三级技术人员组建“郴州病虫害防治群”，通过微信、电话等方式对烟农施用进行即时指导。

桂阳烟草病虫害“统防统治”队伍

2. 物理防治。2003 年，应用烟田夜间紫外线灯诱杀害虫技术。自 2009 年起，加大生态植保力度，全市大力推广应用频振式诱蛾（杀虫）灯，并将诱蛾（杀虫）灯纳入现代烟草农业农用机械补贴范围。特色优质烟叶开发基地全面普及使用诱蛾（杀虫）灯。至 2020 年，全市应用频振式诱蛾（杀虫）灯（诱捕器）达 122784 套。

3. 生物防治。2003 年，病虫害防治有生物药剂应用记录，但应用面积不大。自 2009 年推行生态植保后，生物药剂应用力度加大，如应用各种植物菌类萃取液、各种腐殖酸液、各种杆菌制剂、XQ 生防菌剂、BARU 乳酸菌剂、烟碱乳油、白僵菌、绿僵菌等。2015 年，首次试行烟田蚜茧蜂防治蚜虫技术，“一蜂一诱一纸”覆盖面积 4 万亩。实验结果表明，蚜茧蜂对蚜虫防治效果可达 70%以上。2016 年，市

2017 年，烟区蚜茧蜂布放现场

公司技术中心在桂阳县樟市站设立一、二级蚜茧蜂繁育基地，各产烟县均设三级扩繁点1个；放蜂事宜转由烟农专业合作社负责。是年，放蜂覆盖植烟面积的41.21%，惠及大农业作物16.02万亩，顺利通过国家局检查验收。2017年，投资299.81万元，扩繁蚜茧峰52150盘，覆盖植烟面积42.30万亩，覆盖面100%，覆盖大农业作物26万亩，累计放蜂4.50亿只。5月26日，在桂阳县方元镇桃花溪果园召开郴州市大农业蚜茧蜂防治蚜虫放蜂现场会，市局、市农委、市植保植检及桂阳县烟办相关领导出席，郴州市电视台、桂阳县电视台、红网及《东方烟草报》对此次现场会进行报道，获得较大社会反响。是年，全市大力宣传贯彻省公司《烟叶绿色防控技术规程》，共实施42万亩蚜茧蜂（防治蚜虫）、27万亩性诱剂、13万亩食诱剂、2万亩诱蛾（杀虫）灯（防治小地老虎、烟青虫、斜纹夜蛾）、6万亩XQ青枯病生物防菌剂等绿色精准防治工作。2018年，市公司优化生物防治技术方案，增放赤眼蜂，分别在桂阳仁义、樟市，嘉禾普满建立综合示范区3个（蚜茧峰、赤眼蜂、性诱剂、TMV快检试纸、生物制剂相结合），推广“两蜂一诱一纸一制剂”防控模式，由上年的“三诱”（食/性/灯光诱）调整为“一诱”（性诱剂），并新增病毒快速检测，示范区面积1.50万亩，同时应用生态调控技术，在田块周边种植向日葵、香梗芋、紫苏等1500亩，诱集害虫聚集予以消灭，减少对烟田的危害。辐射区由上年的“一蜂三诱”（蚜茧蜂、性/食/灯光诱）技术模式调整为“一蜂一诱一纸”模式（蚜茧蜂、性诱剂、TMV快检试纸），实现绿色防控技术全覆盖。7月3日，总公司烟草农业绿色防控技术研究与推广检查检查组亲临现场指导。2019年，全市蚜茧蜂防治蚜虫技术应用面积增至81.54万亩（烟草40.04万亩、大农业41.50万余亩），新增推广蠋蝽防治斜纹夜蛾、烟青虫项目，试用面积1000亩。“一蜂一诱一纸”技术应用面积为40.04万亩。2020年，落实国家局、省局关于启动实施烟草绿色防控重大专项工作的指令，投资670.86万元用于绿色防控，建立国家局病毒免疫诱抗技术核心示范区2万亩，本市烟草绿色防控核心示范区4万亩、单项靶标示范区7.70万亩，辐射面积19万亩。其中，蚜茧蜂防治蚜虫，赤眼蜂、蠋蝽防治烟青虫、斜纹夜蛾，免疫诱抗剂防治病毒，生物菌肥防治青枯病、黑茎病等技术各放异彩，全市烟田生物防控、物理防控面积100%全覆盖，实现虫类农药零采购。

（七）早花处理

2007年、2017年、2020年曾遇烟田早花年景，一般处理措施为：一是重打顶、重追肥、早留杈。对烟株有效叶数在16～18片以上现蕾的，采取“扣芯”打顶，去除烟蕾，保留2寸以上芯叶，不予留杈，按正常烟株进行管理，同时每亩追施烟草叶面肥1～2次，促使烟株尽快开顶开片。对烟株有效叶数在12～16片现蕾的，采取主茎烟与杈烟培育相结合的方法。采用轻打顶技术，打顶时将烟株顶端3～4片小叶一并摘去，同时每亩追施烟草专用追肥4～5千克，促使杈芽提早萌发，待腋芽萌生，长到2片以上真叶时，抹去多余的腋芽，只保留顶叶位以下第三个叶位的健壮腋芽进行培育衩烟，待杈烟叶片数与主茎叶数相加达到18～22片有效叶时再实施打顶。对于烟株有效叶数少于12片现蕾的烟株，采用重打顶法，保留6～8片有效叶片，将花蕾连同以下3～4片小叶摘去，同时每亩追施烟草专用提苗肥2～3千克及烟草专用追肥2～3千克，待杈芽萌生后从主茎最上叶位以下的2～3片叶位芽中选取一个壮芽加以培育。二是高培土。采取以上补救方法，须加强田间管理，及时进行中耕高培土，培土高度可达底脚叶1～3个叶位，以增加土壤通透性，提高土壤温度，促进根系的生长发育，增强抗逆能力，使烟株早生快发。三是操作时要做好田间清洁工作，注意预防花叶病等病毒病的发生。

（八）不适用鲜烟叶处置

2003年，自实行烟叶生产收购“双控”政策后，为确保烟叶产品适合工业企业需求，根据行业上级的统一部署，将工业企业不愿购买、没有销路、价格低下的低次烟叶列为“不适用烟叶”，尽量在田间管理阶段进行处置，处置重点是脚叶、下部残次叶、顶部小片叶。每株留叶控制在 18 ～ 20 片。保留烟株精华部分进行精心培育管理、采烤调制，每亩干烟叶收购量保持在 120 ～ 125 千克，促使上等烟叶由 20 世纪 90 年代的 10%～ 15%提高到 40%以上，上、中等烟叶两项合计达 95%～ 98%，收购均价大幅提高，税收亦同步提高，从而达到烟农、买家、卖家、政府“四满意”的效果。

2011 年 4 月 8 日，郴州市“两烟”工作领导小组印发《郴州市优化烟叶结构工作实施方案》。不适用鲜烟处置要求为：在移栽后 35 天左右进行中耕培土时，按照以往习惯做法，打掉 2 片底脚叶；在移栽之后 60 ～ 65 天、烘烤之前，统一打掉 2 ～ 3 片光照不足、身份较差的下部叶；在上部叶 5 ～ 7 片鲜烟田间充分成熟时，打掉发育不良、品质差、开片不好的（鲜叶长度不足 45 厘米、宽度不足 13 厘米）；适时打顶、合理留叶。按标准化生产要求，坚持田间 50%左右中心花开放时一次性打顶，避免出现伞形烟株。每株留叶改为 16 ～ 18 片。“K326”由于后发力强，更要严格控制。针对不同产区、不同品种的烟株生长发育情况，把握好打顶时期及方式，确保烟株有效留叶数。摘除烟叶田间处理要求为：在简便快捷、经济有效、不污染环境、不影响田间卫生的前提下，就近就地处理；按照 500 亩左右的规模设置一个处理点，建一个处理池，鲜烟叶堆捂腐熟后作为农家肥使用。就近在荒山、荒坡、空闲地、田间地角等地点堆沤，将鲜烟叶捂入秧田、果园、沼气池，发挥杀虫、肥土等作用。处理摘除的烟叶不进入烤房或流入非法渠道。是年，制定下发《郴州市优化烟叶结构工作实施方案》。采取召开座谈会、出动宣传车、张贴宣传海报、发放“致烟农的一封信”及宣传小册子等形式，帮助烟农算好对比明细账，将优化烟叶结构内化为烟农的实际行动。完善不适用鲜烟田间处置设施，全市建设不适用鲜烟处理池 936 座、沼气池 840 座，改造沼气池 87874 座。同时，建立农户鲜烟处理及补贴兑现档案，组织开展专项检查。全市累计处理不适用鲜烟叶 36355.80 吨，折合干烟 4100 吨。是年，上等烟比例占 62.42%，同比提高 5.24 个百分点；下低等烟比例为 2.33%，同比降低 8.25 个百分点；中部烟叶比例达 50.25%，同比提高 0.56 个百分点。

2013 年 5 月 2 日，市公司印发《2013 年优化烟叶结构工作方案》。下部、上部不适用鲜烟处理到位的每亩补贴 30 元；收购时实行对低次烟叶交售比例越少、补贴越高的补贴政策，平均每亩补贴 80 元。是年，全年收购上等烟占比达 64.14%，中部烟叶为 48.23%。分别提高 10.78 个和 2.23 个百分点，此项工作得到国家局的肯定和省局的高度评价，并得到广大烟农及地方政府的理解与支持。

2014 年，全市加大田间不适用鲜烟的处置力度，按照烟株叶片“下 4 上 1”或“下 4 上 2”作为不适用烟叶进行处置；对漏打的下部叶、误采的病残叶、未开片的上部叶、运输中损伤严重及太阳晒坏的烟叶，禁止进入烤房。为此，市局开展“领导挂县、科长包站、千人大下乡”整体行动。烟叶生产经营部另派出 36 人到全市 20 个烟草站督查田间处置、烤房禁入、烤后剔除三个环节不适用烟叶的处置工作。经省局验收，全市下部和上部鲜烟处置率分别达到 98.93%和 93.6%。

2017 年，将工业不需要的烟叶消灭在生产、烘烤和分级三个环节，仅收购上部橘黄 4 级和下部橘黄 3 级烟叶 332 吨，占总收购量的 0.6%，等级结构比例调控较为理想。

2018—2020 年，按照“福城金叶”的栽培要求，每株留叶 18 ～ 20 片，烟叶优化结构实行“下部第一房烟叶弃烤，上部不开片烟叶弃采，病害和损伤烟叶不进烤房，不适用烟叶不选不售”的办法，真正将工业不需要的烟叶消灭在生产、烘烤、分级和收购四个环节。

第五节 采收与调制

一、采收

2003 年，郴州市通过移栽时间前移，保证烟叶生长期，坚持成熟采收，进一步提高烟叶品质。2004 年，全市实施“控碱增香”提质工程，为确保烟叶成熟采摘，推行首烤和准采证制度，由驻村培植员现场查验确认烟叶成熟度，并签发“准采证”方可采收。将“提高烟叶成熟度、控制青筋烟”作为关键点来抓，举办各种培训班，以理论和实物相结合，广泛宣传烟叶成熟度的标准，青筋烟较往年明显减少。之后，每年都将成熟采收作为生产环节的一个重要节点来抓，田间烟叶成熟标准为：下部叶：叶色以绿为主，稍有落黄表现，主脉三分之二变白，易采摘，采摘断面整齐，声音清脆。中部叶：叶色黄绿色鲜明青黄各半，主脉全白，叶面黄色部分脱落，支脉开始变白，茎叶角度增大，叶片自然弯曲。上部叶：叶色浅黄至淡黄（黄色为主），或有黄色成熟斑，主脉变白发亮，支脉大部分或全部变白，叶尖下勾，叶缘下卷，叶面起皱。采收原则为：下部叶适时早采，中部叶成熟采收，上部叶充分成熟采收，顶部叶 4 ～ 5 片集中一次性采收。每次采收的烟叶成熟度应一致，并应实行分层次、分部位采摘。采收时间为：宜在早上和傍晚采摘。

2007 年，全市系统推行 ISO 9000 烟叶质量管理体系，成熟采收被列为关键环节进行质量监管。

2008 年，根据郴州烟叶成熟期高温高湿的气候特点，实行下部叶早采、中部叶适熟采、上部叶 5 ～ 7 片充分成熟一次性采烤的采收方法，通过下部叶早采，提高中上部烟叶的耐熟程度，然后分段进行采收，达到各部位烟叶正常成熟采收的目的。技术要点为：下部叶要及时早采。在干物质积累到最高时为最佳采收时机，外观以“褪绿转色”为标志，一般在打顶后 7 ～ 10 天进行及时采烤。中部叶要适熟方可采收。主要外观特征表现为青黄各半，一般叶龄期为 70 ～ 80 天，采收时烟叶含水量不宜过高。上部叶要充分成熟方可采收。成熟的田间表现为叶面黄灿灿、亮堂堂，叶耳变黄、茸毛脱落、主脉支脉全白发亮，一般叶龄期为 80 ～ 90 天。提倡 5 ～ 7 片叶全部成熟后集中一次性采收。

2014 年，严格执行“下早、中适、上熟”间歇式采收法，适当推迟上部烟叶采烤时间，确保全市上部烟叶在 7 月 15 日后方采收完毕。

2019 年，市公司“福城金叶”栽培要求提倡：下部叶及时早采（6 成黄），主脉变白二分之一，茸毛稍退，叶耳浅绿，略见成熟特征，即可采摘；中部叶适熟采，叶色由绿变为黄绿明显（8 成黄），主脉变白发亮三分之二，茸毛脱落，叶耳浅黄，具有明显的成熟特征；上部叶充分成熟方可采收，整叶明显落黄（9 成黄），并带有少量白色斑点，主脉全白发亮，叶耳淡黄，叶片下垂，茎叶角度在 90 度左右。4 ～ 6 片一次性采摘。

二、调制

（一）烤房技术改进

2003 年，为适应烟叶种植逐步向优势地区集中的需要，在各烟叶主产乡、村开始推广热风循环式烤房（在机烘烤房墙体上、下方各设一孔，以通风管连通，管道下方再连通一鼓风机，通过鼓风机将烤房内热风抽出又导入，循环利用），其规格一般为2.67×3米，每座可满足4亩烟叶的烘烤需要。

2004年，市公司在实施的《2004年郴州市烤烟生产技术规程》中，提出新建标准化烤房的技术参数为：底棚高度180～120厘米；棚间距75～80厘米；顶棚至房顶内侧高度脊顶式大于或等于50厘米，平顶式有保温层时大于或等于40厘米。天窗、地洞面积每百杆烟大于或等于0.2平方米、0.12平方米。门设在避风的烤房侧面，双层木门。烟窗应高于天窗。供热系统可采用热交换器或双炉膛窝煤供热。设置三个观察窗，温湿度观察窗设在底棚，安全观察窗设在高于炉膛顶部0.4米外，烟叶观察窗设在四棚与五棚叶之间。

2005年，全面推广密集式烤房，其技术特点是：热风房与烤房隔开（隔墙上方留鼓风机孔，下方留通风孔），安装3千瓦大功率鼓风机将热风房的热风吹入烤房（房顶下斜，使风下行），热风通过烤房后顺隔墙下方通风孔又进入热风房，使热风循环利用，装烟密度较老式烤房成倍加大（故称密集式），室外设智能控制装置，能自动控温、排湿；郴州主要推广2.7×6米和2.7×8米两种规格，每座可满足12～15亩烟叶的烘烤需要。是年，全市共有在用烤房9万余座，其中标准化烤房（热风循环式）4.6万余座，密集式烤房102座（在仁义镇梧桐村修建15座大型密集烤房群，每座烤房装烟室长8×2.7×3.5米，加热室2×2.7×3.5米，各产烟县零星引进）。此后，烤房建设以新建密集式和“普改密”模式为主。

2006年，全市新建2.7×8米密集式烤房87座；“普改密”式烤房4197座。通过两年的实践证明，密集式烤房烘烤程序操作简单、节约资源和成本、减轻烟农的劳动强度、烟叶易于烘烤、可操作性强，烤出的烟叶颜色以橘黄为主，品质优良，油分充足，香气量大，青筋烟减少，质量明显优于普通烤房烘烤的烟叶。2006—2010年，自主研发的“湘密2号”大型密集式烤房（加热室主要是三块弧形铁板散热）在全市推广4000余座，后因采用总公司统一招标定制的散热装置效率更高，“湘密2号”模式停建。

2007年，市公司制定“普改密”式烤房9项标准。重点是：加大回风管道，加大风机功率，安装自控设备，改进加热设备；其装烟容量超过普通烤房的40%～60%，大大减少烤烟成本。新建小型密集式烤房的技术要求是：根据烟农需求，主推供热系统内置、气流上升式，职能与常规烘烤、强制与自然通风兼容的“双制式”烤房一致，每栋烤房都配置自控设备。建造规格为2.7×3米、装烟4层、容量8～8.5亩和4×4米、装烟4层、容量10～11亩两种，每栋合格的烤房补贴13000元。新建中型密集式烤房的主要技术要求是：类型为“湘密1号”，规格为2.7×6米，装烟3层，配备与风机功率匹配的发电机。是年，全市新建8×2.7米密集式烤房212座，6×2.7米以下小型密集式烤房6座；改造热源内置式密集烤房198座。

2009年11月3日，国家局下发《关于印发烤房设备招标管理办法和密集式烤房技术规范（试行）修订版的通知》（国烟办〔2009〕418号），明确：密集式烤房主要设备包括供热设备、通风排湿设备、温湿度控制设备。基本特征是：装烟密度为普通烤房的2倍以上，强制通风，热风循环，温湿度自动控制。烤房结构类型按气流方向分为气流上升式和气流下降式。土建技术要求是：内室长8000毫米、宽2700毫米、高3500毫米，满足鲜烟装烟量4500千克以上，烘烤干烟500千克以上；主要包含地面、墙体、屋顶、挂（装）烟架、导流板、装烟室门、观察窗、热风进（回）风口、排湿口及排湿窗、辅助排湿口及辅助排湿门等结构；并要求集群建设，便于集中供热、集中控温控湿、集中管理。郴州市主要采用气流上升式（详见图2-1、图2-2）。

2011年，引进金属散热器和非金属散热器气流上升式大型密集烤房，至2014年达2.3万余座。2012年，引进板式电烤房100座。

2013 年，为适应散叶烘烤的要求，市公司扩大“不同装烟方式试验示范”，以桂阳仁义基地单元为主，辐射该县洋市、四里、浩塘和宜章赤石、安仁安平、永兴柏林共 6 个基地单元，涵盖 86 个烤房群、1500 座烤房。对烤房进行适当改造，主要增设强制排湿设施、改造挂烟梁（架）和改变挂烟方式，改造费用为 2200 元 / 座，散叶烘烤烤房改造为 6500 元 / 座。2014 年，密集式烤房不同装烟方式的示范又扩展为 1590 座。其中，永兴柏林 785 座、宜章赤石 775 座、桂阳仁义 30 座。共配置不锈钢烟夹 556500 个。散叶烘烤示范 55 座。其中，永兴柏林 15 座，宜章赤石 25 座，嘉禾、安仁、两区各 5 座，配置分风板 6600 块。

2016—2020 年，改造燃煤密集烤房为生物质烤房 500 座。至 2020 年，全市共有在用烤房 27836 座。其中，“普改密”式小烤房 12316 座，大型密集式烤房 15520 座。

2020 年郴州市在用密集式烤房（气流上升式）主要型号结构图

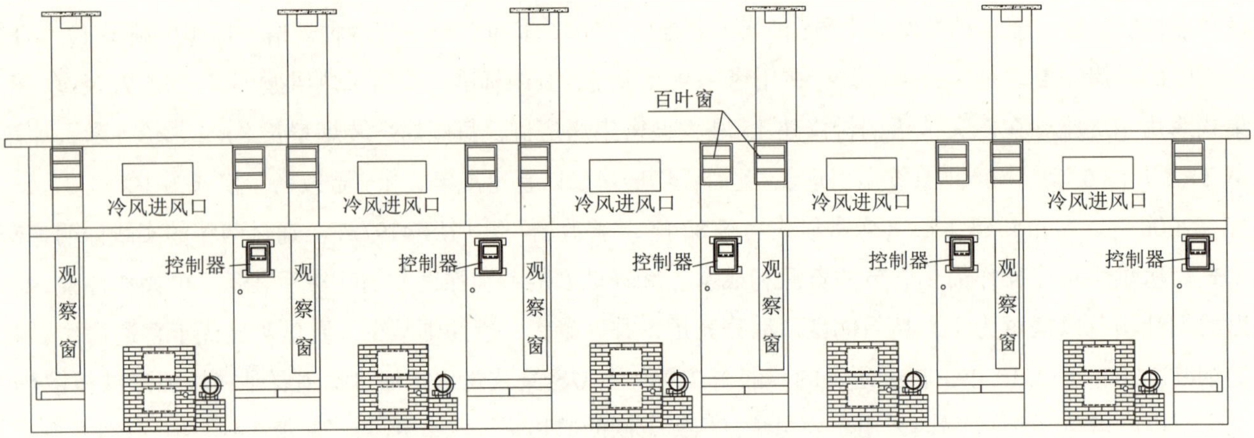

图 2-1 并排五连体密集烤房加热室正面结构示意图（气流上升式）

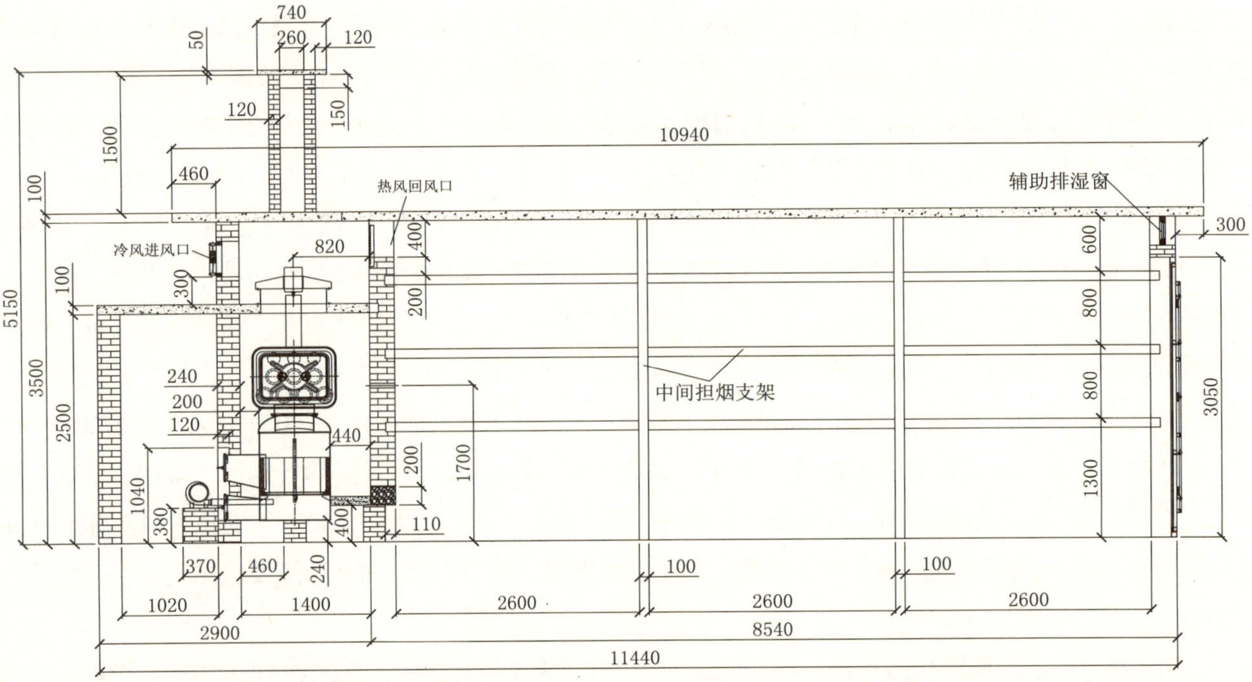

图 2-2 并排连体建设单座密集烤房剖面结构示意图（气流上升式）

（二）初烤工艺

2003 年，郴州市烟叶烘烤推广分时段、分部位（下部、中部、上部）采烤办法，并实行阶段停烤制（某时段只采烤某一部位的烟叶，暂停一段时间，待另一部位的烟叶成熟后再采烤），努力解决青筋问题。同时，大力推广三段式（变黄期为 36 ～ 42℃，需 36 ～ 72 小时；定色期为 42 ～ 54℃，需 36 ～ 60 小时；干筋期为 54 ～ 68℃，需 24 ～ 36 小时。各期均根据烟叶部位和水分含量实行“四看四定、四严四灵活”的方式掌握温湿度变化和用时长短）慢变黄烘烤工艺。2004 年，三段式慢变黄烘烤工艺覆盖面达 96%。2010 年，针对本市烟叶主脉较粗壮、含水量高、青筋烟较多的问题，在定色前期采用“慢升温、慢排湿、慢定色”烘烤技术。

2011 年，鲜烟叶编杆开始推广使用由市公司相关部门研制的拥有自主知识产权的不锈钢烟夹；在全国率先安装烤房全自动烟叶回潮和密集式烤房群尾气脱硫系统；通过技术创新的烤房余热（回潮）共享、型煤固硫助燃、四层叠层装烟、烘烤集中监控等项目获得在郴州召开的参加全国烤烟生产暨现代烟草农业现场会的各级领导及代表的高度评价。是年，烟农专业合作社相继成立，对烤烟生产在育苗、机耕、植保、烘烤、分级方面实行专业化服务。提倡采后烟叶要分类编烟，剔除漏打叶、病残叶和无烘烤价值的烟叶。

鲜烟叶编杆采用不锈钢烟夹

2012 年，不同装烟方式及散叶烘烤示范工作在桂阳县仁义基地单元进行，其后扩展到各产区。2013 年，全省散叶烘烤现场会在临武县举办。2014 年，推行中温中湿密集烘烤工艺，提高装烟密度，适度延长烘烤时间，增强浓香型烟叶的浓郁度和厚实感。

2015 年，随着烟农专业合作社的不断发展，全市专业化烘烤面积达 16.70 万亩，其中全包式专业化烘烤近万亩。为确保烟叶烘烤鼓风机等电力供应，全市成立烘烤电力管护应急小组 1439 个，与烤房设备厂家、维修网点及当地供电部门建立工作联动机制，有效应对烘烤期间紧急停电与设备故障的问题。是年，全市烤坏烟叶数量降低 91.5%。大型密集式烤房全面推广“中温中湿烘烤工艺”，亦称“三段四步式”烘烤工艺（主要针对定色前期的筋变黄）。此为省公司推广的一项烘烤技术。它与三段式烘烤工艺的不同之处是：将变黄后期的 47℃列为一个重要节点。其目的是将烟筋烤软、烤黄，将烟烤香，提高烟叶香气，解决青筋烟问题，此环节需 8 ～ 12 小时。“四步”：干球温度达到 38℃、47℃、54℃、68℃时，烟叶达到相应变化。

2017 年，全市专业化烘烤面积增至 19.03 万亩。2018 年，引导烟农在开烤前清除下部不适用鲜烟、弃采达不到上部橘黄三级等级的上部鲜烟；烘烤时加强鲜烟分类、弃编禁烤不适用烟叶。2019 年，全市专业化烘烤烟叶达 81.88 万担，专业化分级覆盖率为 100%。

2019—2020 年，全市先后推广“三段五步式烘烤工艺”“四段式烘烤工艺”。此两项工艺均由市公司技术中心从多年的实践中总结而来，并申请专利。“三段五步式烘烤工艺”除将变黄后期的 47℃列为一个节点外，又将变黄期的42℃列为一个节点，分为干球温度38℃（叶变黄）、42℃（筋变软）、47℃（筋变黄）、54℃（干叶定色）、68℃（干筋）五步；“四段式烘烤工艺”为黄片（38 ~ 40℃）、黄筋（42 ~ 45℃）、干片（54℃）、干筋（68℃）四个阶段。将变黄阶段的42℃列为一个节点，防止硬变黄，实现软变黄。四段式烘烤工艺重点解决烟叶挂灰问题。当烟叶变黄达9成时，干球温度下、中、上部烟叶分别保持在38℃、39℃、40℃不变，而将湿球温度降至34 ~ 35℃，并主动排湿10小时左右。2019年，专业化烘烤达4.10万吨，专业化分级覆盖率100%。2020年，首次根据不同烟叶品种的烘烤特性，分品种研究制定烘烤工艺。

第二章　产业扶持

第一节　组织领导

2003 年，鉴于郴州烟草工、商业年产销值达 32 亿元、年税收达 6.50 亿元以上，涉及富民强市、财源建设问题，郴州市各级党政机关高度重视，把烟草生产经营工作摆在经济工作的重要位置来抓。在组织领导方面，郴州市“两烟”工作领导小组，由市委副书记李新泉任组长，副市长刘正华任副组长，成员由市烟草专卖局和市直属各相关单位、产烟县主要领导担任。下设“两烟办”（市政府正处级常设机构），邓余德任主任，曹伟任党组书记、副主任，黄存旺任副主任。鉴于《中华人民共和国烟草专卖法》关于烟草工作受行业和地方政府双重领导、以行业领导为主的规定，市“两烟”工作领导小组对全市烟草工商业进行具体领导、协调，每年均组织召开烟叶生产、收购及“两烟”市场管理工作部署会，并视情况以市“两烟”工作领导小组名义下达文件，部署相关工作。

2004 年，国家局、总公司将桂阳县列为全国烟叶生产标准化生产示范区建设项目十个试点县之一。2 月 1 日，郴州市“两烟”工作领导小组下发《关于成立郴州市国家级烟叶标准化生产示范区建设项目领导小组的通知》（郴烟组〔2004〕1 号），为切实加强对该项目建设的指导，成立郴州市国家级烟叶标准化生产示范区项目建设工作领导小组。组长：刘正华（市政府副市长），副组长：吴杏芳（市政府副秘书长），成员：邓余德（市烟草办）、姜孝清（市烟草专卖局）、徐达华（桂阳县政府）、李德金（市农业局）、吴兴国（市质监局）、谷表信（市科技局）、邓述佑（市统计局）、黄存旺（市烟草办）、刘名勤（市烟草专卖局）。领导小组下设 4 个组。标准化办公室组：组长邓余德，副组长黄存旺、刘名勤、胡隆辉。技术指导组：组长刘名勤，副组长邓正平。管理考核组：组长邓少文，副组长刘典模。物资供应组：组长刘名勤，副组长邓正平、邓国钧、王建平。

2005 年，按照国家局、省局关于限期取消县级烟草公司法人资格、“两烟”业务统归市级公司经营核算的文件精神，为加强本市烟草商业企业组织结构调整的领导与协调。11 月 1 日，郴州市人民政府办公室下发《关于成立郴州市烟草商业企业组织结构调整小组的通知》（郴政办函〔2005〕175 号）。组长：陈海平（市政府副市长），副组长：陈荣寿（市政府副秘书长）、姜孝清（市烟草专卖局），成员：刘名勤（市烟草专卖局）、邓少文（市烟草专卖局）、曹健（市烟草专卖局）、黄存旺（市烟草办）、曾建华（资兴市政府）、胡隆辉（桂阳县政府）、廖朝明（宜章县政府）、蒋家强（永兴县政府）、黄志荣（嘉禾县政府）、李亮学（临武县政府）、雷树平（汝城县政府）、龙小华（桂东县政府）、周进平（安仁县政府）。领导小组下设办公室，办公地点设在市烟草专卖局，由曹健兼任办公室主任。

2006 年，为加强全市优质烟开发工作的组织领导，7 月 12 日，市委机构编制委员会办公室下发《关于设立郴州市优质烟生产服务中心的批复》（郴编办〔2006〕92 号），同意设立郴州市优质烟生产服务中心，为市烟草工作办公室直属正科级事业单位，经费实行自收自支，核定编制 3 名，设主任 1 名。主要负责为全市优质烤烟生产提供技术和专项物资服务。

2007 年 4 月 27 日，中共郴州市委办公室下发《关于调整市委对台工作小组等 4 个议事协调机构和临时机构的通知》（郴办字〔2007〕45 号），调整郴州市“两烟”工作领导小组成员。顾问：何文君（市委常委、市委秘书长），组长：陈海平（市政府副市长），副组长：陈荣寿（市政府副秘书长）、邓余德（市烟草办主任）、姜孝清［市烟草专卖局（公司）局长、经理］，成员：匡初珅（市农办）、许秋生（市委政法委）、曹伟（市烟草办）、高及红（市财政局）、毛建祥（市公安局）、何怀贤（市交警支队）、吴兴国（市质监局）、周文斌（郴州卷烟厂）、幸勤（市烟草专卖局）、周国生（市烟草专卖局）、杨志平（市工商局）、赵健（市地税局）、欧阳玉明（市国税局）。领导小组办公室设在市政府烟草办，由邓余德兼任办公室主任。

2012 年 5 月 9 日，中共郴州市委下发《关于增补郴州市"两烟"工作协调小组副组长的通知》（郴办字〔2012〕71 号），市委、市政府决定增补副市长雷晓达为郴州市"两烟"工作协调小组副组长。

2016 年 1 月 20 日，市委、市政府对"两烟"工作领导小组进行调整，由郴州市委副书记、郴州市市长瞿海任组长，蒲学联、雷晓达、陈海平任副组长，领导小组办公室仍设在市烟草办。

2019 年 4 月，市政府烟草工作办公室更名为市烟草产业发展服务中心，人员编制为 11 人，内设办公室、产业发展服务科、市场治理服务科。10 月 19 日，市"两烟"工作领导小组印发《关于调整市"两烟"工作领导小组成员的通知》（郴烟组发〔2019〕7 号），调整市"两烟"工作领导小组，组长：刘志仁（市委副书记、市政府市长），副组长：邹文辉（市委副书记）、陈荣伟（市政府副市长），成员：郭名亮（市委副秘书长）、肖正科（市政府副秘书长）、郭炜东（市市场监督局）、胡国新（市工信局）、李建军（市农业农村局）、宋华（市财政局）、王传清（市气象局）、雷立文（市烟草产业发展服务中心）、黄安国（市委政法委）、吴代明（市公安局）、何江龙（市检察院）、王华玉（市中级人民法院）、麻杰（市委宣传部新闻办）、刘颖（市委网信办）、曾晓旭（市规划局）、陈忠明（市交警支队）、高志强（市烟草专卖局）、张林文（市人保分公司）、叶朝辉（市税务局）、孟令军（郴州卷烟厂）、曹健（湖南烟叶复烤公司）。领导小组下设办公室，由雷立文兼任办公室主任。

第二节　扶持政策与资金物资投入

2003 年，郴州市政府办公室行文部署本年度全市烟叶工作，根据国家局、省政府、省局（公司）年度政策并结合本地实际，明确烟叶生产购销、产业化建设和市场管理的扶持政策。市局（公司）根据国家局、总公司、省局（公司）指导性文件，结合市"两烟"工作领导小组的要求，下达本市烟叶生产扶持明细操作文件。是年，秉承生产投入"三位一体"机制，烟用农资供应推行"套餐制"，对烟农按烟叶生产收购合同约定的亩数，将生产全程所需肥料（含烟草专用基肥、专用追肥、提苗肥、硫酸钾等）、农药、抑芽剂、烟草种子等"打包"一次性供应到位。所供烟草农用物资由市、县烟草公司根据年内使用质量、效果、商誉情况向省公司推荐厂家，由省公司根据推荐情况以公开招标的方式确定供应厂家。省公司每年召开 1 次农用物资洽谈订货会，各公司所需物资在每年 9 月底前报省公司烟叶处，烟草专用肥由省公司定点加工厂生产供应，其他物资由各公司与厂商洽谈。签订合同需经省公司鉴证，然后由市公司组织提货分发到县，县级公司再分发到乡、村、组，均以成本价供应到烟农。运费、仓储费、装卸费均由烟草公司承担。套餐农资按 180 元 / 亩（含产区政府补贴 50 元、烟草公司补贴 100 元、烟农自费 30 元）供应。同时，还按照省局、省物价局《关于转发〈国家烟草专卖局、国家计委关于下达 2003 年烤烟收购价格的通知〉的通知》（湘烟计〔2003〕25 号）精神，明确烟叶生产各项投入、补助标准，并强调生产投入标准的三分之一要在产前到位，用于大棚、漂浮育苗、烤房建设等，三分之二实行产前承诺，产后肥料兑现。是年，全市烟叶生产共投入补助资金 6230 万元。

2004 年 2 月 12 日，郴州市"两烟"工作领导小组下发《关于印发〈2004 年农业开发与优质烟开发配套示范项目工作进度要求及考核奖励意见〉的通知》，对桂阳、嘉禾、永兴三县农业开发与优质烟开发配套示范工作进行部署，要求坚持高标准、高质量、高水平，对其工作进度、考核、资助标准提出相应意见。3月17日，郴州市人民政府办公室下发通知，明确：①继续执行政府引导、公司扶持、烟农为主的生产投入政策，确保每亩产前投入不低于330元。由政府补贴50元，烟草公司补贴100元，烟农自费180元，烟草公司以农用物资的形式配套供应到烟农。另烟草部门还对烟农给予生产补贴：每50千克上等烟75元、中等烟60元、下低等烟40元。生产投入补贴实行产前承诺、产后以同等价值的烟用肥料兑现。②各产烟县（区）除继续执行"确定'两烟'税收基数，基数内比例提成，基数外（新增部分）比例返还，以烟促烟"的扶持政策外，另按实际缴纳的烤烟特产税总额提取2%作为烤烟生产营销专项资金，统一由市政府掌握使用，年终通过市财政结算。③继续实行烟叶质量和市场管理奖励政策。根据《关于2004年烟叶生产购销政策的通知》（湘政办发〔2003〕47号）精神，经省质检组抽查，等级合格率达到80%以上的，市、县（区）政府从每50千克上中等烟叶中提取5元作为奖金，由市烟草公司向产烟县（区）公司统一提取，汇缴至市烟草办，再按照市、县（区）4∶6的比例进行安排，用于奖励为烟叶生产收购和市场管理做出贡献的人员（含烟草部门）。④为推动"郴州金叶"品牌创建工作，由市烟草公司按照每50千克上中等烟叶提取3元作为生产促销和奖励经费。⑤对厂县联办优质烟叶基地有贡献的人员按引进资金的2%给予奖励，奖金由县（区）烟草公司提取。

2005年，执行《关于加强2005年烟叶生产购销和卷烟经营管理工作的通知》（郴政办发〔2004〕60号）精神，烤烟生产每亩产前投入不低于370元，烟草公司与烟农各在原有基础上每亩增加投入20元。生产投入资金在产前集中到位，实行专户管理，由烟草公司以农用物资的形式配套供应到种烟户。烟草公司对新建或改建的烤房实行资金补贴，确保2005年完成40%以上的旧式烤房改造任务。各县（区）政府组织农业综合开发、水利、交通、能源、国土资源、移民（扶贫）及烟草等部门，按照"统筹规划、规模开发、多方筹资、捆绑使用、各记其功、分步实施、质效明显"的原则，做好烟水配套工程的规划设计。加快烟稻连作低产田改造和水利、机耕道等基础设施配套建设。对取得显著成效的单位和有功人员，由市烟草办组织考核评选并表彰奖励。引进和扩大卷烟生产骨干企业到郴州联办基地，对联系联办基地有贡献的人员，可按照引进资金2%以内的比例给予奖励，奖金由市、县烟草公司提取并兑现。继续设立生产收购质量目标管理考核奖。完成计划收购任务、收购等级合格率达到80%以上的，从每50千克上中等烟叶中提取5元作为烟叶生产收购质量奖金，奖励完成目标任务的市、县（区）有功人员。设立烟叶调拨促销奖，以完成合同调拨计划、无新烟库存、工商交接等级合格率达标为责任管理目标，由市烟草公司按照每收购50千克上中等烟提取3元作为烟叶调拨促销奖金。11月15日，郴州市"两烟"工作领导小组下发《关于提高2005年烟叶生产投入补贴标准的通知》（郴烟〔2005〕6号），考虑到农资和烤烟煤炭价格大涨、大部分烟叶产区遭受灾害、烟叶减产减收的实际情况，在市烟草公司按实际收购量每50千克（含下低等烟）补贴140元的基础上，各产烟县、区政府和烟草公司再对烟农按照实际收购量每50千克给予生产补贴40元（政府和烟草公司各20元），于收购结束后补开票，以实物兑现给烟农。是年，全市共投入生产资金12281.04万元，其中烟草公司投入5919.9万元、政府投入1138万元、烟农投入5223.14万元。全市共调运烟用化肥25349吨，地膜11713吨，塑料格盘及漂浮盘260.44万张，农药88.50吨。

2006年，市政府印发《关于加强烟叶产业化建设和市场管理工作的通知》（郴政发〔2006〕10号）。明确：①产前投入实行"产前承诺，产后兑现"：按照每50千克烟叶计算，产烟县（区）政府投入20元，市烟草公司按上中等烟100元、下低等烟70元的标准，在收购后统一结算兑现，产前由烟农按照420

元/亩贷款（市烟草公司按银行贷款利率贴息 9 个月），统一集中到烟草公司生产专户管理，由市公司按照“套餐制”办法供应烟用生产物资。②对烟叶生产基础设施建设的投入，各产烟县（区）政府利用农业开发、水利建设、国土整理等涉农专项资金和烟叶特产税中 15%的资金予以投入，市烟草公司按照每 50 千克 30 元的标准从调拨价中提取配套建设资金，集中用于烟叶生产投入和烟草站、烤房、烟田水利等基础设施建设。③筹措烟叶发展资金。除各产烟县（区）财政已经确定的扶持政策外，另按照实际缴纳的烟叶特产税总额提取 2%用于烟叶发展。年终由市财政与产烟县（区）结算，用于烟叶生产收购质量、“两烟”市场管理和优质烟基地、烟叶生产基础设施建设等工作经费。④筹措资金帮助烟农抵御自然灾害。由市、县两级烟草公司各按照每 50 千克烟叶提取 2 元，用于烟叶生产投保和遭灾补助。⑤对联办基地有贡献的人员，可按照引进资金 2% 以内的比例给予奖励，奖金由市、县烟草公司提取并兑现。⑥实行烟叶生产收购质量和市场管理奖励政策。以完成计划收购任务和收购等级合格率作为责任目标管理考核内容，经省烟草专卖局和省质量技术监督局联合检查，烟叶收购等级合格率达到 80%以上的产区，从收购的每 50 千克上中等烟叶中提取 5 元作为奖金，由市政府掌握，用于奖励为烟叶生产、收购和市场管理做出贡献的单位和人员（含烟草部门）。此项资金由市烟草公司统一提取，再按照市 40%、县（区）60%的比例进行安排。⑦设立烟叶纯度和成熟度奖。由市、县烟草公司从收购的烟叶中每 50 千克提取 2 元作为奖金，奖励“控青提质”工作抓得好的单位和人员。具体由市烟草公司组织检查考核并报请市政府批准后兑现。⑧设立烟叶调拨促销奖。以完成调拨合同计划、无新烟库存和积压、工商交接等级合格率达标为责任管理目标，由市烟草公司按照每收购 50 千克烟叶提取 3 元作为烟叶调拨促销奖金。⑨完善村级烟叶工作经费保障机制。各产烟县（区）从当年实际缴纳的烤烟特产税中提取一定比例的资金，作为村级发展烟叶生产、提高烟叶质量的工作经费。按照实际收购数量每 50 千克由县烟草公司提取 2 元、市公司提取 1 元，共计 3 元，其中 2 元作为村级维护烟叶市场秩序、落实生产面积、完成收购任务的奖金，1 元作为市、县（区）、乡（镇）烟叶市场目标责任管理奖金，奖励比例为市 0.2 元、县（区）0.2 元、乡（镇）0.6 元。在烟叶收购结束后，根据考核情况报请市政府予以兑现。⑩建立工作经费保障机制，完善市场管理目标奖励机制。市烟草办从烟叶发展资金中安排 20 万元，确保市整顿和规范烟草市场秩序工作领导小组办公室工作正常开展。市烟草公司从专卖管理专项资金中安排一定资金作为市本级打假工作专项经费，用于奖励为打假工作做出贡献的单位和人员。是年，全市共投入生产资金 12355 万元。全年共调运烟用化肥 28799.61 吨，地膜 946 吨，育苗盘（含漂浮盘）120 万张，农药 62.26 吨。

2007 年，市政府印发《关于加强 2007 年烤烟生产收购和市场管理的通知》（郴政办发〔2007〕10 号）。明确：①全市烟叶生产农用物资全面推行“套餐制”供应。“套餐制”供应的基本农资（包括种子、专用肥、地膜、农药等），由烟草部门按照进价并补贴运输管理等费用组织供应，产前先由烟农向产区烟草公司每亩交 350 元的生产投入款，待烟叶收购后再由烟草部门按照《关于 2007 年烟叶生产收购有关问题的通知》（湘政发〔2006〕56 号）文件兑现生产投入补贴，按照二价区每 50 千克补贴 60 元的标准执行。实行稻草覆盖、秸杆还田的，经验收合格后，由烟草公司向烟农每亩补贴 40 元。产烟县（区）政府继续执行每亩投入 50 元的生产投入扶持政策。②全面推行烟叶生产保险。对已签订烤烟生产收购合同的烟农，由市烟草公司统一向保险公司投保。烟叶生产阶段遇到自然灾害，由保险公司及时组织人员勘灾理赔。③加大烟叶生产基础设施建设力度。按照“政府领导、烟草主导、部门支持、烟农参与”的要求，产烟县（区）政府和市烟草公司认真规划组织烟叶生产基础设施建设工作，其中烟水配套和集约化烤房建设每亩投资控制在 1000 元以内，由烟草部门承担 90%，其余部分由产区政府和烟农负责筹集或投工投劳解决。烟水配套项目由当地政府负责工程设计、组织实施和建后的运行管护。烟草部门按照行业上级计划，做好资金筹备和预算，专款专用。建立烟基建设工作考核机制，对任务完成好、工程质量优、工程进度快的单位及有功人员，市烟叶生产基础设施建设领导小组将根据考核情况给予目标管理奖励。④进一步完善烟叶生产收购和市场管理奖励机制。烟叶奖金按照省政府《关于加强烟叶产业化建设的通知》（湘政发〔2005〕31号）文件执行。经省烟草专卖局、省质量技术监督局联合检查，烟叶收购等级合格率达到80%以上的产区，从每50千克上中等烟叶中提取5元作为奖金，由市政府掌握，用于奖励为烟叶生产、收购和市场管理做出贡献的单位和人员（含烟草部门）。此项资金由市烟草公司统一提取，再按照市40%、县（区）60%的比例进行安排。⑤保障市场管理工作经费。坚持联合打假，产烟县（区）按照培植财源的原则，从当年实际缴纳的烟叶税中提取一定比例的资金，用作基层村级发展烟叶生产、提高烟叶质量和管理的工作经费。市烟草公司按照每收购50千克烟叶提取3元作为市场管理经费，其中用于村级2元，乡（镇）0.6元，市、县（区）各0.2元。⑥烟叶发展资金，除产烟县（区）政府已经确定的扶持政策外，另从实际缴纳的烟叶税总额中提取2%作为烟叶生产基础发展资金，年终由市地税局、财政局与产烟县（区）结算，作为烟叶生产收购质量、“两烟”市场管理和优质烟基地、烟叶基础设施建设及技术推广等经费。是年，全市烤烟生产大力推行稻草覆盖栽培，补贴资金达713.20万元。农用物资由金叶商贸公司负责组织，全年共供应烟用化肥26040吨，地膜133吨，育苗盘（含漂浮盘）206万张，农药43.70吨。

12月7日，省公司下达《湖南省烟叶生产补贴管理办法（试行）》，规定：烟叶生产补贴分为烟叶生产专用物资补贴和专业化服务补贴两个部分。其中，烟叶生产专用物资补贴是指对烟农购买使用的种子、肥料、农药、烤煤等的补贴，专业化服务补贴是指在育苗、翻耕、施肥、植保、烘烤、分级等环节为烟农提供专业化服务的补贴。补贴标准和方式为：市级公司按照省公司确定的补贴标准，结合当地实际，提出具体的补贴方案，明确具体的补贴范围、标准、兑现环节和方法，报省公司核准后实施。烟用物资补贴的操作方法为：由烟农委托填写《烟用物资委托代购书》，委托烟草公司代购，代购所发生的运费和损耗等由烟草公司承担，直接费用列入烟叶经营经费，损耗经有关部门审核后核销。烟用物资补贴原则上采取现金明补的方式，在农资供应和烟叶收购环节兑现。专业化育苗由当地政府或烟农提供育苗土地，烟草部门提供育苗基地建设的相关设备及安装费用，育苗专业户委托烟草部门代购育苗物资，按进价供给；凡接受当地政府和烟草部门支持的育苗专业户，其供苗价格经当地政府和烟草站核定后按照成本价供应给烟农。对烟叶生产防灾进行补贴，如烟水配套建设、气象服务、防雹增雨、灾害保险、灾后救助等。

2008年，市政府下发《年度烟叶生产购销及市场管理政策》（郴政办发〔2008〕3号）。明确：①农资配送“套餐”供应在产前先由烟草公司按照320元/亩（烟草公司补贴100元、产区政府补贴50元、烟农自费170元）向烟农收取，其中，烟草公司和政府补助金额待烟叶收购后再兑现。烟农缴纳有困难的，由烟草公司统贷贴息先行代付。②烟基建设由政府各相关部门和烟草部门共同组成专门机构，实行统一规划设计，统一组织实施，统一监督管理，烟草部门负责项目工程验收和兑现补贴资金。烟水、烟路配套和集约化烤房的建设资金以烟草补贴为主，不足部分由当地政府和烟农负责筹集或投工投劳解决；当地政府从每年的烟叶税中提取0.5%～1%作为管护费用，并制定管护办法，确保工程项目发挥长久效益。继续实行土壤改良技术（稻草覆盖、秸秆还田、绿肥压青），经当地烟草公司验收合格后，按照40元/亩的标准补贴到农户。继续实施烟基建设工作年度目标管理考核奖励制度。③建立烟叶生产风险防范机制。从是年起，由市里安排烟叶生产保险资金，每年由烟草部门提取240万元，市财政配套安排60万元，一并存入市财政专户，并制定相应的管理制度和赔付办法。烟叶生产阶段遇到自然灾害时，由当地政府和烟草公司核实后，对已签订烟叶生产合同的烟农根据受损程度予以理赔。④为发展现代烟草农业，对种烟15亩以上的大户、土地流转、专业服务组织以及示范基地给予资金扶持，并将烟叶生产机械纳入农机补贴范围，提高烟叶生产机械化水平。⑤完善烟叶生产收购和“两烟”市场专卖管理奖励机制。各产烟县（区）财政除继续执行“确定‘两烟’税收基数,基数内比例提成,基数外（增量部分）比例返还，以烟促烟”的扶持政策外，另从实际缴纳的烟叶税总额中提取2%作为烟叶发展资金，年终由市地税局、财政局与产烟县（区）结算，用于发展烟叶生产、提高烟叶质量、“两烟”市场管理、优质烟基地和烟叶基础设施建设、技术推广等。⑥继续执行与上年相同的“两烟”市场专卖管理经费保障机制和烟叶质量及市场管理奖励政策。是年,全市共投入烟叶生产资金8235万元。其中,烟草公司产前“套餐制”一项，投入3806万元,“套餐制”每亩成本价为380.32元,实际收取烟农320元,其余部分以及物资运输、仓储、保管所产生的费用等均由烟草公司承担。烟草公司对每交售50千克烟叶给予100元补助和55元的专业化服务补贴，在烟叶收购时均以资金补贴的形式与收购款一并支付。

是年，全市按照《财政部、国家税务总局关于农民专业合作社有关税收政策的通知》(财税〔2008〕81号）和《湖南省实施〈中华人民共和国农民专业合作社法〉办法》的规定，烟草部门对合作社的专业化服务补贴及业务外包费用享受税收优惠，并按照13%的扣除率计算抵扣增值税进项税额。对合作社的农机具机库机棚建设用地，在符合土地利用整体规划的前提下，按照农业用地管理，不再办理农用地转用审批手续。

2009年，市政府办下发《关于切实做好2009年烟叶生产收购和烟草专卖市场管理工作的通知》(郴政办发〔2009〕13号)，部署全市烟叶生产及相关政策。农资“套餐制”供应继续实行政府50元/亩、烟草公司100元/亩、烟农340元/亩“三位一体”投入机制，按照490元/亩（实际成本为541.13元/亩）在产前向烟农收取，待烟叶收购后连同烟叶生产补贴由烟草公司一并兑现。其余如上年。

2010年，市政府办下发《关于切实做好2010年烟叶生产收购和烟草专卖市场管理工作的通知》(郴政办发〔2010〕12号),部署年度烟叶工作。烟用农资由原来的“套餐制”试行代购分送制（成本价供应，运费、杂费由烟草公司承担)，由烟草公司按照360元／亩（政府补贴50元、烟草公司补贴100元、烟农自费210元)在产前向烟农收取,待烟叶收购后由烟草公司按照政策标准兑现生产投入补贴 。对超合同、超计划或无合同、无计划生产的烟叶不予补贴。其余如上年。

2011年，市政府办下发《关于认真做好2011年烟叶工作的通知》(郴政办发〔2011〕37号)，部署年度烟叶工作。产前农资“套餐制”成本价为443.37元/亩，供应价按照360元／亩（政府补贴50元、烟草公司补贴100元)，其余费用由烟草公司承担。在烟农自愿的基础上，由烟草公司在产前向烟农收取，在收购结束后兑现补贴。缴纳有困难的，由烟农在签订合同时先按照100元／亩的标准缴纳部分费用，其余款项采取“物贷挂钩、烟草贴息”的方式，委托银行信贷机构统一将资金划转到烟草公司生产专户，烟草公司按实际发生额贴息8个月；有条件的县（区)、乡镇可探索由烟草公司提供服务和指导，以烟农专业合作社为主体对烟用物资进行采购，烟草公司给予每亩20元补贴。实行稻草覆盖补贴，对合同内烟叶种植实行稻草覆盖的，每亩补贴20元，实行产前承诺 、生产期间验收、收购结束后由产区烟草公司一次性兑现给烟农。实行烟叶收购预约交售运输补贴。对合同内交售烟叶，产烟乡镇政府按照烟草公司要求组织好预约交售的,经县区烟草办和烟草公司检查合格后,按照每50千克2元的标准给予运输费用补贴。全面推行烟叶产购电子合同管理和烟叶生产收购资金在线支付。大力推进烟农专业合作社建设，逐步实现烟叶规模化种植、集约化经营、专业化分工和标准化生产；各产烟县（区）结合实际情况研究出台相应的扶持政策措施，支持烟农专业合作组织的发展。烟基建设管理、烟叶质量奖、市场管理目标考核等基本如前。

2012年，继2011年国家局、总公司在郴州召开全国现代烟草农业现场会之后，郴州再增烟叶生产计划指标，市委、市政府制定烟草“三百工程”（收购一百万担烟叶、打造一百里烟海、创造一百亿产业）的战略部署，首次将烟叶工作纳入县市（区）经济社会发展综合绩效目标考核范围。明确各产烟县从烟叶特产税中提取10%～20%建立烟叶发展基金，安排专项资金用于土地流转和两场（育苗、烘烤工场）建设补贴，政府与烟草部门共同出资对烟叶生产投保，提高乡、村烟税返回比例，整合涉农项目和资金安排到重点产烟区等一系列烟叶扶持政策，全市烟叶生产面积较上年增加5.37万亩。5月7日，市政府办下发《关于认真做好2012年烟叶工作的通知》（郴政发〔2012〕23号），部署年度烟叶工作，规定：烟叶生产奖金、管理费、技术改进费等，仍按照省人民政府湘政发〔2005〕31号文件的有关规定执行。同月，市公司下发烤烟生产扶持政策：①烟叶生产投入补贴标准维持上年额度不变。②烟草农用物资套餐代购配送成本价为555.43元/亩，按照420元/亩向烟农收取，其余由烟草公司补贴。③“提高上部烟叶可用性示范”的补贴继续实行100元/亩。④优化烟叶结构补贴；田间鲜烟处理的补贴为75元/亩。⑤稻草覆盖栽培补贴为20元/亩。⑥防灾减灾救助：按照10元/亩的标准为烟叶生产投保。由市公司和市政府共同出资（市公司8元，市政府2元），市气象局负责实施，进行人工防雹，消除雹灾。⑦专业化服务补贴项目和标准按照省公司相关政策执行。⑧对散叶收购进行补贴：在收购价格上上调3%～5%，具体按照国家局确定的标准执行。

2013年4月17日，市政府办下发《关于认真做好2013年烟叶工作的通知》（郴政办发〔2013〕11号），对全市烟叶工作部署如下：按照“依法、自愿、有偿”的原则积极推进农村土地流转，加大烟叶生产集中连片种植力度，做大优质烟区，扶持培育潜力烟区，巩固主产烟区。加大对20～50亩种烟专业户的扶持力度。全面推进基地单元特色优质烟叶开发建设。构建工商企业协作机制，整合资源，联合攻关，共同开发，高标准建立起生产全过程质量控制管理体系。凡属工业企业不需要的杂劣品种移栽到大田的，烟草公司依法不与之签订种植收购合同，不给予生产补贴，所产烟叶不予收购。按照“品牌导向、订单农业、以需定购、以购定产”的工作方针，优化烟叶等级结构，全面落实不适用烟叶田间处理措施，对处理到位、验收合格、下低等烟叶比例控制在规定范围内的烟农，按照国家烟草专卖局规定的标准予以补贴，确保全市收购的下低等烟叶控制在2%以内。烟基建设在做好常规项目、抓好进度质量的同时，重点推进烟区水源性工程建设、土地整理和全程机械化试点工作。凡未按照规定完成年度建设任务的，调减下年度烟叶生产基础设施建设项目资金。积极推进烟农专业合作社组织建设，烟叶生产风险保障执行上年规定不变。烟用农资代购服务，在坚持烟农自愿的基础上，由烟草公司按照390元/亩（实际成本为471.39元/亩）在产前向烟农收取。烟草部门因已承担20%的成本，不再实行贷款贴息。优化烟叶结构实行分环节补贴：上年底前完成深翻耕的每亩补贴50元；烟农自行点蔸申报，经烟草站核实丘块、种植株数准确的，每亩补贴10元；不适用烟叶田间处理到位，验收合格的每亩补贴30元；下低等烟叶比例交售按照省规定控制在2%（含）以内的，平均每亩补贴80元，收购结束后兑现。继续兑现烟叶质量和市场管理奖励政策。同年，市烟草公司在执行市政府文件规定的同时，另行文明确部分烟叶生产投入补贴。①专业化服务补贴：烟用物资精准配送到户的予以30元/吨补贴。②专业化育苗补贴：对专业化育苗的管理、物资管理、水电费和烟苗精准配送等费用按照30元/亩的标准包干补贴。由烟草站进行考核，各县分公司根据考核结果兑现。③技术推广项目补贴：上部叶5～7叶充分成熟一次性采烤的补贴50元/亩。

特色烟叶开发、订单生产示范区每亩免费送15千克饼肥。实行地膜覆盖的，每亩免费送3千克地膜。④防灾减灾投入：按照10元/亩的标准（烟草部门8元，产烟县人民政府2元）进行投保。市烟草公司和产区县政府出资，由市气象局实施人工防雹。

2014年，市政府印发《关于认真做好2014年烟叶工作的通知》（郴政办发〔2014〕13号），部署全市烟叶生产工作，主要内容为：①切实把合同管理作为调控全市烟叶规模的关键措施，对无合同、超合同种植的烟叶一律不予收购。②加大“三个优化”（优化生产布局、生产主体、产品结构）力度，提高烟叶整体质量水平。加强土地流转服务，建立健全生产收购服务网络，提高集中连片种植规模程度。重点发展20～50亩的适度规模生产主体，控制100亩以上大户的种植比例。③加强烟叶生产软硬件建设，提高现代烟草农业水平。围绕“基地单元+烟农合作社+土地整理+全程机械化”的“全程减工降本”新模式，在继续做好烟基建设常规项目的同时，突出抓好烟叶全程机械化、基本烟田土地整理、烟草水源工程援建工作。按照“种植在户、服务在社、一基一社”的要求，引导烟农专业合作社加快自我整合，大力推进提质建设，拓展专业化服务功能。完善烟叶生产风险保障机制，从2014年起，省政府将烟叶种植灾害保险纳入全省农业生产政策性保险范围，推行烟叶生产灾害保险业务市场化运作方式。各产烟县（区）按照“政府引导，财政支持、烟草补贴、市场运作、统筹管理”的原则，切实发挥财政资金和烟草补贴的导向作用，积极引导烟农自愿参保。根据《关于2014年全省烟叶种植保险试点有关事项的通知》（湘财金〔2014〕16号）和《关于印发郴州市2014年烟叶种植保险工作实施方案的通知》（郴烟组发〔2014〕7号），烟叶种植保险费为40元/亩，其中烟草部门承担60%（24元/亩），省级财政承担20%（8元/亩），县级财政承担15%（6元/亩），被保险人承担5%（2元/亩）。本年烟叶生产投入的比例、范围和标准按照市烟草公司的相关规定执行，对非合同生产的烟叶一律不予补贴；专业化分级散叶收购仍按照上年补贴标准执行。优化烟叶结构，补贴标准按照170元/亩执行，全部在收购环节兑现。“K326”特色品种种植补贴将原定的价格上浮改为生产补贴，具体标准按照国家局下发的文件执行。烟用农资代购服务遵循自愿原则，由烟草公司按照390元/亩在产前向烟农收取，代购超出成本部分由烟草公司承担。烟农缴纳有困难的，由烟草公司负责帮助烟农与当地银信部门联系贷款事宜，但不再实行贴息和担保。烟叶质量奖励政策同上年。

是年，市局（公司）还出台烟叶工作实施方案，补充实施部分烟叶生产扶持措施。烟田早翻深翻补贴为50元/亩，经烟草站验收合格，县分公司复核后，在11月底前通过转账的方式予以兑现。不适用烟叶处理补贴为120元/亩，按照市局（公司）优化烟叶结构方案进行补贴。专业化物资配送试点补贴为30元/吨，经烟草站核定，县分公司审核，按照实际配送到户数量对承担烟用物资精准配送的专业合作社予以补贴。市气象局实施人工防雹，由市公司和产区县政府共同出资。饼肥增香补贴：对“K326”集中种植区的烟农每亩免费配送饼肥20千克；对特色烟开发基地单元、订单烟叶生产区的烟农每亩免费配送饼肥10千克。专业化育苗服务补贴：育苗工场联体大棚为30元/亩，单体大棚为40元/亩。对承担专业化育苗的合作社实行包干补贴，具体补贴办法按照《专业化育苗服务补贴协议》执行。专业化育苗物资补贴：①育苗类基本物资，包括育苗盘、基质、营养液、苗床防病农药、池膜及小棚膜等物资由烟草公司按照标准配置，计划内物资实行全额补贴，超范围超计划的物资不予补贴。育苗类物资要及时与专业化育苗服务组织做好交接、回收、保管工作。②水、旱两段式育苗假植塑料格盘补贴。对四叶一芯前漂浮育苗，四叶一芯后假植到格盘的草签合同烟农，以草签合同面积数量为上限，在烟草站领取假植塑料格盘（21张/亩）时，向烟农收取5元/亩的假植塑料格盘费，超出成本部分由烟草公司进行补贴。烟农技术辅导服务补贴：烟草站每名烟叶生产技术员负责1200亩的烟叶生产片区管理，并承担500亩左右的烟叶生产烟农技术辅导任务，如烟草站生产技术人员不够，减去烟草站生产技术员负责的面积后，将其余面积范围内的烟叶生产烟农技术辅导服务业务进行外包，外包业务费用平均为25元/亩。

根据《中国烟草总公司关于印发烟叶生产灾害救助工作办法（试行）的通知》（中烟办〔2014〕243号），按照市场运作、烟农自愿和协同推进的原则，烟叶生产基础设施管护经费由各产烟县（区）人民政府按照当年烟叶税的3%提取，实行专户管理、专款专用。

2015年，市烟草公司出台年度烟叶生产实施方案，明确各项生产补贴。①生产补贴：大田生产物资补贴。根据《2015年代购配送物资指导方案》进行代购，按照390元/亩在农资分送前，一次性缴足，不得赊销。专业化育苗物资补贴，执行上年规定不变。②专业化育苗服务补贴：实行商品化育苗供苗改革，按照每亩最高1400株的标准供苗，由专业化育苗组织向烟叶种植主体收取育苗费20元/亩，超出供苗计划的烟苗，经县分公司同意后，按照实际成本价收取育苗费。经烟草站评价验收达到专业化育苗服务协议指标要求的，由烟草公司根据合同供苗面积按照育苗工场联体大棚10元/亩、单体大棚20元/亩，对专业化育苗组织进行补贴。③专业化分级、散叶收购补贴：按照每50千克50元兑现。④优化烟叶结构补贴：优化上部不适用烟叶的补贴计入收购价中，不再执行验收补贴；优化下部不适用烟叶补贴按照省局（公司）制定的具体政策执行。⑤烟叶种植保险补贴：继续实行烟叶种植政策性保险，具体保险范围、保费、保额按照省财政厅、省保监会和省烟草局下发的文件执行。⑥技改项目经费政策：水、旱两段式育苗技术推广项目物资补贴。对四叶一芯前漂浮育苗，四叶一芯后假植到塑料格盘的合同烟农，以草签合同面积和21张/亩的数量为上限，在烟草站购买假植塑料格盘时，每购买21张假植塑料格盘向烟农收取塑料格盘费10元，剩余的成本部分由烟草公司从技改费中补贴。对实行两段式育苗的合同烟农，按照草签合同面积每亩全额补贴配送假植苗肥1千克。饼肥增香补贴。全面推广饼肥增香项目，对合同种植面积每亩全额补贴配送饼肥10千克。市气象局实施人工防雹、消雹气象服务，由市公司和产区县政府共同承担费用。精益生产等技术推广项目经费从技改费中列支。研发项目，从企业研发费中列支。⑦烟叶生产烟农技术辅导服务补贴：按照上年的规定执行。对下部烟叶优化结构到位，B4F（上部橘黄四级烟叶）、X3F（下部橘黄三级烟叶）交售量在4%以内且未交售下低等烟叶的，按照其B3F（上部橘黄三级烟叶）以上等级烟叶交售量，每50千克给予17元补贴。优化上部不适用烟叶的补贴计入收购价中，不再执行验收补贴；优化下部不适用烟叶补贴按照省局（公司）制定的具体政策执行。

2016年，市公司行文，明确对烤烟生产的各项补贴：①生产投入补贴：生产物资补贴，大田生产物资和专业化育苗物资补贴均同上年。烟叶烘烤绑烟麻绳补贴4.50元/千克。专业化育苗服务补贴，继续实行商品化育苗供苗改革，原则上按照每亩1200～1300株的标准供苗，由专业化育苗组织向烟叶种植主体收取育苗费20元/亩（指导价），超过1300株/亩的，按照实际成本价收取育苗费。未经县分公司同意，专业化育苗组织不得私自卖苗。经烟草站评价验收后，达到专业化育苗补贴协议指标要求的，由烟草公司根据合同供苗面积按照育苗工场联体大棚10元/亩、单体大棚20元/亩，对专业化育苗组织进行补贴。剩余预备苗，按照要求进行管理和销毁处理，由烟草站清点，经烟叶生产经营分部和县内管办核定后，以1200株/亩折算成育苗面积，按照30元/亩的标准补贴专业化育苗组织。烟叶种植保险补贴同上年。饼肥增香补贴，对合同种植面积每亩全额补贴配送饼肥10千克。对近三年开展土地整理区域的烟田，在补贴配送饼肥的基础上，每亩再增送15千克饼肥。烟叶烘烤保障补贴。对运行烘烤保障未出现人为烘烤事故的实施主体，10～29栋烤房群按照400元/群、30栋及以上烤房群按照600元/群的标准给予补贴。专业化分级补贴，经烟叶收购初检评价合格的烟叶，对专业化分级实施主体给予每 50 千克 50 元的补贴。②技改项目经费政策：水、旱两段式育苗技术推广项目物资补贴，对四叶一芯前漂浮育苗，四叶一芯后假植到塑料格盘的合同烟农，按照合同面积每亩全额补贴 9 张假植塑料格盘和 0.5 千克烟草专用基肥（做假植苗肥）。市气象局实施的人工防雹、消雹气象服务费用，由市公司和产区县政府共同承担。烟蚜茧蜂防治蚜虫技术推广补贴，在全市所有烤烟种植区域和 10 万亩大农业示范区进行推广，由各产区烟农专业合作社承担相应的烟蚜茧蜂三级扩繁、放蜂及相应的运输业务，经县、站评价烟蚜茧蜂扩繁与放蜂业务合格后，给予合作社三级扩繁 0.75 元 / 亩 / 次、放蜂 1.5 元 / 亩 / 次的补贴。技术推广项目经费，现代烟草农业建设示范、专业化服务拓展示范、精益生产等技术推广项目的经费见技术推广计划文件。③烟叶生产烟农技术辅导服务补贴，同上年。是年，全市共投入生产补贴资金 18083.70 万元。

2017 年，市公司行文，对全市烤烟生产的补贴主要有：①生产物资补贴：大田生产物资补贴同上年。专业化育苗物资补贴，育苗类基本物资，包括育苗盘、基质、营养液、苗床防病农药、池膜和小棚膜等由烟草公司按照计划面积的 115%进行全额补贴配置，超范围超计划的不予补贴。烟叶烘烤绑烟麻绳补贴，同上年。水、旱两段式育苗物资补贴，对四叶一芯前漂浮育苗，四叶一芯后假植到塑料格盘的合同烟农，合同面积内按照实际实施面积每亩全额补贴 10 张假植塑料格盘。②专业化育苗服务补贴：继续实行商品化育苗供苗改革，原则上按照每亩 1200 株的标准供苗，由专业化育苗组织向烟叶种植主体收取 30 元 / 亩的育苗费（指导价），若烟农购苗数量超过 1200 株 / 亩，经烟草站报县分公司同意，超出部分烟苗专业化育苗组织（合作社）按照实际成本价（80 元 / 亩）收取育苗费。未经县分公司同意，专业化育苗组织不得私自卖苗。在计划供苗面积 115%的范围内的普通单体大棚育苗，根据实际供苗面积，按照 10 元 / 亩的标准对专业化育苗组织进行补贴。若育苗工场和普通单体大棚的总计育苗面积超过计划供苗面积 115%的，则首先核减普通单体大棚的育苗面积，核减部分不予补贴。计划供苗面积 115%以内的剩余预备苗，于 4 月上旬末由烟草站清点，经县烟叶生产经营分部和县局内管办核定后，以 1200 株 / 亩折算成育苗面积，按照 30 元 / 亩对专业化育苗组织进行补贴。验收后的剩余预备苗，要在烟草站的严格监督下，按照内管部门要求进行销毁处理，并报县局内管办和烟叶生产经营分部备案。③烟叶种植保险补贴同上年。④烟叶烘烤保障补贴同上年。⑤专业化分级补贴同上年。⑥无人机专业化植保试点补贴：对运行无人机专业化植保试点的烟农或合作社给予 10 元 / 亩 / 次的补贴（防治 3 ～ 4 次）。⑦诱蛾（杀虫）灯、性诱剂、食诱剂绿色防控补贴：对实施该类绿色防控设施安装及管护的主体按照 4 元 / 亩的标准给予补贴。⑧火土灰商品化生产试点补贴：对开展火土灰商品化生产试点的合作社按照每 50 千克 2 元的标准给予补贴。⑨品种示范补贴按照 200 元 / 亩补贴示范户。⑩分、收一体化示范补贴：整理成包及装运费按照每 50 千克 15 元的标准补贴试点合作社，不再给予每 50 千克 2 元的交烟运输补贴以及试点收购线的初检和成包费用。⑪水肥一体化试点和专业化烘烤试点运行补贴按照国家局、省局补贴政策执行。⑫市气象局实施的人工防雹、消雹气象服务费用，由市公司和产区县政府共同承担。

2018 年，全市烟叶生产补贴的项目如下：①生产物资补贴：大田生产物资补贴同上年。专业化育苗物资补贴，全面推行育苗供苗市场化运行，所有物资由烟农专业合作社采购，取消常规育苗的育苗物资补贴，常规育苗的育苗物资费用计入育苗成本。烟叶烘烤绑烟麻绳补贴同上年。水、旱两段式育苗物资补贴，对开展两段式育苗假植（四叶一芯前漂浮育苗，四叶一芯后假植到塑料格盘）的合同烟农，在合同面积内，按实际实施面积给予补贴假植塑料格盘，桂阳、嘉禾、两区按照 8 张 / 亩的标准补贴，永兴、安仁、宜章、临武按照 10 张 / 亩的标准补贴。②专业化服务补贴：专业化育苗服务补贴，一是常规育苗服务补贴（含 7%

常规备用苗），在合同面积计划供苗内的，按照实际供苗面积，以育苗工场联体大棚10元/亩、临时单体大棚和租赁大棚20元/亩的标准，对专业化育苗组织（合作社）进行补贴。二是常规育苗剩余烟苗补贴。考虑到之前育苗是按照40万亩安排，现实际生产面积为38万亩，多余的2万亩烟苗如合作社自行调剂出去，则按照相关标准自行收费；未调剂出去的，由烟草站清点，经县烟叶生产经营分部和内管办核定后，按照1200株/亩折算成育苗面积，给予专业化育苗组织（合作社）60元/亩的补贴，最大数量不得超过该育苗点分配承担的育苗数量减去其按照种植面积计划核定供苗数量。三是防灾应急预备苗补贴。承担3%的防灾应急预备育苗的合作社，由烟草公司根据育苗计划，按照实际成苗面积，给予承担该任务的专业化育苗组织（合作社）60元/亩（含育苗物资）的补贴，防灾应急预备苗的使用及处置权归烟草公司所有，该部分剩余苗至少保留至4月20日，方可按照烟草公司的要求进行销毁处理，以实际处置数量为准，超过3%的按照3%计算。四是育苗特殊情况补贴。因部分产区育苗点分布不均，需进行站点间烟苗调剂，调剂距离超过30千米的，报市公司烟叶生产经营部和财务科审定后，运输费用按照平均5元/亩的标准给予补贴（运输路程远近及其运输费用标准由各县具体核定）。水肥一体化点和专业化烘烤试点补贴同上年。无人机专业化植保试点补贴，对运行无人机专业化植保试点的烟农或合作社给予7元/亩/次的补贴（防治3～4次）。诱蛾（杀虫）灯、性诱剂、食诱剂绿色防控及专业化分级补贴均同上年。③防灾减灾补贴：烟叶种植保险、烟叶烘烤保障补贴和市气象局实施的人工防雹、消雹气象服务费用支付均同上年。④其他示范项目补贴：火土灰商品化生产试点补贴同上年。品种示范补贴同上年。深翻示范补贴，对高标准示范区，12月31日前完成深翻并起垄且验收合格的，按照40元/亩的标准进行补贴。

2019年，全市烤烟生产补贴的项目有：①专用物资补贴：取消大田生产物资差价补贴。根据《2019年代购配送物资指导方案》进行代购，烟用套餐农资增加亩均供应量，按照合同种烟面积440元/亩代购成本价格向烟农收取生产农资代购费，不再实行差价补贴。农资代购费实行银行在线代扣缴纳，烟农在农资分送前一次性缴足，不得赊销。如确有困难的烟农，烟草公司可帮助其联系贷款事宜，仅负责联系，不负责担保，不予贴息。种子和预检带（绳）由烟草公司全额补贴。农膜补贴。对自愿使用公司统一代购的农膜进行覆盖栽培的，按照合同面积和实际施用量给予实物补贴。②专业化服务补贴：病虫害统防统治及绿色防控补贴。对施用80%烯酰吗啉水分散粒剂等新型农药的合同烟农，按照防治用量补贴农药物资。土壤改良及保育。对自愿使用公司统一代购的套餐外饼肥进行土壤保育的种植主体，按照合同面积和实际施用量给予实物补贴，土壤保育饼肥实物补贴量加套餐饼肥量不高于15千克/亩（高端卷烟原料定制化开发区不高于30千克/亩）。品种栽培调制补贴。对新品种示范户按照200元/亩进行补贴。专业化育苗补贴。一是常规育苗服务补贴。常规育苗（含5%常规备用苗）补贴同上年。二是常规育苗剩余烟苗补贴，由上年的60元/亩减为50元/亩。三是防灾应急预备苗补贴，由上年的60元/亩减为50元/亩。四是育苗特殊情况补贴，执行上年规定不变。五是水、旱两段式育苗技术推广补贴同上年。专业化机耕补贴。对高标准示范区，在12月31日前完成深翻并起垄且验收合格的，按照40元/亩的标准进行补贴。专业化烘烤补贴。经评价合格的，“1+N”专业化烘烤模式，补贴标准为烤后干烟每50千克5元；“编、烤、分”一体化模式，补贴标准为烤后干烟每50千克15元。市公司按照“编、烤、分”模式开展数量每50千克提取2元，作为专业化烘烤风险基金。对运行烘烤保障未出现人为烘烤事故的实施主体，10～29栋烤房群按照400元/群、30栋及以上烤房群按照600元/群的标准给予补贴。为杜绝烟农使用纤维绳绑烟造成非烟物质混入烟叶，引导烟农使用麻绳绑烟，对到烟草站购买细麻绳绑烟的烟农，每千克给予4.5元的优惠补贴，但每户烟农亩均补贴量不得超过2千克。专业化分级补贴。经烟叶收购初检评价合格的烟叶，对专业化分级实施主体给予每 50 千克 50 元补贴。③自然灾害防治补贴：种植保险同上年。人影天气作业和专业化服务由市公司承担相关费用。

2020 年，全市烟叶生产按照市“两烟”工作领导小组（郴烟组发〔2019〕12 号）预安排文件精神组织实施。市烟草公司行文，明确对全市烤烟生产的投入与各项补贴标准。①专用物资补贴：烟用生产物资代购。按照 430 元 / 亩的成本价格向烟农收取，有关规定同上年。烟用种子和预检带（绳）由公司全额补贴。②专业化服务补贴：专业化育苗补贴，按照《“福城金叶”2020 年烟叶育苗方案》执行。专业化翻耕补贴，达到上年提出的要求、验收合格的，按照 50 元 / 亩的标准进行补贴。无人机专业化植保补贴，对实行无人机专业化植保的烟农给予 7 元 / 亩 / 次的补贴。专业化烘烤补贴，一是专业化烘烤补贴。补贴标准由上年的每 50 千克 5 元提高到每 50 千克 7.5 元；编烤分、采编烤分一体化模式补贴同上年（每 50 千克 15 元、30 元）。二是专业化保障补贴同上年，10 ～ 29 栋、30 栋以上的烤房群，按照 400 元 / 群、600 元 / 群进行补贴。三是烘烤绑烟绳补贴同上年。专业化分级补贴同上年（每 50 千克 50 元）。③推广项目补贴：新品种示范补贴。对在安仁种植“湘烟 5 号”品种，嘉禾、宜章种植“湘烟 6 号”品种，嘉禾、永兴、安仁、宜章、两区种植“HN2146”品种的新品种示范户按照 200 元 / 亩给予补贴。科技生产示范区补贴。开展高端卷烟原料定制化开发、标准化生产、精益管理、科研项目、降本提质增效示范、绿色防控、无人机植保、增施叶面肥等免费物资和专业化服务的，具体补贴政策与实施方案另行下文。技术培训、宣传费补贴。高标准示范区按照 10 元 / 亩，示范区以外的区域按照 2 元 / 亩的标准进行补贴。烘烤设备维修服务试点补贴。全市在桂阳、永兴、宜章进行试点，由试点产区烟农专业合作社组织实施。未因烘烤设备故障造成烘烤损失的，补贴实施主体 30 元 / 栋。④自然灾害防治补贴。种植保险，按照省财政厅、省保监会和省烟草局下发的文件执行。人影天气作业专业化服务由市公司承担相关费用。

第三节　技术扶持

2003 年，郴州市建立以烟草公司为主，产、学、研相结合，涉农企业和广大烟农广泛参与、分工协作、服务到位、充满活力的烟草技术推广、扶持服务体系。全市烟草商业系统建立市、县、站（点）三级技术指导组织网络，配备高、中、初级专业（技能）技术人员，从事技术指导和培训。其中，在各站（点）配备多名生产技术员（培植员）。市公司根据年度内品种推广、备耕、育苗、栽培、采摘、烘烤、分级等环节和某些新项目推广的细节技术要求，制定年度《烟叶生产技术方案》，下发至全市各烟区执行。此举每年进行。是年，全市各产烟县（区）为适应国际型优质烟叶开发的需要，推行项目区责任制，以每 2000 亩左右划定为一个项目区，通过竞选产生项目长，每 150 ～ 200 亩配备 1 名民间培植员。烟草站（点）技术员实行技术指导责任制，按照种烟村组划片包干，并实行“三带三同”，带工资（工资、奖金及下乡补贴与生产实绩挂钩，以千分制考核计酬）、带行李、带技术承包合同，与烟农同吃、同住、同搞技术推广；通过召开烟农会讲解技术规范、发放技术资料、播放技术操作录像、对生产各环节进行现场指导等方式，推动市、县（区）生产技术方案落实到位。辅助用工培植员则利用其就近、人熟等优势，其工作重点是配合烟草站（点）技术员，在人员召集、通知下达、日常巡查及相关技术指导等方面发挥作用。同时，各烟草站均配有培训室（桂阳等县称为“金叶夜校”），定期分批召集辅助用工培植员和烟农开展培训，更新技术知识。是年，全市为强化科技兴烟意识，以大棚育苗、平衡施肥、三段式烘烤等新技术作为普及重点。

2004 年，全市烤烟生产将“良种种植、大棚漂浮育苗、地膜覆盖、平衡施肥”四项技术作为推行重点。

在优质烟叶开发区，全面推广三段式烘烤技术，全市共设定项目区125个，聘用民间培植员1527名。围绕烟叶生产关键环节，市公司培训各县（区）烟办主任、烟草公司经理、烟草站站长；县（区）培训中等专业技术骨干和专业技术人员；乡（镇）、村两级培训农民技术员和烟农。同时采取以会代训，组织科技村、科技户、明星户巡回报告和举办电视讲座等形式，广泛宣传科学种烟技术。

烟农培训基地（桂阳仁义培训楼）

2006年3月，省烟草学会印发《关于建立农村烟草科普示范站的实施意见》（湘烟学〔2006〕4号）。8月，下达《科普站创建实施方案》。要求从是年起，用五年时间，在全省所有标准化烟草站设立科普站，其中郴州市建成11个，达到“11212授牌要求”，一个切合本地实际的生产技术方案；配备“一长两员”，大专以上文化或农艺师站长，2名专职或兼职具有初级职称的农学毕业生当老师；建立“一窗两室”，宣传橱窗、专门的培训室（兼远程教育室）和图书阅览室。物品配置的基本要求是：配备5台计算机（年收购量0.20万吨以上的烟草站另增15台），烟草病虫害标本40个以上，科普光盘1套，必要的烟草科普书籍、科普读本和科普挂图及电视机、影碟机、投影仪各1台。达到以上标准的授予“科普站”牌号。科普站主要功能是利用烟叶生产各环节的常用科学知识点，以挂图、标本、书籍、宣传册、宣传栏、宣传橱窗及光碟等为教材，对农技员和烟农进行培训，将新技术转化为生产力。至2013年，在全市各标准化烟草站陆续建成科普站13个，包括桂阳县城郊（正和）、仁义、樟市、洋市、流峰、敖泉、方元、浩塘、樟木站，嘉禾县普满站，永兴县柏林站，安仁县安平站，宜章县黄沙站，均成为“烟农培训基地”。

2007年12月19日，省公司下发《关于加强职业烟农队伍建设的实施意见》（湘烟叶〔2007〕396号），要求在三年内，各烟叶产区要建设一支素质高、技术好、稳定性强的“以此为生，精于此道”的职业烟农队伍。对烟农培训力度进一步加大。

2008年3月5日，市公司印发《郴州市烟草公司职业烟农队伍建设工作方案》（郴烟叶〔2008〕48号），规定职业烟农评定标准：年龄为25～55岁，初中以上文化，种烟3年以上，种烟技能较强，种烟面积20～50亩，使用密集式烤房；农事操作和分级扎把规范，按照约定时间、地点、数量交售烟叶；亩产150千克、上中等烟90%、烟叶收入占家庭总收入的60%以上；遵守烟草专卖法律法规和烟叶收购纪律，诚实守信，代表当地烟农的良好社会形象。评定程序：烟农自荐与烟叶技术员推荐，经烟草站初审后，县分公司依据评定标准逐户考核筛选，汇总名单、相关资料上报市公司；市公司审定合格后，反馈到烟草站张榜公示，接受社会监督，对有异议的名单逐户进行复核；市公司向职业烟农颁发由省公司统一印制的职业烟农证书，并与职业烟农签订合作协议。全市建立职业烟农队伍1000户。是年，全市通过“金叶夜校”“农家课堂”、开办讲座等形式培训烟农近6万人次，投入60万元作为技术人员培训授课补贴。

2009年，全市针对客土改良、精细移栽、物理防治、下部叶早采、成熟采收、智能烤房的使用、新版烘烤工艺等先进适用技术的推广，开办烟农培训班538期，累计培训烟农9万余人次。2010年，全市大力开展标准化生产培训，以现场培训为主，理论培训为辅，覆盖全过程和烟农，并加强对农机、植保、烘烤分级的技术指导。2011年，市公司烟科所在仁义、普满、樟市、和平、桥市等站组织生产、栽培、烘烤技术培训，涵盖烟草站人员和烟农骨干300多人。

2012年，市公司烟叶生产技术中心在桂阳县桥市站举办有机烟叶生产技术培训班3期。年内，市烟草学会共向烟农发送手机科普信息10万余条，创办科普宣传窗（栏）1000余期，发放挂图画廊3万余份、各类宣传资料20余万份，开展讲座百余次，开办金叶大讲坛4期，金叶夜校授课40余场次，组织开展种烟大户、家庭农场、专业合作社等新型烟叶生产经营主体经验交流会和技术培训20余次。同时，采取集中培训、现场示范、上户指导等多种方式，向烟农宣传优化烟叶结构、散烟收购等烟叶生产技术和烟草行业政策。

2014年，推广二次深翻耕、水旱两段式育苗、浓香特色品种、生物农药、物理防治器械等先进适用技术。省局（公司）在《湘烟要情》刊物中两次通报郴州市“双控”措施和成效，在省局（公司）优化烟叶结构和烟叶精益生产两项重点工作考核中居第一位。

2015年，集成推广烟叶精益生产“9+1”技术，冬前深翻耕、增施饼肥、培育壮苗、合理密植、精准施肥、绿色植保、科学打顶、上部叶一次性采烤、中温中湿密度烘烤加GAP管理（良好农业规范管理），其中二次翻耕、不适用烟叶处理、适时打顶、成熟采收等技术措施已内化为多数烟农的自觉行动。

2016年，加强精益管理，提高“9+1”生产技术体系到位率。通过加强技术培训、抓好精益生产“示范区、示范片、示范点、示范户”四级推广平台，发挥烟叶技术员对烟农生产的技术培训和指导服务作用。引导烟农专业合作社拓宽专业化服务范围，提高服务覆盖率，并在育苗、机耕、移栽、施肥、植保、分级6个环节全面推进工序化作业，将技术体系落到实处。

2017年8月，市公司印发《职业烟农培训工作方案》，坚持“政府领导、行业引导、烟农自愿、公平公正、严格标准、动态管理”的原则，选拔3889户将烟叶生产作为事业进行经营，将种烟收入当作家庭经济主要来源的职业烟农，建立有文化、懂技术、会经营、善管理、守诚信的现代职业烟农队伍。

2018年，修订完善职业烟农的准入评定办法，开展职业烟农准入、星级评定和动态考评工作。加强职业烟农技术推广、用工管理、成本核算培训。对职业烟农开展差异化扶持、激励：对新增职业烟农进行等级差异化扶持，为复评职业烟农补贴两年新农合医疗保险费用，为所有职业烟农差异化补贴10亩土地流转费用，并颁发职业烟农证书。为各产区前10名职业烟农颁发荣誉证书，职业烟农的获得感和自豪感进一步提升。是年，全市职业烟农新发展1984户，复评2503户，合计4487户，占全市烟农的24%。其中五星、四星、三星级职业烟农的比例分别为15%、35%、35%，等级结构较为合理。实践证明职业烟农的生产水平明显高于非职业烟农，其引领示范作用得到较好发挥。

2019—2020年，全市按照《“福城金叶”品牌建设总体方案》，完善“福城金叶”标准体系。在备耕和栽培期推广“三深两高”（深耕、深沟、深栽，高起垄、高培土）技术，注重根系培育，促进烟叶早生快发；生产中后期则推广“提高烟叶成熟度（增强耐熟—养熟—采熟—烤熟系统思维）、专业化烘烤水平、专业化分级水平”三项特色重点技术措施落地；突出开展合作社专业化烘烤队伍和专业化鲜烟叶分级技术队伍培训；加强固定分级场地建设，加大“采、编、烤、分、收”一体化的推进力度。

第四节 灾害救助

2003—2005年，郴州市各产烟区普遍实行“烟叶种植成本”保险，对遭灾烟农由保险公司予以勘查理赔。在抢救性恢复烟叶生产时，烟草公司予以免费供应救灾肥料和农药。此举一直在延续。

2006 年 7 月 15 日和 26 日，郴州市连续遭受两次特大暴雨灾害，造成直接经济损失近 6000 万元。8 月 7 日，市财政局、烟草专卖局、烟草工作办公室下发《关于安排下达烟区受灾补贴资金的通知》（郴财社〔2006〕193 号），共下达烟区受灾补贴资金 308 万元。其中，嘉禾、安仁县各 65 万元，宜章县 60 万元，永兴县 50 万元，桂阳县 40 万元，临武县、苏仙区各 10 万元，北湖区 8 万元。同时，市公司向广东业务往来较多的烟厂发出捐款倡议书，广东卷烟总厂捐款 100 万元，上海烟草集团捐款 50 万元，江苏淮阴烟厂捐款 20 万元，南京烟厂捐款 20 万元，贵州苹果树烟草集团捐款 10 万元，总计 200 万元，全部转交给郴州市慈善总会分配到县。2007 年，全市投入 231 万元，用于烟叶种植成本保险。

2008 年 1 月，郴州遭受特大冰灾 20 多天，全市系统捐款 670 万元用于灾后烟苗、大棚恢复；春夏季投入 70 万元用于防雹减灾，筹集资金 300 万元建立烟叶生产风险基金。5 月下旬至 6 月初，全市大部分产烟区不同程度地遭受洪灾、风灾、冰雹、病虫害等灾害，共计受灾面积 10844.73 亩。11 月 11 日，经省公司批准，市公司行文对全市 6 县 2 区 3414 户受灾烟农予以专项资金补贴共 1871137 元。

2010 年 6 月 19 日晚至 20 日早、24 日，郴州市境内接连发生强降雨，致全市 11 个县、55 个乡镇、13812 户烟农和卷烟零售户受灾，烟叶受灾面积达 50972.87 亩。市公司除积极组织生产自救外，还通过郴州市慈善总会向受灾烟农捐款 200 万元。保险公司及时组织勘灾，对受损烟农予以理赔。

2014 年，全市烟叶生产按照每亩 10 元的标准（烟草部门 8 元，产烟县区人民政府 2 元）进行 100% 投保。市气象局实施人工防雹消雹费用由市公司和产区县政府共同承担。5 月 21 日发生狂风雹灾，导致桂阳县部分烟田绝收或大幅减产；6 月中下旬到 7 月又连续阴雨，造成中下部叶身份偏薄及“K326”烟叶难以烘烤；加之偶尔打雷停电影响烘烤，全市产量下降，滞销等级烟叶增加。是年，全市烟叶灾后保险理赔 1898.64 万元，市公司捐助 970.14 万元。

2015 年，全市烟叶种植保险全覆盖，全年共出现对烟叶生产威胁较大的冰雹天气 8 次，局部区域 0.3 万亩烟叶遭受雹灾。保险理赔 1730 万余元。2016 年 4 月 17 日，郴州发生特大雹灾、水灾，全市烟田重灾 3.80 万亩，其中桂阳县重灾 3.35 万亩。烤烟种植理赔金额共达 3550 万余元。

2018 年，面对 3 月强对流天气偏多，烤烟生产中、后期又高温少雨的情况，全市积极采取人工防雹增雨、水库放水、抽水、运水等措施帮助烟农抗灾救灾。全市人工防雹增雨炮点增至 29 个，累计作业 74 次，用弹 3681 发；政府发动地方对 99 座水库、塘坝进行放水，烟农自发组织抽水机 3299 台、洒水车 50 辆进行抽水、运水抗旱。针对雨后野火病等病害严重的情况，紧急采购发放 160 万元的药物用于防治。全市继续对停电、设备故障等烘烤事故进行应急保障，烟农专业合作社组建应急小组 2014 个、烤房设备维护中心 26 个，及时解决烘烤中出现的问题，为烟农挽回烘烤经济损失 3510 万元。

2019 年，全市烟区共设置 29 个防雹炮点，全面覆盖主要冰雹带。仅无防雹炮点的临武受灾 500 亩。是年，全市遭遇“6・10”“7・8”两次特大洪灾，涉及市内 9 个产烟县、70 个乡镇、581 个行政村、9833 户烟农、7.72 万亩烟田。烟草部门及时组织生产自救，先后向受灾烟农免费发放 11.90 吨肥料和 5 万亩烟田用量的农

郴州市烟叶产区防雹消雹作业现场之一

药。同时，积极协助保险公司勘灾定损，对受损的9679户烟农，保险理赔2962.48万元；对理赔不足的部分，市公司拨付专项救助款599.05万元，并争取各地中烟公司、烟草集团捐款471万元，共同对烟农予以救助。

2020年，气候严重反常。3—4月，“倒春寒”频发。5月，冰雹突发。6—7月，境内大旱，烟叶后期生长遭灾致减产。全市协调气象部门布置防雹增雨炮点29个，防雹增雨作业85次，发射炮弹5157发。全面落实烟叶种植保险，并将烤烟电力供应纳入保险范围。市公司捐款190.42万元，救助桂阳欧阳海、永兴柏林等重灾区，同时积极争取外援，共向江苏、浙江、上海、广西、广东、山东、安徽7家中烟工业公司发出募捐联系函，共收到捐款290万元，其中安徽50万元、上海60万元、江苏80万元、浙江100万元，均由相关部门分发给受灾烟农。

第五节　产能综合利用

2003年，烟田利用沿袭以往做法，烟叶采摘完毕后，续种晚稻，解决烟粮争地问题，既发展农村经济，又保障粮食生产。此法一直在延续。2007年，实行“稻草还田”补贴政策后，烟稻连作的稻草多用于大田覆盖。

2011年，在桂阳县仁义等站试行育苗大棚，尤其是育苗工场在育苗结束后，接茬种植花卉、西瓜、蔬菜等，取得良好的经济效益。

2011年，桂阳县仁义站育苗大棚产能综合利用现场

2017年，按照“集约经营、稳产提质、减工降本”的思路，在挖掘主业增收潜力的基础上，以烟农专业合作社为平台，充分发挥土地、农机、场地、设施、设备等资源优势，将经营向粮、果、蔬、菌、药等辅业拓展，提高土地、设施、农机综合利用率，广开多元化增收渠道。一是开展有机稻种植。市公司投入11.60万元，聘请湖南省农科院规划设计、技术支撑、全程指导，由永兴永旺、桂阳鸿运、樟市雄志、太和联丰4家合作社联合开展烟稻轮作——高品质有机稻种植试点，面积571亩，选用“玉针香”“农香18”“浓香24”等特优品种，按照有机农业模式进行选址、栽培、加工、检测，利用育苗大棚育秧，烤房烘干。由3家合作社联合注册商标，统一加工、包装和销售，在“636”连锁门店和淘宝等电商平台统一销售。其中，“玉针香”售价达20～30元/千克，“农香18”达10元/千克。二是综合利用设备设施。全市利用育苗大棚46个、密集式烤房280座、农机1185台（套），开展产能利用，实现总收入364.45万元，获利133.30万元。如桂阳县春陵江青云、洋市金坤、浩塘新华、敖泉祥龙、太和联丰，安仁县沿丰，永兴县永新，宜章县金叶等8家合作社，利用育苗大棚实施西瓜、葱、铁皮石斛（设施入股）、泥鳅养殖、晚稻育秧等项目；桂阳盛隆合作社则利用烤房烘烤稻谷等农作物。三是拓展烟叶产业链延伸项目。引导合作社和烟农更多参与五大环节外的服务项目，将专业化服务向费工、费时的项目拓展，向一家一户做不好、做不了的环节延伸，达到烟农减工降本和合作社增收盈利的目的。如桂阳县金坤、青云合作社利用大型炉灶生产火土灰3270.50吨，生产效率是农户单家独户操作的10倍多，实现销售收入62.80万元；团结诚信合作社投资采购一套生物质燃料加工设备，以生物质作为燃料，烟叶

烘烤成本仅为市场价的60%；鸿运合作社自主生产育苗基质1581立方米，满足本单元4.20万亩育苗需要，实现销售收入70.32万元，并计划拓展至营养液和有机肥生产；青云合作社开展烤烟型煤加工，计划生产1000吨，实现销售收入100万元，创利6万元，年内已正式投产。四是发展烟草生态旅游。对接西河“百里画廊”等旅游大项目，打造“桂阳正和—北湖华塘—苏仙栖凤渡”百里烟海生态优质烟叶观光带，发展泛烟草旅游产业，鼓励和引导合作社和烟农完善住宿、餐饮、娱乐等一体化设施，发展以“农家乐”为载体的旅游产业，积极开发农业体验、民俗生活、科普展示、土特产品销售等精品旅游项目。

2018年，全市系统围绕打造湘南烤烟主业依托型烟农增收示范区，提出“1324”工作思路（确立“提升‘福城金叶’一大产业，开展产业链延伸、综合利用、多元产业经营三大项目，做好扶贫攻坚和美丽烟村样板村建设两大工程，搭建烟后稻、‘互联网＋现代农业’、地方农特产品、泛烟草生态旅游四个综合服务平台”），全市综合利用育苗大棚13个、净面积17300平方米，密集式烤房130座，基本烟田9600亩，烟用农机50台（套），实现产值1604万元，净收入286.30万元。年内种植的主要项目有：名贵中药材、绿色有机蔬菜、乌龙姜等，同时开展鸭、鱼、黄牛等养殖业服务；引入“光伏发电＋空气源热泵＋密集烘烤”三位一体技术，在联体密集式烤房房顶架设太阳能光伏发电设施，通过手机App实现运行可视化管理，与国家电网成功并网并实行双向供应、市场运作，每天发电量达180千瓦时；依托烤烟主业生产育苗基质6414.10立方米，收入566万元，盈利96万元；产出火土灰7000吨，收入80万元，盈利20万元；加工烤烟煤球120.68万个，盈利18.10万元等。是年，全市辅业收入5.20亿元，户均收入2.55万元。上年489户未脱贫的建档立卡贫困烟农，年内全部脱贫。全市促农增收工作得到国家局、省局及地方政府的充分肯定，并在全国促农增收现场会上作书面交流，还在省局烟叶收购暨促农增收工作会上作典型发言。

2019年，全市坚持“政府主导、烟农主体、市场导向、生态高效”的原则，大力推进产能综合利用和烟农增收工作。育苗基质生产、烤烟型煤加工、生物质颗粒燃料生产等一批产业链不断延伸，在全市逐步推广。育苗基质实现产值563.87万元，获利95.72万元。利用育苗、烘烤工场的场地优势，继续开展中药材、火龙果、乌龙姜、蔬菜、瓜果等作物种植和其他农产品的烤制。农机服务开拓至晚稻田翻耕。新开展晚稻育秧探索。以承担中国烟叶公司“核心烟区产业综合体示范点建设模式探索”技术推广项目为契机，联合上海烟草集团，依托桂阳鸿运烟农专业合作社，在白云村开展建设烟区美丽新农村试点。同时，在桂阳县新华和永兴县永旺合作社开展多元化产业探索，将桂阳县的浩塘村和永兴县的樟树村作为省级产业综合体系示范点等。

第三章　特色产品开发

第一节　质量特色定位

2003 年 10 月，桂阳县烟叶收购量占郴州市的 70%，被国家局科技司和中国烟叶购销公司定为全国优质主料烟叶开发基地。同月，市公司启动 ISO 9001: 2000 版质量管理体系创建。2004 年 4 月 23 日，郴州市烟草公司烟叶 ISO 9001 质量保证体系标准发布实施，2005 年 10 月 21 日获得认证，成为全国烟草商业系统第一家通过质量管理体系认证的市级公司。

2007 年 6 月，主产区桂阳县顺利通过国家级烟叶标准化生产示范县验收，被国家标准化管理委员会授予“国家级烟叶标准化生产优秀示范区”称号。

2008 年，继特色优质烟叶开发连年被总公司评为一、二档，特色烟叶开发技术经验渐趋成熟之后，郴州开始提出以浓香型为产区特色发展思路。2009 年，郴州烟叶产区被总公司列为全国四大浓香型典型产区之一。2010 年 6 月 26 日，召开全市浓香型优质烟开发启动会。2011 年 12 月，“桂阳牌烟叶”被湖南省质量技术监督局认定为“湖南名牌”产品。

2013 年 6 月 17—19 日，总公司重大专项浓香型特色优质烟叶开发华南片区 2013 年学术交流会在郴州召开。2014 年 6 月 27 日，全国知名烟草专家、16 家烟草工业企业代表齐聚郴州，为郴州浓香型烟叶品牌发展献计献策。

2015 年 2 月，市局（公司）创办季刊杂志《浓香》。同年，面向社会读者创办“浓香书屋”，配合郴州烟叶浓香特色进行宣传。6 月 11 日，国家局、总公司浓香型特色品种的挖掘筛选与研究利用项目田间鉴评会在郴州召开，全国浓香型烤烟产区育种与栽培专家参会。是年，市公司开展浓香型烟叶品牌打造工作，以“郴州”为牌申办地理注册商标，因与郴州卷烟厂“郴州”牌香烟商标相冲突，继而改为以“福城金叶”普通商标申办。

2016年6月21日，由市政府主办的郴州“福城金叶”浓香品牌建设座谈会召开，全国知名烟草专家和 16 家卷烟工业企业代表参会，共商郴州浓香型品牌烟叶发展大计。省局（公司）副总经理李民灯参会。会议期间，市公司出版《郴州特色优质烟叶生产与开发》一书，并附浓香品牌宣传光碟一套，加大对郴州特色烟叶的介绍力度。11 月 14 日，“福城金叶”烟叶商标成功注册、发布，郴州烟叶步入由名品向名牌发展的新阶段。

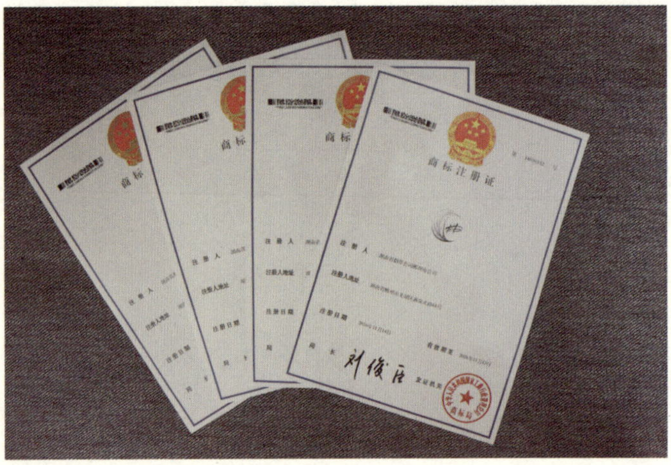

“福城金叶”品牌注册原件

2017 年 6 月 29 日，中国烟草总公司发布《全国烤烟烟叶香型风格区划》（单行本），将全国烤烟产区划分为八大香型烟区，郴州被列为“南岭丘陵生态区——焦甜醇甜香型烟区”，典型产地为桂阳。

2018 年 2 月 28 日，湖南省“高端原料定制化开发”新品种示范推广座谈会在郴州召开。3 月 28 日，市公司印发《推进“福城金叶”品牌建设总体方案》和41项“福城金叶”烟叶品牌建设指标，并召开专项调度会，成立由相关部门主要负责人组成的工作小组，按照项目管理要求全力推进。“福城金叶”服务管理平台完成“一库二台三服务四着力”的蓝图设计，进入研发阶段。年内，市公司举办“郴州烟叶发展战略及路径”研讨会，建立“福城金叶”品牌展厅。

附1：南岭丘陵生态区——焦甜醇甜香型烤烟烟叶区域定位、风格特征和化学特征（样品取自各产区主栽品种C3F）（中国烟草总公司2017年6月29日发布）

南岭丘陵生态区——焦甜醇甜香型烤烟烟叶区域定位、风格特征和化学特征

表2-5

区域定位	区域分布	郴州、永州、韶关、宣城、赣州、芜湖、长沙、衡阳、邵阳、池州、抚州、益阳、娄底、贺州、株洲、黄山、宜春、吉安、清远
	典型产地	桂阳（郴州）
风格特征	主要特征	焦甜香突出，醇甜香较明显，甜香香韵较丰富
	主体香韵	干草香、焦甜香、焦香、烘焙香
	辅助香韵	醇甜香、木香、坚果香、酸香、辛香等
	杂气	微有枯焦气、木质气和青杂气
	浓度	中等至稍大
	劲头	中等
化学特征	糖类物质	略低，总糖（24%～32%），还原糖（21%～28%），Amadori略低
	含氮物质	略低，总氮（1.4%～1.7%），总植物碱（1.6%～2.7%），氨基酸略低
	氯	略低（0.1%～0.4%）
	钾	较高（2.0%～2.7%）
	多酚物质	莨菪葶含量较高，芸香苷含量略低
	香气物质	含量较高，如巨豆三烯酮及其前体物、麦芽酚、乙酰基吡咯和泛酰内酯等，茄酮含量略低

附2：郴州烟叶品质特色简介

郴州烟叶具有“熟、松、浓、足”的地域特征，同时具有填充性、吸湿性、加工性能好的物理特征，还具有中糖、适碱、高钾、腺毛分泌物和美拉德反应物含量高的化学成分特征，其香气浓郁丰满、焦甜明显、透发顺畅、烟气饱满醇厚、余味纯净舒适、劲头适中、杂气少，彰显“浓甜透厚”神韵，烟叶配伍性和耐加工性均好，工业可用性高。

外观质量特征：具有发育好、成熟度好、结构疏松、色度浓、油分足、弹性好的“熟、松、浓、足”地域特征。叶色为金黄至深黄色，均匀、饱满、叶面油润感和颗粒感较强，具备优质烟叶外观共性质量特征和优点。

物理性状特征：烟叶填充性高于全国平均值，叶质重略低于全国平均值，平衡含水率、拉力略高于全国平均值，厚度与全国平均值相当。郴州烟叶填充性、吸湿性、加工性能好。

主要化学成分特征：上部叶总糖和还原糖含量低于全国平均值，中部和下部叶高于全国平均值；总氮和烟碱含量低于全国平均值；钾含量高于全国平均值；氮含量与全国平均值相当；淀粉含量低于全国平均值；上部叶烟碱、糖碱比与全国平均值差异不大，中部和下部叶高于全国平均值；氮碱比和钾氮比与全国平均值持平。据郑州烟草研究院和23家卷烟企业对郴州烟区2004年以来样品的检测结果，郴州烟叶具有“中糖适碱高钾，协调性较好”的常规化学成分特征。

香气特征：香气质较好，香气量尚足至较充足，尚透发；微有枯焦气和木质气，部分样品微有生青气，无青杂气、土腥气、松脂气、花粉气、药草气和金属气。

烟气特性：烟气细腻程度为尚细腻，柔和程度为尚柔和，圆润感为尚圆润。

口感特性：刺激性稍有，干燥感弱至稍有，余味尚净尚舒适至较净较舒适。

感官质量指数特征：全市感官质量指数在85分以上的县有：嘉禾、宜章、永兴、桂阳；感官质量指数在80～85分的县有安仁。与整个浓香型产区感官平均值比较，高于平均值的县有嘉禾、宜章、永兴、桂阳。

风格特色：浓香型较显著。香韵以干草香、焦甜香与焦香为主，干草香与焦甜香较明显。焦香、正甜香、木香稍明显，微显坚果香与辛香。香气状态为较沉溢，烟气浓度稍大，劲头稍大。

品牌地位：郴州烟叶浓甜透厚，“浓香型”风格显著，是全国典型浓香型烟叶生产核心区。根据客户需要，经过多年的努力，共建立起10多个品牌导向型基地。基地生产的烟叶均进入各大骨干卷烟品牌的主配方，有力支撑着这些品牌，特别是低焦高端卷烟品牌。

配伍特性：在以清香为主的卷烟配方中，配伍性好，既可增加香气的丰富性，又能更好地衬托清香；在以浓香为主的卷烟配方中起主料作用，主要赋予卷烟浓馥香气，提供较足的香气量，使香气沉溢浑圆，烟气柔中带刚，口感细腻流畅，余味焦甜感显著，润甜生津，甘爽舒适；在复合香型卷烟配方中主要起到产品香型基础骨架的作用，使烟气厚实、浓郁，构筑香型丰富、层次感强的香气特征。

在主要骨干品牌配方中的地位和作用：

上海烟草集团——“中华”品牌配伍评价：郴州烟叶在“中华”卷烟配方中主要是平衡香型风格，烘托、提调浓香型风格显露、起到调节劲头和浓度的作用，提供浓郁的烟气，使口感更加饱满，同时也起到丰富香气的作用。

云南中烟——“玉溪”和“红塔山”品牌配伍评价：郴州烟叶具有典型的浓香型风格特征，在以清香型烟叶为主体原料的红塔集团品牌产品中，对于提高香气的丰富性和丰满度，增强甜韵，提高香气透发性，增强生津回甜感，协调内在化学成分等方面具有明显的效果，具有较好的配方配伍性。

广东中烟——“双喜”品牌配伍评价：郴州烟叶的质量风格特征完全符合“双喜”品牌产品馥郁透发的复合香型卷烟风格。在“双喜”品牌产品配方中，郴州浓香型烟叶的配伍性及可用性非常好，在各类烟配方中均作为不可替代的主料烟叶使用。郴州浓香型烟叶的高浓度、高香气，能够为“双喜”卷烟建立厚实的烟气底蕴，同时又具有香气细腻、杂气少、余味舒适的特点，因而能够对“双喜”高端及二、三类卷烟进行全方位支撑。

安徽中烟——“黄山”品牌配伍评价：郴州烟叶作为安徽中烟核心特色原料，为“黄山”品牌焦甜香风格的形成起到关键支撑作用。其优雅的香气质感，丰富持续的香气，以及浓郁、透发的烟气，为“黄山”高档产品提供足够的香气支持和烟味支持。

浙江中烟——“利群”品牌配伍评价：郴州烟叶既能增加烟香的层次感和饱满度，又能更好地衬托清香，增强烟气的绵长感和持久力，调和浓柔兼具的吃味。其浓郁的香气在卷烟增香保润和降焦减害工作中发挥重要作用，是“利群”品牌高档卷烟不可或缺的关键优质原料。

江苏中烟——“南京”品牌配伍评价：郴州浓香型烟叶在“南京”主导规格配方中作为主料烟使用，起到丰富香气、提高浓郁感、改善吃味的作用。作为“南京”品牌卷烟配方的重要原料，在品牌持续发展中作用重要。

贵州中烟——“贵烟”品牌配伍评价：郴州浓香型烟叶香气浓馥、沉溢、丰富饱满，香气量足，烟气透发性好，吃味较舒适，烟气浓度较高，适配性较好。成为“贵烟”品牌特别是“贵烟国酒香”系列产品不可替代的重要特色优质浓香型核心原料。

河南中烟——“黄金叶”品牌配伍评价：郴州烟叶香气丰富、厚实、支撑力较强、流香较好，烟气浓度偏高，口腔回甜感较好。配伍性得到河南中烟技术中心一致认可，将其作为“黄金叶”百年浓香规格里的主要配方主料烟叶，使“黄金叶”百年浓香产品更彰显浓郁醇香的风格。

吉林工业——“长白山”品牌配伍评价：郴州烟叶总糖、还原糖、钾、氯和蛋白质含量均在适宜范围，糖碱比、氮碱比和钾氯比基本适中，化学成分相对协调，致香成分丰富，特别是与烟叶香气密切相关的棕色化反应产物、新植二烯、类胡萝卜素类、类西柏烷类物质等中性致香物质含量明显高于其他产区烟叶，赋予郴州烟叶香气醇厚浓腹、富有质感、余味舒适、吃味干净等特点。这些特点与低焦低害“长白山”卷烟香气特性极相匹配，在配方中起到丰富烟香、协调烟气的点缀和修饰作用。在“长白山”低焦油卷烟配方中，有效弥补因掺配物的使用所带来的烟气上的缺陷，对香气的完好性、完整性具有极好的辅助作用。

第二节 特色优质烟叶开发

2003年4月2日，省公司印发《2003年国际型优质烤烟工作方案、技术方案和评优方案》，并设立领导小组，下设技术开发组、评审组、工业验证组，分别负责技术指导、产品评审、工业验证。市公司亦设领导小组，下设技术开发组，跟进配合。由常德卷烟厂在桂阳县和嘉禾县各开发0.20万亩。厂方生产投入及奖励标准为：按照烟叶评定结果，分为一、二、三档兑现；以每50千克为单位计算，上等烟生产投入补贴分别为180元、150元、120元，中等烟为120元、90元、60元；奖励分档为25元、15元、10元。评审结果桂阳、嘉禾均为一档。是年，全市实施优质烟叶开发15万亩。

2005年6月13日，省公司印发《2005年湖南部分替代进口烟叶生产示范与工业验证项目工作方案》，郴州被列入项目示范点的有桂阳县和嘉禾县，指导面积分别为0.50万亩和0.40万亩。落实面积分别为0.788万亩、0.5365万亩，合同收购量分别为1.30万担和1.0万担；挂钩烟厂为合肥、常德厂；技术依托单位为河南农大（桂阳）、湖南农大（嘉禾）。项目扶持政策为：部分替代进口烟叶的收购、调拨计划单列；挂钩烟厂示范点的扶持资金全部列入调拨价，由供需双方根据示范点生产的实际需要在25%～30%的上浮价以内解决。对技术依托单位，根据工作成效，可给予5万元以上的科技补贴。对项目区内的烟农给予生产投入，在执行全省2005年每50千克120元的基础上，上中等烟17个等级每50千克增加30元，在收购结束后以农资形式结算兑现。项目烟叶经工业组验证后，抽样参加全国评级，中国烟叶公司对评定结果以中烟叶生〔2005〕55号文件进行通报，在27个示范区中，桂阳县居第五位，嘉禾县居第七位。

2006年5月16日，省公司下达《2006年度部分替代进口烟叶和成熟度项目工作方案》，主要技术指标如上年。市公司周国生任省公司联合工作小组成员，邓正平任技术开发组成员，李海平任烟叶购销组成员，卷烟工业企业代表组成工业验证组。扶持措施为：一是挂钩烟厂对示范点的扶持资金（科研经费投入除外）全部进入调拨价格，示范点烟叶调拨价上浮30%。二是挂钩烟厂对成熟度项目按照每亩100～150元的标准，以科研经费的方式（或投入肥料等形式）投入承担项目的产区公司。三是挂钩烟厂对各示范点技术依托单位依工作成效给予5万元以上的科技补贴。四是在执行省政府2006年烟叶生产扶持政策的基础上，按照项目单收烟叶每50千克30元的标准，对项目区内烟农给予生产投入补贴，由产区烟草部门掌握，按照厂县挂钩共同商定的标准补助到烟农。五是由省公司联合工作小组依据国家局对示范点考核的综合得分、评吸排名和工商交接等级合格率情况，对各示范点的项目效果进行整体评价、评定项目档次，由省局行文下拨相关经费投入。六是省公司全额转拨中国烟叶公司拨给各示范点的项目经费，并按照部分替代进口烟叶项目一档25元/亩、二档20元/亩、三档15元/亩，成熟度一档15元/亩、二档10元/亩、三档5元/亩的标准给予配套投入，主要用于示范点项目配套研究和基础设施建设的补贴。七是已取消县级烟草公司法人资格的地区，由市级公司负责项目实施，下拨经费和调价上浮部分收益归市级公司调配使用。此后，“部分替代进口烟叶”生产基本按照上述标准进行补贴。

2007年，全市烤烟生产致力于特色烟开发，大力推广先进实用技术，落实稻草覆盖面积69.2%，集约化育苗面积100%，良种化面积100%，平衡施肥技术95%，设立病虫害统防统治区，病情指数、被害株率同比减少89.2%、39%。全市建成核心科技示范区6.50万亩，部分替代进口烟叶示范面积2.43万亩。稳步实施烤烟综合标准体系，加快标准化生产示范县建设。

2008年，全市开发部分替代进口烟叶和特色优质烟叶3万亩、4500吨。市公司按照实际种植面积，给予烟农定向补贴100元/亩，每50千克提取10元作为开发人员的补贴。同时开展现代烟草农业试点，共建成综合性示范点1个、重点示范点2个、探索性示范点4个，总面积5644亩。2009年，全市共开发特色优质烟叶4.50万亩、6500吨。市公司根据各单位特色优质烟叶开发效果，给予开发人员每50千克5～10元的开发奖励。

2010年，全市开发特色优质烟叶7万亩、1万吨。建立重大科技推广项目激励机制，对特色优质烟叶开发工作取得明显成效的，根据考核结果，给予开发人员每50千克5～15元的开发激励金。是年，全市开始推进浓香型优质烟叶品牌建设，公司加强与工业企业和科研单位的沟通和联系，邀请科研专家到郴州指导，加大工业企业深入介入的力度。先后与上海、广东、安徽、贵州、吉林5个烟草工业企业建立特色优质烟叶开发基地单元，收购特色优质烟叶5750吨。2011年，全市建立特色优质烟叶开发基地单元6个、开发面积10.20万亩，收购特色优质烟叶1.50万吨。

2012年，根据国家局、省局要求，全市对优质烟叶开发推行“特色品种筛选”“壮苗培育示范”“发酵增香饼肥示范”“提高上部烟叶可用性示范”“密集烘烤配套技术推广”“合作社两场设施综合利用”“全程机械化试点”“高端卷烟品牌原料开发示范”“GAP（良好农业规范）试点推广”等10个示范推广项目的规范实施。各承担单位采取优选示范区域、制定实施方案、明确实施人员、规范实施过程、实行严格考核等措施，确保实施到位。同年，全市特色优质烟叶开发面积共11.10万亩。其中，桂阳城郊、仁义、樟市和嘉禾广发、永兴柏林各1.85万亩、收购烟叶各2500吨。全市共供应增香发酵饼肥2731.50吨，施用面积18.69万亩。其中，仁义2.75万亩、412.50吨；樟市2.85万亩、427.50吨；城郊2.30万亩、345吨；广发2.36万亩、354吨；柏林3万亩、450吨；樟木1.20万亩、180吨；流峰1.93万亩、217.50吨。同时，为提高上部烟叶可用性，完成3万亩示范面积，上部叶在7月20日以后采收，以成熟为标准，实行5～7片叶一次性采收，采用科学烘烤方法，多举措实现“提质、降碱、增香”的目标。

2013年，按照省局（公司）提出的“四有”（有稳定适销的货源、有坚实的零售终端网络、有良好的配送基础设施和享有盛誉的湖南烟草商业系统服务品牌）要求，郴州市规划打造有型（风格与品质典型）、有范（不可或缺与替代）、有性（协调性、透发性、稳定性好）、有感（天润感、厚实感、舒适感强）的“四有”浓香型烟叶品牌。全市将“精益管理”导入烟叶生产过程，通过全面落实“10+1”关键生产技术，包括使用优良品种、冬前翻耕、增施饼肥、培育壮苗、合理密植、精准施肥、绿色植保、科学打顶、上部叶一次性采烤、中温中湿密集烘烤工艺，加上GAP管理，提高生产技术水平。

2014年，全市完成仁义、正和、樟市、洋市、流峰、和平、春陵江、广发、柏林、高亭10个基地单元特色优质烟叶开发18.50万亩、2.50万吨和4个工业企业1万吨的订单生产示范及2个基地单元的高端品牌核心原料开发。另外，还完成桂阳县敖泉、欧阳海，永兴县高亭3个国家局基地单元及省局两区现代烟草农业基地单元建设任务。全市烟叶生产导入精益管理理念，共安排试点16个，主要在生产过程中改良生产技术，包括年前翻耕起垄、培育壮苗、适时集中移栽、平衡施肥、精准植保、落实GAP管理、优化烟叶结构、改进烘烤工艺、专业化分级、分部位收购等。采取的措施是：农事操作实行“五个统一”（统一套餐供应农资，统一专业化烘烤，统一对示范园实行项目化管理，统一加大科技引领，统一推动精益生产深入开展等）。是年，国家局局长凌成兴、副局长杨培森到郴州考察后，对郴州烟叶工作给予高度评价。

2015年3月，市公司印发《2015年烟草良好农业操作规范〈GAP〉工作方案》，突出烟叶质量安全管控，形成“四个一”烟叶安全管控运行体系。包括一套标准体系（市局、公司企业标准），内含：《烟叶安全控制技术标准》《植烟土壤、灌溉水源重金属及农残含量技术标准》；管理标准有《烟叶农药残留管控规程》《烟叶重金属管控规程》《烟叶农药残留检测与处置规程》《烟叶生产中重金属检测与处置规程》；一套人员，即市、县、站三级均设置烟叶植保安全控制队伍。一套技术标准操作手册，做到人手一套，按章操作。一套追溯记录（肥料施用、农药使用、一般农事操作、非烟物质检查等管理记录），均随时记录于表，跟踪管理。是年，全市安排17个站开展试点工作，规范执行烟叶安全29个风险点排查、植烟环境监控制度（每1年对灌溉水、每3年对土壤质量进行一次检测，对基地单元建立土壤、水源、空气质量数据库）、八大类化学农药质量管控制度（由省局统一招标，统一抽样，统一检测。统一使用省公司规定的生产厂家和品牌）。年内，全市烟叶生产在卫生栽培、降低“白色污染”和农残、重金属、非烟物质控制及烟区生态环境维护方面均取得明显成效；诱虫（杀虫）灯、性诱剂、食诱剂、生物农药等绿色防控技术得到广泛运用。

2017年，市公司印发《2017年烟叶质量安全管控工作实施方案》，对质量安全标准体系进行修订完善。管控情况按月上报省公司。

2018年，以“福城金叶”品牌建设为抓手，优化烟叶供给侧结构性改革。2月28日，湖南省“高端原料定制化开发”新品种示范推广座谈会在郴州召开。3月12日，广西中烟原料供应部部长田兆福一行到市局（公司）交流座谈，共商高端卷烟原料定制化生产。全年实施12个高端卷烟品牌（“中华”“金圣”“双喜”“真龙”“黄山”“玉溪”“南京”“泰山”“利群”“黄金叶”“兰州”“贵烟”等）的高端原料定制化生产达16600吨，占全市收购总量的35.7%。其中，河南中烟公司与河南农大联手，在桂阳县洋市开展“‘上六片’高端原料定制化生产采收梯度试验”90亩，自拨经费8万元，采收干烟6.50吨。是年，根据工业和技术依托单位的意见，导入“烟叶一生管理”理念，对质量提升关键技术措施进行调整、优化，突出提高成熟度、优化烟叶结构、提升专业化烘烤、做实专业化分级四个工作重点。在提高成熟度方面，用“烟叶一生管理”的统筹思维，从耐熟、养熟、采熟、烤熟四个维度系统优化技术措施，烟叶田间熟相明显转好，采青采生情况大为减少，烟叶成熟度较往年明显提高。在优化烟叶结构方面，将工业不需要的烟叶消灭在生产、烘烤、分级和收购四个环节，通过弃采传统的第一房烟，下部烟叶基本处理到位，采烤次数减少到 3 ～ 4 次。烘烤、分级环节主要解决去青除杂和烟叶纯度问题。在专业化烘烤方面，推行流程化运行、工序化作业。开烤前，先维修好烤房设施，全市建立烤房设备维护中心的合作社有 26 个，组织设备厂家或供应商对烘烤设施进行全面检修，包括烤房自动控制仪、风机、发电机、电路等设施设备。然后将鲜烟分好类、合理配好炕。专业化烘烤实行“采烤一体化”和“1+N”（1 个烟技员管若干个烤烟师傅，1 个烤烟师傅负责若干个烤房）两种模式，全面推广三段八点式烘烤工艺，烘烤质量明显提升。全市专业化烘烤面积达 32.24 万亩。在专业化分级方面，主推“专业队伍、适宜场地、简易设施、区域流动”服务模式，辅以在场分级和进站（烟草站）分级，因地制宜做实专业化分级服务，分级质量和效率均有较大提高。

2019 年，市公司设立烟叶生产管理争先创优局长经理特别奖，每项工作奖金为 15 万元，共 75 万元。评奖办法是：对提高烟叶成熟度、专业化烘烤、专业化分级水平和高端卷烟原料定制化开发四项重点工作，以基地单元为考评单位，先由各产区自评，再经市公司复评。是年，全市共有基地单元 23 个，包括桂阳 12 个，安仁、永兴、宜章、嘉禾、两区各 2 个，临武 1 个。其中，高端原料开发基地单元 17 个，涉及 13 家中烟公司（烟草集团）。市局（公司）对评比结果前 10 位的基地单元和进步明显的 3 个县级分公司分别给予奖励。

2020 年，全市系统积极推进“福城金叶”服务平台的建设与运行，借助“福城金叶”App，广泛宣传和推广烟叶高效生产技术。印发《“福城金叶”2020 年烟叶高效生产模式技术要点》，组织优质、高端烟叶生产。国内 13 家中烟公司协同市公司在 5 个产烟县、17 个基地单元（点）进行卷烟高端原料定制化开发工作，开发面积共 28.37 万亩，调拨烟叶 23720 吨。其中，单收单调 13850 吨：上海 2100 吨，山东 2000 吨，安徽 1500 吨，广西 1500 吨，广东 1600 吨，河南 1050 吨，江苏 1000 吨，重庆 850 吨，内蒙蒙昆公司 750 吨。全收全调的有贵州 4500 吨，江西 4370 吨。常规调拨的有云南红塔集团 1000 吨。

第四章 烟叶生产基础设施建设

第一节 烟基政策与建设概况

自2003年起，在部分产区开展烟水、烟路等基础设施配套建设。

2004年2月17日，湖南省人民政府办公厅转发湖南省烟草专卖局《关于基本烟田规划建设与保护实施意见的通知》(湘政办法〔2004〕6号)，提出目标：经3～5年的努力，在全省建立起227万亩排灌自如、土层深厚、土壤理化指标合理、生态环境能满足优质烤烟生长要求的基本烟田，使烟稻轮作周期达到2年以上，彻底解决烟地土层浅薄板结和病虫害逐年加重问题，确保全省烟叶生产持续稳定发展。基本烟田建立实行以种烟为主、其他作物为辅的种植制度。2月29日，省局印发《湖南省基本烟田规划建设与保护具体实施办法的通知》(湘烟叶〔2004〕51号)。全市大规模烟叶生产基础设施建设由此拉开序幕。建设资金采取国家局、省局、市局三级补贴，与地方政府相关部门助农资金捆绑，烟农自筹一部分或投工投劳的方式进行。是年，郴州市政府下发《关于基本烟田规划与保护的实施意见》，成立市基本烟田建设领导小组，市委副书记李新泉任组长，副市长易佩康、陈海平任副组长，成员由市政府烟草办主任、农业开发办主任和市水利局、财政局、农业局、国土资源局、烟草专卖局局长组成，并从各相关部门抽调人员组成领导小组办公室，负责具体事务。各相关县(区)均陆续成立领导小组和办公室。先以桂阳县为试点。经充分调研，并在充分征得烟农、村组同意的基础上，作出规划，以提案形式由县人大审议确定基本烟田规划与保护方案；县烟草公司多方筹资1328万元(含上级拨款、本级筹集、联办基地烟厂投资等)，与政府部门农田水利开发项目相结合，捆绑投入基本烟田水利设施建设。是年，全市共投入建设资金2198.80万元，新修高标准烟田配套路、渠171.05千米，新建、改建标准化热风循环机烘烤房14090座，培训烟农10万人次。

2005年年初，市局(公司)成立烟叶生产基础设施建设办公室(以下简称“烟基办”)，制定《郴州市2005年烟叶生产基础设施建设实施方案》《郴州市烟叶生产基础设施建设补贴资金管理办法》《郴州市烟叶基础设施建设标准》《郴州市烟叶基础设施项目验收办法》。7月20日和10月24日，市“两烟”工作领导小组和郴州市人民政府办公室先后发文，成立郴州市烟叶基础设施建设工作协调小组和郴州市烟叶基础设施建设领导小组，均由副市长陈海平任组长，市政府副秘书长陈荣寿任副组长。成员为市烟草办、农业开发办、烟草公司、财政局、审计局、水利局、国土局的资深领导或专家。下设规划、监督、验收、烤房建设和资金管理5个工作组。郴州各烟叶产区基本烟田建设工程全面展开，均以政府行文或由人大通过提案的形式，将辖区内气候、土质适宜，烟农种烟技术娴熟、积极性高的烟区定为规划区。按照湖南省烟草公司修订的《湖南省基本烟田规划建设与保护的具体实施办法》，以烟叶单产0.15吨/亩、轮作周期为1.5年的标准规划，全市共确定基本烟田52万亩，其中桂阳县32万亩，嘉禾县6万亩，永兴、安仁县各5万亩，宜章、临武县和北湖、苏仙区共4万亩，全市稳定在年种植烤烟面积34.70万亩、烟叶总产量为5万吨的规模。规划确定后，各产烟县(区)分年度制订实施计划，力争3～5年完成预期目标。11月21日，国家局下发《关于拨付湖南省局(公司)烟叶生产基础建设项目补贴资金的通知》(国烟财〔2005〕869号)。项目补贴范围及标准为：小水窖与小水池，按照建设容量的大小进行补贴，每立方米容量补贴40元。沟渠，按照建设长度进行补贴；其中，主干渠每米补贴60元；支渠按渠体建材确定两类补贴标准，以混凝土石砌或砼砖砌为渠体的支渠（定为支渠Ⅰ型）每米补贴40元；以混凝土浇铸U形渠或砼预制U形漕为渠体的支渠（定为支渠Ⅱ型）每米补贴20元。管网，按照建设长度进行补贴，每米补贴15元。密集式烤房，按照单座烤房进行补贴，新建每座补贴5000元，改建每座补贴1500元。机井、小塘坝整治工程等，按照项目建设投资总额的35%进行补贴。使用要求为：要严格按照财政部《烟草商业税后利润征收使用办法的通知》（财建〔2003〕238号）和国家局《烟草行业烟叶生产基础设施建设项目补贴资金管理办法（试行）》的有关规定，对下拨资金加强监管，尽快将资金补贴到烟农、村民小组或村委会，确保资金的规范使用。12月，省局（公司）下发《2005—2009年烟基建设规划》，明确：要将烟基建设与中央新农村建设工作、"工业反哺农业，城市支持农村"结合起来，确立"政府组织领导，烟草主导把关，部门支持配合，烟农参与受益"的组织管理模式，理顺项目实施机制，并按照相对集中、整体设计、网络布局、突出重点、整村连片的原则，稳步推进。主要实施要求为：①烤房建设：坚持总量控制、烘烤能力与种植规模相匹配，按照普通烤房改成标准化密集式烤房（以下简称"普改密"）为主、新建密集式烤房为辅、建成烤房群，统一规划，分类指导，分步实施的"四原则"进行。建设标准按照中国烟叶公司《密集式烤房技术标准》执行。改建烤房每栋烘烤能力为8亩以上，新建密集式烤房为12～30亩。资金投放：（自2007年结算上年项目起）"普改密"烤房每栋4000元，新建烤房每栋1.80万元，一般由国家局出资35%、市局出资35%，烟农自筹30%（实际为村委会无偿提供建设用地，烟农参加建设投劳）。由国家局、省局制定补贴标准给予补贴。②烟水配套工程建设：坚持统筹规划，合理布局的原则。按照"突出重点，整村推进，系统设计，网络布局"的要求，坚持整合资源，形成合力。与地方政府各部门助农资金和烟农自筹资金融合，建立协调运作机制，尤其是水库、灌溉等大型工程建设方面。坚持建管并重、高效运行。按照"谁受益，谁管护"的原则，明确管护主体和责任，确保工程发挥长久效益。资金投入：（自2007年结算上年项目起）一般按照国家局出资45%，市局出资45%，烟农自筹10%的比例预算（实际为烟农参加建设投劳），其中烟草部门每亩总投入不超过700元。③标准化烟草站（点）建设：坚持因地制宜、科学规划的原则。根据烟叶生产规模、基本烟田规划、烟草站布局现状进行匹配，科学布局规划，不得重复建设。按照《湖南省烟草商业系统标准化烟草站建设设计标准》的要求进行设计施工，做到设施配套、功能完善。坚持依法建筑、依法管理的原则。建设过程应规范程序和标准质量，严格执行项目法人责任制、招投标制、过程监理制和项目审计制。资金投入：由省内烟草部门全额投入。建设规划报省局批准后，省局按照投资额分类进行补贴，只补站，不补点，投资额在500万元以上的省局补贴150万元，投资额在300万～500万元的补贴100万元，投资额在300万元（含）以下的不予补贴。④土壤改良：按照隔年轮作的要求，每两年进行一次。资金投入由烟草部门按照每亩不超过40元的标准进行补贴。以上烤房建设、烟水配套工程、土壤改良三项的总投入每亩控制在1000元以内（不含烟农自筹）。是年，全市多方筹集资金13245.67万元，其中国家局在项目验收后下拨给郴州5261.78万元（桂阳县2068.30万元，嘉禾县784.68万元，安仁县1046.50万元，永兴县588.40万元，临武县233.90万元，宜章县261.30万元，北湖区127万元，苏仙区151.70万元），余款由市烟草、水利、农业开发办等部门筹集。项目安排在全市64个乡镇、249个行政村，烟农以投劳方式为主参与建设。共建成基本烟田配套水渠1265条、1018.40千米，水泥机耕道199.90千米，修整、巩固塘坝92座，新建、改建烤房30567座（密集式烤房391座）。实际受益面积达12.80万亩。烟基项目建设年度计算从每年的6月至次年的5月为一年度，国家局、省局（公司）的补贴一般在工程验收合格后才下拨到位。

2006年，烟基建设投资政策按新规定执行。1月5日，各产烟县局长向市局递交"郴州市2006年度烟叶生产基础设施建设目标责任书”，对烟基工作实行专项绩效考核。此举延续多年。9日，国家局印发《关于进一步加强烟叶生产基础设施建设工作有关问题的通知》（国烟办〔2006〕31号），规定：年度烟基建设方案和预算必须在3月底前通过“基本烟田数字化管理平台”上报，上年度的烟基建设竣工项目由县级局（公司）逐一验收，市、省、国家局（公司）组织抽检，验收资料应建立数字化档案；对质量不达标的项目，一律不得拨付资金。是年，全市烟基建设全面实行项目责任和目标考核制、专家评审制、工程建设招投标制、工程监理制、目标管理责任制、责任追究制、建设合同制、项目验收制、资料建档制。在质量管理上，从严规划设计、组织施工、督察、验收、强化建后管护。全市共投入11226.10万元，其中，烟草行业补贴9191.92万元，实际受益面积8.60万亩，项目安排在全市38个乡镇、112个行政村。其中，新建小塘坝39处；建沟渠902条、总长501.16千米；建提灌站2个；改建密集式烤房4197座、新建87座。

2007年1月，市公司规定：烟基建设项目加强全流程图片、声像资料痕迹化记录。2月，市局下发《烟基建设项目资金管理办法》，规定：烟基建设资金实行专户存取，全市系统相关资金由市公司财务调度，县营销部负责办理拨付手续。资金按照工程进度拨付：完成工程量的30%拨付预算额10%的资金；完成工程量50%～60%拨付30%～40%；完成工程量80%拨付50%；工程完工拨付70%；余款待结算后支付。结算时，扣留工程款的5%作为保证金，待质保期满后全部结清。从1月1日起执行。3月30日，省公司修订烟基建设五年规划，规定：烟基建设整体补贴标准预算每亩不得超过1000元（包括烤房、烟水和土壤改良三项，含国家局统筹安排的补贴，不包括烟农自筹），从2007年起，各地尚需建设的基本烟田，按照每亩烟水配套不高于700元（不含烟农自筹）、密集式烤房（含小改密）不高于240元，剩余金额用于土壤改良，按照其标准进行规划。8月13日，国家局下发《烟基项目建设补贴资金管理办法的补充意见》，补充规定：烟基建设预付款，未开工前不许预付，开工之后预付款不得超过20%；按照进度拨付额度不得超过80%（含预付款），剩余20%款项需经烟草部门验收合格后方可支付。对不符合同条款、申请资料不全、自建、自扩、工程出现重大质量问题等情况的，不得结算支付。9月7日，省公司印发《湖南省烟叶基础设施建设实施方案补充意见》（湘烟叶〔2007〕292号）。规定：建设项目的勘测、设计、论证、咨询、审计、监理、管理等费用，在“烟叶生产投入补贴”科目列支，直接付给提供服务的单位，总额控制在补贴资金的7%以内，实行预算管理。补贴项目必须在规划的基本烟田范围内，超范围的项目不得予以补贴。建设程序：①申请。由烟农、村民小组或村委会自愿向县级烟草部门提出书面的项目建设和补贴申请，并载明项目基本情况，出资（或投劳）安排、运行管护方案及附受益烟农花名册，签字并加盖手印或加盖私章。②公示。申请补贴的烟农、村民小组或村委会的名单、项目内容需进行公示7天，接受社会和群众监督。公示无异议的逐级上报计划，报上级审批。经国家局批准的项目，以市级公司为主体，授权县级烟草部门与烟农、村民小组或村委会签订补贴合同。大型水利工程和烤房建设需委托采购设备的，由烟农、村民小组或村委会出具委托书，交组织方实施。市、县烟草部门提请当地政府，成立由政府办、烟草、水利、国土、农业、农开、扶贫、税务、审计、监察等有关部门组成的现代农业建设领导小组，下设烟基办，负责审查项目总体规划和年度实施计划、勘测设计、工程质量、资金监管及监察验收等组织工作。县级烟基办下设项目组，项目组由烟农、村民小组、村委会、乡（镇）推选的代表和烟草企业派出的代表共同组成。烟农代表的产生自下而上、程序合理、具有代表性和合法性，能代表项目区内受益烟农的利益。项目组负责项目的具体实施工作。一个县可根据项目建设的实际需要，设立1个或多个项目组。项目组及组成人员、监督负责人由当地政府或县烟叶生产基础设施建设领导小组下文明确。③组织实施。项目组具体负责项目的组织实施，包括项目招投标、组织施工、现场质量监管、现场鉴证和收集整理资料等。各级烟基办对项目实施的全过程进行指导、服务和监督。④竣工验收。按照国家局规定，项目竣工后，县级烟草部门应组织对辖区内当年实施的项目进行100%验收，并对上年项目的运行管护情况进行检查。市级公司进行复检，省公司进行抽检。⑤档案管理。烟草部门应协助项目组严格按照国家和烟草行业有关规定，建立项目档案。资料归档做到真实、准确、完整、系统。向村委会或代管部门移交，要办理移交手续，烟草部门复制一份进行保管。⑥产权归属。烟农自建项目产权归烟农，项目组组织施工的项目建成后将产权移交给烟农、村民小组或村委会，签订产权移交协议。⑦运行管护。各级烟草部门应协调地方人民政府督促村民小组、村委会和受益烟农，按照《湖南省烟叶生产基础设施建设工程项目管护办法（试行）》的规定，实施运行管护。是年，全市实际完成建设项目1090个，总投资5563万元，其中烟草行业补贴5115万元。共整治小塘坝38处；建沟渠634条、长266.73千米；建提灌站1个；建管网1条、长4.01千米；新建密集式烤房212座、小型密集式烤房6座；改热源内置式密集烤房198座；烟田土壤改良15.73万亩。经省局（公司）验收，合格率达94.2%。

2008年，市政府分别与市公司和各产烟县政府签订“烟基建设目标责任状”。市公司将该项工作纳入各产烟县分公司全年目标管理考核体系，并层层签订责任状，进一步完善建设质量管理体系。10月3日，市局（公司）成立现代烟草农业建设试点工作领导小组。组长：郑雄志。副组长：周国生、曹健、幸勤、王建平。领导小组成员由市公司烟基办、烟叶生产经营部、烟科所、办公室、人事劳资科、财务科、审计科、经济运行科、信息中心等部门的主要负责人和桂阳、嘉禾、永兴、安仁、宜章县局（分公司）的局长（经理）组成。领导小组主要负责统一协调和指导现代烟草农业建设示范工作。领导小组下设办公室，与烟基办合署办公，刘勇智任主任，欧书锋任副主任。办公室具体负责全市现代烟草农业建设工作示范的组织、规划、实施、监督和考核、验收等工作。是年，全市完成烟基建设项目10067个，总投资12710万元。其中，烟草行业补贴11742万元。包括新建水池1个；整治小塘坝38处；新修沟渠606条、长248.58千米；建提灌站1个；修机耕道42条、长22.89千米；新建密集式烤房1458座；改造热源外置式密集烤房1座及内置式密集烤房7921座。全市建成一批质量标准较高、综合效益较好的优质项目区，如桂阳县仁义镇大湖村、永兴县悦来乡南冲村、嘉禾县普满乡板贝村、宜章县黄沙镇黄沙溪村、安仁县龙海镇水陇村项目区等。年内，市公司烟基办提出的烟水配套沟渠建设“双面立模，一次成型”的技术模式，获得国家局抽查组的赞赏，之后该技术在全国陆续推广应用。

2009年，根据国家局和省公司关于现代烟草农业试点工作方案和现代烟草农业建设规划的通知，出台全市现代烟草农业规划，市局烟基办和现代烟草农业办合署办公，由张建文任主任，欧书锋、龙四坤、唐跃进任副主任。全市共确定10个建设项目区，其中桂阳县6个，永兴、安仁、嘉禾、宜章县各1个。市公司将嘉禾县广发项目区和桂阳县敖泉镇咸宜项目区作为全市现代烟草农业试点。烟基办职责范围由单一的烟水工程增加到机耕路、烘烤工场、育苗工场等工程建设和烟用农机购置补贴以及烟农专业合作社建设等。是年，对烟基项目验收方式予以全面改进，实行市、县两级各对全部项目100%验收。全市完成烟基项目建设4203个，共投入19676万元，其中烟草行业补贴17320万元。共新建小塘坝6处；新建沟渠315条；修机耕路103条；新建密集式烤房2976座；购置烟草农用机械803台（套）。

2010年，是行业推进现代烟草农业基地单元建设的第一年。按照中国烟草总公司的总体部署和省公司的“十二五”规划要求，郴州市出台全市现代烟草农业建设“十二五规划”（2011—2015）。总体目标和任务是：到2015年，建设高标准基本烟田80万亩，烟叶收购5万吨，按照2500吨规模划分基地单元，将全市5个县2个区88个种烟乡镇分成16个基地单元，整体推进，分年度实施，力争用5年时间基本完成现代烟草农业建设工作。是年，烟基建设重点安排桂阳县仁义、浩塘，嘉禾县普满等5个基地单元进行综合配套，同时将每个基地单元划分成若干个集中连片“重点项目区”，实行“整体推进、分片实施”。全市共完成烟基建设项目3358个，总投资22437万元，其中烟草行业补贴20066万元。新建水池1个；整治小塘坝9处；建沟渠455条、总长211.82千米；新建提灌站2个；建机耕路158条、总长99.85千米；新建密集式烤房1847座、烘烤工场及附属设施4个、育苗大棚4个；购置烟用机械878台（套）。新增基本烟田配套面积5.49万亩，密集烘烤面积5.95万亩。项目资金全部经过审计局审计。项目建设顺利通过省局和国家局的检查验收，整体评价为优秀。市公司及嘉禾县分公司均居全省第一位。

2011年年初，市公司针对烟基工作“重建设，轻管护”的问题，提出由县级政府出资建立专门的管护机制。年内，全市共整治小塘坝26处，容量2.55万立方米；新建沟渠663条、总长285.20千米；新建提灌站1个；新建机耕路232条、长141.39千米；新建密集式烤房3050座；新建烘烤工场及附属设施6个；新建育苗工场10个；购置烟用机械2897台（套）；基本烟田土地整理面积3433亩。在省局验收中，现场项目抽验合格率为98%，综合得分95.2分，整体评价为优秀。国家局对烟基档案进行抽验，宜章、桂阳县局被评定为优秀。是年，市“两烟”工作领导小组正式下发专门文件，明确各产烟县（区）烟基管护专项资金按照不低于上年度烟叶税3%的比例提取到位，专款专用，专班管护，专项考核，后在全国推行。

2012年，全市烟基建设紧紧围绕基地单元，以“两场”设施综合配套为重点，推进项目转型，重点选取桂阳春陵江、流峰，安仁安平、宜章赤石、永兴高亭5个基地单元进行。全市共建项目9233个，总投资53521万元，其中烟草行业补贴48523万元。新建沟渠167条、总长73.58千米；新建机耕路81条，总长46.58千米；新建密集式烤房7140座；新建烘烤工场及附属设施6个；配置烟草通用机械707台（套）、专用机械981台（套）；新建全程机械化项目1个；土地整理项目4个，建设面积为23682亩；新建育苗工场24处（大棚145个）。

2013年，郴州市政府印发《关于进一步加强现代烟草农业基础设施建设的通知》（郴政办函〔2013〕78号），郴州市“两烟”协调领导小组出台《郴州市基本烟田土地整理项目和资金监管办法（试行）》（郴烟组发〔2013〕17号），各产烟县（区）成立土地整理项目管理办公室，建立健全基本烟田土地整理建设管理机制，“烟基办”和“土整办”实行“两块牌子，合署办公”，构建全市“大烟基管理体系”。市、县两级对烟基建设工作实行政府、烟草合署办公，形成“政府主导实施、烟草主力监督、职能部门配合”的新格局，逐步解决政府与烟草部门工作脱节、所产生的矛盾和纠纷难以协调等问题。其中，面对农户土地分散、流转困难的情况，在全国烟基建设工作中率先实行“统一上收，数字产权，同增同减，利益共享”的土地流转模式。在系统内部，烟基部门实行“分块包干负责、分线指导服务”责任制，通过绩效管理和部门二次分配，激发工作积极性和主动性。对烟基项目验收方式予以改进，实行市、县两级分步、分批、分阶段验收制，加快验收进度。审计工作提前介入，分批分项送审，加快结算审计进度。强化项目计划的严肃性，继续实行以规划定项目、以项目定计划、以计划定资金的立项审批制度。凡未规划的一律不给项目，无项目的一律不下计划，无计划的一律不予补贴。是年，全市共完成烟基建设项目9139个，总投资34427万元，其中烟草行业补贴31974万元。新建沟渠50条、总长21.15千米；整修塘坝11座；新建机耕路23条、总长12.33千米；新建密集式烤房2800座；购置烟夹与散热分风板986套；改造烤房挂烟梁806座；建配套烘烤工场及附属设施25个；配置烟草通用机械217台（套）、专用机械4186台（套）；新建育苗工场34处（大棚207个）；土地整理项目1个，建设面积为2003亩。9月22—25日，省局抽查验收全市7个产烟县（区），桂阳、宜章、嘉禾县被评为优秀。

2014年，在国家局水源办、省局烟基办的关心和支持下，借助科研院所和卷烟工业企业的力量，在全市实施“湖南烟区土壤条件下烟草农业机械适应性研究”项目。烟基建设将基本烟田土地整理和土壤改造列为年度工作重点之一。市“两烟”协调领导小组适时出台《郴州市基本烟田土地整理项目设计变更监管办法（试行）》（郴烟组发〔2014〕14号），市政府烟叶基础设施建设办公室印发《关于进一步规范烟草农机补贴管理工作的通知》。烟基建设实行“监理公司专业监理、市烟基办督查考核、县（区）烟基办（土整办）组织实施、烟草站跟踪监管、项目村组参与监督”五级监管新模式。全市实行“双线”考核机制，“市政府对县（区）政府、市公司对县分公司”进行年度考核，考核结果与年度评先评优、绩效工资挂钩。全年集中研究处理有关项目事项58起（次），印发督查通报4期，下达限期整改通知书50多份、督办函4份。农机因管理不到位的，扣除相关责任人员绩效工资1.60万元；个别道路工程因协调不到位被核减。同时，市公司还对各县分公司实行月度考核，与绩效挂钩，每月予以兑现。是年，全市共建成烟基项目10158个，总投入48623万元，其中烟草行业补贴42177万元。新建沟渠37条、总长18.11千米；整修塘坝3座；新建机耕路35条、总长11.89千米；新建密集式烤房5534座；购置烟夹及散热分风板1620套；改造烤房挂烟梁85座；新建配套烘烤工场及附属设施2个；配置烟草通用机械984台（套）、专用机械1752台（套）；土地整理项目7个，建设面积63180亩；新建育苗工场15处（大棚99个）。全市6个产烟县的常规烟基项目通过省局验收；档案资料验收评价，1个被评为优秀，5个被评为良好。

2015年，编制出台全市“十三五”烟基规划草案。建立基本烟田土地整理建设管理机制，出台《郴州市基本烟田土地整理项目和资金监管办法（试行）》和《郴州市基本烟田土地整理项目设计变更监管办法（试行）》。11月13日，市“两烟”领导小组印发《关于进一步加强烟叶生产基础设施运行管护工作的意见》，全市8个产烟县（区）政府管护专项资金均按照不低于上年度烟叶税3%的比例提取到位，从而形成设施受益主体、产区政府和烟草部门“三位一体”的管护模式，实行专款专用，专班管护，专项考核。针对烟基工程建设过程中存在职责不清的情况，全面推行五级监管模式。年内，制定育苗工场、不同装烟方式、烤房维修和田间机械化四个项目的单项工作实施方案。全市加强对烟基项目的评审，共开展市级项目评审41场次，节约资金2140万余元。年内，全市共完成烟基建设项目9593个，总投入17136万元，其中烟草行业补贴16786万元。新建沟渠60条、总长21.36千米；整修塘坝11座；新建提灌站1个；新建机耕路52条、总长21.10千米；烤房设备维修更换5459套；购置烟夹与散热分风板1500套；烤房挂烟梁改造1139座；购置烟草农用机械1198台（套），其中通用机械110台（套）、专用机械1088台（套）；基本烟田土地整理项目4个，建设面积30125亩；新建育苗大棚9处（42个）。育苗大棚棚膜更换40处（127个）。

2016年，依照上年出台的《关于进一步加强烟叶生产基础设施运行管护工作的意见》，各产烟县（区）制定《烟基管护实施细则》，继续实行设施受益主体、产区政府和烟草部门“三位一体”的管护模式。全年对烟水烟路和土地整理项目各评审12场次，节约资金2160万元；核减育苗工场工程费用99万余元和土地整理项目费用600万元。全市加大对烟基建设资金的管控力度，实行分片分线管理，按照“谁验收、谁签字、谁负责”的原则，所有项目均实行痕迹化管理。全面规范项目补贴资金管理程序：每月按时上报工程费用列支情况；联合审计、监察、财政、建设、公证机关等职能部门对烟基项目进行全面审计和监督；对验收、签字、公示、审计环节进行严格把关等，确保资金使用安全合理。年内，全市完成烟基建设项目11833个，总投入28612万元，其中烟草行业补贴26162万元。新修沟渠788条、总长256.58千米；新修机耕路752条、总长284.36千米；整修塘坝19座；新建提灌站2个；新建密集式烤房1000座；维修更换烤房加热设备2859座；购置烟夹2400套；密集式烤房挂烟梁改造1000座；新建烘烤工场及附属设施4处；购置烟草农用机械3003台（套），其中通用机械470台（套）、专用机械2533台（套）；基本烟田土地整理项目6个，建设面积46200亩。

2017年，全省和全市均未安排烟基建设项目计划，烟基建设主要是抓好2014—2016年全市土地整理项目的扫尾和验收工作。是年，调整审计模式，将原"协审机构初审后县（区）审计局审定"改为"协审机构初审后市级审计局一次性审定"，减少审计环节，全年审计核减资金1900万余元。

2018年，全市完成烟基项目5983个，总投资7874万元，其中烟草行业补贴7751万元。新建沟渠125条、总长36.79千米；整修塘坝13座；建提灌站3个；新修机耕路92条、总长33.19千米；购置烟夹1000套；老旧烤房挂烟梁改造560座；生物质燃烧炉改造200座；密集式烤房设备更换2906座；更换育苗大棚棚膜356个；购置烟草专用机械728台（套）。

2019年，全市共建成烟基项目6087个，投资11084万元，其中烟草行业补贴9953万元。新修沟渠66条、总长21.52千米；新修机耕路57条、总长27.40千米；新建密集式烤房700座；购置烟夹1000套；旧烤房挂烟梁改造900座；密集式烤房配套分级设施建设19处；购置烟草专用农机230台（套）；密集式烤房设备更换2804座；密集式烤房屋顶防水棚改造200座；育苗大棚棚膜更换111个。年度项目建设首次在计划下达的次年内全面完成项目结（决）算工作，并连续两个年度有3个产烟县项目在省局验收中被评为优秀。

2020年，市烟基办组织人员对调制设施、烟水烟路工程、高标准基本烟田建设工程等项目逐一进行现场督查督办，全年印发督查通报7期，下达限期整改通知书20余份、督办函20余份，工程质量提高，建设进度加快。严格按照评审制要求，开展项目设计评审，严控建设和补贴标准。坚持县、市两级100%验收制度，确保项目质量。委托完成"金属封套隧道式一次性加煤密集烤房设备""发电机组"等项目以及设计监理服务单位招投标工作。推进"烟基项目网格化"管理，充分发挥烟草站（点）对烟基设施的监管作用，提升烟叶基础设施信息化管理水平。建立健全烤房维修服务机制，全面开展烤房设施设备检修改造，不断提升保障烘烤服务能力。年内，市公司初步制定《郴州市烟叶生产基础设施五年建设总体规划（2021—2025）》，突出"两场设施建设及其修复、高标准基本烟田建设、适用烟草农机具、绿色新技术装备"等项目建设重点，谋划后期应用与发展。本年度高标准基本烟田（雷坪）项目为全省唯一建设试点项目，得到各级领导的好评。

嘉禾县普满乡烟基建设现场一角

据统计，2005—2020年，全市共投入烟基建设资金339213.56万元（未含2004年的2198.80万元），其中，由国家局、省局、市局出资300848.19万元。另外，还为5座水库建设专项投资7.53亿元。烟草部门为全市烟基建设与水源（水库）建设合计投资高达37.61亿元。共建成烟水配套排灌渠、水塘等6601条（个、处），烟路配套机耕道1732千米，大型水库5座，育苗工场945个（处），新建密集式烤房和"普改密"烤房67896个（处），土地整理24处、17万余亩，资助烟农和专业合作社添置农耕机械19306台（套）。

第二节　育苗与烘烤工场建设

一、育苗工场

2003 年，郴州市烤烟育苗仍存在合同户烟农分散小棚育苗和烟草公司大棚育苗两种情况。2004 年，烟基建设全面开展，育苗大棚建设被纳入其中。全市共建成育苗大棚 2670 座，其中漂浮育苗大棚 1346 座，普通育苗大棚 1324 座。按照省公司的规定，供苗 3000 亩（不含）以下的连群称为大棚群，供苗 3000 亩以上的连群大棚称为育苗工场。

2007 年 12 月 7 日，省公司下发《湖南省烟叶生产补贴管理办法（试行）》（湘烟叶〔2007〕389 号），加大对专业化育苗基地建设的支持力度。由当地烟农推荐、乡镇和烟草站审核确定懂技术、会管理的烟农为育苗专业户，负责育苗、供苗和育苗基地的运行维护与管理；由当地政府或烟农提供育苗土地，烟草部门提供育苗基地建设的相关设备及安装费用；育苗专业户委托烟草部门代购育苗物资，按照进价供给；对接受当地政府和烟草部门支持的育苗专业户，其供苗价格经当地政府和烟草站核定后按照成本价供应给烟农。

2010—2012 年，全市投入 16837 万元，其中烟草行业补贴 16817 万元，由建设所在地乡村提供土地、投工投劳，新建育苗设施 159 处，其中育苗工场 28 处。2013 年，由烟草行业 100% 出资 10338 万元，新建育苗工场 34 处。2014 年，由烟草行业全额补贴 4985 万元，新建育苗工场 15 处、育苗大棚 99 座。2015 年，烟草行业补贴 2061 万元，新建育苗工场 42 个，另补贴 266 万元，更换育苗大棚棚膜 127 座。2018 年，行业补贴 1715 万元，更换育苗大棚棚膜 356 座。2019 年，行业补贴 881.70 万元，更换育苗大棚棚膜 111 座。

2020 年，全市共新建育苗工场 17 处，投入 885.53 万元，其中市公司补贴 875.03 万元；育苗大棚棚膜置换 76 处，由市公司投入 563.75 万元。

2020 年郴州市产烟县（区）育苗工场存量情况统计表

表 2-6

单位	工场（个）	大棚（座）	苗池（个）	占地面积（平方米）	温室面积（平方米）
桂阳	49	412	8148	670522	431084
嘉禾	8	45	3231	135533	66416
永兴	12	69	1590	151316	84832
安仁	12	84	1837	120501	84608
宜章	9	54	1317	124525	78381
临武	3	15	456	35945	23968
北湖	2	16	438	32305	23380
苏仙	3	15	396	42336	18780
合计	98	690	16957	1277038	787481

说明：资料来源于郴州市烟草公司烟基办统计表

二、烘烤工场

2004年，郴州市共有烤房9万余座，其中标准化烤房6.50万座。为大力推广三段式烘烤工艺，先后新建、改建14090座。

2005年，全市新建烤房19030座，其中新建密集式烤房391座，投入709.80万元，烟草行业补贴353.35万元；改建11537座。全市标准化烤房比率上升到64%。烤房建设转为以新建密集式或"普改密"为主，且强调按照产烟量大小，集中场地连群建设。按照国家局规定，在山区10座（两边各5座，中留编烟场地及过道）以上、平原区20座以上连群称为烤房群，50座以上称为烘烤工场。2006年，全市新建烤房4284座，总投资2214.92万元，其中烟草行业补贴1081.86万元。

2007年，全市不再新建普通烤房，一步到位建设小型、中型密集式烤房或进行标准化烤房密集化改造。8月3日，国家局下发《全国烟叶烤房建设工作方案》（国烟办〔2007〕335号），强调普通烤房存在标准低、容量小、性能差、煤耗高、年久失修的缺陷，必须按照现代农业生产方式的需要，淘汰过剩落后的普通烤房烘烤能力，积极发展密集式烘烤。坚持适度集中，优先安排规模种植村组、农户的烤房建设，以村组为单位连片集中建设密集式烤房群（烘烤能力100亩以上），引导发展烟叶商品化、专业化烘烤。建设形式：分新建和标准化改造两种。资金投放：烤房建设资金由国家局、基层公司、烟农或村组三方共同筹集，以行业补贴为主，烟草部门按照2:1的比例进行配套。烟草部门出资占建设成本的三分之二；烟农或村组出资占三分之一，以建设用地、材料或投工投劳的方式参与建设。国家局资金补贴标准为：新建密集式烤房每座补贴1.40万元，热源外置"普改密"烤房每座补贴4000元，热源内置普通烤房功能性改造每座补贴2000元，不足部分由基层公司、烟农或村组自行承担。办理程序：烟农必须自愿申请，与之签订补贴合同，张榜公示；认真开展建设技术培训，印发施工图纸，按照规范要求统一组织施工，强化全过程质量监督，提供相关技术服务；要实行质量问责制和责任人制度；要统一编号、标注标识、建立档案；要制定管护措施，明确产权人和管护责任。烤房建成后，县级局（分公司）要全面验收，市局、省局要抽查验收，逐级验收合格后报国家局申请验收。对建设不达标的一律不予验收，不得申请补贴。要对烟草内部人员和烟农分期分批开展烘烤新技术培训，现场教学示范，掌握应用。是年，全市新建密集式烤房416座，投入611.30万元，其中烟草行业补贴552.16万元。

2008年3月8日，市公司印发《郴州市现代烟草农业建设工作方案》，明确十年内完成52万亩基本烟田的烟水、烟路配套建设及密集式烤房建设，密集式烤房覆盖面达到80%的目标。是年，全市新建2.7×8米密集式烤房1458座；改造热源外置式密集烤房1座、内置式密集烤房7920座。总投资6967.70万元，其中烟草行业补贴5987.30万元。

2009年，市公司制定《郴州市2009年密集烤房建设实施方案》《郴州市2009年度密集烤房验收办法》，规定烤房必须建在基本烟田范围内，宜改则改，需建则建，5座以上为群。新建烤房以推广大型卧式密集式烤房群为主，改造烤房主要以热源内置式为主，关键设备由省局招标、市公司统一采购，并提请市政府以会议纪要的形式，责成各产区无偿、无条件配齐烤房群和育苗工场的外接电源及变压器。连片种植1000亩以上、鲜烟及农资运输便利的区域，建设50栋以上的烟叶烘烤工场；连片种植400～1000

亩、运输比较方便的区域，建设50栋以上的烘烤工场；对连片种植200～400亩、运输不太便利的区域，则建设10～20栋的烤房群。县级分公司先进行竣工验收，市公司由过去的抽查改为全面逐项、逐栋复验，对不达标的下达通知书限期整改，整改不到位的不予补贴。是年，新建密集式烤房2976座，投入资金12644.70万元，其中烟草行业补贴11062.77万元。

2010年，全市新建密集式烤房1847座，新建烘烤工场及附属设施4个。总投资6191.37万元，其中烟草行业补贴5219.27万元。2011年，全市新建2.7×8米密集式烤房3050座；新建烘烤工场及附属设施6个。投入资金13921.19万元，其中烟草行业补贴12026.20万元。

2012年，全市新建密集式烤房7140座；另建配套烘烤工场及附属设施7个。3月19日，市公司下发《2012年密集烤房建设管理工作方案》，明确村民小组或村民委员会是密集式烤房项目的受益和产权所有者，市公司按照确定的标准进行补贴，产权归村民委员会或合作社所有，并由村组或合作社统一组织使用，烟草行业拥有控制权和处置权。全年新建烘烤设施7147座（处），投资总额30873.27万元，其中烟草行业补贴达26570.56万元。

2013年，全市新建密集式烤房2800座；购置烟夹与散热分风板900套；老旧烤房改造892座；新建烘烤工场及附属设施25个。其中，按照市公司《不同装烟方式烤房改造工作方案》，改造烟夹烤房840座、散叶烘烤146座，分布在桂阳仁义单元（国家局试点项目）和临武县。共投入资金15819.73万元，其中烟草行业补贴13372.83万元。

2014年，全市新建2.7×8米密集式烤房5534座；购置烟夹及散叶设备1620套；烟夹与散叶烘烤烤房改造85座；新建烘烤工场及附属设施2个。总投资23927.77万元，其中烟草行业补贴18779.73万元。是年，提请市“两烟”工作领导小组召开3次专题会议，研究烤房维修维护工作，印发《关于做好2014年度烤房维修维护工作有关事项的紧急通知》，明确烤房维修维护工程所需费用由烤房所有者承担，更换设备的费用由烤房所有者、烟草部门和县（乡）政府三方承担。

2015年，全市烤房设备维修更换5459套；购置烟夹及散热分风板1500套；改造烤房挂烟梁1139座。投资4395.42万元，全部由烟草行业承担。2016年，全市新建密集式烤房1000座；维修更换烤房设备2859座；烟夹购置2400套；改造密集式烤房挂烟梁1000座；新建烘烤工场及附属设施4处。投资8822.15万元，其中烟草行业补贴7829.36万元。

2018年，全市购置烟夹1000套，改造烤房挂烟梁560座；更换烤房设备2906座；生物质燃烧炉改造200座。共投资2998.36万元，其中烟草行业补贴2974.95万元。2019年，新建密集式烤房700座；购置烟夹1000套；老旧烤房挂烟梁改造900座；建设集群密集式烤房配套分级设施19个。密集式烤房设备更换2804座；密集式烤房屋顶防水棚改造200座。总投资7673.98万元，其中烟草行业补贴6627.02万元。

2020年，全市新建密集式烤房55处，新建编烟操作台99处，老旧烤房挂烟梁改造418座，新建集群烤房分级设施6处，烟叶烘烤设施维修更换5504座，新增烟夹247套，新增推广示范专业化精准烘烤自控设备1715台（套）。总投资4489.97万元，其中国家局补贴256.11万元，市公司补贴3880.47万元。开展密集式烤房补漏技术研究，筛选“基层处理剂+非固化防水涂料+App改性沥青防水卷材热铺”烤房防水补漏施工工艺，并示范推广应用100座，防漏效果良好；开展生物质燃料供热烘烤200座。

2020 年郴州市产烟县（区）烤房存量情况统计表

表 2–7

单位	密集式烤房						“普改密”烤房	
	数量（座）	分布（处）	其中				数量（座）	分布（处）
			1 ～ 9 座（处）	10 ～ 19 座连群（处）	20 ～ 49 座连群（处）	50 座以上连群（处）		
桂阳	11700	1025	334	405	267	19	8656	4223
嘉禾	3032	213	87	35	85	6	1588	1588
永兴	3325	346	142	144	53	7	673	552
安仁	3096	344	193	99	48	4	805	236
宜章	3362	209	41	75	86	7	503	503
临武	789	33	1	5	24	3	0	0
两区	60	2	0	0	2	0	0	0
合计	27836	2344	818	855	625	46	12316	7126

说明：资料来源于郴州市烟草公司烟基办统计表

第三节　烟水烟路建设

2003 年年底，郴州市烟水配套工程开始启动，在桂阳、嘉禾、永兴、宜章县建立示范点。2004 年，全市启动基本烟田保护和烟水配套项目建设，建成路、渠 171.05 千米。在桂阳、嘉禾、永兴 3 个重点县各建设 1000 亩烟水配套示范工程。

2005 年，全市系统以实施“烟叶五项基础工作”为中心，先后在桂阳、嘉禾、永兴、安仁、宜章县大力实施重点烟区的烟水配套工程，投入资金修建排灌水渠 1265 条，长 1018.35 千米；建塘坝 92 座，总容量 484.40 万立方米。共投入 12215.43 万元，其中烟草行业补贴 5066.54 万元，新增烤烟受益面积 11.63 万亩，受益农户 8.78 万户。

烟水、烟路配套工程建成实况（桂阳县仁义镇）

2006 年，全市整治小塘坝 39 处，总容量 60.02 万立方米；新修沟渠 902 条，总长 501.16 千米；建提灌站 2 个。总投资 9011.18 万元，其中烟草行业补贴 8110.06 万元。新增烤烟受益面积 8.60 万亩，受益农户 3.09 万户。

2007年，全市整治小塘坝38处，总容量87.53万立方米；新建沟渠634条，总长266.69千米；建提灌站1个；建管网1条，长4.01千米。共投资5172.84万元，其中烟草行业补贴3933.35万元。新增烤烟受益面积5.55万亩，受益农户1.90万户。12月24日，省公司印发《关于烟田机耕道路建设工作的意见》（湘烟叶〔2007〕403号），规定：从2008年开始，机耕道路建设纳入烟基建设计划和资金预算编制，烟基建设补贴总额不超过国家局规定的基本烟田建设投入补贴标准。突出“三个重点”：重点规划300亩以上集中连片的基本烟田区域，重点安排800亩以上的主要产烟村，重点向样板工程、密集式烤房群和专业化烘烤工场倾斜。按照占地最少、投资最省的原则，充分利用旧路、老路或沟渠进行挖方修建，与沟、渠、田相结合，地势平坦区域可采取“先路后渠”，其他区域采取“先渠后路”，与村级公路连接，形成网络。要按照经济实惠、量力而行的要求，原则上只修建泥结石机耕道路，确实需修建水泥硬化路面的，由市局负责把关，进行预算控制。设计基本要求：主干路宽3米，支干路宽1.5～2米；路基夯实，垫层铺以砂卵石、碎石，泥结石机耕道和垫层15～20厘米；水泥路垫层5厘米，混凝土路垫层15厘米。建设计划层层上报至国家局，补贴标准另行下达。

2008年，全市新建水池1个，容量540立方米；整治小塘坝38处，总容量101万立方米；新修沟渠606条，长248.58千米；建提灌站1个；新修机耕道42条，长22.89千米。共投入资金5742.85万元，其中烟草行业补贴5215.60万元。新增受益面积7.13万亩，受益农户2.37万户。2009年，全市改建小塘坝6座，容量8.32万立方米；新建沟渠315条，长130.04千米；新建机耕路103条，长59.51千米。共投资5270.47万元，其中烟草行业补贴5034.12万元。新增受益面积4.12万亩，受益农户2.49万户。2010年，全市新建水池1个，容量70立方米；整治小塘坝9处，总容量73.40万立方米；建沟渠455条，总长211.82千米；建提灌站2个；建机耕路158条，总长99.86千米。总投资11268.10万元，其中烟草行业补贴10945.31万元。新增受益面积6.43万亩，受益农户1.79万户。

2011年，全市共整治小塘坝26处，总容量7.90万立方米；建沟渠663条，总长284.90千米；建提灌站1个；建机耕路232条（含简易桥梁），总长141.09千米。总投资12571.49万元，其中烟草行业补贴12273.28万元。新增受益面积10.20万亩，受益农户2.35万户。是年，在全国烟草行业烟水配套工程中率先引入生态格网护坡新工艺，创新推广墙体“压顶吊边一次成型”新工艺。依托骨干水源进行烟水、烟路综合配套，高标准、高质量、高水平建设具有丘陵山区特色的普满生态示范园和精准农业示范园，获得参加全国现场会的国家局领导及各位代表的高度评价。

2012年，全市新建沟渠167条，总长73.58千米；建机耕路81条，总长46.58千米。共投资3650.03万元，由烟草行业全额补贴。新增受益面积2.95万亩，受益农户0.34万户。2013年，全市整治小塘坝11处，总容量15.89万立方米；新建沟渠50条，总长21.13千米；建机耕路23条，总长12.42千米。总投资951.55万元，其中烟草行业补贴917.61万元。新增受益面积3.69万亩，受益农户0.10万户。

2014年，全市整治小塘坝3处，总容量0.16万立方米；新建沟渠37条，总长18.11千米；建机耕路35条，总长11.89千米。总投资822.91万元，其中烟草行业补贴813.07万元。新增受益面积0.55万亩，受益农户0.22万户。2015年，全市整治小塘坝11处，总容量7.51万立方米；新建沟渠60条，总长21.36千米；建机耕路52条，总长21.10千米。共投资1364.98万元，由烟草行业全额补贴。新增受益面积3.25万亩，受益农户0.86万户。

2016年，全市整治小塘坝19处，总容量4.11万立方米；修沟渠788条，总长256.58千米；修机耕路752条，总长284.36千米；建提灌站1个。总投资9433.20万元，全由烟草行业补贴。新增受益面积2.94

万亩，受益农户1.92万户。2017年，全市和全省系统以完成在建工程为主，无新的烟基建设项目。2018年，全市建沟渠125条，总长36.79千米；建塘坝13座，总容量12.91万立方米；建提灌站3个；修机耕路92条，总长33.19千米。投入资金2009.13万元，其中烟草行业补贴2009.12万元。新增受益面积5.62万亩，受益农户0.77万户。

2019年，全市修沟渠66条，总长21.52千米；修机耕路57条，总长27.40千米。共耗资1501.93万元，由烟草行业全额补贴。新增受益面积2.31万亩，受益农户0.43万户。2020年，全市整治小塘坝5处；修沟渠89条，总长35.27千米；修机耕路71条，总长28.47千米。共投资2750.98万元，全部由烟草行业承担。

第四节 水源工程建设

2011年，根据国家局开展重点水源工程建设的要求，全市对各县提出的6个水源工程项目进行筛选，先后确定，并向省公司、总公司申报以下5个项目，得到总公司批准。

一、北湖区江源水库

2011年12月13日，总公司发文批准建设，总投资3.9733亿元，其中烟草援建1.668亿元。水库集雨面积49.30平方千米，坝顶高程391.50米，枢纽校核水位343米，库容1027万立方米，灌溉烟田面积4.45万亩，涉及烟草种植面积3500亩。惠及石盖塘、安和、保和、华塘4个乡镇（街道）、21个行政村、3.91万人口。大坝工程由郴电国际负责建设，于2011年10月15日开工，2017年3月完成法人验收。灌区工程由北湖区负责建设。2012年6月2日开工，2018年10月完成法人验收。批复约定工期为36个月。2019年11月17日完成整体竣工验收，2020年10月完成最后一笔援建资金拨付。

二、桂阳县桃源水库

总公司于2013年6月4日发文批复，工程总投资4.1879亿元，其中烟草援建3.09425亿元。水库集雨面积43.20平方千米，坝顶高程391.50米，枢纽校核水位389.55米，库容1512万立方米，灌溉面积10.24万亩，涉及烟草种植面积8.80万亩。惠及流峰、莲塘、四里、塘市、敖泉、春陵江6个乡镇、181个行政村、22万人口。工程于2014年2月19日开工建设，2017年6月28日完工，9月23日蓄水，12月28日完成法人验收，2019年11月25日完成竣工验收。援建资金全部拨付到账。

三、嘉禾县三百磴水库

总公司于2015年2月26日发文批复，总投资1.342209亿元，其中烟草援建0.99265亿元。水库控制流域面积8.83平方千米，坝顶高程358米，枢纽校核水位356.94米，库容384万立方米，灌溉面积1.918万亩，涉及烟草种植面积1万亩。惠及嘉禾石羔、蓝山土市2个镇、1.86万人口。2016年11月开工建设，约定工期为23个月，项目在建中。

四、永兴县黄口堰水库

总公司于2015年10月14日发文批复，总投资2.165557亿元，其中烟草援建1.018681亿元。水库建设地址在悦来镇鸦鹊村，集雨面积42.30平方千米，坝顶高程391.50米，枢纽校核水位389.55米，库容1077万立方米，灌溉面积3.16万亩，涉及烟草种植面积2.53万亩。惠及悦来、马田、高亭司、油麻4个乡镇、69个行政村、15万人口，年供水量258.40万立方米。2016年3月2日开工建设，约定工期为24个月，该项目因移民工作进展缓慢，导致大坝主体迟迟无法完工。

五、安仁县茶安水库

总公司于2015年10月14日发文批复，总投资1.55亿元，其中烟草援建0.751391亿元。水库集雨面积164.60平方千米，扩容后蓄水水位212.65米，蓄水7755万立方米，灌溉面积20万亩，涉及烟草种植面积21397亩。惠及安仁金紫仙、竹山、安平、牌楼、灵官、平背、永乐江和茶陵界首、枣市、马江、下东、洣江共12个乡镇、115个村、23万人口。2016年3月2日开工建设，约定工期为20个月，2018年9月5日完成法人验收。工程虽已完工，但因移民工作资金缺口大（约需3.63亿元），导致水库蓄水水位不能达到设计要求，无法进行工程项目竣工验收。

2020年9月24日，市公司向省公司呈报《关于审查桂阳县蒹葭水库烟草援建水源工程初步设计报告的请示》，该水库拟建地址在桂阳县产烟中心区的敖泉镇蒹葭村，规划为小（一）型，拦河蓄水，施工期计划采用隧洞导流撇水，设计最大坝高68.50米，库容311.50万立方米，设计灌溉面积15050亩，周边6个产烟村受益，规划总投资1.64亿元，其中申请烟草援建资金1.18亿元，待批。

工程建设期间，市公司深入各水源工程施工现场督查75次，特别是对嘉禾三百磴、永兴黄口堰水库建设及北湖区江源水库决算扫尾工作进行多次督导。嘉禾三百磴水库自2020年2月16日复工后，10月大坝主体工程完工，进入法人验收阶段；黄口堰水库大坝主体工程对临时溢洪口进行封口，年底大坝主体可完工。加强援建资金管理，开展资金专项督查6次，发现问题8个，特别对江源水库大坝承建单位郴电国际援建资金的使用情况进行清理，并提出整改意见，该项目组已按照要求整改到位，确保烟草援建资金规范安全使用。

第五节　土地整理与机械配套

2004年，省局下达《湖南省基本烟田规划建设与保护具体实施办法》，将基本烟田土地整理和土壤改良列为烟基建设内容之一。2007年，郴州市完成烟田土壤改良15.73万亩。

2009年7月7日，市公司制定《郴州市烟草农业机械购置补贴实施方案》，规定：国家局、省局、市局设烟草农业机械专项补贴，全市选定不超过3家的农机总代理商为供应商；连续3年以上种烟10亩以上的烟农或签订3年以上专业服务合同且服务面积50亩以上的专业合作社（已享受过烟草农机补贴的不得重复享受；已签订土地流转种烟合同3年且面积30亩以上者优先），可以申请补助。补助比例：通用农机具价格的30%，单机最高不超过3万元；烟草专用农机具补助不超过价格的60%，最高额度不超过5万元。纳入农机具补贴的农户不得超过1台（套），合作社不超过3台（套）。申办手续：先由政府烟基办在县乡张贴政策，广而告之，符合条件者填表并附身份证、土地流转合同、种烟合同等证明材料进行申报，乡村公示7天后，报县烟基办汇总审核，再报市烟基办批准，送县农机局备案，申请者持批准手续与县烟基办签订补贴合同一式四份，购机者持补贴合同到指定供应商处自行购机，购机后持发票到县烟基办备案，单机补贴金额5000元以上者，需人、机合照备案。实际购买备案资料在汇总上报市烟基办审核后转市烟草专卖局（公司），市烟草公司将补贴款下拨到县烟草分公司，再转款到县烟基办进行兑付。此补贴文件的出台，极大调动了烟草种植户购买农机具的积极性，全市烟叶生产各环节机械化作业的应用、普及速度加快。

2009—2011年，全市共购置烟草农用机械4578台（套），其中通用设备3038台（套）、专用设备1540台（套）。总投资6699.66万元，其中烟草行业补贴4071.51万元。2011年，全市开启基本烟田土地整理，先在嘉禾县普满项目区试点，在广泛听取群众意见的基础上，坚持动田埂不动田面、动生土不动熟土、动形状不动面积，对土地进行平整、小丘改大丘形成田园化，有的则是坡改梯。项目于1月31日完成方案征求意见，经专家评审、工程招标，春节后施工队进场，只用50多天就完成3433亩建设工程（建设面积含平整面积和非平整面积，下同），耗资646.34万元，全部由烟草公司补贴。该项目作为6月全国现代烟草农业现场会烟基建设样板之一，受到来自全国与会代表的赞许。是年，在省局烟基办的指导下完成烟叶生产全程机械化作业流程及配置规范编制工作，制作全程机械化作业配置专题片，在嘉禾县群英山示范园展出并进行现场演示。

2012年，开展土地整理项目4个（桂阳县浩塘乡、嘉禾县广发乡、安仁县灵官及桥石乡、永兴县鲤鱼塘乡），建设面积23682亩，总投资5535.86万元，其中烟草公司补贴5481.05万元。并在播种、剪叶、覆膜、移栽、灌溉、培土、植保、运输、烟叶夹持、回潮10个环节全程试行机械化操作，在基础条件较好的桂阳县仁义基地单元进行试点，规模1000亩，涉及仁义、王泗2个村共95户烟农，由仁义鸿运烟农专业合作社配置烟草农用机械13种机型共245台（套）提供专业化服务。相比传统方式，每亩节约用工10个、成本减少854元。试点12月初通过省局验收。是年，全市共购置烟草农用机械1688台（套），耗资3230.53万元，其中烟草行业补贴2619.71万元。

2013年4月19日和5月9日，市政府分别召开全市“土地整理现场会”和“土地整理专题工作会议”，总结嘉禾普满经验，部署全市土地整理项目建设工作。同时，郴州市“两烟”工作协调领导小组印发《郴州市基本烟田土地整理项目和资金监管办法（试行）》。市烟基办印发《郴州市2013年烟叶生产田间机械化实施方案》，并在桂阳仁义、浩塘和永兴柏林等基地单元实施。下半年，针对土地整理质量难题，市公司烟基办摸索出“按图放样、剥离表土、推平压实、修筑田埂、表土回填”的五点操作法，在全省推广使用。全年开展土地整理项目1个（永兴县），平整土地面积1120亩，投入资金500.48万元，由烟草行业全额补贴。是年，全市共购置烟草农用机械4403台（套），投入资金6709.11万元，其中烟草行业补贴5887万元。

2014年，为加强项目管理，维护项目建设的严肃性，市“两烟”协调领导小组适时出台《郴州市基本烟田土地整理项目设计变更监管办法（试行）》，强化项目管理，落实项目责任。是年，完成建设项目7个，建设面积39284亩，总投资13056.96万元，烟草公司补贴12977.96万元。其中，永兴县柏林基地单元金龟项目区平整土地6259亩；桂阳县敖泉镇光路项目区平整土地5445亩；正和镇洞水项目区平整土地5539亩；流峰镇双柒项目区平整土地7805亩；嘉禾县广发乡田心项目区平整土地4377亩；宜章县赤石乡龙塘项目区平整土地6859亩；苏仙区五里牌项目区平整土地3000亩。同年，为完成省局下达的桂阳县敖泉镇、宜章县赤石乡和安仁县安平乡3个基地单元的机械化建设项目任务，共为烟农专业合作社和种烟大户购买农机具2736台（套），总投资4063.96万元，其中烟草行业补贴2840.33万元。

2015年，全市完成土地整理项目4个（宜章县黄沙、桂阳县和平、永兴县高亭站洋塘和安仁县安平站竹山），建设面积为30125亩，耗资7425.85万元，由烟草行业全额补贴。12月，市烟基办主持研发的“ZBXY—200穴盘精准播种机”获得郴州市政府“郴州市科学技术进步一等奖”。2016年，完成土地整理建设项目6个、44150亩（桂阳县春陵江项目16000亩，永兴县陈塘8136亩，宜章县台宵7014亩，安仁县平背、牌楼7000亩，苏仙区西河6000亩），共投资4453.09万元，全部由烟草公司承担。2015—2016年，全市共购置烟草农用机械4201台（套），共投资6012.96万元，其中烟草行业补贴4271.34万元。2017年，全省、全市未安排烟基建设计划。

2018年2月，市公司烟基办主持的“履带式螺旋培土机的开发与应用”获得省烟草公司“科学技术进步二等奖”,并于2019年1月获得国家局“科学技术发明三等奖”,系湖南省烟草商业系统首次获得此奖。同年，市公司烟基办主持启动研究“履带折腰式垂直深耕机”。2018—2019年，全市共购置烟草专用机械958台（套），投资1845.16万元，其中由烟草行业补贴1660.67万元。

2020年，省局在桂阳雷坪进行高标准基本烟田项目建设试点，建设面积2668亩，投资218.15万元，由烟草行业全额补贴。是年，全市补贴新购烟草农机742台（套），共投资1181.16万元，其中，烟草行业补贴1095.56万元。至此，2009—2020年全市共资助烟农和专业合作社配置基本烟田农用机械19306台（套），总投资29742.54万元，其中烟草行业补贴22446.12万元。完成基本烟田土地整理项目24个，建设面积达144462亩，共投入资金31836.73万元，其中烟草行业补贴31702.92万元。是年，全市组织相关科研部门开展垂直式深耕机、开沟机和移栽机等烟草适用农机研发，其中“全液压式智控四履带拖拉机”完成成果鉴定，被评价为国内同类研究领先水平，新增推广应用35台（套），开沟机和移栽机项目完成初步设计。

2005—2020 年郴州市烤烟生产基础设施建设统计表

表 2-8

项目 年度	烟水工程			机耕路			烘烤设施			育苗设施			烟草机械			土地整理				预备及独立费（规划、监理等）	
	数量（个/条/处）	总投资（万元）	烟草补贴（万元）	数量（千米）	总投资（万元）	烟草补贴（万元）	数量（个/处）	总投资（万元）	烟草补贴（万元）	数量（个/处）	总投资（万元）	烟草补贴（万元）	数量（台/套）	总投资（万元）	烟草补贴（万元）	数量（亩/处）	整理面积（亩）	总投资（万元）	烟草补贴（万元）	总投资（万元）	烟草补贴（万元）
2005	1357	12215.43	5066.52	0	0	0	391	709.8	353.35	0	0	0	0	0	0	0	0	0	0	0	0
2006	943	9011.18	8110.06	0	0	0	4284	2214.92	1081.86	0	0	0	0	0	0	0	0	0	0	0	0
2007	674	4952.16	4562.94	0	0	0	416	611.3	552.16	0	0	0	0	0	0	0	0	0	0	0	0
2008	646	5172.84	4736.54	42	570.01	479.06	9379	6967.7	5987.3	0	0	0	0	0	0	0	0	0	0	0	538.9
2009	321	3437.11	3294.3	103	1833.36	1739.82	2976	12644.7	11062.77	0	0	0	803	1172.12	632.3	0	0	0	0	589.4	589.4
2010	467	9078.5	8824.24	158	2189.6	2121.07	1851	6191.37	5219.27	4	2530.81	2510.81	878	1909.17	853.45	0	0	0	0	537.58	537.58
2011	690	9489.56	9287.67	232	3081.93	2985.61	3056	13921.19	12026.2	10	6005.21	6005.21	2897	3618.37	2585.76	1	3433	646.34	646.34	1339.86	1339.86
2012	167	2580.95	2580.95	81	1069.08	1069.08	7147	30873.27	26570.56	145	8301.36	8301.36	1688	3230.53	2619.71	4	23682	5535.86	5481.05	1703.89	1703.89
2013	61	619.96	619.96	23	331.59	297.65	4617	15819.73	13372.83	34	10337.74	10337.74	4403	6709.11	5887	1	1120	500.48	500.48	958.88	958.88
2014	40	595.3	586.3	35	227.61	226.77	7241	23927.77	18779.73	99	4985.25	4985.25	2736	4063.96	2840.33	7	39284	13056.96	12977.96	1869.08	1781.61
2015	72	885.16	885.16	52	479.82	479.82	8098	4395.42	4395.42	169	2327.71	2327.71	1198	1324.18	973.24	4	30125	7425.85	7425.85	298.57	298.57
2016	809	5464.26	5464.26	752	3968.94	3968.94	7263	8822.15	7829.36	0	0	0	3003	4688.78	3298.1	6	44150	4453.09	4453.09	1214.33	1147.98
2017	0	0	0	0	0	0	0	0	0	0	0	0	0	0	0	0	0	0	0	0	0
2018	141	1342.5	1342.49	92	666.63	666.63	4666	2998.36	2974.95	356	1715.04	1715.04	728	999.9	899.94	0	0	0	0	151.53	151.53
2019	66	786.72	786.72	57	715.21	715.21	5623	7673.98	6627.02	111	881.7	881.7	230	845.26	760.73	0	0	0	0	181.61	184.61
2020	147	1827.45	1827.45	105	923.53	923.53	888	4489.97	4136.58	17	1449.28	1438.78	742	1181.16	1095.56	1	2668	218.15	218.15	307.74	307.74
合计	6601	67459.08	57975.56	1732	16057.31	15673.19	67896	142261.63	120969.36	945	38534.1	38503.6	19306	29742.54	22446.12	24	144462	31836.73	31702.92	9152.47	9540.55

说明：1. 2017 年全省、全市无任何设施项目建设，以完成上年度在建工程为主；

2. 此表不包括北湖区江源、桂阳县桃源、嘉禾县三百蹬、永兴县黄口堰、安仁县茶安五座水源工程建设项目

第五章　生产协作

第一节　烟农专业合作社

2010年，遵照湖南省人民政府《关于加强烟叶产业化建设的通知》（湘政发〔2005〕31号）和国家局《关于发展现代烟草农业的指导意见》（国烟办〔2007〕467号）等文件精神，创立“烟草企业＋专业合作组织＋农户”生产组织模式，将烟叶生产主要环节转向专业化分工、社会化服务和市场化运作。经过认真筹备，5月5日，桂阳县仁义镇鸿运烤烟专业合作社成立，成为全市第一家烟农专业合作社。合作社成立后，承接烟草公司部分外包业务，并为烟田机耕服务购买农机，按照2009年7月市公司印发《郴州市烟草农业机械购置补贴实施方案》的规定，享受由国家局、省局、市局设立的烟草农业机械专项补贴，补助比例：通用农机具价格的30%，单机最高不超过3万元；烟草专用农机具（起垄机等）不超过价格的60%，最高额度不超过5万元。纳入农机具补贴的农户不得超过1台（套），合作社不超过3台（套）。

2010年5月，桂阳鸿运专业合作社在桂阳县仁义镇举行挂牌成立仪式

2011年，全市按照“政策支撑、依法组建、农户自愿、自主经营、民主管理”的原则依法组建专业合作社。选择在桂阳县仁义、城郊、樟市、敖泉和嘉禾县普满5个站进行试点，其他产烟县各选择1个条件合适的烟草站进行试点。试点成功后迅速扩展。年内，全市共注册成立34家，其中省级示范社3家，市级示范社7家，辖区烟农入社率达70%。确立“一社两场三主体、六统两分一中心”（烟农专业合作社；育苗、烘烤两个工场；种植专业户、家庭农场、生产合作社三类种植主体；在育苗、机耕、植保、烘烤、分级、运输六个生产环节，统一提供专业化服务；对大田培管和烟叶交售环节实行分户管理；成立烟农服务中心，进一步优化服务）的建设模式。各项涉烟专业化服务，除按照市场价或成本价收取费用外，属于烟草公司“补贴范围”的均给予补贴，以维持专业合作社的正常运转，全市专业化服务覆盖率达83%。6月，全国现代烟草农业现场会在郴州召开，国家局副局长何泽华对郴州烟草专业化分工、社会化

2011年6月，桂阳县仁义镇烟农合作社的农机具

服务工作予以赞扬:“要像湖南一样建设高水平的合作社，全面提升规模化种植、集约化经营和专业化分工水平”。

2012年,全市在运行合作社达57家。其中,综合服务型47家、生产型10家;为民办实事省级示范社3家，现代烟草农业建设省级示范社3家，市级示范样板社7家。合作社成员共18430户，种烟面积达32.27万亩。是年，市公司下发《郴州市烟农专业合作社提质工作方案》，将合作社建设与烟叶生产、科研、烟基等工作一并纳入目标考核范围；为发挥党员模范带头作用，在桂阳鸿运、现代、敖泉3家合作社试点成立合作社党支部；并加大对专业合作社的支持力度：在资金方面，对获得2011年省级优秀合作社和规范合作社的4家合作社分别给予10万元、5万元的扶持奖励；在业务拓展方面，对专业化散烟分级给予每50千克50元的补贴，烟叶生产技术辅导员转由合作社聘请派遣；在技术方面，安排技术员在综合利用方面对合作社进行全程指导。为帮助社员解决养老难、看病难、子女就学难等问题，市公司出台《2012年烟农专业合作社成员社会保障试点工作方案》，对桂阳鸿运、雄志、祥龙，嘉禾逸香4家合作社予以助学奖励7万元，为35名职业烟农发放重大疾病与意外伤害事故救助金3.50万元。为便于管理，出资聘请厦门海晟软件公司为烟农专业合作社开发“郴州市烟农专业合作社综合信息管理系统”，并在桂阳鸿运、盈农合作社试点运行。2013年,根据市政府出台的两个规范性文件,全市烟农合作社由57家优化整合为28家。

2014年，市、县、站三级联动，对专业合作社从资金、项目、技术、人才等方面进行帮扶，促进规范管理，提高可持续发展能力。经协调，市委组织部下发《郴州市选派大学生村官参与烟农专业合作社建设实施方案》；市公司制定《2014年烟农专业合作社建设工作方案》《对烟农专业合作社加强财务管理给予扶持的意见》，按照一社一年2万元的标准进行扶持，争取政府选派10名大学生村干部参与烟农专业合作社建设，扶持28家合作社聘请专业会计。将专业化育苗供苗、烟用物资精准配送、散烟分级等服务项目交由合作社承担；专业化植保由合作社在精益生产、GAP的示范区进行试点，对考核验收合格的予以补贴。帮助拓宽经营业务，指导合作社探索育苗基质生产、优化烟叶结构、设施综合利用、剩余劳动力平台、土地流转等服务项目，增强合作社的“造血”功能。引导合作社制定年度目标管理方案，形成以目标管理为主导，绩效管理为抓手，质量安全为前提，成本控制和收入分配为核心的运营机制。举办合作社管理知识培训班，不断提高理事长、经理等人员的管理能力和水平。是年，全市开展设施综合利用、烟农辅导员聘用、农资配送、育苗基质生产的合作社分别达到13家、9家、5家、1家，实现经营收入1448.36万元，盈余116.40万元。全市建立行业示范烟农专业合作社3家，占全省12家行业示范社的25%；省级示范合作社11家，占全市28家的39.29%。

2015年，全市烟农专业合作社建设按照市场化运作、规范化管理、实体化经营的思路全面开展，重点推进“厘清企社关系、建立对接业务淘汰机制、专业化植保试点、烟叶烘烤保障、示范社创建”等工作。厘清企社关系工作，经清查，共查出问题64项，予以整改。其中，对业务外包合同，由市公司统一制定补贴协议模板，有效防范外包合同签订存在的法律风险；对业务外包招标，认真考察其资质、实力和内管是否规范。6月24日，市公司印发《处理与烟农专业合作社关系十条禁令的通知》，严禁全市烟草商业系统内任何单位、部门或个人，与烟农专业合作社进行以下活动:擅自签订烟叶生产、收购有关的合同与协议，擅自开展业务外包和劳务派遣，在其内部任职从职、入股分红、领取补贴或报酬，对其工作人员实施管理、考核或不经市公司批准组织培训，擅自为其处理任何费用、提供担保、违规解决或承诺解决本应其自行解决的问题，未签租赁协议而为其提供办公场所，与其违规发生其他业务往来等。凡违反规定者，予以追责。是年，全市与烟草公司有对接业务的烟农专业合作社由27家整合为24家，入社烟农20694人；自配管理人员 118 名，均聘请专业会计，安装使用财务管理软件，会计电算化实现 100%覆盖；成立专业化服务队伍 144 支，除开展机耕、育苗、烘烤、烟叶分级等主营业务外，其中 9 家另承接烟叶技术指导业务、自聘烟农辅导员 187 名，10 家另开展烟用物资运输业务。组织烟农专业合作社经理、专职会计共 30 人参加全省“两烟”领导小组主办的业务培训。全市创建行业示范社 3 家，省级示范社 11 家。根据外包业务绩效考核结果，取消 3 家履行合同义务不到位的继续承包资格。

2016 年，为解决烤烟期间设备维修人员到位慢、收费高的问题，市公司联合设备厂家为烟农专业合作社培养 92 名烤房设备维修人员，基本覆盖全市所有种烟乡（镇）。

2017 年，全市烟农专业合作社专业化机耕 31.26 万亩，专业化育苗 50.93 万亩，专业化植保 42.20 万亩，专业化烘烤试点面积 1.53 万亩，专业化分级 38.15 万亩，覆盖率分别为 81.94%、100%、100%、4.02%、100%。烟草农事专业化分工协作已达较高水平。全市被农业部、财政部、国家发改委等评为“国家农民专业合作社示范社”的有 3 家，被省政府评为“省级示范社”的有 4 家，被中国烟草总公司评为“行业示范社”的有 4 家，被省“两烟”协调领导小组评为“省级示范社”的有 13 家。

2018 年，全年新增 3 家行业示范社、1 家省级示范社，行业示范社累计达 7 家、省级示范社达 10 家，全市共有 26 家烟农专业合作社服务烤烟产业。2019 年，全市新增“国家农民专业合作社示范社”2 家。

至 2020 年，历经“试点探索、快速发展、整合规范”三个发展阶段后，全市共有烟农专业合作社 28 家，其中行业示范社 7 家、省级示范社 17 家；入社烟农 16074 户；服务烟叶种植面积 38.40 万亩。依据烟农专业合作社“生产在户，服务在社”的生产组织模式，烟农对专业化服务的接受和依赖程度日益提升。从备耕到育苗、移栽、烟用物资配送、植保、采收、烘烤、分级等各个重要生产环节全部实现专业化服务，减工降本成效显著。烟草公司对烟农专业合作社的运作给予有力支撑，各专业化服务项目，均经过烟草站初检、县分公司复验、市公司审核，对达标的兑现补贴，对不达标的予以免补或扣减。是年，共为 28 家合作社实发补贴 6134.35 万元。其中，育苗补贴 628.27 万元；无人机专业化植保服务 368988.64 亩，补贴分别按照常规烟田 7 元 / 亩 / 次和高标准烟田 12 元 / 亩 / 次进行，共补贴 2740740.69 元；“1（专指烘烤）+N（指采、编、分、收）”一体化专业服务模式，按照纯烘烤以干烟每 50 千克 7.5 元进行补贴，“采、编、分”以干烟每 50 千克 15 元进行补贴，“采、编、分、收”以干烟每 50 千克 30 元进行补贴，共补贴 816.31 万元；专业化分级以干烟每 50 千克 50 元予以补贴，共分级 46623.50 吨，扣除不达标扣减额，实发补贴 304.80 万元。

2020 年郴州市烟农专业合作社基本情况统计表

表 2–9

序号	合作社名称（注册全称）	成立时间	专业化服务（人）	入社户数（户）	服务种植面积（亩）	育苗工场		烤房群		现有农用机械(台/套)	无人机植保（架）	是否为省级示范社（是/否）	是否为行业示范社（是/否）
						数量（处）	供种面积（亩）	数量（处）	密集烤房（座）				
1	桂阳县鸿运烤烟专业合作社	2010.5.5	319	1635	29480	7	39175	178	2592	786	3	是	是
2	桂阳县雄志烤烟专业合作联社	2011.5.19	360	1183	23000	7	30000	120	1938	1066	4	是	是
3	桂阳县祥达烤烟专业合作社	2012.1.11	207	356	8920	3	8920	70	926	291	0	是	否

续表 2-9

序号	合作社名称（注册全称）	成立时间	专业化服务（人）	入社户数（户）	服务种植面积（亩）	育苗工场		烤房群		现有农用机械(台/套)	无人机植保（架）	是否为省级示范社（是/否）	是否为行业示范社（是/否）
						数量（处）	供种面积（亩）	数量（处）	密集烤房（座）				
4	桂阳县敖泉镇祥龙烤烟专业合作社	2010.11.17	151	691	9500	3	18000	4	210	215	2	是	是
5	桂阳县新华烟草专业合作社	2011.7.6	12	618	10930	2	12744	1	50	438	14	是	是
6	桂阳县流峰镇润枫合作社	2012.3.9	192	1003	14290	4	30560	85	915	420	0	是	否
7	桂阳县雷坪乡鸿兴烤烟专业合作社	2011.6.22	9	211	4500	1	5000	0	0	97	2	否	否
8	桂阳县城郊盛隆烤烟专业合作社	2010.12.9	271	941	16300	2	16300	76	1329	388	3	是	否
9	桂阳县盛达烤烟专业合作社	2011.5.18	198	1188	22290	6	22290	11	480	604	3	是	否
10	桂阳县青云烤烟专业合作社	2011.12.28	82	1082	17040	4	33832	2	1318	777	1	是	是
11	桂阳县洋市镇金坤烤烟专业合作社	2011.6.1	196	1019	17300	3	18000	1	1123	704	4	是	否
12	桂阳县和平镇祥和烤烟专业合作社	2011.6.22	68	448	8600	3	9460	70	806	390	1	是	否
13	桂阳县鸿丰烤烟专业合作社	2011.12.6	183	386	7300	3	13000	0	0	162	0	否	否
14	桂阳县诚信烤烟专业合作社	2011.7.6	73	393	8000	1	9110	49	632	218	1	否	否
15	嘉禾县普满乡逸香烟农专业合作社	2010.12.9	551	1053	20600	3	21409	60	1398	828	4	是	是
16	嘉禾县经典烟农专业合作社	2012.12.11	500	414	17900	4	19902	76	1720	301	0	否	否
17	永兴县永新烟叶专业合作社	2011.6.20	679	433	13100	5	20700	21	1130	640	0	是	否
18	永兴县永丰烤烟专业合作社	2011.4.12	1690	464	20100	5	21787	68	1089	1081	0	是	是
19	永兴县永旺烟叶农民专业合作社	2012.12	362	204	5300	2	6099	37	298	121	6	是	否
20	安仁县沿丰烟农专业合作社	2013.1	340	404	20386	7	22000	103	1760	186	3	是	否
21	安仁县灵官现代烟草专业合作社	2011.11	357	415	19317	5	21000	89	1719	45	0	否	否

续表 2-9

序号	合作社名称（注册全称）	成立时间	专业化服务（人）	入社户数（户）	服务种植面积（亩）	育苗工场		烤房群		现有农用机械(台/套)	无人机植保（架）	是否为省级示范社（是/否）	是否为行业示范社（是/否）
						数量（处）	供种面积（亩）	数量（处）	密集烤房（座）				
22	宜章县赤石乡新农烟叶种植专业合作社	2010.12.9	190	170	9190	2	10000	49	710	17	2	是	否
23	宜章县黄沙镇金叶烟叶种植专业合作社	2009.12.3	505	566	29310	6	35000	91	1475	56	16	否	否
24	郴州市北湖区华塘镇双元生态烤烟农民专业合作社	2013.3.1	670	347	10000	2	10000	40	755	452	0	否	否
25	郴州市苏仙区五里牌烤烟专业合作社	2014.4.2	246	150	8192	1	6000	73	1133	312	0	否	否
26	郴州栖风渡烟草种植专业合作社	2019.5.27	485	156	7808	2	10570	62	1041	21	0	否	否
27	临武县中实烟草种植专业合作社	2014.3.16	259	139	10800	2	6800	42	1064	6	0	否	否
28	临武县惠发烟叶种植专业合作社	2012.3.6	4	5	1200	0	0	0	0	126	0	否	否
28	临武县惠发烟叶种植专业合作社	2012.3.6	4	5	1200	0	0	0	0	126	0	否	否
合计			9159	16074	390653	95	477658	1478	27611	10748	69	17	7

第二节　基地单元（基地联办）

2003 年，在上年郴州、常德、青州、滁州 4 家烟厂与市公司联办基地的基础上，新增南京卷烟厂在桂阳联办烟叶基地。

2004 年，厂县挂钩烟叶基地进一步扩大，共有郴州、常德、长沙、上海、广州卷烟二厂、合肥、青州、徐州、石家庄 9 家烟厂分别在桂阳、嘉禾、永兴建立厂县挂钩烟叶基地。总面积 7.45 万亩，厂家共投入资金 1009.80 万元。在桂阳、嘉禾县建立烟叶调拨点。3 月 12 日，为确保国家局下达的郴州优质烟叶科技示范基地建设项目顺利实施，圆满完成项目提出的各项目标任务，郴州市人民政府办公室下发《关

2004 年“全国替代进口烟生产基地”标牌

于成立郴州市优质烟叶科技示范基地建设领导小组的通知》(郴政办函〔2004〕38号)，成立由副市长易佩康担任组长的郴州市优质烟叶科技示范基地建设领导小组。领导小组下设办公室负责日常具体工作。

2005年，市公司先后与上海、广东、云南红塔、长沙、青岛、常德等14家大型卷烟厂签订联办协议，比上年增加5个厂家，基地面积扩大到25.70万亩，烟叶调拨量占全年总调拨量的77%。12月16日，湖南省人民政府下发《关于加强烟叶产业化建设的通知》(湘政发〔2005〕31号)，强调烟叶产业化建设应建立新型烟叶合作关系，吸引省内外烟厂联办基地。

2006年2月10日，国家局印发《中国烟叶生产可持续发展规划纲要（2006—2010)》，提出“卷烟工业企业要加大对基地的支持力度和参与程度，基地要确保烟叶质量满足卷烟生产配方的要求，使厂办基地工作取得实质性的进展，形成稳定的产销关系，力争‘十一五’规划末达到重点地市级公司90%的烟叶基地化生产,重点卷烟企业90%的烟叶原料基地化供应”。烟叶基地化生产、供应工作由此而生。是年，市公司又与广东、南京等大型卷烟厂签订联办烟叶基地协议。5月16日，省公司下发《2006年度部分替代进口烟叶和成熟度项目工作方案》，扶持措施如下：挂钩烟厂对示范点的扶持资金（科研经费投入除外）全部进入调拨价格，示范点烟叶调拨价上浮30%；挂钩烟厂对成熟度项目按照每亩100～150元的标准，以科研经费方式或肥料投入等形式投入承担项目的产区公司；挂钩烟厂对各示范点技术依托单位按照工作成效给予5万元以上的科技补贴。

2007年2月26日，中国烟叶公司下发《关于落实2007年部分替代进口烟叶有关工作的通知》，郴州产区任务为：由广东、安徽中烟公司各在桂阳县联办烟叶基地1万亩，各收购烟叶1500吨；技术依托单位分别为中国烟草中南试验站、河南农业大学。项目区所产烟叶订立“替代进口烟叶”调拨合同，并制备样品，送国家烟叶实物样品审定会审评定档。

2008年，结合贯彻《关于发展现代烟草农业的指导意见》(国烟办〔2007〕467号)，正式推行“基地单元”机制。现代烟草农业基地单元是根据工业企业卷烟品牌原料质量特色需求，将卷烟风格特色、生态环境基本一致的区域，划分出的烟叶生产、收购、调拨的基本单位。每个基地单元制定一个生产技术方案，执行一套业务流程和标准，服务一家卷烟企业；基地单元规模原则为1.70万亩、2500吨左右，单元内划分片区，以片区为单位组织烟叶生产。且有国家局、省局基地单元之分。是年，广东中烟公司在桂阳樟市建立基地单元，开发规模2500吨。2009年，安徽中烟公司在桂阳敖泉建立基地单元，开发数量为2500吨。

2010年，按照国家局的部署，全市由烟草工业、商业、科研三方共同成立基地单元特色烟叶开发领导小组，下设技术服务、收购调拨质量管理、宣传推介和管理考核4个小组。聘请行业及技术依托单位的专家组成专家组，形成组织管理、技术创新、技术推广服务、烟叶收购加工、全程质量监控、风险保障六大体系。通过调研、座谈、讨论、科学论证等多种途径，及时掌握工业要求，并根据各工业品牌风格特色定位及质量需求，共同制定单元建设规划、年度开发技术、工作方案，并在生产中付诸实施。工业企业及技术依托单位派遣技术人员驻点，与烟草站技术员同吃、同住、同工作，培训、指导、落实标准化生产技术，定期讨论、研究开发工作情况，及时解决生产过程中出现的问题，健全基础信息及管理过程档案以及技术研发重点攻关等。全市基地单元技术依托单位主要有：青州烟科所、中南农业试验站、河南和湖南农业大学、安徽烟科所等单位。是年，全市共新建4个基地单元，具体是上海烟草集团在桂阳仁义、贵州中烟公司在嘉禾广发、云南红塔集团在桂阳正和、吉林烟草工业公司在永兴柏林建立。开发数量均为2500吨。

2011 年，全市共开发特色烟基地单元 8 个：上海烟草集团在桂阳仁义、广东中烟在桂阳樟市、安徽中烟在桂阳敖泉、江西中烟在桂阳方元、红塔集团在桂阳城郊、贵州中烟在嘉禾广发、湖南中烟在嘉禾普满、吉林烟草在永兴柏林。另还在安仁、宜章、两区进行特色烟开发试点。总开发面积为 11.40 万亩、特色优质烟叶 1.65 万吨。

2012 年，江苏中烟公司在桂阳流峰、河南中烟公司在桂阳洋市建立国家局基地单元。全市试点 GAP 面积 3.10 万亩、全程机械化面积 0.10 万亩，落实订单生产烟叶 2500 吨，散叶收购 15225 吨。落实特色优质烟叶单元 6 个，收购特色优质烟叶 30 万担，桂阳烟叶被授予“湖南名牌产品”称号，该县樟市单元被评为国家局优秀基地单元。

2013 年，大力推进工商深度合作，全市新建桂阳洋市、安仁安平 2 个国家局基地单元，桂阳四里、宜章赤石 2 个省局基地单元。在安平单元建设烟水烟路基础设施，在赤石新建 4 个、洋市和里田各新建 1 个烘烤工场，并为 4 个单元内的 300 栋烤房配置烟夹；在洋市新建 1 个育苗工场。另完成桂阳正和、仁义、樟市、流峰、和平，嘉禾广发，永兴柏林等 8 个基地单元共 14.80 万亩、2 万吨优质烟叶开发任务，同时做好安徽中烟在敖泉、上海烟草集团在仁义、湖南中烟在赤石、浙江中烟在安平基地单元 0.90 万吨订单生产示范工作，另外还承担山东中烟“泰山”高端品牌在赤石基地单元 30 吨优质原料开发试验。

2014 年，全市共有 13 个卷烟厂家，对接 18 个基地单元。其中，上海烟草集团在仁义，云南红塔集团在正和，广东中烟在樟市、四里、两区，安徽中烟在和平、敖泉，贵州中烟在广发、高亭，湖南中烟在赤石、普满，江西、江苏、河南、山东、广西、浙江、吉林中烟公司分别在方元、流峰、洋市、春陵江、欧阳海、安平、柏林建立基地单元。共开发优质烟叶 2.50 万吨。

2015 年，全市共完成 10 个基地单元特色优质烟叶开发任务，开发特色烟叶 2.45 万吨，4 个工业企业的订单生产示范，生产烟叶 0.90 万吨，2 个高端品牌核心原料开发，6 个精益生产示范点的试点探索，探索出适合郴州实际、具有郴州特色的精益生产模式。是年，新增浩塘基地单元，对口单位为江西中烟公司。19 个基地单元中，有 9 个为国家局特色烟单元，分别是仁义、樟市、正和、和平、流峰、洋市、广发、柏林、高亭；6 个国家局单元，为方元、春陵江、敖泉、欧阳海、普满、安平；4 个省局单元，为桂阳的浩塘、四里，宜章的赤石及两区的华塘和五里牌。根据国家局的规定，凡被列入国家局特色烟单元的烟叶，由对口的卷烟厂家按照收购价格和评定的等级给予 15% ~ 30% 的补贴，补贴金额加入调拨价内。年内，市公司组织多家工业企业召开工、商、研三方基地单元建设座谈会，并完成全市基地单元工、商、研三方合作协议的签订。

2016—2017 年，湖南中烟公司退出宜章赤石、嘉禾普满基地单元；广东中烟公司退出桂阳四里单元，改由陕西中烟公司对接；春陵江由国家局单元升为国家局特色烟单元。全市基地单元减少 2 个至 17 个，其中，全市特色烟单元共有 10 个，国家局单元由 6 个减为 5 个，省局单元维持 4 个不变。2018 年，新增重庆中烟公司普满单元。

2019 年，全市基地单元有较大的变化。主要有：新增国家局特色烟单元 1 个为嘉禾普满；新增省局单元 1 个为两区的华塘；新增桂阳银河、团结，宜章黄沙，两区五里牌和临武共 5 个基地单元。是年，全市共有国家局特色烟单元 11 个，国家局单元 4 个、省局单元 5 个，加之新增 5 个，共计 25 个。业务对接变化如下：安徽中烟公司退出敖泉单元，由浙江中烟公司对接；重庆中烟公司退出普满单元，由贵州中烟公司对接；吉林中烟退出柏林单元；赤石、黄沙单元由陕西中烟公司对接，华塘单元由甘肃中烟公司对接，五里牌单元由广东中烟公司对接；银河、柏林、灵官单元无对接单位。另全市落实高端原料定制化开发单元 17 个。

经过十多年的优质烟开发和基地单元建设，全市烤烟生产布局进一步优化，传统种植区的巩固和新产区的开发得到平衡发展，大户规模种植和小户精耕细作和谐共存，生产规模得以稳定。焦甜醇甜香型的风格特色不断得到工业企业的认可，“福城金叶”品牌已受到国内各卷烟企业的高度关注，市场对郴州烟叶的需求持续上升，共有广东、上海、安徽、贵州、山东、江苏、江西、云南、吉林、浙江、河南、广西、陕西、甘肃、四川、重庆、湖南及湖南省烟草进出口公司等 20 多家企业调拨郴州烟叶，并成为“中华”“双喜”“利群”“玉溪”等国内重点骨干品牌的主料烟。

2020 年，全市认真落实《“福城金叶”品牌战略规划》。进一步增强品牌知名度和影响力，坚持“走出去”与“请进来”相结合，定期走访工业客户，虚心听取工业意见，深度解读工业需求，做好意见收集和信息反馈，邀请工业代表实地指导，加强日常交流与对接，回应好工业对单元建设、数量结构、等级质量等方面的关切。进一步优化客户结构，统筹考虑卷烟品牌战略、配方变化、依赖程度和工业企业产业状况，形成需求结构搭配合理、互补性较强的市场格局。进一步提高原料供给能力，确保核心客户原料保障。持续推动高端卷烟原料定制化开发工作向纵深发展。进一步深化工商协同机制，发挥农、工、商三方协同作用，整合三方的技术、管理、人员、资金等生产要素，采取“一基地一方案”的办法，精准对接工业企业个性化需求，共同制定差异化实施方案，把工业需求传导至广大烟农和基层技术人员。推进试点开发，构建与高端卷烟原料定制生产相适应的工商合作方式、生产技术服务体系和烟叶购销模式。同时联合工业企业开展品种推广认定，邀请工业专家品吸化验，鉴定新品种烟叶质量风格特征，获得工业企业对品种的认可。进一步提高产销融合度。对接工业企业，适度调整烟叶原料需求结构，与产区烟叶产出结构相匹配，扩大郴州烟叶在工业一、二类卷烟中的利用率；优化烟叶产出结构，满足工业企业等级结构和质量需求，使郴州烟叶保持持续、稳定向前发展的态势。

第六章　烟叶购销

第一节　收购政策

一、收购标准

2003—2020年，郴州市烤烟收购按照国家发布的《烤烟国家四十二级标准》，参照省公司审定的实物样品进行收购。每年在收购前，组织相关人员进行培训，召开相关工作会议，观看仿制实物样品，统一平衡收购眼光。在收购期间，制定工作纪律，组织多个工作组，监督检查按照标准收购和工作纪律实施情况，不放松标准收“人情烟、面子烟”，不收紧标准搞压级压价、索拿卡要，对违者严肃查处，确保“公平、公正”。收购结束后，由省局（公司）对合格率进行全面抽检，合格率80%为达标。将烟叶收购合格率指标纳入市公司年度目标管理考核范围，年底依据考核结果兑现奖罚。

烤烟国家四十二级标准表

表2–10

组别		级别	代号	成熟度	叶片结构	身份	油分	色度	长度（厘米）	残伤（%）
下部（X）	柠檬黄（L）	1	X1L	成熟	疏松	稍薄	有	强	40	15
		2	X2L	成熟	疏松	薄	稍有	中	35	25
		3	X3L	成熟	疏松	薄	稍有	弱	30	30
		4	X4L	假熟	疏松	薄	少	淡	25	35
	橘黄（F）	1	X1F	成熟	疏松	稍薄	有	强	40	15
		2	X2F	成熟	疏松	稍薄	稍有	中	35	25
		3	X3F	成熟	疏松	稍薄	稍有	弱	30	30
		4	X4F	假熟	疏松	薄	少	淡	25	35
中部（C）	柠檬黄（L）	1	C1L	成熟	疏松	中等	多	浓	45	10
		2	C2L	成熟	疏松	中等	有	强	40	15
		3	C3L	成熟	疏松	稍薄	有	中	35	25
		4	C4L	成熟	疏松	稍薄	稍有	中	35	30
	橘黄（F）	1	C1F	成熟	疏松	中等	多	浓	45	10
		2	C2F	成熟	疏松	中等	有	强	40	15
		3	C3F	成熟	疏松	中等	有	中	35	25
		4	C4F	成熟	疏松	稍薄	稍有	中	35	30
上部（B）	柠檬黄（L）	1	B1L	成熟	尚疏松	中等	多	浓	45	15
		2	B2L	成熟	稍密	中等	有	强	40	20
		3	B3L	成熟	稍密	中等	稍有	中	35	30
		4	B4L	成熟	紧密	稍厚	稍有	弱	30	35

续表 2-10

组别		级别	代号	成熟度	叶片结构	身份	油分	色度	长度（厘米）	残伤（%）
上部（B）	橘黄（F）	1	B1F	成熟	尚疏松	稍厚	多	浓	45	15
		2	B2F	成熟	尚疏松	稍厚	有	强	40	20
		3	B3F	成熟	稍密	稍厚	有	中	35	30
		4	B4F	成熟	稍密	厚	稍有	弱	30	35
	红棕（R）	1	B1R	成熟	尚疏松	稍厚	有	浓	45	15
		2	B2R	成熟	稍密	稍厚	有	强	40	25
		3	B3R	成熟	稍密	厚	稍有	中	35	35
完熟叶（H）		1	H1F	完熟	疏松	中等	稍有	强	40	20
		2	H2H	完熟	疏松	中等	稍有	中	35	35
杂色（K）	中下部（CX）	1	CX1K	尚熟	疏松	稍薄	有	—	35	20
		2	CX2K	欠熟	尚疏松	薄	少	—	25	25
	上部（B）	1	B1K	尚熟	稍密	稍厚	有	—	35	20
		2	B2K	欠熟	紧密	厚	稍有	—	30	30
		3	B3K	欠熟	紧密	厚	少	—	25	35
光滑叶（S）		1	S1	欠熟	紧密	稍薄	有	—	35	10
		2	S2	欠熟	紧密	稍厚	少	—	30	20
微带青（V）	下部（X）	2	X2V	尚熟	疏松	稍薄	稍有	中	35	15
	中部（C）	3	C3V	尚熟	疏松	中等	有	强	40	10
	上部（B）	2	B2V	尚熟	稍密	稍厚	有	强	40	10
		3	B3V	尚熟	稍密	稍厚	稍有	中	35	10
青黄色（GY）		1	GY1	尚熟	尚疏松至稍密	稍薄稍厚	有	—	35	10
		2	GY2	欠熟	稍密至紧密	稍薄稍厚	稍有	—	30	20

二、收购价格

2003—2020 年，国务院价格主管部门协同国家烟草专卖局（总公司）将全国各烟区划分为四个价区，并每年制定下发各价区的烟叶收购价格表，各烟区遵照执行。郴州被划定为二价区，其中对特色开发、可替代进口、高端原料定制烟叶及生产补贴均以国家发改委和国家局、省局相关文件为准，另加入烟叶调拨价格之中，或由市公司在产前、产中及收购结束后直接补贴给烟农。2008 年，烤烟收购基准价在 2007 年的基础上上调 20%。2011 年，烤烟收购整体价格水平在 2010 年的基础上提高 12%。2015 年，对小等级价格及上浮政策进行微调，上、中等烟与下低等烟的价差幅度进一步拉大。

2003—2020 年郴州市烤烟 42 级收购价格表（二价区）

表 2-11

单位：元 /50 千克

年度 等级	2003	2004	2005	2006	2007	2008	2009	2010	2011	2012	2013	2014	2015	2016	2017	2018	2019	2020
C1F	882	860	860	860	880	1020	1060	1060	1220	1560	1720	1830	1920	1980	1980	2000	2000	2000
C2F	774	790	790	790	810	940	960	960	1110	1380	1520	1640	1720	1760	1760	1790	1795	1795
C3F	667	690	690	690	710	830	870	870	990	1200	1340	1450	1520	1530	1530	1560	1560	1560
C1L	806	790	790	790	810	930	970	970	1120	1445	1600	1690	1750	1800	1800	1850	1850	1850
C2L	700	710	710	710	730	845	880	880	1010	1300	1420	1510	1560	1590	1590	1610	1610	1610
B1F	683	690	690	690	710	840	900	900	1020	1270	1400	1500	1600	1600	1600	1720	1720	1720
B2F	543	560	560	560	580	715	790	790	880	1090	1170	1300	1300	1250	1250	1370	1370	1370
B1L	570	590	590	590	610	705	770	770	850	1020	1140	1200	1250	1250	1250	1250	1250	1250
B1R	564	550	550	550	570	685	760	760	820	900	950	950	950	950	950	950	950	950
H1F	590	580	580	580	600	715	840	840	950	1050	1150	1200	1250	1250	1250	1250	1250	1250
H1F	554	605	605	605	625	730	830	830	920	1100	1220	1230	1350	1400	1400	1300	1300	1300
C3L	570	605	605	605	625	745	790	790	900	1120	1240	1350	1370	1370	1370	1380	1380	1380
X2F	430	500	500	500	520	625	730	730	790	910	1000	1080	1050	1100	1100	950	950	950
C4F	490	540	540	540	560	665	760	760	880	1020	1160	1290	1320	1320	1320	1100	1100	1100
C4L	452	500	500	500	520	615	710	710	790	940	1060	1140	1180	1180	1180	1000	1000	1000
X3F	323	400	400	400	420	510	610	610	650	720	780	615	650	650	650	500	490	490
X1L	505	580	580	580	600	700	790	790	880	1000	1120	1130	1200	1250	1250	1100	1100	1100
X2L	398	465	465	465	485	600	680	680	740	820	900	900	900	900	900	750	750	750
B3F	323	385	395	395	415	550	670	670	740	910	980	850	850	850	850	980	980	980
B4F	150	205	235	235	255	385	520	520	590	730	770	615	560	560	560	500	500	500
B2L	344	390	410	410	430	555	640	640	700	820	920	800	900	900	900	900	900	900

续表 2-11

等级＼年度	2003	2004	2005	2006	2007	2008	2009	2010	2011	2012	2013	2014	2015	2016	2017	2018	2019	2020
B3L	160	215	245	245	265	395	500	500	550	620	670	550	550	550	550	500	500	500
B2R	468	460	460	460	480	580	620	620	650	700	730	700	700	700	700	700	700	700
B3R	274	275	285	285	305	395	490	490	500	500	510	500	460	460	460	450	450	450
H2F	492	480	480	480	500	590	670	670	770	850	950	950	950	950	950	950	950	950
X2V	310	310	310	310	330	395	450	450	480	600	650	550	530	510	510	410	410	410
C3V	484	500	500	500	520	610	710	710	750	900	980	900	890	890	890	890	890	890
B2V	376	375	375	375	395	455	540	540	590	700	780	700	680	680	680	680	680	680
B3V	270	275	275	275	295	355	450	450	480	500	550	500	470	450	450	450	450	450
S1	226	220	220	220	240	300	420	420	420	500	550	505	470	450	450	430	430	430
B4L	62	110	150	150	170	255	360	360	390	420	420	355	310	300	300	300	300	300
X3L	162	210	300	300	320	440	580	580	600	640	680	505	500	500	500	400	390	390
X4L	72	115	180	180	200	300	460	460	460	460	460	305	270	260	260	250	240	240
X4F	82	125	210	210	230	340	500	500	500	530	530	355	320	310	310	290	280	280
S2	102	105	105	105	125	190	280	280	280	300	300	305	270	260	260	230	230	230
CX1K	72	120	200	200	220	280	370	370	370	370	370	335	300	290	290	290	280	280
CX2K	42	85	135	135	155	210	280	280	280	280	280	255	230	220	220	220	210	210
B1K	62	110	185	185	205	270	350	350	350	350	350	325	290	280	280	280	280	280
B2K	32	60	100	100	120	180	270	270	270	270	270	245	220	210	210	210	210	210
GY1	27	50	80	80	100	150	220	220	220	220	220	195	170	160	160	160	160	160
B3K	17	30	80	80	100	125	190	190	190	190	190	165	145	140	140	140	140	140
GY2	12	20	60	60	80	115	180	180	180	180	180	155	135	130	130	130	130	130

第二节　收购网点与运作

一、收购网点

2003 年，郴州市共设立烟叶收购站 55 个、收购点 87 个（含站本级点）。收购网点的设置原则是：主产乡镇实行“一乡（镇）一站”，非主产区、种植新区和偏远种植区设点（挂靠某站，须特批），所有收购站、点均需持有省局核发的“烟叶收购许可证”方可开展烟叶收购业务。

2005 年，全市规划新建和改造 24 个标准化烟草站。是年，全市共有 59 个烟草站。其中，桂阳县 27 个：城郊、浩塘、团结、仁义、方元、燕塘、樟市、洋市、东城、雷坪、和平、桥市、敖泉、银河、飞仙、余田、十字、古楼、六合、流峰、樟木、板桥、塘市、欧阳海、泗州、正和、莲塘。嘉禾县 8 个：普满、肖家、行廊、龙潭、城关、坦坪、石桥、广发。永兴县 6 个：柏林、太和、鲤鱼塘、金龟、高亭、油麻。安仁县 6 个：安平、清溪、龙海、牌楼、竹山、坪上。宜章县 4 个：黄沙、里田、赤石、平和。临武县 3 个：楚江、城关、万水。北湖区 2 个：华塘、同和。苏仙区 3 个：香山坪、良田、栖凤渡。

2006—2010 年，按照湖南省《“十一五”标准化烟草站建设规划及设计标准》，郴州市基层烟草站扩建 9 个、改建 5 个、迁建 1 个。扩建桂阳县方元、和平、桥市、银河、余田、六合、樟木、欧阳海和嘉禾县石桥站。改建嘉禾县城关站，安仁县清溪、牌楼站，宜章县赤石站，北湖区华塘站；迁建桂阳县城郊站。总计征地 98 亩、改扩建建筑面积 39550 平方米。至 2010 年，桂阳县仁义、樟市、城郊、敖泉及嘉禾县普满 5 个标准化烟草站建成并通过验收。

2011 年，北湖、苏仙两区实行并站收购，撤销同和、良田 2 个收购点。“十一五”基层烟草站改扩建工程抓紧扫尾工作，开展“十二五”新一轮改扩建工作。至 2015 年，桂阳的和平、浩塘、樟木、洋市、城郊、流峰、方元，两区的华塘，嘉禾的广发，安仁的安平，永兴的柏林等一批烟草站先后完成改扩建，并投入使用。五里牌等少数烟草站的改扩建其后陆续进行。经过对主要收购站（点）设施进行异地改造或改扩建，经营场所普遍扩大，环境普遍美化，工房更适合现代物流特点，设备配置更先进齐全，为烟叶收购创造更加舒适、顺畅的基础条件。

2018 年，全市严格执行省局党组的管理要求，共设立收购点 55 个、收购线 117 条，同比减少 9 条。250 吨以下片区不再设立收购点。2020 年，全市共设立标准化烟草站 23 个、收购点 56 个、收购线 114 条。

二、收购运作

自 2003 年起，郴州市烟叶收购市场管理实行市、县、乡、村四级联动责任制；烟叶收购业务操作由烟草公司负责。全市系统遵照省局（公司）《烟叶收购管理办法》和市局（公司）相关规章，在收购前夕，做好人员配备、设备检修与添置、场地准备、人员培训等工作，落实各级工作责任制，把任务分解到站（点）到人，实施全程考核。收购站（点）内设宣传栏，公示收购价格、扶持政策、收购纪律等，悬挂收购标准实物比照样品，完善烟农休息室、茶水供应点、应急医药箱等服务措施，并设立举报箱，接受群众监督。在收购时，各收购站（点）工作人员佩戴上岗标志上岗操作，一律实行入户预检、预约交售、封闭式收购。对未签订生产合同的烟叶一律不予收购。在收购期间，省局与省技术监督局联合检查组 3 次到郴州检查，市局多部门联合组成工作组巡回检查，进行质量标准、收购纪律执行监督。是年，首次实行入户预检制度，即烟草站驻村培植员在收购前到烟农家中，将每户烤好的全部烟叶进行分级和预检定级，所验烟叶按照部位、颜色分组入袋扎封，在随挂的预检卡片上标明预检等级；各户烟农按照烟草站预约通知，一次性将已预检的烟叶送交烟草站；烟草站验级员对预检烟叶进行复检，符合等级标准的，予以收购；预检不符合等级标准的，改按复检情况定级，并对预检员予以经济处罚。这一制度的实施，使烟农交烟实现批量交售，交烟次数和排队拥挤现象减少，对加快收购进度，提高扎把纯度和收购质量起到积极作用。是年，仅用3个月就完成收购任务，较以往提前2～3个月。共收购烟叶25519.20吨，完成国家收购计划的99.9%。收购等级合格率提高。上等烟比例占35.83%，中等烟占62.57%，下低等烟仅占1.6%；收购的上部烟占22.65%，中部烟占47.43%，下部烟占29.92%；收购均价（不含补贴）为10.60元/千克。

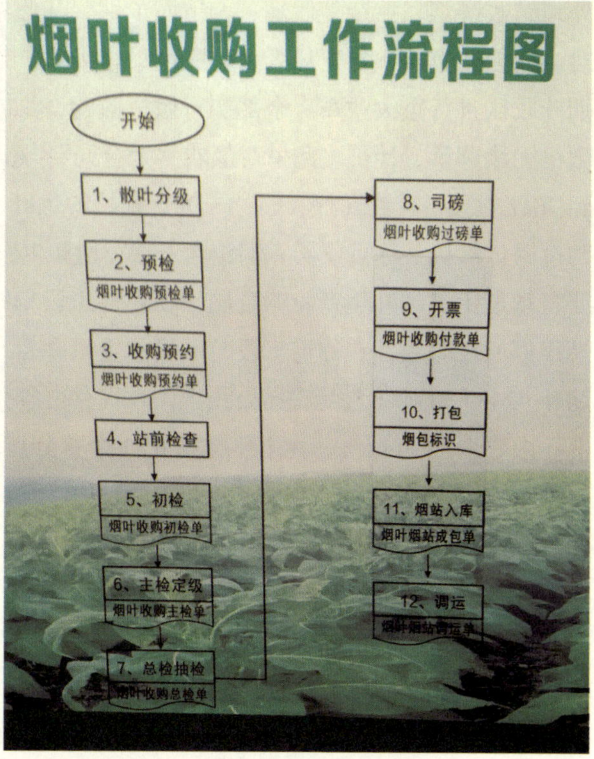

烟草站明示的烟叶收购工作流程图

2004年，全市系统结合全面质量管理体系贯标进行，各站内部建立“亏一赔一”机制。7月8日，国家烟草专卖局印发《烤烟收购五条纪律和七条要求》（国烟办〔2004〕437号），全市系统认真贯彻执行。是年，全市共收购烟叶35076.24吨，同比增加9557吨，其中上等烟占59.45%、中等烟占39.5%、下低等烟仅占1.05%。经国家局和省局检查，合格率分别为82%、81%。收购均价为11.99元/千克，比上年增加1.39元/千克。

2005年，全市烟叶收购坚持“入户预检、约时定点、批量交售”的模式。预检员入户预检实行分片包干，未贴预检标签的烟叶一律不收。约时交售精确到上午或下午。封闭式验收皮带输送流水线由原来的24条增加到100条。全市共收购烟叶39936.25吨，比上年增加4860吨，增长13.85%。其中，上等烟占56.8%，中等烟占36.85%，下低等烟占6.35%，全市烟叶综合等级合格率经省“两局”抽验为81.3%。全市实现烟叶特产税10509万元，首次突破亿元，比上年增长12.41%，收购均价为582.90元/50千克，比全省高出68.39元。

2006年，执行省局上年12月28日下达的《湖南省烟叶收购管理办法》（修订版）（湘烟叶〔2005〕438号）的规定：各收购站（点）全面实行入户预检、凭合同和预约时间定点批量交售、封闭式收购；烟草站设主检，县公司设总检，把好收购质量关。任何单位或个人不得干预质检人员和收购部门执行烟叶标准。在收购期间，接受各级工作组巡视检查。烟款不许打白条，各种地方扶持政策应在收购结束后兑现。各收购站（点）全部实现微机联网收购，当天收购数据要及时联网上传，不许漏报、瞒报、错报。特别强调健全收购工作领导责任制，各级烟叶收购部门和单位的主要领导是第一责任人，建立健全各项制度和措施，加大督促检查力度，确保各项工作落实到位。对无证收购、擅自设点收购、不按合同收购、跨区收购、加价收购、降低标准收购导致工商交接合格率严重偏低、压级压价压重和抬级抬价抬重以及内外勾结收统烟、掺杂使假烟、人情面子烟、开假票、转借挪用资金、为他人提供运单账号等行为，分别对当事人、直接领导责任人予以赔偿、记大过、撤职乃至开除等处分。是年，结合贯彻省局新规定，对烟叶收购进行重大改革。全部实行微机收购，烟农必须提供身份证与种植合同，对无合同、超合同烟叶微机无法称量、计价。此举对烟农“无合同”“超合同”种植、交售起到遏制作用；推行上户预检率达不到70%的县不允许开秤收购，未进行预检的烟叶一律不得进入收购程序；投资177.17万元，统一招标采购过磅计算机、称重仪器、烟筐读卡器、射频IC卡等烟叶收购通用设备。首次试用读卡器识别烟农身份证自动显示其烟叶生产收购合同，在初检工段扫描烟筐（内置芯片）记录号码，在封闭验级工段电子记录每框所定等级，在称重工段自动显示重量并自动输入电脑记录。此举其后陆续推广。年内，全市收购烟叶42439.30吨（含受省局委托，代收代存由省公司与某些市外非重点产区县签约烟叶3940吨）。其中，上、中等烟占94.46%，比上年提高0.81个百分点；等级合格率为82.6%，同比提高1.3个百分点；实现烟叶税收9211万元（不含代收代存烟叶。）

2007年，由于农村劳薪和农资价格普遍上涨，烟农种烟积极性降低，给烟叶收购工作带来一定困难。根据政府部门对质量、价格提出的相关要求，对内采取“低眼光、高纯度、不脱线”的收购办法，亦称“下线收购”；对外加大与工业企业的沟通，取得理解和支持。全市收购烟叶36860.34吨，收购均价为12.04元/千克，同比提高1.58元/千克；等级合格率为81.2%。

2008年，根据省公司规定，烟叶收购实行非现金结算，由烟草部门委托银行结算。是年，全市在宜章及桂阳县和平烟草站进行烟叶收购环节的“原收原调”试点探索。对内强化收购纪律，对出现“五子”烟3次、二次验收违反操作程序或徇私舞弊者，予以停职、当场免职、经济重罚、行政处分等处罚，构成犯罪的移送司法机关。全市收购烟叶42605.69吨，上、中等烟比例达95.94%，收购均价为774.10元/50千克，为烟农提供烟叶收入7.30亿元，实现烟叶税1.45亿元；工商交接等级合格率国检为64.1%，高于60%的达标要求，收购质量明显提升。

2009年，全面实行“当日收购，当日成包，次日调拨，均衡收购”的原收原调模式。共收购烟叶42748.65吨，上、中等烟比例分别为51.58%、39.24%，工商交接等级合格率国检为64.1%。结构优化，质量提升。

2010年，实行烟叶预检未达50%的不得开秤收购。限定每条收购线最大日收购量和库存量，禁止超量收购。试行分品种收购，对全市主栽品种“K326”“云烟87”“云烟85”“云烟97”分别制定收购指导样品对照收购，对其他示范推广品种实行一次性收购，保障示范品种质量标准和示范户的基本利益。与贵州中烟公司合作，组建专业化分级队伍，技术人员全程跟踪服务，在嘉禾县广发烟草站忠良烘烤工场收购点进行散烟收购试点，探索从“把烟”收购转为“片烟”收购的新模式。全市收购烟叶41654.11吨，均价为761.41元/50千克；上等烟比例达57.18%，中部烟比例为49.69%；等级合格率两次省检分别为81.5%和81.4%，国检为82.4%，工商交接等级合格率国检为63.89%，均居全省前列。

2011年，加大散叶收购推广力度。在桂阳樟市、嘉禾普满、宜章白沙、永兴金龟等收购站（点）推行散叶收购，共收购7280吨。其中，嘉禾普满的散叶收购，得到省局和湖南中烟公司的高度评价。根据全国烟叶原料等级结构上水平的要求，对青黄1、2级，中下部杂色2级，上部杂色2、3级，上部柠檬黄4级和光滑叶2级等7个下低等烟叶等级不予收购；下低等烟比例控制在5%以内，同时对收购的下低等烟不予补贴。对特色烟叶实行售前预检、单站单线封闭收购、单收单存单调；单收单调的站点是：桂阳县樟市、和平、仁义、城郊站，永兴县柏林站，嘉禾县广发站。是年，全市收购烟叶51328.87吨，收购均价为914.4元/50千克。上等烟占62.42%，下低等烟占2.33%；等级合格率省检平均为81.2%、国检平均为 83.57%，工商交接等级合格率国检为 62.72%。

2012 年，全市收购烟叶 50000 吨，收购均价为 1044 元 /50 千克。上等烟比例占 53.36%，下低等烟比例为 5.8%；收购等级合格率省检平均为 82.38%、国检平均为 84.4%；工商交接等级合格率省检为 68.89%、国检为 62.8%。加强对收购流程、烟叶纯度等核心环节的监管，共处理质量事故 47 起、337 人次，免职站长 2 人、副站长 3 人，扣发绩效和“亏一赔一”金额 142.63 万元。2013 年，全市全面推行散叶收购，自此废除“把烟”收购模式。是年，收购烟叶 51647.46 吨，收购均价升至 1192.61 元 /50 千克，60 天完成收购任务。

2014 年，全市遭受严重自然灾害，烟叶产量质量均受到影响，烟叶收购难度增大，个别收购站（点）出现烟农售烟时非法攻击收购人员、欺行霸市的情况。各级政府加大市场管控力度，依法处置烟贩和违法行为，稳定收购秩序。对劣杂品种烟叶一律不予收购，打破劣杂品种禁而不止的怪圈，具有里程碑式意义。是年，在桂阳、嘉禾、永兴 3 个分公司 38 个收购站（点）、90 条自动化收购线全部采用 BS 系统模式进行收购，实现基地单元烟叶计划、合同、生产、收购、储运业务管理的全面 BS 运作模式，并在全市系统 58 个收购站（点）、123 条收购线的收购区设置分级、定级、过磅、成包 4 个作业段视频采集摄像头 518 台，在站内各关键区安装摄像头，并设市县两级远程喊话功能，使收购数据、现场操作实况均与县局、市局、省局、国家局监控平台对接，行业各级领导和相关管理人员可随时抽检查看、截屏、询问、核实相关情况。此举对强化内部管理、规范烟叶收购操作、提高全市烟叶收购精益化管理水平起到促进作用。全市系统充分利用收购软件对收购进度、流程执行、等级结构进行实时监控，实行质量事故日通报和处置制度，共处罚 161 人次。同时，实行“合格率低于 80%亏一赔一”“降一个级以上亏损赔偿”“劣杂、霉变、水分超标亏损赔偿”制度。是年，全市收购烟叶 49503.46 吨，收购均价为 1277.42 元 /50 千克。上等烟比例达 45.29%，中等烟比例达 38.25%，上部橘黄 3 级及以下等级比例达 16.46%。收购等级合格率省检为 82.37%，工商交接等级合格率国检为 64.88%、省检为 68.9%。

2015 年 7 月，全市系统烟叶分级培训

2015 年，烟叶因灾减产，通过与各中烟公司协调，发挥中心库质量评价对全市烟叶收购质量的集中管控和引领作用，开展烟叶收购流程、纪律、质量专项督查，实行收购、调运、检验、质量警示和质量事故通报、处置制度。全年通报质量事件共计 369 次、处罚金额 72.45 万元。全年收购烟叶 47322.52 吨，收购均价达 1368.80 元 /50 千克。上、中等烟比例分别为 65.77%、34.23%。国家局、省局收购检查合格率分别为 82.32%、81.36%；工商交接检查合格率分别为 64.03%、69.73%，处于省内领先水平，多次获得上级领导和专家的肯定。

2016 年，严格执行国家局颁布的烟叶收购“八个严禁”：严禁超计划、超合同、无合同收购；严禁虚拟合同农户、虚构合同信息收购；严禁收购辖区外烟叶、非合同约定品种烟叶和陈年烟叶；严禁收购未经专业化分级的散烟；严禁不按照国家标准收购，压级压价或抬级抬价；严禁虚假录入收购数据、虚开收购发票；严禁收购人情烟、关系烟、面子烟；严禁接受烟农吃请、索要烟农财物。全市收购烟叶 50020.45 吨，上等烟比例达 70.05%。

2017 年，全面推行“编码预检、精准预约、按部位、分时段”的收购模式，按照下、中、上三个部位，分三个时段进行收购。每个部位收购时段完成清库后方可进入下一时段的收购，此举收效甚佳：一是收购时间短。8 月 9 日开秤，10 月 15 日结束。二是质量稳、结构优。国家局、省局检查合格率分别为 82.47% 和 80.38%。下部橘黄 3 级、上部橘黄 4 级及以下滞销等级烟叶仅占 0.62%。三是秩序好。收购期间无恶性或群体性事件发生。四是三方满意。政府对税收、烟农对收入、工业企业对烟叶质量满意。是年，全市收购烟叶 55485.29 吨（含超产代收代存烟叶 2085 吨）。上等烟比例占 65.16%。全市有 755 户贫困烟农脱贫，促农增收工作得到国家局的肯定，并在全国烟叶工作会议上作经验交流。

2018 年，烟叶收购实行“先分后收、精准预约、户户清”模式，全市仅用 52 天就完成收购工作。共收购烟叶 45414.81 吨。上等烟占比 69.45%。国家局、省局烟叶收购检查合格率分别为 83.2%、80.73%；工商交接合格率分别为 68.31%、71.23%。

2019 年，市公司两区烟叶生产经营部在烟叶收购验证合同时，率先采用电子“刷脸”识别。全市收购烟叶 43868.83 吨。上等烟占比 75.12%，国家局收购检查、工商交接检查合格率分别为 81.67%、67.69%。是年，烟叶收购均价达 1450.85 元 /50 千克，烟农户均收入达 8.38 万元，105 户贫困烟农脱贫。

2020 年，全市遭遇历史罕见的烤烟生长前期“倒春寒”及中期的“干旱”灾害，烟叶生产质量下降。全市合理确定收购眼光，并始终保持平稳，不含补贴收购均价为 1415.52 元 /50 千克，较全省高出 43 元，居全省最高。全市 7 个产区、56 个收购站（点）、114 条收购线，通过“精准预约”合理调控烟农交烟人数、时间，严格落实常态化新冠肺炎疫情防控要求。全年共收购烟叶 46623.65 吨。上等烟比例为 71.47%。国家局收购检查合格率为 82.56%，工商交接合格率为 70.3%。

2003—2020 年郴州市烤烟收购情况统计表

表 2-12

年度	收购计划（吨）	收购数量（吨）	不含补贴收购金额（万元）	不含补贴均价（元 /50 千克）	含补贴均价（元 /50 千克）	上缴烟叶税（万元）
2003	25500.00	25519.20	28198.91	530.08	—	6211.22
2004	35000.00	35076.24	42473.10	599.47	—	9349.17
2005	40250.00	39936.25	47742.72	582.90	—	10509.59
2006	38500.00	42439.30	47041.50	523.48	—	10349.13
2007	38500.00	36860.34	45904.81	601.77	—	10099.06
2008	41000.00	42605.69	66282.80	774.10	—	14582.22
2009	41000.00	42748.65	63836.28	720.64	—	14043.98
2010	39250.00	41654.11	63680.47	761.41	—	14009.70
2011	51500.00	51328.87	93860.09	893.39	—	20649.22
2012	52500.00	50000.00	104425.25	1036.77	1168.68	22973.55
2013	50750.00	51647.46	125653.50	1192.61	1302.10	27643.76
2014	49800.00	49503.46	125834.63	1253.21	1352.27	27683.63
2015	50000.00	47322.52	131539.58	1368.80	1504.86	28938.70

续表 2-12

年度	收购计划（吨）	收购数量（吨）	不含补贴收购金额（万元）	不含补贴均价（元 /50 千克）	含补贴均价（元 /50 千克）	上缴烟叶税（万元）
2016	52500.00	50020.45	141444.74	1392.81	1537.91	31117.85
2017	52500.00	55485.29	155105.18	1355.14	1496.06	34123.15
2018	49250.00	45414.81	129155.05	1385.32	1531.50	28414.12
2019	50950.00	43868.83	129938.01	1450.85	1613.99	28586.36
2020	48000.00	46623.65	134848.34	1415.52	1584.18	29666.62

说明：2003—2011 年烟叶收购含补贴均价资料缺失

2003—2020 年北湖、苏仙区烤烟收购情况统计表

表 2-13

年度	收购计划（吨）	收购数量（吨）	不含补贴收购金额（万元）	不含补贴均价（元 /50 千克）	含补贴均价（元 /50 千克）	上缴烟叶税（万元）
2003	1000.00	1010.00	1118.41	553.67	—	246.05
2004	1000.00	1167.36	1499.30	642.18	—	329.85
2005	1200.00	1183.58	1410.39	595.82	—	310.29
2006	1000.00	1015.83	1042.73	513.24	—	229.40
2007	900.00	826.38	1015.49	614.43	—	223.41
2008	1250.00	1314.55	2029.36	771.88	—	446.46
2009	1250.00	1200.39	1810.18	754.00	—	398.24
2010	1200.00	1235.18	1948.03	788.56	—	428.57
2011	1500.00	1592.93	2872.70	901.70	—	631.99
2012	2435.00	2435.61	5193.15	1066.09	1201.27	1142.49
2013	2500.00	2590.10	6344.92	1224.84	1337.15	1395.88
2014	3200.00	3885.00	9851.89	1267.94	1370.84	2167.42
2015	3400.00	3296.98	9145.70	1386.98	1528.31	2012.05
2016	4050.00	3565.75	9843.17	1380.24	1526.35	2165.50
2017	3950.00	4176.92	11390.72	1363.53	1506.78	2505.96
2018	3500.00	2847.97	7885.12	1384.34	1532.08	1734.73
2019	3150.00	2744.00	8014.61	1460.39	1623.53	1763.21
2020	3000.00	2961.82	8395.10	1417.22	1584.71	1846.92

说明：2003—2011 年烟叶收购含补贴均价资料缺失

2003—2020 年桂阳县烤烟收购情况统计表

表 2–14

年度	收购计划（吨）	收购数量（吨）	不含补贴收购金额（万元）	不含补贴均价（元 /50 千克）	含补贴均价（元 /50 千克）	上缴烟叶税（万元）
2003	18000.00	17999.00	20236.28	562.15	—	4451.98
2004	25000.00	25047.02	30449.16	607.84	—	6698.82
2005	26750.00	26524.33	32186.74	606.74	—	7081.08
2006	25000.00	28637.21	32620.07	569.54	—	7176.42
2007	25000.00	26559.85	33460.63	629.91	—	7361.34
2008	28250.00	30111.34	46759.90	776.45	—	10287.18
2009	28000.00	30337.30	45652.78	752.42	—	10043.61
2010	27800.00	30040.86	45863.38	763.35	—	10089.94
2011	35000.00	35354.40	65116.45	920.91	—	14325.62
2012	31410.00	28975.81	60303.29	1040.58	1168.40	13266.72
2013	29750.00	29893.75	73388.55	1227.49	1338.15	16145.48
2014	28000.00	25347.96	64827.41	1278.75	1376.76	14262.03
2015	27500.00	25331.95	71304.89	1407.41	1547.99	15687.08
2016	28000.00	26082.92	75052.04	1438.72	1587.08	16511.45
2017	27250.00	28934.45	83294.18	1439.36	1583.28	18324.72
2018	26000.00	24885.71	72468.69	1456.03	1600.62	15943.11
2019	27000.00	24552.55	73893.84	1504.81	1664.91	16256.64
2020	25300.00	25192.89	74679.79	1482.16	1645.39	16429.55

说明：2003—2011 年烟叶收购含补贴均价资料缺失

2003—2020 年嘉禾县烤烟收购情况统计表

表 2–15

年度	收购计划（吨）	收购数量（吨）	不含补贴收购金额（万元）	不含补贴均价（元 /50 千克）	含补贴均价（元 /50 千克）	上缴烟叶税（万元）
2003	3500.00	3495.00	3739.02	534.91	—	822.58
2004	4000.00	4035.78	4812.18	596.19	—	1058.68
2005	4250.00	4165.75	5081.38	609.90	—	1117.90
2006	4000.00	4298.96	4572.29	531.79	—	1005.90

续表 2-15

年度	收购计划（吨）	收购数量（吨）	不含补贴收购金额（万元）	不含补贴均价（元/50 千克）	含补贴均价（元/50 千克）	上缴烟叶税（万元）
2007	4000.00	3575.72	4440.82	620.97	—	976.98
2008	4250.00	4309.92	6909.93	801.63	—	1520.18
2009	4500.00	4136.03	6199.41	749.44	—	1363.87
2010	3850.00	3929.65	6097.09	775.78	—	1341.36
2011	5000.00	5063.70	9502.04	938.25	—	2090.45
2012	5250.00	5186.32	11192.29	1079.02	1210.16	2462.30
2013	4750.00	4809.18	11924.93	1239.81	1349.95	2623.48
2014	4400.00	4726.81	12274.40	1298.38	1403.11	2700.37
2015	4500.00	4373.00	12376.46	1415.10	1560.20	2722.82
2016	4650.00	4158.55	12172.31	1463.53	1611.52	2677.91
2017	4650.00	4665.92	12473.40	1336.65	1472.19	2744.15
2018	4200.00	4162.30	12074.91	1450.51	1593.65	2656.48
2019	4650.00	4042.30	11970.63	1480.67	1643.60	2633.54
2020	4625.00	4533.22	13175.70	1453.24	1618.18	2898.65

说明：2003—2011 年烟叶收购含补贴均价资料缺失

2003—2020 年永兴县烤烟收购情况统计表

表 2-16

年度	收购计划（吨）	收购数量（吨）	不含补贴收购金额（万元）	不含补贴均价（元/50 千克）	含补贴均价（元/50 千克）	上缴烟叶税（万元）
2003	1500.00	1497.00	1542.00	515.03	—	339.24
2004	2750.00	2496.45	3012.37	603.33	—	662.72
2005	3000.00	3019.27	3286.96	544.33	—	723.13
2006	3000.00	3000.01	3259.12	543.19	—	717.01
2007	3000.00	2021.17	2501.61	618.85	—	550.35
2008	2500.00	2848.68	4433.04	778.09	—	975.27
2009	3000.00	3197.48	4674.36	730.95	—	1028.36
2010	2700.00	2777.24	4258.40	766.66	—	936.85
2011	4000.00	4000.78	7201.72	900.04	—	1584.38
2012	5250.00	5260.98	10996.51	1045.10	1177.26	2419.23
2013	5000.00	5000.00	11954.10	1195.41	1307.01	2629.90

续表 2-16

年度	收购计划（吨）	收购数量（吨）	不含补贴收购金额（万元）	不含补贴均价（元/50千克）	含补贴均价（元/50千克）	上缴烟叶税（万元）
2014	4550.00	5037.48	12930.71	1283.45	1385.34	2844.76
2015	4750.00	4853.03	13096.38	1349.30	1485.48	2881.20
2016	5250.00	5383.25	14938.40	1387.49	1532.81	3286.45
2017	5300.00	5490.69	14989.36	1364.98	1508.69	3297.66
2018	4850.00	4097.54	11198.66	1366.51	1513.66	2463.70
2019	5100.00	4229.51	12258.21	1449.13	1610.98	2696.81
2020	4625.00	4055.33	11363.04	1401.00	1568.58	2499.87

说明：2003—2011 年烟叶收购含补贴均价资料缺失

2003—2020 年宜章县烤烟收购情况统计表

表 2-17

年度	收购计划（吨）	收购数量（吨）	不含补贴收购金额（万元）	不含补贴均价（元/50千克）	含补贴均价（元/50千克）	上缴烟叶税（万元）
2003	500.00	501.00	485.64	484.67	—	106.84
2004	1000.00	1167.70	1339.77	573.68	—	294.75
2005	2000.00	2028.19	2382.70	587.40	—	524.19
2006	2000.00	2000.01	2007.47	501.87	—	441.64
2007	2250.00	1874.18	2268.37	605.17	—	499.04
2008	2100.00	1608.05	2471.42	768.45	—	543.71
2009	1600.00	1300.00	1889.47	726.72	—	415.68
2010	1350.00	1352.47	2018.75	746.32	—	444.12
2011	2500.00	2115.17	3679.93	869.89	—	809.58
2012	3125.00	3122.42	6422.94	1028.52	1159.90	1413.05
2013	4000.00	4325.91	9914.99	1146.00	1252.37	2181.30
2014	4500.00	4685.17	11166.16	1191.65	1282.94	2456.56
2015	4500.00	4107.07	11158.50	1358.45	1497.73	2454.87
2016	4750.00	4860.69	13328.88	1371.09	1517.11	2932.35
2017	5000.00	5314.74	14466.71	1361.00	1504.18	3182.68
2018	4700.00	3942.07	10637.90	1349.28	1492.52	2340.34
2019	4750.00	3591.12	10252.37	1427.46	1590.31	2255.52
2020	4625.00	3929.94	10784.55	1372.10	1551.00	2372.60

说明：2003—2011 年烟叶收购含补贴均价资料缺失

2003—2020 年安仁县烤烟收购情况统计表

表 2-18

年度	收购计划（吨）	收购数量（吨）	不含补贴收购金额（万元）	不含补贴均价（元/50 千克）	含补贴均价（元/50 千克）	上缴烟叶税（万元）
2003	500.00	518.80	529.20	510.02	—	116.42
2004	750.00	856.98	1001.11	584.10	—	220.24
2005	2550.00	2539.20	2846.70	560.55	—	626.27
2006	3000.00	2999.82	3057.05	509.54	—	672.55
2007	3000.00	1854.51	2048.31	552.25	—	450.63
2008	2500.00	2255.28	3439.30	762.50	—	756.65
2009	2500.00	2429.53	3424.84	704.84	—	753.46
2010	2200.00	2219.73	3349.38	754.46	—	736.86
2011	3000.00	3097.22	5305.92	856.56	—	1167.30
2012	4750.00	4737.31	9772.78	1031.47	1165.36	2150.01
2013	4500.00	4771.98	11559.83	1211.22	1326.42	2543.16
2014	4650.00	5197.85	13325.20	1281.80	1385.39	2931.54
2015	4750.00	4935.87	13342.84	1351.62	1486.55	2935.42
2016	5250.00	5389.82	14533.31	1348.22	1494.05	3197.33
2017	5300.00	5797.81	15690.62	1353.15	1496.66	3451.94
2018	5000.00	4588.80	12529.62	1365.24	1514.51	2756.52
2019	5150.00	3954.58	11457.93	1448.69	1614.49	2520.75
2020	4625.00	4696.27	12920.09	1375.57	1549.66	2842.42

说明：2003—2011 年烟叶收购含补贴均价资料缺失

2003—2020 年临武县烤烟收购情况统计表

表 2-19

年度	收购计划（吨）	收购数量（吨）	不含补贴收购金额（万元）	不含补贴均价（元/50 千克）	含补贴均价（元/50 千克）	上缴烟叶税（万元）
2003	500.00	498.40	548.36	550.12	—	120.64
2004	500.00	304.96	359.21	588.95	—	79.03
2005	500.00	475.93	547.85	575.56	—	120.53
2006	500.00	487.46	482.77	495.19	—	106.21

续表 2-19

年度	收购计划（吨）	收购数量（吨）	不含补贴收购金额（万元）	不含补贴均价（元/50千克）	含补贴均价（元/50千克）	上缴烟叶税（万元）
2007	350.00	148.54	169.57	570.81	—	37.31
2008	150.00	157.86	239.86	759.73	—	52.77
2009	150.00	147.93	185.25	626.15	—	40.76
2010	150.00	98.97	145.45	734.78	—	32.00
2011	500.00	104.66	181.35	866.36	—	39.90
2012	280.00	281.56	544.30	966.58	1098.43	119.75
2013	250.00	256.55	566.19	1103.47	1203.67	124.56
2014	500.00	623.19	1458.86	1170.48	1261.48	320.95
2015	600.00	424.62	1114.81	1312.71	1427.77	245.26
2016	550.00	579.49	1576.63	1360.36	1496.48	346.86
2017	1050.00	1104.76	2800.18	1267.32	1400.61	616.04
2018	1000.00	890.43	2360.16	1325.30	1473.49	519.24
2019	1150.00	754.77	2090.41	1384.80	1550.13	459.89
2020	1200.00	1254.18	3530.06	1407.32	1571.77	776.61

说明：2003—2011 年烟叶收购含补贴均价资料缺失

2003—2005 年桂东县烤烟收购情况统计表

表 2-20

年度	收购计划（吨）	收购数量（吨）	不含补贴收购金额（万元）	不含补贴均价（元/50千克）	含补贴均价（元/50千克）	上缴烟叶税（万元）
2003	—	40.54	32.49	400.76	—	7.47
2004	—	20.25	22.09	545.43	—	5.08
2005	—	22.40	26.94	601.31	—	6.20

说明：2003—2005 年烟叶收购计划、含补贴均价资料缺失。自 2005 年以后，未种植烤烟

第三节　县市交接二次验收

2003 年，为适应郴州市烟叶统一由市公司对外销售的需要，继上年恢复对县公司所收烟叶进行二次验级后，是年继续实施。市公司直属的市烟叶购销公司在下湄桥司马洞库区设置“二次验级”封闭库 1 个，开设 5 条皮带流水线（机头上烟位置在室外，验级员在室内，与交验方互不见面），组织专业验级队

伍进行验级，烟叶公司质检科随时巡查抽检把关。除各产烟县厂县挂钩基地烟叶可直接由厂方验收交接外，其余上交烟叶均需进行二次验级。各产区按照市烟叶购销公司安排的烟叶调运日期、数量、等级，将烟叶运至购销公司地磅房称重并予以记录，之后卸车，点清件数予以记录，在验级场按照同等级有序摆放，验级员进行抽检并记录相关情况，之后按照等级批次编号、解包，将“把烟”逐一摆放到流水线上，进入封闭验级区，由验级工对等级不符的烟叶、青杂叶、“五子烟”、大把头烟等检出另行处理，使纯度提高。之后按照等级归堆、成包，重新称重、悬挂标签，验收结果及时制单告知。若有争议，一般由县公司交烟代表与质检科复查协商解决。然后将验收的烟叶运至仓库，堆码待售。

2005 年，全市取消县级烟叶中心仓库，收购后的烟叶实行“基层烟草站—市公司中心仓库—复烤厂”“三级跳”模式。在收购前，烟叶购销公司制定《烟叶收购、调拨实施方案》《二次封闭式验收管理办法》，并在市中心仓库设立验收部、质检部、业务部。验收部专司烟叶二次验收，质检部专司质量复查，业务部专司调拨销售。在验收高峰期，则进行自动化收购流水线操作。各县交烟代表不准进入验收操作区内，烟包皆编码输送到封闭室验级定等。封闭室设有摄像头，将验级员工作实况传到室外图像监控屏，供交烟代表观看监督。验级后的每车烟叶，由质检部复检，合格率达标的开具合格单予以转库。正式入库的烟叶不再进行等级调整和异动，确保原级原调。在整个二次验级过程中，通过局域网联通过磅称重、验收定级、复检反馈、开票确认、入库收储等各环节操作的验收数据上传和现场监控。同时将内部调拨、结算、销售等环节的销售数据上传系统，供领导随时查询决策。利用现场监控系统可对工作现场随时查看，调度指挥。是年，为保证烟叶二次验级顺利进行，封闭库由原来的 1 个扩展到 5 个（下湄桥库区 1 个，鸡公石 4 个），二次验收的皮带流水线增至 14 条。为保证新增设备用电，变压器由原来的 160 千伏扩容为 500 千伏。并开通上网宽带，以光纤连接信息化设备，建成中心库局域网，实现办公自动化、会议视频化、烟叶交验经营数据系统化。是年，二次验级任务较上年增加 1 万吨。为加快进度，对《烟叶二次验收方案》进行修订，按照每车 20%～40%的比例随机抽包检验，按照方案分别实行免检、按比例升降级和过皮带线挑选验级三种验收办法。同时推行质量追踪和责任追究制，烟叶验收入库后，烟包必须随挂烟叶标签，标明验级员姓名等相关信息，以便进行质量追踪。验收方法的改进，使验收进度加快，全市共验收烟叶 4.28 万吨，日均 520 吨。历时 3 个月，比以往加快 1 个月。

2006 年，在取消县级公司法人资格后，其资产无偿划转市公司，原桂阳县鸡公石烟叶仓库变为市公司资产。市烟叶购销公司烟叶二次验级场所开始向鸡公石库区转移。2007 年 5 月，市公司烟叶生产经营部（原烟叶购销公司）搬迁至鸡公石烟叶中心仓库办公。是年，二次验级实行按照每车件数比例进行抽检和流水线台检两种方式进行，并采取定额管理措施，日验收进度最高升至 600 吨。

2008 年，市公司成立烟叶收购、二次验收和销售工作协调委员会，下设资金协调、质量检查（督导）、烟叶调拨、纪律督查、市场管理、安全保卫、微机管理、二次验收监管仲裁 8 个组，并在上年的基础上制定《2008 年二次验收管理办法》《二次验收烟叶合格检验制度》《二次验收业务主要岗位管理制度》《中心仓库烟叶内部调令下达规定》《验收部二次分配方案》等，规范封闭库烟叶验收入库的具体实施细则。并对验级模式进行改革，将以往的流水线“把烟”挑选验收改为抽检与标准包逐包验级相结合的模式。流水线开包摆把二次验收模式废止。6 月 19 日，市公司印发二次验收方案，其操作流程主要是：①下达“调运单指令”。烟叶生产经营部依据各烟草站收购、中心库库容和烟叶销售等情况，与各产烟县烟叶生产经营分部衔接，通过烟叶收购系统对各站下达烟叶调运指令，各站按照指令进行烟叶送交（原则上每车烟 1 个等级，特殊情况最多不超过 3 个）。②过磅计量及卸货。烟叶送抵中心仓库地磅房，由过磅员核对运单号、车号、烟叶等级、数量等无误后进行过磅，并将“调运单指令”号、运单号、车号、件数、密封袋号以及毛重输入微机，填写发货运单，将调运单及发货运单（除运费联外），装入密封袋并封袋交司机随烟送交指定的验收库。指定验收库由地磅房根据各仓库主任反馈的仓库空位轮流确定。任何人不得向地磅员提出将货卸到某某仓库、垛位的要求（以防内外串通）。③收货。收货员接到已过磅的烟叶，经核实密封袋相关信息准确无误后，按照密封袋编号、垛位腾空顺序安排卸车，分等级堆码，并在密封袋上注明垛号，与验收库负责人进行烟叶、密封袋移交，并向司机开具收货单，司机交地磅房过磅退皮后作为烟叶重量交接凭证。④验级员指派。仓库负责人（或者授权人）将本库当日可验收的烟叶密封袋按照先后顺序编号排列，并将其置于封闭抽签箱内，由验级员随机抽签确定验收垛位，确保验级员的随机性。⑤烟叶质量判定。验级组每 2 人一组，以单等级车为对象，采取随机抽样的方式，抽检 20%的烟包进行逐包验级，包内等级合格率达 70%以上为合格，合格件数达到 90%及以上，且其余烟叶等级与原级相差一个等级以内的，按照来货等级进行结算。来货合格件数达到 90%或以上，但剩余 10%烟叶等级与原等级相差高于一个等级的，按照实际抽检升降比例进行结算。抽检合格率不足 90%或者每车来货 2 个或 2 个以上等级的烟叶，实行逐包检验并以实际检验结果结算。⑥质量追踪。每个验级员确定一个编号，编号标识由验级员自行管理。并对检验后的烟叶挂上自己的标识卡，以确认其检验人员，作为今后烟叶质量追踪证据。⑦质量复检。质检部复检员对已检烟叶按照 5%～10%的比例进行抽检，确认为合格的，开具“烟叶质量复检合格单”，转入下一道工序。对复检不合格的，由复检员开具“烟叶质量复检不合格单”交仓库负责人，责成仓库验级员重新进行质量判定。⑧质量仲裁。质检员和复检员对烟叶质量判定不能达成一致意见的，由“烟叶二次验收监管、仲裁组”仲裁。⑨送单、复核、结算。送单员将密封袋等单据传递至微机室，由单据录入员对单据、重量、等级进行逐一核对，开具“烟叶入库磅码单”，经复核组复核后交财务作为与各县经营分部的结算依据。⑩入库。储运部保管员按照验收部开具的“烟叶转库单”接货，经核实其等级、数量是否准确，验收标签是否经整理员签字等内容后，与验收部发货员办理烟叶交接手续。⑪保管。烟叶进入各储备库后，储运部原则上按照一库 1 个等级、最多 3 个等级的要求进行储存（特色烟要单存单调），并遵照仓储管理条例。⑫罚没烟叶的处理，烟草罚没且具有合法罚没手续的烟叶，由市局专卖科出具相关手续交市中心仓库验级。具体操作按照《郴州市烟草专卖局关于对政府稽查罚没烟叶处理程序的有关规定》执行。

2009 年，烟叶生产经营部将中心仓库“二次验收”改为“烟叶评价”，“封闭验级”改为“阳光验级”。实行“当日收购、当日成包、次日调拨”的收购调拨流程，从源头上杜绝提级上调及收购合同外烟叶的情况发生。烟叶调运至市公司中心仓库后，实行快速质量反馈和追溯机制，“12 小时内卸车，36 小时内评价完毕，48 小时内录入反馈信息”。

2017 年，全面实行“原级原运”评价模式。中心仓库对原级原运烟叶实行逐包检验评价、一车一结一处置，单车次间“损溢”不抵减、不累加。继续实行快速质量反馈和追溯机制。

第四节　烟叶储运

一、仓储

2003 年，郴州市烟草商业系统共有烟叶仓库 252 栋（含各站），共计 236452.62 平方米。其中，各产烟县（区）公司均有中心仓库，共8处；市公司本级在下湄桥库区拥有烟叶仓库16栋，国家烟叶储备库8栋，合计面积为19897.12平方米。烟叶收储按照仓储标准进行。

2004年2月，市烟叶购销公司与郴州烟叶复烤厂分开管理后，使该公司的仓储容量减少近50%。市烟叶购销公司根据烟叶销售进度，实施二次验级内部调令制，合理安排库容。并与复烤厂协商合理调剂，提高仓库利用率。同时与卷烟厂家协调，加快调拨进度，尽量缩短烟叶在库储存时间，加快库容周转。6月，执行国家局新下发的《烟草仓库安全技术管理暂行规定》，加强烟草仓库的建设和防火、防盗、防霉变、防雷管理。是年，总公司将下湄桥国家烟叶储备库无偿划拨给市公司。

2006年，随着县级公司被取消法人资格，其中心烟叶仓库亦相继被取消。市公司为解决仓容问题，将桂阳县营销部鸡公石30栋原烟仓库（含在同一处的原桂阳复烤厂的烟叶仓库）一并划归市公司直接管理。

2007年，市烟叶生产经营部中心仓库在烟叶库存达到极限时，主动与桂阳县分公司协商，将部分烟叶转存到仁义等烟草站仓库，进行暂时存放。是年，全市系统大规模开展清产核资。自2008年起，陆续对国拨土地性质、征地手续不全、未开展业务的烟草站、烟叶仓库进行处置，或被政府征用，或直接划拨给所在县国资委。

2011年，全市烟叶收购达5万吨，仓容紧张。市公司在下湄桥开辟中心仓库分库，实行分单元备货入库；首次试用钢质货架储存烟叶，此种货架不用时可折叠，用时则打开成框，因四柱下凹上凸可连接叠高，每框可盛16包烟叶（合800千克），以叉车叠上或取下，一般可叠5～6层，烟叶互不挤压，且通风透气，大大减少翻垛频次，存放时间为1～2个月的，基本可以不翻垛。以此架存放烟叶，不但能增加库容而且能节省劳力和成本。其后陆续添置。

货架式仓储

2012年，市公司扩建2个烟叶厂棚，并在桥口镇租赁8栋部队仓库存放烟叶；另通过郴州卷烟厂仓库解决湖南中烟公司调拨的5000吨烟叶的存放问题。同时，采取定时卸车制度，确保每天烟叶的进库量保持在同一水平，以减轻库容压力。

至2020年，市公司鸡公石烟叶中心库区共有烟叶仓库36栋，面积5.60万平方米，可储存烟叶1.60万吨，并添置装车机10台。下湄桥库区投资720万元，添置折叠式钢架烟框8000个，进一步扩大仓容利用率。

二、运输

2003年，烟叶销售仍然实行“送货制”。全市系统的烟叶运输，市内短途运输或销售给各地厂家的，采用自有车辆并租赁社会车辆承运。靠近火车站或边远地区厂家的烟叶，由市烟叶购销公司提前1个月向火车站申报车皮计划需求，届时发运到厂。凡长途运输的烟叶，均办妥烟草专卖准运证，连同调拨单等随车同行。

2004年，烟叶销售改为“提货制”。烟叶长途运输改为由卷烟厂家委托其招标合作的专业运输公司车辆承运为主。是年，市烟叶购销公司利用火车发运烟叶300个火车皮、766辆（次）汽车，合计发运3.24

万吨。

2005 年 12 月 28 日，省局印发《湖南省烟叶调拨管理办法》，其中对烟叶运输规定：烟叶的短途运输（从产区公司至省内复烤厂）费用由需方承担，产区公司协助组织；长途运输（从省内复烤厂至烟厂）费用由烟厂承担，经购销双方协商委托专业运输公司承运。在烟叶运输过程中，需办理准运证同行，一车一证，准运数量可等于或小于但不能大于合同运输量。

2007 年 8 月 1 日，为解决烟叶境内短途转运装货质轻超高问题，市局（公司）向市交警支队统一办理烟叶运输车辆“三超”通行手续。自 2015 年起，全市系统烟叶货运车辆全面取消，郴州市内烟叶调运用车全部实行业务外包。

第五节　烟叶销售

一、合同签订与市场开拓

2003 年，沿袭 2000 年以来的烟叶统归市公司经营的政策，郴州市烟叶销售由市公司及所属市烟叶购销公司（后改为烟叶生产经营部）统一洽谈、签订合同。烟叶销售所得利润实行“市二、县八”分成。平时，市公司业务部门保持与既有客户良好合作关系，并利用各种会议进行宣传和推广、常邀订货厂家领导或业务代表到烟区考察、到厂方走访、发计划衔接函和电话联系等方式，及时了解客户需求，介绍郴州产品，提前开展洽谈，不断发展新客户、拓展新市场。订单控制在销售指标和实际可供货范围之内。是年，国家局一年一度召开的全国烟叶洽谈订货会继续举行，产、购双方在会上洽谈后签署购销合同，由总公司鉴证，三方盖章后生效执行。2 月 13 日，国家局下达《关于烟叶网上交易有关问题的通知》（国烟专〔2003〕54 号）。烟叶电子交易系统自 3 月 1 日起试运行，交易范围暂定为进口烟叶和国内烟叶的日常增补，所定合同具有法律效力。登录该系统，需持有国家局核发的会员证和中国烟草交易中心核发的“网上交易专用卡”，供需双方可登录系统进行业务洽谈，达成一致意向后签订网上合同，由中国烟草总公司鉴证，三方完成电子鉴章。可以在网上申办电子准运证，与电子交易合同一并打印提取，随货同行。是年，全国 36 家重点卷烟生产企业中的红塔集团、长沙烟厂等相继到市公司调拨烟叶，与上海烟草集团达成购销合作意向。

2004 年，全国烟叶订货会取消，烟叶调拨均改为通过中国烟草总公司中烟电子商务公司设立的“电子商务平台”进行。凭省公司、总公司审定批准的会员卡（卡中录有会员基本情况、入网密码和银行账号等信息）入网，洽谈交易。烟叶购销洽谈交易方式为：上年 12 月至当年 1 月由厂方按照卷烟生产计划报出烟叶需求信息，产地商家按照年度烟叶生产计划报烟叶供应信息，购销双方互选交易伙伴，初步草签购销合同，由省公司汇总，报总公司审核；3—4 月由总公司、省公司鉴证，正式签订购销合同。全市首次实行全国烟叶合同网上订单交易。市公司烟叶销售规则随之修订：订单汇总后，向领导汇报，组织初次评估。临到正式签署合同前，由业务部再次了解客户方最新烟叶购进计划和订货意向，提供最新意向订单。分管业务局长（经理）、科室领导、业务部负责人组成评估团队，对各厂家订货意向进行评估。如日后还有订购增减、等级变更的，需再次进行评估。评估与安排结果报局长（经理）批准。供需双方根据达成的意向分别向各自的省公司报审批准后，由省公司上报国家局。之后，供需双方根据国家局下达的核定量在网上签订购销合同，合同经总公司、省公司鉴证盖章生效。如因不可抗力的灾害等因素影响需要修改购销合同的，由供需双方协商，达成谅解后，签订“补充合同”，一式六份，双方各持三份。是年，市公司与全国36家重点卷烟企业的销售合同由原来的2.48万吨增至3.55万吨。履约率达95%。

2005年，共签订电子销售合同1791份、调拨数量3.95万吨（出口合同1000吨）。对少量因各种原因履约不完全的烟叶，及时联系新厂家，补签电子合同。烟叶销售签约达20多家烟厂，签约主要厂家有广二、上海、青岛、新郑、深圳卷烟厂等。是年12月28日，省局印发《湖南省烟叶调拨管理办法》，主要规定为：①县级烟草公司（或营销部）无烟叶调拨经营权，但允许在市级公司统一组织下协助市级公司推销本县烟叶。非产区烟草公司和系统外单位、个人不得参与烟叶调拨经营。②调拨计划的制订应与收购计划（指标）衔接，各市级公司每年3月中下旬在网上与烟厂完成当年度烟叶购销合同的签订，无调拨合同不得调拨烟叶。③购销合同一经签订，必须履约，原则上不得更改。需增补计划外合同的，需由市公司向省公司书面报告，由供需双方所在的省级主管部门报告国家局批准，获批后方可在网上办理合同增补手续；确因特殊情况需注销或更改的烟叶购销合同，由供需双方事先达成一致，并分别报所在的省级公司主管部门批准，方可在网上办理注销和更改手续。④烟叶调拨价格。基准价格由国家局下达和管理，省局根据基准价结合当年度烟叶资源和供需情况，会同省物价局，拟制本省当年度省际、省内烟叶的具体调拨执行价格和县市公司交接价格，并报国家局备案。市县公司不得另行制定调拨价格。烟厂在产区烟叶基地的生产投入，经供需双方协商一致后，以书面报告的形式上报双方省级主管部门，由省局报国家局批准后，纳入调拨价格，并在烟叶货款中统一结算。

2006年，县级公司法人资格被取消后，烟叶销售利润统归市公司，不再分成。年内，共签订烟叶电子交易合同1791份，签约量3.95万吨（出口烟签约量1000吨）。全国重点工业卷烟企业调拨量占总调拨量的95%，主要签约厂家为广东卷烟总厂、上海烟草集团、黄山卷烟总厂、新郑烟草集团、黄果树烟草集团等。是年秋冬季节，全国各省中烟工业公司陆续从行政管理型改制为行政管理与经营实体型。

2007年，烟叶合同购方单位均改为某省中烟工业公司或烟草集团。年内共签订烟叶网上交易电子合同17家，签约量3.95万吨。同时，受省公司委托，由省公司本级签订的安化、新化、茶陵三县的烟叶委托给郴州市公司销售，市公司按照调拨价的1%收取费用，分别与三县所在市公司结算。

2008年6月，市公司印发烟叶销售方案，其中涉及烟叶合同签订的规定有：①网上合同签订。烟叶生产经营部业务部门受公司委托，在国家局统一安排下，与各客户进行烟叶销售洽谈，经市烟叶生产经营部分管领导、主要领导同意，市局分管领导批准后，指定专人持网上交易卡签订网上交易合同。②补充协议签订。业务部依据网上交易合同，进一步与客户协商，经双方确认后，经业务部及分管领导签字，主要领导同意后，准予盖章。③合同的变更。合同签订后，不得随意变更或解除。遇特殊情况，按程序上报解决。

2009年，共签约18个厂家，签约量4.10万吨。2010年，签约量同上年。2011年，签约量5.24万吨（含上年丰产另争取销售指标0.24万吨）。2012年，签约量升至5.50万吨。

2014年，全市共有13家省内外卷烟工业对接18个基地单元。全年共接待省内外17个厂家、300多批次客人，网上电子交易签约量4.98万吨。上年丰产超收烟叶全部销出，实现零库存。

2015年，共与17个厂家签订网上电子交易年度烟叶购销协议，签约量4.98万吨。2016年，签约厂家与签约量与上年持平，全市烟叶11月即全部销完。国家局局长凌成兴12月到湖南调研时特别表扬郴州烟叶，说“郴州的烟叶很好，大家都想要”。

2017年，与公司签订烟叶购销合同的厂家达20个，签约量5.34万吨。2018年，共接待20家客户、

389批次、708人次，网上电子交易签约量4.93万吨。2019年，全市共销售烟叶6.99万吨，其中上年度烟叶4.58万吨、是年新烟叶2.41万吨，货款回笼30.41亿元。

2020年，在销售结构矛盾突出、满足客户需求难度较大的情况下，一方面加强烟叶质量管控，反复与客户沟通，得到客户的理解和支持；另一方面增强服务意识，与客户建立起良好的合作伙伴关系，热情接待26家客户、232批次、880人次，以优质的服务赢得顾客满意。共与16家工业企业签订网上电子交易年度烟叶购销协议，签约量4.80万吨。

二、货物工商交接

2003年，烟叶销售交接实行“送货制”，由供方将烟叶分批就地复烤（厂县挂钩基地烟叶可随厂家意愿决定是否复烤）后，送往卷烟厂家验级、定级。

2004年，烟叶销售改为邀请厂家公司到仓库看货、在产地验收、交接后就地复烤发运的全新销售方式，有效杜绝过去在烟叶交验过程中产生的“扯皮”现象。交接质量由省公司质监站、省公司与省中烟公司联合组建的质量评定委员会进行抽检评定，合格率60%为达标。

2005年6月，国家局通知开展年度烟叶工商交接等级质量检查，检查结果通过“烟浪网”上报总公司。省局和省中烟公司联合下发《湖南省烟叶工商交接等级质量监督检查办法（试行）》，规定：对已完成工商交接的新烟叶和从外省调入的烟叶，以复烤厂、卷烟厂仓储实物为检查对象，由省公司质监站及所属烟叶质量评定委员会，并吸收烟叶处、工业公司主管和技术人员进行监督检查，每年11月和次年1月对卷烟厂进行抽检；对复烤厂从工商交接烟叶调拨开始，每月进行一次。检查结果报省局领导审定后，通报有关单位，并上报国家局。对等级较混乱、合格率较低的，由省局通报批评，督促整改，并报省中烟公司提出处理意见，按国家局相关规定处理。市公司将工商交接质检结果纳入目标管理考核范围，实行奖罚。自此，烟叶工商交接质量接受上级监督和购销双方相互监督形成惯例。

是年，市公司烟叶验收实行三级质量管理：第一级以库为单位按照标准对卸车来烟进行自检；第二级由质检部门组织专人对已验收的烟叶进行抽检，每车抽检率为5%～10%；合格率为80%及以上的开具“烟叶检验合格报告单”，不合格的返工重检；第三级由上级主管单位和客户代表进行总检，对有问题的予以纠正和调整，并完成工商交接。

2007年，市烟叶购销公司改为市公司直属部门烟叶生产经营部，下设业务部、储运部等。烟叶调拨的操作流程是：业务部开具“调拨通知单”并为储运部办理准运证。储运部凭业务部开具的“调拨通知单”组织货源，烟叶等级质量、重量及数量经烟厂代表确认后，填写“烟叶调拨结算码单”，经供需双方签字后，组织发运。业务部凭烟叶调拨结算码单，及时办理烟叶销售结算手续，开具“财务开票通知单”交财务科，审核后开具增值税发票。烟叶销售过程中如发现质量问题，由质检部负责，业务部协助处理，执行《不合格品控制程序》。重大质量问题按照《纠正和预防措施控制程序》处理。烟叶调拨完成后，对客户提出的需求，业务部及时记入《顾客来信、来电、来访处理记录》，报主管领导及时协调处理。

2009年，市公司全面启动基层烟草站网络升级改造，用专线联通县公司和烟草站，基层站网络应用改善。是年，省公司在鸡公石仓库、宜章县各烟草站、桂阳方元和浩塘烟草站开展原收原调试点。其中，鸡公石1个仓库、宜章9条收购线，按照“全程跟踪、重点保障、痕迹记录、及时反馈”的全省系统统一网络模式和工作要求予以保障。宜章县收购的5000吨烟叶全部实行“一打三扫”（烟叶成包时打码，烟叶出库、入库、工商交接时扫码)。烟叶“一打三扫”工作自此推行。

2010年，按照国家局、省局的部署，由工、商联办特色优质烟叶开发基地单元。是年，上海烟草集团在桂阳仁义、贵州中烟公司在嘉禾广发、云南红塔集团在桂阳正和、吉林烟草工业在永兴柏林建立基地单元，开发数量均为2500吨。所开发收购的烟叶按照“原收原调”的模式直调对口卷烟工业企业，收购质量由双方直接监管。从此开启新的原烟交接方式。

2014年，由于全市烟叶收购实行“分部位、原收原调、拒收劣杂品种”三项改革，烟叶质量明显提高，相关卷烟工业企业对此举非常满意。是年，国家局检查郴州的工商交接等级质量合格率达64.89%，居全省最高。

2017年，为全面贯彻落实国家局、省局有关文件精神，进一步规范收购管理，稳步推进烟叶原收原调工作，市公司印发烟叶原收原调试点工作方案，选定在桂阳方元、浩塘基地单元和宜章县推进原收原调试点工作。其中，对宜章县分公司烟叶全部实行“一打三扫＋中心库垛位信息”管理。试点共完成原收原调烟叶9795吨，其中宜章县5050吨、方元3085吨、浩塘1660吨。上等烟比例达65%以上，收购等级合格率达80%以上，工商交接等级合格率达65%以上。原收原调交接率达98%以上，收购调拨全过程做到“原收原调、原级成包、原级备货”，保证“等级不变、包装不变、标识不变”。

2018年，全市系统基地单元收购的烟叶全部实行“原收原调、一打三扫”模式，收进来是什么等级的烟，调出去也是同样的等级。“原收原调”模式虽经数年试行，但由于卷烟企业组叶配方每个等级至少需要150吨烟叶，大部分站（点）均无法满足厂家某单一等级的数量要求，因此仍将“原收原调”烟叶集运到市中心仓库，整合后由业务部按照工商衔接的采购计划组织工商交接。交接后，卷烟企业根据需要就地委托复烤企业进行复烤加工，然后再运入厂。

2019—2020年，市公司成立由分管烟叶业务的副经理李武进为组长的工商交接与质量评价监管工作领导小组，并下设烟叶“县交市”仲裁组、中心仓库等级质量监管组。在交接前的备货阶段，对已完成“二级验收”存于市中心仓库的烟叶，每月抽样检查3次，及时反馈监管结果。对烟叶等级平均合格率低于60%的，分档对验收责任组进行经济处罚。对“全收全调”的基地单元烟叶，每月抽检2次，对不合格批次烟叶，责成责任站（点）进行处理，并按照质量追溯原则追责。在调拨时，由监管组会同中烟公司、市公司烟叶生产经营部、产烟县分公司代表，依据质量标准进行交接。其中，2019年全市烟叶收购合格率达81.67%，在全省名列前茅。郴州烟叶“三单三全”（单收单调单存、全收全调全用）模式在全国烟叶工作会议上作典型经验介绍。

第六节 烟叶出口

2003年，郴州市烟草公司继续承接湖南省烟草进出口公司（处）下达的烟叶外贸计划业务，由市烟叶购销公司业务部主办。出口货物一般以低次烟叶（含积压老烟）为主，用于境外厂商作卷烟填充料。出口烟叶不占烟叶收购计划指标。按照外商要求备货后，通过湖南省烟草进出口公司衔接出口，均由省公司结算转款。2003—2005年共出口2169.20吨，创汇1923097.80美元，折合人民币1588.48万元。2006年、2007年各出口1250吨、2300吨，调拨价格：上中等烟叶按照国家局调拨基价执行，下低等烟叶按照省局规定的调拨价格执行。创汇数据不详。后因本市烟叶“双控”产销相对平衡，有的外商履约不充分导致备货难销完而停止此项业务。

2003—2005 年郴州市（地区）烟叶出口贸易情况表

表 2-21

出口单位	发货时间	收货地点	品名	品质规格	单价（美元）	实发数量（吨）	外汇金额（美元）
郴州市烟草公司	2003.6	埃及	白肋烟	片烟	1600	466.56	746496
	2003.10	埃及	白肋烟	片烟	1600	213.84	342144
	2004.8	湖南烟草进出口公司	烤烟	8 个低次级片烟	420.46	150.60	63322
	2004.8	湖南烟草进出口公司	烤烟	6 个低次级片烟	525.63	132.60	69699
	2005.10—11	湖南烟草进出口公司	烤烟	9 个低次级片烟	581.33	1206.60	701436.80
合计	—	—	—	—	—	2169.20	1923097.80

说明：1. 资料来源于郴州市烟叶购销公司；2. 出口的白肋烟系从外地购入加工；3. 2002—2005 年美元兑人民币汇率为 1：8.26

第七章　烟叶复烤

第一节　隶属变革

2003 年，郴州市复烤厂与市烟叶购销公司合为一体，统称为郴州市烟叶购销公司（复烤厂），共有员工 500 余人。厂（司）址在下湄桥司马洞。

2004 年 2 月 25 日，郴州复烤厂独立分设单列，正科级建制，直属市局（公司）领导。下设四部一室：政工部、生产部、业务部、财务部、办公室，划属人员 223 人，正式退休人员全部划归市公司。因市公司实行“大财务”体制，故复烤厂财务实行报账制，半独立核算。

2005 年 9 月 15 日，郴州天泰复烤公司举行开业揭牌仪式

2005 年 6 月 28 日，郴州复烤厂改制为郴州天泰烟叶复烤有限责任公司（以下简称天泰公司），成为股份制企业。9 月 8 日完成企业注册登记，15 日举行揭牌仪式，正式运作。天泰公司由 4 家烟草企业合股经营。原始股份总额为 16122.07 万元。其中，郴州市烟草公司以原复烤厂不动产（不含土地）及设备等固定资产作价 11122.07 万元出资，占总股本的 68.98%；上海烟草集团出资 2000 万元，占股 12.41%；广州卷烟总厂出资 2000 万元，占股 12.41%；长沙卷烟厂出资 1000 万元，占股 6.20%。天泰公司按照《中华人民共和国公司法》建立现代法人治理机制，股东大会为最高权力机构，选举产生董事、监事，然后由董事组成董事会，推举董事长；由监事组成监事会，推举监事会主席或召集人。董事会为决策中心，监事会为公司运行监督机构。公司总经理及副总经理均由董事会聘任。以公司总经理为首的经营管理团队负责公司运行管理的日常工作，每年向董事会递交经营管理等方面的责任书，年终接受董事会、监事会考核，兑现奖罚。公司盈亏均按照股份比例分享或担责。由于市公司入股比例达 68.98%，通过“绝对持股”（股份达到或超过 51% 以上）主要管理、决策权对天泰公司实行控股管理。

2007 年 5 月，郴州市烟叶购销公司搬迁至桂阳县鸡公石烟叶中心仓库办公。7 月 15 日，天泰公司从原市烟草公司外贸办办公区搬迁至原烟叶购销公司办公楼办公。

2011 年 8 月 1 日，国家局、总公司下达《关于湖南省公司打叶复烤企业体制改革的批复》（国烟法〔2011〕356 号），组建湖南烟叶复烤有限公司，为湖南省烟草公司直属企业；天泰公司取消法人资格，更名为湖南烟叶复烤有限公司郴州复烤厂，直属湖南烟叶复烤有限公司管理。原郴州天泰和原永州天顺烟叶复烤有限责任公司的股权转为中国烟草总公司湖南省公司在湖南烟叶复烤有限公司的投资；同意其他股东在原郴州天泰烟叶复烤有限公司和原永州天顺烟叶复烤有限责任公司的股权转为中国烟草总公司湖南省公司在湖南烟叶复烤有限公司的投资。各股东在湖南烟叶复烤有限责任公司的股权比例按照 2010 年

郴州烟叶复烤厂油山新厂区

12 月 31 日原股权投资额对应账面净资产及新增现金投资占公司净资产总额的比例确定，出资比例分别为：中国烟草总公司湖南省公司占 17.40%；湖南中烟工业有限责任公司占 12.81%；广东中烟工业有限责任公司占 9.47%；上海烟草集团有限责任公司占 9.47%；云南红塔烟草（集团）有限责任公司占 7.52%；浙江中烟工业有限责任公司占 7.52%；山东中烟工业有限责任公司占 5.63%；江苏中烟工业有限责任公司占 4.60%；云南红云红河烟草（集团）有限责任公司占 3.76%；安徽中烟工业有限责任公司占 3.76%；川渝中烟工业公司占 3.76%；贵州中烟工业有限责任公司占 2.26%；陕西中烟工业有限责任公司占 2.26%；吉林烟草工业有限责任公司占 2.26%；甘肃烟草工业有限责任公司占 2.26%；广西中烟工业有限责任公司占 2.26%；河北中烟工业有限责任公司占 1.50%；江西中烟工业有限责任公司占 1.50%。是年 9 月 19 日，湖南烟叶复烤有限公司郴州复烤厂举行挂牌仪式，自此脱离郴州市烟草公司控股管辖。

第二节　设施设备

2003 年，郴州复烤厂与市烟叶购销公司合署办公，合用生产经营场所，占地 149.30 亩。经过陆续建设，先后建有复烤车间 2 栋，锅炉房 1 栋，凉烟库 1 栋，五层楼投料库 1 栋（4700 平方米），毗邻有代管的省烟草公司烟叶储备库 2 栋，市烟叶购销公司（厂）六层楼烟叶储备库 1 栋（23600 平方米），代管的国家烟叶储备库 8 栋（17000 平方米），可就近取料和复烤成品转库，并建有办公楼、职工宿舍区、临时工宿舍楼、食堂、水电供应设施等。复烤设备在 2002 年遵照国家局指示拆除 2 条挂杆复烤生产线后，只剩 2 条打叶复烤生产线，其中 1 条为仿科马斯线、1 条为仿美国玛克线，年设计产能均为 1.50 万吨，合计设计年产能 3 万吨。但若采取“三班倒”、节假日开工等措施，实际年产能可达 4 万～5 万吨。2 月 14 日，郴州卷烟厂与郴州市烟草公司达成《无偿划转郴州卷烟厂打叶复烤异地改造线的协议》，将郴州卷烟厂在湘南烟草集团存续期间出资购买安装的玛克打叶复烤生产线及其辅助设备（含土建改造、老线大修项目），折合金额为 48054486.47 元，用以抵扣湘南烟草集团撤销时郴州卷烟厂应承担的、先由市公司挂账的 6000 万元亏损（余欠款由省公司弥补）。3 月 13 日获得国家局批准。至此，该仿玛克打叶生产线所有权归属郴州复烤厂。是年 2 月 19 日，市局（公司）党组扩大会批准郴州复烤厂打叶复烤的设备改造和技术升级计划。3 月，打叶复烤一车间仿意大利科马斯打叶生产线更新改造工程启动，总投资为 2000 万元。第一期工程是将原复烤机更换为新式的 KG232C 型复烤机，7 月完成更新安装，8 月投入使用。

2004 年，市公司决定将仿意大利科马斯打叶复烤机第二期工程列为重点改造项目。实施内容为：对预处理段及打叶段进行改造，将仿科马斯打叶机组更换为先进的节能型仿玛克式打叶机组，预处理段设备更换为新式设备。同时，对老化落后的复烤机、仓式喂料机、打叶机、风分机等设备予以淘汰，作报废处理。从 3 月 19 日起，对该生产线的预处理段和打叶段进行拆解、清场。6 月 28 日，技术改造设备全部到齐。7—8 月，改造建成的节能型玛克打叶复烤生产线成功进行 13 次过料试车，8 月 12 日正式投产。

2006年,天泰公司年打叶复烤能力达4.50万吨,库容紧张。6月,网架轻钢结构仓库建设项目正式启动,8月建成。其中，生产车间网架结构场地改建面积2550平方米，轻钢结构投料库面积650平方米及地面水磨石工程，总投资241.11万元。6月，又同时启动20吨锅炉房改造工程，至次年7月建成三层框架结构锅炉房一栋，建筑面积881.70平方米，完成投资126万元。是年，还修建或改造轻钢结构雨棚、除灰系统工程煤棚、简易仓库、成品装车台、新地磅房等，投资147.64万元。是年，将二车间仿玛克6000千克/小时打叶复烤生产线改造成12000千克/小时的仿格瑞芬智能型生产线，其配套设备一并进行改造，总投资4934万元。工程于1月完成立项考察和合同签订，3月确定技改方案，5月拆除旧设备，6月6日开始安装，8月22日整线投产运行，该线年复烤生产能力由1.50万吨提升至3万吨。其间，还对生产线电控系统进行更换，耗资240多万元;新配置反顺式布袋防尘器，并对高、低压配电设备进行大修。5月，通过郴州材信招标代理有限公司中标的形式，购置长沙锅炉厂生产的20吨循环流化床锅炉1台，耗资92万元。9月，锅炉安装工程由湖南省建设工程招标代理有限责任公司评标公示，益阳市锅炉化工设备安装公司中标，中标价格为145.94万元，实际投入安装费用155万元。

2007年，天泰公司基本建设项目共28项，投资金额达688.05万元。主要项目有:10千伏下塘输电烟草仓库支线、局域网络改造，以及厂区道路扩宽及维修、仓库维修、车间维修与亮化、食堂装修、地沟维修、技术中心改造等，新建抱车房、垃圾池、过道雨棚、麻片仓库，加装车间空气雾化系统。是年，公司董事会决议，继续完善仿格瑞芬智能型生产线的配套设备改造。在原有的二联打包机基础上增加一联预压打包机，打包段堵料问题得以解决，投入资金123.70万元;并对上年利旧的打叶后段工序、复烤机进料喂料机、除尘器进行部分改造。又实施锅炉改造第二期工程，拆除两台4吨快装锅炉，保留6吨、10吨锅炉作生产备用。

2008年5月，天泰公司精选车间改、扩建工程启动，完成投资68.08万元。更新改造20吨锅炉房并加修围墙，完成投资196.53万元。技术中心装饰及网络平台投资46.61万元。轻钢仓库及车间网架投资241.11万元。新建麻片仓库投资16.07万元。建一车间油泵房投资6.92万元。仓库维修共耗资111.01万元。对生产车间已老化且回潮工艺落后的3台真空回潮机进行技术改造,11月投入使用,耗资67.80万元。

2009年，天泰公司投资1038万元，对生产和动力设备、烟叶仓库及附属配套设施、办公经营设施等进行维修和改造，就近从电业局变电所增设一路10千伏高压双回路电源，为公司生产生活提供可靠的电力保障。购置原烟钢质货架2000个，耗资216.79万元，开创货架式仓储新模式。

2010年2月，天泰公司易地搬迁技改项目启动。公司成立易地搬迁改造筹备工作组，陆续完成先期协调、可行性报告、方案论证通过、报批等手续。5—6月，完成选址，确定在北湖区华塘镇油山村，共征地680亩，其中一期用地500亩，另外180亩作预留用地。北湖区政府下达《关于对郴州天泰烟叶复烤有限责任公司搬迁改造有关问题的回复》(北政函〔2010〕58号)，对征地范围、施工要求、优惠政策等予以确认。易地搬迁改造投资预算资金需7亿元以上。公司主动向烟草行业10家实力雄厚企业发送投资邀请函，筹集建设资金。年内，易地搬迁改造项目获得市政府国有土地预审批复、项目规划批复、土地利用总体规划图和定点测绘地形图,市环保局出具项目环境评估报告。方案立项请示上报到省局。是年，经公司董事会批准的资本性投资项目共有14项，总投资额为610余万元，包括格瑞芬智能型生产线打包电控系统改造，两条生产线梗打包增加自动麻包缝包机，节能型生产线增加片烟返料装置，两线除梗拐增加自动清梗机，对该线除尘器进行改造，增加一套蒸汽热量回收系统和烟箱输送系统，购置一批质量检测仪器，对两台空压机进行大修，新建简易钢架仓库，搭建装车棚，实施供水网改造、企业信息系统整合、生产区护坡整修等。

2011 年，天泰公司易地搬迁工程建设资金筹措与工业企业增资扩股统筹协调得到各合作伙伴的一致认同和支持，意向投资额达 13 亿元。建设前期征地工作初步完成；一期工程新建烟叶仓库立项申请获得国家局的批复；完成场地沟渠布设和部分建筑的设计，项目建设进入“三通一平”（通水、通电、通路、平整土地）阶段。是年，公司实施各项设备技术改造项目共 7 项，总投资额 425 万元，其中格瑞芬智能型生产线梗拐振筛及梗装包改造 40 万元，格瑞芬智能型线打包段复压系统改造 20 万元。打叶复烤设备中修 160 万元，成品库电梯改造 60 万元，购置碎片机项目 40 万元、林德叉车项目 25 万元、“烟叶一生管理”信息软硬件项目 80 万元。

2012 年，易地搬迁改造一期工程正式开工建设。8 月 6 日，国家局以国烟计〔2012〕269 号文件批复，同意湖南烟叶复烤有限公司实施郴州复烤厂易地技术改造项目。同日，总公司下发《关于郴州天泰烟叶复烤有限责任公司新建烟叶仓库的批复的通知》（中烟办〔2011〕101 号），同意郴州天泰烟叶复烤有限责任公司新建烟叶仓库项目。所需资金均由郴州天泰烟叶复烤有限责任公司自有资金及股东出资解决。

2015 年 8 月，郴州复烤厂易地搬迁第一期技改工程项目基本竣工。厂区实际占地面积 500 亩。主要建成：综合办公楼 7250 平方米，倒班宿舍 7008 平方米，客户接待中心 5599 平方米，单位职工宿舍 450 平方米，汽车库 410 平方米，联合工房 91129 平方米，凉烟库 23063 平方米，20 吨锅炉房 265.20 平方米，烟叶仓库 6 栋（6、7、8、9、10、12 号库）41652 平方米，轻钢结构棚架 500 平方米，其他附属建筑 9142.80 平方米，合计 186469 平方米，土建工程合计总投资 41507.08 万元。与此同时，随着易地技改土木基建各项目竣工时间不一，陆续安装各类生产设备。主要设备有：新增 12000 千克 / 小时国产组装打叶复烤生产线，耗资 18341.96 万元，命名为 A 线；拆迁改造原格瑞芬 12000 千克 / 小时打叶复烤生产线，耗资 5943.72 万元，命名为 B 线。两线合计年复烤生产能力为 6 万吨。是年 9 月 12 日，全厂整体搬迁。9 月 16 日，A 生产线正式投产，B 生产线于 10 月 10 日投产。

第三节　主要复烤工艺

自 2003 年起，郴州复烤厂全部采用打叶复烤工艺。工艺标准执行国家局《烟叶打叶复烤工艺规范》（YC/T146—2001）及《打叶烟叶质量检验》（YC/T147—2001）。打叶复烤系指原烟上机后，依加工顺序，经流水线传送到各加工机组，对烟叶进行烟梗、叶片分离，只取复烤后质量达标的叶片进行打包，成为产成品，可直接作为卷烟制丝原料。烟梗则作为副产品予以另行处置。打叶复烤主要分为原料预处理、打叶、复烤和打包四个环节。

原料预处理工段：烟包进入车间后，进行计量，验明等级，开包查验烟叶，如水分基本正常可直接进入摆把铺叶台；如遇原烟过于干燥或结饼，则将此批原烟进行真空回潮后再摆把铺叶。在摆把铺叶台，以人工将烟叶散把摆放入流水线，挑出霉变烟叶及杂物，然后进入切把机组，进行切尖（梗尖）解把。进入预混后，以传送带送至润叶机组进行第一次润叶，然后送经转辊机组除去泥沙，至风选机组和光电除杂机组除杂，再送至人工精选平台进行人工除杂，然后传至润叶机组对烟叶进行第二次润叶，并在传送带上设置磁吸装置，吸除铁质杂物。通过以上工序，使待加工烟叶变得相对松软、洁净。

打叶工段：将预处理后的烟叶，以传送带送至一级打叶机组（内有梳齿，也称打钉），对烟叶进行初次撕扯，使叶、梗分离，形成大中片、碎片，然后送至风分机组将已分离的叶片以风吹形式分类输出，分别落入各自的叶片传送带中，然后进入叶片储柜，但此时的带梗烟叶还分离不彻底，于是再送至二、三、四级打叶机组和风分机组进行多次打叶风分，将叶片分类集中到叶片储柜，并把已无叶片的烟梗单独走线送至烤梗机组。

复烤工段：对已经打叶风分出来后的大中片叶、梗、碎片三部分，分别进行复烤。

打包工段：复烤后的叶片，经过传送带传送落入瓦楞纸箱、核准重量、机械压紧，最后封箱打包。成品放入凉烟库 5 ～ 7 天充分冷却后，再转入成品库储存待运。复烤后的烟梗经筛分后，分别以编织袋装包。碎片和碎梗经另行处理后用于制作烟草薄片。

2004 年，国家局发布《复烤片烟包装 瓦楞纸箱包装》（YC/ T 137.1 — 2004）标准。郴州复烤厂及时按照国家局发布的行业标准，结合本厂装备实际，进行细化，完善流程，制定出本厂打叶复烤包装技术标准。

2005 年，天泰公司成立精选车间，由业务部管理。对原料进行烤前精选，以人工重新分级，剔除青叶、霉变叶、被污染叶以及杂物、灰土等，提高复烤烟叶纯度，工业投料的可用性提升。

2006 年，公司将二车间仿玛克 6000 千克 / 小时打叶复烤生产线改造成 12000 千克 / 小时的仿格瑞芬智能型生产线。该线采用多项新技术、新工艺，实现精细化、智能化控制，其在线生产数据可远程传递、咨询和监控。至此，天泰公司打叶复烤年生产能力由原来的 3 万吨提高到 4.50 万吨。2008 年，公司将精选车间进行改、扩建，进一步扩大复烤备料精选场地。

2010 年，国家局发布《烟叶打叶复烤工艺规范》（YC/ T 146 — 2010）《打叶烟叶质量检验》（YC/ T 147 — 2010）《打叶烟叶质量均匀性评价》（YC/ T 366 — 2010）《烤烟中非烟物质控制技术规程》（YC/ T 370 — 2010）四项标准，对工艺指标和操作规范进行调整，总体趋严。天泰公司及时开展“对标”，对原标准进行修改，制定出本厂打叶复烤技术新标准。

主要工艺质量指标如下：

打叶去梗。大片为≥ 25.4 × 25.4 平方毫米，中片为≥ 12.7 × 12.7 平方毫米，小片为≥ 6.35 × 6.35 平方毫米，碎片为≥ 2.36 × 2.36 平方毫米；碎末为小于 2.36 × 2.36 平方毫米，并控制在 0.8%之内。叶中含梗率≤ 2.0% ；梗中含叶率≤ 1.2% ；长梗（长度大于 20 毫米）率：上中等烟≥ 70%，下低等烟≥ 65% ；粗梗（直径大于 2.38 毫米）率≤ 0.4%。

烟叶复烤。将打叶去梗后的叶片（叶尖）经过干燥、冷却、回潮，有效地控制其含水率。冷却段叶片含水率：上中等烟为 8% ～ 10%，下低等烟为 8% ～ 10.5% ；机尾叶片含水率为 11.5% ～ 13.5%，含水率极差小于 1%；机尾叶片温度为 50 ～ 55℃。一类杂物含量为“0”，二、三类杂物含量不超过 0.00665%。

烟梗复烤。将打叶分离出来的烟梗进行干燥去湿。烟梗含水率为 10% ～ 13%。将烟梗筛分为长梗（＞ 20 毫米）和短梗两个规格（或根据合同要求）。筛分后，烟梗符合下列工艺质量指标：长梗率≥ 85%。一类杂物含量为“0”，二、三类杂物含量不超过 0.00665%。

碎片、碎末包装。将生产线产生的碎片单独烘烤，并将烘烤后的碎片按照所要求的规格进行筛分。将筛后尺寸大于 2.36 × 2.36 平方毫米的碎叶片剔除所含烟梗后均匀掺入烤后叶片中，尺寸小于 2.36 × 2.36 平方毫米的碎末单独包装或根据客户需要按照尺寸分类包装。烤后碎片和碎末的含水率为 11% ～ 13%，碎片和碎末含梗率≤ 0.5%。一类杂物含量为“0”，二、三类杂物含量不超过 0.00665%。

2013 年，郴州市烟叶收购全面实行“散烟收购”模式，各省中烟公司或烟草集团（复烤委托方）皆要求对复烤备料进行全面精选，郴州复烤厂的备料精选随之实行“全面片选”，投料皆为散叶，“解把”工序随之取消。

自 2015 年 9 月起，郴州复烤厂搬迁至华塘镇油山新厂区，新安装的国产智能型打叶复烤生产线（A 线）和搬迁入厂的仿格瑞芬（改进型）打叶复烤生产线（B 线）及其配套设施设备，在生产工艺方面有诸多新科技、新工艺得到应用。主要有：增设均质化原烟配方立体库 29475 平方米、5460 个货位，库容 2184 吨。在线安装 CV 值（片烟烟碱变异系数）测定仪，进行卷烟配方计算，1 小时出计算结果，可满足客户配方打叶需求。烟叶回潮采用以水和蒸汽混合形成水蒸汽新工艺，提效节能。A、B 两线各设 6 条铺叶线，满足大流量投料要求。配置大型润叶预混柜，缓冲、预混在线烟叶，利于片烟均质化生产，实现前后的加工追溯。各主要工段传送带皆安装恒流电子秤，自动称重。在一、二润进料口等处各安装三排光电管，依对射光的遮断层次对过线烟叶的流量厚度进行控制，实现自动摊薄。片烟在线生产的水分、温度、去杂、大中片率检测皆实行自动化。采用新一代打叶风分技术，风分机组、打叶机组皆安装智能化控制装置，实行交错式进风、柔打细分、双面打叶、高效风分、低温慢烤。预压打包工段采用新一代伺服控制系统，节能高效。打包实现自动进箱、自动落料装箱、电子称重、液压机预压复压成包。成品及其包装条形码自动生成、打印、粘贴、扫描入电脑记录。成品件出、入高架库实现无人化操作。成品发运，对条形码自动扫描，其信息发给收货客户和承运人，准确无误。

第四节　加工原料承揽

2003 年 2 月 23 日，国家局印发国烟法〔2003〕68 号文件，其中规定：“允许卷烟工业企业在同一省（区）内调拨的烟叶集中到一个打叶复烤企业加工，为企业创造公开、公正、公平竞争的市场环境。”按照文件精神，各卷烟工业企业在湖南省内烟叶产区调拨的烟叶，其复烤可以在湖南省内 4 家复烤企业（郴州、永州、常德、吉首）中自主选择委托加工点。复烤加工原料承揽竞争加剧。郴州市烟草公司作为业务主管单位，郴州市烟叶购销公司作为烟叶调拨业务经办单位，郴州复烤厂作为复烤加工方，在烟叶业务洽谈中形成“三合一”力量，均努力为复烤厂争取加工货源。本着“巩固老客户，发展新客户”的原则，对在郴州调拨烟叶的客户，通过业务承上启下关系维护、开展工商联谊活动、打响加工质量牌、强化客服等举措，稳住本地调拨烟叶的就地就近复烤货源基本盘，并努力开拓外地加工原料市场，发展新客户。

2004 年 2 月，中国烟草总公司中烟电子商务公司正式启用“电子商务平台”，烟叶复烤业务改由“电子商务平台”进行洽谈、签署意向合同。委托加工电子合同经省公司主管部门审批，报总公司核定后作为复烤厂的加工计划。烟草商业企业负责将卷烟企业订购的烟叶发运到复烤厂后，复烤厂核实加工合同、准运证、调拨单（发货单）及实物后予以接收，经三方（工、商、复烤）代表当面计量确认后填单入库，之后分批复烤。郴州复烤厂在市烟草公司和市烟叶购销公司的大力支持和协助下，积极开展加工原料承揽，稳住本地烟叶调拨就地复烤基本盘；对计划外加工货源的争取，一般通过查看中国烟草电子商务平台烟叶交易系统每季度发布的消息，以及与“业务老关系”保持沟通，获取加工信息。一旦信息确定，便加紧联系争取。通过努力，郴州烟叶复烤厂的委托加工客户有所增加。

2005 年 9 月，郴州复烤厂改制为郴州天泰烟叶复烤有限责任公司，郴州市烟草公司控股 68.98%，上海烟草集团、广州卷烟总厂各控股 12.41%，长沙卷烟厂控股 6.2%。基于控股关系，各参股企业皆将其烟叶复烤业务优先关照所在控股复烤企业。自 2005 年起，全市系统推行“全面预算管理”，天泰公司自此在每年 11—12 月，根据年内尚未完成的复烤量，加上次年预测的复烤量，再加上次年额外可承揽的复烤量，汇总成次年度加工的预计总数，交郴州市烟草公司预算管理部门作为次年度预算生产计划指标。

2006 年 10 月，湖南中烟工业公司改制为经营实体，卷烟厂所需原烟统由省中烟工业公司直接订购，所订新烟的复烤，由省中烟工业公司选择指定厂家。自此起，复烤原料的交接方式是：烟叶入厂时，烟草公司业务代表、中烟工业公司驻厂复检组、复烤厂业务部人员同时到场。由中烟工业公司驻厂复检组负责抽检复查烟叶质量和等级，复烤厂业务部人员负责点验件数和重量抽查。然后据实填制“验收单”，三方代表签字后，完成货物交接。烟叶入厂后签订正式复烤加工合同。

2011 年 9 月，天泰公司被取消法人资格，隶属湖南烟叶复烤有限公司领导，成为公司复烤加工生产点之一。自 2012 年起，郴州复烤厂加工原料转为统筹分配为主，自我承揽为辅。统筹分配的主要做法是：每年 4 月，根据国家局（总公司）烟叶购销网上交易平台统一开展烟叶订购意向合同签订，公司逐一核实基本订购数量，按照《生产加工业务管理流程》（Q/HNFK），与在本地购买烟叶的工业客户沟通，承揽复烤业务，及时向省公司烟叶处汇报争取加工量，达成加工意向协议。计划外加工原料的争取与正常业务流程相同。根据网上加工意向合同，统计出本烤季（本年 7 月 1 日至次年 6 月 30 日）的复烤加工量，制订年度预算计划。然后，根据各中烟工业公司与产区烟草公司或烟叶购销公司达成的调拨进度安排，结合货源是否就近、加工点负荷量和客户对加工点的选择等因素，下达月度生产计划，所属复烤厂按照公司下达的计划，加强与委托加工单位和商业调拨单位的联络衔接，落实烟叶入厂加工。

第五节　加工概况

自 2003 年起，郴州复烤厂沿用以往行之有效的生产指挥调度制度，保持以厂长或总经理为首的生产指挥系统，由分管生产的副厂长或副总经理主持，生产部为归口管理部门。实行调度例会制度，例会分厂部和车间两级。其中，厂（公司）级生产调度会，开烤前必须召开至少 1 次，动员各相关部门全力协调配合，做好开烤准备。车间级例会一般在每批次开烤前召开 1 次，由车间负责人主持，班组长参加，着重于岗位任务的具体安排，遇到紧急或重要情况，则随时召开。厂级生产调度会一般由主管生产的副厂长（副总经理）主持，生产、复烤车间、业务（客服）、企管、仓储物流、精选、工艺品质（质检）、动力、机修、设备、后勤部门（科）的负责人和技术主管、厂部生产调度员和安全员等参加。必要时邀请客户代表参加。遇重要、特殊情况，厂长（总经理）参加。会议议程一般为：先汇报前一阶段情况，提出存在的问题，研究解决办法，明确下一阶段各部门工作任务，并形成会议决议下发。在健全局域网后，调度会决议基本由办公 OA 系统下达。各相应职能部门在接到会议决议后，即制定方案，召开部门会议，分解责任，分头抓落实。生产期间，正常状态下的日常调度指令，由生产管理部直接下达给各生产车间；并派调度员跟班巡视，做好工作衔接，发现问题，及时协调解决。遇到重大运行故障、质量事故等情况时，调度员有权临机处置，报告、请示后，依厂、部领导指示，下达临时停机和组织抢修指令；故障和异常情况排除后，依厂部指示，下达恢复生产指令。各部门将生产调度会决议执行情况纳入考核范围，与奖罚挂钩。

为提升客户满意度，每批次烟叶复烤均开展与客户的产前、产中、产后协调。产前协调主要包括：协同完成入厂原料检验和交接，如期如质完成烟叶精选，开烤前充分听取客户对加工工艺、质量的要求，必要时召开产前协调会，协调各部门尽量满足其要求，并形成书面决议，随后实施。产中协调：在生产过程中，车间领导亲临现场指挥调度，班组长各自管好分管工段事务，工艺员跟班监督，各工序坚持按照工艺、质量标准和操作流程作业，在线产品一般每两小时抽检 1 次，如发现有质量不符的情况，及时调整工艺细节；同时，卷烟企业（委托加工方）驻厂监打组（监督打叶组）也参与跟班监督，对其提出的合理建议和要求予以采纳，对疏忽、不当之处随时改进；有投诉的，记录在案，尽快解决；对当批加工情况的在线生产质量检测数据，要求提供的予以提供。对加工偶然出现不达标的情况，均立即组织人员查明原因，属操作不当的，立即纠正；属于原料本身缺陷的，及时向客户通报，解除误会。产后协调：发放《顾客满意度调查表》，每年至少 1 次，调查的内容包括公司产品的质量、包装、价格、服务以及后期市场预测等，要求全面、真实、客观，以“非常满意（91 ～ 100 分）、满意（81 ～ 90 分）、较满意（61 ～ 80 分）、一般（41 ～ 60 分）、不满意（40 分以下）”五个级度为评价标准，并定期进行电话联系，征求意见。对客户反映的问题，做好记录。在淡季进行专人回访，直接沟通。对客户满意度的调查和平时反映的意见，定期进行汇总，认真分析，报相关部门及公司领导作为管理评审、持续改进的依据，并在公司生产和质量管理例会上制定改进措施，整改后形成《客户投诉回复记录》反馈给客户。同时建立客户档案，详细记载客户每年的加工等级、数量及对工艺、质量、服务等方面的需求情况，为加强和改进以后的生产、质检、经营、设备、服务等方面提供资料。如此，委托、受托双方形成良性互动，增进感情，延续合作，共促发展，互惠互利。

2003—2011 年郴州复烤厂（天泰公司）历年复烤加工数量统计表

表 2-22

年份	投料（吨）	产量（吨）		
		挂杆	打叶	合计
2003	21535.80	0	16315	16315
2004	26681.90	0	24677.65	24677.65
2005	29290.35	0	27151.65	27151.65
2006	50004.80	0	46179.20	46179.20
2007	42674.95	0	38839.85	38839.85
2008	40965.90	0	38060.65	38060.65
2009	46706.85	0	30083.20	30083.20
2010	56358	0	35805	35805
2011	60525	0	38547	38547

说明：资料来源于郴州复烤厂（天泰公司）历年生产统计报表。自 2012 年起，郴州复烤厂划归湖南烟叶复烤公司管理，其复烤加工数据未计入

第三篇　卷烟购销

第一章　购销体制

第一节　营销机构

2003年，郴州市公司设销售科（卷烟配送中心），县（市）公司设销售股（卷烟配送中心），负责处理日常业务。市、县级公司均设分管领导，主持卷烟营销日常工作，重大决策由公司（局）政务会集体讨论，经理（局长）决定。

2004年12月8日，按照行业上级统一部署，市、县公司撤销原合署办公的销售科（股）及卷烟配送中心，设立卷烟营销中心和物流配送中心，实行专业化分工，各自独立办公。营销中心专司卷烟购进、访销、货源分配，物流配送中心专司卷烟分拣与配送。

第二节　购销体制改革

2003年3月10日，国家局召开卷烟体外循环专项治理电视电话会议；13日，国家局发布治理“卷烟体外循环”5条纪律。市局（公司）成立治理“卷烟体外循环”领导小组和工作小组，开展“卷烟体外循环”专项自查整改。自3月起，将治理卷烟非法流通（以下简称“治非”）、规范经营列为工作重中之重，不得无计划（含擅自向烟厂增购卷烟）、超计划购进卷烟，必须严格执行“到货确认”制度、严格落实“辖区（落地）销售”规定，不跨县（区）销售，邻省边贸亦同时取消。

2004年，全国卷烟购销体制发生重大变化。以往实行的每半年一次的“北京（全国）卷烟批发交易会”取消。卷烟购进改为通过中国烟草总公司中烟电子商务公司设立的“电子商务平台”进行，凭省公司、总公司审定的会员卡入网洽谈。卷烟购销洽谈交易的方式为：每年11月由厂、商双方在网上订立下年度上半年卷烟购销协议，5月订立本年度下半年卷烟购销协议，各确定半年内卷烟购销的品种、规格、数量等，俗称“大协议”。购销协议经省级公司审核和总公司审定，有关各方加盖“电子印章”后生效。协议签订后，由总公司按照协议书成交金额收取5‰的手续费。执行中，每月由购方在“大协议”框架内，制定下月卷烟调拨合同，确定月度调拨的品种、规格、数量等（俗称“小合同”）。“大协议”在购销数量上可上下浮动10%，购销品种上购方可根据市场需求提出微调意见，经厂方同意后，可作调整；“小合同”确定后则不得变更，厂方按照合同发货，开具增值税发票托收货款。购方验收货物后，通过财会付款。

自2005年4月1日起，县级公司（三级站）的卷烟购进统一归市级公司（二级站）负责。县级公司只能从市公司购进，无权从烟厂或市外二级站购进。对县级公司的卷烟分拨，一般按照县级公司申报、省公司核定、市公司分解的计划指标按月进行。

自2006年1月起，县级公司法人资格被取消。3月6日，市公司印发《郴州市烟草公司卷烟营销“五个集中”实施方案》，对全市卷烟销售实行“五统一”管理模式。一是集中核算。从6月1日起，对县级公司卷烟购、销、存业务和经营成果由市公司统一核算。全市电子结算用户代扣金额直接汇入市公司账户，非电子结算户资金直接存入市公司指定银行账户。二是集中管理。全面启用东软系统的订单、配送、仓储、资金、证件、案件管理等模块，实现商流、物流、资金流及信息流在市公司平台上的统一管理。三是集中配送。建立市公司卷烟物流中心仓库、汝城配送分库“1+1”库点模式，取消其他县级公司的卷烟仓储，改为中转站。汝城分库辖汝城及桂东，其他县（市）由市中心仓库覆盖。全市卷烟营销批发模式为“一访、二配、三送”，从3月12日起按照此模式运行。四是集中采购。在3月12日前将各县（市）的库存卷烟全部调入市公司中心仓库集中存储，此后购进的卷烟统一送到市公司中心仓库。汝城分库的卷烟由市中心仓库分拨。五是集中订单。全面实行集中订货、市内跨县（区）访销配送运作模式，货源由市公司统一分配。卷烟分拨由市公司物流配送中心按照各县级营销部采集的零售户订单“汇总表”按周配送到各县中转站（称为二级配送），再由县营销部分送到乡镇零售户；但由于北湖、苏仙两区卷烟业务已上划市公司，两区的卷烟配送均由市公司负责，加上城区的配送，称为“一级配送”。其后，为节约成本，配送线路不断优化，离郴州50千米内的县城先后改为卷烟物流对接点，对接点卷烟由市本级物流直接配送到零售户。

自2007年起，除云南省外，其余各省中烟工业公司成为经济实体，国内所有烟厂均被陆续取消法人资格，由省中烟工业公司或烟草集团统一集中管理。自此，卷烟业务洽谈对象均转为省中烟工业公司或烟草集团。自2007年5月起，总公司为逐步打破卷烟流通领域的“地区封锁”，全国卷烟调拨“网上订货”又改为由购销双方达成协议后，由总公司直接鉴证确认，减少省级公司审核鉴证环节。

2008年，市局（公司）首次发布《货源组织管理办法》。主要内容为：一是确定年度、半年度卷烟购进数量。根据省公司下达的购进计划，市公司以需求预测为基础，在省公司下达的计划内组织购进。二是协议签订。每年6月和12月签订下一个半年度的货源购进协议。以需求预测为基础，结合年度品牌培育规划、测算半年货源采购量，并与工业企业进行充分协商、确认，形成卷烟半年度协议量，上报省公司审核后，在国家局用于工商烟草企业从事卷烟、烟叶、物资交易及工商协同等商务活动的软件集成系统中，实现购销协议签订、合同提交确认。三是协议调整。认真分析零售户订单，动态调整购销协议，切实提高货源适销性。商业调入计划和购销协议根据市场变化进行调整，调整比例按照国家局相关标准执行，尽可能地满足市场需求。四是合同执行。在月度合同签订时，工商企业均以商业存销比指标为主要衡量依据，共同磋商并确认月度合同的发货时间、品牌（规格）、数量，实时签订合同。由市公司积极与工业企业对接，实施“订单驱动、滚动配货、实时合同”的模式。工商共同推进网上配货，合理设置各品牌（规格）存销比上下限。五是商商调剂。总的原则是工业主导、市州主体、省局协调、力求共赢。

同年，市公司又发布《卷烟月度货源衔接管理规范》，规定：市公司卷烟营销中心根据零售户的订单，结合半年协议、市场销售和库存情况，在需求预测的基础上，向工业企业提交月度要货信息，工商双方根据此信息协商确定月度的可供货源。月度衔接对半年协议的总量计划进行滚动执行。利用中烟电子商务卷烟交易平台，营销人员在此系统中实现购销协议签订、合同提交确认、月度货源磋商等。卷烟购销合同根据月度衔接和月度调运计划，工商双方在中烟电子商务公司卷烟交易平台上对半年协议进行分解，签订的卷烟购销合同内容包括合同编号、卷烟牌号、产地、规格、数量、金额、运输方式、发货到货时间、地点、结算方式等。营销中心品牌经理负责提出月度卷烟采购意向，与工业企业磋商月度订单，拟订月度卷烟调运计划，将月度卷烟需求挂网。

2017 年，全市实行二级配送的只有安仁、临武、汝城、桂东 4 个县，市物流中心干线大货车将货物送达后，县级分公司直接卸到送货小货车上进行配送。

2009—2020 年，市公司修订《货源组织管理办法》《卷烟月度货源衔接管理规范》等卷烟购销制度，多为术语变化和新增岗位职责、考核指标之类，操作流程基本未变，并出台配套制度。

第二章　购进

第一节　货源组织

2003 年，省公司下达给郴州市的卷烟购进计划仅为 11 万箱，全市人口 460 万，按照全国人均卷烟消费 7.50 条的标准折算，年销售量至少在 14 万箱以上，还不包括众多流动人口的消费和边贸流向。对此，郴州市人民政府于 6 月 9 日向省人民政府呈送《关于增加卷烟购进计划 3 万箱的请示》（郴政〔2003〕49 号），对全市卷烟销售给予高度重视和大力支持。是年，市公司千方百计组织有效货源满足市场需求，以冲抵烟叶欠款为突破口，增补合同，从汉中卷烟厂调回“小桔”和“兵马俑”2100 箱，与张家口卷烟厂签订“官厅”“钻石”“迎宾”等品牌共 6000 箱的合同，为增加货源提高销售基数、收回历史烟叶货款发挥积极作用。宜章、桂东、资兴等县（市）公司亦及时向省公司反映情况，在征得同意的情况下，主动与烟厂衔接，寻找货源，弥补计划量不足的问题，收效良好。6 月 5 日，市公司向郴州市人民政府呈送专题请示，请求市政府出面协调，增加郴州卷烟厂卷烟供应计划，满足本地市场需求，以增加地方卷烟销售税收。是年，全市共有卷烟供货厂家 23 家，长沙、郴州、常德、零陵、韶关烟厂供货数量较大。全年购进卷烟 124308 箱。

2004 年，因国家局关闭部分小烟厂，龙山、来凤等小烟厂被关闭，供货厂家减至 19 家。部分烟厂又因产品滞销等原因减少进货数量，如滁州、汉中、新郑、南京、昆明、玉溪烟厂等。对此，市公司加强货源开拓，新增梅州、合肥、宁波、曲靖等卷烟厂家的产品购进。是年，省公司给郴州市增加卷烟计划 5486.80 箱。市公司又从省公司销售处争得分销烟计划 1 万箱，加上长沙和常德烟厂均超计划供货，整体计划执行较好。另继续与张家口烟厂磋商以卷烟冲抵烟叶欠款事宜，从该厂购进卷烟 3550 箱，以此冲抵其拖欠的烟叶款共 1300 余万元。全年共购进卷烟 135889 箱，比上年增加 11581 箱。

2005 年，全市烟草商业系统均存在卷烟计划指标严重不足的问题，年目标任务 13.60 万箱，而省公司年初分配的计划只有 12.80 万箱，两者相差 8000 箱。对此，市公司积极向省公司反映，得到省公司和销售处领导的同情与支持，同意将 8000 箱的缺口调为省外卷烟。为争取货源，同时亦为优化品牌结构，公司领导亲自带队，利用“两烟”区的优势，到与市公司有烟叶业务的广东卷烟总厂、安徽黄山、贵州黄果树及上海烟草集团等卷烟工业企业，争取卷烟计划。是年，全市系统从省内烟厂购进卷烟 111935 箱；从省公司购进 2030 箱；从省外 16 家烟厂购进 23276 箱，共计 137241 箱。

2006 年，市公司出台《工业企业服务工作规范》《采购管理工作规范》，通过规范服务、货到付款、销售情况反馈、帮助品牌宣传等，建立诚信和谐的工商关系。12 月 26 日，省公司调整卷烟分类标准：一类卷烟每条不含增值税调拨价 100 元以上；二类为 50 ～ 100 元；三类为 30 ～ 50 元；四类为 16.50 ～ 30 元；五类低于 16.50 元。市公司按照此分类标准，调整货源组织策略。

2007 年，市公司卷烟购进企业减至 14 家，分别是：湖南、河北、江苏、浙江、安徽、山东、广东、广西、川渝中烟公司和上海、黄果树、红云、红河、红塔烟草集团。市公司制定《市场预警制度》，对市场价格严重下滑或月度存销比大于 2 的品牌，及时与工业企业沟通、协商，采取缓调、停调或缓投、停投的办法，防止压库和脱销，确保市场供应，维护市场稳定。

2008 年，根据《关于进一步规范卷烟订单采集和货源供应工作的意见》（国烟办〔2008〕20 号）和

《“按客户订单组织货源”业务操作规范（修订）》（中烟销〔2008〕29号）文件精神，3月31日，市公司成立订单供货领导小组，下设项目评价、需求预测和组织、货源供应4个项目组。4月19日，制定《“按客户订单组织货源”推广实施工作方案》。5月底又出台《“按客户订单组织货源”业务操作规范（试行）》。6月，在省局的统一部署下，对卷烟营销管理信息系统进行升级，从需求预测、货源组织、货源供应、客户管理4个方面，对订单采集和货源供应工作流程进行优化和规范。下半年，市公司发布《货源组织管理办法》和《卷烟月度货源衔接管理规范》两个企业标准，形成以市场需求为核心的货源组织工作体系。

2009年，全市系统认真贯彻落实国烟办〔2008〕20号文件精神，市公司出台“按客户订单组织货源”工作方案，成立“按客户订单组织货源”工作领导小组，10月召开全市动员大会，组织培训，使全市系统卷烟营销人员从思想上、理念上转变观念，适应市场化取向。

2010年，市公司进一步完善货源组织管理体系，建立品牌引入、退出机制。在日常协同营销活动中，与各工业企业片区经理联合开展市场调研，共同制订品牌培育方案。年内，在巩固原有供货单位的基础上，新增福建中烟公司卷烟购进业务，试销20箱。

2011年，保持供货单位14家，品牌规格共74个。其中，湖南中烟15个，上海烟草集团4个，云南红塔集团5个，红云红河集团8个，广东中烟11个，贵州中烟4个，安徽中烟6个，广西中烟2个，浙江中烟5个，川渝中烟2个，江苏中烟2个，深圳中烟4个，山东中烟4个，福建中烟2个。其中，福建中烟购进数量由上年的20箱增至450箱，全部销完。

2012年，为扩大省外卷烟购销业务，增加品种，公司从河南、河北、吉林中烟工业公司调入少量产品试销。至此，进入郴州市场的卷烟企业升至17家。

2013年，是全市卷烟合同签订和购进数量最多的一年，全年签订合同的企业共16家（减河南中烟）、182900箱，实际购入182706箱。其中，签订合同和购进数量最多的前三家企业为湖南中烟124061箱，广东中烟25491箱，浙江中烟6280箱。

2014年，河南、江西中烟工业公司的产品进入郴州市场，因云南红云、红河、红塔集团划归云南中烟工业公司统一管理，是年，与公司有卷烟业务往来的企业仍为16家。

2015年，市公司第二次修订《货源组织管理办法》，操作流程无改变。自2015年起，受国内公共场所严格控烟和国家反腐败（公款消费）大环境的影响，高档卷烟销售受到极大冲击。对此，全市卷烟购进始终坚持以市场需求为导向，认真落实“全程、精准、动态”的调控要求，加强适销货源组织，是年适当减少卷烟合同数量的有上海、吉林、河北、浙江、安徽、福建、河南、广东、广西、川渝、贵州、云南中烟12家，共减少2521箱；增加合同数量的有3家，为湖南、深圳、江西中烟，共增加4121箱；江苏中烟维持上年3951箱不变；新增甘肃中烟为业务单位，少量购进试销。

2016年，川渝中烟分家，另有湖北、四川、陕西、重庆4家中烟公司的产品进入郴州销售。与市公司有业务关系的卷烟企业已达21家。合作伙伴日益增多，卷烟购进业务不断扩大。2017年，新增省进出口公司卷烟购进业务。

2018年，内蒙古昆明卷烟有限责任公司产品进入郴州市场。是年，市公司第三次修订《货源组织管理办法》，主要变化是：进一步明确各岗位职责，优化流程和说明，增加“风险管控”内容；调整“检查与考核”内容。12月31日，市公司发布并实施《卷烟存销比管理办法》，主要规定：一是工作职责。营销中心市场服务部部长负责审核月度存销比；运营经理负责测算月度存销比；品牌经理负责实施存销比。二是采购计划的制订。对月末存销比比值省内品牌在0.2以内、省外品牌在0.4以内的，加紧购进；对大于1的省内、外品牌，从下月1日起停止购进20天；对大于0.6小于1的省外品牌，以及省内大于0.5小于1的品牌，从下月1日起停止购进10天。停购期满后，如确需适度购进的，其月末的存销比应控制在省外0.6、省产0.4以内，否则，相应品牌规格在下月停止购进。出于营销目的的品牌规格不受以上存销比考核。运营经理在每月初测算出本公司的上月各品牌规格的存销比，根据存销比情况提出下月购进指导意见，并将意见提交给相关品牌经理，由各品牌经理通知相关的工业公司具体落实到位。

2020年11月17日，省公司下发《关于卷烟和雪茄烟价格管理实施细则的通知》（湘烟计〔2020〕181号），根据国家局的规定，在现有五价类的基础上，进一步划分为八档：一档为标准条（200支）含税批发价（下同）600元（含）以上的一类卷烟，二档为400～600元（不含）的一类卷烟，三档为263～400元（不含）的一类卷烟，四档为263元（不含）以下的现有一类卷烟，五档为现行所有的二类卷烟，六档为70元（含）以上的三类卷烟，七档为70元（不含）以下的三类卷烟，八档为现行所有四、五类卷烟。至是年末，与市公司建立卷烟购进业务的工业企业共有26家、212个品牌规格。其中，湖南中烟36个，云南中烟19个，上海烟草集团14个，广东中烟13个，浙江中烟11个，山东中烟11个，四川中烟10个，湖北中烟9个，贵州中烟8个，重庆中烟8个，安徽中烟8个，河南中烟7个，江西中烟7个，陕西中烟6个，福建中烟5个，广西中烟5个，深圳烟草5个，河北中烟4个，江苏中烟4个，甘肃中烟4个，吉林烟草3个，内蒙古昆明公司3个。进口卷烟企业家源公司4个，英美烟草公司4个，菲利浦公司2个，中国烟草进出口公司3个。

2003—2020年郴州市烟草公司卷烟购进情况统计表

表3-1

项目 年度	业务厂家（个）	合同数量（箱）	购进数量（箱）	其中			不含税购进金额（万元）
				省内烟	省外烟	进口烟	
2003	24	70588	124310	107135	17175	—	—
2004	28	—	138620	117538	21082	—	—
2005	19	130744	137314	111767	25489	58	—
2006	17	138756	144967	112054	32893	20	—
2007	15	153872	153863	114938	38903	22	—
2008	16	159300	158438	112893	45535	10	—
2009	14	163967	164346	119662	44502	182	—
2010	15	166600	168961	120856	47718	387	—
2011	16	173000	174240	123038	51032	170	—
2012	18	177100	179261	122248	56702	311	241479.32
2013	17	182900	182706	124001	58447	258	267034.96
2014	18	178600	181128	126049	54810	268	283781.77
2015	19	180200	181039	128205	52531	303	297731.31
2016	22	180100	175397	127421	47736	240	252906.12

续表 3–1

年度＼项目	业务厂家（个）	合同数量（箱）	购进数量（箱）	其中			不含税购进金额（万元）
				省内烟	省外烟	进口烟	
2017	24	163400	167392	120362	46712	318	258136.40
2018	25	170000	169003	122696	46076	231	288347.91
2019	25	170100	168692	120774	47649	269	309793.68
2020	26	171200	171454	119416	51704	334	337115.74

说明：此表依历年报表或数据库编制，部分年份因资料不全未填齐

第二节　到货验收与仓储

一、到货验收

2003 年 4 月 17 日，省局为治理卷烟体外循环，要求实行卷烟“到货确认”制度，以防途中抛销和货物短缺。每车次进货均将确认情况通过网络系统上报省局。9 月底，完成市公司卷烟仓库与办公楼的网络布线，年底前开通烟草行业生产经营决策系统（国家局“一号工程”），并安装卷烟仓库电子扫描系统，对所有从烟厂直调入库的卷烟通过扫描，直达国家局数据库。

2005 年，认真执行国家局《关于实行准运证确认与实物扫码确认统一的卷烟到货确认制度的通知》，从 6 月 1 日起，将烟草专卖准运证系统与卷烟生产经营决策管理系统进行对接，实现卷烟准运证确认与实物扫码确认的统一。调入部门对准运证和相关资料归档保存三年。

2009 年 9 月，卷烟仓储启用无线射频识别技术（RFID），使用托盘作为多件烟载体，使件烟条码信息采集系统能够简便快捷的采集信息，保证件垛关联的实时性和实物的一致性。12 月初，又引进浙江中烟工业公司整托盘入库扫码先进技术。在入库环节，首先通过系统采集件烟条码信息，每 30 个件码自动生成一个数据包，然后将条码数据写入相应托盘的电子标签，再通过 RFID 设备扫描电子标签，实现整托盘扫描入库。是年，市公司出台《卷烟到货入库流程》，接收卷烟营销中心货源采购计划和工业货源发出的在途物流信息，做好接货准备。工业送货车辆到达后，仓储管理员首先检查单证是否齐全、有效。确认后登录工商卷烟物流在途信息系统，查看单证与到货信息是否一致。若不一致或准运证过期，则拒收。检查封签及电子锁。如正常完整，则开锁。如遇车载信息故障则致电中烟信息后台解锁并通知工业公司进行处理，然后进行工商在途信息系统的到货确认。扫描录入准运证信息。通过扫描准运证，在生产经营决策管理系统中生成扫描单。对扫描异常的件烟，进行登记并采取相应处理措施。对于无件码信息的卷烟（进口烟、手卷雪茄烟）操作决策管理系统时须根据合同信息开单，无须扫码。但是必须通过质量追溯终端打印“质量追溯条形码”贴在烟箱上便于出入库扫码。进货验证。检查入库卷烟与单证记载是否一致，有无箱体包装标识不清、油污、潮湿、霉变、残损、变形等异常情况，如有必须开箱检查。对实物与单证不一致或损坏的，分析残损原因并将残损卷烟拒收或隔离存放，待后续协商处理。如正常则进行货物入库。现场清理。卸货完成后，按“6S”管理的要求，清理卫生，维护现场干净整洁。到货确认。登录工商卷烟物流在途信息系统确认页面，进行“卸货确认”。若同车还剩余其他到站卷烟，还需做车辆

离开“到货仓库确认”操作，并对车辆上锁。相关系统入库。还需在省级营销平台、数字仓储系统中进行入库登录操作。复核并回送单据。对扫描单据信息进行复核，确保卷烟品牌、规格、数量与单据信息一致后，在生产经营决策管理系统中进行单据回送。签字确认并办理货物交接及车辆放行手续。仓储管理员在签收单上签字确认，办理货物及票据交接以及车辆出库手续，并在准运证的“备注”栏上加盖“货已收讫”印章。此后，该操作流程基本未变。

二、仓储

2003—2005 年，全市卷烟实行库点存储、“1+9 库式”管理模式。市公司本级及各县级公司均设有卷烟仓库。

2006 年，为实现全市卷烟销售“五个集中”（集中购进、调运、存储、访销、配送），按照“短流程、扁平化”的原则，对全市卷烟物流配送工作进行网络体系重组、业务流程再造，制定《物流配送工作“1+1”整合方案》，在原有 10 个仓库的基础上，改革为市公司设卷烟中心仓库，汝城设片区配送分库。因市公司本级卷烟仓库是 20 世纪 80 年代建造的，库容面积仅有 450 平方米，与国家局、省局“一库式”管理的要求相去甚远。为达到“五集中”的要求，市局（公司）决定将烟叶购销公司下湄桥一栋 6 层楼的烟叶仓库划出 1 ～ 3 层作为市公司卷烟中心仓库，从 2 月 28 日开始，按照仓储管理区和分拣管理区的布局进行改造，于 3 月 10 日完成，耗资 80 余万元。其中，第一层为入库区和回收纸箱存放区；第二层分成两部分：一部分为分拣车间，陆续配有 3 条电子标签分拣线，分拣能力为 2.7 万条 / 小时。另一部分则是卷烟仓储区；第三层全部为卷烟仓储区，可存放卷烟 1.20 万箱。装卸均使用叉车、流水线输送作业。自该月 12 日起，全市卷烟正式实行“1+1”实物库存管理模式。

2007 年，汝城配送分库停止运作。汝城、桂东卷烟“干线配送”改为由外包方中国邮政速递物流有限公司郴州分公司送达。

2008 年，按照省公司《物流配送中心数字仓储管理系统实施方案》，市公司制定《郴州市物流配送中心数字仓储管理系统实施细则》，并成立“物流配送中心数字仓储管理系统实施领导小组”，下设“物流营销工作小组”和“信息工作小组”。进一步开发新领域网络应用系统，正式启用“数字仓储”系统，先后完成软、硬件及按照厂商分拣的接口开发等工作；对仓储业务流程进行梳理，推行“订单采集按线路访销及仓库区域化、卷烟精细化管理”模式。其中，在“仓库储位精细化管理”方面走在全省前列，主要做法是根据库容条件对仓库进行区域划分，实行区域管理和“6S”管理。卷烟入库时对每个托盘粘贴储位标签，搬运人员按照储位标签准确存放，储位与实物一一对应，实物摆放整齐，数据清晰。卷烟出库时也按照系统指定的储位进行出库作业，最大限度地利用库容，提高仓储库容量及存放的科学性和合理性。“数字化仓储”系统的实施，使仓储管理进一步规范，作业间隙缩短，操作流程得到优化，工作效率大幅提升。实现仓储管理由传统、粗放式管理向数字化、精细化管理转变。5 月 15 日顺利通过省局验收。

2009 年，市公司对下湄桥卷烟中心库进行两次改造，清除原来按照烟叶库设计带来的层高不够、密封性差、采光不足、防潮性不强、干湿度控制较难等弊端。在硬件设施改善的同时，软件建设进一步跟上。启用 RFID 出入库项目，对仓库到货检验、入库、出库、调拨、移库移位、库存盘点等各作业环节的数据进行自动化采集，保证仓储管理各环节数据输入的及时性和准确性，确保企业及时准确掌握库存的真实数据，合理保持和控制库存，从而进一步强化精细化仓储管理。同时还结合质量、职业健康安全管理，制定《郴州市卷烟物流配送中心运行规范及作业手册实施细则》《郴州市卷烟物流配送中心退货规定》《郴州市卷烟物流配送中心发货规定》《周转箱使用管理办法》等制度，随即组织从业人员培训，掌握应用新制度运作要点。

2011年，根据卷烟入库流程，重新明确扫码员和保管员的岗位职责，对“卷烟物流在途信息系统”操作人员进行培训；并与中邮物流公司协商制定《中邮物流郴州烟草项目组员工管理制度》，组织所有外包人员学习运用。同时，在分拣车间和库区全面实施“8S”现场管理，编制《物品要与不要判定基准表》《“8S”管理考评表》，在醒目处张贴“8S”现场管理标识。对耗材物资及设备零配件的入库、验收、领用立账建制，并做好设备维护记录。

市公司新物流中心“8S”管理现场

自2012年起，全市系统启动新一轮卷烟仓储设施更新改造。位于郴州市北湖区月形路华盛世纪新城的新物流配送中心建设工作启动。2013年，市公司新物流中心及安仁、汝城、桂东3个中转站相继开工建设。临武中转站被列入项目申报。2014年，市局（公司）成立新物流中心工程指挥部，工艺设计经多次优化后通过省局再次评审。汝城、安仁、临武中转站项目上呈，桂东中转站于5月奠基。2015年，市公司新物流中心主体工程完工；汝城中转站完成立项、征地、设计、施工、监理招标；安仁中转站进入土方、主体工程招标阶段；临武中转站完成项目审批。是年，浙江和湖南中烟工业公司首次推行托盘联运，将卷烟按件成组，下置塑料或纸质托盘（托盘下方设有叉车臂入口），8～12件成一组，以加快装卸速度和减少破损。为此，市公司配送中心新购置1台叉车及其他所需的设备，并制定《托盘联运管理规范》。

至2016年，全市共设立6个中转站（桂阳、嘉禾、临武、安仁、汝城、桂东），3个卷烟物流对接点（永兴、资兴、宜章）。对接点卷烟由市本级物流直接配送到零售户。中转站的卷烟由市物流中心大货车送到后直接卸到送货小货车上进行配送。至此，全市县级分公司全部取消卷烟仓储。

2017年年初，市公司按照年流量20万箱卷烟设计的新物流配送中心建成，分拣车间共设置3条分拣流水线，其中，16000条/小时半自动分拣线两条，2000条/小时立式异型烟半自动分拣线一条。仓储采用9层立体高架库，共有2376个货位，可存储卷烟1.40万箱；另设计Miniload件烟库，采用单升4巷，35层，96列，可存储13440件卷烟。3月15日完成单机调试；4月完成仓储、分拣设备的内部联调；5月27日进行模拟运行；6月8日进入试运行，选取市本级一个车组的订单量进行分拣，出烟顺序准确且未出现烟损，基本上达到预定目标。10月18日，新物流配送中心开张运作；30日，物流配送中心完成从下湄桥库迁入新址的搬迁工作。卷烟配送出库流程为：卷烟营销中心将客户订货信息传送至物流配送中心；配送中心接收客户订单信息；根据订单生成分拣需求指令；各作业段接受分拣需求指令；根据分拣需求指令，从立体库和件烟库出货，扫码后将扫码数据回传；分拣人员将异型烟、分拣线分拣的卷烟搬运至分拣指定区域；核对、接收扫码出库的卷烟；接收分拣数据；进入分拣流程；对分拣成包的卷烟与送货员进行出库交接装车。

第三章 销售

第一节 批发模式变革

2003年，全市卷烟批发在城镇实行“全面访销、全面配送、访送分离（设片区客户经理每周登门访销，之后再由专门的配送车组交货结算）、专销（专卖管理与销售管理）结合”模式；在农村则实行“重点访销、多级配送（边远乡镇、矿区委托特定人将货物送到镇、到矿、到村）、访销一体”的访销、配送模式。县级公司农村卷烟批发分部数量不断减少，汝城、嘉禾县公司各保留1家；资兴市公司全部取消，建立大配送的运行模式，在偏远乡镇则实行“指定代送”的服务方式。是年，国家局开展“卷烟体外循环”专项治理，严禁跨区批发，严格执行“辖区（落地）销售”制度，县与县、市与市之间均不得跨区批发。

2005年，各县（市）公司卷烟营销机构仅保留客户服务部和物流配送部，对偏远农村和山区零星分散的零售户采取“指定代送、约定取货”方式作为集中配送的补充形式，实现卷烟配送向偏远农村的有效延伸，全市共设立农村取货点36个，有入网约定取货客户705户。

自2006年1月起，县级公司法人资格被取消后，县公司改为县营销部（2007年7月又改为分公司）。全市系统按照“五个集中”（集中购进、订货、管理、核算、配送）模式和“统一标准、全市联动”的指导思想，转换经营模式，再造业务流程。自3月12日起，全市卷烟营销批发改为“一访、二配、三送”模式。每周对各零售户访销一次、采集订单，然后将订单汇总，并按照每户所需品种、数量生成其“订单包”，由营销中心将各户信息汇总成“信息包”传送给配送中心；配送中心按照“信息包”分户逐一分拣，并在每条烟的外包装上喷码，然后按户打包，又按照配送线路集堆，然后再由配送中心的车进行运送。属二级配送的卷烟，则运送到各县（市）卷烟暂存库（原卷烟仓库），由县级营销部（分公司）再送达零售户或代送点，全流程实现商流、物流、资金流、信息流在市公司平台（后为“福城金网”）上的统一管理。这一模式，至2020年无大的改变。

2017年7月，实施省级卷烟营销平台上线推广，以“按订单组织货源，按要求衔接计划，按状态调整策略”为工作目标，按照业务流程化、业务规划统一化、监督管理全程化、营销协同一体化的标准，实时反映货源需求、计划微调、销售进度、库存结构、客户订单等情况，掌控营销时势，把握经营决策。

第二节 订单采集与分销货源投放

2003年，市、县（区）卷烟批发全部实行访销配送分离、分别进行专业化服务模式。零售户的订单采集，实行片区客户经理负责制。在城区一般以街道（特长街道可再划段）、户数划片，在乡镇一般以配送线路划片，各设片区经理。全市系统共配备访销员84人，访销频次为每周1次（曾一度改为每3天1次）。上半年，客户经理对客户订单以纸张表格登记，然后汇总。下半年，客户经理逐步配备POS机（一种配有条码或OCR码技术的终端阅读器，有现金或易货额度出纳功能，并进行非现金结算），访销时均把客户订单录入POS机，并及时传输到订单中心汇总，然后形成分户总订单。为方便客户，普遍制作访送工作联系卡，分发到所辖卷烟零售户的手中，并将原张贴公布货源计划分配表的方式改为制作“访销指南”，明确可访、多访、少访品牌、数量，访销员人手一份，有效解决超计划访销问题。

2004年4月，全市系统通过营销信息管理软件，全面推行卷烟电话访销、电脑汇总信息系统，先在市本级城区2个片区试点；6月，城区6个片区全面实施。尔后县级公司相继跟进。此举利于加快订单信息汇总进度，减轻客户经理劳动强度，让其转以市场维护为主。同月，根据省公司部署，市公司行文要求：在9月1日前全面实行电话访销，撤销农村坐店和访送一体车组，对未通电话的客户由所辖县（市）公司免费为其安装电话，并整合访销线路，成立统一的电话呼叫中心，减少电话订货员数量。全市对卷烟零售户建立客户档案和台账，根据客户每月进货次数、品牌、数量等指标，逐月分析客户的经营情况、市场价格和品牌走势，并对客户进行分类管理。确定好货源分配权数，在无信息系统的情况下，用人工进行货源分配，尤其是紧俏货源，基本达到公开、公平、公正。

自2005年4月1日起，市公司成立电话访销"呼叫中心"，全市系统各公司电话访销员经过精简，集中到市公司八楼原会议室，实行"栅栏式"集中办公，各自对片区客户进行"呼叫"，每天及时汇总订单采集结果。市公司制定《电话访销员岗位职责》和《电话访销员考核办法》，每个电话访销员每月扣除400元工资与文明用语、规范访销、诚信服务进行考核挂钩。全市建立公开公平的货源分配制度，及时在《客户直通车》上公布货源分配方案，指导客户自写订单。

2006年6月16日，国家局下发《烟草行业商业企业电话订货管理信息系统规范》(以下简称《规范》)，要求对卷烟生产经营决策管理系统打码到条及订单采集系统项目统一实施，在9月底前完成电话订货管理信息系统的建设和改造。《规范》规定的卷烟订单流程为：电话访销，征询零售户订货品牌、数量。依据订货信息，按照入网客户分别记录其订货品牌、数量，各品牌自动显示价格，生成订单（分系统自动生成和人工输入生成两种），与客户核对后确认保存。其他订货方式可进行"家家E"、手机短信等网上订货。设置电子结算接口，与客户银行账号对接。无论以何种方式订货，均要求输入计算机生成订单，传送到物流中心。

2007年，市公司出台《卷烟货源分配管理办法》，建立公开透明的货源分配制度。每月末，由计划管理员将下月计划下发给各营销部，各营销部再将货源分配给各片区客户经理，客户经理根据辖区内的客户分类情况，分别下发销售指南，指导客户自写订单。同时，还与中国移动郴州分公司合作，开通"企信通"信息平台，每周向零售户公布可供总货源、客户分类供应计划、紧俏品牌供应限量等相关信息，引导零售户自主选择非紧俏卷烟。继续创办好《客户直通车》，广泛宣传货源分配信息和行业政策，提高货源分配满意度。

2008年2月28日，市公司印发《郴州市弱势群体卷烟货源分配管理办法》，对弱势卷烟零售户（低保户、孤寡老人、残疾人、长期患病困难户）实现人性化、差异化营销服务，由受助对象本人提出书面申请，经客户经理和市管员调查审核，市场经理批准，报营销中心备案后，对该群体货源分配实行适度倾斜；保证其经营毛利在10%以上；紧俏卷烟分配上浮1.5倍，最多不超过2倍，并出台对驻军、铁路、监狱等特殊部门卷烟供应办法。自6月1日起，全市启用新的营销系统，市公司出台《规范订单采集与货源供应业务操作规范考核办法》。年内，市公司发布《卷烟货源供应管理办法》，并对全市客户分类、客户评价和货源供应实行"三统一"。统一客户分类：按照国家局零售户分类标准及《湖南省烟草商业零售客户分类操作办法》，对全市的零售户进行统一分类；统一客户评价：根据省局下发的《湖南省烟草商业系统卷烟零售客户评价及货源分配方案》，全市统一评价模式，按照业务周期、市场类型和经营业态，对零售户进行动态评价；统一货源供应：实行月度供货商定总量和总量浮动管理。制定《卷烟零售客户合理定量限量总量浮动管理办法》，通过《客户经营指导书》与客户商定月度供货总量，实行浮动管理。大、中型客户可在商议确定的总量上上浮 5%～10%，小型客户上浮 15%，紧俏品牌实行合理定量。根据《紧俏品牌管理办法》，按照市场类型、经营业态、经营能力三个维度，实行一个订货周期的全部自动分配。严格选择限量品牌，努力使紧俏品牌的销量占比严格控制在 40%之内。顺销品牌按照“基本满足、有所选择”进行供应。按照《分价类品牌（规格）目录》，对各价类的卷烟品牌选择 2 个以上替代品牌，确保市场基本供应。通过实施“三统一”办法，有效改变货源分配受人为因素影响的状况，全部实行系统自动分配，货源分配更加公平、公正、合理。年内，国家局对全市营销工作进行检查后，给予“认识、贯彻、规范、执行、进度”五个到位的高度评价。

2009 年，全市系统制定《电话访销校准化模板》，改变“按货源安排订单”的做法。

2010 年，建立科学的货源分配体系，将每半年协议计划量按照零售户等级分配到户，均衡投放。8 月，全市正式启动“新商盟”网上订货系统，客户经理可通过该系统进行业务指导、品牌宣传，零售户也可通过该系统反馈意见和建议，实现快捷顺畅沟通。11 月，在网上订货全面开展的同时，又在全市启动手机订货业务，提供 24 小时无间断全天候服务。至年底，全市已发展网上订货客户 7427 户，手机订货客户 220 户，电子商务客户占全市客户总数的 50%，形成“网上订货为主，手机订货为辅，电话订货为补充”的格局。

2011 年，规范高价位卷烟货源供应流程，做到公平投放，从 3 月起每月定期将高价位卷烟货源调入数量、分配办法和投放对象、供应价格在 OA（协同办公）公告栏上进行公示，接受公开监督。

2015 年，市公司发布《卷烟网上订货服务规范》，规定营销中心市场部的主要职责是：负责发布货源和新品信息及下月访销日常；负责抽查卷烟零售户的需求是否录入正常；负责卷烟网上订货服务规范的检查考核。客户经理的职责为：负责督促卷烟零售户及时进行网上订货并指导客户网上订货操作，录入真实需求，及时维护卷烟零售户的基础资料。运营经理每周五发布下一周期货源及新品信息，每月末发布下月订货日程表。客户订货要在自愿的情况下，在规定的时间内，录入真实需求。是年，市局（公司）修订《货源供应管理办法》《卷烟网上订货服务规范》，增加风险管控等内容，规定货源供应按照验收规范、平稳发展、对骨干品牌和重点品牌予以扶持三大原则进行，明确货源投放以按需、按档位、按价位、选点投放四种基本方式进行；明晰营销部门各岗位职责，其中，营销中心市场服务部部长负责审核月度销售计划及周货源投放计划；运营经理负责确定月度销售计划及周货源投放计划并负责省局营销平台系统货源投放；品牌经理负责确定月度购进计划及周可供货源；市场经理或客户经理负责宣传月度购进计划及周可供货源。

2019 年，全市积极探索“6531”[6 项数据、5 种状态、3 种投放、1 项指标（订足率）] 货源精准投放体系。具体做法是：依据小组分布将全市划分为 950 个最小单元（15～20 户客户细分群体），每周对各最小单元进行数据信息采集，对采集的市场价格、社会存销比、进货率、订足率、订足面及需求满足率 6 项数据进行分析、系统处理并换算计分；通过分值客观判断各个最小单元的市场情况，按照得分从高到低分别判定“紧、稍紧、平衡、稍松、松”5 种市场状态；根据商业库存和货源投放计划，按照状态值确定每个分类区域的“增投”“维持”“减投”3 种调控策略。原则上对“紧、稍紧”状态市场订足率达到 100%，适当增加货源。状态“松、稍松”的则减少供给。实现经验营销向数据营销转变。

2020 年 11 月，市公司试行零售商网上自动配货，对配有标准的现代零售终端设备、入网两年以上、守法经营且经营能力较强的零售户，经个人申请，可予纳入。被纳入户，公司营销部门通过网络，根据其卷烟进、销、存数据，自动生成下一周期供应订单。配货周期一般为 7 天。如纳入户出现违约、违规行为，可视情况予以警告或取消其网上自动配货资格。

第三节 物流配送

一、分拣

2003—2005年，市、县（区）公司批发的卷烟以手工方式先将卷烟拆箱，在每条卷烟的外包装上手工粘贴激光防伪标志（该举措自1999年6月起全面实施）。

2006年，市公司按照省公司“一库式分拣到户”的要求，把下湄桥1栋烟叶仓库改造成卷烟配送库，使用“普天分拣线”（可自动打码）设备，统一招聘分拣人员，集中培训合格后上岗，3月12日正式运行。由于采用机械分拣和人工分拣相结合的方式，分拣速度加快，用工减少，节约费用。与此同时，遵照省局“打码到条”项目必须在年底前付诸实施的要求，市公司增购2条由省公司统一招标确定的“欧康分拣线”。自10月起，3条分拣线全面投入使用，原卷烟外包装上粘贴激光防伪标识全部改为流水线油墨喷码，对零售户进行编号，将编号打在该零售户的卷烟上，便于专卖管理检查和违规经营监督、追踪。

2007年7月，由于购销业务的不断扩大，市公司对卷烟分拣业务实行外包，由中国邮政速递物流有限责任公司郴州分公司承包。

2008年7月，第一轮卷烟“装卸、分拣”业务外包协议到期，根据市局相关规定，物流配送中心会同经济运行和纪检监察科对第二轮“装卸、分拣”业务外包实行公开招标。通过评标、公示和考察，由中国邮政速递物流有限责任公司郴州分公司中标，直至2015年。是年，由国家局统一招标，公司购买“打码到条”分拣机组设备4套，包括“研翔”打码工控机和控制中继器各4台。

2009年，物流中心组织外包人员认真学习卷烟分拣及叉车装卸、提升机、分拣设备使用检修安全操作规程及设备使用检测维护管理制度等，确保安全生产。7月，又协同外包方举办分拣无差错劳动竞赛。11月，对装卸、配烟小组的人员进行优化组合。同时，结合仓库的实际，先后实施《配烟、装卸清洁卫生工作质量考核》等。通过质量考核，提升配货水平，提高装卸效率，减少分拣差错，降低卷烟损坏率。

2010年，按照国家局南京物流工作会议精神，市公司在仓储、设备条件有限的情况下，通过贯标、对标、作业软件升级、“8S”现场管理等多种措施，努力创建高品质、高效率的物流体系。6月，工商卷烟物流在途信息系统正式启动。8月，因罚没烟进入销售流程，又对分拣软件进行升级。

自2013年10月起，将每条卷烟的油墨喷码改为激光打码，使零售户的编号更为隐蔽，不易涂抹和遮盖。2014年，按照上级要求，市公司对卷烟包装纸箱实行回收循环利用。为解决塑料袋手工包装难题，市公司购置4台卷烟热塑膜包装机。

2016年，改造1间仓库专门用于纸箱回收，安排专人负责，同时制定《卷烟纸箱处置操作规程》，并严格按照标准操作。全年共回收省内卷烟包装箱476045个。是年，卷烟分拣业务改由湖南旭辉物流有限公司承包。

2017年，市公司物流中心由下湄桥搬迁至月形路物流新区，新购置欧康分拣线3条。为安全使用和维护新设备，市公司制定《分拣设备使用操作规程》《仓储设备使用操作规程》《备品、备件管理规范》等标准，规范操作、保养、维修、检查。是年，回收省内卷烟包装箱501725个，完成省定任务的122%。

2018年,物流配送中心完善设备维保机制,设立日常维保组、点检巡检组、故障排除组,运用设备故障通报函、处理函和备件采购函等畅通与设备供应商之间的对接。标准烟分拣效率由每小时14000条提升至16000条。完成异型烟分拣线的设备改造安装。在全省率先推行滑托盘工商联运和卷烟汉字打码到条，增添仓库温湿度监控设备,不断提升“智慧物流”水平。建立健全标准化管理体系，得到国家局标准化复查小组的高度肯定。

市烟草公司卷烟物流中心

2019年，卷烟分拣业务改由深圳市都市物流有限公司承包。市公司卷烟分拣在全省率先实行分县汉字打码。探索开展滑托盘立库联运和工商卷烟（指郴州卷烟厂的产品）直送分拣。实现入库扫码率、到货确认率、出库打码率100%。3月14日，全省系统物流滑托盘联运设备设施改造技术交流会在郴州召开。回收循环利用纸箱43.85万只，占年度任务的134%。单箱管理费用为22.47元，同比下降22%。单箱物流成本233.26元，同比下降10%。

2020年，完成新购置的异型烟分拣线的安装调试工作，分拣效率由1800条/小时提升至峰值3700条/小时，异型烟包装由塑料袋改为热收缩薄膜，提高卷烟配送的安全性。通过核心技术的持续攻关，在全省率先实行“条包卷烟分部位打码”（按照省公司的安排，将各市条包卷烟的打码固定在外包装的某一个点，便于快速识别该卷烟是某市销售的）。

二、配送

2003年,卷烟配送按照送货线路、受货户数编组,以各公司自有车辆,随车配备司机、送货员、收款员,分组送货上门。在访销员集成订单、备货完成的次日,送货员持片区提货汇总表到仓库提货后,分车组持“访销订购单”按照规定线路逐户送货。若遇客户退货，则办理退库手续；配送员填写工作日志，对当日送货情况及相关数据进行整理汇总，以供备查。

2004年，市公司增购一批“依维柯”中型面包车，组建物流配送中心，实现对全市卷烟集中调运、集中储存、集中配送。在实行集中电话订货的基础上，在离市中心经济距离50千米范围内，每周对零售户的卷烟供货实行直接按其订单配送到户；在经济距离以外，设置若干配送分部，配送中心将零售户的订货转运到配送分部,再由配送分部送货到户。直接配送成本较大、交通不便的山区和边远地区,则采取“指定代送、约定取货”等适合当地实际情况的方式送达。

2005年，市公司不断优化物流配送体系，对全市的物流配送线路进行进一步优化，制定《零售户终端到货确认制度》和《郴州市卷烟物流配送规范化管理制度》,在全市统一执行。12月5日,市公司印发《卷烟营销“指定代送、约定取款”工作（暂行）规定》,对交通不便的山区和边远地区、湖区和非交通干线村、组的持证经营户，采取“指定代送、约定取货”的办法。为规范该项服务，通知中规定，指定代送户必须在规定的时间内按照订单送往被代送地点或由被代送户到约定取货点自提。是年，卷烟装卸干线运输（从市公司到县公司）开始实行业务外包，由湖南中邮物流郴州分公司承包。

2006年，市公司物流中心按照经济区划流向，对全市送货线路进行全面优化整合，配送车组由年初的52个整合到43个，配送线路由159条整合为129条（每周每条线路配送2次），如市公司将本级鲁塘片区的送货线路调整至桂阳农村一车组，郴桂圩片区的送货线路调整至桂阳农村四车组，打破区域限制，实现全市跨区配送的突破。

2007年，市公司加强一体化物流配送建设，取消汝城分库，实行全市"一库式"管理。是年，物流配送中心从规范化、科学化的角度出发，建立一套全面的工作制度，明确物流各岗位的工作流程和职责、标准及要求，并细化现场管理制度，规范现场操作，建立长效机制，配套制定详细的考核管理办法，卷烟物流工作迈入程序化、标准化、规范化管理。

2008年1月，全市遭受特大冰冻灾害，路面冻结，交通中断；全市系统把抗灾送货保市场供应作为第一要务，千方百计及时把卷烟送到客户手中，受到零售户和消费者的一致好评。自1月起，全市卷烟分拨"二级配送"（干线配送），包括安仁、桂东、汝城、嘉禾、临武县的配送由公司自有车辆运输（驾驶员外包），桂阳、永兴、宜章、资兴由市邮政快递公司承包直送。年内，为配合"数字化仓储"系统的实施，便于"分线访销、循环补货"，配送中心按照"以配送量相对较大和零售户相对集中的区域和集贸市场为中心，沿交通线路由中心向周边辐射"的原则，对配送线路进行进一步优化整合，对全市各车组每日的配送户数和配送量进行平衡，按照"一周一送"模式重新安排客户配送批次。同时打破行政区划，实行部分区域的跨区配送，将市本级的同和片区调整至桂阳分公司车组、桂阳的团结片区调整至市公司本级车组。通过优化整合，全市车组由43个整合为41个，其中市本级9个车组压缩至8个。特别强调规范卷烟经营行为落实在配送环节，各车组与物流中心签订"规范配送承诺书"，送货必达各户，不许托人代收。进一步规范边远乡镇"代送"管理。由市、县公司与指定代送户、约定取货点签订协议，指定代送户、约定取货点与被代送户签订协议，并严格控制代送户数量在20户以内；建立指定代送、约定取货台账。送货员每周上门查询一次，物流配送中心定期抽查或实时电话拜访被代送情况，发现问题及时处理，确保农村卷烟销售网络和指定代送、约定取货规范有序运行。同时，进一步优化配送线路，提高农村客户直送率，减少指定代送户或被代送户数。至年底，全市指定代送户由上年的34户压缩至29户，被代送户由407户降至323户。年内，筹备"分线管理"，派人到外地多点考察后，出台《物流分线管理实施方案》。

2009年，随着全市"村村通"公路的扩展，直送范围扩大。对离物流配送中心50千米范围内的送货线路进行梳理，除资兴市的东江湖库区还保留指定代送业务外，其他各县指定代送业务取消。年内，全市共配送卷烟客户682467户次，其中物流中心本级配送114921户次；分拣配送卷烟164003箱，其中干线配送131578箱、本级配送32425箱。回笼货款194386万元，其中市本级42059万元，全年实现货物、资金、车辆安全零事故。

2010年，全市系统开展物流贯标、对标工作。完善《作业指导书》，设置《物流费用表》《物流费用对标指标表》《物流车辆情况表》，按月汇总、上报，按季度进行对标分析，对工作中的薄弱环节和不足之处及时整改。物流中心借助绩效考核体系，制定《绩效工资二次分配方案》《全市物流系统单位、车组和个人争先创优实施办法》，开展"先进物流配送分部""先进车组""星级配送员""优秀仓库保管员"等评先活动。采用明确的量化指标和多样化的激励机制，激发员工工作热情。桂东县分公司在本县部分乡镇遭受特大洪灾的情况下，采取人工徒步肩扛的方式，把卷烟及时送到客户手中。是年，对物流配送路线进一步优化，资兴分公司的所有送货线路；桂阳分公司的城区、黄沙坪、方元等线路，永兴分公司辖区的马田、油市等线路；宜章分公司的城南、沙坪等线路均划入市本级直送范围。5月，经物流中心实地调研，资兴分公司3个、桂阳城区2个、永兴马田1个，共6个车组的配送业务由市公司直送。截至9月30日，共节省干线配送费用89980元，仓库管理员开支46095元，仓储费5544元，装卸费22633元，合计164252元。嘉禾分公司对送货线路进行优化，精简1个配送车组，送货效率明显提升；临武分公司推出新“联动式卷烟配送”模式，配送车组由3个整合为2个，物流费用较上年同期减少20.50万元。至11月，全市物流费用开支共2611.71万元，较上年同期减少371.77万元，减幅14.23%。单箱物流费用163.11元，同比下降30.10元，降幅达18.45%。

2011年，卷烟配送试行到货指纹确认制。7月，资兴市、宜章县卷烟纳入市本级直送范畴。对嘉禾、桂阳、市本级各整合减少1个车组并精简部分人员。全市系统物流开展“给力行动”竞赛，努力提高零售户满意度。2012年3月，市公司配送中心经整合再减少1个车组，减少配送人员14人，人均劳效由917箱提高到997箱。至年底，全市共有35个送货车组，服务15526家客户，其中132户为跨区送货客户。

2013年，开展“红旗车组”评选活动，从全市物流系统35个配送车组中，共评选12个车组、24人。认真学习和推广《湖南烟草商业现代物流建设运行规范》，对全市170多名物流从业人员进行“送货礼仪培训”，广泛推行文明用语，多举措提升服务水平。稳妥推进“非法人实体运作”（委托外包方终端送货）模式，打造“优质、高效、低成本”的物流配送服务体系。7月，陆续推出《关于印发卷烟物流配送中心非法人实体运作实施方案的通知》和《关于非法人实体运作实施工作的具体指导意见（暂行）》，细化实施办法，并开设单独的银行账号，对各项物流费用实行预算管理，统一由一个账号支付。

2014年，卷烟物流配送中心实行人、财、物一体化管理。进一步探索非法人实体运作，在明晰产权、统一岗位、财务管理、绩效考核、二次分配及提升客户满意度等方面均取得实质性进展，并在全省物流工作会议上作典型发言。为有效减少卷烟在运输途中的损坏，干线配送车上铺设泡沫垫。是年，全市完成分拣、配送卷烟184516箱，物流费用率为0.68%，同比下降0.13个百分点。

2015年，全市系统积极探索“1234”精益物流管理模式（以成本控制为中心，强化“8S”现场和绩效两个管理，做好安全、服务、规范三项工作，注重线路、指标、流程、队伍四个要素）。严格执行“两打三扫”（工业企业卷烟入库打码、出库扫码，商业企业入库、出库扫码，分拣时在分拣机上打码到条），全年无违规记录。卷烟到货确认率、开锁率（国家局利用网络控制卷烟准运证，并设置电子锁，到货地必须确认到货并开锁）均达到100%。

2016年，市公司物流配送中心围绕“贯彻落实发展新理念，建设‘一园三区五郴烟’发展战略”，推动卷烟物流配送全过程、全方位、全要素降本增效，将永兴、宜章、资兴纳入直送范围。全市在网运行零售户16255户，其中城镇7229户，占44.47%；农村9026户，占55.53%；一级配送客户7657户，占47.11%，二级配送客户8598户，占52.89%。全市共有物流从业人员185人，其中物流配送中心本级90人、中转站和对接点95人。在编人员104人，业务外包81人。从业岗位仓储23人，分拣40人；配送104人，管理（含信息、设备维护）18人。全年分拣、配送卷烟169879箱，同比减少10629箱。年内，物流配送中心共建立和完善物流配送管理标准27项，技术管理标准11项，工作标准18项，新建标准3项，全面覆盖物流配送业务。加大宣传讲解力度，并将修订后的标准悬挂上墙；对员工开设“仓储管理”“妙解卷烟送货作业常见问题”“卷烟到货入库过程控制培训”“设备管理”等标准流程课程教育；还安排专人将标准化中的部分内容制作成微视频，供大家观看，其中《小王退货记》还获得省、市两级主管部门的奖励。按照市局年度降本增效工作部署，对年度所有费用分解到岗位，落实到员工，纳入绩效管理范围，实行季度考核。截至三季度，共节省业务外包终端配送运输、干线运输等费用168.72万元。

2017年，市本级由6个干线车组整合为5个，车辆装载率提升16.7%。全市系统设立5个干线运输车组和34个终端配送车组，自有车辆27辆，业务外包车辆19辆（5辆负责干线运输，14辆为终端配送）。稳妥规划、分步推进“2G”系统（“地理信息系统”和“全球定位系统”），实现配送线路的动态优化和配送车辆运行的实时监控，强化配送业务的人、财、物安全管理。

2018年，市公司对县级物流中转站的岗位编制进行重新核定，将桂阳县纳入直送范围，至此，直送范围扩大到两区及四个县（市）。减少配送人员8人，分拣线减少用工3人，人均劳动效率提高，业务外包费用减少。全市系统改革驾驶员用工方式，对驾驶员全部聘用外来人员，正式工驾驶员改换工种。完善物流标准，按照新标准要求将原39个标准（不含工作标准）整合为30个。加强卷烟破损防护，为干线运输车辆增设车厢软垫；对车箱门锁处锐物容易刮伤卷烟等处采取软包锐物措施。有序推进“2G”系统的深度应用，App（手机应用软件）在出库、配送操作环节的使用率均达100%，入库操作使用率为96.16%，取货偏离报警率降至10.73%，得到省局的充分肯定。

2019年，利用“福城金网”App进一步规范送货行为，配送到户确认率、取货偏离报警指标均居全省第一位；运用“2G”系统优化配送线路，精减配送车组1个，优化送货线路5条，全年减少送货里程近2万千米；年底，为探索干线配送新模式，公司购置1台价值53.68万元的五十铃甩箱式半挂牵引货车。是年，人均配送效率1218.15箱，同比增长9%。

市烟草公司卷烟物流配送车队部分车辆

2020年年初，新冠肺炎疫情突如其来，市公司为访销、配送人员配置口罩、防护雨衣、护目镜、手套等防疫物资，制定《复工复产工作方案》和《疫情期间物流工作运行防控指南》，从仓储、分拣、配送、工业到货等七个方面制定针对性的防控措施：组织全体物流从业人员及服务外包方签订“疫情防控承诺书”184份；借助“福城烟云”公众号、“钉钉”和“湘烟通”App等载体，宣传防疫知识；实施“无接触”配送模式。年内，试行卷烟干线运输新模式。自1月起，全市卷烟分拨“二级配送”，桂阳、永兴、资兴、宜章由市公司本级自有终端配送小型集装箱货车直送到零售户，嘉禾与临武，安仁，汝城与桂东3个片区由市公司自有大型集装箱大货车送达。将安仁分公司作为试点推行甩箱式（将卷烟装于小集装箱内，小集装箱又装在大货车上）干线运输模式，具有四个优点：可免除县级中转站卷烟二次装卸；中转站不再配备仓库保管员；可有效减少卷烟破损；可降低物流费用。试点取得圆满成功，下半年全面推行。公司购置庆铃小平板运输货车12台，每台16万元，用于安仁、嘉禾、临武、汝城、桂东分公司县内配送。再购置2台五十铃半挂牵引车，每台53.68万元，连同原购置的1台共3台大货车，用于安仁、嘉禾和临武、汝城及桂东分公司的3条干线（中转站）配送。货到中转站后，用叉车将货箱直接搬到小平板货车上，不再转库卸货。全面提升对标指标，在三季度全省物流通报的十项指标中，郴州物流送货到户率居全省第一位，另有六项指标改善幅度居全省前三位；配送车组通过对标、跟踪考核，油耗降至百千米13.66升，同比下降15%，降幅居全省第二位。

三、收款

2003年，对于卷烟货款收取方式，上半年全市城乡依然实行由收款员（或送货员）一手开票交货、一手收现金的方式，并将货款于当日全部存入指定银行。下半年，在城镇开始推行POS机收款，开具小票和销货票，初创电子结算模式；配送中心财务会计依据当日POS机上传记录和销货票进行汇总和记账对账。对边远乡村零售户仍收取现金。

自2004年8月起，市公司与银联公司合作，启动银烟联网电子结算业务，城区80%零售户实行电子刷卡结算，刷卡金额占货款总额的90%以上。11月23日，省公司行文通知，要求各地、州、市在年底前务必开通与工商银行"在线代扣"业务，卷烟购销业务资金均通过工行结算。要求卷烟零售户到工行办理一张结算卡，卷烟营销中心凭客户的收货签字单从银行直接划收货款。

自2005年4月1日起，市公司本级以东软信息平台为支撑，与市工商银行签定协议，在本级二、四车组启动"在线代扣"试点，9月在市城区全面推行。工行每日收到的代扣资金保证在次日18时之前划入烟草公司账户。

2006年，配送中心加大"在线代扣"工作力度，推动电子结算向纵深发展。自1月1日起在各县（市）城镇推行"在线代扣"，截至11月底，全市共有城网电子结算客户14863户，占零售户总数的80%，资金结算率为70%。

2010年，市公司对物流中心下达卷烟"在线代扣"率必须达到85%以上的硬指标。面对困难和压力，物流中心积极采取应对措施：加大考核力度，将此项工作列入物流单项评先评优考核指标；按月实时通报全市执行情况，对排名靠后的单位进行通报批评；与工商银行联合在市本级推出"牡丹金叶贷记卡"，在全市范围内推广使用；11月底全市"在线代扣"资金结算率达95.05%。

2011年，为进一步提升卷烟电子结算率，确保卷烟资金安全。物流中心充分利用语音自动回访系统，加大对全市各配送车组的服务质量的监督，然后将收集反馈的资料核实汇总后，在每周车组例会上予以通报，以此增强员工的责任心。截至11月30日，全市卷烟电子结算率达96.85%，较上年同期明显提升。2011年，全市共配送卷烟720639户次；完成配送量173349箱，同比增加4834箱，增幅2.87%；回笼货款324916万元，同比增加50926万元，增幅18.59%，回笼率100%；全年平均电子结算率（"在线代扣"）为94.18%，非现金结算率达98.59%。是年，卷烟配送试行到货指纹确认制。

2012年，回笼卷烟配送货款32.27亿元，资金"在线代扣"率为95.7%，同比提高1.84个百分点，非现金电子结算率超99%。

2017年，在卷烟销售低迷，"在线代扣"、电子结算率大幅下降，现金结算率骤增，安全风险加大的情况下，公司与市工商银行签订跟车收款服务协议，全市35个车组，全部实行由工行职员免费跟车收款服务。协议明确POS机交易费由工行承担，仅此每年可节省费用300多万元，亦可减少业务外包人员，节省中转站外包人员费用开支20万余元；还可降低卷烟货款安全风险，所有现金收款和POS机刷卡，如发生差错，包括假钞等，概由工行承担；并可加快资金周转，由于工行直接收款进账，货款直接进入公司账户，实现"24小时上报货款回笼情况"，能有效克服过去跨行多日甚至跨月转账的弊端。此做法一直在沿用。

2018年12月，全市"在线代扣"结算率达99.18%。少量非在线代扣结算的，以刷POS机或银行卡收取。率先在全省实现零现金结算。

2003—2020 年郴州市烟草公司卷烟销售情况统计表

表 3-2

年度	销售量（箱）				销售额		毛利	
	合计	其中			合计（万元）	单箱均价（元）	毛利额（万元）	毛利率（%）
		省产烟	省外烟	进口烟				
2003	121970	97516	24449	5	78370	6425	11363	14.50
2004	135448	114177	21215	56	109446	8080	19749	18.04
2005	133263	113224	19992	47	121933	8953	23634	19.38
2006	143995	113014	30961	20	134936	9371	27218	20.17
2007	152637	113801	38802	34	147690	9674	32169	21.78
2008	158997	113029	45947	21	171514	10787	40451	23.58
2009	164003	119327	44494	182	194386	11853	47454	24.41
2010	168515	120728	47545	242	235487	13974	61525	26.13
2011	173318	122565	50449	304	277716	16023	73500	26.47
2012	178401	122994	55134	273	322676	18087	82000	25.41
2013	182215	123639	58394	182	352942	19369	88517	25.08
2014	184516	127396	56902	223	386814	20964	98263	25.40
2015	180508	129552	50685	271	403869	22374	113201	28.03
2016	169379	121727	47434	218	350321	20683	103106	29.43
2017	169966	123501	46163	302	375349	22084	111373	29.67
2018	170509	123885	46340	284	411577	24138	122789	29.83
2019	170506	121299	48937	270	445543	26131	134241	30.13
2020	171709	119110	52319	280	486363	28325	146470	30.12

第四节　零售管理与服务

2003 年，根据省公司《湖南省烟草系统网建联动方案》，狠抓卷烟销售网络建设工作。市、县公司两级均成立由“一把手”任组长，专卖、销售分管领导任副组长的网建工作领导小组。2—3 月，全市系统销售、专卖部门联合行动，开展销售网络（销售点）清查活动，对零售户建立电子档案，实行户籍化管理，卷烟批发只向已纳入零售网络、持有“烟草专卖零售许可证”的零售户供货。市公司销售科制作“访送工作联系卡”，分发给零售户，提供联系便利。全市实行“访送分离、专（专卖管理）销（销售）结合、三线（访、销、管）互控”的经营模式。“访送分离”：先由访销员逐户访销登记需求，后由配送员专门送货，访销、送货分开进行。“专销结合”：专卖管理员分区段包干进行日常检查，防止零售户倒手批发、销售假烟和走私烟，并凭访销员开具的“访查单”对经营户进行核实，对违法违章行为进行查处，其结果在

48 小时内反馈到配送中心；每月召开 1 次专销例会，互相交流情况，对存在的问题商讨协调处理办法；设立日常检查台账记录，每天进行登记，对发现的问题及时反馈到配送中心；对零售户的经营情况每月进行 1 次汇总，随时掌握各零售户的经营动态；零售户入网必须经过专卖管理部门，经审查合格后才能进入销售网络。"三线互控"：访销员、配送员、市管员互相监督，发现失职行为和异常情况及时报告领导或有关部门督查处理，形成互相监督机制。7 月，全市网建工作顺利通过省局（公司）验收。自 8 月起，市公司对各县（市）公司网建工作进行验收，宜章、汝城、嘉禾公司率先通过验收。11 月 10 日，郴州市城区 5 家自营连锁烟酒零售店同时开业。全市网建工作向"集中访销、分散配送、城乡一体"的大配送格局迈进。12 月，对网建工作评比获得前三名的宜章、资兴、嘉禾公司进行奖励。是年，全市卷烟零售户达到 16046 户。

2004 年度诚信卷烟零售户表彰会

2004 年，按照《湖南省卷烟营销网络建设 2004—2005 年工作纲要》，市公司于 4 月召开全市"打好网建攻坚战"动员大会并制定奖励办法。是年，全市卷烟营销网建主抓工作为：一是认真完成卷烟零售户的重新摸底工作。对符合换发证条件的卷烟零售户，换发专卖零售许可证；对无证经营的，予以清理，逐步完成卷烟零售户的合理布局。二是建立客户档案信息系统。三是对客户实行分类管理。四是开展以"金叶连锁"为主的网络终端建设。市公司共建立 8 家自营零售店、8 家加盟连锁零售店。县级公司按市公司本级的模式，循序渐进，适度发展。五是注重发挥"卷烟经营者协会"在加强零售户团结和自律上的引领作用，所有卷烟实行明码标价。六是建立客户满意度调查制度，每半年进行一次客户满意度调查。七是出台客户忠诚度管理办法，密切批零关系。全市全面实行电话访销、集中配送，形成访送分离的大配送格局。自 8 月起与银联公司合作，启动银烟联网电子结算业务。初步形成"电话访销、集中配送、电子结算、现代物流"的网建模式。

2005 年 3 月，市公司作为全省 3 家首批推广实施东软卷烟专卖营销管理信息系统的试点单位之一，按照省公司的统一部署，月底顺利完成软件系统切换工作，自 4 月 1 日起正式投入使用。新系统将原来的分散式数据处理改为集中式数据处理。4 月 3 日，市公司印发《春风行动——郴州市烟草公司农村适度扩网工作方案》，为解决持证零售户城乡分布不均衡、农村网点偏少的问题，进行农村扩网，新增 3664 户，农村市场覆盖率进一步扩大。6 月 6 日，省公司下发全面应用东软卷烟专卖营销管理信息系统的通知，从 9 月 1 日起统一使用。6 月 13 日，省局下发《关于在卷烟零售户中开展烟草专卖诚信等级管理的实施意见》，市局（公司）向卷烟零售户作出访销、配送、专卖管理承诺，零售户向市局（公司）签订诚信守法经营承诺书。市公司对卷烟零售户按照诚信表现分为 A、B、C、D 四类，A 类为守法经营户，B 类为基本守法经营户，C 类为违规户，D 类为严重违法违规经营户，并按照类别进行管理。对 A 类实行信任式管理，帮助理财，促进销售；对 B 类实行教育式管理，进行谈话诫勉，促其转变；对 C 类实行监控式管理，采取暂停供货，限期整改措施；对 D 类实行重点打击式管理，予以取缔。按照积分评定等级，90 分以上为 A 类，75 ~ 89 分为 B 类，60 ~ 74 分为 C 类，60 分以下为 D 类，按照考核得分对类别等级定期或不定期进行调整，实行动态管理。29 日，省公司又下发《湖南省卷烟销售网络建设整体推进全面提升实施意见》，要求实现网络组织架构、业务模式、业务流程、信息平台“四统一”。7 月 27 日，市公司制定《客户服务手册》，入网零售户人手一册，传送公司卷烟营销管理信息，帮助零售户设置合理库存、调整品牌结构、提高盈利水平。11 月 30 日，省局根据国家局的规定行文，废止 2000 年 3 月 17 日下发的《卷烟经营行为规则》（湘烟销〔2000〕12 号）；因卷烟营销已进入诚信管理阶段，同时废止 2003 年 6 月 13 日下发的《关于全面推行烟草专卖户籍化管理的实施意见》（湘烟专〔2003〕215 号），并出台诚信管理规定。积极拓展加盟连锁经营，全市金叶连锁店发展为 9 个自营连锁店、18 家连锁加盟户，并将市内五大超市、商场全部纳入“金叶连锁”体系，另对 4 家个体卷烟零售户进行加盟连锁经营试点，均取得良好效果。

2006 年，全市转入网建水平全面提升阶段。优化业务流程，先后出台《订单采集补货制度》《关于指导客户自写订单的补充规定》《关于卷烟零售客户基础资料维护的补充规定》《客户周转数设置工作方案》《卷烟合理定量工作实施方案》等相关规定。严格按照国家局新的客户分类标准进行客户分类，并按照其业态、类别、规模进行周转数的设置和合理定量，不断提高零售网点的满意度和盈利水平。3 月，全市系统按照卷烟零售户的 95 项基础资料标准进行收集。9 月，又根据全省电话订货管理信息系统的要求对所有客户资料按照新的客户分类标准进行补充。按照专卖管理“一店一证”和“客户资料与系统资料相符”的原则，对全市客户的经营场所进行全面清理，彻底清查“一店多证”“客户资料与系统资料不相符”和“电话订货量与实际经营能力不相符”等不规范经营现象，遏制不法烟贩以非法手段套购卷烟，进一步规范市场经营秩序。运用《客户服务手册》，对客户的购、销、存情况进行登记，指导客户自写订单。全年共举办客户培训班 11 期，参训人员达 1211 人，促进零售户知法懂法、规范经营。

2007 年 3 月 12 日，国家局下发《关于全面提升卷烟销售网络建设与运行水平的指导意见》，要求再用三年时间，建立起全国统一规范、功能先进、优质高效、经济实用的现代化卷烟销售网络。是年，根据国家局对零售户的分类标准，市局制定《关于统一全市卷烟零售客户分类标准的通知》和《关于卷烟零售客户基础资料维护的补充规定》，按照分类标准准确划分客户的市场类型，确保客户分类和基础信息的准确性与完整性。同时出台《卷烟零售客户定级管理办法》，全面开展客户评价，并建立动态维护制度。进一步完善专销结合机制，专卖部门根据客户经理的人员配置和责任区，配备相应的市管员，市场管理与市场服务同步延伸。完善与零售户的双向沟通机制，各营销部经常举办零售户座谈会，互相交流，感情融洽。华塘、鲁塘、栖凤渡、鲤鱼塘还利用基层烟草站的有利条件，搭建“专卖管理所”“客户服务站”和“零售客户之家”，实行“三位一体”的服务模式。采取客户经理、市管员每月两天驻站服务的形式，对农村客户实行办证、订货、送货、咨询服务和市场监管。积极探索卷烟经营者协会的工作方式，发挥协会在行业管理中的服务、自律、沟通、协调和监督作用，增强行业对零售户的凝聚力。推广应用好省局统一印制的《客户手册》和市公司营销中心印发的《客户直通车》，建立公司与零售户双向沟通平台，营造和谐氛围。是年，创建“636”自营连锁店（酒类批发加卷烟零售）。“636”，即定位 6 类客户，消费者、烟农、零售户、卷烟企业、员工和社会；履行 3 大职能，烟叶生产、卷烟营销、市场管理职能；提供“6 星”服务：诚心、热心、细心、爱心、交心、仁心。“636”自营连锁店由原自营连锁店改造升级而成。全市上半年先在市本级 2 个店和桂东店进行改建试点，下半年再启动改建桂阳、永兴、资兴、临武、嘉禾、汝城、安仁、宜章店。年内全市系统 11 个店全部改建到位。“636”自营连锁店仍隶属市公司金叶商贸公司管理。9 月，开展“千家零售标准化店”建设活动，从柜台陈列、明码标价、品牌推广、守法经营等方面规范网点的经营行为。至年底，全市共有在网运行零售户 16178 户，其中城网 10190 户，农网 5988 户，并有859家零售店达到标准化店的要求。全部实行电话访销，全市共配备订单采集员29人，凡三级公路以内的客户实行直接配送服务，偏远山区客户则实行代送，共建立指定代送点34个。积极探索农网服务新路子，建立4个农村客户服务站和“零售客户之家”，与专卖管理站形成“三位一体”，将客户服务与市场管理同步向农网延伸。

2008年5月16日，市公司在国际大酒店召开全市卷烟经营者协会代表暨全市卷烟零售标准化店授牌大会，特邀市工商局、民政局、个体经营者协会、电视台嘉宾及在郴州的中烟公司代表共80余人参会。同月，又召开全市“卷烟零售户同业协会”代表大会，对协会章程进行修订，选举产生新一届理事会，并将协会更名为“郴州市卷烟经营者协会”。进一步发挥协会在行业管理中的服务、自律、沟通、协调和监督作用，增强行业对零售户的凝聚力。6月13日，市公司印发卷烟销售服务项目、服务程序、服务标准、服务承诺、服务监督、服务评价“六统一”工作方案，健全客户服务管理体系，为客户提供标准化、规范化服务。7月、10月，市公司组织网建阶段性考核。

2009年3月15日，市公司印发卷烟营销电子商务体系建设方案，并投入资金300万元，在全市挑选1200名优质客户，每户由市公司无偿提供一台价值2500元的电脑，帮助开展市场信息、价格采集和网点配货试点工作，4—7月为宣传准备期，8月正式启动，12月底全部完成，并从中再评选出“最有价值优质客户”50名，由营销中心组织其到省内外中烟工业公司参观学习。年内，全市系统新建“636”零售连锁店9家。并转变观念，加强中小客户建设，为逐步扭转以往“重大户、轻小户”，销量完成过多依赖大户的局面，实行“控制大户、培育中户、扶持小户”策略，采取“增加拜访次数、调整月供货总量、提高货源分配权重”以及客户经理上门耐心宣传引导等措施，尽量满足中、小客户个性化、差异化的需求，提高经营积极性。通过不断提升优化，大、中、小客户的销量占比分别由年初的52%、45%、3%转为40%、50%、10%。

2010年，全市系统在全省率先开发客户经理、市管员无线应用定位系统，对全市103名客户经理、27名市管员实现移动办公“痕迹化管理”，作为访销、市管考核手段之一，以促进服务到位率提高。桂东县分公司针对山高路远、交通不便的实际情况，积极推进电子商务网上订货，将全县划分为15个“网上订货服务区”，每区选取一户零售户为“网上订货服务点”，分公司为其免费配备电脑设施，每12～15个就近卷烟零售户到服务点进行网上订货，给卷烟零售户订货提供极大便利。

2011年4月，全市在汝城县召开郴州市烟草商业系统零售终端建设现场会。与会代表参观汝城县“春风服务一条街”示范店和基层服务站建设现场，会议对零售终端建设做出部署，要求在保证质量的前提下，稳步推进“636”零售连锁店建设；同时培育一批店面地段佳、经营能力强、配合好、经营规范的零售户作为示范店，以示范带动整体。对规范示范店的门店柜台、卷烟陈列、粘贴价格标签、大拇指标识、悬挂的灯箱、证件展示板等，均进行统一规划，使之成为生动化、立体化、标准化终端形象店。是年，桂东分公司根据国家局“四同”（工作同心、发展同向、服务同步、利益同体）和省局“四有”（有稳定适销的货源、有坚实的零售终端网络、有良好的配送基础设施、享有盛誉的湖南烟草商业系统服务品牌）要求，为加强对零售终端的掌控，推进卷烟上水平，开展“基于现代生物与信息技术的烟草‘5S’终端服务营销模式研究与实践”项目建设。利用现代生物指纹识别技术、“3G”无线通信、无线网络及多媒体信息技术，通过打造基于指纹识别的卷烟物流信息服务平台和“金叶E通”综合互动服务平台，实施“高山金网”卷烟营销工程，形成一个基于现代生物与信息技术的烟草“5S”终端服务营销模式。

2012年，根据《国家烟草专卖局关于加强现代卷烟零售终端建设工作的意见》，市公司出台《郴州市现代卷烟零售功能终端建设标准店、示范店指导手册》，遵循“统筹城乡区域、兼顾业态规模、循序渐进发展”的原则，制定市、县两级功能终端建设规划。通过“三方搭台、品牌唱戏”，深化工、商、零三方协同，优化三方营销资源配置，充分发挥零售终端品牌培育、宣传促销、信息采集、消费跟踪四大功能，推动零售功能终端建设，促进重点品牌成长。6月，完成终端资源和服务需求调查工作。10月，利用全国烟草行业企业管理工作会在湖南召开的契机，市公司提炼营销工作3项特色和亮点，报送此会。2012年，广泛开展满意度调查活动，为各零售户赠送“温馨提示卡”。7月，物流中心开通卷烟物流服务热线。

客户经理上门为卷烟零售户维修零售终端机

2013年，市公司制定品牌培育方案，主要措施为：完善品牌管理机制，建立“进一退一”引入退出机制；以新商盟系统、QQ群为平台，以“客户直通车”为载体，向零售户发布工业企业、品牌文化、促销活动等信息；围绕“白沙”“利群”“双喜”“云烟”等品牌，邀请工业企业培训师，融合郴州“福文化”，面向零售户和消费者举办“品牌文化大讲堂”活动，树立品牌形象；以陈列科学化、突出化、美观化为目标，开展品牌陈列竞赛活动，对优胜者给予适当奖励，并制作《卷烟品牌精选图集》《消费者服务手册》等宣传资料；引导消费潮流，建立消费者档案，并定期回访，了解消费者的需求和意见、建议等；开展空盒兑奖活动，激励零售户拆零上柜，提升消费者的购买欲望；工商协同召开品牌现场推广会，引起社会广泛关注，激励消费者现场购买，让消费者深入了解品牌的质量和价值；组织召开零售户培训会，提高其经营技巧；利用传统节日、婚庆喜宴等机会，开展多形式、多层次、多组合的营销活动，提升和扩大品牌影响力。是年，市公司出台全市系统终端建设三年规划与以星级店为标志的现代卷烟零售终端建设工作方案。先后建成5家现代卷烟零售终端星级示范店和800多家现代零售终端功能店（凡是有电脑网络等先进通信设备的零售户称为现代终端店），致力打造具有郴州特色的“福城金网”服务品牌。4月中旬，省局网建检查组对全市零售网络和物流建设工作进行检查和考核，被评为二等奖，首次跻身全省系统先进行列。

2014年，按照全市现代卷烟零售终端建设三年规划，积极开展现代卷烟零售终端“金字塔”体系建设，“636”自营店为“塔尖”、现代卷烟零售终端为“塔身”、普通终端为“塔基”。至年底，全市共建成现代零售终端星级店103家，现代零售终端店1676家，自营店全面实现品牌名称、门店形象、管理系统、经营模式、会员管理“五统一”。同时，通过现场示范让零售户了解现代终端建设的好处，积极引导零售户自主、自愿投入现代卷烟零售终端建设。

2015年，全市新增“福城金网”自营店3家、现代零售终端星级店增加9家共112家，现代零售终端店减少21家共1655家。同时，大力开展示范街镇建设，并在终端建设的基础上开展吸烟室、吸烟区等消费环境建设。

2017年，全市系统认真落实国家局营销网建“一规划三方案”（网络建设三年规划，零售户自律互助小组建设、重点品牌培育目录、卷烟营销信息化工作方案）。6月，市公司印发《卷烟零售户自律互助小组建设工作方案》，要求以“便于相互监督、沟通交流、集中活动”三原则，由就近零售户自发、自愿、每15～20户组建1个自律互助小组。是年，全市共建成零售户自律互助小组115个、覆盖客户2311户，其后继续扩展，全面覆盖，充分发挥其“自律管理，市场监督，终端维护，品牌培育，互助合作”五大作用；同时，制定《郴州市卷烟零售客户自律互助小组章程》《郴州市卷烟零售行业自律承诺书》，并印发新客户手册16000份，各零售户均签署“自律承诺书”。是年，实施“中小型客户唤醒”工程，由专卖、营销联合组成若干个小组对长期未进货的零售户动员恢复卷烟零售业务。

2018年，实施“福城金网”服务品牌建设，利用互联网技术和单元格管理模式，构建“单元格—业务链—生存圈—共同体”营销格局。按照省公司的部署，针对卷烟零售户盈利水平偏低的问题，在自律互助小组建设上分四步进行。第一步，盯建设进度。采取领导挂帅、分片包干、加强考核、规范流程等措施，加快建设进度。全市共建立自律互助小组892个，纳入客户14782家，覆盖率达97.83%，城网实现全覆盖。其中自律互助小组之家714个，城区为390个。第二步，盯运行质量。引导小组制定个性化的章程、公约，明确小组长职责和权利，建立小组违约处理机制，对小组长进行合理授权。对卷烟零售价格采用“小组自查、暗访抽查、日常督查、举报核查”等形式，引导零售户自觉明码标价、明码实价、守法经营。第三步，盯运行效率。在“福城金网”微信公众平台搭建小组线上运行平台，导入资料完整、成员齐全的小组200个；开展“线上＋线下”巡查740次；记录小组活动35场、小组会议55场；店铺陈列照片900张；提供22条违法违规线索；推出“福积分”排行榜，营造小组“争先创优、比学赶超”的氛围。第四步，盯发展远景，建立小组运行长效机制，按照程序改选86个小组长，培训小组长2610人次，召开小组会议2050场，组织羽毛球比赛、徒步登山、茶友会等各类文体活动85场次，工商协同开展品牌培育活动58次，支持小组开展非烟团购活动18次。用活线上小组“福积分”系统，匹配评先评优机制和正面二级标签投放，分区开展最美小组、最美小组长评选22次，有力提升小组长效运行的内生动力。加盟店建设进一步加强，全市将180家现代终端纳入加盟店管理，签订加盟协议、明确加盟权责。并要求其自主投入，改善终端软硬件设施，实行品牌、形象、系统、经营模式、会员管理“五统一”；店内量体裁衣设立吸引、销售、体验、管理“四区”，彰显现代、时尚感和辨识度。在旅游景区、交通枢纽、娱乐服务、商务贸易区域打造特色终端25家，以“福城金网”特色烟行、公益烟吧、烟品推荐三大主题烘托店铺氛围，突出其特色和亮点。在52家一般现代终端配备智能店铺管理系统，通过“云POS”实现全商品扫码、全店铺管理、多方式结算和消费者会员管理等。

2019年，全市对现代零售终端进行提质升级。全市新建湘汇“636”终端5个、加盟终端234个、一般现代终端2036个。启用“云POS”零售终端信息系统，共覆盖客户800家，提前完成覆盖5%客户的年度目标；注重零售终端信息系统的应用质量，定期督促考核在线时间、扫码笔数、销售占比等。加强文明吸烟环境建设，结合全市系统现场推进会，全市配套建成吸烟室4个、吸烟区27个、吸烟点91个。依托基层烟草工作站，重心下移、服务前伸，构建专卖、销售工作同体、考核同向、步调同步管理体系，打通管理服务“最后一千米”。建立“十进小组”（法规宣传、管理服务、三员对应、大户监管、精准投放、品牌培育、信息采集、工商协调、规范经营、终端建设进小组）长效机制，完善线上小组之家，小组覆盖率达99.65%，同比提升1.78个百分点。全年评选最美小组70个、小组长10个。11月15日，金叶商贸有限责任公司正式撤销。该公司所属的“636”自营连锁店业务交由卷烟营销中心管理。是年，应用“福城金网”App工作协同模块、微信群、“温馨提示卡”等，多渠道联通客户，开辟“绿色通道”，及时为客户排忧解难，持续保持客户零投诉。

2020 年 9 月，市公司成立六三六贸易连锁有限责任公司。原“636”自营连锁店，更名为“湘汇 636”自营连锁店，其业务由营销中心划归六三六贸易连续有限责任公司管理。全市建立“湘汇 636”加盟终端14家，所有加盟终端均实行全商品扫码、卷烟全在线支付和全规范经营，同时完成“生源快购”等连锁企业和大型商超等 7 家合作终端卷烟销售数据对接上传市公司营销中心。通过在“福城烟云”微信公众号中搭建“我与客户共成长”线上直播平台和非烟商品（酒类与土特产品等）团购平台，开展 9 次特色农产品直播带货公益活动，拓展自营终端软实力。是年，全市系统加强零售终端信息系统建设，共部署信息设备 1693 台，其中自备机具上系统 254 台。营销中心对系统应用实行日监控、周分析、月通报制度，营销人员全部配备手持“扫码枪”进行点对点实盘，并在“福城金网”App 移动办公平台运用实现数据同步及自动比对功能，星级终端账实相符率超 95%；日均数据采集 4.54 万笔，居全省第二位。对卷烟零售现代终端实行分类管理，制定并实施“星级现代终端”建设评价标准，从“云 POS”扫码质量、账实相符情况、卷烟陈列设施、店面形象等维度，将现代终端划分为一、二、三星三个层级。在评价过程中采用客户主动申报、客户经理验收、数采专员监控、营销管理人员抽查考核“四级推进”的方式。全市共评价验收 1060 户，其中一星 885 户、二星 147 户、三星 28 户，同时制定现代终端分类分级的服务标准。年内，零售户诚信互助示范小组建设取得新进展。按照 100% 明码标价、明码实价和卷烟背柜陈列 50% 以上、违法违规行为零的标准，全市共建成诚信互助小组 338 个，纳入卷烟零售户 4595 户，遍布全市主要街道、乡镇，起到标杆作用，辐射带动小组运行及终端建设质量的整体提升。

“636”贸易连锁店之一

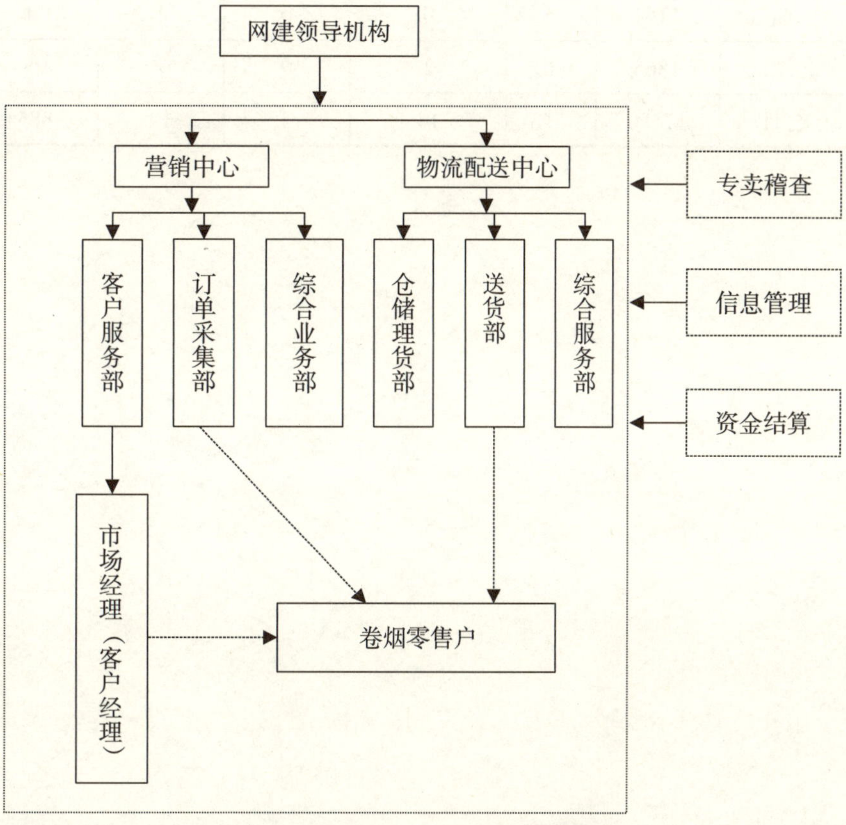

（图例：———— 网络的商流物流系统；——→ 网络管理流程；
------→ 网络服务流程；[ ] 网络支撑系统）

图 3-1 郴州市烟草公司卷烟营销网络组织架构

2020年郴州市烟草公司卷烟营销网点建设情况统计表

表 3-3

类别 县市区	在网卷烟零售户（户）	其中				一般现代终端（个）			普通终端（个）
		直营终端	“湘汇636”加盟终端	特色终端	合作终端	一星终端	二星终端	三星终端	
宜章县	2130	0	2	0	2	103	27	1	1995
临武县	1232	0	2	0	0	59	11	1	1159
嘉禾县	1286	0	1	0	1	51	13	2	1218
桂阳县	2528	1	0	0	3	142	14	5	2363
永兴县	2079	0	1	0	2	101	31	3	1941
安仁县	1619	0	2	0	1	73	14	3	1526
资兴市	1377	1	1	1	0	76	15	4	1279
桂东县	882	0	2	2	1	45	5	3	824
汝城县	1391	0	1	1	1	71	2	0	1315
苏仙区	1161	0	0	0	1	71	7	3	1079
北湖区	1865	1	2	0	7	93	8	3	1751
合计	17550	3	14	4	19	885	147	28	16450

第四篇　烟草科技与管理创新

第一章　烟草科研

第一节　机构与队伍

2003—2006年，全市烤烟生产科研工作由烟叶科负责，与市农业科学研究所烟草研究室共同实施。科研人员一般每年由市农业科学研究所烟草研究室委派4～6人，烟草公司安排10～15人。这些科研人员大部分是高级农艺师或农艺师，具有多年的从业经验，队伍较为稳定。试验场地主要选择在桂阳县仁义镇梧桐村、城郊乡汪山村、敖泉镇塘湾村及正和镇阳山村。科研基础设施建设经费主要由市局（公司）为主投入；科研项目经费依靠国家局（总公司）、省局（公司）、市局（公司）、县局（分公司）四级投入，亦即按照“谁委托，谁出钱，谁验收”的原则办理。上述科研人员、经费投入机制一直在延续。

2007年3月21日，市公司成立烟叶生产经营部，烟叶科撤销，设立烟科所（烟草学会），烟草科研工作归属烟科所负责。同时，成立烟科所暨中南农业试验站（郴州）基地。定编16人，其中设所长（兼基地主任）1名、副所长（兼副主任）1名，高级农艺师2名、农艺师5～6名，科研及技术推广干事2～3名，财务及后勤人员3名。试验基地设在桂阳县仁义镇汪山村。是年，制定《烟叶科研员岗位责任制》《烟叶科研计划课题制管理规定》等管理制度。同时，为充分调动科研人员的工作积极性，更好地发挥科技为生产服务的功能，又出台一项新举措，即科研人员联系产区制度。全市8个产烟县（区）均确定1名科研联系人员，联系产区相关科研工作情况，并纳入年度目标考核范围。

2011年4月，市公司烟叶生产技术实验室搬迁至桂阳县城郊烟草站，内设小会议室、小冷库、实验室操作间、药品器物储备间等，配备烟叶化学成分（烟碱、总氮、总糖等）检测仪、叶绿素检测仪、农药残留检测仪、重金属检测仪、水分检测仪、显微镜、烤箱、冰柜、超低温（-77℃）冰箱、烟叶粉碎机、称重仪、各类科研器皿及试剂等。5月，由湖南省人力资源和社会保障厅、湖南省博士后工作管委会授予“博士后科研流动站协作研发中心”牌匾，并定为中国农业科学院烟草研究所、湖南农大“产学研合作基地”。年底，市公司设立烟叶生产技术中心（烟草学会），烟科所撤销，烟草科研工作由烟叶生产技术中心承担。

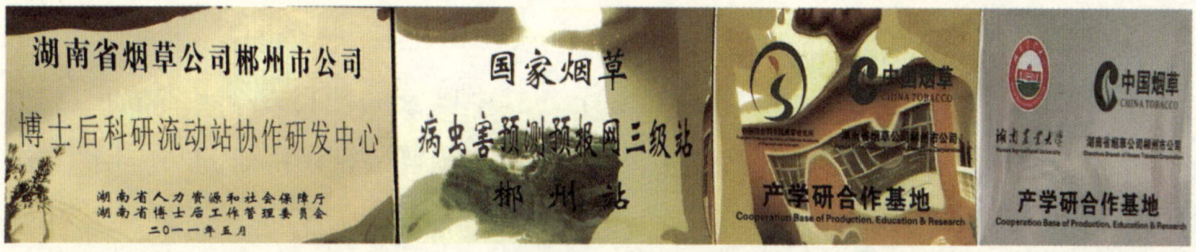

博士后科研流动站等牌匾

2018年，市公司开始建设桂阳县方元镇科研基地，包括办公楼、常驻人员宿舍、相关科研设施和必备的科研仪器设备等。

2019 年，市烟草学会秘书处划归市局（公司）办公室合署办公，但工作内容依旧与市局（公司）烟叶生产技术中心紧密挂钩。

第二节 项目与成果

一、基础试验项目

2003 年，全市烟叶科研工作共承担全国品种区域、新品种选育、示范等 21 个试验示范项目。

2007 年，全市共落实烟叶科研及技术推广项目 49 项，其中国家局 6 项、省局 22 项、市本级 21 项。每个科研项目均明确主持人和承担人，主要科研示范项目有：郴州优质烟叶生产科技示范基地建设。桂阳烤烟标准化生产示范县建设。6 月，顺利通过国家局的验收，并以 94 分的优异成绩获得“全国优秀烤烟标准化生产示范区”称号。部分替代进口烟叶生产技术示范与开发。品种试验及良种选育：全国烤烟品种区试，全省烤烟品种区试，全省烤烟新品种生产示范试验，烤烟引种示范试验，烤烟优质多抗新品种选育。烟草病虫害防治技术：全市烟草病害普查，烟草病虫测报，烟蚜生态控制技术研究。密集式烤房建造与应用：多功能智能化普改密烤房研究与应用，密集式烤房及其相关设备对比试验，沼能式烤房应用研究。郴州优质特色烟叶开发研究：创建联合攻关模式，建立由当地政府负责组织协调、工业企业与烟叶产区密切合作、相关部门积极参与、县乡村协同配合的产业建设机制；借助科研院所作为技术依托，与烟叶产区联合攻关。根据工业企业对烟叶的质量要求，共同制订生产技术方案，加快科技成果的转化。烤烟生产技术推广体系现状调查：通过对全市 5 个烤烟主产县的调查，全市烟叶生产技术推广工作存在的主要问题有网络不健全、机构设置不合理、技术队伍力量薄弱、综合素质偏低、经费投入不足、设施落后、考核评价机制失准、权责不明、缺乏激励机制等。针对以上问题，采取行之有效的措施：加大烟草生产先进实用技术的示范与推广，建立激励机制，强化技术服务，注重能力建设与改革创新，依靠科技振兴产业，为烟草行业稳定发展做出贡献。基本烟田适宜性评价和可持续利用技术研究：功能型复合营养液在烤烟上的应用试验，烟田不同复种制度定位试验，烤烟后茬作物少免耕技术研究试验。烤烟综合栽培技术研究：旱田植烟不同施肥量试验，旱田植烟不同密度试验，稻草覆盖和地膜覆盖对烤烟生长发育及品质的影响，优质烟叶成熟采收及采收模式研究，生物有机肥在烟草上应用示范，烟草种植免耕技术研究，烤烟火土灰不同用量对比试验等。

2008 年，全市共承担烟叶科研及技术推广（示范）项目 46 个，其中国家局项目 6 个、省局项目 23 个、市公司自选项目 12 个、厂办基地项目 5 个。是年，市局（公司）“智能化普改密烤房研究与应用”“桂阳县烟叶标准化生产研究与推广”分别获得郴州市科技进步一、二等奖。烤烟新品种选育及良种繁育方面：全国烤烟品种区试，省品种区试，烤烟优质多抗新品种选育，烤烟优良株系联合鉴定工作，全国烤烟良种区域试验，外引品系比较栽培试验研究。植保技术方面：烟草病虫测报，不同药剂防治烟草黑胫病试验，不同药剂防治烟草青枯病试验，斜纹夜蛾药剂防治试验，斜纹夜蛾核型多角体病毒的应用研究，烟草防菌活性肥，烟蚜防治剂防治烟蚜效果试验。栽培方面：两种营养防病剂在烤烟上的应用效果试验，烤烟种植免耕技术研究与应用，宜章县烟—果套种试验示范研究，烟田不同复种制定位试验，不同施肥量对烤烟综合性状的影响试验，功能性氨基酸复合肥在烤烟上喷施浓度与生物效应研究，深耕高起垄、稻草还田技术示范，留叶数对“K326”“HY—9—7”综合性状影响的研究。烟叶调制方面：在烟叶烘烤科研开发上，主要开展“湘密1号”密集烤房的引进和完善，“湘密2号—A”密集烤房的研制推广，自控组合式密集烤房的研制及示范，优质特色烟叶烘烤工艺研究四个方面七个项目。信息化建设方面：实施郴州烟草商业系统信息化二期建设项目。系统内所有终端均完成客户端安装及注册工作；互联网接入端口由1100多个减少到400多个；内部工作交流和文件传递全部在行业网站和内部邮件系统以及腾讯通（RTX）进行；烟叶收购系统顺利完成升级改造；烟叶进销存管理软件正式推广实施，统一全市系统烟叶收购软件和收购模式，实现国家局“四个统一”的目标。节能减排方面：积极推广智能密集烤房，相对普通烤房，每烘烤1千克干烟可节煤0.5～0.7千克，仅此项全市可节煤1.2万吨；大力推广用稻草覆盖替代地膜覆盖，减少地膜的使用，不但节约工业原料，而且减少白色污染。

2009年，全市共完成国家局、省局及自选科研项目46项。完成的单位和数量分别是：烟科所12项，桂阳县12项，嘉禾县6项，永兴、安仁、宜章县各3项，烟叶生产经营部1项，市农业科学研究所6项。烤烟新品种选育方面：全国烤烟品种区试，新品种展示。栽培方面：腐殖酸与有机肥配合使用效果研究，功能性氨基酸复合营养液在烤烟上的喷施对比试验，烤烟营养防病剂小面积应用示范，提高“K326”上部叶可用性试验，烤烟优质丰产综合栽培技术研究，烤烟集中施肥覆盖栽培技术研究。植保技术方面：烟草病虫测报，不同药剂防治烟草花叶病的田间药效试验，高效活性菌肥防治烟草病害田间试验，生防菌防控烟草青枯病田间药效试验，斜纹夜蛾药剂防治试验。烟叶调制方面：新型散热管在密集式烤房上的应用研究，自控组合式密集烤房及气化炉在烟叶烘烤中的应用效果研究，密集烤房配套烘烤工艺研究，密集烤房适宜风机试验研究。是年，通过省级、市级科技成果鉴定项目五项：“XM—2A”密集烤房研制与推广应用，便携式烟草育苗剪叶机的研制与应用，两项均达到国内同类研究的先进水平；集约化育苗及配套技术研究与应用，达到国内先进水平；烟叶收购流程质量监管模式优化研究，达到全国烟草行业同类研究领先水平；劳动用工管理制度建议与运用，达到省内先进水平。中南试验站郴州基地选育的“C4288”品种进入国家区试，“C4313”品种进入省区试。

2010年，烟科所联合郴州市农业科学研究所、桂阳县农业局和各县烟草分公司的科研力量，共承担烟叶科研及技术推广（示范）项目64个，其中国家局项目11个、省局项目23个、市公司自选项目14个、厂办基地项目16个。新品种选育方面：全国烤烟良种区域试验，湖南省烤烟新品种区域试验，湖南烤烟新品种展示，湖南省烤烟优良株系联合鉴定，烤烟优质多抗新品种选育，烤烟品种的抗病性鉴定，特色优质烟叶品种筛选区域试验。栽培方面：烤烟新品种综合配套栽培技术研究，新型烤烟育苗专用肥试验，砂培育苗试验，“K326”适宜移栽期试验，“云烟87”适宜移栽期对比试验，“云烟97”适宜移栽期试验，施氯量对“云烟87”产量、质量的影响，特色优质烟“K326”“云烟97”精准施肥试验，“粤烟97”“云烟87”不同氮素营养对烟叶原料质量的影响，不同成熟度控制对烟叶原料质量的影响，不同留叶数对烟叶原料质量的影响，不同种植密度对烟叶原料质量的影响，不同饼粕型烟草有机无机专用基肥的应用效果对比试验，烟草氨基酸复合营养叶面肥试验示范，无公害烟叶生产关键技术研究，郴州市烟区土壤酸碱度适宜性评价与调控模式研究，郴州市土壤肥力与污染状况调查，植烟土壤中镉的生物有效性的调控研究，烤烟生产“控青提质”栽培技术研究。植保技术方面：筛选防治烟草病毒类病害农药试验，除草剂CC1与CC3防烟田杂草药效试验，烟草高效防病生防菌试验，5种烟蚜药剂防效试验，烟田除草剂药害调查及微生物修复研究，亚根·仲丁灵调节烟草腋芽生长田间药效试验，50%仲丁·异恶松防除烟草杂草药效试验，菌根技术防治烟草青枯病的应用研究，斜纹夜蛾核型多角体病毒的应用研究，烟田除草剂药害发生原因分析及治理对策研究。烟叶调制方面：“K326”上部烟叶带茎烘烤试验，烘烤过程关键温湿度指标的研究，几种新型烟夹的对比应用研究，密集烤房优化烘烤工艺应用效果研究，自控组合式密集烤房与气化炉配套研究，太阳能＋高温热泵烤房在烟叶烘烤中的应用研究，“K326”烟叶在密集式烤房条件下“121烘烤工艺”初探。

2011年，市公司成立博士后科研流动站协作研发中心，大力开展科技创新。烟科所依托中南试验站，联合组织市农业科学研究所、桂阳县农业局和各县烟草分公司的科研力量，认真落实国家局、省局下达及自选科研项目67项。其中国家局、省科技厅项目2项，省局项目28项，市公司自选项目33项，中烟公司基地项目4项。烤烟新品种选育方面：全国新品种区域试验及生产示范，全省新品种区域试验及生产示范，新品种展示，新品种选育，省优良株系鉴定，新品种示范园建设及配套栽培技术研究。栽培方面：浓香型产区当前品种烟叶质量特色彰显度调查，特色品种配套栽培技术研究，浓香型特色烟叶品种挖掘筛选与研究。植保技术方面：有烟草病虫测报工作，斜纹夜蛾核型多角体病毒研究与应用，无公害烟叶生产关键技术研究与示范，菌根技术防治烟草青枯病的应用研究，烟田除草剂药害发生原因分析及治理对策研究。烟叶调制方面：有不同产区初烤烟叶烟气分析，感官评吸及香气风格定位与评价，密集烤房配套烘烤工艺研究，非金属材料密集烤房烘烤效果示范。管理、营销创新方面：协助经济运行科做好烟草应急指挥管理信息系统项目，基于物联网的市局园区综合管理技术的研究，卷烟零售终端激励机制的探索与应用，基于生物识别的卷烟物流终端确认技术研究与运用，“双满意”山区卷烟零售终端建设模式探索与应用，卷烟零售户服务体系研究与应用，卷烟市场片区划分与重置组合研究与应用，烟草站卷烟营销职能研究共8个项目的立项及规范管理工作。另还有现代烟草农业生产服务体系创新研究，育苗工场综合利用成果鉴定申请材料组织，发布烟叶收购规范标准等。

2012年，全市共落实国家局科研项目4项、省局34项、市公司10项，共48项。烤烟新品种选育方面：全国、全省新品种区试及生产示范，新品种展示、选育，新品种示范园建设及配套栽培技术研究。栽培方面：浓香型产区当前品种烟叶质量特色彰显度调查，特色品种配套栽培技术研究，浓香型特色烟叶品种挖掘筛选与研究，植烟土壤适应性评价及综合改良技术研究与示范。植保方面：落实烟田除草剂药害发生原因分析及治理对策研究，无公害烟叶生产关键技术研究与示范，全国烟草有害生物调查研究。烟叶调制方面：落实不同产区初烤烟叶烟气分析，感官评吸及香气风格定位与评价，密集烤房配套烘烤工艺研究。

2013年，全市共落实国家局、省局下达及自选科研项目43项。其中国家局4项、省局26项、市公司13项。烤烟新品种选育方面：全国、全省新品种区试及生产示范，特色烤烟新品种筛选与示范，烤烟优质多抗新品种选育，烤烟优良株系联合鉴定，“湘烟3号”良种繁殖，浓香型产区烟叶质量特色彰显度调查，浓香型特色烟叶品种挖掘筛选与研究。栽培方面：进行过烤烟高温逼熟成因与防控技术研究，湖南浓香型特色优质烟叶质量风格定位研究，浓香型烟叶典型产区生态基础研究，生态特征研究观测试验基地建设，湖南省典型烟叶产区土壤地质背景、养分特征调查与分析，不同光质和光照强度下培育的烟苗对烤烟大田生长及烟叶品质的影响，壮苗早发技术研究，保温防寒适期早栽技术研究，壮苗培育配套技术优化研究，郴州烟区土壤酸碱度适宜性评价及调控模式研究，郴州浓香型特色优质烟叶研究与开发工商协同建设，烤烟新品种“NC297”“粤烟97”栽培技术研究与示范，移栽灵药效试验。烟叶生态安全方面：烟草农药药害的诊断与治理体系研究，降低烟草重金属含量专用营养剂的开发及应用研究，烟稻轮作区浓香型有机烟叶研究与开发，烟田除草剂药害发生原因分析及治理对策研究，全国烟草有害生物调查研究，烟叶生长过程中重金属迁移转化行为研究，“降本减害”农药防治病虫害技术研究与开发，烟青虫生态防治技术体系构建及应用研究。烟叶调制方面：落实关键温度点稳温时间与湿度控制组合试验，变黄期升温速度与湿度控制组合试验，定色期升温速度与湿度控制组合试验，浓香型烟叶烘烤工艺技术集成综合试验，高温远红外陶瓷热管烘烤设备开发与应用，自控组合式密集烤房应用与推广。组织有关专家对市公司立项的8个在研农业类科技项目进行年度评估，项目优良率达到75%，其中1个项目因前期研究成效较差，终止研究。承办“HN0508”等新品种全国农业评审。针对育苗液配方存在的不足，组织专家对育苗营养液进行改进。另还承担省局“烟草农药药害诊断与治理技术研究”和“烟青虫生态防治技术体系构建及应用研究”2个科研项目，并参加省公司在研科技项目执行情况年度评估，得分均在85分以上，达到优秀水平。

2014年，全市共实施国家局、省局下达及自选科研项目47项。其中国家局4项、中国烟叶公司2项、省局29项、市公司12项，另还承办国家局浓香型重大专项、省局安全生态烟叶等项目验收现场。烤烟新品种选育方面：全国、全省新品种区试及生产示范，特色烤烟新品种筛选与示范，烤烟优质多抗新品种选育，烤烟优良株系联合鉴定，“湘烟3号”良种繁殖，浓香型产区烟叶质量特色彰显度调查，浓香型特色烟叶品种挖掘筛选与研究等8个项目。“云烟99”“NC71”“NC297”“湘烟3号”“云烟201”“云烟203”等品种在品种示范中表现优良，可适当加大推广面积，以形成合理的品种布局。郴州自主选育的“CZ—43”在全国区试及生产示范中表现突出，可进一步加大示范力度。栽培方面：落实烤烟高温逼熟成因与防控技术研究，湖南浓香型特色优质烟叶质量风格定位研究，浓香型烟叶典型产区生态基础研究，“湘烟3号”配套栽培技术研究，郴州烟区土壤酸碱度适宜性评价及调控模式研究，郴州浓香型特色优质烟叶研究与开发工商协同建设，郴州烟区“K326”提质增香综合配套技术研究等25项，其中省局12项、市公司13项。烟叶生态安全方面：进行大田科研试验烟草农药药害诊断与治理技术研究，全国烟草有害生物调查研究，湖南烟草病毒病防控技术体系构建研究及应用，烟青虫生态防治技术体系构建及应用研究，生态安全烟叶研究与开发。另推广应用XQ生防菌7500亩。圆满完成年度实施方案。烟叶调制方面：主要开展浓香型烤烟特色烘烤工艺验证，优化散叶烘烤工艺，“湘烟3号”及“K326”烘烤特性研究，不同烘烤模式对“K326”品种产量、质量影响研究，优化散叶烘烤装烟方式研究，郴州烟区小型烤房改密集烤房研究与应用，节能保温材料在密集烤房中应用效果研究，醇基清洁液体燃料在烟叶烘烤中的应用与研究，智能机器人视觉烘烤研究。

2015年，全市开展农业科技创新48项，其中国家局7项、省局21项、市公司20项，并积极推进“六精”（精准、精细、精致、精简、精品、精通）管理。烤烟品种选育方面：落实全国、全省新品种区试及生产示范，“湘烟3号”良种繁殖，湖南省烟草主要病害鉴定圃建设及2015年烟草品种抗性鉴定，浓香型特色烟叶品种挖掘筛选与研究，烤烟优良株系联合鉴定。承担全市各主产县烤烟示范品种农艺性状田间鉴评，新品种农艺性状鉴评，国家局“浓香型特色品种的挖掘筛选与研究利用”项目田间鉴评。郴州自主选育的“CZ—43”品种因在省区试和生产示范中大田长势、抗病性、经济性状等表现突出，入选2014—2015年国家区试和2016年全国品种生产试验。郴州特色品种“XQ—1”“XQ—2”“XQ—3”“XQ—4”参加全省烟叶样品感官评吸，其中“XQ—4”入选2016年省区试。烤烟栽培方面：开展烤烟“高温逼熟”形成机制、指标体系与防控技术研究，郴州烟区“K326”生产关键技术优化集成研究与应用，烤烟育苗营养液配方优化研究与示范，提高中部上等烟产出率和安全性生产模式研究等23项。示范推广烟梗灰芝麻饼肥5000亩，烟苗营养液新配方示范应用面积3150亩，“K326”关键技术优化集成与示范面积100亩。其中，烤烟育苗营养液配方优化研究与示范完成项目结题，在下年度全面推广应用。烟叶生态安全方面:进行过烟草农药药害的诊断与治理体系研究，烟草病虫害预测预报和绿色防控体系建设，烟青虫生态防治技术体系构建及应用研究等项目。推广应用XQ生防菌2000亩，完成省局农药药害诊断与治理技术研究项目结题验收及国家局检查组对烟蚜茧蜂防治烟蚜项目开展情况的检查。烟叶调制方面：落实“K326”“CZ—43”“湘烟3号”等品种烘烤工艺及特性研究，节能烤房的应用研究与示范，特殊烟叶烘烤技术研究，优化散叶烘烤装烟方式及烘烤工艺的研究等项目。保温材料在密集烤房中的应用项目完成市厅级成果鉴定。开展烟叶样品实验室检测分析，市公司技术中心设在桂阳正和烟草站的实验室对467个科研项目烟叶样品进行检测，为各科研项目的深入开展提供可靠依据。

2016年，共落实国家局、省级局下达及自选科研项目39项。其中国家局6项、省局15项、市公司18项。育种方面：落实全国、全省新品种区域试验及生产示范，“湘烟3号”“湘烟5号”良种繁育，湖南省烤烟优良株系联合鉴定，烤烟优质多抗新品种选育，湖南省烟草主要病害鉴定圃建设及烟草品种抗性鉴定，浓香型特色烟叶品种挖掘筛选与研究，“CZ—43”品种示范及农业评审等9个项目，并完成全市各主产县烤烟示范品种农艺性状田间和新品种农艺性状鉴评等。其中，自主选育的“CZ—43”品种植物性状、经济性状及原烟外观质量均表现较好，顺利通过全国烟草品种审定委员会组织的全国品种田间鉴评。栽培方面：开展郴州浓香型特色优质烟叶研究与开发工商协同建设，育苗营养液配方改进研究与示范，“K326”关键技术优化集成示范，降解地膜在烤烟上的应用，BARU复合乳酸菌剂在烟叶生产中的应用研究，不同程度的雹灾灾后补救技术研究，“湘烟5号”栽培技术研究，烟苗假植营养土标准化配方研究，不同种植密度及打顶留叶方式对烤烟烟碱含量的影响研究等共14个项目。其中，新配方育苗营养肥在全市育苗生产中共推广应用28.56万亩；优化集成郴州烟区“K326”生产10项关键技术，在嘉禾、安仁、桂阳、宜章共示范1330亩。水、旱两段式育苗技术研究与应用等5个项目通过项目年度评估检查，均完成项目年度合同任务。植保方面：进行植保科研试验项目2项，其中“烟青虫生态防治技术体系构建及应用研究”项目开展示范面积100亩，并通过省局验收。烘烤方面：主要开展“‘湘烟5号’烘烤工艺及特性研究”项目，优选出该品种适宜的烘烤工艺。样品检测方面：共完成29个科研项目中408个样品的分析检测及24个烟叶样品多菌灵农药残留检测。主要化验分析指标有烟叶总糖、还原糖、总氮、烟碱、含钾量等，获得分析数据2063个。

农药残留检测

2017年，全市落实烟叶科技推广项目6大类18个，其中上部烟叶4～6片充分成熟一次性采烤38.15万亩，滴灌水肥一体化0.10万亩，专业化烘烤（三种模式）1.98万亩。从试点情况看，滴灌水肥一体化省工、节肥效果较为明显，亩均用工成本减少99.70元，亩均肥料成本节约54.30元，但管材质量和对烟田的适应性仍需提高，管道和培土之间的矛盾需进一步化解。是年，全市开展烟草农业科技创新项目35项，其中国家局4项、省局14项、市公司17项。烤烟新品种选育方面：落实全国、全省新品种区域试验及生产示范科研项目8个，其中国家局项目“烤烟新组合‘CZ—43’示范及品种审定”1个，省局项目“2017年烟草品种抗性鉴定”“烤烟优良株系联合鉴定”“浓香型特色烟叶品种挖掘筛选与研究”

等 7 个。品种试验及生产示范推选符合郴州烟区的适宜品种有“FJ1604”“HKDN—2”和“CS1545”；联合鉴定表现较好的株系有“CZ—59”和“SY15033”参加下年度省局区试；筛选高抗 CMV（免疫）品种 1 个为“9503”，对 17 个资源品种进行鉴定和繁殖保存。根据国家烟草品种审定委员会安排收集整理并提交郴州自育品种“CZ—43”的有关品种审定材料，参加全国品种审定。

烤烟栽培方面：开展栽培类科研项目 19 项，其中“烤烟高温逼熟形成机制、指标体系与防控技术研究”“烤烟生产结构优化效应及关键技术研究与应用示范”国家局项目 2 项，“湖南浓香型烟叶特色强化及关键技术研究”“湖南烟草肥料配方改进试验”“湖南烟叶重金属镉阻控技术研究与应用”等省局项目 7 项，“郴州浓香型特色优质烟叶研究与开发工商协同建设”“烤烟雹灾和洪灾减损技术措施研究”“郴州土壤整理烟区有机肥施用技术研究与应用”“烟草药肥一体化技术研究与应用”“水、旱两段式育苗技术研究与应用”“烟草营养及成熟度高光谱遥感监测关键技术研究与应用”等市公司项目 10 项，项目研究达到预期效果。郴州浓香型特色优质烟叶研究与开发工商研协同建设，三方共促基地单元技术创新。与上海烟草集团、广东中烟工业公司等 14 家卷烟企业以及技术依托单位三方共同制定基地单元生产技术方案，并签订 17 份基地单元建设合同，共同推进浓香型特色优质烟叶开发，健全烟叶生产全过程的技术标准和管理规范，同时开展适合各工业公司品牌原料需求的试验研究、技术集成等各项技术创新，促进郴州浓香特色优质烟叶原料保障能力上水平。“K326”关键技术优化集成示范项目。在前期研究的基础上，成功优化集成郴州烟区“K326”生产 10 项关键技术，并在嘉禾普满进行大面积示范。烤烟新品种“CZ—43”“湘烟 5 号”栽培试验。郴州土壤整理烟区有机肥改良土方进行田间和室内筛选，开展防治烟草青枯病和黑胫病的药肥施用方法研究，并筛选出有效药肥配方及施用方法。烟草营养及成熟度高光谱遥感监测关键技术研究与应用。利用高光谱遥感技术监测烟草钾含量和成熟度，研究不同品种、不同钾、不同氮磷钾肥等条件下烟草光谱特征及其响应，筛选烟草钾营养及成熟度的敏感光谱波段、光谱变量及其衍生变量，筛选烟草钾营养及成熟度光谱监测优化算法，初步构建高光谱监测模型。水、旱两段式育苗技术研究与应用。对不同秸秆营养土对假植烟苗生长发育的影响、新型营养土速效肥用量、不同育苗方式对烤烟产量和质量及抗病性影响等研究，筛选出腐熟水稻秸秆与消毒土壤的最适宜配比。烤烟雹灾和洪灾减损技术措施研究。开展洪灾危害程度的调查，对不同程度的洪灾对烤烟的产量和质量所造成的损失进行分类统计，初步探明不同淹水深度、淹水时间对烤烟产量和质量的影响，不同时期不同灾情的烤烟灾后恢复程度及损失情况；模拟不同程度雹灾对烤烟产量、质量的影响和灾后补救技术研究以及不同时期雹灾后打顶留杈技术研究。

烟叶生产生态安全方面：包括国家局“烟草绿色防控技术研究”项目 1 个，省局“湖南省烟草主要根茎类病害生防菌群构建与应用研究”“叶面与内生拮抗菌群联合调控防治烟草野火病和赤星病的研究与应用”项目 2 个，市公司“郴州烟蚜茧蜂防治蚜虫技术本地化研究”等项目。烟草绿色防控项目研究。根据国家局及省局安排部署，市公司高度重视。在桂阳县仁义、樟市建立绿色防控核心示范区 2 个，面积 0.50 万亩，辐射区 8.50 万亩，主要虫害绿色防治全覆盖。示范区平均每亩减少施药 3 ～ 4 次，减少化学用药 55%，产生较好的经济、社会和生态效益，得到政府、烟农和社会的一致好评。“湖南省烟草主要根茎类病害生防菌群构建与应用研究”，已找出土壤中与根茎病害发生相关的有益微生物，并建立基于三个生态位的有益微生物菌种资源库；完成所有资源菌株的鉴定工作，同时完成部分同属有益微生物的复配与防效评价。“叶面与内生拮抗菌群联合调控防治烟草野火病和赤星病的研究与应用”，初步探明湖南烟叶叶部病害叶面及内生拮抗微生物优势种群、结构及多样性等群落特征，筛选出 10 个拮抗微生物菌群组合。“郴州烟蚜茧蜂防治蚜虫技术本地化研究”，调查郴州烟蚜在烟田与非烟田间迁移动态，基本查明烟蚜寄主植物种类，采集不同寄主植物种类上的烟蚜，收集蚜茧蜂地理种群（烟蚜品系）。

烟叶调制方面：落实省公司“‘CZ—43’‘湘烟5号’等品种烘烤工艺及特性研究”，市公司“烟叶烘烤节能减排新型能源利用技术研究与推广”共2个项目。对“湘烟5号”稳温慢烤烘烤工艺的实用性的验证，为“湘烟5号”的大面积推广应用提供最佳的烘烤方法。郴州自育品种“CZ—43”适宜的配套烘烤工艺研究，筛选出“中温中湿烘烤工艺”为其最适宜的烘烤方法。对生物质、醇基、热泵三种新型烟叶烘烤能源的对比研究，热泵烤房以其特有的空气能供热方式拔得头筹。特殊烟叶的烘烤研究已经得出最佳烘烤工艺，准备次年结题验收。

2018年，全市共落实科研项目38项。其中，国家局3项、省局18项、市公司自选17项。烤烟新品种选育方面：落实全国、全省新品种区试及生产示范科研项目9项，在全国新品种区试中筛选表现较好的品种是“HN2146”,其次是“FJ1604”和“FJ1805”。全省新品种区试中表现较好的品种是“09—18—3”，其次是“SY15230”“CZ—59”。优质多抗新品种选育试验推荐“C1201—5—1”“CZ—66”参加省联合株系鉴定。对2个不育系进行繁殖保持。新配不育系组合2个。对参加生产示范和比较试验的8个不育系组合和高世代株系进行繁殖。筛选CMV高抗（免疫）品种（系）为“21020”,中抗品种（系）为“920032”。烤烟栽培方面：包括栽培肥料类科研项目12项；洪灾灾后补救模拟技术研究，明确最佳灾后补救措施；郴州土壤整理烟区有机肥改良土壤技术研究与应用。结果表明，以“101”施肥法增施有机肥对整理烟田的土壤肥力修复效果显著，增施“有机肥+稻草还田+深翻耕后起垄”等综合土壤改良措施是提高烤烟综合效益的发展方向，可明显提高烤烟产量和质量。明确“HN2146”“CZ—43”的最佳施氮量及施肥比例。烟叶生产生态安全方面：开展省局“湘江流域烟区烟草主要虫害和烟草病毒病、青枯病绿色防控技术体系构建研究及应用”“叶面与内生拮抗菌群联合调控防治烟草野火病和赤星病的研究与应用”“湖南省烟草主要根茎类病害生防菌群的构建与应用研究”“防治烟草主要根茎病害的生物型菌肥研制与应用”“湖南烟叶重金属镉阻控技术研究与应用”等项目。落实绿色防控、性诱剂、食诱剂、赤眼蜂防治烟青虫、专业化服务、XQ青枯病生防菌、蚜茧蜂防治蚜虫技术推广及生态防护区等技术推广应用。开展“郴州烟蚜茧蜂防治蚜虫技术本地化研究”，在室内建立烟蚜种群39个、烟蚜茧蜂种群27个，明确不同烟蚜及烟蚜茧蜂种群繁殖特性，探明烟蚜寄主转换后适应性问题，烟蚜茧蜂汝城种群4相对其他种群而言表现最优秀。烟叶调制方面：落实省公司“‘HN2146’‘CZ—43’等品种烘烤工艺及特性研究”。开展“HN2146”稳温慢烤烘烤工艺研究，与对照相比优势明显。验证“CZ—43”中温中湿烘烤工艺。实施“几种新能源供热设备在烟叶烘烤中的对比研究”,从7种新能源烤房中筛选出2种生物质燃料供热设备和1种热泵供热设备。进行市公司项目“‘K326’烘烤工艺”研究工作，明确“K326”烘烤最佳温湿度设置，取得较好的质量效果。其他科研项目有：省公司“密集烤房建设及配套设备技术规程”“湖南高端卷烟原料定制化开发烤烟新品种示范园建设”“高端卷烟原料定制化开发”项目，市公司“烟草营养及成熟度高光谱遥感监测关键技术研究与应用”“烤烟雹灾和洪灾减损技术研究”“烟草药肥一体化技术研究与应用”等项目。

2019年，全市共落实国家局、省局及市公司自选科研项目35项。其中国家局3项、省局19项、市公司自选13项。新品种选育方面：实施全国、全省新品种区试及生产示范等项目10项。在全国新品种区试中筛选出表现较好的品种是“YK1304”，其次是“JX1516”和“A12”；在全省新品种区试中表现较好的品种是郴州自育品种“C81—2—2”，并成功进入次年的全国区试；在优质多抗新品种选育试验中对35个资源品种进行鉴定和繁殖保存，对7个不育系组合和1个高世代株系进行比较鉴定，推

烟叶科研基地之一

荐“CZ—63”“CZ—66”参加省联合株系鉴定；对2个不育系进行繁殖保持，新配不育系组合4个，对参加生产示范和比较试验的10个不育系组合和高世代株系进行繁殖。烤烟优良株系联合鉴定试验综合表现最好的株系是“20806”“ZY1703”，进入次年度省区试；筛选CMV高抗（免疫）品种（系）为“ZY1803”“CS01”；良种繁殖“湘烟3号”“湘烟6号”“CZ—59”等共6.40千克；“应用SNP芯片鉴定影响烟气苯酚、巴豆醛含量的烟草相关基因位点及互作图谱构建”项目共种植群体株系573个，采集团棵期、中心花开放期、腰叶成熟期照片1719张和17280个田间基础农艺性状数据及群体株系样品1206份；“基于多组学的湖南烟叶风格特色彰显关键技术研究”项目烟叶定位挂牌共12400张，25次田间动态样品采集共取鲜烟叶1353片，烘烤动态取样9千克，为国家烟草基因中心提供大量原始数据。

烤烟栽培方面：全市共进行火土灰在烤烟生产上应用技术深化研究及机理解析，烟草水、旱两段式育苗原理解析及技术改进与推广，郴州烟区生态环境长期定位监测，湖南稻作烟区合理耕层构建与土壤培肥关键技术研究与应用，湖南烟叶重金属镉阻控技术研究与应用等项目共20项。植保方面：开展“湖南省烟草主要根茎类病害生防菌群构建与应用研究”“叶面与内生拮抗菌群联合调控防治烟草野火病和赤星病的研究与应用”“郴州烟蚜茧蜂防治蚜虫技术本地化研究”，开展烟草病虫害预测预报，通过对“五虫五病”进行全年性发生动态监测，进一步掌握其发生特点和规律，并利用各种分析方法对其发生趋势进行预测预报，全年共下发6期情报。烟叶调制方面：开展“烤烟新品种‘HN2146’成熟采收技术研究”“碳钢生物质燃烧机的研发应用研究”“二次气化生物质燃料烘烤装置的应用示范”“‘K326’烘烤工艺”研究。

2020年，全市进行的科研项目有：烤烟新品种选育方面：承担全国、全省新品种区试及生产示范，新品种选育，良种繁育等10项。栽培技术研究方面：实施稻茬烤烟化肥减施增效技术模式构建与应用，郴州烟区生态环境长期定位监测，郴州水稻、烟田土壤保育与氮高效利用技术研究，郴州烤烟高效生产模式新型肥料及施肥技术研究等10项。植保技术研究方面：开展湖南烟区主要病毒病防控关键技术研究，湖南烟草蠋蝽规模化繁育与应用技术，湖南烟草主要病虫害智能监测预报体系构建与应用研究，郴州烟区烟草靶斑病遗传与致病力分化及综合防控研究等7项。烟叶调制方面：落实“HN2146”“湘烟6号”等品种烘烤工艺及特性研究、“K326”烘烤工艺研究和清洁能源生物质燃料烘烤装置的应用示范3项。其他方面有绿色防控重大专项、高端卷烟品牌原料定制化生产开发等4项。

二、获奖项目

2003—2020年，全市系统烟草科技部门在行业上级科研部门的指导下，以“我”为主，亲力亲为，潜心耕耘，并与市农业科学研究所烟草研究室等紧密合作，承接上级下达的各项科研项目，同时结合本地实际自设部分科研课题，开展研究试验，取得一大批科研成果，得到总公司、省政府、省公司、市政府多次奖励，为郴州烟草可持续发展奠定坚实的技术基础。

2003—2020 年郴州市烟草商业系统科技进步与知识产权获奖情况统计表

表 4–1

获奖年度	成果名称	奖励来源	奖励级别	奖励类型
2003	烟草主要病虫害测报及防治技术的研究与应用	郴州市政府	一等奖	科技进步奖
2003	烟叶收购两次封闭验级研究与应用	郴州市政府	二等奖	科技进步奖
2006	不同植烟土壤类型的烟草专用系列化肥研制与应用	郴州市政府	一等奖	科技进步奖
2007	智能化普改密烤房研究与应用	郴州市政府	一等奖	科技进步奖
2007	经济适用高效密集烤房及配套烘烤工艺研究与应用	省级公司	一等奖	科技进步奖
2007	桂阳县烟叶标准化生产研究与推广	郴州市政府	二等奖	科技进步奖
2008	以成熟度为中心的配套生产技术试验示范与推广	中国烟草总公司	二等奖	科技进步奖
2009	XM—2A 密集烤房研究与推广应用	省级公司	二等奖	科技进步奖
2009	郴州市烟叶收购流程质量监管模式优化研究	省级公司	三等奖	科技进步奖
2009	烟草育苗便携式剪叶机的研究与应用	省级公司	三等奖	科技进步奖
2009	劳动用工管理制度研究与应用	省级公司	三等奖	科技进步奖
2010	郴州优质烟叶生产科技示范基地建设	省级公司	一等奖	科技进步奖
2010	湖南烟草专卖管理信息系统与行政审批系统集成软件项目开发与应用	省级公司	三等奖	科技进步奖
2010	XM—1 密集烤房的研究与应用	郴州市政府	一等奖	科技进步奖
2010	郴州烤烟集约化育苗技术应用与推广	郴州市政府	三等奖	科技进步奖
2010	自控组合式密集烤房及气化炉配套研究与应用	郴州市政府	二等奖	科技进步奖
2010	郴州市烟草公司绩效管理体系构建研究	省级公司	二等奖	科技进步奖
2010	自控组合式密集烤房及气化炉配套研究与应用	省级公司	三等奖	科技进步奖
2010	郴州市烤烟生产技术标准体系制定发布	省级公司	三等奖	科技进步奖
2010	“山区金网”卷烟营销新模式的研究	省级公司	三等奖	科技进步奖
2011	湖南烟草应急预案流程建模软件 V1.0	省级公司	—	计算机软著作
2011	湖南烟草建筑实景三维调度软件 V1.0	省级公司	—	计算机软著作
2011	湖南烟草专卖移动应急报警软件 V1.0	省级公司	—	计算机软著作
2011	湖南烟草报警信号综合采集软件 V1.0	省级公司	—	计算机软著作
2011	湖南烟草应急物资调度管理软件 V1.0	省级公司	—	计算机软著作
2011	湖南烟草应急指挥服务管理软件 V1.0	省级公司	—	计算机软著作
2011	“K326”控青提质专项栽培集成技术研究与应用	郴州市政府	三等奖	科技进步奖
2012	斜纹夜蛾核型多角体病毒的研究与应用	省级公司	二等奖	科技进步奖
2012	菌根技术防治烟草青枯病的研究与应用	省级公司	三等奖	科技进步奖
2012	郴州市烟农专业合作社综合管理信息系统 V1.0	省级公司	一等奖	计算机软著作

续表 4–1

获奖年度	成果名称	奖励来源	奖励级别	奖励类型
2012	湖南省烟草公司郴州市公司岗位素质胜任能力测评系统	省级公司	二等奖	计算机软著作
2012	卷烟物流配送指纹确认系统 V1.0	省级公司	三等奖	计算机软著作
2012	湖南烟草应急指挥服务管理系统开发和应用	省级公司	二等奖	科技进步奖
2012	基于现代生物与信息技术的烟草“5S”终端服务营销模式研究与实践	省级公司	三等奖	科技进步奖
2012	卷烟市场划分片区与重置组合的探索与应用	省级公司	三等奖	科技进步奖
2013	XQ 生防菌剂研制及防治烟草青枯病的应用研究	省级公司	一等奖	科技进步奖
2013	基于岗位胜任素质模型的员工培训体系构建研究	省级公司	三等奖	科技进步奖
2013	烟草企业心理管理与服务导入 EAP 的研究和应用	省级公司	三等奖	科技进步奖
2013	精准营销模式下的事件用烟营销策略探索与应用	省级公司	三等奖	科技进步奖
2013	烟草工作站安全生产基础管理、安全技术和现场管理	省级公司	三等奖	科技进步奖
2013	湖南省烟草商业系统重点领域和关键环节廉政风险防控体系研究	省级公司	二等奖	科技进步奖
2013	标准化烟叶工作站基础设施建设设计规范	省级公司	三等奖	科技进步奖
2013	烟草工作站安全生产基础管理、安全技术和现场管理	省级公司	三等奖	科技进步奖
2013	基于岗位胜任素质模型的员工培训体系构建研究	省级公司	三等奖	科技进步奖
2013	精准营销模式下的事件用烟营销策略探索与应用	省级公司	三等奖	科技进步奖
2013	同时测定烟田土壤中三种不同类型除草剂残留量的方法	省级公司	二等奖	知识产权奖
2013	密集式烤房挂烟车固定式换轨转盘	省级公司	三等奖	知识产权奖
2013	密集式烤房挂烟车周转拖车	省级公司	三等奖	知识产权奖
2013	全自动多功能烟草精量播种机	省级公司	二等奖	知识产权奖
2013	烟草漂浮育苗壮苗培育系统	省级公司	二等奖	知识产权奖
2013	郴州市烟农专业合作社综合管理信息系统 V1.0	省级公司	一等奖	知识产权奖
2013	湖南省烟草公司郴州市公司岗位素质胜任能力测评系统	省级公司	二等奖	知识产权奖
2013	卷烟物流配送指纹确认系统 V1.0	省级公司	三等奖	知识产权奖
2013	施用火土灰改良烟草根际环境技术研究与应用	郴州市政府	三等奖	科技进步奖
2013	烟叶无公害生产关键技术研究与示范	郴州市政府	三等奖	科技进步奖
2013	郴州烤烟控青提质栽培技术集成示范与推广	郴州市政府	三等奖	科技进步奖
2014	烤烟新品种“湘烟 3 号”的选育及应用	省级公司	一等奖	科技进步奖
2014	烟田除草剂药害发生原因分析及治理对策研究	省级公司	二等奖	科技进步奖
2014	湖南烟叶智能管理系统研究与应用	省级公司	二等奖	科技进步奖
2014	“5OS”拉动型农村市场品牌培育新模式研究	省级公司	三等奖	科技进步奖
2014	郴州市烟农专业合作社综合管理信息系统	省级公司	三等奖	科技进步奖

续表 4–1

获奖年度	成果名称	奖励来源	奖励级别	奖励类型
2014	全自动多功能烟草精量播种机	省级公司	二等奖	知识产权奖
2014	烟草工作站安全生产考核评价准则和方法	省级公司	三等奖	知识产权奖
2014	烟草无公害生产实用技术	省级公司	三等奖	知识产权奖
2014	智能烟草专卖举报与受理系统	郴州市政府	三等奖	科技进步奖
2014	利用废弃烟叶生产有机肥的技术研究与应用	郴州市政府	三等奖	科技进步奖
2014	郴州烟区散叶烘烤技术研究	郴州市政府	三等奖	科技进步奖
2014	浓香型特色烟叶生产关键技术集成与应用研究	郴州市政府	三等奖	科技进步奖
2014	烤烟新品种“湘烟 3 号”的选育及推广应用	中国烟草总公司	三等奖	科技进步奖
2015	文化需求与老年人幸福指数研究	省级公司	三等奖	科技进步奖
2015	烟叶流动式定级收购模式及运行机制研究与应用	省级公司	三等奖	科技进步奖
2015	湖南烟农专业合作社建设研究	省级公司	二等奖	科技进步奖
2015	湖南生态安全烟叶研究与开发	省级公司	二等奖	科技进步奖
2015	烟叶流动式定级收购模式及运行机制研究与应用	省级公司	三等奖	科技进步奖
2015	现代烟草农业烟叶生产基础设施建设项目管理规程	省级公司	一等奖	知识产权奖
2015	烟稻轮作区的二氯喹啉酸除草剂致污染土壤综合修复法	省级公司	三等奖	知识产权奖
2015	2BXJ—200 穴盘精准播种机	郴州市政府	三等奖	科技进步奖
2015	节能保温材料在烟叶密集烤房中的应用研究	郴州市政府	三等奖	科技进步奖
2015	烟草工作站安全生产系列标准	中国烟草总公司	三等奖	科技进步奖
2015	湖南浓香型特色优质烟叶研究与开发	中国烟草总公司	三等奖	科技进步奖
2016	烤烟育苗营养肥配方改进研究与示范	郴州市政府	三等奖	科技进步奖
2016	一种改良烟草根际环境的方法	郴州市政府	三等奖	科技进步奖
2017	湖南烟草病虫害绿色防控技术体系构建研究及应用	省级公司	一等奖	科技进步奖
2017	烟草农药药害诊断与治理技术研究	省级公司	三等奖	科技进步奖
2017	郴州特色优质烟叶生产与开发	省级公司	二等奖	知识产权奖
2018	履带式螺旋培土机的开发与应用	省级公司	二等奖	科技进步奖
2018	履带式螺旋培土机	中国烟草总公司	三等奖	知识产权奖
2019	湖南稻作烤烟风格特色形成机理及绿色增效关键技术研究与规模开发	省级人民政府	三等奖	科技进步奖
2019	烤烟高温逼熟防控关键技术研究与应用	省级公司	三等奖	科技进步奖
2019	“湘烟 6 号”（CZ—43）品种	中国烟草总公司	—	品种鉴定
2019	烟青虫生态防治关键技术研究与应用	郴州市政府	二等奖	科技进步奖
2019	烤烟品种“K326”提质增效关键技术研究与集成应用	郴州市政府	三等奖	科技进步奖

续表 4–1

获奖年度	成果名称	奖励来源	奖励级别	奖励类型
2019	市级烟草商业企业基于“福城金网”平台的服务管理体系构建管理创新	省级人民政府	二等奖	科技进步奖
2019	岗位培训课程体系设计与开发研究	省级公司	二等奖	科技进步奖
2019	面向市州烟草商业企业的服务管理体系与平台构建及应用	省级公司	二等奖	科技进步奖
2019	烟草商业系统小型配电、发电机房设计、施工与验收	省级公司	三等奖	知识产权奖
2019	“分线管理”绩效模式研究与应用	郴州市政府	二等奖	科技进步奖
2019	基于 B2C&H（Business to Community & Home）现代零售终端营销模式研究	郴州市政府	三等奖	科技进步奖
2019	基于非法人实体运作的烟草物流配送中心精益物流整合优化研究	郴州市政府	三等奖	科技进步奖
2019	烟草商业企业零干线运输监管系统 V1.0	省级公司	—	计算机软著作
2019	郴州烟草企业标准化管控平台 V1.0	省级公司	—	计算机软著作
2020	“福城金叶”移动应用管理平台 V1.0	省级公司	—	计算机软著作
2020	“福城金叶”大数据分析处理平台 V1.0	省级公司	—	计算机软著作
2020	湖南稻作烟区合理耕层构建与土壤培肥关键技术研究与应用	省级公司	一等奖	科技进步奖
2020	面向现代烟草农业的“福城金叶”大数据平台及服务体系	省级公司	三等奖	科技进步奖
2020	烟草药肥配施关键技术研究与应用	省级公司	三等奖	科技进步奖
2020	烟草主要病虫害绿色防控技术规程	省级公司	一等奖	知识产权奖
2020	烟草农药药害与科学使用	省级公司	二等奖	知识产权奖

说明：资料来源于郴州市烟草公司烟叶生产技术中心

2003—2020 年郴州市烟草商业系统专利情况统计表

表 4–2

专利名称	专利类型	专利号
一种烤烟包衣种育苗用的盆池	实用新型专利	ZL02277390.8
密集型烤房的智能化自控装置	实用新型专利	ZL200920259373.5
智能化多功能密集烘烤房	实用新型专利	ZL200920259374.X
高效热交换双层炉式密集烤烟房	实用新型专利	ZL200920259414.0
弹簧锁扣烤烟夹	实用新型专利	ZL200920273140.0
双制式农村烟叶烘烤专用生物质气化炉	实用新型专利	ZL200920259410.2
多联体组装式生物质气化炉密集烤房	实用新型专利	ZL200920259411.7
密集式烤房挂烟车周转拖车	实用新型专利	ZL201120167957.7
密集式烤房挂烟车固定式换轨盘	实用新型专利	ZL201120167960.9

续表 4-2

专利名称	专利类型	专利号
全自动多功能烟草精量播种机	实用新型专利	ZL201120290373.9
密集式烤房挂烟车周转拖车	发明专利	ZL201110135375.5
密集式烤房挂烟车固定式换轨转盘	发明专利	ZL201110135377.4
同时测定烟田土壤中三种不同类型除草剂残留量的方法	发明专利	ZL200910227008.0
烟草漂浮育苗壮苗培育系统	实用新型专利	ZL201220234411.3
烤烟幼苗语音点兜计数器	实用新型专利	ZL201220433757.6
全自动多功能烟草精量播种机	发明专利	ZL201110230029.5
烟草育苗工场漂浮池双循环供热系统	实用新型专利	ZL201220386938.8
一种烟草育苗系统	实用新型专利	ZL201320118590.9
二氯喹啉酸在烟叶和植物土壤中的残留检测方法	发明专利	ZL201210420474.2
利用废弃皮毛生产氨基酸烟草专用叶面肥的方法	发明专利	ZL201210249058.0
一种秸杆切碎装置	实用新型专利	ZL201320736026.3
一种烟草育苗系统	发明专利	ZL201310083102.X
一种利用烟梗矿物质养分的有机生态肥	发明专利	ZL201310253792.9
烟稻轮作区的二氯喹啉酸除草剂致污染土壤综合修复法	发明专利	ZL201310348314.6
烤烟水旱两段式壮苗培育技术	发明专利	ZL201310320084.2
一种二甲四氯除草剂降解菌 SEO8 及其筛选方法和应用	发明专利	ZL201210558681.4
一种烟叶烘烤上房输送装置	实用新型专利	ZL201420419110.7
一种改良烟草根际环境的方法	发明专利	ZL201310083194.1
烤烟幼苗语音点兜计数器	发明专利	ZL201210312144.1
螺旋式履带培土机	实用新型专利	ZL201410520926.3
螺旋式培土机	实用新型专利	ZL201410520906.6
履带式培土机	实用新型专利	ZL201420573168.7
液压螺旋式履带培土机	实用新型专利	ZL201410519657.9
促苗式育苗盘	实用新型专利	ZL201420672027.0
履带式田园管理机底盘	实用新型专利	ZL201410519367.4
履带式培土机	发明专利	ZL201410519372.5
直流无刷变频烟叶烘烤控制系统	实用新型专利	ZL201520704140.7
一种烟叶收购用定级集控台	实用新型专利	ZL201621490409.7
一种用于流水线收购的烟叶收购集控台	实用新型专利	ZL201620762351.0
烤烟假植育苗盘	实用新型专利	ZL201820754014.6

续表 4-2

专利名称	专利类型	专利号
一种烤烟育苗营养肥	发明专利	ZL201510433367.7
烟叶仓储货架以及烟叶运输设备	实用新型专利	ZL201720826203.5
生物质燃料烟叶烘烤装置	实用新型专利	ZL201720867443.X
生物质燃料烟叶烘烤房	实用新型专利	ZL201720867444.4
一种微生物培养用的试管装置	实用新型专利	ZL201721677796.X
一种烟草育苗用的育苗盘转运推车	实用新型专利	ZL201721677713.7
生物质燃料热风炉的热交换器	实用新型专利	ZL201920472061.6
生物质燃料热风炉	实用新型专利	ZL201920470788.0
一种烟草光谱检测仪	实用新型专利	ZL201820286628.6
一种烟草漂浮育苗的炼苗装置	实用新型专利	ZL201721677715.6
用于烟叶定级传输的烟叶承载装置	实用新型专利	ZL201920339226.2
一种烤烟水肥一体化施肥装置	实用新型专利	ZL201821275797.6
一种从烟草中提取茄尼醇的装置	实用新型专利	ZL201821504119.2
一种聚拢式秸秆还田设备	实用新型专利	ZL201820920843.7
生物质燃料热风炉的燃烧炉	实用新型专利	ZL201920471804.8
一种用于有机肥生产的秸秆碳化机	实用新型专利	ZL201920356544.X
蠋蝽配对产卵罐及配对产卵系统	实用新型专利	ZL202020792544.7
一种烤烟雹灾灾后的补救方法	发明专利	ZL201810797387.6
生物质燃料热风炉的尾气处理装置	实用新型专利	ZL201920472060.1
烟田土壤环境因子快速检测装置	实用新型专利	ZL202022341248.8
间接式热风炉的燃烧炉	发明专利	ZL201910280146.9
一种自动回位的电子方向盘	实用新型专利	ZL202020867143.3
昆虫孵化盒	实用新型专利	ZL202020943753.7

说明：资料来源于郴州市烟草公司烟叶生产技术中心

第三节 科技推广

2005 年 2 月，省公司发函，对国家局 2004 年度烟叶技术推广项目补贴经费予以下拨。其中，桂阳县“部分替代进口烟叶生产示范”项目 30 万元；嘉禾县“以成熟度为中心配套技术示范”项目 5 万元，“全国烤烟两种区域试验”项目 0.45 万元；郴州市农业科学研究所“2003 年烟草药效试验”项目 1.50 万元。

2008 年，全市积极推广普及实用技术，烟叶科技含量进一步提高。围绕“降低烟碱，协调成分，提高成熟度，增加香气量，提高安全性”的质量目标，全市重点抓好漂浮育苗、土壤改良、平衡施肥、病虫害综合防治、智能密集式烤房和配套烘烤工艺等技术的推广应用。主要有大力推进的集约化育苗技术，积极推广的土壤改良和平衡施肥技术，全面推行的烟草病虫害统防统治，示范应用智能密集式烤房以及配套烘烤工艺等。落实国家局生产、示范项目，包括现代烟草农业建设。围绕“一基四化”（基础设施建设、规模化种植、机械化作业、专业化服务、信息化管理）突出重点抓特色。市、县各级成立项目领导小组，制定实施方案，按照“四点一集中”的原则，共落实现代烟草农业示范园区面积4024亩。优质烟叶生产科技示范基地建设，在上年创建烟叶科技示范基地的基础上，结合现代烟草农业建设，进一步完善，全市共建成核心示范园区面积5580亩。郴州特色优质烟叶开发，共实施特色优质烟叶开发面积2.50万亩。标准化生产示范区建设，以标准化生产为基础，以标准体系为准绳，以提高烟叶质量为中心，全面推进标准化建设。

2009年，全市烟草科技推广工作主要体现在以下三个方面：一是特色优质烟叶开发。充分发挥自然生态优势，突出郴州烟叶特有的香气浓郁（浓香型）特色，打造郴州烟叶品牌，满足中式卷烟的发展需求。是年落实特色优质烟叶开发面积4.50万亩，调拨烟叶9万担。二是优质烟叶生产科技示范基地建设。完成科技示范基地三级园区技术创新体系和六大机制建设，充分发挥基地试验研究、示范推广、培训教育和增收增效功能，实现标准化生产、规范化管理、产业化经营，带动烟叶生产整体水平的提高。实现特色、技术和区域三定位，满足中式卷烟发展对原料的需求。三是甲基溴淘汰育苗温室建设。仅用不足三个月的时间就优质高效完成并投入使用，并取得显著的经济效益和社会效益。在经济效益方面：大棚投入使用两年来，供苗面积为1.80万亩，供苗量十分稳定；因育苗相对集中，可节约用工；由于漂浮育苗，苗齐苗壮与普通大棚育苗相比亩产量有所提高，两项所产生的经济效益达79万余元；育苗期可缩短6～7天，又为晚稻早插争取时间，进而可增加晚稻产量。在社会效益方面：其一，起到示范作用，有效推动全市育苗水平的提高。其二，可减少甲基溴的使用，生态环境得到保护。其三，实行温室大棚集约化育苗可以方便科技人员进行集中技术指导，进一步发挥指导、辐射作用。其四，由于温室大棚结实稳固，可增强抵御自然灾害的能力。是年，该建设项目顺利通过国家局和国家环保局的验收。

2010年，全市特色优质烟叶开发始终坚持以重点骨干品牌原料需求为导向，以提高质量水平、突出风格特色、提高原料保障能力为重点，按照“工业主导、商业主体、科技主力”的原则，认真研究，积极传递重点骨干品牌原料质量需求。上海烟草（集团）和广东、安徽、贵州、吉林中烟工业公司等5家公司落户郴州联办品牌导向型特色优质烟叶开发基地，开发数量达到10500吨，比上年的4500吨增加1.33倍。烟叶基础设施得到较大改善，经营管理水平明显提升，科技到位率和烟叶质量不断提高，“浓香型焦甜香型”风格特色日益彰显，确立郴州浓香型烟叶在全国特色烟叶中的重要地位。特色烟叶开发工作深受行业专家的好评。8月，经省局特色优质烟叶开发工作中期评估，全市5个国家局基地单元开发工作全部达到优秀水平。主要体现在：优质烟叶生产科技示范基地建设。早在2006年，郴州就被国家局列为全国第三批优质烟叶生产科技示范基地。项目实施以来，取得显著成效，为推动郴州烟草迈入科技兴烟、科技强烟的发展新轨道提供有益探索。建立和完善技术创新、技术推广服务、全程质量监控、收购加工营销、管理保障五大体系，创新并成功运行生产管理、科技支撑、人才培养、市场开拓、经营管理五大机制。科技示范基地的三级园区建设与现代烟草农业、大面积生产相结合，形成6个核心科技园、9个示范区和30万亩辐射面的技术研发、技术集成、示范推广格局。与科研院所以及卷烟工业企业协作攻关亦得到进一步加强。在烟叶生产组织形式、土地流转、职业烟农培养、农机推广、专业化服务及烟叶收购模式等方面进行重点探索，成立烟农专业合作社，组织农机、育苗、植保、烘烤、运输等专业服务队伍，在减工降本、提质增效方面取得明显成效。通过核心示范区烟草科普示范（工作）站建设，培养出大量专业人才，培训一大批烟农，烟草队伍素质和生产能力显著提高。郴州优质烟叶生产科技示范基地技术先进、品质优良、管理规范、规模稳定，初具现代烟草农业特征，在湖南省乃至全国烟区起到较好的示范作用。是年，全市顺利通过国家局的优质烟叶生产科技示范基地验收。此后，全市烟叶生产一直沿用此举，优质烟叶开发面积不断扩大，工商联办烟叶生产基地单元逐年增多，后又逐步发展到高端原料定制化生产。

2013年，烟叶生产技术中心根据相关文件要求，共选取各项分析、化验样品烟叶995千克。2014年，根据相关要求和需要，全市共选取质量跟踪样品烟叶1288千克。为烟草科研、技术推广工作提供翔实的实物依据。

2015年，技术中心组织人员精准制作烤烟基准样品，并通过国家局烟叶基准样品审定会审定。同时，协助烟叶生产经营部组织业务技术骨干共23人参加全省烟叶制样工作。烟叶样品的制定，给广大烟农和烟叶收购人员提供较为标准的实物样品，为烟叶生产、收购工作予以无形帮助，起到潜移默化的作用。

2016年，技术中心除组织人员制作烤烟基准样品外，还完成“福城金叶”浓香品牌座谈会所需评吸的20个基地单元、72套单料烟评吸样品的选留工作。

2017年，按照省局《烟叶仿制样品的通知》要求，协助烟叶生产经营部组织业务技术骨干44人参加全省烟叶制样工作，并根据国家局《烟叶基准样品审定会议的通知》精神，组织人员制作郴州烤烟基准样品42个等级并通过国家局烟叶基准样品审定会审定。

2019年，由市公司生产技术中心和市农业科学研究所烟草研究室共同选育的“湘烟6号”烤烟新品种，通过全国品种审定委员会审定后，因其产量、质量具佳，深受烟农的青睐。是年在全市试种5000亩，2020年扩种到1.50万亩，之后种植面积逐年扩大。

2020年，根据省局《烟叶仿制样品的通知》要求，技术中心协助烟叶生产经营部，组织业务技术骨干44人制作烟叶仿制样品21套，顺利通过省局烟叶仿制样品审定会审定。按照国家局、郑州烟草研究院、青州烟草研究所、省公司、各中烟工业公司对烟叶留样工作的要求，共留、送样品烟叶571千克。

第二章　管理创新

郴州市烟草商业系统在2003—2020年期间，顺应国家法律法规和行业政策的调整、新时期形势的变化，与时俱进，本着“守正创新”的精神，在政务与企业管理方面进行大胆改革，并在实践中总结更新，取得巨大进步，使政令执行更为通畅、内部管理更为完善、经济效益节节攀升。

第一节　目标管理与绩效考核

2003年，年度目标管理项目和考核办法均沿袭前制，但有所改进。时有经济目标管理（分“两烟”区、卷烟纯销区、复烤厂、市本级“两烟”一区、二区分别下达）、政工目标管理（含思想建设、组织建设、廉政建设、思想政治工作、职工教育、其他等项）、安全目标管理、党风廉政建设目标管理四种，前两种为综合性目标管理，也称“双目标管理”，后两种为单项加强型目标管理；并把年内安全重大事故、内部专卖管理重大违规、计划生育重大违规三项作为“一票否决指标”。年初，一般在总结上年、部署本年的工作会上，省局（公司）向市局（公司）、市局（公司）向县局（公司）和本级各单位（部门）、县局（公司）向所属基层站和各部门下达四种目标管理任务，制成责任状（书），责任状（书）中的每大类工作均设若干项具体任务，每项任务指标量化并设分值，明确加分、减分条件，由单位主要负责人与上一级单位主要负责人（部门负责人则向本单位主要领导）签署递交；年中，组织阶段督促；年末或次年初，由上而下逐层对照目标管理责任书项目指标实行百分制考核，按照“卷烟纯销区”和“两烟区”分组，以同组分值排序，评定优劣，与年终评先评优、年终（目标）奖发放挂钩。四种目标管理任务完成全面达标（均90分以上）才可获得参与评先评奖、年终奖正常发放资格；其中一种目标管理不达标或触犯否决指标，则失去评先评优资格，年终奖按照规则予以扣减。由此形成层层担责、层层考核、奖罚兑现的激励机制。

2004年，全市系统《年度经济目标管理方案》将机关各非生产经营部门工作目标管理结合在一起下达，并根据年内重大任务事项，设立“烟叶合格率”“货款回笼率”“卷烟销量”等7个重点环节或指标的单项考核奖，分单位（或本级各部门）制作责任书，签署递交。首次设立“经理奖励基金”，按照市公司本级利润的3%提取，用以奖励业绩突出和有特殊贡献的单位、部门及个人。“经理（局长）特别奖”设立后，一直在延续。开创“目标管理+”模式。

2005年2月，市公司印发《安全风险抵押承包实施办法》，将原来的“单位+领导”、安保、各部门主要负责人交押金进行风险抵押承包扩大到全员风险抵押承包。6个“两烟”县各交押金6万元，3个纯销区县各交押金3万元。所有在职职工每人交押金100元，安全分管领导、安保部门负责人、科室领导分等级加交。抵押金专款专用，存于财务，当年不退，续作下年押金。年终考评，无安全事故的单位对个人加发安全奖；发生严重安全事故的单位，对个人处以罚款，单位取消评先资格，并扣除单位缴纳的风险抵押金。至2013年，安全风险抵押金制度取消，回归无抵押年度安全目标管理。

2006年，省局下达《2006年专卖管理工作考核办法》。对专卖各项工作均定指标分值，实行百分制考核。考核方法：听汇报，查资料，市场抽查，依评分标准打分，得分按照10%的比例纳入单位年度目标管理考核总分。12月，执行省局《加强县级烟草专卖局专卖管理工作的实施意见》，建立市局对县局、县局对专卖管理部门（稽查大队）、专卖管理部门内部考核的“三级考核机制”。

2007 年，市局下达《2007 年度县级局专卖管理工作考核细则的通知》，对内部专卖管理监督、市场监管、打私打假、基础建设、加分项目 5 大类 27 项指标进行百分制考核。开启每年对专卖管理工作专项考核。是年 5 月 24 日，市局（公司）出台《现代人力资源体系建设实施方案》，实施月度、季度、年度绩效考核。开创以合约式考核文本（绩效合约）对月度奖、季度奖、年度奖与绩效挂钩的考核。

2008 年 12 月 23 日，市局（公司）又出台《现代人力资源体系建设实施方案》，实施季度（专卖、营销等部门因上级要求按月度考核的，从其规定）、年度绩效考核，单位、部门和个人均需按照上级下达的关键指标和预订工作项目的分解计划，本单位（部门）日常重点工作、分管领导安排的工作、局务会安排的工作、各职能部门安排的协调性工作、临时性工作等制定绩效合约，与上一级签署，按期考核，并增设“员工绩效行为素质评价”（中层干部结合年度述职述廉打分进行，一般员工由人事部门组织实施），绩效考核与薪酬核算、职级升降、岗位调整挂钩，激励力度进一步加大。否决项指标取消，以“违法违纪违规责任追究考核”取代，违法违纪违规受到重大处分者直接列入年度考核最差等次。该机制自 2009 年 3 月起在全市系统全面推行。至此，形成以上一级下达的年度目标管理考核方案及考核细则的关键指标为导向，本单位以对关键指标分解和当期事务部署为内容的季度、年度绩效合约考核为进度推动，单项目标管理（党风廉政、安全等）及个人年度综合素质评价考核相配合的管理模式。在 2011 年 11—12 月第四轮人事制度改革时，继续推行该机制。

2019 年 3 月，市局（公司）实施《第五轮人事制度改革方案》，基本延续前轮考核制度，明确绩效考核改为以月度、年度考核为主。

“目标管理 + 单项考核 + 绩效考核 + 年度个人综合素质”评价考核机制，是全市系统管理机制不断创新、完善、进步的结晶。它的实施，使全市系统各单位（部门）和各岗位人员，年度整体目标和阶段任务清晰，实施进度与绩效有考核，与单位（部门）评先推优，个人薪级晋升、绩效工资计提、岗位调整、职业发展紧密挂钩，激励性强，对于推动整体工作有计划、有节奏、有成效地顺利完成，起到核心管理手段的作用。

第二节 标准化管理

郴州市烟草商业系统自组建起，建章立制，企业管理实行“制度先行”“按章行事”，其后根据国家法律法规、上级政策的调整和管理实践得出的经验教训，对规章制度不断进行修订完善；技术标准均参照当期国标、行标执行。

2002 年 2 月，由郴州市烟草公司烟叶科、科研所牵头编制的《郴州烤烟综合标准化体系》，经市局（公司）局长（经理）姜孝清签署发布，共计 56 个标准。其中，国标 1 个，行标 10 个，郴州市公司标准 45 个，下发宣传贯彻执行，成为湖南烟草首部烤烟综合标准体系。

2003 年 10 月 14 日，市公司成立“烟叶质量管理体系领导小组”，局长（经理）姜孝清任组长，分管副经理刘名勤任副组长，烟叶科长许清孝任办公室主任；启动 ISO 9001:2000 版质量管理体系认证。

2004 年 3 月 26 日，市公司新的《卷烟购销业务操作规程》和《烟叶购销业务（含复烤）操作规程》发布。成册印发，对当期“两烟”业务操作起到规范作用。4 月 23 日，郴州市烟草公司烟叶 ISO 9001 质量保证体系标准发布实施。

2005 年 6 月，省公司转发国家局《烟草行业实施职业安全健康管理体系的意见》（国烟运〔2004〕863 号），要求在全省系统实施《职业健康安全管理体系》（GB/28001），既可将安全、质量管理体系“合二为一”，也可将安全、质量、环保管理体系“三合一”，以简化内部管理，提高管理效率，并要求郴州等公司在第一批创建实施。10月21日，郴州市烟草公司取得北京中经科环质量认证有限公司颁发的符合ISO 9001:2000标准的“质量管理体系认证证书”，该体系适合组织烟叶生产、收购和服务，实行生产、收购、储藏、加工、运输、销售等全过程质量安全控制，烟叶产前、产中、产后的质量追溯和过程控制能力进一步增强。12月9日，郴州市烟草公司举行烟叶质量保障体系通过认证庆祝仪式，成为全国烟草商业系统第一家通过此项认证的企业。

2006年4月和8月，市公司两次对烟叶质量管理体系进行内审，针对新发现的问题进行整改，表格简化，利于操作。10月，通过北京中经科环质量认证有限公司第一次定期现场监督审核。

2007年1月8日，市烟草公司桂阳县营销部《“桂阳金叶”烤烟生产标准化体系（修订版）》经过内部对标和刘国顺等13名省内外知名烟草专家审定，出版发行；该体系共有标准80个，分为三部分，管理标准17个，技术标准39个，工作、服务标准24个。6月，经专家组现场评审，桂阳县顺利通过国家级烟叶标准化生产示范县验收，被国家标准化管理委员会授予“国家级烟叶标准化生产优秀示范区”称号，市公司给予奖励10万元。7月，市局（公司）成立由局长（经理）郑雄志为组长、分管领导为副组长、各部门负责人为成员的贯标领导小组。由安保科牵头，正式启动烟叶ISO 9001质量保证体系标准和职业健康安全“两标整合”工作。9月3日，召开“两标整合”动员大会，然后全面实施。共分六个阶段进行，即现状调查、组织培训、体系策划、文件编写、体系实施和认证审核。

2008年1月14日，在王朝酒店召开全市系统质量、职业健康安全一体化管理体系文件颁布大会，会议由最高管理者郑雄志任命管理者代表，向各单位（部门）颁发体系手册和程序文件，各单位（部门）代表向最高管理者递交承诺书，随后开展相关业务培训、贯标应用。10月29日，全市系统质量、职业健康安全管理体系文件正式颁布。12月，市公司对烤烟生产技术标准体系进行进一步完善，形成《郴州烤烟生产技术标准体系》出版发行，48万字/本，印数600册。体系共有标准65个，分为四部分：基础标准5个，工作服务标准9个，技术标准42个，管理标准9个。

2009年9月10日，市公司印发《质量、职业健康安全管理体系文件（B/0版）》，共27个程序文件。29日，市公司印发《质量管理体系建设实施方案》，市公司成立以经理郑雄志为组长的体系建设领导小组，经济运行科科长刘勇智兼任办公室主任。要求全市系统通过1～2年的努力，建立起以ISO 9000质量管理体系为主体、其他管理标准和工作标准为配套的现代综合管理标准体系，并将贯标和对标工作纳入目标管理考核范围。12月29日，郴州市烟草公司、郴州市质量技术监督局联合举行烤烟生产标准发布会，发布《烤烟生产技术试验示范推广方法》等7项地方标准，以及《烤烟生产技术效益调查分析方法》等48项企业标准。此批标准的发布，对指导烟叶生产经营、提高烟叶质量、彰显郴州典型浓香型烟叶品质、实施品牌发展战略等具有重大意义。

2010年8—9月，市公司由企管科牵头组织质量、职业健康安全体系第三次内部审核，以GB/19001—2008、GB/28001—2001标准和质量管理体系文件、手册为对照，对执行中发现的问题进行持续性改进。

2011年7月，市公司印发《质量/职业健康安全管理体系程序文件》及其《手册》，共18个程序文件。9月，开展对“二合一”标准体系的第四次内审。至此，已对该体系进行4次内审及3次管理评审，先后开出不合格项221个，并进行整改，版本号由A/0变更为B/1版，全员贯标前后运行三年，取得较大成效。10月17日，向省公司申请进行行业审核。

2012 年 5 月，市公司印发《2012 年质量管理体系建设考核细则》，实行百分制考核，以促进“二合一”标准体系早日获得第三方认证。11 月 16 日，“二合一”管理体系通过认证。是年，市公司发布并实施烤烟生产良好农业操作规范（GAP），同年完成烟草商业企业安全生产标准化（YC/T384）规范建设，被授予安全生产标准化二级企业称号。

2014 年 6 月 3 日，市局（公司）成立标准化技术委员会（以下简称标技委），由局长（经理）黄国联任主任，在岗领导班子各成员为副主任，委员由各部门主要负责人组成。下设办公室（经济运行科兼），并设烟叶生产、卷烟营销、物流配送、专卖管理、安全管理、基础管理 6 个分标技委，由各主管部门主要负责人任分标技委主任，其中基础管理分标技委主任由经济运行科科长兼任。由各标技委负责主管业务标准的制定、修订、牵头贯标。此后，市局（公司）运用标准化的理念、工具和方法，把已经建立的烤烟生产技术标准体系、质量管理体系、职业健康安全管理体系、烟草安全生产标准化规范等管理体系集成融合，全面、系统性地开展覆盖局（公司）所有领域的企业标准体系的创建工作。

2015 年 5 月 5 日，市公司发布《企业标准》，共发布技术、管理、工作三个类别的企业标准 706 项。其中，技术标准 53 项，管理标准 465 项，市局（公司）工作标准 188 项。7 月 6 日，市公司发布《县级烟草企业标准》，以各县级分公司为单位分别发布，共 1296 项。其中，管理标准 737 项，工作标准 559 项。

2016 年 3 月 18 日，市公司印发《2016 年企业标准化工作和企业标准制修订计划》，市公司标准办设在经济运行科。共下达 24 大类标准制订计划及其内容要求，均指定撰写部门，限定完成时间，撰稿完成后，报标准办组织论证，然后报标技委审定签发。12 月，国家局专家组现场考评标准化示范企业建设工作。2017 年 1 月，市公司获得“烟草行业商业标准化示范企业”称号。

2018 年，以质量管理体系换版为契机，以提升标准质量、标准“好用管用实用”为目的，从“目标”“品牌”“重点”“问题”四个方面入手，全面启动标准体系的提质升级工作。

2019 年 1 月 7 日，市公司发布修订版《企业标准》，共 554 项。其中，技术标准 48 项，管理标准 318 项，工作标准 188 项，并附外来标准（总公司、省公司各类在用标准，其他相关行业标准）230 项，以供备查参考。是年，开发并运行“郴州企业标准化管控平台”，实现标准化建设工作与信息化的紧密结合。11 月，通过烟草行业商业标准化示范企业现场复评。

新版标准体系出台后，在全市系统全面推行，形成“事事有标准，人人用标准”“让标准成为习惯，让习惯符合标准”的格局，极大促进企业管理规范化。

第三节　管理智能化

2003 年，全市系统共有电脑 313 台（县级公司 208 台），笔记本电脑 26 台，打印机 230 台，在岗人均配置电脑率为 16.1%；市公司本级有服务器 13 台，租用电信部门宽带运作；各县级公司均与市局开通数字 DDN 专线（数字数据网），并开通国际互联。市局（公司）仅配备 3 名专职信息系统管理员，部分县级局（公司）虽设置信息系统管理员岗位，但人员多为兼职。各单位尚未建立或完善局域网，“两烟”经营管理数据仍处于人工填数、逐级上报状态，导致数据传递不及时、不精准。全市系统办公自动化和管理智能化尚处于起步阶段。是年 8 月 1 日，设立市局（公司）信息中心。同月，市局（公司）投资 13 万余元，对市局本级办公大楼中心机房进行更新改造，服务器设备选择省局统一招标的 ibmx—255—41x、浪潮 NC—2000 数据服务器；同时，县局也添置 ibmx—235—6ax、浪潮 NL120 数据服务器。又投资 30

多万元，为各部门招标采购手提电脑6台，台式电脑22台，打印机11台。12月，市公司出台《计算机暂行管理办法》，规定计算机和主机房由市公司信息中心统一管理，各分散设备由各使用部门管理、维护。各新添设备的应用均请厂方专家对相关人员进行培训。

2004年，通过营销信息管理软件，全面同步推广卷烟电话访销、电脑汇总信息系统。4月，先在城区2个片区试点；6月，城区6个片区全面实施，并推广运用烟叶生产收购、卷烟营销、专卖执法三大信息管理基础软件。同时，对网络防火墙软件进行升级，内网设备和数据安全保障得到提升。三大基础管理软件之一的海晟烟叶信息管理软件，包含烟叶生产、收购、复烤、调拨和领导查询5套子系统，且分基层站版和公司版。8月17日，省局批复同意郴州市局信息化建设项目，包括机房改造、卷烟营销系统二期工程应用实施以及财务、专卖、人力资源、办公等系统的平台建设与应用、网络升级等，投资控制在480万元以内。同日，市局成立信息化领导小组，姜孝清任组长，各副局长、副经理、工会主席任副组长，成员为市局机关各部门负责人、各县级局（公司）“一把手”，下设办公室，主任由信息中心主任兼任；各县级局随后跟进成立信息化领导小组，并专项下达《下半年信息化工作任务》，列入年度目标管理考核范围，90分以上为达标，对居前三位的予以奖励。下半年，完成一系列信息化重大项目：各单位中心机房硬件建设均予以完善，选用省局统一招标的设备，由市公司统一采购、支付费用；8月底开通市公司与烟叶公司、复烤厂、各县公司相连接的2M MSTP线路，费用由市局统一支付；9月底前完成卷烟仓库与办公楼的布线，年底前开通烟草行业生产经营决策系统（国家局“一号工程”），并安装卷烟仓库电子扫描系统，对所有从烟厂直接入库的卷烟扫描信息，直达国家局数据库；10月25日，省局（公司）在郴州推广的“卷烟专卖营销系统”正式启用，全市实现集中订单采集。年内，市局（公司）局域内网形成。

2005年，按照省局统一部署，全面启动全市系统信息网络平台基础工程（国家局“一号工程”组成部分）建设。市局（公司）中心机房建设共投资510万余元，按照国家《电子计算机机房设计规范》GB50174—93 B级标准的要求，中心机房面积85平方米，配置恒温、恒湿精密空调1台、UPS不间断电源设备2套、气体灭火装置2套，以及其他设备共计20多台（套）。1月28日，完成安装调试工作，进入试运行阶段。2月，中心机房改造项目全面竣工。同时，全市系统各单位皆完善局域网，从烟草站到机关各部门，皆布设新网线，添置电子新设备，其中市本级计算机增至197台。郴州烟草广域网（Intranet）建设加速推进，采用电信MSTP专线和100M光纤极速通线路，以市局（公司）信息中心机房为枢纽，将各直属单位和县公司局域网（直达基层站）连接起来。信息上传下达变得方便快捷准确，烟叶、卷烟、专卖信息管理系统得到全面应用。3月，市局（公司）视频会议系统建成，可满足与上级高清视频会议系统MCU的互联、互通要求，并可提供远程员工培训和视频点播功能的管理、存储与服务。4月1日，全省系统首批推广试点的东软专卖营销管理系统正式启用。5月25日，全市10个卷烟仓库全面启动扫码工作。7月1日，郴州烟草广域网系统正式运行。7月15日，市公司下达《2005年度烟叶收购信息化管理考核方案》《烟叶生产子系统考核方案》。各产烟县公司成立“一把手”任组长的烟叶生产收购信息化管理工作领导小组，配备烟叶系统管理员、数据统计员、站（点）微机操作员，参加培训并考试合格后上岗，完成烟叶生产子系统各栏目数据采集。各站（点）配备电子秤、收购终端、多用户卡、大显示屏、主机、UPS电源及U盘等设备，在收购期间实现收购数据每日准确上报，并显示每户烟农档案基本情况和收购合同兑现情况；每日情况用U盘备份。9月14日，“一号工程”建设项目顺利通过省局和中软国际公司联合验收组的验收。10月，派员参加省局研讨会，着手人力资源、物流系统应用软件开发。11月1日，客户关系管理（CRM）系统全面升级，卷烟专卖营销客户日志管理模块正式启用。11月底，全省烟草商业系统综合门户全面启用，市、县公司使用各自账号，通过该门户可以登录访问营销系统、CRM 系统和专卖管理系统。是年，省局下发《计算机机房管理制度》《计算机信息系统安全管理暂行规定》，并将各单位“一把手”定为信息网络安全工作第一责任人。

2006 年 3 月，市局印发《信息化建设考核暂行办法》，列入年度目标管理考核范围，根据得分划分优秀、良好、达标、不达标、严重不达标 5 个等级，对良好以上的评出一、二、三等奖，予以 1 万～3 万元奖励，对不达标以下的予以扣分，直接影响单位年终奖。4 月 24 日，市局（公司）OA 办公自动化系统正式推广实施，进入纸质公文与电子公文双轨试运行阶段。自 6 月 1 日起，全面实施电子公文单轨运行，并要求“上班第一件事，打开电脑，处理 OA 系统文件”。8 月，人力资源、物流信息管理系统通过省局验收，并启动全市系统财务联网系统配置，以及总账、报表、固定资产、卷烟进销存 4 个模块系统的培训和初始化工作，10 月完成。自 11 月起，对烟叶管理软件系统进行升级，将普线和自动化线两种收购模式统一到国家局烟叶基础软件中，把以往的 POS 机收购模式改为主机收购模式。收购设备专机专用、专人管理，规范操作程序。每天上传收购数据，硬盘、U 盘双重备份。至年底，全市系统各单位、各部门添置和更新台式电脑 200 多台，笔记本电脑 40 多台，打印机 60 多台，至此全市系统共有台式电脑 1040 台（市局机关 221 台，市直单位 124 台，各县级局 695 台）；笔记本电脑 141 台（市局机关 48 台，市直单位和各县级局 93 台）；在岗人均电脑配置率达 57.2%，较 2003 年提高 2.55 倍。同时，办公电脑的技术配置普遍达到 CPU P2.6G，内存 512M，硬盘 80G 以上，信息化设备功能和性能得到提升。与游龙软件开发公司合作，对网络安全软件进行升级，网络安全性能提高。决策管理、烟叶、卷烟、专卖、办公自动化、财务等业务系统全面开通运行，基本实现无纸化办公，“数字烟草”初具规模。是年，被市政府评为信息化建设先进集体。年内，按照国家局、省局的要求，全面落实推广“烟叶进销存系统”。

2007 年 1 月 23 日，市公司开通 FTP 服务器（文件传输协议），可使全市系统内部电子文档在整个公司局域网内实现网上传输和市、县共享，但机密文档一般不进入。同月，市局（公司）调整信息化建设领导小组，并成立专门的烟叶信息化升级程序项目领导小组和实施小组，制定《国家局烟叶信息管理基础软件实施方案》，实施目标责任制管理。对全市系统原有硬件设备进行全面摸底，确定设备淘汰、保留、更换、改造的数量、型号，将所有“金沙”“山大”硬件设备更换成通用设备，共投资 177.17 万元，统一招标采购过磅计算机、称重仪器、烟筐读卡器、射频 IC 卡等烟叶收购通用设备。同时，对软件进行升级改造，全市系统所有终端完成客户端安装及注册工作，互联网接入端口由 1100 多个减至 300 多个。5 月 24 日，市公司开通“腾讯通”（RTX），实现内部工作交流和文件传递，全部使用行业网站、内部邮件系统以及“腾讯通”（RTX）进行。实施信息安全二期工程，烟草站的收购微机安装正版防杀病毒软件，定期升级，所有烟叶收购设备均通过 UPS 电源供电并接地，严防雷电、数据、网络安全事故的发生。是年，市局（公司）等单位设置大型电子显示屏，用于政务公开和时政、文化宣传。执行省局互联网接入管理办法，不得制作、下载、复制、查阅、发布、传播不良网站或不良信息，严禁将本单位 IP 地址分配给他人。

2008 年，市局（公司）进一步开发新领域网络应用系统，正式启用“数字仓储”“在线培训考试”系统，对卷烟营销、专卖管理信息系统和 100 台旧版电脑进行升级，并开展相关培训，组织开展信息化技能竞赛活动。公司共有卷烟、烟叶、专卖、财务、办公自动化和领导决策六大业务信息系统，信息化触角延伸到企业的各个业务范畴和工作岗位。

2009 年，全面启动基层烟草站网络升级改造工作，完成市公司到县分公司的主干网改造升级。纯销区多业务传送平台（MSTP）线路由 2M 升级为 4M，“两烟”区 MSTP 线路由 4M 升级为 8M。用专线联通县分公司和烟草站，利用网络技术，进一步规范收购管理。在市公司鸡公石仓库、宜章全县各烟草站、桂阳方元烟草站、浩塘烟草站开展原收原调工作。其中，鸡公石1个仓库、宜章9条收购线按照“全程跟踪、重点保障、痕迹记录、及时反馈”的全省统一模式和工作要求进行实施，全力保障试点工作的顺利进行。宜章全县5000吨烟叶全部实现“一打三扫”，圆满完成省局试点工作任务。7月29日，市公司数据中心项目启动，成立以曹健为组长的推广实施领导小组，8月完成外部及各部门数据采集和应用培训。

2010年，按照省局视频监控建设要求，市局（公司）制定下发《郴州烟草智能视频监控系统建设方案》，按照“市局自主建设、本地监控管理、实时图像上传”的原则，进行本地智能视频监控系统的建设。搭建郴州烟草智能监控二级平台，对全市系统重点办公场所和生产经营重点部位场景进行视频和环境数字监控，实行市、县、站视频监控联网，并与省局（公司）智能监控一级平台互联互通。年内，开展郴州烟草无线信息技术应用平台第二阶段的建设。运用先进的无线应用技术，在全省率先开发客户经理、烟技员、市管员“三员”无线应用系统，在全市103名客户经理、27名市管员及306名烟技员中推广应用，实现一线工作人员移动办公，有效进行安全定位和精细化、痕迹化管理。同时，推广以2.5D技术搭建的“新商盟”网上订货系统（电子商务交易和网上交互平台）应用，与省局（公司）联网统一上线运行，实行卷烟零售户手机订货，提供24小时无间断全天候服务。客户经理可通过该系统进行业务指导、品牌宣传，零售户也可通过该系统反馈意见和建议，实现快捷顺畅沟通。7月，在郴州举行的全省烟叶收购现场会上，网络信息技术在现代烟草农业建设中的具体应用展示，受到各方赞许。同时，根据湘烟办综〔2010〕139号文件要求，下发《关于做好GIS/GPS数据采集工作的通知》。9月，完成烟基项目、固定资产、卷烟零售户的描点工作，并将相关数据导入地理信息系统，烟叶、营销、财务等部门同步更新系统数据。

2011年，国家成立网信办，强调网络安全，明确单位“一把手”为网络安全第一责任人。市局（公司）制定下发《年度信息化工作考核细则》，年度综合考评结果与各单位年度工作目标管理考核挂钩。4月，应急指挥系统项目完成招投标。5—9月，完成开发设计、服务器安装调试、各报警设备与报警主机的连接安装、软件系统1.0版本的安装部署、各烟叶中心库基础资料录入、各种突发事件的应急预案处置流程的录入等工作。10月，系统试运行。11月，向国家版权局申报专利，获得6项计算机软件著作权证书。7月，全面预算管理系统软件应用启动，10月中旬上线试运行。年内，推广实施烟叶信息管理系统，全市烟草站（点）均采用CS版软件进行烟叶收购。确定市局（公司）烟草服务中心台前接待、投诉受理、部门分理、安全监控、GPS设备安装、GPS车辆解锁6个网络流程规范。

2012年，市局（公司）投资72万元，开发、安装烟农专业合作社信息系统项目软件，8月7日试运行。是年，对市到省到县的10条网络主干线路进行升级改造，全部升级为10M的MSTP线路。集成GIS、GPS和视频监控功能，能更直观、高效地查看监控点的实时情况。年内，烟农专业合作社综合管理系统、应急指挥管理服务系统分别通过省局鉴定和终验。

2013年，根据国家局安排部署，卷烟行业生产经营数据统计应用项目自1月1日起试运行，5月完成项目终验并正式运行。1月，市局（公司）印发《关于加强推进郴州市烟草公司现代烟草农业远程监管信息平台项目建设的通知》。2月完成项目评审、招投标，3月签定合同、正式实施，7月系统开发及部署基本完成，育苗工场等生产环节的智能管理水平得到提高。3月，“郴州市烟农专业合作社综合管理信息系统”软件创建成功，获得市科技进步奖一等奖，并获得全省软件著作权一等奖。4—5月，在全市28个合作社中进行全面培训和推广应用；6月1日正式运行；9月完成终验。4月，信息发布平台《郴烟手机报》建设立项。7月，“一体化综合管理平台和协调办公系统”正式运行。年内，贯彻省局要求，对全市系统网络实行“内外网物理隔离”。初步完成“智慧园区”“新物流中心”“烟叶系统自动化收购线 BS 改造”信息化规划设计。

2014 年 2 月，市局（公司）制定《湖南烟叶管理信息系统 BS 升级改造实施方案》，投资 210 万元，在烟草站配置“郴州烟草自动化收购线 BS 系统”软件模块和工控管理机，实现一体化集成管理皮带轮、电子秤、RFID 读卡器、电子屏、二代身份证读卡器等收购设备。该项目上年先在桂阳仁义烟草站试行，是年桂阳、嘉禾、永兴 3 个分公司、38 个收购站（点）、90 条自动化收购线全部采用 BS 系统模式进行收购，实现基地单元烟叶计划、合同、生产、收购、储运业务管理的全面 BS 运作模式，5 月完成。6 月，在全市系统其他各分公司开展 BS 升级改造工程。在新烟收购前全面投入使用。是年 3 月，市公司下达《郴州市烟叶收购远程高清视频监控系统建设工作实施方案》，在全市系统 58 个站（点）、123 条收购线的收购区各设置分级、定级、过磅、成包 4 个作业段视频采集点，烟叶收购线安装摄像机 518 台，在全市系统安全管理重点部位安装安防摄像机 936 台，并在各站收购场所安装市县两级喊话功能设备和信息播报终端，整个监控系统与省局、国家局监控平台对接。7 月建成，8 月全面投入使用。该项目的运行，使全市各烟叶收购作业现场实现“现场监控、实时预警、集中监管、分级管控”，可供行业各级领导和相关管理人员随时抽检查看、截屏，与收购进度数据网络报表配用，可及时发现各收购站（点）不规范操作和数据疑点，便于即时询问、核实相关情况，并及时制止违规操作，对强化内管、规范烟叶收购操作、提高全市烟叶收购精益化管理水平起到促进作用。是年，完成全市系统烟叶线合同管理、物资管理及二代身份证读卡器等应用系统的升级改造，并完成“金山”私有（行业单独拥有，下同）云安全系统部署。通过办公一体化综合管理平台的“部门通知”“通知公告”“郴烟通报”等功能模块应用，进一步精简、规范发文，基本实现“无纸化办公、信息化办公、痕迹化办公、效率化办公”，市局（公司）机关发文 190 个，其中电子公文 163 个，占比 86%。

2015 年，按照省局（公司）部署，落实“软件正版化推广应用”，开展“云计算”管理平台项目建设，推动信息化软硬件资源整合、提质增效。在此基础上，为配合全市系统“信息对口服务”工作，实行 AB 角协同管理机制，提供技术支撑。年初，启动 UPS 主机、核心网络设备更换 2 个项目，对内网“云安全”系统进行升级，做到网络安全全覆盖、全保护。8 月，完成高清视频会议系统数字高清化改造工作。年内，开展基层烟库、烟草站信息化系统防雷建设，按照“整体规划、分步实施”的原则，确定 21 个烟草站（点）实施一期试点建设。至 11 月，全市系统防雷系统全部建设完毕，取得市防雷中心检测合格证。

2016 年 5 月，实施云计算管理平台建设。该平台作为信息基础资源管理平台，是对各类软硬件资源的管理、调度、分配、监控的基础系统，能对 IBM、戴尔、HP、联想、华为等各类品牌服务器的计算能力、存储空间、服务功能进行整合，充分挖掘其潜力，借助网络，形成巨量、稳定、可靠的数字网络服务。其优点是节省设备数量、节省用电、节省机柜空间、节省运维成本、可为未来系统建设节省硬件资源的大量投入。年内，参与省局烟叶购销信息系统的升级项目，安排桂阳县作为主测试点。

2017 年，对网线、电话线、视频线等弱电线路进行整改，与强电线路分开管道布设。5 月，物流分拣线工控系统试运行，8 月正式运行。6 月 1 日，《中华人民共和国网络安全法》正式实施，网络安全被纳入法律管理范畴。市局（公司）下发《关于开通郴州烟草监控中心用户账号及权限的通知》，完成市公司监控子平台的搭建，集成烟叶收购高清视频 550 个，安防高清视频 450 个。是年，按照烟草行业信息化的“统一标准、统一平台、统一网络、统一数据库”的总体要求，以新建机房为契机，开展“三网四线”网络升级改造，实现业务内网、视频网和互联接入网“三网”分离和优化。项目建设内容主要包括：更换市公司和各县分公司核心交换机，市公司交换设备按照核心加汇聚的二层架构，采用虚拟化冗余（VSS/CSS/IRF）方式进行部署；各县交换设备按照汇聚单层架构，采用虚拟化方式进行部署；核心业务网县到烟草站原 2M 链路提升为 4M；增加市到县视频网络专用电路，更换原视频网烟草站用交换机，核心业务网与视频监控网流量上实现分离，业务平台上实现逻辑隔离，核心业务网实现对视频监控专网的单向访问或限制源访问，但与互联网接入完全物理隔离；由市公司统一互联网出口（远程或移动接入点除外），并确保下辖所有单位（含县分公司、烟草站、点）的互联网接入需求；启动省局试点项目——行业信息安全准入控制服务采购项目，市公司部署独立的防火墙、上网行为审计、准入控制、防病毒等安全设备，并开启相关功能。同年，在郴州月形社区的烟草物流中心办公楼再建成一处主机房，性能更为先进，使郴州烟草广域网运行更为快速、高效。在物流园区新增一套高清视频会议系统，使新、老两处办公区皆可使用。

2018 年，全市系统网络信息服务工作以国家局《行业党组（党委）网络安全工作责任制实施办法》和新版《湖南省烟草商业系统网络安全和信息化工作管理办法》为指导，严格落实国家、省、市局网络安全相关法律法规和要求，持续提升网络安全工具的监控能力，形成“实时监控、事件分析、问题通报、督促整改”的网络安全预警通报工作长效机制。大力推进“福城烟云”平台项目建设，该平台包括“福城金叶”（烟叶管理）“福城金网”（卷烟营销管理）和“移动作业”（流动工作人员管理）3 个子平台。其中，“福城金叶”服务管理平台建设项目，设置“科学决策、我的标准、我的绩效、我的信息”等栏目，内含烟农、烟叶生产、病虫害、气象、烟基建设、烟叶标准化生产技术、工业企业档案、日常工作管理等数据库和移动签到、任务广告牌、生产助手、金叶医生等模块。1 月启动，2 月进入调研，9 月 14 日完成招标，10 月 31 日正式签订合同，年底完成内网区服务器、DMZ 区环境部署及调试，以及烟叶资源主题数据库架构设计和数据库平台搭建，大部分数据库建成。经过实际应用，获得业内人士、上级单位、同行和推广应用单位的高度认可。同时，本建设项目的烟叶大数据库、大数据处理分析平台、精益管理模块等也为全省烟草商业系统推广应用提供经验和借鉴。“福城金网”服务管理平台，2 月启动调研，5 月对应卷烟营销标准化要求启动研发，6 月在资兴市分公司进行试点应用，8 月在市本级、桂阳县分公司、汝城县分公司扩大试点应用，10 月在全市推广应用。该平台设置“我的工作、我的标准、我的绩效、我的信息”等栏目，应用功能包括云服务管理系统、大数据管理系统、E 终端管理系统、内部协同 App、专卖 App、营销 App、物流 App、零售户及消费者微信应用等，具有表单式拜访、多终端调查、消费者扫码应用、单元服务管理、大户治理、自律互助小组、微信聚合支付、智能客服、喷码溯源等 12 个亮点，128 个应用场景，300 多个功能项，租用中国电信承建的东江湖大数据中心 DMZ 区，实现系统资源的对外发布和安全防范管理；招标定购 400 台生产经营手持终端设备，为一线人员配备移动办公“利器”。该平台被用于营销、物流、专卖、内管等业务信息系统和微信公众平台，建立起“用数据说话、决策、管理、创新”的管理工作机制，以“单元格—业务链—生态圈—共同体”为纽带，打造“同心、同向、同力、同体”的卷烟和谐生态共同体，创新实施单元格管理新模式。年内，通过“福城烟云”及其 3 个子平台建设，建成“集成、协同、敏捷”的信息平台和“公有云 + 私有云”的混和云，搭建起地市级数据库，为支撑精益管理、管理创新提供基础条件。是年，市局（公司）信息中心共立项实施 19 个项目，验收付款 46 个项目。

2019 年，市局（公司）编制《郴州烟草信息化、智能化、互联网 + 应用方面高质量发展规划》，积极探索“互联网 + 烟草”郴州模式，有序推动“智慧郴烟”建设，深入推动信息化与业务的深度融合。作为省局的试点单位，通过实施信息安全、准入控制、服务采购“三合一”项目，建立起行业统一的“终端安全管理平台”。全市系统 1600 余台内网终端电脑全部安装“360 天擎”系统，并对 2016 年建成的“云计算管理平台”进行软硬件升级、补缺，使郴州烟草“福城烟云”网络系统具备 DMZ 区发生重大网络灾害事故容灾备份功能，实现全市系统网络各终端接入“实时感知”，违规操作“及时阻断”，安全策略“统一下发”，安全威胁“分析处理”，网络灾害有“数据备份”。卷烟营销自律互助小组全员上线 App 传输、物流 App 流程协作等得到优化。新增“单位排行榜”界面，“英雄榜”工作界面得到改进。“福城金网”综合指数被纳入绩效管理范围，卷烟销售“比学赶超、你追我赶”氛围加强。年内，制定《“福城金网”服务管理平台管理规范》，成为全市系统企业标准之一。12 月，“福城烟云”微信公众平台上线，该服务平台对内通过 App 和 Web 载体为内部用户提供业务管理和应用服务，对外通过使用微信服务号来为零售户、消费者、烟叶种植户、涉烟的政府单位和科研院所等外部用户提供服务。整个微信公众平台的应用按照应用角色进行区分，主要功能模块有信息发布、满意度调查、涉烟举报、客我双向评价、咨询通知、线上订货、积分商城、“三员”服务、金叶医生、金叶学院等。

2020 年，全市系统共实施网络安全和信息化项目 46 个，总投资（合同）金额 800.95 万元。对超期服役设施设备进行逐步更换；对机房 UPS 主机和电池进行扩容和更换，保证 4 小时应急备用电量；烟草站交换机实施技术升级，全市系统主干网络改造工程全面完成；更换内网核心防火墙，扩展网络负载能力，进行分层分域安全管控。8 月，实施工业控制系统网络安全防护项目，即“奇安信网神”态势感知系统及相关探针的安装，对公司内网、视频网和互联网进行监测；对主机房动力环境监控系统进行升级，实施云平台本地备份与异地备份项目，并采购监控硬盘 508 块，分发到各县分公司，确保数据安全；该项目 12 月正式运行。年内，强化网络安全责任制，将网信安全纳入月度考核范围；专题召开网信工作党组会和网信工作部署会各 1 次；各县级局和市直机关各部门主要负责人均向市公司网络安全与信息化工作领导小组签署递交网络安全责任书；全市系统各单位均严格落实值班巡查制、问题预警制、网络安全通报制。是年，按照省局安排部署，完成“湘烟通”移动应用系统和财务共享中心项目的建设与推广。一批信息化科技创新项目获奖：《基于“福城金网”平台的服务管理体系构建》入选“2020 年全国智慧企业建设最佳实践案例”（国家级成果奖励）；9 月 23 日，“福城金叶”服务管理平台项目建设成果取得 2 项软件著作权；论文《“福城金叶”服务管理平台的设计与实现》在国家级杂志《中国信息化》上发表，并获得湖南省烟草学会信息化学术论文三等奖。

至是年底，全市烟草商业系统配备专职信息人员 18 人，计算机终端配置 1539 台，笔记本电脑 339 台，在岗人均电脑配置率达 127.6%。局域网覆盖 91 个办公场所，办公用计算机入网率达 100%。内网应用服务器 28 台，东江湖 DMZ 区云平台租用服务器 4 台，分别用于网络安全、办公、营销、物流等管理系统，市、县、站联网交换机 275 台。公司应用管理系统主要有 28 个，分别是：一体化管理平台、协同办公系统、采购管理系统、用友财务共享中心、烟叶信息管理系统、一体化服务管理平台、一体化卷烟营销管理信息系统、生产经营决策管理系统、烟草物流综合管控信息系统、烟草行业资金监管系统、专卖证件管理系统、专卖内管系统、行业数字仓储系统、物流分拣系统、“360 天擎”终端安全管理系统、企业标准化管控平台、高清视频会议系统、高清视频监控平台、奇安信网神工业主机安全防护系统、“福城金叶”服务管理平台、“福城金网”服务管理平台、“福城烟云”微信公共平台、企业商零干线运输管理系统、烟叶在途管理系统、一卡通系统、机房动环系统、广播系统、云计算管理平台等。全市系统各单位和部门借助大数据、云计算、局域网、广域网及各类专业软件，使内部管理智能化水平得到大幅提升。

全市系统各单位均建立局域网，形成相对密闭的内网，本单位的文档、信息传递等均可在局域网内进行，相互沟通便捷。全市系统广域网建成，市、县、站三级以自有主干网联通，并与省局（公司）、国家局（总公司）专线联网，内部的工作交流和文件、信息传递，全部使用行业网站、内部邮件系统以及“腾讯通”（RTX）、“湘烟通”进行。

各类文档、图表制作全面实现计算机化，点击保存后自动储存，书写、制作规范，修改便利，手写、手绘、手抄操作渐少。

各类报表全面实现微机填报、网络报送，准确快速。20世纪八九十年代的对外报表、文档以邮递和专人携带送达方式弃止。

各类开票均以计算机打印、存底，手工开票方式废止。各类收付款基本实现无现金的电子网络划账收付，更加快速、安全，以往的现金收付、当面点钞、护送存取方式基本废止。纳税以专业软件在网上进行申报、审核、缴款。

各类公文（含上级、本级、下级公文）、信息、通知发送在内网进行，OA自动化办公系统得到广泛运用，实现网上阅文、办文、批示、签字、调取、复制。

各类账目均建立电子台账，与手写账目并行备份。

安保管理全面实现无间断摄像实时监控，并建立网络报警和应急指挥系统。烟叶收购现场操作实现远程实时监控。

“全国烟叶信息管理基础软件”和新一代烟叶收购组合硬件应用扩大到所有基层烟草站（点），对全市烟叶生产、收购、销售当期情况可随时进行查阅、了解。

烟叶、卷烟等重要大宗商品入库、出库、交接均实行扫码，自动录入数据存储，自动形成码单，形成“数字仓储”。

市本级和所属各单位均建立视频会议室，通过网络高清视频系统，实现远程举行会议和各类培训。

业务联系、业务谈判可通过“中国烟草电子商务”等平台在网上进行。工商订货计划在网络专线报送，实时填报“烟草行业卷烟生产经营决策管理系统”，查验确认到货“三证”情况。

卷烟零售户自2010年起可通过“新商盟”网上订货系统（电子商务交易和网上交互平台）进行在线下单或手机订货，提供24小时无间断服务，实现电话、网络、手机等多渠道收集订单。

专卖管理证件办理既可在办事窗口办理，也可在网上办理，可自助提取打印证件。

各类审批既可实人实地受理、审批，也可在内部网络专门平台受理、审批。

执法协作可在网络进行协调，并可开展网上追查线索、远程多地协作办案。

各类政务公开项目，均可在内部网络进行公开，并接受员工建议。对外公开的政策、信息均通过互联网以专业平台（如“福城烟云”微信公众号、《郴烟手机报》等）进行披露，广而告之，让相关业者了解政策及实施动态，并接受社会监督。

通过“一体化综合管理平台”“生产经营决策系统”等软件，查阅内网各平台的上级文件、报表、工作实施动态信息等，单位或部门领导可据此分析当期生产经营及企业管理状况，决策部署当期工作。

卫星定位跟踪系统在货物运输管理、专卖品押运上得到应用，可实时掌握货物运输轨迹。移动办公定位系统可对客户经理、市管员、培植员、驾驶员等人员的移动作业，实施痕迹化考核管理。

卷烟物流中心的入库、存储、出库作业，实现电脑指令操控、自动打码、扫描验码、自动录取数据存储、穿梭机自动选位存货取货、流水线自动分拣喷码等。

市局（公司）本级和所属各单位均建有LED大型宣传屏，用于内外宣传。建有播音系统，可用于语音宣传和上下班音乐提示。

第四节 控股管理

郴州市烟草公司及其所属各单位属国有独资企业，长期遵照《中华人民共和国全民所有制工业企业法》和《中华人民共和国公司法》的规定运行。但随着行业改革的逐步深化，对个别下属企业曾一度实行控股管理的模式。

2003年1月9日，为北湖区、苏仙区局（公司）并入市局（公司）本级分流安置人员需要，注册成立郴州金叶商贸有限责任公司，委托市公司工会代管，属第三产业股份制企业。2005年6月28日，按照国家局关于推进复烤企业改制的文件精神，将市公司所属郴州烟叶复烤厂改制为郴州天泰烟叶复烤有限责任公司，由烟草行业工业、商业4家单位联合投资经营，成为股份制企业，郴州市烟草公司以固定资产出资11122.07万元，占股68.98%，为天泰公司最大的控股股东，董事长由郴州市烟草公司经理兼任。

控股运行，是新时期企业管理的新课题、新领域。其突出特点为：一是公司的设立，以发起单位和被邀并自愿加入单位为股东，鉴于烟草行业属于专卖管理范畴，股东单位只限于行业内工、商单位。二是股东单位按照固定资产折价出资额和现金出资额计算确定持有公司股份比例，公司盈利按照股份比例分红，公司亏损按照持股比例承担债务。三是企业隶属管理由过去的单线层级管理转变为多家股东和上级主管单位共同管理。按照《中华人民共和国公司法》的规定，拥有51%以上股份的股东，可掌控“绝对持股”主要管理、决策权。“相对持股”（持股比例低于50%的）股东则通过股东会、董事会、监事会参与公司的重大事项管理、决策。四是公司万一破产，以公司全部资产为清算下限，只负“有限责任”。五是建立以股东会、董事会、监事会为核心的法人治理结构。股东会为最高权力机构，由股东会选举产生董事若干组成董事会，董事会选举董事长；由股东会选举监事若干组成监事会，监事会选举监事会主席（或召集人）。董事会为公司决策中心，聘任以总经理为首的经营管理团队，由董事长任免；制定公司经营年度目标责任书，由总经理签署递交，董事会按年度对公司经营管理层进行考核，兑现奖罚；对公司收支实行预算，由董事会审议批准；董事会对事关公司的重要事项，提出制约规定或指导性意见。监事会是公司运行的监督机构，对董事会、经营管理层实施监督，对公司预算和运营实绩进行审核。经营管理团队包括总经理、副总经理、财务总监等，负责按照董事会的决策和所定经营目标，组织公司的生产经营，负责公司的日常管理，对董事会负责；每年初，总经理向“三会”报告上年度企业整体工作情况，接受对企业经营实绩的考核。工会是职工代表大会的工作机构，负责职代会的日常工作，履行公司内部民主监督职责。公司党组织领导机构，负责监督保证党的各项方针政策在本单位贯彻落实，参与公司重大决策，并领导党群组织。六是引入公司制各项相关管理制度和标准，实现公司管理、运作规范化。财务管理必须规范、真实，定期接受上级部门审计。股份公司重大固定资产投资、对外投资、财产质押、大型资产报废处置、贷款融资、对外担保、关联交易等重大事项决策，必须经“三会”审议，履行批准手续，方可执行。股份公司重大经济信息，如即将发生或已经发生重大经营事项、重大财务事项、工商登记变更事项、诉讼、行政处罚和警告等，必须及时向本公司“三会”及上级主管部门报告。七是公司内部建立完善的考核体系，按照干部管理权限和内部层级管理原则，分层级进行业绩、人事等方面的考核。其中，对股份公司经营管理层领导人，主要由公司董事会进行年度考核，兑现奖罚，必要时进行人事调整。

2011年8月1日，根据国家局《关于湖南省公司打叶复烤企业体制改革的批复》（国烟法〔2011〕356号），郴州天泰复烤有限责任公司划归湖南烟叶复烤有限公司管理。2020年1月16日，郴州金叶商贸有限责任公司正式撤销。郴州市烟草公司原在天泰复烤公司、郴州金叶商贸公司的控股管理先后结束。

第五节 预算管理

2003 年，全市系统沿袭前制，内部实行以财务收支宏观控制为主的预算管理，但对费用开支缺乏细化控制，临机开支随意性较大。

2004 年 12 月 7 日，市局（公司）根据国家局、省局推行全面预算管理的文件精神，成立以局长（经理）为主任的预算管理委员会。2005 年，全市系统正式推行全面预算管理。全面预算管理与原来的预算管理的最大不同在于“全面”二字。按照总公司文件要求，实行“全覆盖、全过程、全面编制”，不再是单纯的收支宏观控制。预算不再是财务等少数部门笼统编制，而是由各部门根据公司经营目标制订各自工作计划，并据此编制次年预期收入、资源需求和资金预算，各部门提供预算草案后，送归口部门审核把关，再送预算办汇总审核，形成总预算草案，然后报预算委审定，再报行业上级审核，批准后方可执行。将一切开支纳入预算范围，其中，将基建（含大型设备）项目和劳务、餐饮、运输、培训、服务等项目均列为采购，小物件采购则实行“打包”招标采购，列入预算，做到“动钱必预算”，对资金使用做到全方位、无缝隙细化监管。全员参与与动态管理相结合，将预算指标层层分解、落实到部门和员工，形成全员预算责任制。每个部门和员工围绕自身责任预算，实施动态分析与控制。

2006 年 1 月，县级公司法人资格取消，由市公司统一核算后，一切开支实行由市公司“一个龙头放水”，各县（市）营销部开支实行报账制，按照预算分月预拨资金，开支后持簿报账，无预算不报账；遇到不可预知的重大开支，需经过年中的预算调整会议予以追加。全市系统各单位、各部门对全面预算实行责任制纳入考核范围。

全市系统各单位、各部门实施全面预算管理后，始终围绕企业的经营目标，实现“管理”和“效率”的两大转变，全员“效益”和“成本”意识得到强化，“先预后做”已成新的管理手段；预算执行的过程控制和精细化管理进一步加强，通过建立部门二级预算和执行数据台账，科学合理地安排每项资金的使用，严格过程控制，做到每项资金的使用从不知—可知—可控，促使各单位、各部门不断改进基础管理工作，围绕成本控制点，千方百计采取措施降本压费、挖潜增效，利于控制经营风险，确保每年利税目标的完成。

第六节 “阳光采购”管理

物资采购是企业运行成本费用的主要构成要素之一。2003—2020 年，全市系统将其作为企业管理的重点监管领域，优化管理。

2003 年，市局（公司）沿袭前制，对物资采购实行经济评审制度，市局（公司）成立经济评审领导小组，局长（经理）任组长，审计、财务、办公室、纪检监察、人事、直属党委等部门主要负责人为成员，下设办公室，经济评审的日常工作由审计法规科牵头，按照公平、公正、民主、廉洁的原则，组织经济评审工作具体落实。经济评审范围是：建安工程（含房屋维修、装修、水电安装维修、设施建设等），单项价格 5000 元以上，合计金额 1 万元以上的；一次性采购设备、配件单价超过 3000 元，合计金额 5000 元以上的；一次性采购物资、办公用品的单价超过 2000 元，合计金额在 5000 元以上的；车辆维修费用支出；各种设备、物资的变卖处理；各职能部门 1 万元以上的大型活动经费；局领导指定其他需要评审的项目等。其相关具体规定主要有：基建、维修、安装项目立项要有可行性研究报告、项目建议书、计划书等有关资料报主管领导，经局（公司）办公会议集体研究决定后，方能立项，然后由评审小组、职能部门按照基本建设的规定选择不少于 3 个单位进行竞标，并对施工单位的施工设备、资金、技术力量、信誉、工程质量、保障措施等情况，进行实地考察、集体确定施工单位和设计单位，报局党组批准，方能按《中华人民共和国经济合同法》签定合同；对基建质量实行三重监督，对基建设计内容和基建合同条款的更改和用材更换，均应进行评审把关；对设备、配件、物资、办公用品采购要坚持"两人以上、货比三家、择优购买"的原则；对汽车维修，由分管部门会同经济小组选择汽车修理厂家，并对报修程序、保质保时及修理费报账进行规范。此制度在全市系统各单位实施，称为"阳光采购工程"，被纳入预防职务犯罪工作内容。是年，市局（公司）被湖南省人民检察院、湖南省预防职务犯罪工作领导小组办公室评为 2003 年度预防职务犯罪工作优秀项目单位。

自 2005 年 1 月起，全市系统实行全面预算，物资采购的范围定义扩大到所有"动钱"项目，基建工程及劳务、餐饮、物业管理等服务项目等均被纳入物资采购范围，形成"动钱必预算""无预算不开支"的格局。大中型项目实行全面招标，小件物品实行"打包"招标采购。投标供应商必须 3 家以上，从中选取诚实守信、价格公道的供应商，切实做到"公开透明、货比三家"。进一步扎紧"阳光采购"的制度笼子。

2008 年 6 月，市局（公司）按照国家局部署，开展"三项工作"（物资采购、工程投资、宣传促销）清理整顿，物资采购被列为企业管理的重点监管领域，对"阳光采购"制度进一步对标修订，细化操作流程。9 月 8 日，市局（公司）成立机关招标采购活动廉政监督工作小组，由纪检监察、审计、法规等部门人员组成，工作小组由纪检监察部门牵头，对招标、采购活动进行法规法纪和廉政纪律监督，法规部门对涉法问题和合同审核进行把关，审计部门对采购价格构成进行审核把关。11 月，执行国家局《烟草行业招标采购活动廉政监督工作暂行规定》。

2009 年 3 月，市局印发《办公用品管理暂行办法》，规定：机关科室按照每人每月 10 元限额，由部门申报需求计划，报物业管理办汇总。成立办公用品采购经济评审小组，开展市场供应调查后，开展竞价评议，选定至少 2 家信誉好、质好价平、具有规模的店家，报分管领导审批后公示，作为定点采购供应商。采购由物管办统一实施，2 人以上参与办理。6 月，市局印发《服务保障类物资采购管理办法》，规定：各单位须成立物资采购领导小组，建立和完善采购决策程序，实行科学民主决策。各单位应选择具有良好记录的供应商，并定期进行综合评价，对不合格者予以淘汰。各单位根据各部门提出的申请编制年度物资采购计划，提交物资采购领导小组审议批准，纳入预算。然后以招标、询价、竞争性谈判等方式，确定供应商，合计总价 50 万元的采购项目必须招标进行，烟草专用物资采取单一来源渠道采购。确定供应商后，按照权限与之签订采购合同，合同由法规、安保、审计、经济运行、纪检监察等部门负责审核合同条款。然后交采购部门采购，使用部门验收质量。

2010 年 8 月，市局印发《物资设备采购管理程序规定》，规定：物资设备采购实行"分级（市、县）实施、归口（6 个归口部门）管理、预算控制、同步监管"的原则。列入预算管理的项目需在年度内完成，不得跨年采购；每年 10 月各部门申报次年采购计划，交归口部门审核，固定资产 10 万元以上的项目由投资管理委员会审议、局党组审批，固定资产 10 万元以下的项目由预算委员会审议、局党组审批。1 万～50 万元内采购项目采取邀标方式采购，50 万元以上的采购项目采取公开招标方式采购，零星采购采取先评定供应商定点采购，因物价上涨等因素超预算10%以内采购的由归口管理部门审批，超过预算10%以上的采购需呈分管局长批准且调整项目预算后再实施。

2011年7月，市局印发《采购项目审计管理办法》，对审计部门在采购项目（含投资项目）的事前、事中、事后开展审计监督进行规范。11月，全市系统执行省公司《湖南烟草商业招标采购监管系统实施细则》。12月，市公司印发《工程投资、物资采购、宣传促销项目管理办法》共7章38条。市局（公司）成立“三项工作”管委会，下设办公室（企管科兼），管委办内设评标组、谈判小组、询价小组。纪检监察科牵头，设监督小组。各部门相关需求计划报各归口部门，由归口部门进行初审，并制作相关评审草案，提交管委办，经管委办审核后，提交管委会审议后，市局（公司）党组审批。得到审批后，由管委办对口小组和相关部门组织实施。

2014年7月，市公司印发《物资、工程和服务采购项目供应商管理办法》，对供应商参与招标的资质、信用评议考核进行规范。是年，国家局推行精益管理，市局（公司）开始推行全市系统集团化“阳光采购”，以业务规模化换取价格优惠，促使费用下降。

2016年8月，市公司建立“采购供应商库”，将考察合格或具有良好合作记录的159家供应商列入“合格供应商库”，以备各项采购从中选择。2019年3月，市公司再次修订《采购管理实施办法》。

2020年，进一步优化“阳光采购”机制，建立统筹、节约、规范的季度采购制度，部门每季度上报采购计划，汇总后经过经济评审，报局（公司）领导审批，然后由中标（定点）供应商供货。采购效能提升，费用得到有效控制，间接提升经济效益。

第七节　精益管理

2009年，烟草行业全面开展对标管理，市局（公司）以国家局公布的17项对标指标为主导，建立一整套对标制度体系、措施体系，全面推进对标管理。

2010—2012年，市公司从完善对标工作体系、考核体系和指标体系“三个体系”入手，以课题攻关为抓手，推进深层对标，进一步完善对标管理，明确对标工作的核心为解决数据背后的管理问题。

2012年，市公司明确建设“工作有目标、考核有标准、过程有监控、追溯有奖惩、牵引有力度”的对标管理体系。为进一步发挥课题攻关对对标工作的推进作用，8月下发《对标课题（项目）/质量管理小组活动管理办法》。

2013年8月4日，国家局印发《关于推进企业精益管理的意见》。市公司本级在烟用物资管理等领域率先引入精益管理概念。烟用物资实现“零库存”，消除2012年农资压库顶峰值一度达到3000万余元和在库农药过期、农膜老化、肥料损耗等现象。

2014—2015年，市公司正式导入精益管理理念，以消除各种浪费、优化资源配置、提升效率和效益为主要目标，以精益烟叶生产、精益营销和精益物流为重点，构建精益管理工作长效机制，应用包括对标管理、QC小组活动在内的精益管理方法和工具，将精益改善的理念和方法广泛运用于生产经营、工程投资、物资采购、设备管理、工艺质量、劳动人事、业务外包等管理项目，并全面融入预算管理、标准化管理、定额管理，优化资源配置，卡紧每一个环节控制，精细计算成本，合理控制费用，让同样的事花费更少、同样的钱办事更多、同样的设备通过优化配置能发挥更好效能。对某些管理难题，则通过QC课题对接、小改小革和学术调研活动等形式，组织员工建言献策，对合理的予以采纳。通过精益管理的导入实施，形成自身管理特色，起到增收节支、促进管理“创一流”的作用。其中，大后勤业务实行全市系统集约化统一招标外包，以业务量优势换取价格优惠，费用大幅下降。

2016 年，为推进精益课题的开展，市公司印发《QC 小组活动及精益课题管理办法》，开始推进全市系统精益三甲评选活动。是年，肖艳松荣获全省烟草商业系统“精益十佳”个人。烟叶生产经营部“减少停电造成的烤烟损失”获得省局（公司）“精益十佳课题”。

2017 年，市公司为落实行业上级关于深入推进“四大挖潜”、提升精益管理水平，印发《精益管理提质增效行动方案（2017—2019）》。是年，全市系统预算定额标准体系全面建成，自 7 月 1 日起全面启用内网预算管理信息系统，各级预算操作均通过专门软件进行。人力资源改革导入精益管理，制定《人力资源精益管理提质增效三年行动方案》，拟订全市系统机构、编制、岗位设置思路，科学制定第五轮人事制度改革系列方案 12 个。年内，周路阔荣获全国烟草行业“精益改善达人”。人事科“降低烟叶生产技术服务外包费实现企业减员增效”获得省局（公司）“精益十佳课题”。

2018 年，全市烟叶精益生产示范园区达 15 个。“福城烟云”及其 3 个子平台“福城金叶”“福城金网”“移动平台”和“混合云”大数据库、大数据处理分析平台的初步建成，更为精益管理提供有力支撑。人事等部门以降本增效为导向，推进人力资源精益管理，建立同经济效益、人均劳效挂钩的绩效工资增减机制，持续抓好“向一线倾斜、分线划片、分线考核”，全面落实各线工作业绩、工作质量与绩效工资挂钩的年度、月度绩效考核办法。烟叶生产经营部“减少烟田地膜使用量 促进烟叶生产降本增效”获得省局（公司）“精益十佳课题”。

2018 年度精益管理现场会

2019 年 6 月，鉴于省局下达的目标管理有变化，印发《2019 年精益管理提质增效实施方案》，分卷烟营销线、烟叶线、物流线、财务线、人力资源线、固定资产投资线六线进行降本增效细节控制。

精益管理的推行，是全市系统管理创新的亮点之一。对企业内部事务谋划、执行过程形成“精打细算”风气，起到促进作用。

第八节 业务外包管理

2003—2006 年，尚未开展业务外包工作。全市系统季节性或非主要业务工作用工不足的，采取临时聘请用工人员的方式进行。

2007 年，省局下发《关于印发湖南省烟草商业系统进一步加强劳动合同制管理专项工作实施方案的通知》（湘烟人〔2007〕164 号），提出可探索除专卖管理、卷烟营销、烟叶生产经营等行业涉密核心业务以外的后勤服务、行政支持类业务外包。8 月 6 日，市局下发《关于加强劳动合同制管理专项工作实施方案的通知》（郴烟人〔2007〕166 号），规定：从 2008 年起，各单位确需增加临时用工人员的，原则上采取劳务派遣方式；各单位可根据实际情况，将后勤服务、行政支持类业务，如物业管理、食堂、保安、值班、车辆驾驶、装卸等工作实行业务外包。年内，市公司下属企业郴州金叶商贸公司确需增加营销人员，按照劳动部门有关规定，由郴州林邑人力资源开发服务有限公司劳务派遣 30 名有资质的工作人员，其劳动管理、社会保险等劳动关系均由该公司负责。首开劳务外包模式。

2008 年 1 月 1 日，新《中华人民共和国劳动合同法》实施。市局（公司）制定下发《规范劳动用工管理的意见》《关于规范烟叶收购劳动用工的通知》等多个文件。全市系统临时用工制度随之进行重大改革。规定：凡标准岗位，必须使用在册员工，不得外聘员工；标准岗位以外的安保、保洁、绿化、水电工、搬运、装卸、餐饮、仓储保管、电脑打票、喷码、扫码等辅助用工，可以外包给专业服务公司，实行派遣制；烟叶生产技术服务实行项目区制度，由烟草公司提供生产技术方案和一定经费，由当地烟农协会、合作社、村民委员会（或村民组）、技术咨询公司等负责推广实施。收购季节的季节性用工，可与之签订“以完成一定工作任务为期限”的劳动合同，烟叶收购结束即终止合同。对于正式员工少、卷烟配送线路多的分公司，可探索租车配送形式，由承运方负责运输和途中装卸，每车自配 1 名公司收款员。强调：必须严格编制管理和控制用工总量，今后辅助用工，原则上采用劳务派遣形式，不得直接聘用员工。各单位在实施“劳务（或业务）外包”过程中，皆通过招投标，由中标的人力资源公司（或烟农专业合作社等）与用工单位签订劳务承包合同，由其招聘劳务人员并与之签订单个劳务合同，然后按照用工单位所需人数，统一着装，派遣到位，双方合作对人员开展培训后上岗，人力资源公司派出驻司、厂、站管理小组，负责对所派劳务人员的日常管理、用工协调、劳务纠纷、安全事故处理等；用工单位对务工现场实行考核，对违反劳动纪律、不适应劳动岗位的人员，可提前 10 日报知人力派遣单位，要求换人。用工单位按照合同规定，将全体派遣人员的劳务工资、劳动保险金、管理费等按月结清付给人力资源公司，再由人力资源公司为劳务派遣人员分发薪资、转缴劳动保险金。

2009 年 9 月，市公司制定出台全市系统烟叶生产技术服务等业务外包标准、范围的初步工作指导意见。

2011 年 8 月 19 日，市公司印发《规范烟叶季节性用工的通知》，明确：各单位对季节性用工，必须本着精简高效的原则，控制用工规模，签订“以完成一定工作任务为期限”的劳动合同，一人一签，他人不能代签。全年长期用工则必须以业务外包形式进行。

2012 年，省局（公司）印发《湖南省烟草商业系统业务外包管理指导意见》，要求所有临时劳务不再以用工需求为合同标的，改为以“业务项目”（大项目可分类拆分为多个项目）为合同标的，辅助用工劳务外包合同一律改为“业务外包合同”，进行对外招标。招标原则上每年一次，合作满意者可以续标。此做法，利于从法律层面进一步规避、化解劳务纠纷风险。

2013 年，市局（公司）制定《全市系统业务外包规范管理办法》和《业务外包项目管理手册》，进一步明确业务外包项目管理要求、梳理项目管理流程、规范项目合同文本，示范引导全市系统业务外包项目规范管理。以后勤保障类业务外包管理为探索试点突破口，建立完善业务承包方的资质审核、劳动用工监督、工作流程考核、工作质量考核、选择和淘汰机制，统一管理模式，加强业务承包方规范运作，提高承揽业务的服务质量，依法规避法律风险。是年 3 月 28 日，市公司印发《切实加强烟叶生产经营业务外包管理的意见》，规定：专业化育苗，选择具有资质的专业合作社签订合同，业务外包时段控制在 12 月至次年 3 月。生产培植管理与技术指导，选择具有资质的专业合作社签订合同，业务外包时段控制在 3—7 月；分公司内部人力充足的也可不外包。烟叶收购辅助业务，选择具有资质的专业合作社签订合同，外包时段控制在 7—10 月，其中，定级与过磅工作原则上不能外包；收购量 2500 吨以上产区此项业务必须外包,2500 吨以下产区烟叶收购业务辅助用工也可直接签订“以完成一定工作任务为期限”的劳动合同。11 月 8 日，市公司印发《对后勤保障类业务外包实施统一模式管理的通知》，制作统一的合同文本；按照预算管理要求和承包方合理成本、合理利润，确定业务外包费用标准。自 2014 年 1 月起，全市系统对后勤保障类业务实行统一外包。

2015 年 6 月，市公司印发《处理与烟农专业合作社关系十条禁令的通知》，严禁烟草公司系统内任何单位、部门或个人擅自与烟农专业合作社签订烟叶生产、收购有关的合同与协议，擅自开展业务外包和劳务派遣。

2017 年，精细界定全市系统业务外包项目类别，全面取消烟叶生产环节业务外包，实行全市系统大后勤类项目统一招标，全年业务外包项目数量下降 47%。严格控制业务外包费用总额，实行各单位外包费用控制目标与年度工资总额挂钩，全年业务外包费用总额下降 15%。其后，巩固业务外包精益化管理，相关费用呈逐年下降趋势。

自 2018 年 2 月 1 日起，全市系统汽车驾驶业务除专卖执法车辆外，全部实行统一招标外包，原正式员工驾驶员改做其他岗位工作。是年，严控业务外包规模，认真落实业务外包费用控制目标与工资薪酬挂钩的政策，全年业务外包费用同比下降 10%，完成省局核定目标任务。

2019 年，严格落实省局业务外包管理文件要求。在烟叶收购辅助业务上，通过减线路、控流程、缩工时等措施，全市系统“担烟”费用平均下降 10%；业务外包费用同比下降 30.01%，完成省局核定控制目标。

纵观全市系统业务外包的发展历程，实现从粗放管理到精益管理再到规范管理，对规避劳动用工风险、简化管理、节约劳动成本、提高劳动生产率具有较大意义。

第九节　“5S”“6S”“8S”管理

2004 年，市公司所属郴州复烤厂和市公司直属物流中心在以往推行现场管理的基础上，在车间推行“5S”（整理、整顿、清扫、清洁、素养，“S”为 5 项内容的英文首字母）管理，对车间作业现场进行彻底整改，水泥地板刷上环氧树脂漆，并用不同颜色划出分块区域线，一切设备、物品皆分类实行定置、标识化管理，所有工序均设立岗位、工艺标识牌，清扫、清洁实行量次责任管理，明确责任人、清洁清扫频次、时间、方法，每日记录，列入考核范围，确保整洁常态化；员工佩戴工牌，着统一服装。

2006 年，市公司卷烟物流中心搬迁至下湄桥新改车间并实行流水线分拣后，对作业现场实施“5S”管理。

2008 年，郴州天泰复烤公司（原复烤厂）又在“5S”管理的基础上，增加学习、安全和节约 3 项内容，形成“8S”管理。操作流程向精细化、标准化方向发展。市公司卷烟物流分拣车间、卷烟仓库则实行“6S”管理。

2011 年，市公司物流配送中心对下湄桥库区分拣车间、卷烟仓储、办公楼、送货车组等处，将“6S”管理升级为“8S”管理，市公司出台《“8S”管理规程》《“8S”管理考评表》。2012 年，市公司物流配送中心派员参加总公司郑州培训中心和省局举办的“8S”现场管理培训后，对《“8S”管理规程》按照新要求进行修订。

2017 年，市公司华盛片区新物流中心启用，使用面积达 9810 平方米，内部安装卷烟来货验收、自动扫码进入高架库收储、按电脑指令自动取货、按照客户订单自动组货打包印号等多条流水线，形成工房式车间。车间作业现场实施“8S”管理，整洁有序。同年，在全市烟叶收购现场推行“6S”管理，对收购期间各烟叶收购站（点）人员岗位职责、站（点）功能区域进行划分，对一切人、物、场地进行标识化管理，并通过对生产现场中烟农休息区、候烟区、专业化分级区、初检区、评级区、观察退烟区、过磅区、成包区、烟叶仓储区、烟叶装卸区、物资存放区、停车区12个主要功能区的各生产要素所处状态做出明确要求，并不断进行整理、整顿、清扫以维持清洁、素养、安全的状态，使全市烟叶收购现场达到烟农舒心、收购高效、人车安全的目标。年底，对烟叶收购现场“6S”管理经验进行总结整理，形成郴州市烟草公司企业标准《烟叶收购现场管理规范》，并在2018年全省重点工作推进会上进行展示。

第十节 管理科学QC攻关

2003年，企业管理科学课题调研、攻关，主要通过市烟草学会、市局政研会等学术机构进行。

2006年，市公司组织编撰的省级地方标准《现代烟草农业烟叶生产基础设施建设项目管理规程》获得省局（公司）知识产权一等奖。

2009年，QC（全员质量控制）这一在工业领域普遍开展的侧重于自然科学的活动开始引入本市系统管理领域。11月3日，市公司成立科技创新领导小组，郑雄志任组长，下设科技立项评审、科技创新项目验收及成果鉴定、科技成果奖励评审3个委员会。同日，市公司印发《2010年管理创新项目计划》，下达23个管理创新项目。自此，管理课题攻关被列入科学创新项目，每年承接省局（公司）下达的课题任务，并结合本系统工作实际，自立课题项目，一并开展。每年选送优秀项目向上推荐，逐级参与评优。是年12月，人力资源改革实施后建立、完善11项新的劳动管理制度，经职工代表大会审议通过后印发，该项目通过省局管理创新成果鉴定。

2011年，郴州烟草商业应急指挥系统项目启动，内含仓储火警、暴力抗法等相关突发事件的应急预案处置流程，10月正式试运行。11月，向国家版权局申报专利，获得6项计算机软件著作权证书。

2012年5月，市局（公司）编写的《烟草工作站安全生产基础管理》和《烟草工作站安全生产安全技术与现场管理》两个标准，由省质量技术监督局作为湖南省地方标准予以颁布，全省烟草商业系统推荐施行，获得省局（公司）科技进步三等奖。

2013年5月17日，为落实《湖南省烟草商业系统对标课题（项目）小组活动管理办法》，市公司印发《对标课题（项目）/质量管理小组活动管理办法》，适用于全市系统。对标小组和质量（广义）管理QC小组由经济运行部门归口管理。市公司成立成果评审委员会。各单位对标小组/QC小组对照上级下达的课题或围绕本单位的技术、设备、生产、经营、管理等方面需改进的问题自定课题，开展研究攻关，寻求解决途径。取得成果后，组织初评，然后精选项目成果上报，参加市公司评审，优胜者再上报省公司进行评审，获得优胜者再由省公司推荐参加总公司评审。获得市级三、二、一等奖的，分别给予5000元、8000元、1万元奖励；获得省级三、二、一等奖的分别给予1.5万元、2万元、2.5万元奖励；获得国家级三、二、一等奖的，分别给予4万元、4.5万元、5万元奖励。是年，共有12个对标课题（项目）/QC小组报送成果12项，经评审6项获奖。其中，安保科编写的《烟草工作站安全生产考核评价准则和方法》，由湖南省质量技术监督局作为省地方标准颁布施行，并获得省局（公司）知识产权奖。

2014年3月，临武县局“降低密集烤房烟叶烘烤成本费用”、烟叶生产经营部“提高育苗漂浮盘回收率”分别获得全省系统QC成果一、二等奖，实现对标课题零的突破。7月，“降低密集烤房烟叶烘烤成本费用”

荣获全国烟草行业优秀 QC 成果一等奖，实现历史性突破。

2015 年 3 月，烟叶生产经营部“降低郴州烤烟散叶收购混部位比例”“提高烤烟二次验收等级相符率”，齐获全省系统 QC 成果三等奖。11 月 25 日，市公司“烟草工作站安全生产系列标准”获得总公司“第四届标准创新贡献奖”三等奖，系全省烟草商业系统首获该奖。人事部门“提高工作转岗胜任效率”QC 课题、“‘分线管理’绩效模式研究与应用”管理创新项目，对强化绩效考核的激励性起到探索作用。12 月，市公司“文化需求与老年人幸福指数研究”，获得省局（公司）科技进步三等奖。

2016 年 3 月，烟叶生产技术中心“新型烤烟育苗营养肥的研制”、嘉禾县局“缩短烟叶收购打包时间”分别获得全省系统 QC 成果一、二等奖。6 月，市公司印发《QC 小组活动及精益课题管理办法》，规定：发动全市系统管理团队和各岗位员工，开展以提高工作和产品质量、降耗降本、提高工作效率和经济效益为目的的精益管理及 QC 小组活动。市公司成立评审委，具体活动的开展归口管理部门为市公司经济运行科。各县级分公司依市公司施行办法进行。QC 小组和 QC 小组课题及精益管理课题均应由归口部门登记注册，课题围绕企业需要改进的管理、技术问题进行选题立项，按照规范进行立项编号。之后，开展调研和攻关，确定目标值、分析原因、确定要因和改进思路、显示效果对比检验结果，提出推广建议，并做好活动开展记录。课题取得成果后，向归口部门申报验收。评估汇总后进行评审，予以发布，评出奖励等级，分档奖励，并选出优胜项目参与上级评审。7 月，“新型烤烟育苗营养肥的研制”荣获全国烟草行业优秀 QC 成果二等奖。

2017 年 3 月，烟叶生产经营部“降低郴州烟区烤烟大田期主要病虫害发生率”、信息中心“烟叶收购集成操控台的研制”、桂东县局“降低桂东卷烟物流中转站项目建设费用”分别获得全省系统 QC 成果一、二、三等奖。7 月，“降低郴州烟区烤烟大田期主要病虫害发生率”荣获全国烟草行业优秀 QC 成果三等奖。

2018 年，“郴州精益烟叶生产收购经验”经层层筛选，入选烟草行业“最佳实践”，在行业第二届最佳实践培训班上作典型经验推广。3 月，烟基办“密集烤房换热器清灰装置的研制”、烟叶生产经营部“新型烤烟育苗假植营养土的研制”、烟叶生产技术中心“降低密集烤房能耗成本”分别获得全省系统 QC 成果一、二、三等奖。

2019 年 3 月，烟叶生产经营部“降低烟叶专业化植保作业成本”、烟叶生产技术中心“提高‘K326’上等烟比例”分别获得全省系统 QC 成果一、二等奖。7 月，“降低烟叶专业化植保作业成本”荣获全国烟草行业优秀 QC 成果一等奖。是年，市局（公司）获得全省烟叶工作优秀单位，首次在 CORESTA（国际烟草科学研究合作中心）世界烟草大会发表墙报论文。市公司安保科《湖南烟草商业系统小型发电房设计、施工和验收规范》（DB43/T1130—2015）、《湖南烟草商业系统小型配电房设计、施工和验收规范》（DB43/T1131—2015）两个标准，荣获省局（公司）知识产权类创新三等奖。市公司物流中心“基于非法人实体运作的烟草物流配送中心精益物流整合优化研究”创新项目，获得省局（公司）科技进步三等奖。

2020 年 11 月 2 日，市局（公司）选送的“基于‘福城金网’平台的服务管理体系构建”被中国智慧企业发展论坛评选为“2020 年全国智慧企业建设最佳实践案例”。市公司物流中心成功研发月台停车预警系统，有效减少装卸货期间车辆撞击月台频率，从安全技术角度降低车辆伤人事故风险，课题荣获郴州市 QC 成果一等奖、全省系统 QC 成果二等奖、省质量管理协会 QC 成果一等奖；针对卷烟高架库盘点难、耗时长的问题，研发高架库可视化盘点系统，运用“3D 相机阵列 + 深度学习”技术，实现高架库卷烟盘点可视化，有效缩短盘点时间，提高工作效率和安全性。

第五篇　烟政管理

第一章　行政机构

第一节　机构沿革与领导班子

一、市局（公司）

2002年1月24日，国家烟草专卖局下发《关于撤销湘南烟草集团和湘南烟草（集团）有限责任公司的批复》。2月7日，宣布集团撤销。3月12日，市公司恢复设立。4月17日，市公司举行重新设立挂牌仪式。自7月1日起，北湖区、苏仙区烟草经营部卷烟业务全部上划市公司。

自2004年1月1日起，根据行业上级关于地市级城市撤销“区级局（公司）”的统一部署，北湖区、苏仙区烟草专卖局（公司）撤销，两区营业部的烟叶收购业务上划市公司，且人员、资产和一切债权、债务全部由市公司接收，税收由市公司依法缴纳。自此，形成市、区局（公司）“合三为一”。

自2006年1月起，根据省局《湖南省烟草商业企业组织机构调整指导意见》（湘烟法〔2004〕139号）、国家局《县（市）级烟草公司取消法人资格后资产无偿划转及有关财务管理暂行办法》（国烟财〔2004〕683号）、国家局《关于取消湖南省烟草公司郴州市公司所属9家县级烟草公司法人资格的批复》（国烟法〔2006〕78号）和市政府2005年11月“郴州市烟草商业企业组织结构调整领导小组”《会议纪要》等文件精神，取消市公司所属9家县级烟草公司法人资格，更名为郴州市烟草公司××县（市）营销部，保留各县级局。原县级公司整体资产无偿划入市公司。卷烟、烟叶业务均由市公司统一经营、核算；县级营销部实行二级核算，开支由市公司统一预算、定期报账。市公司对县级营销部实行目标管理和绩效考核，兑现奖罚。至此，全市烟草商业系统形成以市公司为法人的统一经营实体。

2007年7月23日，根据省局《关于湖南省烟草公司郴州市公司建立母子公司体制改革实施方案和公司章程的批复》（湘烟法〔2007〕195号），将所属9个县（市）营销部名称变更为分公司，全市系统组织机构、经营管理体制未改变。

2003—2020年郴州市局（公司）行政领导任职情况表

表5-1

年份	局长、经理	副局长	副经理	正处级干部、调研员	副处级干部、副调研员、助理调研员
2002.2—2008.1	姜孝清	黄继生（2002.2—2005.4） 邓少文（兼）（2005.4—2006.2） 幸　勤（2006.2—2007.3） 王建平（2007.3—2008.1）	刘名勤（2002.2—2006.2） 宋　艳（2002.11—2005.4） 曹　健（2005.4—2008.1） 周国生（2006.2—2008.1）	黄继生（2005.4—2009.12） 邓少文（2006.6—2007.3）	段定喜（助调）（2002.5—2005.8） 王建平（副处）（2004.12—2007.3） 周忠生（副处）（2006.2—2008.1） 刘典模（助调）（2006.6—2008.1）

续表 5-1

年份	局长、经理	副局长	副经理	正处级干部、调研员	副处级干部、副调研员、助理调研员
2008.1 — 2013.4	郑雄志	王建平 （2008.1—2011.11） 幸　勤 （2011.12—2012.4） 刘湘江 （2012.4—2013.4）	周国生 （2008.1—2011.9） 曹　健 （2008.1—2013.4） 周志成（总农艺师） （2011.12—2013.4） 王建平 （2011.12—2013.4）	—	刘典模（助调） （2008.1—2012.1） 周忠生（副处） （2008.1—2010.8） 吴　江（副调） （2009.2—2013.4） 黄新民（副调） （2010.7—2013.4） 刘典模（副调） （2012.1—2013.4） 朱咸军（副调） （2011.2—2013.4） 曹圣金（副处） （2010.7—2011.12） 曹圣金（副调） （2012.1—2013.4） 刘名勤（助调） （2012.10—2013.4）
2013.4 — 2017.9	黄国联	刘湘江 （2013.4—2017.9）	曹　健 （2013.4—2016.9） 王建平 （2013.4—2017.9）	刘名勤 （2013.4—2014.8）	吴　江（副调） （2013.4—2014.10） 黄新民（副调） （2013.4—2017.9） 刘典模（副调） （2013.4—2015.5） 朱咸军（副调） （2013.4—2017.9） 曹圣金（副调） （2013.4—2017.9）
2017.9 —	高志强	刘湘江 （2017.9—2018.4） 阳关云 （2018.4—　）	王建平 （2011.9—2018.9） 李武进 （2018.7—　） 曾小晖 （2018.7—　）	曹　健（调研员） （2020.12—　）	黄新民（副调） （2017.9—2017.12） 朱咸军（副调） （2017.9—2018.4） 曹圣金（副调） （2017.9—　） 王建平（副调） （2018.9—2020.8） 刘红日（副调） （2020.11—　）

二、市局（公司）直属单位、控股企业

2003年1月9日，金叶商贸有限责任公司注册成立（以下简称金叶商贸公司）。19日，金叶商贸公司正式挂牌营业。

2004年2月10日，市烟叶购销公司设立烟叶生产收购科，主要负责北湖、苏仙区的烟叶生产收购工作。2日25日，郴州烟叶复烤厂和烟叶购销公司分开，二者同为正科级单位，直属市局（公司）管理。

2005年6月28日，市公司在郴州国际大酒店主持召开郴州烟叶复烤厂改制工作会议暨郴州天泰烟叶复烤有限责任公司（以下简称天泰公司）入股确认签字仪式及第一次股东大会，原郴州烟叶复烤厂正式改制为股份制企业，并订立《天泰公司章程》。7月8日，委派姜孝清、刘名勤、刘勇智、何青4人为天泰公司董事，姜孝清任董事长；委派陈小康、李红玲2人为监事，其余3家股东各1人为董事，各1人为监事。董事会和监事会分别由7人和5人组成。8月11日，国家局批准成立天泰公司。9月8日，天泰公司取得企业法人营业执照；15日，举行揭牌仪式。共有上海烟草（集团）公司、广东卷烟总厂、长沙卷烟厂和市公司4个股东，注册资金16122.07万元。其中，市公司以评估后郴州烟叶复烤厂的固定资产实物（不含土地）方式出资11122.07万元，占68.98%；上海烟草（集团）公司、广东卷烟总厂以现金方式各出资2000万元，各占12.41%；长沙卷烟厂以现金方式出资1000万元，占6.2%。

2007年7月10日，成立郴州市金叶房地产开发有限责任公司。同月，市烟叶购销公司正式撤销，改为市公司烟叶生产经营部（科室）。12月5日，鉴于市公司本级物业归口管理需要，注册成立郴州市金叶物业服务有限责任公司（以下简称金叶物业公司）。

2009年11月，金叶大酒店因破产清算，正式移交郴州市国资委。

2011年8月1日，国家烟草专卖局、中国烟草总公司下发《关于湖南省公司打叶复烤企业体制改革的批复》（国烟法〔2011〕356号）。明确组建湖南烟叶复烤有限公司，为湖南省烟草公司直属企业；天泰复烤公司取消法人资格，更名为湖南烟叶复烤有限公司郴州复烤厂，直属湖南烟叶复烤有限公司管理。9月16日，湖南烟叶复烤有限公司在郴州举行挂牌仪式，原天泰公司自此脱离市公司控股管辖。

2012年，根据省局要求，剥离金叶商贸公司卷烟零售业务，该业务移交市公司营销中心。

2015年4月，组建福城金网贸易连锁有限公司，属市公司全资子公司，独立法人，注册资本490万元，受市公司的领导和管理。董事会设5人，总经理为法人代表，总经理、副总经理由市公司委派，董事会聘任。总经理、副总经理各1人；下设2个部，综合财务部2～3人；业务部2～3人。市本级门店店长2人，县分公司门店店长（人员编制在县分公司）9人，合计岗位17～19人。市本级2个店，县分公司9～12个店，每店3～5人，合计岗位33～45人。业务项目：卷烟零售（核心业务），浓香书屋公益项目服务业务，为主业服务的相关业务（续接原金叶商贸公司的基质和营养液生产、销售业务；为主业提供物业委托管理服务业务），市场化业务（酒类、茶类、饮用水、办公用品等产品的代理、代销和直销等业务）。9月14日，金叶房地产开发有限责任公司正式注销。9月25日，金叶物业公司正式注销。

2020年1月16日，金叶商贸公司正式撤销。9月18日，委派曾小晖、唐跃进、陈小康、贺强、阳正林、欧阳诚军、陈家健为郴州市六三六贸易连锁有限责任公司董事会董事，曾小晖担任董事长，委派曹桂华担任法定代表人，委派刘卫华、刘旭、张慧玲担任监事会监事，刘卫华担任监事会主席。设总经理1名、副总经理3名。10月30日，郴州市六三六贸易连锁有限责任公司正式挂牌营业。注册资本460万元，设置直营门店11个。

郴州市局（公司）直属单位、控股企业行政领导任职情况表

表 5-2

单位	正职	副职
郴州市烟叶购销公司	徐贵云（经理，2002.8—2006.3） 李海平（经理，2006.3—2007.5）	龙三元（2004.2—2004.10） 王淮军（2004.2—2007.5） 李海平（正科级）（2002.8—2006.3） 廖 敏（2004.11—2007.5） 欧阳牛栏（2005.5—2007.5）
郴州烟叶复烤厂	石建中（厂长，2002.8—2004.2） 刘勇智（厂长，2004.2—2005.9）	朱自坚（2004.2—2005.9） 尹朝珍（2004.2—2005.9）
郴州天泰烟叶复烤有限责任公司	刘勇智（总经理，2005.9—2008.6） 崔建军（总经理，2008.6—2011.8）	朱自坚（2005.9—2011.8） 尹朝珍（2005.9—2011.8） 林 朗（2005.9—2011.8） 李红玲（2009.7—2010.9） 资 斌（2009.7—2011.8） 孙建霞（2010.11—2011.8）
郴州市金叶商贸有限责任公司	邓国钧（总经理，2003.10—2007.5） 曹桂华（总经理，2007.6—2010.5） 朱瑞华（总经理，2010.5—2019.3）	方立强（2003.10—2004.11） 黄长永（2004.11—2008.12） 彭寿权（2004.11—2007.5） 欧阳牛栏（2007.6—2008.12） 黄小平（2009.1—2017.11） 李小英（2009.1—2011.7） 曹桂华（2010.5—2011.12） 朱俭英（2010.11—2015.4） 林爱武（2011.12—2019.3）
福城金网贸易连锁有限公司	曹桂华（总经理，2016.2—2019.3）	曹桂华（主持工作） （2015.4—2016.2） 朱俭英（2015.4—2017.8）
郴州市六三六贸易连锁有限责任公司	曹桂华（总经理，2020.9— ）	—
郴州金叶大酒店	李冀卫（总经理，2004.12—2007.5）	朱春灵（2004.12—2007.6） 龙四坤（2004.12—2005.7） 黄小平（2004.12—2007.6）
郴州金叶房地产开发有限责任公司	李冀卫（总经理，2007.6—2008.12）	彭寿权（2007.6—2008.12）
郴州金叶物业管理有限责任公司	朱瑞华（总经理，2007.6—2008.12）	李淑惠（2007.6—2008.12） 朱春灵（2007.6—2008.12） 黄小平（2007.6—2008.12）

三、各县（市）局（分公司）

2003 年，全市设 9 县（市）2 区烟草专卖局（公司）。7 月 1 日，北湖、苏仙两区的卷烟业务上划市公司管理。

自 2004 年 1 月 1 日起，根据国家局、省局关于地市级城区撤销同城“区级局（公司）”的统一部署，依法注销苏仙区、北湖区烟草经营部的营业执照。两区烟草专卖局（公司）撤销，其余留的烟叶收购业务上划市公司，且人员、资产和一切债权、债务全部由市公司接收，税收由市公司依法缴纳。5月17日，贯彻落实国家局局长姜成康在全国烟草工作会议上关于加快取消县级公司法人资格，使市州公司真正成为市场营销主体的精神，向省局请示商业企业组织机构调整工作有关问题，计划从7月起开始在资兴市公司试点，在试点成功的基础上实施汝城、桂东县公司法人资格的取消工作。6月17日，省局印发《湖南省烟草商业企业组织机构调整指导意见》（湘烟法〔2004〕139号），要求按照国家局的统一部署，调整烟草商业企业组织机构，取消县级烟草公司的法人资格。6月23日，省局局长杨先杰在全省烟草系统工作会上要求每个市（州）公司年内开展试点，先取消纯卷烟销售区和非烟叶主产县公司法人资格，在2005年12月底前基本完成全省取消县级公司法人资格工作。10月12日，国家局印发《县（市）级烟草公司取消法人资格后资产无偿划转及有关财务管理暂行办法》（国烟财〔2004〕683号），规定取消县市级公司法人资格，其整体资产无偿划入所属地市级公司；取消法人资格必须经国家局批准，资产无偿划转由国家局负责办理。

2005年8月23日，市局（公司）向市政府呈报《关于在全市烟草商业企业组织结构调整工作规划的请示》，就贯彻省财政厅、省国税局、省地税局、中国人民银行长沙中心支行、省局《关于烟草商业企业组织机构调整后有关财税问题的通知》（湘财预〔2005〕139号）文件，关于机构调整的纳税权益划分等问题提出处置预案。11月2日，向省局呈报取消9个县（市）烟草公司的法人资格、改为营销部的请示。11月11日，市政府成立郴州市烟草商业企业组织结构调整领导小组，召开9个县（市）政府、市政府各相关部门、烟草部门协调会议，会后发布《会议纪要》。

2006年1月24日，国家局下发《关于取消湖南省烟草公司郴州市公司所属9家县级烟草公司法人资格的批复》（国烟法〔2006〕78号）。明确取消郴州市烟草公司所属9家县级烟草公司法人资格，更名为营销部，其全部资产无偿转入郴州市烟草公司，财务管理体制由独立核算改为非独立核算，费用开支实行年度预算制，工作考核实行年度目标管理责任制。县级烟草专卖局继续保留。2月9日，省局下发《关于对湖南省烟草公司郴州市公司取消所属县级烟草公司法人资格的批复》（湘烟法〔2006〕18号）。27日，市局印发《关于设立湖南省烟草公司郴州市公司桂阳营销部等9个营销部的通知》（郴烟办〔2006〕5号），确定：取消县级公司法人资格后，各县（市）设立营销部；名称分别为：湖南省烟草公司郴州市公司桂阳营销部、嘉禾营销部、临武营销部、宜章营销部、汝城营销部、桂东营销部、资兴营销部、永兴营销部、安仁营销部；继续保留各县（市）烟草专卖局，专卖执法职能不变；县（市）烟草专卖局和营销部的财务管理实行非独立形式的核算制。3月，举行县（市）营销部授牌仪式。

2007年7月23日，根据省局《关于湖南省烟草公司郴州市公司建立母子公司体制改革实施方案和公司章程的批复》（湘烟法〔2007〕87号）文件要求，将所属各县（市）营销部名称变更为郴州市烟草公司桂阳县分公司、嘉禾县分公司、永兴县分公司、安仁县分公司、临武县分公司、宜章县分公司、汝城县分公司、桂东县分公司、资兴市分公司。

2008年3月13日，根据省工商局《关于烟草商业系统企业改革登记注册有关问题的通知》（湘工商企字〔2007〕266号）文件要求，将全市县（市）级烟草分公司名称统一变更为：湖南省烟草公司郴州市公司××县（市）分公司。

2003—2020 年郴州市辖区各县、市、区局（分公司）行政领导任职情况表

表 5-3

单位	局长、经理	副局长、副经理（主持工作）	副局长	副经理
北湖区烟草经营部	黄新民 （2001.1—2004.2）	—	因同城单位合并，领导成员陆续调离	黄长永 （2001.1—2004.2）
苏仙区烟草经营部	罗荣峰 （—2004.2）	—		龙三元 （2002.6—2004.2）
桂阳县局（分公司）	王建平 （2002.12—2007.3） 曹圣金 （2007.6—2011.8） 邓小强 （2011.12— ）	邓小强 （2011.8—2011.12）	阳正林 （2002.9—2007.6） 彭本英 （2002.12—2004.8） 欧阳政新 （2002.12—2007.6） 唐和俭 （2002.9—2007.6） 赵德斌 （2005.1—2007.6） 邓小强 （2007.6—2011.8） 王祖程 （2012.7— ）	阳正林 （2002.9—2007.6） 彭本英 （2002.12—2004.8） 廖建平 （2002.12—2010.7） 欧阳政新 （2002.12—2012.2） 唐和俭 （2002.12—2007.6） 邓小强 （2005.5—2007.6） 邓永辉 （2007.6—2012.2） 陈瑞忠 （2012.2—2019.2） 邓春明 （2012.3—2012.7） 冯文俊 （2012.7—2019.4） 侯建林 （2019.5— ） 黄文波 （2019.6— ）
嘉禾县局（分公司）	刘红日 （2002.1—2007.6） 阳正林 （2007.6—2010.5） 彭海峰 （2011.3—2015.4） 罗传龙 （2015.4— ）	彭海峰 （2010.5—2011.3）	李 园（内退） （2002.9—2003.7） 龙伟军 （2003.2—2011.9） 彭海峰 （2002.9—2007.6） 邱黎明 （2011.9—2012.12） 曾 勇（挂职） （2013.10—2014.10） 李 辉 （2014.11—2019.4） 李 鸽 （2019.4— ）	王怡明 （2003.2—2012.3） 彭海峰 （2002.9—2010.5） 邹济臻 （2010.5—2015.4） 何爱国（挂职） （2010.5—2012.2） 何爱国 （2012.3—2019.3） 许京文 （2015.4—2019.4） 王建平 （2019.6— ）

续表 5–3

单位	局长、经理	副局长、副经理（主持工作）	副局长	副经理
永兴县局（分公司）	李友文（2002.12—2007.5） 曾小晖（2007.5—2009.6） 谷文南（2010.5—2015.4） 陈小康（2015.4—2020.4） 何爱国（2020.4— ）	李宏光（2009.6—2010.5）	肖小明（2002.12—2003.2；2012.11—2015.11） 廖仁卓（2003.2—2009.7） 彭　智（2005.1—2007.6） 唐和俭（2009.7—2010.5） 李祝云（2010.5—2012.11） 曹志辉（2015.11—2019.4） 李　斌（2019.4— ）	肖小明（2002.12—2003.2） 周建华（2002.12—2004.1） 彭　智（2005.1—2007.6） 李宏光（2006.1—2009.6） 唐和俭（2007.6—2009.7） 廖仁卓（2009.7—2010.5） 肖小明（2010.5—2012.11；2015.11—2019.4） 李永刚（2010.5—2012.2） 欧阳政新（2012.2—2015.6） 曹志辉（2012.11—2015.11） 李　斌（2015.6—2019.4） 唐文平（2019.5— ）
安仁县局（分公司）	周忠生（2002.12—2006.6） 李晓燕（2006.6—2008.11） 曾广庆（2009.6—2012.2） 阳正林（2012.2—2019.2） 陈瑞忠（2019.12— ）	曾广庆（2008.11—2009.6） 陈瑞忠（2019.2—2019.12）	李晓燕（2002.12—2006.6） 何晓明（2002.12—2007.6） 曾广庆（2002.12—2007.6） 唐雄鹰（2005.1—2008.11） 刘　旭（2009.6—2015.4）	李晓燕（2002.12—2006.6） 何晓明（2002.12—2008.11） 曾广庆（2002.12—2007.6） 戴兴武（2007.6—2008.6） 李盛元（2008.6—2010.10） 刘　旭（2008.11—2009.6） 肖石文（2009.6—2019.4） 陈瑞忠（2010.10—2012.2） 唐和俭（2012.3—2019.4） 李　辉（2019.4— ） 张国丽（2019.5— ）

续表 5-3

单位	局长、经理	副局长、副经理（主持工作）	副局长	副经理
宜章县局（分公司）	曹　健（2002.12—2005.4） 张建文（2005.5—2009.6） 雷捌金（2009.6—2019.2） 欧阳资春（2019.2— ）	—	张建文（2002.12—2005.5） 曹志强（2005.5—2007.6；2019.4— ） 邝国鹏（2002.12—2011.7） 黄宜平（2002.12—2007.6；2015.6—2019.4） 王会好（2011.9—2015.4）	邝国鹏（2002.12—2007.6） 黄宜平（2002.12—2015.6） 曹志强（2005.5—2019.4） 李　丹（2015.6—2019.4） 黄忠（挂职）（2018.1—2020.2）
临武县局（分公司）	谷文南（2001.2—2007.5） 贺　强（2007.5—2009.6） 阳正林（2010.5—2012.2） 曾广庆（2012.2—2020.4） 柳　超（2020.4— ）	朱少文（2009.6—2010.5）	彭　智（2001.2—2005.1） 冯文俊（2001.2—2007.6） 林述平（2005.1—2007.6） 王会好（2005.7—2011.9） 龙伟军（2011.9—2019.5） 罗方斌（2020.12— ）	彭　智（2001.2—2005.1） 王会好（2005.7—2007.6） 冯文俊（2001.2—2010.12） 赵德斌（2010.5—2019.4） 雷渊红（2019.4— ）
资兴市局（分公司）	曹桂华（2002.12—2007.5） 谷文南（2007.5—2010.5） 欧阳资春（2010.5—2012.2） 刘勇智（2012.2—2015.4） 彭海峰（2015.4—2020.4） 罗　茜（2020.4— ）	—	崔建军（2002.12—2006.8） 肖小明（2003.2—2010.5） 林述平（2010.6—2015.4） 刘　旭（2015.4—2019.4）	周小杰（2002.12—2003.2） 熊三进（2002.12—2004.12） 肖小明（2003.2—2007.6） 曾广庆（2007.6—2008.11） 雷渊红（2010.5—2019.4） 李军斌（2019.4— ）
汝城县局（分公司）	朱瑞华（2002.12—2007.5） 孙仕林（2007.5—2009.6） 阳关云（2009.6—2012.2） 裴怀璞（2012.10—2018.12） 林述平（2018.12— ）	裴怀璞（2012.2—2012.10）	王会好（2002.12—2005.7） 裴怀璞（2002.12—2012.1） 李祝云（2005.7—2007.6） 刘　宇（2012.3—2018.12） 邓开卫（2018.12— ）	王会好（2002.12—2005.7） 李祝云（2005.7—2008.1） 邓开卫（2007.6—2018.11）

续表 5-3

单位	局长、经理	副局长、副经理（主持工作）	副局长	副经理
桂东县局（分公司）	孙仕林（2002.12—2007.5） 雷捌金（2007.5—2009.6） 欧阳诚军（2010.5—2012.2） 张小军（2012.10—2019.3） 何泽仁（2019.12— ）	欧阳诚军（2009.6—2010.5） 张小军（2012.2—2012.10） 何泽仁（2019.3—2019.12）	黄　超（2002.12—2010.5） 扶晓波（2002.12—2007.6；2010.5—2017.8；2019.3—2019.4） 傅金浩（2012.2—2020.12） 黄利民（2020.12— ）	黄　超（2002.12—2007.6） 扶晓波（2002.12—2010.5；2012.2—2019.4） 傅金浩（2010.5—2017.8）

第二节　市局（公司）内设机构

2003 年年初，市局（公司）设办公室、人教科、财务科、销售科（卷烟配送中心）、烟叶科、专卖科（兼整顿办）、监察科、安保科、审计法规科、老干办、直属党委与工会、烟草学会 12 个科室。8 月 1 日，市局（公司）成立计算机信息中心、物业管理科。至此，共 14 个科室。

2004 年 8 月 26 日，设立质管科，并撤销烟叶购销公司质检科。是日，根据《省局关于转发〈国家局关于进一步明确地市分公司、重点卷烟工业企业设立审计机构有关问题的通知〉的通知》（湘烟人〔2004〕200 号）精神，审计科单设，不再与法规科合署办公，法规科与办公室合署办公。12 月 8 日，设立经济运行科、卷烟营销中心（原销售科改称）、物流配送中心 3 个机构，并撤销销售科（卷烟配送中心）。至此，共 17 个科室。

2005 年 3 月 30 日，法规科不再与办公室合署办公，调整为与审计科合署办公。

2006 年 3 月 6 日，设立督查考评中心，与经济运行科合署办公。5 月 10 日，整顿办不再与经济运行科合署办公，调整为与监察科合署办公。市局（公司）预算管理委员会办公室不再设在经济运行科，改设在财务科。8 月 15 日，物业管理科原负责的计划、投资、固定资产管理等三方面工作职能，调整为经济运行科负责。

2007 年 3 月 21 日，成立烟科所暨中南农业试验站（郴州）基地，试验基地设在桂阳仁义汪山基地。6 月 29 日，成立卷烟客户投诉中心。是月，设立烟叶生产经营部，原烟叶科撤销；设立烟叶生产基础设施建设办公室；人事教育科更名为人事劳资科（离退休人员管理科）。7 月 28 日，设立内部专卖管理监督科（与专卖监督管理科、稽查支队合署办公）。是月，设立基建办。

2008 年 6 月，烟叶生产基础设施建设办公室更名为烟叶生产基础设施建设办公室（现代烟草农业办公室）。

2009 年 7 月 13 日，市局印发《关于部分科室职能调整的通知》，市公司本级的固定资产修缮、基础设施改造工程项目实施业务归基建办负责；市公司本级的日常物业维护、水电维修业务归物业管理办负责；经济运行科（企管科）原负责的国有资产管理职能调整为财务科负责；投资规划、年度投资计划、项目调研论证和立项报批、项目计划调整、项目设计、实施制度制定、实施进度控制与检查督导，仍归口市公司经济运行科。

2011 年 12 月，设立烟叶生产技术中心和资产管理办，原物业管理办撤销。

2012 年 3 月，设立烟叶生产基础设施建设办公室水源办综合科。11 月 19 日，按照省局《关于设立市县级局内部专卖管理监督派驻机构的通知》（湘烟人〔2012〕300 号）文件规定，设立市局内部专卖管理监督派驻办公室（正科级部门）；设立资汝桂（资兴、汝城、桂东）内部专卖管理监督片区派驻工作组（副科级部门）；桂阳、嘉禾、永兴、安仁、宜章、临武县局各设立 1 个内部专卖管理监督派驻工作组（正股级部门）。原市、县级局的内部专卖管理监督机构同时撤销。是日，设立两区（苏仙区、北湖区）烟叶生产部，负责组织两区烟叶生产及其相关工作。

2014 年 6 月 4 日，按照《国家局关于全面深入推进法治烟草建设的意见》要求和省局《关于调整市、县局（公司）政策法规机构和岗位设置的通知》文件规定，政策法规科单设。原办公室（法规科）机构设置改为办公室。各县局（分公司）设置法规室，与办公室合署办公。

2015 年 4 月，烟叶生产基础设施建设办公室（现代烟草农业办公室）改回烟叶生产基础设施建设办公室。

2019 年 3 月，设立财务共享中心和重点办，原资产管理办撤销；人事劳资科（离退休人员管理科）更名为人事科（离退休人员管理办公室）；安全保卫科更名为安全管理科；政工科更名为党群工作科（机关党委、工会办公室）；水源办综合科撤销。4 月，两区烟叶生产部更名为两区烟叶生产经营部；监察科（纪检组、整顿办）更名为纪检监察科（党组纪检组）；政策法规科更名为政策法规科（规范管理办公室）。

2020 年，市局（公司）本级机关共有内设机构 20 个，其中临时机构 2 个，即办公室（烟草学会秘书处、机关服务中心）、专卖监督管理科（专卖稽查支队）、省局派驻郴州市局专卖管理监督办公室、营销中心、物流配送中心、烟叶生产经营部、财务科、审计科（省局派驻郴州市局审计派驻办）、人事科（离退休人员管理办公室）、经济运行科、信息中心、安全管理科、纪检监察科（党组纪检组）、党群工作科（机关党委、工会办公室）、政策法规科（规范管理办公室）、烟叶生产技术中心、烟叶生产基础建设办公室（以下简称烟基办）、两区烟叶生产经营部、重点办（临时机构）、基建办（临时机构）。

2003—2020 年郴州市局（公司）内设机构及中层领导干部任职情况表

表 5–4

部门	科长	副科长
办公室（法规科）	曹圣金（2002.12—2005.3）	陈　华（2002.12—2004.11） 刘庆云（2002.12—2005.3） 阳关云（2004.11—2005.3） 姜军青（2004.11—2005.3）
办公室	曹圣金（2005.3—2006.3） 曾小晖（2006.3—2007.5）	刘庆云（2005.3—2007.5） 阳关云（2005.3—2007.5） 姜军青（2005.3—2007.5）
办公室（法规科）	阳关云（2007.6—2009.6） 李友文（2009.6—2014.6）	姜军青（2007.6—2010.5） 刘建华（2007.6—2008.12） 何泽仁（2009.1—2014.6） 罗　茜（2010.5—2014.6）

续表 5-4

部门	科长	副科长
办公室	李友文（2014.6—2015.4） 曾小晖（2015.4—2018.7）	何泽仁（2014.6—2019.3） 罗　茜（2014.6—2015.4） 彭素卫（2015.6—2019.3） 何爱国（主持工作） （2019.3—2019.3）
办公室 （烟草学会秘书处、机关服务中心）	何爱国（2019.4—2020.4） 彭海峰（2020.4—）	姜军青（2019.4—） 彭素卫（2019.4—）
专卖监督管理科（稽查支队）	朱咸军（2000.5—2007.5）	刘昌禄（2001.1—2004.12） 周小杰（2003.2—2004.10） 朱少文（2004.11—2007.5） 王卫健（2004.11—2007.5） 欧志文（2004.11—2007.5）
专卖监督管理科 （稽查支队、内部专卖管理监督科）	朱咸军（2007.6—2008.12） 李海平（2009.6—2011.8） 曹圣金（2011.8—2011.12） 罗传龙（2011.12—2015.4）	王卫健（2007.6—2010.9） 欧志文（2007.6—2016.2） 朱少文（2007.6—2009.3； 2010.5—2012.11） 朱少文（主持工作） （2009.3—2009.6） 王祖程（2010.5—2011.12； 2012.3—2012.7） 林述平（主持工作） （2015.4—2016.2） 吴虹锋（2015.6—2019.3）
专卖监督管理科（稽查支队）	林述平（2016.2—2018.12） 刘红日（2018.12—）	欧志文（2016.2-2019.3） 吴虹锋（2019.4—） 曹庆华（2019.4—） 徐　锋（2019.4—）
内部专卖管理监督派驻办公室	李祝云（2015.5—2019.4）	李祝云（主持工作） （2012.11—2015.5） 朱少文（2012.11—2019.2）
省局派驻郴州市烟草专卖局 内部专卖管理监督办公室	李祝云（2019.4—）	龙伟军（2019.4—） 邓永辉（2019.4—）
资汝桂内部专卖管理监督片区 派驻工作组	—	刘建华（主任） （2012.11—2019.3）
销售科	罗荣峰（2002.12—2003.12）	曾小晖（2002.8—2003.12）
卷烟营销中心	甄　毅（2003.12—2007.5） 李友文（2007.6—2009.6） 贺　强（2009.6—2019.11） 欧阳诚军（2019.11—）	曾小晖（2003.12—2004.11） 欧阳诚军（2004.11—2009.6） 罗传龙（2004.11—2011.12） 张小军（2005.8—2012.10） 黄文波（2010.5—2019.6） 李细成（2011.12—2015.4） 邓永辉（2012.3—2019.3） 邹济臻（2015.4—） 张巧灵（2019.4—）
卷烟配送中心	甄　毅（2007.6—2013.12）	刘沙林（2002.8—2003.12） 欧阳诚军（2003.8—2003.12）

续表 5-4

部门	科长	副科长
物流配送中心	贺　强（2004.10—2007.5） 甄　毅（2011.12—2019.3） 张小军（2019.3—）	欧阳诚军（2003.12—2004.10） 黄长永（2004.2—2004.10；2009.1—2010.12） 刘沙林（2004.11—2008.12） 曹木炎（2007.6—2019.3） 刘建华（2009.1—2010.5） 冯文俊（2010.12—2012.7） 钟冠华（2011.12—） 周义云（2015.6—2019.3） 许京文（2019.4—） 王　玮（2019.4—）
烟叶科（烟叶科研所）	邓正平（2002.8—2007.5）	匡传富（2002.8—2007.5） 郑和平（2002.8—2007.5） 许清孝（2002.8—2007.5）
烟叶生产经营部	许清孝（2007.6—2008.11；2009.1—2009.6；2012.3—2018.12） 曾小晖（2009.6—2012.3） 阳正林（2019.2—）	王淮军（2007.6—2018.10） 张建华（2007.6—2008.11） 廖　敏（2007.6—2010.12） 林爱武（2007.6—2011.7） 许清孝（主持工作）（2008.11—2008.12） 林　郁（2009.1—2011.12） 黄长永（2010.12—2012.1） 曹志辉（2011.7—2012.11） 成军平（2011.12—2019.3） 李　军（2015.6—） 李　伟（挂职）（2017.1—2018.12） 张　赛（2019.4—）
两区烟叶生产部	李晓燕（2015.4—2019.3）	李晓燕（主持工作）（2012.11—2015.4） 欧书锋（2012.11—2015.6） 刘永能（2015.6—2019.3）
两区烟叶生产经营部	曹志辉（2019.4—2020.4） 曾广庆（2020.4—）	刘永能（2019.4—）
烟科所	邓正平（2007.6—2010.5） 李宏光（2010.5—2011.12）	龙四坤（2008.1—2009.1） 李晓燕（2009.1—2011.12） 成军平（2009.1—2011.12）
烟叶生产技术中心（烟草学会）	李宏光（2011.12—2019.3）	李晓燕（2011.12—2012.11） 黄长永（2012.1—2019.3） 方　明（2012.11—2019.3） 成军平（2019.4—2019.3）

续表 5-4

部门	科长	副科长
烟叶生产技术中心	李宏光（2019.3—2020.4） 曹志辉（2020.4—）	成军平（2019.3—）
财务科	吴　江（2002.2—2008.12） 陈小康（2009.1—2010.11； 2011.12—2015.4） 罗　茜（2016.2—2019.3）	朱俭英（2002.8—2010.11） 李淑惠（2002.8—2007.5） 何　可（2002.12—2006） 刘卫华（2007.6—2015.4） 朱俊苏（2010.11—2019.3） 罗　茜（主持工作） （2015.4—2016.2） 李细成（2015.4—2019.3）
财务科（财务共享中心）	罗　茜（2019.3—2020.4） 陈小康（2020.4—）	朱俊苏（2019.4—） 李细成（2019.4—） 朱亚娟（挂职） （2020.2—2021.2）
审计科	陈小康（2004.10—2005.3）	陈小康（主持工作） （2002.2—2004.10）
审计法规科	陈小康（2005.3—2007.5）	龙四坤（2005.7—2007.5）
审计科	陈小康（2007.6—2008.12； 2010.11—2011.12； 2014.6—2015.4） 黄新民（2009.1—2010.11） 罗淞尹（2011.12—2014.6） 刘卫华（2016.2—2019.3）	杨　辉（2009.1—2010.11） 李细成（2010.11—2011.12） 刘卫华（主持工作） （2015.4—2016.2）
审计科 （省局驻郴州市局审计派驻办）	刘卫华（2019.3—）	—
人事教育科	张红兵（2002.2—2006.3） 曹圣金（2006.3—2007.5）	陈佑明（2002.12—2007.5） 齐　铭（2004.11—2007.5） 李志刚（2005.3—2005）
人事劳资科（离退休人员管理科）	刘红日（2007.6—2012.3） 欧阳诚军（2012.3—2019.3）	李小英（2007.6—2008.12） 齐　铭（2007.6—2010.5） 罗淞尹（2009.1—2011.12） 柳　超（2010.5—2019.3） 彭　敏（2011.12—2019.3） 苏　伟（2015.6—2019.3）
人事科（离退休人员管理办公室）	欧阳诚军（2019.3—2019.11） 杨　辉（2019.11—）	彭　敏（2019.4—） 邓春明（2019.4—）
质管科	许清孝（2004.10—2007.5）	许清孝（主持工作） （2004.8—2004.10） 张建华（2004.11—2007.5）
经济运行科	陈　华（2004.11—）	
经济运行科（整顿办）	曾小晖（2004.11—2006.3） 黄新民（2006.3—2006.5）	贺　强（主持工作） （2002.9—2004.10）

续表 5-4

部门	科长	副科长
经济运行科	黄新民（2006.5—2008.12）	杨士卿（2006.8—2008.12）
企管科（经济运行科）	刘勇智（2009.1—2011.12）	李淑惠（2009.1—2010.11） 杨　辉（2010.11—2011.12）
经济运行科（烟草服务中心）	刘勇智（2011.12—2012.3） 曾小晖（2012.3—2015.4）	杨　辉（2011.12—2015.4） 徐宾阳（2011.12—2015.6） 杨　辉（主持工作） （2015.4—2016.2） 龙四坤（2015.6—2016.2）
经济运行科	杨　辉（2016.2—2019.11） 贺　强（2019.11—）	龙四坤（2016.2—2019.3） 曹木炎（2019.4—）
计算机信息中心	陈　华（2004.11—2007.6） 欧阳资春（2007.6—2008.12）	钟冠华（2003.8—2008.12） 欧阳资春（2005.5—2007.5）
信息中心（服务中心）	欧阳资春（2009.1—2010.5） 杨淑琼（2011.3—2011.12）	钟冠华（2009.1—2011.12） 徐宾阳（2009.1—2011.11） 杨淑琼（主持工作） （2010.5—2011.3）
信息中心	杨淑琼（2011.12—2012.7） 齐　铭（2012.7—2012.11） 欧阳资春（2012.11—2015.6）	—
信息中心（服务中心）	欧阳资春（2015.6—2019.2）	徐宾阳（2015.6—2017.3）
信息中心	杨淑琼（2019.3—）	周寅晴（2019.4—）
安全保卫科	何楚金（2004.10—2010.5） 张建文（2010.5—2012.11） 杨士卿（2012.11—2019.3）	阳小明（2002.2—2004.10） 周义云（2004.11—2007.5； 2009.1—2015.6） 廖　敏（2010.12—2019.3） 欧阳政新（2015.6—2019.3）
安全管理科	杨士卿（2019.3—）	刘建华（2019.4—）
监察科（纪检组）	刘典模（2002.2—2006.5）	黄正国（2002.8—2007.5）
监察科（纪检组、整顿办）	刘典模（2006.5—） 李海平（2007.6—2009.6） 许清孝（2009.6—2012.3） 刘红日（2012.3—2018.12） 黄正国（2012.3—2019.3）	黄正国（2007.6—2012.3）
纪检监察科（党组纪检组）	齐　铭（2019.4—）	刘　旭（2019.4—）
直属机关党委（武装部）	刘才军（2002.2—）	何楚金（2002.1—2004.10）
工会	刘才军（2004.10—）	杨淑琼（2004.11—2007.6）
政工科 （机关党委/工会/团委/ 妇委会/计生委）	刘才军（2007.6—2008.12） 朱咸军（2009.1—2012.7） 杨淑琼（2012.7—2019.3）	杨淑琼（2007.6—2010.5） 许京文（2010.5—2011.12） 朱俭英（2010.11—2011.12） 林爱武（2011.7—2011.12） 王湘渝（2015.6—2019.4）
党群工作科（机关党委、工会办公室）	唐跃进（2019.3—）	李　丹（2019.4—）
老干办	李福林（2004.10—2007.5）	杨淑琼（2002.8—2004.11） 李小英（2004.11—2007.5）

续表 5-4

部门	科长	副科长
政策法规科	朱咸军（2014.6—2015.4） 李友文（2015.4—2019.3）	—
政策法规科 （规范管理办公室）	柳　超（2019.4—2020.4） 李宏光（2020.4— ）	—
物业管理科	黄新民（2004.2—2006.3） 徐贵云（2006.3—2007.5）	欧阳资春（2003.8—2005.5） 谢智勇（2004.11—2007.5） 杨士卿（2006.1—2006.8）
物业管理办	朱瑞华（2009.1—2010.5） 何楚金（2010.5—2011.12）	朱春灵（2009.1—2011.3） 欧阳牛栏（2009.1—2011.7） 姜军青（2010.5—2011.12）
资产管理办	何楚金（2011.12—2019.3）	李冀卫（2011.12—2019.3） 姜军青（2011.12—2019.3）
重点办	曹桂华（2019.3—2020.9）	李冀卫（2019.4— ） 龙四坤（2019.4— ）
烟叶生产基础设施 建设办公室	崔建军（2007.6—2008.6）	崔建军（主持工作） （2006.10—2007.5） 欧书锋（2006.10—2008.12） 唐跃进（2007.8—2008.12）
烟叶生产基础设施 建设办公室 （现代烟草农业办公室）	刘勇智（2008.6—2008.12） 刘才军（2009.1—2009.6） 张建文（2009.6—2010.5； 2012.11—2015.4） 唐跃进（2011.3—2012.11）	龙四坤（2009.1—2009.8） 欧书锋（2009.1—2012.11） 唐跃进（2009.7—2010.5） 唐跃进（主持工作） （2010.5—2011.3） 曹桂华（2011.12—2015.4） 李永刚（2012.11—2019.3）
烟叶生产基础设施建设办公室 （水源办）综合科	欧阳资春（2012.3—2012.11） 唐跃进（2012.11—2019.3）	—
烟叶生产基础设施 建设办公室	张建文（2015.4—2018.10） 李晓燕（2019.3— ）	王会好（2015.4— ） 李永刚（2019.4— ）
基建办	李冀卫（2007.6—2008.12） 杨士卿（2009.1—2012.11） 齐　铭（2012.11—2019.3）	谢智勇（2007.6—2008.12） 李冀卫（2009.1—2011.12） 彭寿权（2009.1—2010.11） 曹志辉（2010.5—2011.7） 廖建平（2010.7—2019.3） 李淑惠（2010.11—2018.8） 许京文（2011.12—2015.4） 欧书锋（2015.6— ） 苏　伟（主持工作） （2019.4— ）
烟草学会	何田松（2001.1—2005.3） 雷捌金（代）（2004.11—2005.3） 雷捌金（2005.3—2008.8） 邓正平（2008.8—2011.10） 李宏光（2011.12—2015.3） 刘勇智（2015.3—2019.4） 何爱国（2019.4—2020.6） 彭海峰（2020.6— ）	—

第二章　法规工作

第一节　组织机构

2003 年 1 月 1 日至 2014 年 6 月 3 日，市局（公司）法规科先后与审计科、办公室合署办公。2014 年 6 月 4 日，根据省局《关于加强全省系统政策法规工作的意见》精神，市局（公司）单独设立政策法规科，设科长 1 名，法规管理员 2 名。各县局（分公司）设置法规室，与办公室合署办公，设 1 名以上专职法规干事。2019 年，在郴州市第五轮人事制度改革完成后，政策法规科与规范管理办公室合署办公，市局（公司）政策法规科（规范管理办公室）编制 5 人，各县局（分公司）配备法规干事 1 人。政策法规科（规范管理办公室）主要职责为：拟订和组织实施全市系统体制改革方案；审核规范性文件等管理制度及重大决策；承办相关行政复议，处理诉讼仲裁等法律纠纷；负责专卖执法人员资格管理、重大执法决定法制审核等法治监督工作；负责法治宣传教育工作；承担企业法务工作；组织法律风险防控；制订和组织实施全市系统规范管理工作计划；负责健全完善全市系统规范管理制度机制，并组织对贯彻落实情况进行督办督查。

第二节　行政执法监督

2003 年，行政执法监督工作沿袭前制。根据新形势和新法规，清理废止过时的、不适用的文件规定；开展执法工作监督检查。2004 年，推行“文明执法”，实施情况由法规科监督。

2005 年 4 月，根据国家局文件要求，组织专卖案件检查；完成行政审批后续工作，重点参照行政许可审批项目有关要求，清理有关文件，研究制定管理办法。6 月 2 日，市局成立以局长为组长、纪检组长为副组长的烟草专卖行政执法监督委员会，其后随人事变动调整。同月，按照省局部署，开展生产经营依法治理，专卖执法人员上岗考试、执法公示、执法责任制、执法过错责任追究等制度健全落实等检查、整改。10 月 21 日，市局印发《专卖执法案卷审查制度》，规定专卖执法案卷（含立案、涉案当事人基本情况及证件复印件、违法事实与证据、处理程序、处理结果等）交由市局法规部门审查。

2006 年，推行市局对县局、县局对专卖执法部门、专卖执法部门对执法人员的“三级考核”，严格专卖行政执法责任制。自 9 月起，贯彻省局《湖南省烟草专卖行政执法案件审查办法》，并再次严格“行政执法错案责任追究制”。根据办事机构和执法岗位的配置，将法定职权分解到具体岗位，明确责任。通过设立举报电话、接受群众投诉、走访零售户等方式对全市专卖行政执法工作进行动态监督与考核，及时通报考核情况。此举一直在沿用。

2007 年 9 月 11 日，市局成立烟草专卖行政执法工作评议考核领导小组，具体考核由法规科牵头实施。

2008 年 8 月 14 日，市局成立贯彻实施《湖南省行政程序规定》（自 10 月 1 日起施行）领导小组，局长郑雄志任组长，法规科科长阳关云任主任。9 月，清理过期法规。年内，首次发布《烟草专卖行政执法案件合法性审查工作规范》。

2009 年，市局第一次修订《烟草专卖行政执法案件合法性审查工作规范》。

2014 年 5—6 月，对全市系统的行政处罚案卷进行评查，共评查行政处罚案卷 1608 卷，其中一般案卷1434卷、简易案卷174卷。此后，一般每年开展2次评查工作。自8月1日起，在原有审批程序上增设法制部门案件审核环节，增加《行政处罚案件阅卷笔录》文书。是年，将落实行政执法责任制纳入工作目标管理范围。清理烟草审批流程事项，优化零售许可证的办理流程，向市政务中心报送《行政审批授权书》，进一步明确政务中心烟草行政审批窗口的职能职责。

2015年10月，按照市纪委、市监察局的要求，开展行政权力及政务服务事项清理规范工作。年内，首次发布《规范性文件管理工作规范》《行政执法错案责任追究工作规范》《专卖行政处罚案卷和专卖零售许可卷宗评查工作规范》；第二次修订《烟草专卖行政执法案件合法性审查工作规范》。是年，共评查行政处罚案卷445卷。

2016年，进一步推行政务公开，在网上公布行政执法文书。

2017年，共审查专卖行政处罚案件1341件，其中市本级87件；共评查行政处罚案卷100卷，行政许可卷宗50卷。是年，落实行政审批信息公开工作，通过设立咨询电话、在线应询、电子邮箱等方式，及时提供咨询服务，依法保障申请人的知情权。

2018年4月18日，清理不适应郴州烟草改革发展、与现行法律法规及政策性文件不符的文件73个，并宣布失效。12月底，第一次修订《规范性文件管理工作规范》《行政执法错案责任追究工作规范》《专卖行政处罚案卷和专卖零售许可卷宗评查工作规范》。实行定期清理与即时清理相结合的办法，建立每两年一次的规范性文件清理机制。明确行政处罚案卷和行政许可卷宗评查流程、要求、人员、方式、范围、内容、结果处理等具体要求。对全市系统的行政处罚案卷和零售许可卷宗均随机抽取10份，其中对涉案标的达50万元以上（含）的案卷全部进行抽取，卷宗尽可能包含所有类型。第三次修订《烟草专卖行政执法案件合法性审查工作规范》，明确专卖执法部门案件移送同级法规部门进行审查时，应一并移送的材料；法规部门对其进行程序和实体审查，并根据不同情况签署审查意见。首次发布《执法证管理规范》和《重大执法决定法制审核工作规范》。明确行政执法证件持证人资格条件、资格考试管理、检查证和徽章的申领与办理，使用与管理等具体要求。重大执法决定法制审核范围覆盖重大执法行为、重大行政处罚和重大行政许可。是年，开展全市系统“放管服”改革自查整改，降低烟草行政许可准入门槛，简化办证流程和手续；建立《推行行政执法公示》《推行执法全过程记录》《推行重大执法决定法制审核》三项制度，聚焦行政执法的源头、过程、结果，实现信息透明、全程留痕、决定合法。全市系统共审查专卖行政处罚案件1484件；共评查行政处罚案卷200卷，行政许可卷宗100卷。对桂阳、宜章、永兴、汝城等县局报送的多起案件出具审查意见。组织全市系统对2018年1月1日以后所有行政处罚案件和行政许可案卷进行“再回头看”，尤其是省局《关于进一步规范真烟案件查办有关事项的通知》（湘烟专〔2018〕128号）出台后立案的行政处罚案件，在12月底前完成整改。严格执法证件管理，收回调离、退休执法人员的执法证件。

2019年8月，省局行政处罚案件和行政许可案卷评查组一行对市局专卖科，桂东、汝城、资兴等县级局开展“飞行评查”，反馈5大类、16个方面、35个问题。12月，整改完毕。是年，市局进一步规范专卖执法资格管理，组织新系统使用后的申领、换领及补领工作，建立检查证领取及使用台账，全面清理执法证持有情况，收回调离执法岗位和退休人员的执法证件39本；共评查行政处罚案卷100卷、行政许可卷宗50卷。

2020年，市局梳理出53份可能涉及妨碍统一市场和公平竞争的政策措施文件，确定8份进行废止、修订。印发《案件评查工作方案》，修订烟草专卖行政处罚和行政许可文书。加强对县级局5万元以上重大真品卷烟案件的督查及重大案件的合法性审查。是年，全市系统共审查专卖行政处罚案件1558件，对宜章、永兴、资兴等县级局报送的62起重大真品案件出具审查意见。每年对市、县局行政许可卷宗、行政执法案卷开展评查、纠错1～3次，形成常态化制度。

第三节 普法教育

2003年，贯彻国家“四五”普法（2001—2005年）纲要工作要求，下发普法读本，开展以宪法为核心,以“21个法律”为普及内容,并以《中华人民共和国烟草专卖法》为重点的法制教育活动。4月15日，贯彻落实《湖南省烟草行业经营管理人员法律知识统一考试方案》精神，市局成立法律知识统一考试工作领导小组，8月13日、9月21日，分别组织48人、68人参加国家局、省局经营管理人员法律知识考试。10月25日，组织130人参加市直工委组织的普法考试，考试内容为《湖南省“四五”普法2003年读本》。

2006年，市局印发《全市系统法制宣传教育第五个五年规划（2006—2010年）》。组织22人次参加法规培训，并要求重大事项的决策必须征求法规部门意见。

2010年4月22日，市局宣传贯彻实施新修订的《中华人民共和国烟草专卖法》《烟草专卖行政处罚程序规定》及《最高人民法院、最高人民检察院关于办理非法生产、销售烟草专卖品等刑事案件具体应用法律若干问题的解释》，先后组织培训、法律法规知识考试和竞赛，并根据新修订的内容制定完善配套制度。

2011年，为“六五”普法开局之年。按照国家局、省局部署，印发《全市系统法制宣传教育第六个五年规划（2011—2015年）》，向每位员工发放普法读物1本，组织培训、考试，增强全员法制意识，推进“三个依法”（依法行政、依法管理、依法生产经营）。桂东县局被郴州市依法治市领导小组评为郴州市“五五”普法依法治理先进单位。

2013年，为配合开展普法活动，市局创办《普法专刊》，宣传关于专卖执法活动中若干问题的参考处理意见等内容。

2014年1月，市局研究落实构建法制宣传教育长效机制，法律宣传教育培训考核制度化、规范化，把法律学习作为员工学习的重要内容。5月，组织法规、专卖执法人员学习国家局下发的《当前专卖执法需要再明确的几个问题》。在烟叶收购期间，各产烟县在当地主要媒体进行为期2个月的烟草专卖法律法规宣传;开展“送法下乡”活动,向全市所有卷烟零售户发放《烟草专卖法律法规宣传手册》2万册。7月，贯彻落实国家局《关于全面深入推进法治烟草建设的意见》和省局《关于加强全省系统政策法规工作的意见》。9月，组织9名法规工作人员赴中国政法大学进行集中学习培训。11月，运用“无纸化学习及考试系统”开展网上学法和普法考试。此后,一般每年11—12月,开展该项工作,合格率均为100%。是年,市局党组明确规定今后每半年市、县局党组安排1次法规工作专题会议,每年安排2次以上法律专题讲座,组织全体员工进行1次法律考试。开展“三创三征”（深入开展“法治烟草”讲堂创建活动、“法治烟草”专版专栏创建活动、“依法行政示范单位”和“诚信守法示范企业”创建活动，“百案鉴评”专卖执法典型案例征集活动、“百案鉴评”涉法涉诉典型案例征集活动、“百案鉴评”法治烟草主题征文活动）法治烟草建设主题活动。整合内外部法律专家资源，组建普法讲师专家团队，定期开展讲座和授课；利用专栏重点宣传中共十八届四中全会精神，并通过手机信息平台及时发布与行业依法行政、依法生产经营、依法管理密切相关的法律知识；资兴市局、安仁县局、宜章县局被当地政府评为“诚信守法示范企业”；推荐3篇专卖执法典型案例，汇总、整理自2005年以来13件典型涉法涉诉案例（均附案例评析），征集论文10篇，向省局推荐3篇；开展“法律六进”（进机关、进乡村、进社区、进学校、进企业、进单位）活动，在“3·15”消费者权益日、“6·29”烟草专卖法颁布纪念日，通过出动宣传车、设立咨询点、发放宣传资料等形式，开展“法律进网点”活动。此后，一直在延续。全市系统共向员工发放普法系列丛书1800册，开展社会宣传17次，设立宣传台、咨询台20处，发放传单3000余张，悬挂宣传横幅126条。

2015年3月，召开全市系统法律顾问座谈会。4月，组织法规、专卖执法人员集中学习新修订的《中华人民共和国行政诉讼法》；向全市系统员工发放《合同管理》《涉烟犯罪研究》等普法系列丛书300余册。5月，组织法规部门负责人参加全国烟草系统法规科科长集中培训。6月，举办全市系统法律法规知识抢答赛。9月，举办法律主题辩论赛；法规科首次在局务会上点评合同案例，此后，一直在延续。全年，全市系统利用会议、培训、“3·15”消费者权益日等场合，共设立法制宣传台、咨询台56处，发放宣传资料8600余份。

2016年，为“七五”普法开局之年，面向全体干部职工发放普法读本。市局出版《中华人民共和国国家安全法》《中华人民共和国反恐怖主义法》《反分裂国家法》主题宣传板报各1期。5月，市局（公司）被省局评为“全省系统‘六五’普法先进单位”。5月底，组织部分专卖人员参加2期全省系统专卖执法资格培训考试，均取得专卖执法资格。12月底，贯彻落实国家局、省局、市委、市政府文件精神，印发《全市系统法治宣传教育第七个五年规划（2016—2020年）》。新增学习宣传中共中央总书记习近平关于全面依法治国的重要论述。明确坚持领导干部带头学法守法用法，加强专卖执法人员、生产经营管理人员学法守法用法，健全普法宣传教育机制和普法责任制，推进法治宣传教育工作创新。是年，共组织培训12场次，举办“法治烟草”讲堂2次，专版专栏8个，征集法治烟草主题论文18篇，向省局推荐优秀论文4篇。其中，《论烟叶生产业务外包的法律风险及防范》一文被省局推荐参加中国烟草学会年度论文评选，荣获优秀论文一等奖，被市委办公室评为年度优秀信息并通报表扬。

2017年5月，市局出版1期《网络安全法》主题板报，桂阳、宜章县局分别出版《中华人民共和国国家安全法》《中华人民共和国反恐怖主义法》《反分裂国家法》主题板报1期；征集“法治烟草”主题论文13篇，向省局推荐优秀论文8篇；对全市系统新到岗的18名专卖执法人员开展专卖执法资格培训。11月，在全市系统开展“崇德守法　知行合一”法律知识学习竞赛活动。是年，共组织培训11场次，举办“法治烟草”讲堂2次，创办专版专栏6个；办好浓香书屋“法律书籍”专柜，收录“七五”普法读物；向全市系统发放《烟草行业专卖执法案例选编》《烟草行业涉诉仲裁案例选编》等法律书籍。

2018年9月，市局印发《全市系统“学法用法　人人守法”法律法规知识学习考试过关活动实施方案》。明确是年9月至2019年12月，开展该项活动。12月，组织全市系统新到岗专卖人员参加全省系统专卖执法资格培训考试，举办面向全市系统所有营销、物流人员的《中华人民共和国宪法》《中华人民共和国烟草专卖法》《中华人民共和国烟草专卖法实施条例》《中华人民共和国反垄断法》《中华人民共和国反不正当竞争法》等相关法律知识学习考试。是年，推动法规机构建设，实现人岗匹配。开展宪法修正案专题辅导、法律法规知识培训，组织全体法规人员参加省局举办的法规人员培训班。在“12·4”国家宪法日暨首个宪法宣传周开展送法到烟农等活动；临武县局定期组织干部职工观看“法治在线”“以案说法”等法治节目；汝城县局围绕“宪法修正案”及“两反”法律法规开展专题授课2次；桂阳、宜章县局多篇宣传法治建设工作好做法、好经验的稿件被“郴州政府法制”微信公众号采用；市局出版1期《中华人民共和国未成年人保护法》主题宣传板报。共组织培训12场次，举办“法治烟草”讲堂2次，创办专

2019 年 10 月，全市系统举办法律知识竞赛

版专栏 8 个，征集“法治烟草”主题论文 17 篇，向省局推荐优秀论文 3 篇；组织人员到桂阳县人民法院旁听行政案件庭审。

2019 年，市局制作烟草专卖法律法规宣传动画视频 9 个，并在市电视台滚动播放。是年，举办“不忘初心　牢记使命”主题教育党内法规暨第二届“崇德守法　知行合一”法律知识竞赛系列活动；开展《中华人民共和国军事设施保护法》《中华人民共和国国家安全法》等“五法”法律法规知识竞赛活动；征集“法治烟草”主题论文 11 篇，向省局推荐优秀论文 2 篇；组织法规人员学习《国家烟草专卖局机关行政复议程序规定》，组织全体干部职工学习《烟草行业领导干部涉及工程建设、物资采购等违法犯罪典型案例警示录》；组织 64 名专卖人员参加省局执法资格考试，56 人通过考试。

2020 年，市局向社区群众开展疫情防控普法宣传，制作展板 9 块、发送短信 45787 条、发放《防控疫情法律知识宣传册》500 余份。邀请湘南学院法学专家对《中华人民共和国民法典》进行宣传解读，组织专卖、法规人员学习国务院“放管服”改革要求和省局《行政执法公示制度实施办法》《执法全过程记录制度实施办法》《重大执法决定法制审核制度实施办法》及相关配套制度，并进行测试。举办专卖执法资格培训，13 人参训。印发《烟草专卖执法资格法条汇编》《专卖执法资格考试题库》（公共法律和烟草法律），考试合格 9 人。

第四节　法律风险防控

2003 年，市、县局均设有“行政复议委员会”，其后随人事变更调整其成员，遇有不服行政处罚、申请复议案件，予以复议，必要时组织听证。11 月 17 日，市公司启用合同专用章；并健全印章使用、批准程序制度，防范各类合同、协议签订不规范带来的法律风险。

2006 年，市公司修订《合同管理办法》。法规部门审核合同 46 份，从合同签订、履行等基础工作入手，关口前移，严格按照法律规范公司的经营行为和管理行为。

2007 年 10 月 16 日，市公司修订《合同管理办法》，明确市、县两级法规部门是合同管理部门，明确签订合同的程序和要求，合同的履行、违约和纠纷的处理、合同的监督检查等。同时，实行法人代表授权委托代理制度，按照规定发放公司委托代理证书，各县（市）分公司合同标的额在 50 万元以下的合同原则上授权各县（市）分公司经理签订；标的额在 50 万元以上的合同、标的额在 50 万元以下但法律关系较为复杂的或者根据上级规定和内部管理要求需要由市公司统一处理的合同仍由市公司处理。公司对外发生经济往来，除标的额较小（1 万元以内）或能即时清结的外，均须签订书面合同；虽能即时清结但属批量、交易额较大，或当时难以监测产品内在质量和技术性能及容易引起纠纷的交易，也要求签订书面合同。本公司方至少留存 3 份合同，且必须使用公司合同专用章。

2008 年 9 月 10 日，市局印发《关于加强法律顾问服务的通知》。自 9 月起，市局法律顾问每月坐班

2天，坐班期间，各单位（部门）集中提交涉及法律事务的问题、难点，由法律顾问统一把关、解答。要求各单位（部门）在作出重大投资决策、签订重要合同和实施重大执法活动前要充分征询法律顾问的意见；在不涉及企业商业秘密的前提下，主动邀请法律顾问提前介入商务谈判，参加重大投资、决策会议；市局各类经济、劳动合同和县局重大经济、劳动合同必须经过法律顾问审核。各单位（部门）对外发生重大涉法事件，包括诉讼、非诉讼民事案件、行政复议、行政诉讼案件和其他管理方面的案件时，要求在案件发生之日起5日内将案件基本情况、应对方案报送市局，接受有关法律指导和监督。

2009年6月17日，市公司印发《合同管理试行办法》。新增市本级授权委托代理标准，市本级合同标的额在5万元（含）以下的合同授权合同承办单位（部门）负责人签订；5万元以上、30万元（含）以下的合同授权分管的市局（公司）领导签订；30万元以上的合同由公司法定代表人签订。同时，要求填写合同审查审批单，明确合同编号（CZYC—××—××，即郴州烟草的首拼音缩写—年份缩写—流水序号）。

2012年4月，市公司印发《合同管理办法（试行）》。修订县级分公司授权委托代理标准，标的额由50万元降至30万元。合同标的额在5万元以下的，合同审批采取书面形式进行（填写合同审查审批单）。

2013年10月30日，市公司印发《合同管理办法》。明确合同管理、承办、审核部门的主要职责。修订市、县两级授权委托代理标准，删减市本级部门负责人签订项。市本级合同标的额仅保留30万元标准。30万元以下的授权市公司分管领导签订；30万元以上的由公司法定代表人签订或由其授权分管领导签订。县级分公司合同标的额标准增至100万元。100万元以下的原则上授权各单位主要负责人签订；100万元以上的由市公司法定代表人签订或由其授权分管领导签订。必须签订书面合同标的额由1万元以下修订为5万元以下。新增标的额5万元以上的，必须通过"湖南烟草商业招标采购监管系统"进行审批。

2014年9月，市局落实行业管理规范的定期清理制度和"三统一"制度（规范性文件统一登记、统一编号、统一公布）。10月，审查上报规范性文件12个，提出审查意见6条。10—11月，全面清理1984—2013年发布的规范性文件367份，其中继续有效133份（拟修改的13份，继续适用的85份，新修订有效的35份）、废止206份、失效28份。是年，按照《烟草行业法律风险防控建设工作要点》（国烟法〔2014〕221号）的有关要求，市局成立法律风险防控领导机构（法律风险管理委员会），确定法律风险防控体系建设5个重点领域：防控重大决策法律风险、防控管理规范相关的法律风险、防控专卖执法法律风险、防控合同管理法律风险、防控采购管理法律风险。借助咨询公司的力量，制订《全市系统防控体系建设实施方案》，明确从2015年1季度开始正式启动全面推进全市系统法律风险防控体系建设；建立健全决策法律风险点评估机制，将涉及重大投资、重大资产处置、管理规范出台、劳动用工、知识产权保护、法律纠纷处理等重大事项的决策纳入合法性审查范围，开展法律风险点评估，出具法律意见书。针对有重要影响的决策进行风险二次评估，并将重大决策事项合法性审查情况纳入年度考核内容。畅通救济渠道，建立健全行政复议、行政诉讼应对机制，并完善配套措施；全过程审查生产经营活动中涉及的所有合同，共审核合同640份，重点审核"三项工作"（工程投资、物资采购和宣传促销）相关招标文书及合同，并建立合同登记台账。

2015年4月29日，市局召开全市系统法律风险防控建设工作推进会，下发《全市系统法律风险防控建设工作实施方案》。各部门设置风险管理员，并组织全市系统各岗位工作人员梳理、查找、收集关于重大决策、管理规范、行政执法、卷烟销售、烟叶生产、招标采购、合同管理、劳动用工及其他重点领域的法律风险源、风险点。8月26日，修订《合同管理办法》。市公司建立分级管理、归口管理、统一授权、审查会签、编号归档、监督检查的合同管理制度体系，并建立企业法律顾问机制，发挥法律顾问在合同谈判、起草、审核及合同纠纷处理方面的专业优势，提高法律风险防控能力。建立兼职合同管理员制度，加强对其指导、培训。明确合同管理部门、承办部门和审查部门的主要职责。市本级合同标的额在 30 万元以下的，授权市公司分管领导签订；30 万元以上的，由公司法定代表人签订或实行“一事一授权”，由市公司法定代表人授权市公司分管领导签订。县级分公司合同标的额在 100 万元以下的，原则上授权各单位主要负责人签订；100 万元以上的，由市公司法定代表人签订或实行“一事一授权”，由市公司法定代表人授权各单位主要负责人签订；被授权的县级分公司主要负责人以本县级分公司的名义签订合同。对外发生经济往来，除标的额 5 万元以下且能即时清结的外，均须签订书面合同。合同标的额 5 万元以上的，必须通过“湖南烟草商业招标采购监管系统”进行审批；5 万元以下需签订合同的，合同审批采取书面形式进行。同时，明确合同履行、违约和纠纷的处理、合同归档、合同的监督检查等要求。9 月，经法律顾问团队集中评审修订，市局法律风险管理委员会审核通过，发布《全市系统法律风险识别清单》，共识别法律风险点 246 个，其中公共风险点 55 个，部门风险点 191 个；印发《关于进一步加强“三项工作”管理的通知》，要求各县（市）分公司合同金额在 100 万元（含）以上的项目，通过 OA 系统招标采购监管平台在县（市）分公司完成合同审批流程后，由原来纸质送市局（公司）局长（经理）签字改为通过平台报送市局（公司）对口业务分管领导审签，最后报市局（公司）局长（经理）审批。计划金额在 10 万元（不含）以下的项目，各单位自行组织招标；10 万元（含）以上的项目，必须委托招标代理公司进行招标。各单位（部门）进行项目合同审核时，扫描上传评标报告、中标单位的投标报价清单及招标过程中承诺的优惠条款等影响招标结果的资料性文件。所有项目按照招标采购监管平台中的“采购卷宗项目目录”和“一事一档”要求归档；采取全部核查和随机抽样相结合的方法，对全市系统经济合同管理进行专项检查。

2016 年，市局（公司）开展法律风险控制现状评估工作，建立法律风险预警处置机制。完善企业法律顾问制度，法律服务覆盖专卖执法和生产经营管理全过程，包括合同审查、劳动用工、基建项目、资产处置、信访和招投标等重大经营管理活动，自 4 月起，为强化法律顾问工作职责，法律顾问由每周坐班 1 次增至 3 次。对全市系统经济合同开展季度检查考核，并纳入绩效考核范围。4 月 7 日，印发《经济合同管理考核方案（试行）》。对各县（市）分公司的经济合同考核纳入其基础管理线范畴，考核周期为每季度 1 次，在每季度的前 10 天内，提供上一季度所签订的全部经济合同台账，由考核组随机抽取或全部抽查后，采取集中考核或现场考核方式进行考核，考核结果纳入各单位月度绩效。对市公司各部门的经济合同考核纳入机关共同工作目标范畴。考核项目立项、执行，合同签订、履行、归档等阶段。9 月 19 日，印发《经济合同范本》，共收集 7 大类 23 例下发参照，其中采购类合同 3 例、业务外包类合同 6 例、维保类合同 3 例、运输类合同 2 例、建设施工类合同 4 例、租赁类合同 3 例、补贴类合同 2 例。

2017 年，市公司审核标书及合同 313 份，接受各类法律事务咨询 48 余项。11 月 1 日，新修订《市公司章程》，并向省公司请示。

2018 年 3 月 13 日，市公司修订《经济合同范本》，修订《烟叶收购辅助业务外包合同》《安保业务外包合同》《餐饮业务外包合同》《烟用物资装卸业务外包合同书》合同范本 4 种，新增《卷烟干线配送运输合同》《物业管理服务合同》合同范本 2 种，并制订合同签订授权委托书及专项事务授权委托书样本。10 月，为加强卷烟销售法律风险防控，印发《规范与卷烟零售户自律互助小组关系十条规定（试行）》。11 月 17 日，转发省局《关于开展法律风险防控“回头看”的通知》。重点开展行政执法、卷烟销售、烟叶生产、招标采购、合同管理、劳动用工、重大决策、管理规范及其他重点法律风险防控，顺利通过省局复查。年内，为加强烟叶生产法律风险防控，桂阳县局强化对涉及烟农专业合作社事务的文件的形式、内容的合法合规性审核。全年，法规部门共开展 2 次合同评查，审核合同 595 份。

2019 年 2 月 26 日，市公司根据新形势发展、新法规要求，再次修订《合同管理办法》。明确加强合同管理信息化建设和合同范本库建设，推广使用省公司、市公司编写的合同范本。企业法定代表人（主要负责人）对本单位签订的合同负责。新增“对于重大、复杂合同［标的额较大的合同（亿元以上的建设施工合同，500 万元以上的买卖合同，200 万元以上的租赁合同、仓储合同、技术合同、承揽合同、委托合同、赠与合同、运输合同及其他合同）；涉及知识产权开发、使用、转让的合同（合同金额在 200 万元以上）；与行业方的第三方合资、股权或整体资产并购、增资、企业合并、分立合同；含有排他性投资、合资、合作条款或含有不竞争条款的合同；法律关系复杂或其他可能对企业权利义务产生实质性重大影响的合同］，可适用合同范本库中范本的，争取适用；不适用的，各单位主动争取由己方起草”的内容。是年，共审核合同 336 份；为进一步规范全市系统与卷烟零售户双方卷烟供销行为，降低全市系统停供、减供的法律风险，制定《卷烟供销合同》。

2020 年，针对突发疫情给企业经营可能带来的法律风险，市局（公司）会同法律顾问制定下发《关于做好因新冠肺炎疫情引起的合同风险防控工作的通知》，组织开展合同风险摸底排查工作，累计排查合同 227 份，其中受疫情影响未能及时签订、履行不能、部分履行不能或延迟履行的合同 36 份，申请减免租金的租赁合同 39 份；坚持合同线上审批，做好文本核对、水印打印，规范自身授权行为和索取留存对方授权委托书，市本级共审核、办理合同 395 份。

第五节　法律事务处置

2006 年，市局协调处理桂阳县、嘉禾县营销部、金叶商贸有限公司等单位购进肥料被市技术监督局查处事宜，取得一定成效；处理曾某诉人身损害赔偿案，最终胜诉。

2014—2019 年，妥善处理全市系统各类涉法涉诉案件。其中，涉及桂阳、临武县分公司劳动争议案数起，嘉禾县某专业合作社虚构第三利益方诉讼案 1 起，涉及要求披露政务信息案 2 起。

2020 年，处理政务信息公开案件 1 起，请求市检察院不支持监督劳动争议纠纷案 1 起。

第三章　劳动人事管理

第一节　人事管理

一、干部管理

2003年，对嘉禾、资兴、永兴等单位的班子成员进行调整，提拔、交流干部6人。新组建市局（公司）计算机信息中心和物业管理科，对信息中心副主任、物业管理科副科长以及配送中心副主任3个岗位进行公开选拔，20人参加竞聘，经笔试、竞聘演说、面试测评、组织考察等环节确定最终人选，公示无异议后，于8月上岗。

2004年2月，烟叶购销公司与烟叶复烤厂分设，配齐复烤厂一正二副的厂级领导班子，并对烟叶公司的领导班子进行补充，复烤厂的内设机构及人员配备及时到位。7月，为实行政务公开，接受群众监督，召开市局机关及直属单位53名科级干部的述职大会，每位中层干部从德、能、勤、绩、廉等方面将自己从集团撤销、工商分设以来的思想、工作情况进行述职。10—11月，开展市局（公司）机关和直属单位（不含烟叶复烤厂、金叶大酒店）实施全员竞岗，原中层干部均先行集体免职，106人参与科级干部竞岗，择优聘用48名。

2005年，省局接连发布《公开选拔处级领导干部工作试行办法》《干部交流试行办法》《处级干部考核试行办法》《领导干部提前离岗暂行办法》《调研员、助理调研员职务设置暂行规定》《干部挂职锻炼实施办法》，其中，对非领导职务职数的设置，规定不得超过单位领导职数的40%。是年，新设置2名副调研员。并按照干部挂职锻炼的规定，经笔试、系统外专家团队面试，选派部分大专文化以上、40岁以下、有实际工作经验的优秀中青年干部到基层挂职（不占岗位编制职数），锻炼期为1～2年，期满后经考核择优任用。

2007年5月24日，市局发布《郴州市烟草专卖局（公司）系统现代人力资源管理体系建设实施方案》（郴烟人〔2007〕81号）。全员竞岗实施方案发布之日，市局（公司）机关全体中层干部集体免职，公布新一届中层岗位及职数，开展竞聘。自6月1日起，公布县（市）局（营销部）领导班子成员和中级技术职务岗位竞聘职数，8—9日，以视频会议的形式召开竞聘大会。经过竞聘，完成对桂阳、嘉禾、永兴、临武、桂东、汝城、资兴等单位的领导层的调整和交流。市局（公司）共聘任机关和直属单位中层管理正职19人，高级专业技术职务1人，中层管理副职34人，中级专业技术职务9人，县（市）局（营销部）领导班子成员副职32人，中级专业技术职务6人。是年11月，贯彻执行省局《非领导职务设置及管理办法》（湘烟党〔2007〕20号）。

2008年，对永兴、宜章、安仁、汝城、资兴、郴州天泰复烤有限责任公司等单位的领导进行调整和交流。调整正科级干部3人、副科级干部6人，提拔正科级干部1人、副科级干部4人。8月，市局（公司）根据上级文件精神、机构人员编制调整的需要及薪酬管理新要求，成立“现代人力资源管理体系建设领导小组”，郑雄志任组长，下设7个工作小组，分担各方案起草及监审、维稳工作；10月完成各方案起草；11—12月完成合编审议、征求意见、修改完善、职代会审议、上报省局批准；12月23日，市局党组正式下发《郴州市烟草专卖局（公司）机关现代人力资源管理体系建设实施方案》（郴烟党〔2008〕8号），对市局（公司）机关再次进行全员竞岗，中层干部于 12 月 26 日集体解聘，再按照程序开展竞聘。2009 年，市局（公司）机关于春节前完成部门正、副职，高、中专业技术职务岗位的竞聘，2 月 14 日完成员工岗位竞聘工作。

2010 年 4 月 11 日，市局印发《关于公开选拔副科级管理岗位人员的通知》，选拔部分年轻干部。12 月，市局组织年度各直属单位领导班子及科级干部综合考核，在经营业绩和个人“德、能、勤、绩、廉”测评的基础上，增加“个人能力建设”考核作为重要参考依据。

2011 年 11 月 29 日，全市系统启动第四轮全员竞争上岗。对 9 个县级局领导班子和市局机关部分科室正副职进行调整充实，提拔科级领导干部 7 人（县级局局长、经理 1 人，科长 2 人，主任科员 1 人，副主任科员 2 人，副科级干部 1 人），异地交流 6 人，办理到龄免职 13 人，安排后备干部到县级局挂职经理助理 4 人，进一步优化中层领导年龄、知识和专业结构。

2012 年，对 9 个县级局领导班子和市局机关部分科室正副职进行调整充实。通过县级局领导班子副职竞争上岗和民主推荐考察共提拔科级干部 11 人（主任科员 1 人，县局班子正职 2 人，县局班子副职 5 人，副主任科员 3 人），安排后备干部到市局机关和县级局挂职局长助理 6 人。制定《郴州市烟草专卖局（公司）后备人才梯队建设实施办法》，并开启市局机关空缺岗位向县级局员工参与公开竞聘模式。

2014 年，扎实开展机构、编制、职数“三定”工作调研，为理顺干部人事机构编制工作奠定基础。出台《员工挂职锻炼管理办法》，打通员工“上挂、下挂、横挂、外挂”等锻炼通道，9 名优秀员工得到基层历练。落实新进统招员工专业归队。是年，通过公开竞聘，16 人从县局进入市局相应岗位，市县之间人才得到有效互补。

2015 年 5 月 11 日，市局部署实施机关 9 个部门副职空缺职位竞聘工作。通过竞聘与年度考核，2 人通过民主推荐提拔到正科长岗位，有 10 人通过竞争上岗走上副科长岗位，交流调整干部 34 人次。完善员工成长成才平台，认真落实专业人才归队及培养、挂职锻炼工作，46 人被纳入专业技术人才培养计划，9 人到市、县两级挂职锻炼。2016 年 12 月，市局（公司）印发《科级干部选拔任用工作实施细则》（以下简称《实施细则》）。

2017 年，市局（公司）印发《干部挂职锻炼实施办法》《科级干部交流实施办法》《科级非领导职务管理办法》《科级干部选拔任用工作流程（试行）》《中共郴州市烟草专卖局党组关于进一步明确干部管理工作有关规定的通知》5 项文件，从制度层面力促干部管理更趋规范。

2018 年，开展选人用人、任职回避、人事档案专项检查和整改“回头看”，巩固提升各类专项整治成果；严格落实干部超职数问题整改，消化调整正副科级实职干部 5 名，科级非领导职务 13 名。

2019 年 3 月，启动全市系统第五轮人事制度改革，核定县级局（分公司）领导班子成员：桂阳县局一正三副一纪检组长，其余各县（市）局（分公司）一正二副一纪检组长；县局（分公司）科级非领导职务职数 2 名，其中主任科员不得超过 1 人。核定市局（公司）内设机构部门领导职数为 51 名，其中部门正职职数为 18 名、部门副职职数为 33 名；市局（公

2019 年 3 月，第五轮人事制度改革市局机关部门正职竞争上岗会议

司）内设机构科级非领导职务职数为25名，其中主任科员7名。核定中高级专业技术（职业技能）职务102名（市公司本级高级9名，中级93名）。3月21日至4月15日完成市局（公司）内设机构正职、副职、县级局（分公司）空缺副职、高中级专业技术（职业技能）职务和总监岗位的竞岗。自4月15日起，陆续开展全市系统股级干部及普通员工竞岗。全市系统共提拔科级干部17人，新增“80后”科级干部4人，新增“85后”股级干部24人。对新一届在岗干部均实行月度、年度绩效考核和年度综合素质考核，与薪酬、岗位调整挂钩，激励各级干部认真履职。

2020年5月，市局（公司）印发《全市系统科级干部选拔任用工作实施办法》，2016年12月印发的《实施细则》同时废止。11月，印发《县级局领导班子和领导干部考核工作方法》，考核方式主要包括平时考核、年度考核、专项考核和全面考核。同时，制定挂职交流、干部交流、班子建设等5个制度文件，进一步完善干部工作体系。是年，市局制定下发《全市系统中长期干部、人才队伍建设规划》，对干部人才队伍的长期建设进行布局。进一步优化县级局班子结构，调整班子正职6人次，新提拔班子副职2名。

二、专业技术职务评聘

2004年，执行省公司8月6日印发的《专业技术职务聘任办法（试行）》，其中规定：各市（州）局（公司）可设置高级会计师、高级农艺师、高级工程师（信息技术）岗位，年产1.50万吨以上烟叶产区的市（州）局（公司）应优先设置高级农艺师岗位。市（州）局（公司）中级专业技术岗位可设置数＝基数（6个）＋目前县级局（公司）数＋烟叶产区增加数（0.25万～2.50万吨以上产区设置1～5个）；初级专业技术岗位的设置由各单位自定。聘期三年，行政领导职务与专业技术职务不得同时担任。对连续两年考核评为不称职的、健康原因不能坚持工作超一年的、调离的、工作失职带来较大损失的、已转为行政领导职务的应及时解聘。

2006年，向各级人事部门报送职称评审4人，其中向省局报送评审高级职称2人、向郴州市人事局报送评审中级职称2人；组织参加全国职称外语等级考试16人，参加全国经济师专业技术资格考试8人（中级6人，初级2人）。11月，贯彻执行国家局〔2006〕408号文件精神，在实行评聘分开制度的前提下，全面推行专业技术、技能岗位的评聘工作，凡符合条件的人员均可参与管理岗位和专业技术、技能岗位的竞聘。

2007年5月，市局（公司）下发《现代人力资源体系建设实施方案》，内含《专业技术职务聘任实施方案》。规定：高级以上专业技术职务，报省局（公司）审批，市局（公司）聘任；中级专业技术职务，由市局（公司）聘任和管理；初级专业技术职务，由县（市）局（营销部）聘任和管理。专业技术职务与行政管理职务不得同时兼任。专业技术职务岗位设置：市局（公司）在烟科所设置高级农艺师1名，本级各部门中级9名，初级28名；县（市）局（营销部）设置中级10名（桂阳2名，其余县级营销部各1名），初级43名。任期与其他竞岗人员同步。

2008年9月20日，市公司印发《专业技术资格评定工作实施办法》，市公司成立以郑雄志为组长的职改领导小组，下设办公室（设在人事科），并下设考评推荐委员会，分管人事的领导为主任，分管科研的领导为副主任，各部门负责人为成员。

2009年1—2月，市局（公司）机关开展新一轮全员竞岗。在465个岗位中，212人被列入专业技术（技能）岗位。其中，12人被聘任为机关部门中级专业技术职务（或技师），1人被聘任为高级农艺师。6月12日，各县级分公司原聘任中级专业技术职务全部解聘，开展新一轮竞聘。7月，市公司行文通知开展年度初、中级专业技术任职资格评审申报工作。9月，市局聘任9人为中级技术职务（桂阳2人，嘉禾2人，永兴、宜章、安仁、临武、桂东各1人）。12月，市局对机关高、中级专业技术职务人员实施考核，对专业技术能力、专业技术理论水平、工作表现与业绩三个方面实行百分制考核。年内，上报高级专业技术职务任职资格评审申报材料2份，委托地方评审的中、初级专业技术职务申报材料477份。

2010年，上报高级技术职务推荐人选3名，经省公司职改领导小组评审，2人通过初审；经过省公司委托地方人事部门评审中级职称人员2名；经过市公司委托地方人事部门评审初级职称人员10名。

2011年11月29日，市局（公司）发布《第四轮全员竞争上岗实施方案》，设置高、中、初级专业技术（职业技能）岗位和任职条件，列入竞岗，其受聘待遇：在17个岗级（1岗为最高）中，高级专业技术职务（含高级技师）为4～5岗，中级（含技师）为8～11岗，初级为14岗。

2012年5月20日，市公司聘任6人为桂阳、安仁、永兴、宜章、嘉禾县分公司中级专业技术职务。

2013年6月9日，市公司聘任1人为高级农艺师，聘任6人为各部门中级技术（技能）职务。8月15日，市公司聘任5人为县分公司中级技术（技能）职务。

2014年12月，市公司聘任4人为桂阳、宜章、永兴县分公司中级专业技术职务，任期与第四轮全员竞岗同步。

2015年11月2日，市公司职改领导小组组建初级职称评审委员会专家库，共42名，均为中、高级任职资格人员。其中，农业系列评委18名，政工系列评委12人，工程系列评委12人。

2016年1月19日，经市局（公司）初级职称评审委员会评审，确认初级专业技术职务资格21人。是年选拔16人为学科带头人培养对象及后备对象。

2017年，评审通过中级职称7人。制定整套行业高技能人才培训鉴定基地管理制度，完善基地各类硬件设施。全年新增高级职称2人、技师5人，中级职称5人。

2019年3月19日，市局（公司）发布《第五轮人事制度改革实施方案》，全市系统聘任技术职数设置：高级专业技术（职业技能）职务9人，中级专业技术（职业技能）职务93人，合计102人。其中，市局（公司）本级高级8人，中级30人，烟叶质量总监1人。县级局（分公司）：桂阳18人，其中高级农艺师1人，农艺师或烟叶评级二级技师12人，二级专卖管理师1人，二级卷烟商品营销师1人，会计师、经济师或工程师2人，安全工程师1人；嘉禾、宜章、永兴、安仁各聘任7人，其中农艺师或烟叶评级二级技师3人，二级专卖管理师1人，二级卷烟商品营销师1人，会计师、经济师或工程师1人，安全工程师1人；临武5人，其中农艺师或烟叶评级二级技师1人，二级专卖管理师1人，二级卷烟商品营销师1人，会计师、经济师或工程师1人，安全工程师1人；资兴、汝城、桂东各4人，其中二级专卖管理师1人，二级卷烟商品营销师1人，会计师、经济师或工程师1人，安全工程师1人。6月22日，市公司印发《技术技能人员积分制管理办法》，通过科学设置计分评价指标，在评价周期内，以累积分为评价依据动态比较和衡量技术技能人员的专业（技能）水平、专业贡献。实现积分在已聘任人员绩效兑现和未聘任人员聘任两个方面的直接运用，进行科学管理。积分管理采用“一年一评、一聘期一聘任”的方式。

2020年，完成初级职称评审71人次，并主动作为，连续两年受托为永州市局、复烤公司和株洲市局22人进行初级职称评审。至年末，全市烟草商业系统共有专业技术职务人员1009名，涵盖工程、经济、农业、会计、统计、审计、网络信息、政工、档案9个专业领域。其中，高级20名，中级278名，初级711名。

2020 年郴州市烟草商业系统在册专业技术职务情况统计表

表 5-5 单位：人

分类	工程	农业	经济	会计	审计	统计	网络信息	政工	档案
高级	2	10	3	2	1	0	0	2	0
中级	21	48	133	23	0	28	6	18	1
初级	25	398	125	39	0	7	0	114	3
合计	48	456	261	64	1	35	6	134	4

第二节 劳动用工管理

2003 年，全市系统共有在编员工 2374 人，人员冗余矛盾突出，亟须分流疏导。经深入调研，精心测算，先后出台三个分流安置方案。一是对北湖区、苏仙区两个“烟（烟叶产量）少人多”的烟草经营部，各留 30 名在岗职工，负责各年产量 500 吨烟叶的生产收购经营，其余人员由市局统一安排。北湖区公司富余人员 20 人，苏仙区公司富余人员 17 人。分流途径：金叶商贸公司安排 14 人，配送中心安排 1 人，其他富余人员参加为期一周的专卖稽查知识培训后，作下一步安置。二是对集团运作期间分布于商业系统工作的原属郴州卷烟厂编制的 47 名员工，经与郴州卷烟厂协商、国家局批准，市公司予以接收。在与烟厂做好人事档案、工资关系以及各类保险的转接工作之后，7 月完成安置，其中烟叶购销公司安置 40 人，市公司本级安置 7 人。三是对大学毕业生及转业复员退伍军人的安置，主要安排到桂阳、嘉禾等烟叶产区县。

2004 年，根据省局文件精神，经请示市政府同意，撤销北湖区烟草经营部和苏仙区烟草经营部，在市烟叶购销公司设立烟叶生产收购科，主要负责北湖区、苏仙区的烟叶生产收购等工作（两区各有年收购任务 500 吨）。1 月，完成两区烟草经营部员工情况摸底，并制定分流方案。8 月，市局（公司）成立竞争上岗领导小组，筹划市局（公司）机关和直属单位（不包括烟叶复烤厂，金叶大酒店）竞岗方案，10 月开展竞岗动员；11 月，公布编制竞岗职位 434 个，报名参与竞岗者 468 人，分批召开竞岗会。完成科级和股级干部竞聘后，对一般员工以“双向选择”的方式竞聘。市局（公司）本级竞岗实施完毕后，各县（市）局（公司）随之跟进。此为全市系统第一轮人力资源改革。是年，贯彻国家局《关于加强烟草行业高技能人才队伍建设的意见》和省局《关于进一步加强人才工作的实施意见》，市局（公司）出台“四支队伍”（烟叶、卷烟营销、专卖、管理）建设等实施方案，员工人才队伍建设工作提上重要议事日程。

2005 年 4 月 21 日，省局印发《全省系统公开招聘新进工作人员的暂行办法》，新招人员考务、体检委托第三方进行。11 月 16 日，省局行文明确：新进人员“凡进必考”。同日，执行省局《人员调配工作暂行规定》，“非经国家烟草专卖局批准，不得从系统外调入人员”。同月，执行省局《关于进一步开展全面清理和规范劳动合同制管理专项工作的意见》等制度，对在岗、续聘、划转等人员完善劳动合同签订，对属于清退范围的坚决予以清退，从 2006 年起不许存在停薪留职人员。

2006 年 6 月，全省系统人力资源改革试点工作启动。市局（公司）经深入调研，初步制定人力资源系统改革实施方案（讨论稿），为后期人力资源改革做好准备。年内，通过全省系统的统一公开招聘，新进本科生 4 名，硕士 1 名。根据国家安置政策，接收 27 名复员退伍军人。

2007 年 1 月 19 日，《郴州市烟草专卖局（公司）富余人员分流有偿解除劳动关系实施方案》（郴烟人〔2007〕4 号）经郴州市烟草商业工会联合会一届一次职代会审议通过后发布。部分职工经本人自愿申请、部门同意、公司批准，办理有偿解除劳动关系的手续。是年 4 月 29 日，召开全市系统职工代表大会，审议通过《郴州市烟草专卖局（公司）系统现代人力资源管理体系建设实施方案》。5—6 月，市局（公司）本级完成第二轮全员竞聘。之后，县（市）局（公司）随之跟进。自 6 月起，市局部署开展劳动合同专项清理工作，修订完善各项规范劳动合同管理的规章制度 7 项，建立起劳动合同规范化管理基础工作的长效机制。

2008 年 1 月 7 日，市局下发《集体劳动合同》（郴烟人〔2008〕1 号）（于 2007 年 12 月 21 日全市系统职代会审议通过），从 1 月 1 日起生效。9 日，市局印发《规范劳动用工管理的意见》。年内，市局（公司）在上年开展用工清理的基础上，着重完善用工制度建设，下发《规范劳动用工管理的意见》《关于规范烟叶收购劳动用工的通知》《劳动合同集体协商条例》《劳动争议调解条例》《关于部分岗位人员实行综合计算工时工作制和不定时工作制的实施意见》等多个文件。

2009 年年初，市局（公司）机关 456 个岗位（含中层及以下）竞聘工作正式开始，2 月 14 日完成。此次市局（公司）机关全员再次竞岗是对 2007 年全员竞岗的补充和完善。市局（公司）11 项新的劳动管理制度经职工代表大会审议通过后印发实施。7 月，各县级局（分公司）和天泰公司完成全员竞聘工作，新的岗位绩效工资薪酬体系全面实施，绩效考核工作按照新要求推行。针对全员竞聘后，部分人员岗位发生变动的情况，在全市系统及时开展签订劳动合同变更协议。

2010 年，积极稳步推进全市系统用工、分配制度二期建设。贯彻省局《关于印发市州（公司）定岗定级定编考核薪酬方案的通知》（湘烟人〔2009〕337 号）精神，制定市局（公司）定岗、定级、定编、考核、薪酬方案及部门工作流程、岗位说明书等。是年，严格按照《关于印发全省系统规范劳动用工专项整治工作实施方案的通知》（湘烟人〔2010〕120 号）要求，进一步规范劳动用工规范管理。劳动合同实行动态管理，与岗位变更人员签订岗位变更协议书。拟订统一外包合同、范围、标准，进一步规范临时性、季节性用工，实行编制审批制度，编制与核定工资总额挂钩的办法，严格控制用工总量。

2011 年，对全市系统各类人员的使用、劳动用工的签订、劳务派遣、业务外包等情况进行全面彻底清理，对发现的问题及时整改。是年，为加强全市系统人才队伍建设，市局（公司）同时出台《员工个人职业规划指导意见》，员工职业成长平台包括“行政管理、专业技术、职业技能、创先争优”有机结合的职业发展通道，员工可以根据自身特点和优势自主选择合适的职业发展通道。是年 11 月 18 日，《郴州市烟草专卖局（公司）第四轮全员竞争上岗实施方案》经市局（公司）二届一次职工代表大会审议通过，29 日正式发布。市局（公司）成立竞岗工作领导小组，下设办公室，分 8 个小组组织实施。未到法定退休年龄的员工均可参与竞岗。是年，按照竞岗方案，对在职员工，首次实施全员综合素质年度考核评价。全市系统第四轮全员竞岗本着“先市本级，后县级局（分公司）”“先干部竞岗，后一般员工竞岗”的顺序进行，至 2012 年 6 月先后完成。其中，在桂阳县局（分公司）进行“中层干部海选、员工跨站竞聘”试点探索。

2013 年，以贯彻落实省局《基层队伍建设规范》为抓手，加快推进基层队伍建设。完成全市系统“四线”岗位调整及竞聘工作，一线人员按照规范要求全部配备到位。2014 年，先后出台逐步解决异地分配员工安置、为青年员工扎根基层改善工作生活条件、注重青年员工培养等相关规定。

2015 年，通过专家培训、烟草行业职业发展通道宣讲等手段，引导帮助青年员工制定自身职业发展规划。面向基层，开展“十佳明星员工”“十佳青年”评选活动，树立敬业励志榜样，激发员工的工作激情和创业热情。

2016年，修改完善员工休假和考勤管理制度，严格规范休假审批流程，加强员工病休假等请休假管理。

2017年，推行人力资源精益管理，制定《人力资源精益管理提质增效三年行动方案》；根据省局部署，拟订全市系统机构、编制、岗位设置思路，科学制定第五轮人事制度改革系列方案12个。

2019年3月15日，《郴州市烟草专卖局（公司）第五轮人事制度改革实施方案》经郴州市烟草商业工会联合会三届八次会员（职工）代表大会审议通过，19日正式发布。21日，市本级进行竞岗动员，各县局（分公司）相继开展第五轮人事制度改革。

2020年郴州市烟草商业系统在编员工统计表

表5-6　单位：人

单位 / 总计	市局	桂阳	嘉禾	永兴	安仁	宜章	临武	资兴	汝城	桂东
1496	364	454	135	130	117	127	54	46	39	30

说明：资料来源于郴州市烟草专卖局（公司）人事科

第三节　薪酬管理

2003年，工资总额宏观控制仍实行按照年增税利挂钩、分档提取、分级管理的办法。全市系统沿用“一岗一薪”岗位工资制，以岗位工资、年功工资、效益工资（奖金）、技术等级津贴等构成。

2005年6月9日，市局（公司）成立薪酬管理委员会，决策本单位薪酬分配重大事项，下设薪酬管理办公室（设在人教科），具体办理公司薪酬预算草案编制、下属单位薪酬预算要点指导、考核分配预案制定等事务。全市系统各下属单位皆随之成立薪酬管理委员会。8月，执行省局《进一步加强工资总额宏观控制管理暂行办法》，工资总额坚持“国家局宏观控制，省级公司协调监管，企业自主分配，职工民主参与”的分配原则，继续实行“工效挂钩”。

2007年5月24日，市局（公司）在下发的《人力资源体系建设实施方案》中单设《薪酬管理办法》。对正式员工实行“岗位绩效工资制”，其基本结构为：员工收入总额＝历史工资（原“岗位工资”＋年功工资）＋政策性津补贴＋职级工资＋绩效工资＋福利。设置15个薪级（15级为最高），1～11级划分27个薪档。各单位成立专门的考核委员会，由分管领导负责，经运、人劳、办公、监察、审计部门负责人为成员，上级考核下级，部门考核个人。按照月度、季度、年度三种考核进行打分，均按照分数进行排名，按照比例分成A（15%）、B（15%）、C（40%）、D（15%）、E（15%）共5等，员工年度考核等级达到“A”者，次年薪档上浮一级；年度考核为“E”者，次年薪档下浮一级或按照下浮一级作一次性扣除；浮动调整期均为一年。激励力度加大。

2009年1—2月，补充实施市局（公司）机关人力资源体系建设与改革，按照“分类管理、科学设岗、明确职责、严格考核、落实报酬”的要求及市局2008年12月23日发布的新的岗位绩效工资制方案，在全员竞岗结束后，实行统一的新职级工资标准。职级工资共设置17级（17级为最高），1～7级各设

12档，8～13级各设6档，14～17级不设档。全市系统推行绩效考核制，各单位成立绩效考核委员会，部门设置兼职绩效管理员，逐级分部门订立年度、季度“绩效合约”，末期实施考核。考核得分与绩效基数（分季度和年度两种）、岗位绩效分配系数挂钩，以部门为核算单位拨给绩效工资，由部门根据所属员工当期工作量、表现作适当调整，进行二次分配，其分配方案报绩效管理办备案。增设“员工绩效行为素质评价”和“违法违纪违规责任追究考核”，均每年进行一次。员工的年终各项考核得分，按序以A（优秀，15%）、B（良好，15%）、C（一般，40%）、D（待提升，15%）、E（差，15%）划分为5个等级，与岗位调整、薪级升降、评先评优挂钩（评先必须在A等级中选取）。

2010年11月，经市局（公司）薪酬管理委员会讨论决定，全市系统本年度薪酬分配预算，对市局本级、各县级分公司实行年度“担烟、箱烟”工资制度。

2011年11月，全市系统开展第四轮人力资源体系建设与改革，开展全员竞岗，并配套出台新的薪酬管理办法。全市系统薪酬发放的工资总额控制在省局核定的额度之内。岗位工资执行全省统一的标准和套级套档办法。员工收入总额=岗位工资+绩效工资+政策性津补贴+福利。设置17个薪级，改为1岗最高，17岗最低；每个薪级分10个区间，每个区间分3档。原则上根据所在岗位的岗级确定岗位工资薪级。岗位工资确定后，先按照工龄套档，再按照任职条件积分（任职条件积分值=学历（学位）积分值+专业技术职务任职资格积分值+职业资格积分值）所在区间套档。继续实施季度、年度绩效考核，部门二次分配，方法如前。

2013年，市局（公司）下发《薪酬委员会工作规程》，进一步提高薪酬工作的规范、管理水平。下发《离退休人员生活费及相关待遇标准》，并统一规范全市系统在岗人员薪酬发放开支项目和福利待遇标准。试点开展“分线管理、按量计酬”的薪酬分配创新工作，确定以永兴、资兴、烟叶生产经营部为试点单位，探索“打破绩效系数，按贡献度大小分配绩效工资”的方式，进一步制定薪酬改革方案，为全面开展奠定基础。

2014年，坚持突出激励导向原则，全面推行“分线划块，按量计酬”的薪酬分配机制。奖励突出贡献，设立局长奖励性基金，对在年度工作中做出突出贡献或是在烟草系统内评优、评先、竞赛中取得较好成绩的个人或团队给予特别奖励。系列量化明确的激励方式，促使全市系统干部员工努力干事、争创佳绩的积极性进一步提升。

2015年，全市系统各单位践行绩效工资向基层一线倾斜政策，按照“行管、专卖、卷烟、物流、烟叶”横向分线、纵向划块实施，绩效工资按照部门考核结果计发到部门，部门再按照对所属员工的考核结果进行第二次分配，以此促使团队和个人合作互进。

2016年，对一线部门，完善以工作责任制考核与薪酬挂钩激励办法，按量计酬的“担烟、箱烟”工资制进一步优化，实现员工收入水平能高能低。

2018年，推进人力资源精益管理，建立与经济效益、人均劳效挂钩的绩效工资增减机制，以促进降低人力成本。持续抓好“向一线倾斜、分线划片、分线考核”，全面落实各线工作业绩、工作质量与绩效工资挂钩的年度、月度绩效考核办法。制定出台《局长奖励基金实施方案》，指标设定更趋精细化，争先创优激励性增强。

2019年，全市系统完成第五轮人事制度改革，分层级竞岗，施行新的薪酬管理制度。工资由保障性工资和绩效工资组成。岗位工资标准分17个薪级（1岗最高）。每个薪级划分为若干个薪档，薪档根据员工工龄（工龄每增加五年提升一个薪档区间）、学历（学位）、专业技术职务任职资格、职业资格、任职年限、年度岗位考核、评先结果确定。绩效工资由月度绩效工资、年度绩效工资、局长奖励基金组成。绩效考核与分配办法如前。是年,建立工资总额管理与税利增长、人均劳效、外包费用控制等因素挂钩的分配机制。以新一轮人事制度改革为契机，完善绩效工资激励办法，持续抓好“向一线倾斜、分线划片、分线考核”，进一步拉开绩效工资分配差距，调动广大员工的工作积极性，形成更加科学合理的薪酬分配格局，促使全市系统劳动效能整体提升。

第四节 职业教育培训与技能鉴定

一、职业教育培训

2003 年，市局（公司）出台《职工教育培训管理办法》，规定:市局（公司）成立职教工作领导小组，负责制定全市系统职教工作规划、管理和政策指导，人教科负责教育培训的日常工作。

2004 年，市局（公司）出台“四支队伍”（烟叶、卷烟、专卖、管理队伍）建设方案，加大培训力度。3 月中旬，选派 21 人参加国家局举办的第七期烟草站站长、技术人员培训班。5 月下旬，在市委党校举办市场营销培训班，各县（市）公司、直属单位的 43 名“两烟”骨干及机关各科室的 100 余名管理人员参训。9 月，选拔 17 人参加湖南农业大学农学专业（烟草方向）本科班学习，学制四年。

2005 年，省局《新进人员暂行管理办法》开始实施，规定自 1 月起，凡进入烟草系统的复员退伍军人均应经过录用考试和岗前培训才能正式上岗。

2006 年 3 月和 12 月，分别组织 5 名（2004 年退伍，补考和漏报人员）和 26 名（2005 年退伍）复员退伍军人赴湘潭烟校参加复退军人录用考试。4 月，组织 19 名录用考试合格的复员退伍军人（2004 年退伍）赴湘潭烟校参加岗前培训。6 月，修订《职工教育培训管理办法》，要求各单位要严格规范培训的管理工作，对职工的教育培训要进行归口管理；同时对企业职工教育培训奖惩办法进行完善和补充，鼓励职工参加各种形式的教育培训。7 月，贯彻执行国家局《烟草行业教育培训工作实施办法（试行）》，坚持以行业为主、内外结合的原则，层层落实责任，创建学习型企业；将教育培训经费列入各级预算，按照工资总额的 2.5% 足额提取，运用到位;进一步建立健全责任考核奖惩制度、教育机构和师资及效果评估（价）制度。全年各单位（部门）先后举办培训班 81 期，3122 人次参训。外培 460 人次，其中参加全省系统烟草站长及站长后备人选培训班 81 人。年内，选派 3 名副科级干部参加省局举办的第四期工商管理培训班。

2007 年 1 月，国家局开通烟草商业企业一线员工远程培训，相关员工可免费参与。3 月和 11 月，分别组织 13 名（2005 年退伍，补考人员）和 15 名（2006 年退伍，1 人补考）复员退伍军人赴湘潭烟校参加复退军人录用考试。4 月和 12 月，分别组织 12 名和 15 名录用考试合格的复员退伍军人赴湘潭烟校参加岗前培训。9 月，举办质量和职业健康安全管理内审员培训班，70 人参训。11 月，举办郴州市烟草专卖局高级人力资源管理师职业资格培训班，50 余人参训。年内，选派 14 人和 9 人分别到省局（公司）举办的湖南农业大学农学专业（烟草方向）本科班和湖南商学院工商管理专业本科班（市场营销方向）就读。

2008 年，市公司下发《全市系统职工内部教育培训体系建设实施暂行办法》，突出强调促进兼职教师队伍的发展和管理。4—6 月,市公司组织全市系统信息化技能自学、培训,912 人参与网上答题竞赛。5 月，开发一套网上教育平台软件，员工可在网上开展学习、参与考试和测试。年内，在外培方面，组织人员参加外部培训班共 113 期、1019 人次。其中，分两批选送 5 名部门负责人、业务骨干到湘潭烟校参加培训，

2名取得内训师资格；与湖南大学、长沙燕园教育咨询公司联合办学，在郴州举办1期MBA工商管理硕士班，41名副科级和后备干部参加；与市劳动局职业技能鉴定中心联合开设5期计算机操作工初级培训班，共165人参训；2名市级局副职参加国家局举办的培训班；3名科级中层管理人员参加省局举办的第四期领导干部培训班；组织8人参加省局MBA工商管理硕士班的考试，6人被录取，系全省系统录取人数最多的单位。在内培方面，共举行培训班90期、2419人次。11月，举办1期全市基层烟草站站长培训班，61人参训。

2009年，制定下发《郴州市烟草专卖局（公司）教育培训经费管理暂行规定》和《全市系统职工内部教育培训体系建设实施暂行办法》，初步建立以“内部组织、自主授课、学分计划、考核挂钩”为核心内容的内部教育培训体系。

2010年，建立培训考核激励机制和培训师师资库。举办管理人员培训班4期和站长培训班1期。其中，1期为全市系统后备干部培训班；对管理人员的培训，聘请国内知名专家作专题理论讲座，并借助网上教育培训平台精选视频进行。

2012年，重新修订全市系统“十二五”人才发展规划，并在实际工作中探索人才培养机制。建立“师带徒”制度，结成师徒共144对。开展形式多样的个性化培训班。联合上海交大举办首期干部领导力和管理提升培训班，反响良好；开设2个职业技术培训班。

2013年，系统推进组织发展、员工能力、培训课程、培训师资、培训执行、培训支持6个体系建设；制定下发《全市系统教育培训经费管理规定》，创新建立“集中管理，统筹安排，具体到人”的培训费用预算管理模式。

2014年，依托基于岗位胜任能力的“6S”员工培训体系，深入推进日常岗位培训体系建设。全年共举办各类培训班22个，累计参训1600余人次。是年，全市系统“师带徒”结对增至159对。

2015年，制定下发《郴州市烟草专卖局兼职培训师管理办法（暂行）》，对113人的内训师队伍进行考核甄选，淘汰35人，评选出12名银牌内训师，开展日常岗位内训授课200多次，近70名兼职内训师走上讲台授课。下发《日常岗位培训推广实施方案》，落实培训全覆盖。持续强化“师带徒”工作，建立评选机制，选出最佳师徒2对、优秀师徒28对，新增师徒结对25对，全市在培养协议期内的师徒结对达181对。

2015年度青年员工训练营

2016年，成功承办国家局鉴定中心2016年度烟叶调制技师培训、鉴定工作。组织152人参加全省系统会计岗位和人事、政工、监察岗位技能竞赛初赛，荣获全省系统团体第四名。制定《人事管理工作精益质量管理执行标准指南》，并开展专题培训，促进人事工作精益管理。完成全市系统股级干部轮训200人，全年培训计划履行率达到100%。培训课程体系开发取得一批新成果，牵头组织高级烟叶技术员日常岗位22门培训课程评审，并全部通过；配合省局项目组完成“岗位培训课程体系设计与开发研究”创新项目结题；圆满完成优质课程竞赛，开发标准课程52门、微课34门，200余名员工参与课程开发，其中5门课程在行业课程竞赛中获奖。推荐评价产生113名兼职内训师，其中新列精益内训师、QC诊断师、注册安全工程师等。持续开展银牌、金牌内训师评选活动，建立内训师梯队，组织内训师专题培训班2期，外派内训师业务培训班5期，培训200人次。圆满完成内训师竞赛，45名内训师参加竞赛评比。新增师徒结对23对，表彰优秀师徒结对49对。

2017年，“岗位培训课程体系设计与开发”项目顺利通过省局科技成果评价。新增开发标准课程5门，微课6门。内训师资队伍建设取得重大成果。新聘任金牌内训师9人、银牌内训师23人；组织内训师专题培训1期，内训师梯队建设加强；获得全省系统首届培训师授课技能竞赛二等奖1人；1人进入省局师资库，1人被推荐至国家局师资库。建立覆盖站（点）、县、市三级的技能人才培训体系，大力实施日常岗位培训。通过“送课下基层”“田间课堂”“市场课堂”等方式培训员工约2500人次，涵盖8个县级局。开展“一对一”业务指导培训9批次，培训50余人。全员轮训分市、县两级分批开展，完成轮训2300人次，建立起成熟的全员轮训模式。

2018年，举办各类培训班38个，培训2200余人次，开展“送课下基层”12场次；以“推动高质量发展”为主题，首次由市、县系统联合开办青年员工精训营。开发烟叶、经济运行课程25门。网络培训实现全系统覆盖，分业务线推送学习课程112门。

2019年，市局印发《全市烟草商业系统“全员素质提升年”活动方案》，对党、团员开展政治理论教育，对员工开展管理能力提升、专业能力提升、关键岗位能力提升、基层人员素质提升、全员活力提升五大工程，分线分批组织培训，做到覆盖面100%；并坚持“凡培必考”的原则，考试结果与薪酬、评先挂钩，增强学习效果。全年开展全员素质提升技能培训23场次，举办培训班25个，培训2500余人次。组织中层管理人员、优秀青年员工共92人参加北京大学管理人员培训班，提升干部队伍政治理论和综合素养。新一轮日常岗位培训体系建设取得进展，烟叶、经济运行、人事线新课程开发基本完成。牵头参与的“岗位培训课程体系设计与开发研究”项目荣获省局（公司）科技进步二等奖。开展技能比武、以赛促训取得重大成果。全年自主组织各类岗位练兵、比武6场，500余人次参与。

2020年，市局印发《全市系统烟叶调制人才队伍建设2020—2025年规划》，推进人力资源精益管理，重点补齐烟叶调制人才短板，增设烟叶调制技师岗位30个，年内5人获得烟叶调制技师证书。持续推行专业技术技能人才积分制管理；探索开展创新工作室、烟叶评级、烟叶调制技能工作室建设，推动人才培养再升级。向省局推荐9名全省系统学科带头人后备人选，12名学科带头人培养对象，12名青年专业人才培养对象。2人入选“行业技能人才工作专家库”，18人入选“行业优秀技能人才库”，建立市局39人的专业专家人才库。

2020年郴州市烟草商业系统在职员工文化程度情况统计表

表5–7　　单位：人

分类 年份	高中、技校、中专及以下	大专	本科	研究生及硕士	博士
2020	103	609	680	103	1

二、劳动技能鉴定

2003年，为落实全国烟草行业卷烟商品营销员年底前100%持证上岗制度的要求，市局（公司）组织卷烟销售部门的28名在岗职工，于9月和12月分别参加总公司职业指导鉴定中心组织的卷烟商品营销员职业资格技能初级、中级鉴定，均合格。根据省局（公司）的培训计划，本市系统选派 64 名烟叶分级人员参加为期 45 天的第一期烟叶分级员职业资格鉴定培训及鉴定。100 余名职工通过职业技能培训和鉴定获得中、高级等级证书。

2004 年 3 月下旬和 10 月下旬，举办“高级营销师”培训班 2 期，95 人参加，特邀湖南商学院的专家教授上课，参训学员统一参加“高级技能鉴定”考试，均合格通过。5—6 月，组织全市烟草系统的 23 名人力资源管理员，在资兴举办为期 12 天的业务培训，6 月 13 日参加全国职业技能等级鉴定统一考试。12 月，在湘潭举行湖南省烟草系统首届烟叶分级技能竞赛，郴州市烟草公司获得竞赛团体第二名，罗军、罗安娜、陈咏梅分别获得第一、第四、第十八名。罗军被授予“全国烟草技术能手”称号，罗安娜被授予“省级烟草技术能手”称号。

2005 年 6 月，市公司组队参加第二届全国烟草行业烟叶分级职业技能竞赛，市公司质检科罗安娜获得第七名，并获得“全国烟草技术能手”称号。

2006 年 3 月，举办由各县（市）营销部和直属单位的经理层、业务骨干共 32 人参加的“高级物流师培训班”，其中 24 人通过鉴定考试取得“高级物流师”国家一级职业资格证书。

2007 年 7 月，郴州市派出代表队参加第三届全国烟草行业烟叶分级职业技能竞赛，桂阳尹小斌获得第二十四名，被总公司授予“全国烟草技术能手”称号。

2008 年，市局（公司）在郴州先后举办烟叶分级、计算机操作、专卖管理职业技能鉴定培训班，市局（公司）本级计算机初级 139 人，中级 44 人，高级 23 人通过鉴定；全市系统烟叶分级工高级 77 人，中级 88 人通过鉴定；专卖管理员中级 2 人，初级 2 人通过鉴定。在组织参加行业系统技能竞赛方面，取得较好成绩。5 月，在全省驾驶员技能比武中，获得团体组织奖；6 月，在全省第二届烟叶分级职业技能竞赛中，获得团体第三名，市公司烟叶生产经营部何斌（第三名）、何志红（第五名）、桂阳彭迎春（第十二名）获得“省级烟草技术能手”称号。10 月，在全省烟草商业系统人事劳资业务知识竞赛中，市局（公司）人劳科荣获团体一等奖，个人二等奖 2 人，个人三等奖 1 人。11 月，在全省烟叶标准化生产知识专题培训和湖南省参赛选手的选拔中，团体位列第八名。

2009 年，根据省局技能鉴定站质量管理体系的相关要求，成立市局（公司）烟草行业特有工种职业技能鉴定考点管理工作领导小组，为技能鉴定工作的标准化打下良好基础。完成向省局技能鉴定站申报参加行业内的技能鉴定人员 227 人，其中卷烟商品营销员 27 人、烟草专卖管理员 53 人、烟叶分级工 147 人。是年，为组织员工参加上级举办的技能竞赛，举办 4 期全市系统烟叶分级业务培训班，444 人参训，随后举办首届烟叶分级职业技能竞赛，对曹红梅等前二十名授予“郴州市烟叶分级技术能手”称号；组织全省第三届卷烟营销职业技能竞赛初选赛，126 人参加，对唐娟等前六名选手予以表彰。6 月，郴州市派出代表队参加第四届全国烟草行业烟叶分级职业技能竞赛，市烟叶生产经营部何斌获得第九名，被总公司授予“全国烟草技术能手”称号。

2010 年，技能鉴定人数及合格率被纳入年度目标工作考核方案。采取“员工自学、小组讨论、集中培训、考前辅导”的方式，鉴定合格率得到较大提升。全年向省局技能鉴定站申报参加行业内的技能鉴定人员 324 人，其中卷烟商品营销员 114 人、烟草专卖管理员 94 人、烟叶分级工 116 人。年内，先后组织专卖、营销岗位技能竞赛，对优胜团体和个人进行表彰。12 月，市公司组队参加全省第三届烟叶分级职业技能竞赛，何志红、曹红梅、段水明分别获得第四、第五、第十五名，均获得“省烟草技术能手”称号。

2011 年，按照省局下达的技能鉴定计划，分解任务到各单位、部门，烟叶、营销、专卖“三线”

主管部门签订技能鉴定专项责任书。全市系统新增烟叶分级高级工 20 人，烟叶分级中级工 6 人，烟叶分级初级工 1 人；新增高级专卖管理员 7 人，中级专卖管理员 25 人，初级专卖管理员 2 人；新增高级商品营销员 4 人，中级商品营销员 26 人，初级商品营销员 5 人。年内成功举办物流和营销技能比武各 1 次。

2012 年，组织烟叶、营销和专卖三线人员参加全省系统技能竞赛，烟叶组获得团体第一名，营销组获得团体第四名，专卖组获得团体第六名。全市系统职业技能鉴定通过率达70%以上，进步明显。是年3月，市公司派出代表队参加省局（公司）第四届烟叶分级技能竞赛，4 名选手获得“全国烟草行业技术能手”称号，6 名选手获得“全省烟草技术能手”称号。是年 5 月，市公司派出代表队参加第五届全国烟草行业烟叶分级职业技能竞赛，桂阳县分公司彭迎春获得第二十九名，被总公司授予“全国烟草技术能手”称号。7 月，选拔 13 人参加全省第二届烟草专卖管理岗位技能竞赛，王攸获得第十三名，并获得“省级烟草技术能手”称号。9 月，组队参加全省第四届卷烟商品营销职业技能竞赛，张国丽获得个人第十四名，并获得“省级烟草技术能手”称号。

2013 年，采取“训赛结合”的方式，自主举办第一届人事劳资岗位、第一届会计岗位、烟草专卖行政处罚业务（理论、案卷文书制作、真假烟识别）、“红旗配送车组”业务、全市第四届烟叶分级、卷烟营销业务等多场技能竞赛，对优胜团队和个人进行表彰。协助省局组织的会计岗位技能竞赛在郴州顺利落幕。全市系统前 5 个批次的职业技能鉴定通过率达 67%，超过省局制订目标。

2014 年，全年组织烟叶烘烤、配送安全、交通安全、文明创建、劳动用工 5 项劳动技能竞赛，170 人次参赛。组织 8 个批次、283 人参加职业技能鉴定，通过率为 66%。

2014 年 6 月，郴州市首届烟叶烘烤技能竞赛笔试现场

2015 年，送培 3 ～ 5 级职业技能鉴定 9 个批次 146 人次，新增技师 7 人，并有 1 人通过行业特有高级营销师鉴定，实现高级技师零的突破。坚持以赛促训，全年先后组织开展烟叶烘烤、物流配送安全、廉政知识、专卖技能比武 4 项较大型的技能竞赛，参赛人数近 300 人次，其中烟叶烘烤竞赛为全国性技能竞赛。2 月，市公司组队参加全省系统第五届烟叶分级职业技能竞赛，宜章县分公司贺仪获得第十五名，并获得“全省烟草技术能手”称号。6 月，组队参加第六届全国烟草行业烟叶分级职业技能竞赛，桂阳县分公司蒋建军获得第十五名，被总公司授予“全国烟草技术能手”称号。

2016 年，完成 9 批次 108 人的 3 ～ 5 级技能鉴定资料审核报送工作。送培一级技师 3 人、二级技师 13 人；培养技师 10 人；培养中级 QC 诊断师 3 人。新增初级 QC 诊断师 8 人、精益内训师 3 人、注册安全工程师 4 人。8 月，市公司举办第二届全市系统会计岗位技能竞赛，对前八名选手授予市局级“会计岗位技术能手”称号，并选拔参与省公司相关技能竞赛。12 月 12—17 日，市公司组队参加国家局职业技能鉴定指导中心组织实施的烟叶分级工国家职业资格（一级）鉴定，何斌、何志红均获得一级烟叶评级技师资格。同月，市局专卖科徐峰获得一级专卖管理师资格。

2017 年，全国烟草行业高技能人才（烟叶技术）培训鉴定基地落户郴州，市局制定整套行业高技能人才培训鉴定基地管理制度，并投资完善基地各类硬件设施。成功承办2017年度全国烟叶调制技师培训鉴定工作，全市系统新增技师5人。全年完成9批次124人的3～5级技能鉴定资料审核报送工作。荣获国家局烘烤实操技能比武三等奖1项，全省系统烟叶评级技能竞赛团体二等奖并包揽个人前三名。全年组织全市系统第五届烟叶分级职业技能竞赛等各类技能竞赛活动5场次，400余人次参与。

2018年7月，组队参加全省系统第六届烟叶评级职业技能竞赛，范光奖、李文、安华平、王轩宇、万定海、蒋帅分别获得第一、第二、第三、第八、第十、第十五名，均荣获“全省烟草技术能手”称号，是年，完成9批次144人的3～5级技能鉴定资料审核报送工作，资料上报准确率达到99%。组织完成营销线4～5级职业技能证书复核。组织各类技能竞赛3场次，300余人次参与。

2019年，申报技能鉴定14批次，送培149人次，二级职业技能鉴定通过率达100%，组织专卖资格证书复核62人次。5月13—17日，组队参加总公司在郑州举办的第十七届全国烟草行业职业技能竞赛暨第七届烟叶评级职业技能竞赛，李文、万定海分别获得第一、第二名，均荣获“全国技术能手”称号，范光奖、吴楚杰、安华平分别获得第十一、第十四、第十八名，均荣获“全国烟草行业技术能手”称号。6月3—6日，在郴州举行的全省烟草行业烟叶调制职业技能竞赛中，刘腾辉、卿敏、李生、李磊、刘璐、姚策耀分别获得第二、第五、第七、第八、第十二、第十五名，均获得“全省烟草技术能手”称号。21—24日，协助总公司、省公司在郴州举办第十七届全国烟草行业职业技能竞赛暨第一届烟叶调制职业技能竞赛。

2020年，全年累计组织3～5级技能鉴定报名6批次、104人次。送培技师鉴定7人，其中烟叶评级二级1人、烟叶调制二级5人、烟草物流师二级1人，通过6人。在烟叶调制二级鉴定考试中，1人获单科成绩第一名、1人获得综合成绩第一名。成功举办全市系统首届文秘岗位技能竞赛和第二届培训师教学技能竞赛，来自市县两级各岗位的百余名青年员工参与竞技。认真组织参加全省系统烟草制品购销职业技能竞赛、烟草物流技能竞赛，竞赛成果获得历史性突破。荣获全省烟草制品购销职业技能竞赛团体第二名，廖文广荣获个人第一名。11月2日，在湖南省烟草专卖局（公司）第一届烟草物流岗位技能竞赛中，郴州市局（公司）以邓鹏、何腾、陈书秦、段勇、曾伟平组成的代表队获得第一名；何腾获得“仓储入库作业”项目组第一名，被省局（公司）授予“物流岗位技术能手”称号，并被列入全省系统高技能人才库。

2020年郴州市烟草商业系统在岗劳动技能持证人员统计表

表5-8 单位：人

工种 等级	烟叶分级	烟叶烘烤	卷烟营销	仓储物流	专卖管理	合计
初级工	100	4	39	41	75	259
中级工	126	1	89	3	69	288
高级工	379	8	58	6	34	485
技师	58	13	6	2	4	83
高级技师	2	0	1	0	1	4

说明：资料来源于郴州市烟草专卖局（公司）人事科

第五节 离退休人员管理

2003 年，全市系统共有离退休人员 945 人。

2004 年，撤销北湖区烟草经营部和苏仙区烟草经营部，两区烟草经营部离退休人员 143 人（北湖 60 人，苏仙 83 人），于 2 月全部划入市局（公司），由老干办管理。2 月 25 日，郴州烟叶复烤厂单列分立，其所属的正式离退休人员全部划归市局（公司），由老干办管理。加上市局（公司）机关、市烟叶购销公司的离退休人员，市局（公司）本级归属老干办管理的人员达 400 余人，设市局（公司）机关、北湖、苏仙、烟叶购销公司、复烤厂 5 个组分管。5 月，退休员工陶世礼、罗宏松的书法作品被中国烟草学会评为铜奖，并到北京人民大会堂参加颁奖仪式。

自 2006 年 1 月起，县级公司法人资格取消，管理体制及福利待遇逐步向统一运作方式转变。全市系统共有离退休人员 1041 人，离退休管理任务加大。市公司本级离退休人员分成 7 个支部进行管理。

2007 年 1 月，市局（公司）荣获郴州市政府“2001—2006 年度老龄工作先进单位”，并在会上作典型发言。5 月，市局（公司）老干办主任李福林被国家局（总公司）党组授予“全国烟草行业老干部工作先进个人”称号。

2008 年，先后投资近 7 万元，改造市公司老年活动室，购置一批健身器材。组织老年人成立市局（公司）金叶文艺宣传队，参加市局（公司）2008 年新春联欢晚会演出，《欢聚一堂》获得一等奖、《新刘海砍樵》获得三等奖；4 月，金叶文艺宣传队赴武汉参加全国烟草行业第四届文艺汇演，获得三等奖。7 月，参加省局文艺汇演，《欢欣鼓舞》获得优胜奖。

2009 年，市局本级设立 6 个老龄党支部。每个支部选举 3 人任支部成员，轮流值班，负责上下联系、日常管理、事务协办。

2011 年，组织老龄文艺队参加省局在岳阳举办的“文化主题周”活动，参演节目获得第二名，并参加在常德召开的国家局老干工作座谈会专场文艺演出，圆满完成演出任务。

2012 年，全市系统开展“老有所学”专题活动。根据老年人的兴趣爱好，成立乒乓球、书画摄影、钓鱼协会等各种兴趣爱好小组。组织开展“快乐重阳节”、乒乓球赛、扑克赛、第六届全市烟草系统老年门球赛、“金叶杯”门球邀请赛等活动；组队参加全省广场舞大赛、第二届中老年人才艺大奖赛，取得优异成绩。

2013 年，承担省局“老年文化需求与幸福指数研究”创新课题项目，围绕课题开展广泛调研，全方位了解离退休人员管理工作现状，剖析问题，征集建议。制定《离退休人员走访实施办法》《离退休管理工作规范》等管理制度，进一步推动以支部为中心的离退休工作开展模式。

2014 年，制定《全市系统离退休人员管理工作三年规划》，实施郴州烟草“幸福金秋”工程。全年投资 50 万余元建设市、县两级离退休人员活动室。

2015 年，设置离退休党支部 15 个，离退休自管会 2 个，老龄支部工作进一步常态化。全年累计开展老龄专项活动 158 次，参与人数达到 2815 人次。

2016 年，设立活动室、阅览屋等学习和文化活动场所 28 个。持续开展“为党的事业增添正能量”系列活动。评选优秀共产党员、“五好”离退休党支部、老有所为先进个人等各类先进典型 98 人，组织宣讲典型优秀事迹 10 场次。年内，在全省系统座谈会上作“文化养老”典型发言。

2017 年，全市系统分区划片设立党支部 15 个，建立健全支部管理制度 32 项，推进离退休支部标准化规范化建设。成功承办全省系统“为党和人民的事业增添正能量”主题活动推进会，出色完成相关任务。

2018 年，开展各种现场体验和红色教育 9 次，1100 余人次参与，在线学习和学习小组送学上门 24 场次，组织宣讲两轮 15 次。市局机关第六党支部成功获评“郴州市示范性离退休党支部”。

2019 年 8 月，机关第六老龄支部被评为“第四批全省示范支部”。按照“一人一卡”标准，完成退休干部基本信息 249 份，退休职工基本信息 643 份，有针对性的制定服务跟进措施，为全市系统离退休人员移交社会化管理做好准备。

2020 年 10 月 31 日前，完成与 10 个县（区）政府、15 个街道办事处、23 个街道社区等职能部门的对接，全市系统共移交退休人员 969 人，党员组织关系移交 330 人，人事档案移交 969 份，圆满完成退休人员社会化管理移交工作。

2003—2020 年郴州市烟草商业系统离退休员工统计表

表 5-9

年份	2003	2004	2005	2006	2012	2013	2014	2015	2016	2017	2018	2019	2020
人数	15+500	15+513	15+516	15+574	12+688	11+711	9+729	8+768	7+784	7+815	7+889	6+932	5+970

说明：1. 表内人数前者为离休人数，后者为退休人数；2. 因表报不全，部分年份数据无法填齐

第四章　经济运行管理

第一节　运行计划

2003 年，由于烟草行业的特殊性，按照《中华人民共和国烟草专卖法》《中华人民共和国烟草专卖法实施条例》等法律规定，继续实行有计划地组织烟草专卖品的生产和经营。年度生产经营计划，以行业为主编制，并纳入当地政府计划。全市烟草商业系统的经济运行计划主要包括卷烟购销、烟叶生产经营和基本建设投资三大块。其中，次年卷烟购销计划、次年烟叶生产经营计划，均在本年度先由县公司向市公司申报、市公司汇总审核后向省公司申报，省公司在经过平衡、核定后，于次年初通过经济目标管理责任书（内列各项主要经济技术指标）的形式下达。基本建设投资计划的编制，一般先按照投资额度审批权限，制定县公司、市公司“× 五”基建规划（内列具体项目）；投资额度审批权限在省公司、总公司的，由市公司汇总、审核后向省公司申报。“× 五”基建规划确定后，本级公司再对规划内项目分年度、按照需求急缓、资金承受能力等，进行年度安排予以实施，其计划另行专项下达。

全市系统年度经济运行执行计划仍以年度经济目标管理为龙头。每年，根据省公司下达的年度经济目标管理责任书，市公司将任务指标进行分解，制作本市系统的分部门、分单位的年度经济目标管理责任书，然后在年初工作部署会上由各相关部门主要负责人、各直属单位和各县（市）公司经理签署递交；市公司机关各部门、各县级公司单位再根据市公司的任务分解指标制作年度经济目标管理责任书，由所属车间、部门、烟草站负责人签署递交；然后再落实到各岗位。由此形成“宝塔式”的经济责任体系，做到任务层层分解、层层负责。这一做法，一直在延续。在有的年份，为保证重点指标的完成，又制定某些单项（如货款回笼率、烟叶收购合格率、烟叶工商交接合格率等）考核奖惩办法，纳入目标管理范围，进行单项考核、单项奖罚。每年末或次年初，年度经济考核结果又与政工目标管理考核结果相结合，“双目标管理”均达标以上，且不触犯“一票否决”项的，方有资格参与评先评奖。

2004 年 12 月 8 日，市局（公司）经济运行科，负责经济计划和基建计划的上下衔接、市公司本级计划的编制、执行督办及结果考核。各部门均设置兼职经济运行管理（分析）员。

自 2005 年起，全市系统推行全面预算管理，各单位根据上一级归口部门下达的次年经营计划预安排，结合本单位实际，制定次年生产经营预算草案，经单位预算委讨论确定后，由预算委主任（经理）签发，呈报上一级预算委审批，审批确定后于次年执行。由此形成以生产经营计划（目标管理）为引领、预算管理为控制的计划编制、管理、考核体系和以局长（经理）率领、分线负责、经济运行部门牵头、其他各部门紧密配合、全员担责的经济运行格局。

第二节　运行监管与绩效考核

2003 年，对年度经济运行任务完成进度，由各单位定期组织自查自评，市公司定期督查。到年底，层层开展年度考核，根据责任书的约定，将考核结果与年终目标管理奖挂钩，兑现奖罚。考核结果一般按照“纯销区”“两烟区”分组得分高低排序，决定奖励等级。

2004 年，开始推行月度经济运行分析，以通报的形式分析全市经济运行态势，指出经济运行中存在的重大问题，提出合理化建议，为领导的宏观决策提供真实依据。此举一直在延续。

2005 年，全市系统推广全面预算管理，经济运行监管结合预算执行情况进行动态分析。是年，市公司建立完善经济运行信息渠道和网络，要求兼职经济运行分析员于每月 5 日前报送经济运行分析材料。年内，率先在全省系统组织经济运行分析人员专题培训，下达 11 个专题调研课题；制定下发全市系统《卷烟分析纲要》《烟叶分析纲要》和《财务分析纲要》，统一全市系统经济运行分析的框架和要点，受到省公司经济运行处多次好评。

2006 年，市公司实行经济运行过程和结果相结合，重点抓过程考核的方式。

2008 年，市公司初步拟订《绩效管理暂行办法》《部门绩效合约》《岗位绩效合约》等绩效管理制度体系，为全面启动绩效管理做好准备。是年，市公司建立一套完整系统的经济运行数据库，能准确及时地向决策层反馈经济信息，并及时掌握全省、全市经济运行报表以便进行比较。

2009 年，在全市系统强力推行全面绩效考核体系。3 月 3 日，市局（公司）印发《机关绩效管理办法》。市局（公司）本级成立绩效管理委员会，作为绩效管理的最高决策机构，通过召开定期或不定期会议对绩效管理有关重大事项进行讨论并作出决策；设立绩效管理办公室，为委员会的执行机构，设在企管科（经济运行科）；各部门设置兼职绩效管理干事。同时，明确年（季）度绩效合约、绩效考核、管理人员及员工绩效行为素质评价表等。绩效考核体系以目标管理阶段目标为基础、把阶段性工作事务（含上级、本级临时增加的工作任务）分解落实到主办部门、协办部门，形成“绩效合约”，按季度下达和签署，限期达到某种完成状态；季末由经济运行部门牵头进行考核，考核结果由绩效考核委员会审定，与季度绩效工资（奖金）挂钩，形成部门收益差异化；绩效工资发到部门后，允许部门进行第二次分配，根据员工本季度贡献大小进行分配，形成个人收益差异化，激励力度进一步加大。此后，该机制一直在延续，并在全市系统普遍推行。市本级主要以绩效合约为手段，通过对全年及四个季度的目标、任务确定来管理和考核计划的实施；县级分公司主要以签订经济目标责任状为手段，辅以绩效考核办法对各项计划进行考核管理；天泰复烤、金叶商贸公司主要通过绩效考核办法来实施计划管理，基本达到激励企业各经营实体、各层员工努力实现经营目标，不断提升管理水平的作用。

2010 年 1 月，将质量体系建设工作纳入市本级一季度绩效考核和县分公司单项工作考核范围。4 月 2 日，绩效考核全面引入预算、对标等指标。10 月，将质量目标管理工作纳入县局单项工作考核内容和市本级绩效考核范围。是年，市公司进一步完善绩效合约制，健全二次分配机制，抓好岗位管理，全面推行绩效管理。同时，继续执行“4+9”（4 个市本级经营实体加 9 个县级分公司）经营实体形式的绩效考核办法，重点突出经济目标、工作质量与员工个人收入的紧密挂钩；市本级继续沿用绩效合约制，全新突出基础工作和共同工作；部门绩效考核引入平衡计分卡（BSC）进行考核计分。

2011 年，市公司从“两烟”生产经营业绩考核、财务预算执行率和综合管理业绩考核三个方面，搭建完善针对县级分公司的工作考核激励制度。将文件执行率指标纳入市本级绩效合约，并突出局务会工作、基础管理工作、政治工作等共同工作，并将“三项工作”的立项审批到项目归档六个方面 42 项指标和办事公开民主管理纳入绩效考核范围。是年，分解形成部门年度目标考核指标、部门季度绩效合约和岗位季度绩效合约，将个人绩效成绩与部门绩效成绩适当挂钩，扭转考核中敷衍了事、不负责任，考核结果平均分配，导致绩效考核“走过场”的形式主义。

2012 年 4 月，将省局对市局（公司）领导工作业绩考核指标分解为品牌发展、原料保障、技术创新、市场营销、基础管理 5 个考核指标；修订《县级分公司领导班子工作业绩考核方案》，将专卖管理从单项工作考核调整到总体考核，增加专卖业务考核的权重。是年，取消对机关职能部门的年度考核，改为季度考核。

2013年，市公司围绕企业的发展规划、年度战略目标，确定各部门年度绩效考核的KPI（关键业绩）指标和年度绩效计划，并分解到季度，落实到岗位，强化按量计酬，实行正激励与负激励并举。3月，市局（公司）对县级局（分公司）分组考核卷烟经营（品牌发展、网络建设）、烟叶生产经营（烟叶生产过程管理、烟叶收购管理、合作社建设、新技术研发与推广、烟基建设）、财务会计工作、信息工作、纪检监察工作、整顿规范工作、审计工作、办公室工作、信访工作、安全保卫工作、人事劳资（离退休人员管理）工作、政工工作、卷烟物流工作及经济运行工作等项目。年度工作业绩考核结果与各县局（分公司）工资总额挂钩，同时作为各县局（分公司）年度评优评先、领导班子成员年度工作业绩评价的依据。9月2日，市公司印发《2013年度本级绩效考核实施方案》。市局（公司）成立绩效管理委员会，作为绩效管理的决策机构，市局（公司）局长（经理）任主任，分管经济运行的市局（公司）领导任常务副主任，其他市局（公司）领导任副主任，各部门主要负责人任成员。各部门设置兼职绩效管理干事。分为部门季度绩效考核、部门年度绩效考核、岗位季度绩效考核和岗位年度绩效考核四种形式。正向激励是部门内部对员工的奖励，各部门视情况确定具体奖励事项及金额，在二次分配方案中明确，并按照月度或季度兑现。在每个季度结束前，对部门所有岗位的工作业绩完成情况进行考核评价，并依据部门二次分配方案分配岗位绩效工资。部门内部对岗位实行绩效考核所扣的绩效工资仍由部门进行分配。部门季度和年度工作考核结果分别用于计算部门季度和年度绩效工资。岗位年度工作考核结果应用于个人调薪、评先评优等方面。9月13日，市局将省局2013年度市（州）局（公司）领导工作业绩考核办法考核指标分解为品牌发展（行业重点品牌培育、低焦油卷烟、省际间交易、卷烟销量、四五类卷烟、运行调控）、原料保障（烟叶质量、烟叶总量调控及计划完成情况、烟基建设、优化烟叶结构、烟叶生产水平、特色优质烟叶开发、基地单元建设、烟农专业合作社建设、基层建设）、技术创新（科技创新、创新人才、服务中心建设、信息化水平、企业文化）、市场营销（卷烟营销网络建设、卷烟物流、市场管理与专卖监督、内部专卖管理、卷烟零售户满意度）、基础管理考核指标，同时明确考核评分标准及否决项（取消评奖资格）评判标准。

2014年，市公司建立全市系统“大干三年，实现大变样”的指标支撑体系。探索绩效管理新模式，根据烟叶、卷烟、专卖（内管）、物流、基础管理各线特点，建立市、县两级贯通的分线管理绩效考核体系，实行月度考核，提取年度绩效工资的70%与月度考核结果挂钩。是年，按照省局要求，全面推进一体化综合管理体系“目标绩效”系统的试运行工作，基本实现绩效管理信息化。

2015年，市公司精简考核指标，参照省局对市（州）局领导业绩考核指标，设置市局对县级局领导班子工作业绩考核指标，重点考核经济效益、市场营销、烟叶生产经营和真品卷烟非法流通治理工作，年度现场考核仅保留领导班子述职述廉民主测评和“四好”领导班子年度考核、党风廉政建设和反腐败工作目标管理考核、专卖管理工作三项考核。是年，强化月度考核，深入推行“按量计酬，分线划块”薪酬分配机制，进一步理顺烟叶、卷烟、专卖（内管）、物流、基础管理五条线的市、县两级贯通的绩效考核体系。

2016年，市公司制定分线按量计酬方案，实行担/箱烟量与绩效工资挂钩的激励措施。

2017年，市公司建立降本增效考核机制，将业务外包费、项目投入、生产投入、烟叶收购费用、烟基投入等重点控制指标纳入绩效考核范围。是年，以业务工作为核心设置公司及部门的关键业绩指标，体现效益优先的原则；狠抓“两烟”市场规范管理，优化专卖内管考核模式，实行局党组成员轮流挂帅绩效考核组开展市场检查考核，加大对市场净化率和内管预警的过程考核，开启向专卖要销量的探索之路。每月对经济运行主要指标排名进行通报，对通报指标排名靠后且连续两次被点名批评的单位，由市局（公司）主要领导或分管领导约谈该单位的主要负责人，约谈次数与业绩考核挂钩。

2018年，市公司从季度经济运行分析改为月度经济运行分析，并新增多项绩效考核内容。市公司合理应用绩效合约考核和特别事项薪酬奖罚两种形式，以主要业务工作为核心，分层设置公司及部门的年（月）度绩效计划，并将计划目标纳入月度绩效合约和考核范围。是年，市本级绩效管理改变以往绩效考核小组按照绩效合约考核评价后分管领导确认的考评方式，构建合约考核和领导评价相结合的绩效评价体系，考核小组按照绩效合约考核占各部门月度绩效50%的权重，分管领导和主要领导评价各占部门月度绩效25%的权重。是年，市局（公司）获得“2017年度全省系统业绩考核工作第一名（先进单位）”。

2019年，市公司取消13个部门的单项工作考核，精减100多项考核指标。搭建烟草工作站考核体系，设立烟草工作站28个（市本级4个），制定烟草工作站考核指标，并按月发布、考核、兑现，真正做到专销合一，“四员”（客户经理、市管员、物流配送员、内管员）联动，同时制定“四员”工作指标，按月公布“英雄榜”，按月“打擂台”，对每一个指标居前三位的员工每月单独进行绩效薪酬奖励。全面开展岗位绩效考核，在市、县绩效考核方案中明确规定岗位月度工作考核程序、岗位考核计分方法等，为员工薪酬分配及年度评先评优提供合理依据。9月30日，市局印发《2019年度县级局（分公司）工作业绩考核办法》，实行分组考核，桂阳、嘉禾、永兴、安仁、宜章、临武为“两烟”组；资兴、汝城、桂东为纯销组。考核内容包括效益、效率、创新、质量、差异化项目五个部分（简称“4+X”业绩考核指标体系）。“两烟”组考核得分居前二名的单位和纯销组居第一名的单位为本年度工作业绩考核先进单位，达到分组平均值90%的其他单位为达标单位。考核结果与县局负责人年度薪酬、单位年度工资总额挂钩。

2020年，市公司建立公司级年度绩效目标32项，其中KPI目标25项、GS目标7项，分解形成部门级年度绩效目标300余项；下发《2020年度机关绩效考核实施方案》《2020年度县级局（分公司）月度绩效考核实施方案》和《2020年度县级局（分公司）工作业绩考核办法》（年度分组“4+X”考核），结合市委、市政府的工作部署，新增6项社会共建考核指标；新增内部“工作协同”考核，调整党建及内管工作、营销工作、专卖工作分值权重；要求各单位、各部门制订本部门的岗位绩效考核及二次分配方案，按月实行岗位绩效考核。是年，市公司实施发布12期经济运行通报，召开4次全市系统经济运行视频会议，定期分析生产经营阶段形势和问题，及时提出改进措施，推进整体工作滚动向前。年度业绩考核工作获得“2019年度全省系统第一名（先进单位）”。

第五章 财务与审计

第一节 财务

一、财务体制

2003 年，市公司本级延续上年实施的“大财务”核算体制，将原北湖、苏仙区公司的卷烟业务纳入市公司一并核算。直属单位市烟叶购销公司（含复烤厂）及市本级卷烟营销部等部门，均实行报账制，半独立核算（二级核算），工资奖金等实行统一发放。各县（市）烟草公司系独立法人单位，各自实行独立核算。

自 2004 年 1 月 1 日起，北湖区公司、苏仙区公司余留的烟叶生产销售业务正式上划市公司，由市公司统一调拨和核算。2 月 25 日，郴州复烤厂从市烟叶购销公司分离单列，实行报账制和二级核算。12 月 7 日，市局（公司）成立预算管理委员会，决定企业预算重大决策。

2005 年 6 月 9 日，市局（公司）成立薪酬管理委员会和投资管理委员会，决定企业薪酬和投资的重大决策。6 月 28 日，郴州复烤厂召开第一次股东会，改制为股份制企业郴州天泰复烤公司，9 月 8 日注册，9 月 15 日挂牌运作，实行独立核算。

自 2006 年 1 月 1 日起，按照国家局、省局关于行业改革的指示精神，全市 9 家县级烟草公司取消法人资格，转为县级营销部，其资产按照国家局、省局的文件精神，办理无偿划拨手续，由市公司接收；其财务核算由原来的“独立核算”改为二级核算，转为报账制单位；全市系统财务由市公司统一核算，全市系统财务开支实行市公司“一个龙头放水”。控股企业郴州天泰复烤公司则按照股份制企业规则继续实施独立核算。

2007 年 7 月 23 日，市公司所属各县级营销部改为县级分公司，县级局（分公司）仍为报账制单位。

2011 年 8 月 1 日，郴州天泰复烤公司按照国家局批复划归湖南烟叶复烤有限公司，9 月 8 日更改注册，16 日挂牌，脱离市公司管辖。

二、固定资产管理

（一）标准

2003 年，固定资产的认定标准，按照 2001 年 11 月 9 日财政部《会计准则—固定资产》通知精神和行业会计制度的相关规定执行。确认基本条件为：生产商品、提供劳务、出租或经营管理而持有的，使用年限一年以上，且单位价值在 2000 元以上的有形资产；不属于生产主要设备的物品，单位价值在人民币 2000 元以上，并且使用年限超过两年的，也作为固定资产。该规定此后一直在执行。

对固定资产的分类，一般参照《固定资产分类与代码》（GB/T14885—94），分为：土地、房屋、建筑物及附属物；生产设备类；其他设备类；器具、工具、家具类；计算机、通信类；起重、输送、装卸运输设备。

（二）折旧办法

2003 年，全市系统在执行财政部《国营企业固定资产折旧试行条例实施细则》的同时，按照上级指令开始执行总公司新的《烟草企业成本费用管理办法》和《烟草企业成本费用核算规程》。固定资产折旧一般规定为：房屋和建筑物的平均折旧年限是40年，折旧率为2.5%；机器设备约14年，折旧率为7.2%，其中技术进步较快的专用电子测试仪器设备是6～8年，折旧率为12.5%～16.7%；精密仪器10～12年，折旧率为8.3%～10%；强腐蚀设备为8～10年，折旧率为10%～12.5%；净残值率为3%～5%。全市系统各商业企业执行分类年限法折旧，计提折旧净残值一般为固定资产原值的3%。

2006年12月13日，国家局发布《关于统一会计政策有关问题的通知》（国烟财〔2006〕919号），对固定资产折旧方法进行调整。均采用平均年限法，折旧年限不可延长，但可加速；无形资产分四种情况分别处置，其中电脑软件按照3年摊销。从2007年1月1日起执行。

2007—2008年烟草行业固定资产折旧年限、净残值率表

表5-10

资产类别	折旧年限（年）	净残值率（%）
房屋建筑物	20	5
机器、机械和其他生产设备（简称：生产设备）	10	5
与生产经营活动有关的器具、工具、家具（简称：辅助设备、器具、家具）	5	5
计算机、通信类	5	5
运输工具	5	5

2008年，总公司发布《关于印发烟草行业商业企业会计核算办法和复烤加工企业会计核算办法的通知》（中烟办〔2008〕445号），从2009年1月1日起执行，固定资产折旧率有所调整。在执行折旧过程中，根据单位经济效益情况，略有差异和波动。

2009—2020年烟草行业固定资产折旧年限、净残值率表

表5-11

资产类别	折旧年限（年）	净残值率（%）
房屋建筑物	20	5
机器、机械和其他生产设备（简称：生产设备）	10	5
与生产经营活动有关的器具、工具、家具（简称：辅助设备、器具、家具）	5	5
电子设备	3	5
运输工具	4	5
土地	不计提	

（三）管理

2003年，全市系统固定资产管理沿袭前期做法。其日常管理，实行由企业财务部门统一建账、分类核算、各使用部门负责保管维护、分级立卡的管理办法。各使用部门均设置兼职固定资产管理员，部门负责人为管理第一责任人。如需新建或添置固定资产，必先经过企业“经济评审组”评审论证，然后报批，实行“阳光采购”。大型固定资产添置，应经过充分论证，依权限逐层报批把关，得到上级批复方可实施。固定资产经过验收认可、投入使用的，可按照购买价值入账；工程类固定资产经初步验收、使用达标的可预估入账，待竣工决算完毕后，再正式转固，列入固定资产台账。自制、赠与的固定资产一并入账，纳入管理范围。每年度原则上进行一次固定资产盘点，或不定期开展清产核资，对账损溢，对闲置、超期、落后、损坏、丢失、变质等情况需报废的固定资产，列出清单，提出处置方案，必要时予以鉴定，报司务会论证决议，再报行业上级按照权限批复后，进行处置，有剩余价值的予以变卖，并相应变更调整固定资产台账。属专卖管理范围的固定资产购置须办理有关专卖批复手续。烟草专用机械的报废处置，应履行“申请—鉴定—公司（厂）决议—上级主管部门批准—所在地烟草专卖局备案—运至指定地点销毁（同时照相、录像）—填制销毁记录表、写出专题报告、连同影像资料报烟草专卖局备案”的程序。固定资产划拨，原则上按照有偿划拨（作价）进行，无偿划拨的需持有行业上级批准文件为据。实行专卖管理的固定资产的转移、调拨、出租、调剂和其他处置，须按照专卖内管规定，逐级审批后，办理有关手续，方可实施。

是年2月14日，郴州卷烟厂与郴州市烟草公司达成《无偿划转郴州卷烟厂打叶复烤异地改造线的协议》，划转内容为郴州卷烟厂在湘南烟草集团存续期间出资兴建的打叶复烤异地改造线及其辅助设备（含土建改造、老线大修项目），金额为48054486.47元，资产划转基准日为2002年12月31日；用以抵扣湘南烟草集团撤销时郴州卷烟厂应承担的、先由市公司挂账的6000万元亏损（余欠款由省公司弥补）。3月13日获得国家局批准。

2004年7月2日，市公司根据中国烟叶生产购销公司《关于无偿划转部分国家烟叶储备库资产的通知》（中烟叶经〔2002〕10号），向省公司、总公司申请将下湄桥国家烟叶储备库12386平方米（原值326万元，重估值6207089.78元）无偿划转给市公司，是年获得批准。是年12月，市公司设立经济运行科，国有资产管理职能调整为经济运行科负责（2009年7月13日市公司行文调整科室职能，复转为财务科负责）。

2005年1月，全市系统推行“全面预算”后，固定资产的购置（含基建），需提前履行预算和审批手续。归口采购部门按照本企业采购规程或基建管理规程组织购置，相关部门组织验收。6月，执行省局下达的《关于处理不良和闲置固定资产的指导意见》，加大对资产盘活和处理力度。市局（公司）组织专门力量，落实责任部门，清理不良和闲置固定资产，逐一造册，补齐证照，进行分类处置。对分布在农村闲置不用的老烟草站、烟叶仓库、卷烟经营部等，抓紧转让、置换或拍卖。对分布在城镇闲置未用的老办公楼、卷烟仓库和产权公有的老职工宿舍以及其他设施，分不同情况进行处理；对地段好、可利用为开办自营店、连锁店的予以保留，对地段偏僻、无法利用的，抓紧处理。对闲置多余的土地，可商请国土等部门置换集中至单位所在地或单位规划地域内。属商用地的，可转让变现。在处置过程中，做好资产评估，分类处置，10万元（含）以上者报省局或国家局审批。经过半年多的艰苦努力，按照省局的期限要求，在年底前处置一批。

自2006年1月1日起，市公司直属天泰复烤股份有限责任公司（原郴州复烤厂），独立核算，其固定资产1.11亿元（土地未作价），作为合股经营股本。自7月起，执行国家局《转发财政部〈关于烟草行业国有资产管理若干问题的意见〉的通知》（国烟办综〔2006〕305号）及《关于烟草行业国有资产管理若干问题的意见》（财建〔2006〕310号）精神，烟草主业评估价值在1亿元（含）以上的、多种经营在2亿元（含）以上的资产处置，逐级上报，由财政部审批；主业估值0.5亿元至1亿元以下的、多种经营估值1亿元（含）以上的国有资产处置，由国家局（总公司）审批。资产（含持有的上市公司股权）划拨，原则上不得无偿划拨给“非烟”单位，特殊情况可经双方省（部）级主管部门同意后，报财政部审批；烟草单位之间的国有资产无偿划拨，由国家局（总公司）审批并报财政部备案；清产核资、单位撤并的资产处置按照原规定执行。5月26日，鉴于县级公司法人资格取消，原县级公司固定资产全部上划市公司，市局制定《郴州市烟草专卖局（公司）系统固定资产管理办法》，固定资产标准按照财政部规定；

固定资产管理根据县级公司法人资格取消的新情况，有所调整，仍实行部门归口管理：全市系统电脑信息设备归口市公司信息中心管理，全市系统机动车辆归口市公司办公室管理，其他固定资产归口市公司物业管理科管理。各县（市）营销部和烟叶购销公司在规定的权限范围内管理本单位的固定资产。固定资产的预算、购置、使用、调整、处置由归口部门办理审批手续。添置固定资产审批权限：单项金额 5 万元或单项金额虽不足 5 万元但一次批量超过 10 万元的，由市局（公司）审批或上报审批，起点金额以下的由县级营销部自行审批办理；10 万元以上的固定资产购置，必须以招标方式确定供应商，10 万元以下的应该采取“货比三家”、择优采购的方式；固定资产每年底由财务和固定资产管理部门牵头进行一次盘点。

2011 年 9 月，郴州市烟草公司原控股企业郴州天泰复烤股份有限责任公司划归湖南复烤有限公司，市公司原以固定资产入股的股权（原值 11122.07 万元）划转给湖南省烟草公司。是年，按照省公司工作统一部署，对企业资产以条形码技术予以识别和盘点，统一编码，联网加设资产管理信息软件，实现企业资产信息化管理。

2014 年，对全市系统 2010—2013 年度库存烟叶、长期股权投资、固定资产和无形资产（土地）等情况进行统计调查，全面掌握资产总量、结构、分布及国有资产运行变化状况，并据实完善全市系统国有资产统计数据库。

2016 年 10 月 21 日，市公司印发《郴州市烟草商业系统国有资产管理实施办法》，规范国有资产管理流程，建立国有资产管理档案，并建立逐步优化国有资产、提高资产使用率、确保国有资产保值增值的绩效考核机制。

2018 年 1 月，市局（公司）组建国有资产管理办公室，实行资产共管联动机制，对资产管理制度进行修订，完成国有资产管理信息系统上线工作，实现资产管理数据传递效率和资源共享，资产采购、领用、移交、处置等流程规范和配置标准得到固化，强化各环节、各部门的管理职责，资产管理过程控制更加精细化。全市系统完成 65 项闲置资产的处理工作，对资产权证问题开展全面调查，建立问题权证信息库，实行责任到人、专人办理，因历史遗留问题办理难度较大的，委托专业机构办理。全市系统 121 项待办权证中，办结 37 项。

2019 年 7 月 2 日，市公司印发《实物及无形资产管理办法》，办结资产权证 64 项，其中新增 4 项，已办结 3 项。

2003—2020 年郴州市烟草商业系统固定资产统计表

表 5-12　　单位：万元

年份	固定资产原值	累计折旧	固定资产净值	在建工程	固定资产合计	资产总额	负债总额
2003	39993.39	15474.33	24519.06	2760.32	27279.38	116313.24	97884.84
2004	42222.54	16547.02	25675.52	2875.47	28550.99	114243.37	83785.47
2005	31933.48	11794.52	20138.96	3210.37	23349.30	102479.81	57038.92
2006	57601.13	16235.77	41365.36	1140.70	42512.01	119638.88	53219.29
2007	49569.00	15124.00	34445.00	5155.00	39621.00	123307.00	43477.00
2008	53363.81	17758.61	35605.20	6141.16	41762.06	116487.11	32360.47
2009	59315.07	24619.70	34695.37	7423.63	42119.00	142989.41	47249.42

续表 5-12

年份	固定资产原值	累计折旧	固定资产净值	在建工程	固定资产合计	资产总额	负债总额
2010	46643.61	21129.99	25513.62	3107.77	28621.39	149132.45	28375.44
2011	56093.09	22237.93	33855.16	1815.09	35670.26	170905.17	48008.62
2012	64468.75	28926.24	35542.51	3413.91	38956.41	174502.92	41842.25
2013	70896.39	32472.80	38423.59	4766.62	43190.21	199131.52	58472.87
2014	80845.80	35519.94	45325.86	2964.01	48289.86	215292.82	55614.81
2015	84183.24	40174.56	44008.68	8414.46	52423.14	258321.34	95468.78
2016	98261.92	46004.19	52257.73	3524.59	55782.33	311674.00	118200.79
2017	98915.45	48180.31	50735.14	924.26	51659.39	324006.81	116250.52
2018	103435.23	53255.01	50180.22	3250.74	53430.96	325609.70	87448.36
2019	105040.28	57833.78	47206.50	6112.58	53319.07	307884.26	45759.70
2020	107470.31	61928.93	45541.38	4646.87	50188.25	304514.75	35357.71

说明：资料来源于郴州市烟草公司财务报表

三、预算管理

2003 年，全市系统实行以财务为中心的预算管理，形式比较粗放，主要做法是：以财务部门为主，预估次年的经济收入、费用开支主要项目、不可测开支预备，编制出预算方案，宏观上开源节流，保持合理利润。其缺陷是：各项费用开支虽需经过审批把关，但控制不够细化，临时起意的开支（尤其是招待费、物资采购等）较多，费用控制不够严谨。

2004 年 10 月 15 日，省局下发《关于印发〈湖南省烟草商业系统推行全面预算管理的实施方案〉的通知》（湘烟财〔2004〕304 号），要求全省系统各单位建立健全预算管理委员会和预算办，加紧培训，采取自上而下、上下结合、分级编制、逐级汇总的流程，启动次年全面预算编制。12 月 7 日，市局（公司）成立以局长（经理）姜孝清为主任、各副局长（副经理）为副主任、各部门主要负责人为成员的预算管理委员会，下设预算办，其日常办公点设在市局（公司）经济运行科。全市系统各单位随之均成立预算管理委员会和预算办。各单位的各个部门均为预算管理的责任部门，各设置兼职预算员 1 名，从上而下形成预算管理全方位组织架构。全面预算管理的基本操作办法是：每年 10 月由上一级公司（局）预算委下达下一年度全面预算编制指导意见；上级公司归口管理部门制定并发布具体政策和要求，进一步指导其归口管理预算指标的编制工作；本单位据此向各部门下达全面预算编制指导意见；各部门在 10—11 月编制次年收入、支出的部门预算草案，提交本单位预算归口管理部门；单位预算归口管理部门审核其归口管理的预算后，提交纸质签字盖章预算文档和电子文档至预算办；单位预算办对各部门的预算进行汇总、初审并开展磋商、平衡、调整后，制成本单位的次年预算草案，11—12 月提交公司预算委，预算委召开全体成员会议，进行逐项讨论审核、修订，审核通过后，形成正式预算方案，由预算委主任签字并盖公章，报上一级主管单位审议批准。属于股份制企业的，报董事会批准。次年按照上级或董事会批准的预算方案执行。预算执行实行单位、部门、员工层层负责制，费用开支必须控制在预算之内，纳入绩效考核范围，随意超支将影响部门、员工的工资、奖金和业绩评价。年度预算核定后，费用开支按照工作项目进度计划分月拨付预备金。因不可预计因素（如办案、救灾、政策调整、上级临机增派任务等）情况导致预算额度不够用的，可在年中预算工作会议上，提出申请，陈述理由，公开讨论，集体审议，属合理的予以追加预算。

2005 年，首次在全市系统全面实施预算管理，将大小基建、设备添置、维修、劳务、餐饮、宣传等均列入“采购”范围，一切开支均纳入预算范围，严禁超预算开支和无预算开支。

2006 年 1 月，取消县级公司法人资格、由市公司统一核算后，全市系统全面预算针对新情况进行调整。在长沙中仁会计事务所的协助下，开展广泛调研，出台新的预算管理方案，并编辑《预算管理制度汇编》《财务预算手册》，作为各级预算操作参考；推行预算责任制，持簿报账，无预算不报账；把预算工作纳入目标管理考核范围，严格按照预算预拨费用资金，严控超预算资金开支。5 月 10 日，市局（公司）预算管理委员会办公室不再设在经济运行科，改设在财务科。

2008 年，市局（公司）修改完善预算管理制度。9 月，制定《郴州市烟草公司费用预算与绩效挂钩的实施办法》。

2009 年，总公司印发《关于印发烟草行业全面预算管理办法和工商企业全面预算管理规程（暂行）的通知》（中烟办〔2009〕281 号）。市局（公司）进一步规范预算编制。一是统一预算编制的程序、范围、口径及标准。根据业务量的大小及成本、费用标准，将费用、包装物、烟叶生产投入补贴、捐赠等“资源”公平分配。二是根据各部门的职责划分，费用实行归口管理，发生费用时，未经归口管理部门同意，财务部门不予付款。三是制定《郴州市烟草公司费用预算与绩效挂钩的实施办法》，实行费用与绩效挂钩。四是强化费用审核，与预算项目不符的开支一律完善手续。五是加大对预算执行的分析、评价、通报和考核，形成从预算编制到考核的闭环，推动预算管理水平的提高。每月 15 日之前对各单位、各部门的预算执行情况予以通报。六是强化投资管理，优化资产结构，从源头上控制修理、折旧等费用，提高资产的使用效益。

2010 年，对业务与预算进行有机整合，确保预算编制、报账审核、资金支付、会计核算、预算考核实行“五位一体”，形成预算管理的闭环，实现预算管理的三个有效对接。一是实现预算与业务的有效对接。下发全市各单位（部门）预算指标文件，签订市局各科室预算考核责任书。多次召开预算标准评审会，充分听取各单位的意见和建议，确定“两烟”成本费用的编制参考依据和标准。二是实现预算与核算的有效对接。要求预算编制的口径和会计核算的口径一致，避免“两张皮”，有效控制预算执行差异率。三是实现预算、核算与贯标、对标的有效对接。以行业先进单位的标准为标杆，取长补短，修订本系统的预算标准，使之更合理，操作性更强。7 月，预算管理专用软件启用，预算工作效率提高。

2011 年 9 月，市公司印发《全面预算管理办法》（郴烟财〔2011〕130 号），共 8 章 42 条，对预算职责、标准、计算口径、归口管理、编制办法、预算执行及职责考核进行统一规范。10 月，按照省公司统一部署，启用全面预算管理电子网络信息系统，对全市系统部门负责人、预算管理员、报账员 300 余人分三期开展培训，掌握全面预算管理系统操作。年内，结合预算编制工作和预算执行情况及盘点、财务决算情况，兑现奖罚。

2014 年，修订印发新的《全面预算管理工作考核办法》，对县分公司、机关各部门的预算执行考核由年度考核改为季度考核，重点加强预算编制准确率、预算执行率和预算管理过程的考核。

2015 年，预算管理引入精益管理概念，转型为精益预算管理，突出预算管控能力，预算考核项目由单一的执行率指标扩展到涵盖预算指标完成情况、预算管理运行情况、费用效率指标、重点预算工作成果的平衡性及综合性考核指标；使招待、会议等重点费用大幅下降。

2016年，对全市系统业务外包进行重点调研，重新修订预算标准，对后勤服务实施统一招标，对工程立项预算实施精准化，收效明显。总费用预算较上年降低3.84%。其中，烟叶生产配置服务费用较上年下降54.21%；烟叶收购费用预算同比下降1.80元/50千克，烟基建设支出预算同比下降16.20元/50千克，生产投入补贴预算同比下降11.75元/50千克；会议费、业务招待费、市场营销费、零售终端建设费预算同比下降62.91%、50.75%、83.76%、63.98%。11月，市公司印发《预算定额管理实施细则》，市公司预算管理委员会下设预算定额管理委员会，由分管财务的局（公司）领导任主任，财务部门主要负责人任副主任，各相关部门主要负责人为成员，下设定额办。各类定额标准由各归口部门负责依据国家标准、行业标准、地方标准、企业标准制定，并依各参考标准的变化而定期调整。定额标准制定后，交定额办汇总初审，然后交定额委审批后发布，作为预算编制参照依据。是年，着手推广内网预算管理信息系统。

2017年，全市系统预算定额标准体系全面建成。自7月1日起全面启用内网预算管理信息系统，各级预算操作均通过专门软件进行。10月，国家局财务司到市公司进行预算定额检查，给予较高评价。

2018年，按照精益管理原则，对预算定额标准体系层次和内容进行扩展，导入对标指标，对比先进单位的标杆值，达到降低人均费用、提高人均税利、提高人均劳效的目标，均衡实现公司效益目标；引入资产配置限额标准，为实施采购、资源调配等工作提供统一标准，有效避免资源浪费现象。

2019年，完善以县级单位为虚拟利润中心的税利控制模式，预算办与归口管理部门紧密配合，合理分析确定降本突破口，巩固和完善业务外包、资产购置、薪酬福利、烟叶生产投入、经营管理费用等重点领域的定额标准。健全预算定额应用考核机制，从项目计划源头开始布控，紧抓成本过程关键管控环节，定期通报考核定额执行情况，确保精准实现全年降本目标。年内，借助财务共享中心建设契机，完成预算系统Web版升级。

四、资金管理

2003年，全市系统经营资金严重不足。市公司实施“大财务”统一核算，集中资金，维持运转；充分借力国家局《关于清理全国烟草系统烟叶拖欠款的通知》（国烟办〔2002〕501号），加紧催收各方欠款，尽量收拢资金、减少损失；暂停大中型基建，紧缩各项开支。5月，筹措烟叶收购资金，需周转金3.60亿元，初期仅贷得1亿元；经市政府批准，向全市系统所属员工集资8000万元用于烟叶收购，借期10个月，按照银行同期贷款利率支付利息；余款再与银行协商贷得。10月29日，市公司向省公司呈送《关于财务相关事项的情况报告》。存在问题：一是上年工商分设时，全市系统在会计报表上体现的未弥补亏损20793万元，其中桂阳公司11145万元，市公司9400万元，嘉禾公司248万元。未体现的潜亏5844万元，其中，永兴公司2964万元，嘉禾公司510万元，市公司1920万元，其他公司450万元。明亏、潜亏合计26637万元。经过一年多的艰苦努力，截至2003年9月底，已消化挂账亏损15056.08万元，尚亏11580.92万元。尚挂账亏损主要构成：经营亏损8890万元，其中市公司1744万元，桂阳公司7146万元。因关停小烟厂形成的货款损失2425.7万元。其中，市公司本级384.5万元（湖北建始烟厂211.8万元，安徽砀山烟厂119万元，四川宜宾烟厂46万元，陕西永寿烟厂7.2万元）；桂阳县公司470万元（江华烟厂182万元，隆回烟厂122万元，广西桂林烟厂66万元，陕西永寿烟厂31万元，河南光山烟厂69万元）；嘉禾县公司

333 万元（江华烟厂 79 万元，湖北建始烟厂 254 万元）；临武县公司 173.50 万元（四川宜宾烟厂 173.50 万元）；永兴县公司 1064.70 万元（新邵烟厂 83.70 万元，湖北建始烟厂 917 万元，河南光山烟厂 64 万元）。集团分摊移交的广告费 231 万元。其他遗留待摊费用 34.22 万元。二是其他不良资产 13479.21 万元。主要构成：三年以上历年未收回的烟叶货款 7449.10 万元，其中，市公司本级 3017.80 万元，桂阳公司 399 万元，嘉禾公司 136 万元，临武公司 590 万元，北湖区经营部 1052.70 万元，永兴公司 2238.60 万元，宜章公司 15 万元。不良长期投资 4338 万元（金叶大酒店）。各项有问题的应收款 1692.11 万元（含已缴的过头税、押金、政府借款、中介佣金等），其中死账、呆账 2253.60 万元。处置计划：对经营亏损，按照税法规定“五年内可用税前利润弥补”的政策，以税前利润弥补。对因国家政策关闭小烟厂而造成的货款损失，待各相关小烟厂取得关停破产法律手续后，按照规定作坏账损失处理。其他问题争取上级政策，协调各方处理。是年，市公司试行卷烟零售订货款电子结算，零售户将订货款以银行卡向烟草公司账户直接转账，试运行情况良好。11 月，根据省局关于发生 6 起员工携现金潜逃事件的通报和整改要求，进一步健全访销回笼货款多人监管、当日提早存现、定期对账盘点制度，并加紧推行 POS 机应用和电子结算。桂阳县公司是年与县信用联社达成协议，由信用社代付烟叶收购货款，最后由公司转户支付，解决烟叶收购资金的护送安全问题。催收内外欠款取得成效，其中，桂阳县公司收回老烟款 460 万元，内部清欠 100 万余元。

2004 年 3 月 18 日，市公司印发《关于重申几条重要财经纪律的紧急通知》。规定：严格遵守税收法规，严禁预缴税款和缴“过头税”。严格执行工资基金管理制度，严禁超过核定的工资总额发放工资（并需预留 5%以上余额）。严格执行流动资金管理制度，非本单位正常业务需要不得借出资金，非正常借出资金实行“谁借出，谁终身负责”。严格执行资金投资管理制度，10 万元以上固定资产投资必须报市局批准，不许越权。严格执行银行贷款管理制度，严禁未经市公司同意擅自贷款，资金有困难的可向市公司申请调剂。严格执行各项财经法规和行业财经管理制度。严禁对外提供抵押或担保。以上各项，违者，对企业法人代表和财会负责人等予以严厉处罚。6 月，市公司制定《市公司本级烟叶收购资金管理办法》，对烟叶收购资金实行市公司统一贷款，“定额铺底，差额补款”制度；所属各站每日上报收购进度，申报资金需求，每星期补款一次。12 月，市公司下发《关于加强银行存（借）款对账工作的通知》，要求每日货款必须当日存入银行，当日上交存款单，每月 5 日前全面对账一次。违者，扣目标管理分值。

自 2005 年 4 月 1 日起，全市系统卷烟经营开始启用“东软软件”结算方式，同时卷烟货款实施与工行“在线代扣”业务，卷烟购销业务资金均通过工行账户实行网络结算，工行每日收到的代扣资金保证在次日 18 时之前划入烟草公司账户内。由市公司物流配送中心的卷烟配送二车组、四车组率先试用“在线代扣”结算方式，两个车组的卷烟销售贷款（采取“在线代扣”、POS 机、现金、同城转账等结算方式）全部存入指定账户。试行成功后，全面推广。

2006 年，经过自集团拆分后的数年奋斗和持续盈利，全市烟草商业系统自有资金逐渐丰盈，一般贷款减少，但年度烟叶收购达数亿元以上，仍需贷款。是年，经过与市建行协商，并报建设银行总部批准，办理“法人账户透支卡”（简称“法透卡”），以银行存款或企业信用作担保，可以随时直接透支，最大授信透支额度以 3 亿元为限，无须办理贷款手续；当资金回笼后，及时存入银行，无须办理还贷手续，直接冲抵透支，自然还贷；利息以实用额度使用天数计算，还可按照“透支优惠”享受比基准利率低 10%的利率优惠。在此基础上，又建立起资金归集过渡账户，规定各营销部每天 16 时前必须将全部资金归集于过渡账户，以及时冲减“法透卡”透支金额；此举的实施，为全市系统大额贷款带来极大方便，并大大减少利息支出。此外，针对取消县级公司法人资格后资金管理的新要求，实行以市公司“一个龙头放水”，对各县级营销部的经费实行按照预算分月下拨，超预算开支一律停拨；对“两烟”区营销部在非收购季节减半拨款；对大型投资和大宗物资采购实行严格的经济评审和公开招标、全程监督。上述举措，使全市系统资金利息支出等财务费用比上年下降55.6%，减少913万元，烟叶收购贷款年底前全部还清，首次出现烟草公司组建以来年末无贷款情况。

2008年，共组织筹集全市卷烟购进所需资金15.40亿元，烟叶收购及烟叶税资金8.28亿元，烟基建设资金15003万元，投入运营。5月，按照省公司统一部署，市公司下发《关于2008年烟叶收购付款结算有关事项的通知》，全市系统烟叶收购全面实施非现金结算，委托银信部门付款或电子结算付款非现金结算。基本以委托银信部门转账为主。此举，省去以往收购季节每个站（点）需要每天提取巨额现金、逐笔付现金、事后清点对账、专人守护现金等诸多麻烦，同时也对少数烟农转让收购合同、扰乱烟叶收购秩序起到遏制和规避作用。7月，市公司以宜章县分公司“陈某携款潜逃事件”为警示，下发《关于进一步加强财务管理工作的通知》，要求所属各单位立即行动，由财务部门牵头，联同审计、纪检监察部门对日常备用金、烟叶收购资金、卷烟资金回笼、烟用物资资金（含“套餐制”物资款）及各项物资的日常管理工作进行一次“地毯式”的检查清理工作，认真整改，查漏补缺，进一步完善资金管理制度。

2009年7月，市公司印发《关于进一步加强物流配送货车组资金安全的通知》，各单位严格落实《卷烟物流配送规范及作业手册实施细则》，并加大卷烟配送收款资金“在线代扣”和POS机刷卡业务力度；现金收取落实防抢防盗措施，每送一乡必须就近存储，不许钱随车走转至另一乡；货款必须日清日结。并与各开户银行达成延期下班接受存款的协议。

2010年，市公司与工商银行联合在市本级推出“牡丹金叶贷记卡”，并在全市物流配送范围内推广应用。年内，强调严格备用金管理制度，严禁大额现金支付，坚持提供商品（劳务）方、出具发票方、收款方主体一致，采取转账支付。

2011年，在桂阳县分公司启动烟叶收购资金在线支付试点项目，在信用社开设专户，对资金在线支付系统基础信息和烟叶收购系统基础信息进行全面核对。按照收购进度划转资金，资金使用效果提高。试运行取得良好效果。

2012年，对全市基层烟草站银行账户进行全面清理，共注销基层烟草站银行开户账户45个，新办5个。在上年烟叶在线支付试运行的基础上，开办70多人参加的烟叶在线支付培训，全市系统全面实现烟叶货款在线支付，年内在线支付烟叶收购资金11.70亿元。全年对内外清欠362.90万元。

2013年，根据总公司、省公司文件要求，市公司行文推行卷烟货款跨行支付结算及配套银行卡应用。通过招投标，确定1～2家银行合作承办，方便客户通过行业结算支付平台与合作银行平台在网上实现无缝对接跨行支付结算，满足卷烟与“非烟”业务的订货、结算、退款、查询等业务要求。7月启动，12月试运行，2014年1月正式运行。

2015年，公司营业收入669629万元，资产规模288165万元。资产规模较2012年增加11.36亿元，故而货币资金余额出现较大幅度下降，资金营运难度加大。是年，对单位、个人往来、备用金实行定期清理制，及时回收欠款，减少资金占用；加大货款回笼力度，提高应收账款资金周转速度；对烟叶生产物资实行按需订购、零库存管理。存款选用优惠利率，利息收入提高。

2016年，组织开展银行账户和存款管理专项自查整改工作。通过自查整改，对使用频率不高的账户进行合并，对未经上级公司审核及财政专员办审批而开设的账户坚决撤销；制定《银行账户和存款管理实施办法》，明确市、县公司相关职责，建立规范全市系统银行账户和存款管理的长效机制。对银行存款，引入竞争机制，活期存款继续实行协定存款利率，定期存款利率争得上浮40%。

2018年，省、市局（公司）开展资金安全专项检查，及时更新资金管理内控制度，市、县公司财务介入卷烟货款审核环节，对货款日清日结情况进行审核监督；将卷烟货款电子结算率纳入对县分公司月度绩效考核指标。全市系统全面实现无现金结算，卷烟货款电子结算率达99.34%，较上年提高32.65%。存款引入竞争机制，年度实现资金利息收入近2000万元。建成往来账龄数据分析平台，督促及时结清往来款项，防止坏账。

2019年，继续巩固"两烟"经营资金电子结算规范化，开展水源建设资金、烟用物资资金及烟叶收购资金等专项检查，并加大对物流中心、金叶商贸、食堂、工会、党团财务的监管力度，把好资金监督审核关口。货币资金存款采取竞争性谈判方式，增收利息842万元；根据行业上级安排，购买安全边际较高、历年分红较丰厚的银行优先股 × 亿元，为长远内生增效进行战略布局。3月，市公司印发《零售终端信息系统推广实施方案》，要求全市使用该系统的零售户达到在网运行总户数的5%，并选定郴州交行、工行作为第三方资源合作单位。7月，市公司印发《卷烟货款管理细则》，明细涉及部门职责及日常管理要求。

2020年，根据国家局清理拖欠民营企业中小企业账款有关工作要求，共清理往来客商账户948个，清理支付到期质保金、物资采购款、工程款等往来账款846笔，该支付的悉数清扫；并制定下发《往来款项管理办法》，明确账务规则、支付条件，建立长效清欠机制。持续推进和巩固"两烟"经营资金电子结算规范化，全市系统卷烟销售货款电子结算率为99.43%；通过烟叶在线支付系统支付烟叶收购资金15.04亿元，实现零差错。银行存款通过邀请招标的方式确定存储银行和存储规模，全年资金收益率为1.99%，同比增加0.19个百分点。持续巩固历次资金检查整改成果，定期开展水源建设资金、烟用物资资金及烟叶收购资金等专项检查。开展资金"飞行检查"（事先不通知的现场突检）2次，查出问题31个，均完成整改。

五、会计核算管理

自2003年1月1日起，遵照国家局、省局指令，执行总公司新的《烟草企业成本费用管理办法》和《烟草企业成本费用核算规程》。是年，市公司本级实行"大财务"管理体制。秉承经济目标管理办法，将年度生产经营数量、质量、费用率、毛利率、资金周转率、利润等指标纳入考核范围，并逐级分解到所属各单位、部门，直达班组、岗位，考核结果与年度目标管理奖、年终评先挂钩，兑现奖罚，形成相对严密的成本管理责任网络。对大额投资，必须提供专题论证，逐级报批，经过公司专题会议民主决策，获得批复后方可实施；在人力成本方面，因事设岗，严控临时工使用，以节省力资；在物料消耗方面，做到按照程序报批，按照标准领料，以旧换新，点滴节约、物尽其用，水、电、汽、油避免"跑冒滴漏"；在物料采购方面，实行"经济评审"制度，1万元以上的采购必须经过"经济评审组"评议后方可进行，并实施"货比三家"的"阳光采购"，以需订购，尽量减少库存积压；在维修方面，提倡小改小革、小自修，需要外协修理的必须先做鉴定，经过批准；在业务招待方面，提倡在本单位食堂招待，特殊情况需在外招待的，必须先批后办；在差旅费方面，一般实行分职级、分地域限额包干法；在财务核算管理方面，严格按照成本类别入账，不得乱摊费用，报账必须有经办人、验收人、部门领导在发票上签字并经稽核会计稽核、公司领导按照权限签字批准后方可付款，大额付款需增加财务科（股）长亲自复核把关，每年度的财务账目需经审计部门审计。是年，全市系统开展以执行“五条纪律”为核心的财经秩序整顿。

2004 年 4 月 1 日起，执行市公司新的《财务报账程序和权限规定》。5 月，市公司出台《市公司本级所属烟草站费用管理办法》，实行烟叶每担费用包干、杂费总额包干。6 月，市公司印发《关于处理历史经济包袱有关事项的通知》，根据财经法规和省局相关文件精神，对逾期三年、收回无望的应收账款，三年以下应收款债务人属破产、奉命关停的，均作坏账处理，在库霉变、毁损、盘亏、空挂的商品及固定资产盘亏、毁损、报废等，向税务部门报损，批准后利用当年利润予以消化，列入营业外支出。对坏账涉及个人违纪问题的一并查处，对尚有一丝希望收回的尽量努力收回，对制度漏洞予以修补完善。此项工作列入年度目标管理考核范围。自 10 月 28 日起，执行省局《湖南省烟草商业系统会计基础工作规范实施办法（试行）》（湘烟财〔2004〕313 号）。同月，省局印发《湖南省烟草商业企业历史包袱消化处理实施意见》，要求自是年 4 月至 2007 年 3 月的三年期内，将历史包袱全面消化；提出对历史经济包袱分类处理意见：以利润消化；争取政策扶持；争取集中纳税；利用新旧会计制度转换，核销部分损失，冲减“资本公积”和“盈余公积”；个别资不抵债、扭亏无望的公司，可以依法破产清算。市公司将消化历史包袱工作纳入次年目标管理项目。按照省局文件精神，先全面盘点和自查汇总，收集证据，然后制定分类处置方案，报省局（公司）同意后，进行处置。

自 2006 年 1 月 1 日起，县级公司取消法人资格成为营销部后，全市系统财务实行以市公司统一核算，新建立《郴州市烟草专卖局（公司）商业企业组织结构调整财务管理办法》《关于取消县级公司法人资格后有关税收缴纳的办法》《组织结构调整后卷烟经营会计核算办法》《组织结构调整后烟叶核算办法》《关于县级烟草专卖局（营销部）财务报账程序和报账权限的规定》，县级营销部日常费用开支所需资金由市公司每月按照预算拨付，营销部每月发生的费用，收齐正规票据（凡增值税发票必须按照市公司纳税号填写），预先整理，所做凭证作为市公司财务终端远程记账，于次月派财务报账员携票据凭证到市公司财务科复审报账；市公司财务科设立县级财务核算组，配备 2 名骨干专门受理发票等凭证复审。市烟叶购销公司将报账凭证送市公司财务科驻该司会计组复核报账。自 4 月 1 日起，按照国家局通知，停止实行公益金制度。是年，由于商业企业组织机构调整，卷烟经营实行由市公司集中购进、集中订货、集中配送、集中核算、集中管理的经营管理模式，市公司出台《卷烟销售资金管理办法》《商业企业组织结构调整后卷烟经营会计核算办法》等文件，规范卷烟经营资金管理和会计核算；烟叶经营由分县核算改为统一核算，并统一烟叶收购发票式样；为做好烟基建设统一核算，市公司出台《烟基建设项目资金管理办法》《烟基建设经费开支的有关规定》《烟基建设核算办法》，对资金来源、适用范围、补贴标准、资金拨付、开支审批、工程监督与验收结算、费用复审等，均进行规范，使之做到专款专用，预算相对合理，经费总额控制，核算科目清晰，无挪用虚列。是年，全市系统各单位局域网全面建成，并实现联网，市局（公司）成立“财务信息化项目组”，制定《郴州市财务信息系统项目初始化工作方案》，推进全市系统的财务信息系统配置，10 月，安装“金蝶软件”，与原“三门软件”合并运行，完成总账、报表、固定资产、卷烟进销存 4 个模块的配置与应用培训。财务信息化应用水平提高。

自 2007 年 1 月 1 日起，执行国家局《烟草行业商业企业卷烟物流费用管理办法和核算规程》（国烟财〔2006〕812 号）。同时，按照国家局会计政策，对应收款坏账准备采用月百分比法计算，计提比例为 5%。1 月 11 日，省公司转发国家局国烟办综〔2006〕542 号文件，按照国家局通知，对投资由以往的“成本法”改为“权益法”核算；企业利润分配，在提取 10% 的法定公积金后，剩余部分按照规定进行分配；“烟叶税”一律通过“应交税金”科目核算。

2008年，市局（公司）在原《会计工作标准》的基础上，对各县分公司实行报账制之后的财务岗位工作标准进行统一；针对在取消各县公司法人资格后差旅费开支标准不一的问题，重新制定下发全市系统统一的差旅费标准；并制定《财务会计工作考核办法》和《财务报账审批程序及审批权限规定》，将财经纪律的执行、会计核算质量、会计信息质量与会计人员奖惩、各单位领导人员的目标管理考核有机结合起来。7月，全市系统启用低值易耗品、烟用物资财会电算模块。

2009年，贯彻国家局的《会计核算办法》，修订《财务科作业指导书》。制定《企业研发费用会计核算办法》《卷烟物流费用核算办法》《烟叶生产基础设施建设项目资金管理办法》等制度；指导、监督各县分公司制定《卷烟零售自营店管理办法》《基层烟草站备用金管理制度》等制度。并制定下发《费用预算与绩效挂钩的实施办法》，实行费用与绩效挂钩；对费用报账审核，与预算项目不符的开支一律完善手续，否则不予报账。6—9月，按照国家局的要求，完成金蝶财务软件向用友财务软件的转换。

2010年，先后对《财务报账审批流程和报账权限的规定》《差旅费管理办法》《财务考核办法》《房屋、土地资产管理办法》《烟用物资管理办法》等相关制度进行修改完善。严禁无预算开支、超标准开支进入常态化。

2012年，全市系统财务部门贯彻市局《工作人员作风问责暂行办法》，加大对财务人员岗位履责和服务水平、执行力的考核力度。

2013年，市公司物流中心通过《全市物流系统绩效考核和二次分配方案》，11月实施；开设单独的银行账号，对各项物流费用实行预算管理，物流费用统一由一个账号支出。

2014年，执行《烟草工商企业会计核算办法》（中烟办〔2014〕248号）、《中国烟草总公司会计基础工作规范》（中烟办〔2014〕352号）。修订《差旅费管理办法》。新下发《全面预算管理考核办法》《财务报账审批流程和审批权限》等制度。规定报账程序为：经办人签字—部门负责人审核把关—归口管理审核—分管业务领导审核—财务稽核—分管财务领导审批—局长（经理）审批—出纳付款。

2015年，执行国家局新印发的《烟草行业商业企业会计实务操作手册》和《湖南省烟草商业系统会计基础工作规范实施办法》（湘烟财〔2015〕270号）。年内，结合贯彻中央八项规定的自查自纠“回头看”，加大费用预算控制力度，业务招待费、会议费、车辆运行费预算比2012年分别下降78.38%、81.02%、16.65%。

2016年，市公司新修订《国有资产管理实施办法》《银行账户及存款管理办法》《专卖类经费报销管理规定》《预算定额管理实施细则》《对外捐赠管理办法实施细则》《差旅费管理办法》《会计基础工作规范》《财务工作考核方案》等财务管理制度，并以国家法律法规、国家局、省局、市局财务管理制度为主线，编发《财务制度汇编》，内含245个相关制度，供全市系统参照执行。是年，对中央巡视烟草行业整改意见涉财问题进行自查整改，整顿重点是全市系统业务外包、会计核算、多元化投资、投资审批、涉税事项五个方面，实行彻查立改，并开展交叉检查。在全市系统实施精益管理降本增效，重点选择控制烟叶生产投入和生产费用作为降本突破口，强化降本措施，烟叶生产技术服务业务外包费同比减少276.90万元，下降36.7%；重点开展奢侈浪费、公务接待费超标、不规范差旅费开支、超标准乘坐交通工具的专项治理工作，共清退164.60万元。11月，市局印发《会议费管理办法》，对会议费管理进一步严控、规范。

2017年，新建立或修订《卷烟销售货款管理办法》《涉财重大决策及大额度资金运作制度实施细则》《烟叶生产投入补贴资金管理实施细则》等系列制度。年内，精益管理降本增效取得新成绩。通过控制招待标准、陪餐人数、招待范围，减少会议次数，改开合并会议、视频会议，加强车辆维护、维修、油料、力资管理，重点费用开支得到有效控制，全市系统车辆运行费、招待费、会议费、差旅费等重点费用同比分别下降 36.6%、56.9%、3.57%、41%。对“三项工作”项目，再次统一财务审核标准和口径，全面把好计划初审关。对后勤线的物业管理、安保服务、食堂服务制订统一标准，由市公司统一制定招标文件集中招标，由县分公司分别签订合同，借助集约化、规模化管理，降低业务外包费用。全市后勤服务统一招标管理后，费用下降 18%。对烟叶线的辅助业务外包费用标准再次修订统一，制定外包费用定额标准，要求各县分公司简化、优化操作流程，提高作业质量和效率，控制用工数量，是年烟叶收购辅助业务外包费用下降 12%。

2018 年，修订下发《专卖工作经费管理办法》《烟叶收购资金在线支付管理细则》《财务报账规范》《实物及无形资产管理办法》等财务管理制度，并对涉财管理制度再次进行汇编印发，完善财务管理内控制度体系。年内，按照年度精益管理提质增效工作要求，将目标任务层层分解到明细预算项目，将预算实施与部门绩效挂钩。总体费用下降，其中车辆运行费同比下降 30.51%。

2019 年，按照会计基础规范化达标方案要求，全年开展 2 次会计基础工作检查，加强 PDCA 循环检查法在财务检查中的应用，完善检查结果运用和责任考核机制。继续完善内部控制制度体系，完成部门标准化文件与红头文件合并工作，进一步加强全市系统食堂、党团、工会财务监管工作，用好管好统一核算平台。开展个税专项附加扣除、电子发票应用等全员辅导培训，确保政策制度实施到位。顺利通过省公司达标验收。

2020 年，全市系统建立内网财务共享中心，6 月上线试运行，7 月正式运行。该中心的运行，是财务管理模式的重大改革，主要改革要点：一是对全市系统的资金支付，由分县支付改为由市公司集中支付。支付项目包括员工薪资、纳税及一切投资、费用，县级分公司不再拥有资金支付权，但县级分公司作为内控责任主体和受审责任主体职能不变。二是全流程实施网上报账，解决“报账难”问题。财务共享中心分设手机版，财务部门人员和各单位领导、部门负责人均可下载使用，既可用电脑操作，也可用手机操作；员工需报账时，将票据扫描，形成电子版，并将纸质版交所在单位财务，然后在“财务共享中心”输入电子版，部门领导和分管领导接到审批信息后，即时完成电子审批，市公司按照审批权限履行再次审核后，即可予以电子结算支付。三是实现业（务）、财（务）融合，通过与烟叶、烟用物资、卷烟、薪酬、项目监管等平台进行无缝对接，实现业务、财务数据共通、共用、共享，多系统集成应用把财务管理从部门级应用扩展到覆盖多管理领域的企业级应用，从源头管控数据的正确性、实时性、有效性，为企业生产经营提供更有效的即时管控和决策依据。四是可实行数据自动统计，费用支出、业务报表数据等，通过软件相关功能，能自动生成累计数据，便于随时提取，用作管理分析。

2003—2009 年郴州市烟草商业系统主要财务指标完成情况表

表 5-13

年度 项目	2003	2004	2005	2006 合并复烤厂	2007 合并复烤厂	2008 合并复烤厂	2009 合并复烤厂
销售总额（万元）	208228	245712	353971	233988	270146	314737	350997
其中：卷烟	80383	112501	125925	135020	147801	171598	194360
烟叶	127845	133211	228046	93377	112057	132774	144520

续表 5-13

项目＼年度	2003	2004	2005	2006 合并复烤厂	2007 合并复烤厂	2008 合并复烤厂	2009 合并复烤厂
复烤	—	—	—	5591	10288	10365	12117
毛利总额（万元）	41498	52620	63504	63133	72698	78213	102837
其中：卷烟	11332	19786	23316	27126	32129	40109	47716
烟叶	30166	32834	40188	32729	35224	33149	48448
复烤	—	—	—	3278	5345	4955	6673
毛利率（%）	19.93	21.42	17.94	26.98	26.91	24.85	29.30
其中：卷烟	14.10	17.59	18.52	20.09	21.74	23.37	24.55
烟叶	23.60	24.65	17.62	35.05	31.43	24.97	33.52
复烤	—	—	—	58.63	51.95	47.81	55.07
费用总额（万元）	28837	32839	36860	35136	38567	42811	52482
其中：工资	6451	7797	9086	10343	11757	14107	14336
住房公积金	648	1075	2483	1431	1009	1327	1833
福利及劳动保险费	2663	2917	3067	5729	7558	3100	6497
利息	4306	2756	1876	856	—	34	—
业务招待费	1288	1850	2174	1815	1736	1322	—
费用率（%）	13.85	13.36	10.41	15.02	14.28	13.60	14.95
利润总额（万元）	12870	19649	25595	31351	25896	39876	45167
实现税利（万元）	27164	36031	48887	53809	50897	69698	85423
卷烟销量（万支）	567500	678500	706500	719900	763200	794900	819900
烟叶收购数量（万担）	50.99	70.5	79.74	85.07	73.74	85.27	85.56
烟叶收购金额（万元）	28603	42829	48121	47098	45918	66301	53879
烟叶产前投入（万元）	3842	4437	9999	17089	14704	28018	17349

2010—2020 年郴州市烟草商业系统主要财务指标完成情况表

表 5-14

项目＼年度	2010	2011	2012	2013	2014	2015	2016	2017	2018	2019	2020
一、营业收入（万元）	391623	431987	545925	610048	624056	694479	674803	708171	777422	936460	835451
其中：主营业务收入	381622	420264	531516	589988	602674	673773	653372	688868	760517	916414	814817
其他业务收入	10001	11723	14409	20059	21382	20706	21431	19302	16905	20046	20634
二、营业成本（万元）	294183	329880	436289	484359	465238	486280	452060	470766	497772	606485	560005
其中：主营业务成本	284160	317790	421323	463744	443121	464808	429308	450669	480467	585734	538875

续表 5–14

项目＼年度	2010	2011	2012	2013	2014	2015	2016	2017	2018	2019	2020
其他业务成本	10023	12090	14966	20615	22117	21472	22751	20097	17305	20751	21130
营业税金及附加	14889	17068	20442	22495	24743	46139	51332	56120	60363	65572	69775
其中：主营业务税金及附加	14889	15680	20442	22495	24743	46139	51332	56120	60364	65572	69775
三项费用合计	—	63362	72323	79587	86709	83641	78665	80422	87161	90981	83703
销售费用	18494	24742	26554	31422	35227	41833	39365	40559	43386	46142	39438
管理费用	33851	39502	46749	49217	53061	43823	40890	41841	46036	48127	47298
财务费用	–660	–882	–980	–1051	–1579	–2015	–1589	–1979	–2261	–3288	–3033
资产减值损失	—	—	—	—	—	25	–9	26	–28	0	12
三、营业利润（万元）	30866	21677	16871	23606	47366	78394	92756	100837	134505	176682	123960
加：营业外收入	15632	22687	26510	15936	13448	103	6797	4265	38	1358	3744
其中：补贴收入	15378	22510	25782	11118	13218	21	6686	4215	2	1339	3
减：营业外支出	849	1529	2480	1387	1705	1151	537	907	3201	1517	615
其中：捐赠支出	500	1287	2333	1310	1485	517	448	416	742	982	570
四、利润总额（万元）	45649	42835	40901	38154	59108	77346	99015	104195	131342	176523	127089
减：所得税费用	12361	11866	11350	10125	15717	21631	25793	27230	33546	47481	31895
五、净利润	33288	30969	29551	28029	43391	55715	73222	76965	97796	129042	95195
六、应交税金合计(万元)	61393	64720	78254	86402	99064	133287	141451	152810	154076	175617	162840
其中：应交增值税	17554	14330	22256	25015	29988	35353	31882	34267	31543	33793	31223
应交消费税	11712	13868	16104	17684	19161	37843	42766	45532	49544	53281	57793
应交营业税	42	21	16	17	11	8	5	0	0	0	0
应交烟叶税	15850	20616	22998	27653	27492	28949	31122	34142	28430	28586	29667
应交城建税	1839	1815	2420	2676	3121	4654	4805	5186	5291	5715	5845
应交教育费附加	—	930	1151	1282	1475	2177	2240	2394	2432	2612	2671
应交地方教育费附加	877	458	768	855	985	1452	1493	1596	1622	1742	1780
应交所得税	12361	11866	11350	10125	15717	21649	25793	28281	33740	47665	32170
其他各税	1158	816	1191	1095	1113	1202	1345	1412	1474	2223	1693
七、税利合计（万元）	94681	95689	107805	114432	142455	188984	214672	228725	251678	304475	258035
八、卷烟销售数量(万支)	842559	866585	891896	911064	912602	912676	846927	849821	852537	852535	858500
九、烟叶销售数量(万担)	90.63	80.35	100.00	94.57	74.26	83.56	94.65	100.71	111.30	139.66	97.53

说明：资料来源于郴州市烟草公司历年财务报表

六、清产核资

2003 年 8 月，国家局行文，开展固定资产投资专项检查，重点对 50 万元以上投资项目进行全面清理上报。

2004 年 8 月，按照省局文件精神，组织开展县级烟草公司资产清查，核实损失，为组织结构调整后按照规定办理县级公司国有资产的划转手续提供依据。卷烟纯销区 9 月底完成；烟叶重点县公司在 2005 年 7 月前完成。核实后，准备各种证明材料，申报核销。

2006 年 7 月，根据国家局《关于印发〈烟草行业多元化经营企业清产核资工作方案〉的通知》（国烟财〔2006〕97 号）和省局《关于印发湖南省烟草商业系统多元化经营企业清产核资工作方案的通知》（湘烟财〔2006〕235 号）文件精神，开展多元化经营企业清产核资工作。市公司本级主要涉及金叶大酒店、金叶商贸公司两家，均于年底完成核资上报任务。

2007 年 5 月 15 日，市公司遵照行业上级部署，下发《关于开展主业清产核资工作的通知》，自行文之日起，开展全市系统主业清产核资工作。清查时间点为 2006 年 12 月 31 日。市局（公司）成立清产核资工作领导小组，曹健任组长，幸勤、王建平为副组长，成员为市局（公司）机关各部门和各县局（营销部）主要负责人；下设办公室，财务科科长吴江为主任，审计科科长杨士卿为副主任，成员：李淑慧、朱俭英、王淮军、徐宾阳、谢智勇、林朗、姜军清；专职人员：雷建英、唐美珍。清查范围主要包括烟叶及烟用材料物资、闲置资产、应收应付款。市局（公司）相应成立 3 个清查鉴定小组，郑和平、杨士卿、朱俭英分别担任小组长。全市系统各单位均成立清产核资工作小组，领导亲自抓，全力配合。通过全面清查企业的各项资产、负债和所有者权益，企业“家底”和经营状况得以真实反映。各单位对清查出的各类损失和问题，进行整理归类，制定出整改处理方案，并对制度漏洞进行修补完善。8 月 17 日，市公司向省公司报告主业清产核资清理结果，确认资产损失 2180 万余元（含库存变质报废的商品、物资，关停小烟厂等原因无法收回的货款等），清理出闲置固定资产 133 笔（不含复烤厂），其账面净值 3167 万元；清出无权证房屋 155 笔；申请核销净损失 21806159.97 元。并向省公司申请处置闲置资产（主要是各县、市老烟区站点因生产布局调整不再进行经营而遗留的固定资产和状况很差的汽车、机械等）31699046.30 元，其中计划：以资产转让处理 13415079.62 元，列入报废 18016461.46 元，列入再利用 75139.82 元，计划捐款 192365.40 元。11 月 14 日，召开全市系统预算管理和清产核资整改工作会议。本次清产核资于年底前结束。

2008 年 1 月 17 日，市公司印发《账销案存资产管理办法》。5 月 19 日，根据国家局、省局部署，市公司开展 2007 年度国有资产自查，自查时间点：2007 年 1 月 1 日至 12 月 31 日，重大问题可前溯后追。自查范围：全市系统各单位（含多元化投资控股企业）。市局（公司）成立以曹健为组长、吴江为副组长，杨士卿、罗淞尹、雷建英、唐威、唐美珍、何爱国为成员的自查领导（工作）小组。自查主要事项：对 2006 年年底为时间点的清产核资以后的企业资产处置情况：处置方式与程序是否合法合规，账务处理与处置批复是否一致，账实数量、金额是否一致等。对多元化经营企业的账务、资本金、投资、债权债务、股权及担保质押等进行全面清理，各类资产处置是否合法合规及损失状况，如实向行业上级填报《对外投资情况汇总表》。对 2007 年度清产核资工作进行落实，并针对问题进行整改。清理企业对外捐赠情况：是否严格遵守内部程序，是否超出财政部规定的捐赠范围。工作启动后，自查方案通过 OA 系统迅速下发至各下属单位，全力配合，市局（公司）工作小组实行内部分组负责制，加班加点，5 月 29 日形成自查报告，月底结束。9月4日，市公司印发《处理账销案存资产和完善资产权属证明手续工作实施方案》，市公司成立以王建平为组长的处理账销案存资产工作领导小组，下设办公室，黄新民为主任，李淑慧为常务副主任，何爱国、雷建英、张彬、唐美珍为办公室成员。财务科、经济运行科、办公室、监察科、审计科及其他科室予以协助。清理、处置资产范围包括2007年全市系统（含天泰复烤公司、金叶商贸公司的）主业清产核资中已经核准的账销案存固定资产，具体为土地（分有、无权证）、房屋及建筑物（分有、无权证）、大型机械设备、运输工具和其他实物资产。明确下列资产不再补办权属证明：事实上已报废的资产；准备采取由政府部门收回方式处理的资产；补办手续费用明显高于评估现值的资产；其他不必要补办权证的固定资产。9月，组织清查涉及项目的基本情况与权属状况、填表、编制说明材料、初拟处置方案（含对无权属证明的资产是否需要补办手续）；10—11月，正式拟制处置方案报市局（公司）局长（经理）会议研究并决策，各单位按照规定程序办理申报、审批手续，组织资产评估和权证补办，落实处理工作。11月27日，省公司批复同意以拍卖方式处置宜章、汝城、永兴、北湖等地城区、基层站（批发部）房产、门面24处，原值7483576.68元。12月15日，市公司向省公司呈报同心路金叶大酒店（房产）、拥军路市公司烟叶中心仓库、流星岭门面3项闲置资产由政府征用的请示。同日，市公司印发《关于账销案存资产处置情况的通报》，全市系统账销案存资产处置概况：合计133项。是年，全市系统清产核资损失及闲置资产报损金额总计5119万元，按照省公司的安排，报损方案报省国税局审核，除部分闲置固定资产损失未批准外，其余共计3928.25万元由省国税局批准税前扣除。在闲置与不良资产处置之后，市局（公司）及时作出后期整改方案上报省公司，开展针对性整改。

2009年1月5日，省公司批复同意桂东县政府国资委因城区规划需要收回清泉和大塘烟草站等5项国有划拨土地资产，原值105.50万元，属政府征用，收回补偿款10万元。1月12日，省公司批复同意市公司拍卖处置资兴市分公司面包车、货车3辆，原值37.10万元。2月5日，省公司批复同意桂阳县清和、正和、青兰、四里、太和5个烟草站国拨土地及附着物资产（原值57.20万元），汝城县文明、大坪批发部国拨土地及附着物2处资产（原值79.68万元），由当地县政府征用。同日，省公司批复同意永兴县油麻烤烟仓库及其附属工程（土地1809平方米、原值282462.40元，净值46676.79元），宜章县赤石、新华、长策、黄沙、太平里烟草站9项资产（原值132.50万元、净值40.90万元）由所在地县政府收回。5月27日，省公司批复同意桂东县分公司11套公有住房进行有偿拍卖，原值368358.53元，净值270337.09元。7月19日，市公司印发《关于2008年度国有资产处置专项自查情况的报告》。自查情况：国有资产权证方面：土地127宗132项，其中出让地54宗59项，划拨地73宗73项，合计总面积885446.12平方米；土地权证已有125宗，2宗尚未办理；土地所有权变更6个县市分公司已经办理；公司房屋权证215项，原值247534929.80元，净值163839223.19元，办有权证193项，19项待办，4项不必办。机动车161辆（含摩托车6辆），152辆权证齐全，2辆待处理。县级公司法人资格取消后，其资产划归市公司权属变更大部分办理完毕。清产核资整改情况：2007年清产核资认定报废资产688项，损失金额21860159.97元，已按照国家有关规定列入损溢。账销案存资产处置：报废变卖553项，处理金额14184293.78元，拆除68项，在用65项，尚未处理（在公司院内无法处置）2项。三年以上往来账款处理情况：共952万余元，收回299.60万元，剩余618.40万元为职工房改金历史遗留，专做房屋维修金；其余往来33.90万元正在收回和处理。账销案存资产处置情况：共133项，已处理129项，具体为：拍卖13项，入账319.51万元。出售1项，入账12.53万元；政府无偿征用和收回22项，政府有偿收回1项，入账10万元；补办报废手续资产72项，均已做危房鉴定；因灾损毁资产12项，已做销账处理；资产转回4项（桂阳3宗土地，安仁1宗土地），转回 50.73 万元。尚有 4 项已报待批准未处置：湘南大酒店门面、金叶大酒店、郴桂路临时门面、拥军路卷烟仓库。12 月 25 日，省公司批复临武县分公司香花岭批发部予以有偿拍卖，原值 168284.83 元，净值 48841.02 元。年内，共处置不良资产 1500 万元。

2010 年 7 月 8 日，省公司批复同意宜章县政府依法征收县烟草分公司烟叶中心仓库（账销案存资产），其中土地面积 5846.06 平方米，资产原值 2535037.75 元，资产净值 1295641.34 元。以县分公司围墙外相同面积土地作补偿。此后，全市系统各年陆续开展其他账销案存资产处置。

2013 年，按照省公司部署，市公司制定下发《郴州市烟草商业系统流动资产专项清查工作实施方案》，以 2012 年 12 月 31 日为时间点，历时 5 个月通过专项清查阶段、数据分析上报阶段、数据汇总上报阶段三个阶段，按照属地原则及“谁主管，谁负责”的要求，完成国有资产产权登记工作：做好“三项清查”，对固定资产、无形资产（土地）、低值易耗品、包装物、烟用物资、烤房物资等财产物资进行彻底盘点，并与财务明细账、相关产权证核对；清理各种往来款项，财务部门协同人事劳资部门对“五险”、住房公积金、企业年金、个人所得税等代扣个人部分进行清理，确保代扣数计算准确并及时缴纳，全面核对往来款项，避免产生呆账、坏账；清理银行账户和及时归集烟叶收购资金，对“两烟”区分公司对收购资金账户注入的资金与收购价款、各项补贴及账户余额进行核对，及时将余额转入基本户，避免资金沉淀，盘活企业资金。共清查银行账户 48 个，银行存款余额 34375 万元，通过银行函证账实相符；清查应收账款余额 15012.22 万元，收回 12292 万元，清查其他应收款余额 2432.27 万元，收回 787 万元，通过函证，对方均确认金额相符；清查烟叶库存 50.57 万担，价值 55781 万元，清查卷烟 36739 万支，价值 5895.24 万元，经盘点核对，账实相符，未发现卷烟存在质量问题，清查结果按照省局要求上报。

2017 年，全面开展资产清查工作。组织相关部门及单位成立国有资产清查组，对全市系统固定资产、低值易耗品进行全面盘点、清查，重新梳理，严格落实资产实物管理部门和占有使用部门的工作职责，合理利用闲置资产，提高资产使用效率，加强国有资产监管，提升国有资产质量，促进经济效益增长与国有资产保值增值之间的协调发展。对购置和新建的资产，及时办理相关权证；对因历史原因未办理的权证资产，收集相关合同、购置发票、支付凭证等原始资料作为资产实际占有的依据以供备查；对产权发生变动的资产，及时办理单位产权变动登记。有序推进国资信息系统建设，配合做好全省系统国有资产管理软件系统上线工作。

2020 年，市局（公司）成立由多部门组成的工作班子，开展全省系统闲置资产管理试点工作，制定《提升国有资产管理水平实施方案》，分步骤进行。对全市系统闲置资产经全面清查后，按照“利用一批、出租一批、处置一批”的原则，分别采取内部再利用、公开招租、公开拍卖、有偿转让等方式进行处置，18 项闲置资产分别转为基层服务站（点）、烟叶分级育苗场所、六三六连锁公司烟叶基质生产场所；按照行业资产有偿转让流程，规范处置 32 项闲置资产，其中公开拍卖房屋 6 套、车辆 21 台，政府有偿收回土地、房屋 5 处，有偿转让资产处置收益 162 万元。全年闲置资产租金收入 326 万元。动态跟踪全市系统房屋土地权证的办理情况，办结问题权证 2 项。先后出台《资产出租管理办法》《国有资产权证及企业营业执照管理办法》等管理制度，为资产长效管理打下基础。

七、纳税管理

2003 年，税收实行征、管、查“三分离”制度。郴州市烟草商业系统作为国有企业基层单位，财会制度严格，账务清楚，计税基数明了，皆通过自行申报、税务部门核定计缴金额，通过银行划账纳税。事后，定期接受税务稽查。是年10月18日，省局转发财政部《关于印发烟草商业税后利润征收使用办法》，规定：烟草商业税后利润上缴额计算口径为：利润总额减去应缴企业所得税后的净利润的15%；上缴方式：自行申报，逐级上缴，县公司上缴市公司，市公司汇总上缴省公司，省公司汇总向财政部驻湘专员办缴纳，就地缴入中央金库。自2003年7月1日起征收，市级公司每季度后10日内向省公司专户预缴。是年，由于集团分拆后遗留历史经济包袱沉重，为帮助企业脱困，市政府特批适当减免，助残基金缴纳3.80万元；2004—2005年的助残基金均经特批各缴纳2万元。其他各税照缴。

2005年12月16日，湖南省人民政府下发《关于加强烟叶产业化建设的通知》(湘政发〔2005〕31号)，出台12条烟叶扶持政策。其中，涉及税收的条款有：各市（州）烟草公司支付给遭受自然灾害烟农的灾害损失补助，凭有效凭据，按实列入成本费用，并在税前扣除。烟草部门用于扶持烟叶生产的按照上述规定进入生产经营成本核算的产前投入物资补贴和为基础设施建设等提取的专项资金，允许税前扣除，其产前投入物资补贴的增值税进项税额应按照规定抵扣。烟田水利、烟区道路、烤房和烟草站等基础设施建设免交各项行政事业性收费，涉税事宜由税务部门视情况给予支持。烟草部门要加强对各类专项资金的管理，规范其核算，做到专款专用。按照烟叶销售收入计征的防洪保安基金只在产烟县、市、区一个环节征收，不得重复计征。

2006年1月，各县烟草公司取消法人资格转为市公司营销部后，纳税办法按照省财政厅、省国税局、省地税局、省人行、省烟草专卖局联合下发的《关于烟草商业企业组织结构调整后有关财税问题的通知》（湘财预〔2005〕139号）进行。国税征管方面：增值税，暂时保留各营销部纳税人资格，由市烟草公司统一核算，由县营销部按照计算分摊的增值税额就地预缴，然后由市烟草公司统一向其主管国税机关汇总申报和税款结算；实现税额与分摊预缴税额差异较大的，可由市财政、税务、烟草等部门对方案进行调整，报省国税局备案。各营销部只使用普通发票，不再单独使用增值税发票。企业所得税，由市公司在所在地统一缴纳。地税征管方面：营业税、城建税、教育费附加、城镇土地使用税、房产税、车船使用税、契税、个人所得税由市公司、各营销部分别向所在地地税局缴纳；印花税由市公司统一向所在地地税局缴纳；烟叶农业特产税及附加由各营销部向所在地地税局缴纳。是年9月，国家局通知：继续执行财政部《烟草商业税后利润征收使用管理办法》(财税〔2003〕238号)，确保每季度足额上缴。

自2007年下半年起，根据国资委、财政部、国家局令，对烟草行业征收国有资产投资收益，上缴率为税后利润的76%，开创烟草行业缴税又缴利的新高度。

自2008年1月1日起，新《中华人民共和国企业所得税法》实施，企业所得税基准税率由原来的33%降为25%。企业留利空间加大。是年，全国开展税务大检查活动，全市系统先开展税收自查，5—7月，国税、地税稽查部门进驻，对上两个年度计税凭证进行全面清查，企方对某些问题以行业内外文件予以充分说明，税企双方达成谅解，补税64万元，仅占上两年度纳税总额6.70亿元的0.95‰。

2009年，从5月1日起，国家对卷烟批发环节征收消费税，国家局统一所有卷烟牌号规格的调批差率。全市系统财务对新政策实施的影响开展评估，并开展工商数据核对和新计税业务培训。

2010年，及时对清产核资报损及三年以上债权，依据上级批复文件办理税前列支手续。为确保发票的真实性，减少票据真伪误差，要求代开发票业务一律到主管本公司税收业务的税务部门所属税务办税大厅办理，税款以转账方式直接转入税务部门指定的专户。主动与税务稽查部门联系，解决由于对纳税政策理解不一致造成纳税滞纳金的问题。全年及时、足额申报缴纳各项税款，既不欠税，也不缴过头税。

企业纳税工作得到税务部门的充分认可。

2011 年 9 月，市公司原主控股份企业郴州天泰复烤公司，与永州天顺复烤公司整合组建湖南烟叶复烤有限公司，形成“一个公司，两个生产点”运作模式，税源分割配置成为一时难点。经省烟草专卖局（公司）牵头协调，省政府召集郴州、永州两地政府、税务、烟草、复烤企业等方举行协商会，达成协议，并由省国税局下达文件，进行划分。增值税方面，永州复烤厂按照加工量乘以 33 元 /50 千克的预征税额在永州国税预缴增值税，然后由公司总部结算汇缴，即公司总部减去永州厂预缴数后在郴州国税缴纳；企业所得税方面，40% 由公司总部在郴州缴纳，60% 由两厂就地缴纳，两厂按照营业收入、职工薪酬、资产总额三项因素计算分配比例。其他税收仍然按照属地原则，由两厂分别就地缴纳。

2013—2015 年，全省开展 2008—2012 年税收检查，市局（公司）成立以局长（经理）为组长的税收风险管理工作领导小组，制定自查工作方案，明确工作目标、职责和分工，组织培训，开展涉税自查。对涉税风险点，分类处置，部分自纠，部分准备好数据构成解释和政策依据。按时向省公司上报税收评估进展情况和税收风险点，主动与税务部门沟通涉税风险，依据政策陈述理由。顺利通过检查验收。

2015 年 5 月 8 日，财政部、国家税务总局下发《关于调整卷烟消费税的通知》，规定：从 2015 年 5 月 10 日起，将卷烟批发环节消费税从价税率由 5%提高到 11%，并按照 0.005 元 / 支加征从量税。

2016 年，为适应“营改增”税收政策调整，先后举办 2 期“营改增”业务培训班。

至 2020 年，全市系统需要缴纳的税费种类主要有：增值税、营业税、消费税、企业所得税、个人所得税、城建税、教育费附加、土地使用税、房产税、车船使用税、印花税等，以及各项政府性基金：价格调节基金、水利建设（防洪）基金、残疾人就业保障基金等。另外，还需缴纳“国有资产投资收益”，即把大部分专营利润上缴，支援国家建设。

2003—2020 年郴州市烟草商业系统纳税分类统计表

表 5-15　　单位：万元

年度	小计	分项							
		增值税	营业税	消费税	所得税	城建税	教育费附加	烟叶税	其他（房产税、车船使用税、土地使用税）
2003	15227.48	6853.99	14.68	0	940.38	406.25	206.78	0	6805.40
2004	22454.72	5643.21	7.75	0	6073.13	329.74	336.00	0	10064.89
2005	32152.72	10249.28	16.03	0	8861.20	595.26	309.00	0	12121.95
2006	33638.97	10237.67	18.82	0	11180.64	592.02	300.55	10374.68	934.59
2007	36420.17	12234.94	33.69	0	11418.66	703.92	369.00	10099.10	1560.86
2008	42145.87	13708.17	61.40	0	10493.35	791.48	600.82	14587.82	1902.83
2009	52377.63	16970.92	15.33	6430.13	12122.19	1429.91	700.88	14060.12	648.15
2010	61393.93	17554.59	41.91	11712.24	12360.78	1839.29	877.44	15849.68	1158.00
2011	64719.51	14329.90	21.47	13867.62	11865.70	1814.57	1388.43	20615.82	816.00
2012	78253.28	22255.94	15.51	16104.42	11349.59	2419.95	1918.65	22998.22	1191.00

续表 5-15

年度	小计	分项							
		增值税	营业税	消费税	所得税	城建税	教育费附加	烟叶税	其他（房产税、车船使用税、土地使用税）
2013	86403.14	25015.36	16.92	17684.16	10125.25	2676.42	2136.61	27653.28	1095.14
2014	99063.64	29987.75	11.20	19161.31	15716.93	3121.25	2460.20	27492.44	1112.56
2015	133287.26	35353.61	7.58	37842.90	21648.81	4654.15	3629.25	28948.96	1202.00
2016	141450.53	31881.91	5.20	42765.86	25792.92	4804.71	3732.85	31121.86	1345.21
2017	152810.30	34267.32	0	45531.53	28280.94	5186.28	3989.90	34142.04	1412.29
2018	154077.07	31543.49	0	49544.06	33739.83	5290.81	4054.17	28430.23	1474.48
2019	175617.20	33793.17	0	53280.62	47665.44	5714.98	4353.68	28586.31	2223.00
2020	162841.45	31222.96	0	57793.40	32169.96	5844.64	4450.83	29666.67	1692.98
合计	1544334.88	383104.20	287.49	371718.25	311805.70	48215.65	35815.02	344627.23	48761.33

说明：资料来源于郴州市烟草公司财务报表

2003—2020 年郴州市烟草商业系统行业专项资金上缴情况表

表 5-16 单位：万元

年度	小计	税后利润征收	总机构管理费	投资收益征收	专项税后利润征收
2003	201.00	201.00	—	—	—
2004	1397.00	1397.00	—	—	—
2005	2510.00	2510.00	—	—	—
2006	3828.00	3028.00	800.00	—	—
2007	8296.00	1296.00	—	7000.00	—
2008	16299.00	—	—	16299.00	—
2009	19551.21	—	—	19551.21	—
2010	19774.00	—	—	19774.00	—
2011	18395.00	—	—	18395.00	—
2012	20021.86	—	—	20021.86	—
2013	21084.00	—	—	18884.00	2200.00
2014	34879.00	—	—	29679.00	5200.00
2015	49065.00	—	—	26165.00	22900.00
2016	66482.00	—	—	50082.00	16400.00
2017	63712.00	—	—	52022.00	11690.00

续表 5-16

年度	小计	税后利润征收	总机构管理费	投资收益征收	专项税后利润征收
2018	82254.00	—	—	66889.00	15365.00
2019	126455.00	—	—	88265.00	38190.00
2020	58112.19	—	—	58112.19	—
合计	612316.26	8432.00	800.00	475592.07	109345.00

说明：资料来源于郴州市烟草公司财务统计报表

第二节　审计

2003 年，全市系统审计工作继续实行行业、地方双重审计，以行业审计为主的体制，市局（公司）设立审计科，各“两烟”县公司设立审计股，卷烟纯销区公司配备审计员与财务合并办公，建成全市系统审计工作网络。审计项目主要有：财务审计、工程项目审计、专题项目审计、下属单位“一把手”（或代理“一把手”）离任审计，并参与合同条款审查、采购经济评审、清产核资等。是年，继续配合财经秩序整顿，重点是清理工、商企业互发“奖金”“业务费”而设的“账外账”“小金库”以及“奖金公留”等；审计参与完成金叶大酒店清产核资。对审计意见的落实，遵照国家局的统一规定，均由上一级主管部门进行调查核实，由被审计单位落实纠正、调账、追偿、处罚措施。

2004 年，按照国家审计署 2003 年令，落实审计人员必须取得上岗资格证方可上岗的要求，市局（公司）先后组织内审人员参加省、市内审协会组织的审计法规培训班的学习，全市系统内审人员均取得“中国内部审计人员岗位资格证书”，执证上岗率达 100%。是年，按照市局党组关于审计工作要“预防为主，关口前移”的总体要求，以审计、财务、监察等部门为主体的市局（公司）经济评审小组对属于经济评审的项目进行逐个评审，严格把关，先后组织经济评审领导小组成员对烟叶复烤厂办公大楼、科马斯线路改造等 63 个事项进行评审，并对每个项目的实施过程及结果进行监督。市局（公司）审计科完成北湖区烟草经营部撤销及其“一把手”离任审计。协助整顿办、专卖办做好财经秩序整顿、卷烟体外循环复查工作，并参加长沙市烟草公司等 5 个公司及市内各县（市）公司的卷烟体外循环和财经秩序整顿复查工作。

2006 年，市局（公司）审计科、法规科合署办公，成立审计法规科，人员增至 4 人。是年，按照国家局、省局部署，开展同级审计工作，市局（公司）成立同级审计工作领导小组，局长（经理）任组长，副局长（副经理）任副组长，相关部门主要负责人任成员，出台《郴州市烟草公司同级审计制度》《郴州市烟草公司同级审计工作方案》，建立起同级审计长效管理机制。市县两级用 5 个月时间，查出财务错列成本、少列计税额等违纪金额共计 1201 万元，对于存在的问题，市局党组高度重视，召开专题会议听取汇报，分析产生问题的原因，针对性地制定整改措施，补税 274.20 万元，整改率达 100%。经省局复查，顺利通过验收。年内，审计部门对大宗物质采购、基建维修、工程项目等进行严格把关，参与招标审查 5 次，共审计基建、维修、改造工程项目 15 个，审计金额 3263 万余元，核减金额 126.80 万元。各县、市公司对 5 万元以上的工程项目预算和建设合同，均报送市公司审计。其中，安仁县公司将安平、清海、牌楼 3

个烟草站烟叶库工程项目（合计 410 万元）报送市公司审计，核减金额 59 万元；对 5 万元以下的 27 项维修工程（总金额 101 万元）由该县公司审计股逐一与工程量核对，核减金额 5.60 万元，核减率为 5.5%。

2007 年，全市系统同级审计工作成为常态化，实行“一季一小审、半年一中审、一年一大审”，各单位每涉及重大经济活动的会议，都要求审计人员参与审查，听取审计方面的意见和建议。在审计部门内部，建立和推行审计项目组长和主审负责制，做到“谁主审、谁负责”，并实行审计项目内部两级复核制，审计人员就事实进行认定，并提出处理和整改意见，审计组长重点在政策、事实、定性及文字等方面进行把关，对各个环节加强控制，实现传统的财务收支审计向管理效益审计转变，事后监督向事前、事中监督转变，对重要的经济事项实行动态的审计监督。内审工作实施每季度考核制，考核结果与个人收入挂钩，促使工作质量得到新的提高。是年，在完成同级审计、多个项目审计的同时，完成安仁县局局长周忠生的离任审计，并委托长沙中仁会计事务所完成 8 个县分公司及金叶商贸公司主要负责人的任期经济责任审计。

2008 年，为迎接全国税收大检查，市局（公司）党组提出“税收自查由财务科负责，复查由审计科负责”的要求，审计部门全力以赴历时 20 天完成计税复查。在完成同级审计的同时，先后完成郴州天泰复烤公司总经理刘勇智和安仁县局局长李小燕的离任审计、市局（公司）工会和金叶商贸公司的财务收支审计，并参与清产核资资产处置和工程项目招投标监督、竣工验收多次。根据《湖南省监察厅、湖南省审计厅、湖南省烟草专卖局关于加强烟叶基础设施项目资金监督工作的意见》（湘烟叶〔2007〕383 号）的要求，经请示市政府同意，2007 年度涉及五县 5000 余万元的烟叶基础设施建设项目委托市审计局实施审计。全年共完成审计项目 25 个，审计金额 152144.51 万元，查出违纪金额 1357.74 万元。其中，经济责任审计 2 个，审计金额 17350.84 万元，查出违纪金额 666.37 万元；财务收支审计 6 个，审计金额 122460.38 万元，查出违纪金额 135.01 万元；固定资产投资审计 16 个，审计金额 6885.91 万元，核减金额 548.86 万元；专项审计 1 个，审计金额 5447.38 万元，查出违纪金额 8 万元；提出合理化建议 19 条，全部予以采纳。参与招投标 21 次。审核合同 28 份。

2009 年，市局（公司）根据工程和维修项目审计任务重的实际情况，增设基建与修缮项目审计干事岗位。同级审计工作方法有所改进，年初制定全年审计工作指导方案，审计通知及审计结论均通过 OA 办公系统下达，季度审计的续审注重上季度审计意见落实与否，审计把关从财务核算逐笔复核转为查找制度漏洞、完善内控制度建议为重点。全年共完成各类审计项目 104 个，审计资金总额 758343.03 万元，共查出问题金额 5341.13 万元，核减基建、修缮工程支出 312.80 万元，核减率为 12.2%，提出审计合理化建议 38 条。其中，市局（公司）审计科完成市公司金叶物业、金叶房地产公司负责人经济责任审计，委托会计事务所完成对桂东、宜章、汝城、永兴、临武 5 个单位负责人的经济责任审计；委托市审计局完成对上年度下拨给 6 个产烟县的 1.10 亿元的烟基建设专项资金和烟叶生产补贴资金审计，顺利通过国家局专项资金检查组验收。

2010 年，市局（公司）制定《郴州市烟草公司审计工作考核办法》《审计发现问题处罚暂行办法》，增加对公司各直属单位及控股公司配合审计工作、执行预算和审计法规纪律情况的专项考核，其细化指标考核得分纳入年度考核总分兑现奖罚，并与月度绩效工资挂钩，收到审计报告明确的差错后，次月即追究责任人的责任，扣减月度绩效工资，此举对促进各单位依法依规经营起到积极作用。为提高审计工作效能，市局（公司）审计部门还修订出台《审计工作作业指导书》。是年，共完成各类审计项目 133 个，审计资金总额 599596.50 万元，查出有问题金额 2785.90 万元，核减基建、修缮工程支出 330.09 万元，核减烟基工程造价款 2161.60 万元，提出审计合理化建议 38 条；完成对嘉禾、资兴、永兴、临武县分公司和金叶商贸公司5个单位负责人的经济责任委托审计；完成对市局（公司）机关工会2007—2009年的工会经费审计；审核合同191份，参与招、投标监督，项目验收及经济评审工作71次。委托并配合市审计局对2009年度的烟基项目及嘉禾广发现代烟草农业项目审计，审计金额1.91亿元，核减烟基工程造价款2161.60万元。

2011年，省局下发《关于开展全面审计工作的通知》，全市系统由审计担纲，财务等部门及各单位配合，对全市系统2010年1月至2011年6月的工程投资、物资采购和宣传促销、多元化投资管理、工商企业之间不规范、职工薪酬和财务管理等方面，开展全面自查和审计。年内，主要完成上年度预算管理审计，全市系统2008—2010年薪酬审计，2009—2010年烟叶基础设施建设项目管理审计，2010年度烟叶种植保险理赔审计；64个基建工程、修缮项目预决算审计，审计金额2644.60万元，核减工程价款215.80万元，核减率为8.2%；参与内部招投标、邀请招标、竞争性谈判、询价及单一来源程序监督224人次，对有关项目招标文件和经济合同进行相符性审核，共审核合同324份，涉及金额22331万元；协调配合市审计局开展对全市2010年烟叶基础设施项目工程竣工结算审计和2011年项目预算审计工作。

2012年，集中开展全面审计“回头看”工作，各县（市）分公司、机关各部门对所负责的内容进行再次自查、复查、整改，防止走过场。6月，接受国家局全面审计复查及经济责任审计组对公司的全面复查和审计，对国家局检查组发现的19个问题点进行整改。审计作为领导干部任期业绩考核的基本依据之一的作用越发被重视，“凡提（拔）必审，凡离（任）必审”成为常态，先后对全市6家分公司的主要负责人实施经济责任审计，为人事部门干部考核和使用提供依据。全年开展各项审计项目271个，其中自主审计项目249个［基建、修缮项目概（预）算或结算项目审计11个，烟基建设项目审计5个，物资采购审计19个］，委托审计项目22个，发现问题类别13个，问题点62个，审计核减价款2863万元，提出合理化建议112条。审核经济合同116份，发现问题点33个，提出审计建议64条；参与内部招投标和经济评审的程序监督23次；参与工程验收10次。市局（公司）审计科对桂阳等分公司烟基建设项目委外审计进行协调商榷，促使审计标准进一步严格，核减力度加大，降费明显。配合财务部门开展流动资产专项清查工作，对全市烟用物资进行一次专项审计，发现问题点6个，查出违规金额542万元，提出建议5条。以网络在线审计的方式，完成对9个分公司和全市系统烟用物资、房租收入、专卖罚没款等项目的审计。是年，市局（公司）制定《内部审计工作标准》《工程投资、物质采购、宣传促销、服务保障类项目预算审计工作规范》《审计工作考核办法》等相关制度，明确各类审计工作的工作流程、工作标准。将各项适用的审计法规制度进行汇总，建立法律法规制度汇编资料库，方便审计人员查找审计依据，及时掌握新的政策制度，统一审计眼光，提高审计质量。

2013年，国家局部署“审计整改年”工作，要求对历年来审计中发现的问题进行全面整改，全市系统历年审计意见执行整改率达100%。6—9月，市局（公司）提供2002—2012年的数据资料和文件依据，接受审计署审计组检查，顺利通过检查。全年开展各项审计项目218个，其中自主审计项目207个，委托审计项目11个，发现问题点29个，查出违纪金额621.06万元，审计核减价款605万元，提出建议116条。审核经济合同147份，提出审计建议50余条；参与内部比质比价、竞争性谈判10次；参与工程验收6次。完成市局（公司）局长（经理）郑雄志的离任审计。年内，对以往同级审计模式进行简化，将集中审计直接并入现场审计，工作效率提高。审计部门参与修订《郴州市烟草公司合同管理办法》《郴州市烟草公司采购管理实施办法》，建立审计信息资料库，将发现的问题和整改情况按照单位、类别建档，利于督促整改。

2014年，开展各项审计项目37个，其中自主审计项目4个，委托审计项目33个，审核经济事项256个，发现问题点16个，查出违纪金额121.42万元，审计核减价款2679万元，平均审减率为14.5%，提出各项建议75条。其中，基建、修缮项目概（预）算或结算项目审计25个，审核事项67个，核减价款357万元，审减率为10.93%，提出建议17条；物资采购审核事项189个，提出建议22条；烟基建设项目审计8个，核减价款2322万元，审减率为15.26%；审核经济合同91份，提出审计建议30余条；参与工程验收11次。年内，根据省局《湖南烟草商业系统审计（检查）整改工作方案的通知》和《郴州市烟草专卖局（公司）审计整改工作方案》，先后组织5次审计整改。宜章县分公司按照市公司“三项工作管委会”的要求，进一步加强工程投资、物资采购、项目采购流程管理，全年通过招标采购监管平台实施项目38个，金额399.684万元，达到项目招标76%，资金81.07%的要求。

2015年，重新聘任15位从事财务、基建、专卖、整顿、综合管理等工作岗位的人员作为兼职内部审计员。同级审计采用市县两级审计人员混配列组的方法。年内，配合人事部门完成3个分公司主要负责人任期经济责任审计；配合整顿办对上年度工程投资、物资采购和服务采购项目进行审计，对发现的不规范行为进行整改；审计、法规、经济运行三部门联合成立经济合同管理专项检查组，对2014—2015年的经济合同开展检查，对全市系统规范合同管理、防范与控制合同风险、维护公司合法权益起到引领作用；配合市局（公司）纪检、办公室、财务科等部门开展贯彻落实中央“八项规定”专项自查工作；协助烟基办理顺烟基项目审计模式，使之运作规范化。全市系统年内共开展各项审计项目40个，其中自主审计项目8个，委托审计项目32个，审计核减价款376.48万元，提出合理化建议53条。审核经济合同203份；参与内部比质比价、竞争性谈判7次；参与工程验收12次。

2016年年初即下达全市系统审计工作计划、考核指标及评价标准，并列出“项目审核清单”，要求相关单位、部门提前做好资料准备，以利提高工作效率。完成全市系统9家县级分公司上年度同级审计，对查出的问题予以跟踪督办整改。在全市系统范围内开展房屋租赁管理的专项审计及闲置资产延伸审计。全年共开展各项审计项目59个，其中自主审计项目2个，委托审计项目57个。审计发现问题点22个，涉及金额65.64万元；日常审计核减价款456.75万元，提出合理化建议235条。其中，完成基建及修缮工程审计项目57个，审计总金额4816.10万元，核减金额401.79万元，平均审减率为8.30%；完成物资采购及服务类审计项目302个，审计总金额26026.00万元，核减金额54.96万元，平均核减率为0.21%。参与比质比价、竞争性谈判6次。审核经济合同245份，其中物资采购类合同178份，基建修缮类合同67份，提出合理化建议101条；参与工程验收18次。

2017年，完成9个分公司同级审计及市本级财务、专卖管理费收支专项审计，并开展“小金库”自查自纠工作；6月，完成原市局（公司）局长（经理）黄国联的离任审计。全年共开展各项审计项目35个，其中自主审计项目2个，委托审计项目33个。审计发现问题点30个，涉及金额22.24万元；日常审计核减价款210.37万元，提出合理化建议165条。其中，完成基建及修缮工程审计项目33个，审计总金额2199万元，审计核减金额205.12万元，平均审减率为9.30%；完成物资采购及服务类审核项目223个，审核总金额25032万元，审计核减金额5.25万元，平均审减率为0.20%。全年共计审核经济合同309份，其中物资采购类合同223份，提出合理化建议117条；基建修缮类合同86份，提出合理化建议48条。全年共计完成项目验收付款审计141个，参与招标现场监督12次，参与工程现场验收11次。

2018年，修订全市系统审计工作的管理标准和考核制度。完成9个分公司及市本级上年度财务收支同级审计，对全市系统烟草站开展专项审计，重点核查固定资产、烟用物资、业务用工、生产投入补贴等方面，并对华塘、樟市烟草站进行重点抽查。对采购、服务类项目，通过对外咨询合作，设置最高限价清单，是年用于9个项目，降费44万元。对审计查出的问题，实施“清单销号管理”责任制，切实做到即知即改、立行立改，确保“事事有回音、件件有着落”，审计部门对整改落实情况进行逐一核实并形成整改情况报告，“边审边犯、前审后犯、屡审屡犯”的情况大为减少。全年日常监督审计完成基建及修缮工程审计项目77个，共计送审金额4004.19万元，提出合理化建议67条。其中，委托审计项目9个，送审金额331.42万元，审计核减金额28.74万元，平均审减率为8.67%。完成物资采购及服务类审计项目213个，审计总金额26303.19万元，审计核减金额38.79万元，平均审减率为0.15%，提出合理化建议63条。参与招标现场抽签监督8次，参与比质比价、竞争性谈判6次，参与现场验收10次。

2019年，全市系统完成第五轮人力资源改革，审计部门按照年度审计计划和“凡提必审、凡离必审、任期内三年一轮审”的原则，对全市9家县级分公司开展经济责任审计，其中离任审计4个，任中审计5个，实现经济责任审计范围全覆盖。其中，委外审计均采用询价选聘，既保证质量，又注意降低委外审计费用。年内，开展“两项审计”有关问题自查自纠工作，“三大攻坚战”落实情况跟踪审计，“行业高质量发展实施意见”落实情况第一阶段跟踪审计；闲置资产管理专项审计调查4个专项审计。全年完成基建及修缮工程审计项目65个，送审金额5367.31万元，审计核减金额270.42万元，平均审减率为5.04%，提出合理化建议47条。完成物资采购及服务类审计项目204个，审计总金额23446.21万元，提出合理化建议101条。参与招标现场抽签监督12次，参与比质比价、竞争性谈判3次，参与现场验收5次。

2020年，在全省系统率先推行50万元以上工程投资类项目预算复核，6个项目为企业节约预算资金49.7万元；推行“三项工作”项目轮审模式；全年共开展各类审计项目521个，审核1156次，审计总金额2.73亿元，核减工程结算金额400.87万元，结算审减率为8.13%，参与比质比价、竞争性谈判14次，专题督查审计整改1次，开展重大政策措施落实情况跟踪审计1个、专项审计（全市系统烟基建设、基建维修、公益捐助）3个、经济责任审计3个，提出有效审计建议194条。从精益管理角度开展物流业务各环节管控专项调研，提出降本增效新建议。完善审计问题清单及整改销号制度、整改问责机制、问题清单和违纪线索移送纪检监查室机制，督促责任单位（部门）在绩效二次分配中对责任人员进行考核兑现。共同推动构建监督“一张网”，以“一审多项”促进“一审多果”“一果多用”。是年，市局（公司）审计科被评为“2017—2019年度全省系统内部审计先进集体”，1人被评为“全省系统内部审计先进工作者”。

第六章　信息报道与档案管理

第一节　信息报道

2003 年，全市系统对信息报道沿用以往做法，被列为年度政工目标管理和办公室工作目标管理具体考核指标之一，每年规定各单位、部门（或联合支部）信息稿件上报基本数量要求，一般是内宣 15 篇、外宣至少 1 篇，未达标者进行扣分，影响政工目标考核总分值。全市系统信息报道以各单位办公室为主体，其他部门均设置兼职信息员，形成信息工作网络。对单位、部门的重大工作动态，随时予以报道，以利上情下达、下情上达，并起到政务公开作用。市局（公司）本级拥有《郴烟简讯》等内部刊物平台，每月选采各方报送的信息进行编辑发表，上报省局和当地政府，分送各相关单位、部门及全市系统各单位；对具有重大新闻价值的信息，及时挖掘采编，撰写专题新闻稿，发送各类媒体报道。全市系统对信息撰稿个人，实施奖励措施：在本单位综合刊物被采用发表的，为责任事务，不发放稿费；在上级单位综合刊物或正规媒体发表的，稿费自领，所在单位再加发奖励，各单位做法不一，一般为每高一个层级按照稿费金额加发一倍奖金，有的单位更高。自 5 月 1 日起，按照省局通知要求，信息稿件一律实行网上传递。是年，全市系统信息报道被各方采用：《中国烟草》10 篇、《东方烟草报》87 篇、国家局网站 113 篇、湖南广播电台 66 篇、《湖南烟草》55 篇、《郴州日报》45 篇，市局编发简讯 40 期，信息总量与采用率居全省系统第二位。市局和永兴、临武、宜章、嘉禾等县局的稿件量多质高。

自 2004 年 1 月起，执行省局规定，新闻宣传报道工作由各单位办公室归口管理，稿件需经办公室审核后呈送领导审定后签发。对重大部署、规划、事项、战略性科研项目、核心技术等，本着“内外有别”的原则，不予公布；对各类统计数据、报表以及内部资料，报单位主要领导审定同意后方可发布；对外界媒体采访，由新闻报道主管部门统一接洽和安排，任何个人不得擅自接受新闻媒体采访。

2005 年 1 月，按照省局函要求，各市、县局确定《东方烟草报》通讯联络员 1 名。

2006 年 9 月，根据省局（公司）统一部署，郴州市烟草商业系统行业内部网站正式上线并向全市系统员工开放浏览，网站文稿由市局（公司）办公室选编发布，定期更新。

2007 年 4 月，市局重申信息稿件奖励规定：凡被《郴州烟草简讯》采用的稿件，每篇奖励 30 元；凡在市级、省级、国家级媒体上发表的稿件，凭稿费单复印件分别按照稿费的 2 倍、3 倍、4 倍给予奖励。另外，被国家局网站采用的，每篇奖励 100 元；被省局网站采用的，每篇奖励 50 元；被“烟草在线”网站采用的，每篇奖励 30 元。

2009 年 6 月，市局印发《新闻宣传管理暂行办法》和《网站管理办法》，规定：市局（公司）新闻宣传工作由党组领导、办公室组织实施和协调、各部门分工负责的管理机制，坚持“内外有别、正面报道为主”的原则，各部门确定 1 人为兼职通讯员，科室主要负责人为新闻宣传工作责任人。并对新闻信息稿件报送和审核、入网刊载，新闻发布，接受新闻采访，内部网站运行管理，宣传费用管理、相关考核等方面做出详细规定。

2011 年 10 月，市局印发《信息报道奖励办法》，奖励标准：行业内网站，市局网站 50 元 / 篇，省局网站 100 元 / 篇（列入导读栏目者 150 元 / 篇），国家局网站 200 元 / 篇（或 5 倍稿费），中国烟草资讯网 50 元 / 篇。行业内报纸、杂志：《东方烟草报》、《中国烟草》杂志按照 5 倍稿费，《新烟草》杂志按照 4 倍稿费，《湖南烟草》按照3倍稿费（或100元/篇）予以奖励。主流媒体:《人民日报》按照8倍稿费（或500元/篇),《湖南日报》按照4倍稿费（或150元/篇),《郴州日报》按照3倍稿费（或100元/篇）予以奖励。市委内部刊物：按照100元/篇予以奖励。行业外其他媒体：国家级媒体按照4倍稿费，省级媒体按照3倍稿费，市级媒体按照2倍稿费予以奖励，中国烟草在线按照30元/篇予以奖励。科技论文在各级刊物刊登、发表，按照市公司《科技创新管理办法》予以奖励，不予重复奖励。

2013年，全市系统以国家局、省局网站为主攻方向，围绕“企业文化建设年”主题活动，建立健全目标管理激励机制。6月，各县（市）局的稿件归口办公室管理，明确专人审核报送稿件，并实行县级局网站后台贴稿模式。市局内网新增“感动郴烟”“局长（经理）座谈会”“解放思想,转变观念”“道德讲坛”等专栏，做好“卷烟上水平”3年来成绩报道、现代烟草农业建设5年经验回顾，加强对专卖打假、企业文化、扶贫救灾、社会公益事业等的宣传报道。全市系统被国家局网站采用信息160余条，居全省前列，被省局网站采用信息400余条，市局网站更新信息2000余篇。市局专卖部门利用“卷烟打假在行动”宣传平台，被国家局网站采稿5篇，省局网站采稿25篇，《湖南日报》、《郴州日报》、《民主与法制日报》、《东方烟草报》、市局内网等采稿百余篇。

2014年1—11月，全市系统被国家局网站采用信息79篇，被省局网站采用信息531篇，市局网站更新信息3288篇。在报纸杂志上发表稿件51篇，其中《中国烟草》4篇、《东方烟草报》18篇、《新烟草》2篇、《湖南烟草》1篇、《湖南日报》2篇、《郴州日报》24篇。

2015年2月，市局（公司）创办季刊《浓香》，按照“围绕中心，服务大局，突出特色，办成精品”的要求，定位于郴烟人自己的刊物，坚持以人为中心、为源头、为支点，大力宣传优秀人物、“最美郴烟人”来吸引人、感召人、激励人，发挥“喉舌、窗口、园地”的作用。2015—2018年，市局人事部门报送并被国家局采用信息分别为35篇、99篇、142篇、50篇，数量连年居全省系统人事线第一位，得到国家局的表扬。

2016年，全市系统围绕“发出郴烟声音，彰显郴烟形象”，宣传郴州烟草改革发展中的好经验、新亮点，信息报道工作强化任务分解考核制、落实专人审核报送制、季度跟踪通报制，同时将内网浏览情况纳入绩效考核范围，促进员工学习，提高郴烟关注度。是年，郴烟信息被国家局网站采稿202.50篇（技能鉴定等二级栏目采稿114篇），省局网站采稿686篇，市局内网更新信息5266篇，制作专题6个，外网更新信息220条。以“构建郴烟幸福家园”为主题，编辑手机报22期、资讯消息130余条;印发《浓香》刊物4期，宣传先进人物、事迹38个。国家局、省局网站的采稿量，市局网站的更新量，三项均居全省系统第一位，受到省局通报表扬。

2017年，完成市局网站改版，丰富内网二级栏目。建立兼职网站信息管理员队伍，完善网站管理的对口联系服务制、约稿制、任务分解制、稿件采用考核制、网站信息浏览考核制等机制。9月，市公司在微信平台注册“郴州福城金网”微信服务公众号。全市系统在国家局网站采稿221篇（技能鉴定等二级栏目采稿150篇），省局网站采稿909篇，市局内网更新信息4203篇，居全省系统第一位;制作专题5个，外网更新信息250余条。出版《浓香》刊物3期,刊发稿件150余篇,印发6200本。全年发送手机报7期，更新信息1万余条。

2018年，开通“福城金网”网络公众号新媒体平台，主要面向全市卷烟营销、物流专营工作人员和卷烟零售户，内容以卷烟营销信息为主，兼顾其他信息；年内推送信息14期。是年，全市系统信息被国家局网站采用88篇，被省局网站采用706篇，市局网站更新信息4112篇，继续居于全省系统领先行列。编印《浓香》刊物4期。

2019年，全市系统被国家局网站采用信息14篇，被省局网站采用信息554篇，市局网站更新信息2568篇，继续居全省系统先进行列。推送“福城金网”公众号48期，编印《浓香》刊物3期。

2020年5月，“郴州福城金网”微信服务公众号更名为“福城烟云”。公众号在精准提供“政务＋业务”服务的基础上，进一步加强政务信息宣传工作，每周一期进行推文、不定期进行工单推送，展示郴烟形象，讲好烟草故事，帮助烟农、零售户、消费者更及时、便捷、有效的获取相关业务服务、资讯、数据和政务信息，让广大用户及时了解郴州烟草动态。每期推文由市局（公司）办公室采编发布，法规科、文稿撰写部门等共同参与审核，分管领导签发。是年，市局内网全年发稿3728篇，数量居全省系统第一位；省局网站采用941篇，国家局网站采用46篇，居全省系统第二位，在郴州电视台播报郴烟新闻48条，视频新闻同时在“爱郴州”App和南国郴州网同步转播；在中国新闻网、中国网、“学习强国”平台等中央媒体发表报道30篇，通过行业媒体《中国烟草》、《东方烟草报》（网）发表报道28篇。企业微信公众号“福城烟云”全年发布信息175条，阅读量达57.01万人次；编辑出版《浓香》刊物2期，大力介绍最美郴烟人和事，发行4000余册；组织拍摄短视频《在一起》，荣获郴州市“脱贫路上——你我同行”短视频大赛三等奖；组织拍摄短视频《我们的路》，荣获第五届烟草行业短视频“优秀奖”；编辑制作的H5《防控疫情——郴烟人在行动》《复工复产——郴烟人在行动》点击量超过1万人次。

第二节　档案管理

2003年，市局（公司）将档案管理工作纳入局党组议事日程、局工作计划和办公室目标管理范围，完善以局长分管、办公室主任主管、档案工作人员具体管的管理机制。人事档案由人事部门单独保管，其余文档资料由综合档案室保管。是年，国家局、省局为促进行业档案管理“上等级”，下达档案管理“上等级”目标责任任务，在全市系统12个综合档案室中，永兴县局档案室被评为国家局档案目标管理“优秀级档案室”，宜章、汝城县局档案室为“省特级档案室”，其余县级局档案室为“省一级档案室”。为争取目标实现，市局（公司）从“软”“硬”两方面着力。专门召开全市系统档案管理工作现场会，相互学习经验；组织档案员先后参加省、市档案局举办的业务培训，并取得相应岗位培训证书。各单位档案室均添置电脑、扫描仪、激光打印机、密集架、文件档案管理软件、温湿度自控仪、防磁柜等，档案员在做好文档收集、整理、鉴定、统计、保管工作的同时，还在办公室文秘人员的帮助下，编纂《组织沿革》《全宗说明》《大事记》《会议简介》《基础数字汇编》《专卖数字汇编》《专题目录》《文号索引》《人名索引》等，利于后期开发利用。对人事档案室进行全面改造，添置一批现代化的档案存放设备。

2004年，市局（公司）档案室在市档案局专家的指导下，对所存文档进行全面规范化分类整理，并初步开展对文档扫描形成电子文件存档和文字编纂、查阅检索电脑化。11月，被湖南省档案局授予“档案管理工作目标省特级”称号。全市系统所属各单位档案室先后实现全面升级（附后）。

2006年，为迎接省局人事档案大检查，市局人事部门对本级950册人事档案进行全面清理，重新分类装订，并初步建成全市系统人事档案电子数据库。自6月起，执行国家局《烟草行业向国家档案馆移交档案范围（试行）的通知》要求，烟草行业属于生产经营业务的档案可不向地方档案馆移交，移交文档（党务、政务、执法、案件、机构、编制、任免、职称、标准、制度、报表等）均应接受地方档案馆的质量检查。

2007年9月，市局成立档案工作领导小组、档案销毁鉴定工作领导小组、保密工作领导小组、全市系统办公室优质服务竞赛活动领导小组，均由局长任主任。

2010年10月，市局转发并实施国家局《烟草企业档案管理暂行办法》（国烟办〔2010〕327号），进一步规范档案管理。

2011年8月，市局制定下发全市系统人事档案工作考评标准，专门召开人事档案清理工作会议，由市局人事科组织全市系统人事档案管理员通力协作，完成在岗、离退休2403人的信息数据采集，建立起电子信息档案，并分类做成基本信息子集、补充信息子集、政治面貌子集、学历子集、复转军人子集、职务子集、个人简历子集、离退休子集、专业技术子集与职业技能子集。11月通过省局验收。

2013年，全市系统档案管理进一步完善保密和安全措施，在普及“三铁”（铁门、铁窗、铁皮柜）的基础上，全面加装报警器。建立机要档案管理责任网，各单位和部门均安排专人负责机要、档案的管理与收集工作，规范档案资料的收集、归档流程，定期对档案资料，特别是图片、影像、影音资料进行收集、整理和归档，对永久长期保存的档案进行数字化处理，确保档案资料齐全完整；加强保密意识教育和机要保密工作，严格机要文件阅读、使用、保密管理，确保“秘密”以上文件资料及时清退，防止泄密事件发生。

2015—2016年，市局综合档案室扫描市本级2006—2015年的所有文书档案，初步实现档案数字化。2009—2020年连续12年被评为“全省档案宣传工作先进单位”。市局人事档案室完成全市系统1746本干部职工人事档案的清理、改版、审核及数字化工作，重点对领导干部、管理岗位人员及全日制大中专毕业生的“三龄两历一身份”等档案内容进行仔细审核，以审促改、以审促建，对283个问题予以复核或整改，确保人事档案数据及资料的完整、真实、规范。完成77名45岁以上女职工的岗位认定，利于其办理退休时“管理岗、工人岗”的界定。

2017年，市局印发《薪酬资料收集归档管理办法》，强化全市系统薪酬资料入档管理。年内，市局加强机要保密管理，与重点部门主要负责人签订保密责任承诺书，强化涉密计算机和涉密硬盘管理，并开展全市系统涉密保密、档案、印章管理、公文处理等工作检查，整改问题13个；市局机关、桂阳、嘉禾、宜章县局的文书档案基本实现电子检索、查阅，进一步提高档案利用效率。

2018年，市局机关综合档案室搬迁至月形社区物流中心办公楼。年内开展办公电脑、互联网电子邮箱的涉密文件和敏感信息自查清理工作，全市系统1102人签订《公务邮箱安全责任承诺书》。

2019年，市局档案室完成自动消防设施改造工作。对人事档案组织3次集中全面梳理，更新目录510份、完善资料830份，进一步规范工作标准，顺利通过省局验收。

2020年，市局完成985卷人事档案复审复核工作。全市系统450卷退休人员人事档案于10月份移交至郴州市北湖区档案馆。在全市系统广泛开展保密教育，组织全员进行保密考试，全面开展保密工作自查，购置应用网络版保密检查工具，在全省系统保密工作检查中被评定为“优秀”。市局综合档案室在开展档案整理的同时，全力配合公司各部门管理、修志等工作，为其提供档案资料。

郴州市烟草商业系统档案管理“上等级”工作情况表

表5-17

档案室单位	2020年保有何种最高等级	认定时间	颁证单位
市局	省特级	2004.12	省档案局
桂阳	省特级	2005.11	省档案局

续表 5-17

档案室单位	2020 年保有何种最高等级	认定时间	颁证单位
嘉禾	省特级	2004.12	省档案局
永兴	省特级	2005.11	省档案局
安仁	省特级	2006.11	省档案局
宜章	省特级	2003.11	省档案局
临武	省特级	2004.12	省档案局
资兴	省特级	2006.11	省档案局
汝城	省特级	2003.12	省档案局
桂东	省特级	2008.11	省档案局

第七章 安全管理

第一节 责任体系建设

自2003年起，郴州市烟草商业系统安全管理以《中华人民共和国安全生产法》为准绳，按照“谁主管，谁负责”的原则，推行安全工作分级负责承包制度。市、县两级局（公司）均设立安全委员会，由“一把手”任主任，分管安全工作的副局长（副经理）任常务副主任，其他局（公司）领导为副主任，成员为各部门主要负责人。其后，随人事变动，对安委会进行调整。每年年初，市局（公司）局长（经理）签署“安全风险抵押承包责任书”向省局（公司）递交，市局（公司）机关各部门、直属单位和县局（公司）局长（经理）签署责任书向市局（公司）递交，县局（公司）各部门和烟草站签署责任书向县局（公司）递交，各单位、各部门再将责任内容落实到每个岗位员工。对年内发生重大安全事故的单位、部门及个人，实行年度考核“一票否决”制，取消评先、评奖资格。由此，各单位均建立以安委会为主导，以安保部门为日常监管机构、部门为主体、班组岗位为基础，横向到边、纵向到底的安全管理责任网络。“安全风险抵押承包责任书”是在原“安全目标管理责任书”的基础上创新的一种管理责任状，在每年单独签署递交的同时，单位、局（公司）领导、安保负责人和各部门主要负责人缴纳安全风险抵押金，职级越高，抵押金越高。抵押金由财务科专户存储，年度内安全达标，底本不退，继续抵押，并按照1∶1的比例实施奖励；年度安全工作不达标者，直接扣除抵押金，并加大处罚和补交抵押金，如发生重大责任事故，在给予行政处分的同时，加处经济重罚。为确保安全管理达标，全市系统各单位均建立起配套的安全管理制度，制定各类安全操作规程，以利具体管理到位。对新改扩建、设备技改和装饰装修工程，实行安全“三同时”（安全配套设施与主体工程设施同时设计、同时施工、同时投入使用）管理。对特殊工种和特种设备操作人员，一律实行持证上岗。安全培训，实行公司、部门、班组三级培训制度，对新招、新进员工和临时工，安全规章制度及基本知识教育成为上岗前培训必学内容。每年相对固定在5—6月，开展“安全警示月（或安全生产月）”教育培训和安全演练（自1996年起）；每年相对固定在11月9日前后，开展消防安全专题活动。每年在企业自身严格安全管理和自查、自纠的同时，由上级定期进行内部安全大检查，发现隐患及时组织整改。是年10月16日，市局（公司）成立维护稳定工作领导小组、处置集体上访和紧急突发事件工作小组（其后，随机构变化和人事变动调整），并行文建立重要情况报告制度、处理维稳和上访问题联席会议制度。

2005年，安全目标管理改为全员风险抵押责任制度。全市系统全体员工缴纳安全风险抵押金，职级越高缴纳押金越高，奖罚办法如前。

2013年，安全风险抵押金制度取消，恢复为年度无抵押安全目标管理制度，并与绩效考核、“重大责任差错追究制度”紧密结合。

第二节 实施概况

2003年，全市系统各单位均层层签署“安全风险抵押责任书”向上一级递交，将安全责任分解到每个部门、岗位、员工。桂东等县局（公司）每位员工均签署“安全风险抵押承诺责任书”，并于年初对上年度安全责任进行考核兑现。汝城、桂阳因上年发生卷烟被盗事故，单位无安全奖，对公司领导和直接责任人予以处分，取消单位负责人年终目标奖，不参与评先，对单位处以省局对市局罚款额的 2 倍罚款。

2004 年，市局（公司）局域网建成，安全监控摄像装置开始应用于重点安防监控场所。随后所属各单位局域网逐步建成，安防监控摄像装置在全市系统各重点监控场所普及应用，安全技防水平提高。

2005 年 1 月，市局印发《关于深入宣传贯彻国务院〈企业事业单位内部治安保卫条例〉的通知》。2 月，印发《郴州市烟草公司系统安全风险抵押承包实施办法》，将原来的单位 + 领导、安保、各部门主要负责人交押金进行风险抵押承包扩大到全员风险抵押承包。6 个“两烟”县各交押金 6 万元，3 个纯销区县各交押金 3 万元。所有在职职工每人交押金 100 元，安全分管领导、安保部门负责人及科室领导分等级加交。年内，开展以交通安全和电器线路安全为主的两个专项整顿，每个季度开展安全大检查，年终开展年度安全检查考核。

2006 年，市局（公司）出台《郴州市烟草商业系统安全生产（保卫）工作目标考核及奖惩办法的通知》《郴州市烟草商业系统安全生产风险抵押金缴纳及管理办法的通知》和《郴州市烟草商业系统安全保卫工作先进单位先进个人评比办法的通知》3 个文件，要求在实行目标管理的同时，进一步落实风险抵押金制度，加大奖罚力度，实行重奖重罚；同时，对外包承接单位，亦实行安全工作责任制，在招标谈判中，根据其劳务派遣人数、工作风险系数高低，需缴纳安全风险金才能签订劳务合同，否则即使中标也不能签订合同；在劳务合同期内，没有出现安全事故，再次招标未中标者，退还其安全风险抵押金；继续中标者，可以将以前缴纳的抵押金继续抵押。年内，全市系统举办各类安全法律、法规、安全知识培训班 9 场，参训 726 人次；悬挂安全月宣传横幅 68 幅；制作安全宣传栏 32 套、共计 128 块；张贴《用电安全知识》《常见事故现场救护知识》《消防安全宣教》《火灾应急预案编制与演练》安全挂图 416 张；张贴各种警示标语 336 条；悬挂安全警示牌 48 块；组织在岗职工进行安全知识测试 1329 人次。全市系统累计投入宣传、培训、安全检查、整章建制资金 8 万余元。安保科起草编印《员工安全知识手册》500 册，由时任市局（公司）党组书记、局长、经理姜孝清作序，发放全市系统员工进行学习。

2007 年 3 月，开展交通安全专项整顿行动。5—6 月，开展全市系统烟草收购站（点）安防工作专项整顿行动。6 月，开展“安全月”活动。批准全市系统嘉禾等局投资安装视频监控系统，自此起 4 年，按照先局机关、后烟草站的顺序，安保视频监控系统安装进入高峰期。8 月，开展出租物业消防及安防工作专项整顿整改行动。15 日，市局调整安全生产、交通安全、防火安全、设备安全、仓储安全、信息安全、综治安全 7 个委员会。8 月 15 日，市局印发《实施质量、职业健康安全一体化管理体系实施方案》，并成立贯标工作领导小组，正式启动质量、职业健康安全管理体系“二合一”的建设工作。控股企业郴州天泰复烤有限责任公司启动质量、职业健康安全管理体系、环境体系“三合一”的建设工作。是年，首次签订安全风险抵押承包和社会治安综合治理目标双份责任书，将“维稳”“防爆”“防邪教”等纳入社会治安综合治理目标管理项目。将网络安全列为安全管理内容，网络安全委员会办公室设在信息中心，由安保科协办。通过为每台电脑安装防杀病毒软件、规范上网行为、实行病毒预警制等措施，有效地健全网络安全预防机制和及时响应机制。年内，重点开展基层烟草站（点）安全防范和交通安全制度执行的检查督促工作，同时，加大不稳定因素的排查和预防力度，强化维护稳定的应急管理和责任落实，确保全市系统的大局稳定。永兴县局（分公司）开展突发公共事件风险隐患排查工作，出台《加强单位庭院内保工作暂行条例办法》，制定突发事件处置预案，该预案在“8·21”特大洪灾中起到重大作用；投入安防、技防和人防基础设施 264.50 万元。

2008年1月、4月、5月，处理原临时工上访事件3起。3月，市局出台10个方面的突发事件应急预案。8月，市公司本级成立安全保卫应急小分队。9月，出台《关于事故隐患整治责任追究暂行规定》，对不执行基建“三同时”规定、挂牌督办项目不作为或不合格复工，阻碍或干扰检查，发生事故隐瞒不报或拖延缓报，对上级或同级安保部门下达的安全检查意见书、催办书不签字、不按要求及时整改、不反馈、不提供资料7种行为，追究责任，分别对单位主要领导、分管领导、当事人等予以扣减安全风险抵押金、目标管理扣分、取消安全奖、政纪处分等处罚，发生重大事故者，视损失情节予以当月度、当季度、当年度目标管理考评降等或一票否决；涉嫌犯罪的，移送司法机关处理。10月29日，市局（公司）颁布实施《质量、职业健康安全管理体系》文件，全市系统遵照执行，将质量、职业健康安全管理体系扩展覆盖全方位、全范围、全过程，郴州市局系全省系统首家完成此项工作的单位，企业知名度和品牌影响力进一步提升。是年，控股企业郴州天泰复烤有限责任公司公布实施《质量、环境、职业健康安全管理体系》文件。全市系统重点开展“交通安全年”活动，组织驾驶员技能比武，市局（公司）修订出台《机关车辆管理规定》，对车辆安全和用车管理进行进一步规范。年内，市局（公司）规范劳动用工，本级机关门卫值班改为与当地保安公司签订业务合同，实行外包。

2009年，对《安全管理标准》进行修订。6月25日，永兴县分公司柏林线卷烟配送车组在送货完毕返回途中，被8名歹徒抢劫，车组3名员工被砍伤，被抢金额13万余元。2天后破案，抓获犯罪嫌疑人5人（3人在逃），被劫货款全部追回。事后，对永兴县局（分公司）分管领导、主要领导、销售中心主任、收款员分别给予相应处罚。11月24日下午，控股企业郴州天泰复烤公司一车间发生一起人身伤亡事故。死者朱某平，男，郴州市华顺人力资源服务公司派驻郴州天泰公司的维修工，因打包捆扎机出现故障，在维修过程中，违章单独到非工作岗位的顶棚靠机头侧入料口边沿，不慎跌落至均料辊，被旋转的输送带带入均料辊叶片与进料底板之间，因胸部遭受挤压遇难。该事故处理根据外包合同主要由业务外包单位负责，市局（公司）对天泰公司分管领导、主要领导等相关责任人实行责任追究，分别予以处罚。

2010年，控股企业郴州天泰公司按照职业健康安全管理体的要求，进一步清理、修订、完善公司安全规章制度、检查标准与考核细则，制定印发《外协单位安全管理规定》《安全操作规程》等制度规程，加强安全风险管理，共建立各个岗位和各项设备安全操作规程34个。耗资近40万元，新购置一辆消防车，增添60多件消防、警示、监控器材，在原义务消防队的基础上建立志愿消防队，安全保障能力进一步提升。技术中心加强对危险化学药品的管理，实行双人双管办法。1月11日晚22点30分，郴州天泰公司打叶车间发生一起工伤事故。工艺组投料员李某飞，在工作岗位突发脑主干动脉出血疾病，经48小时全力抢救无效去世。公司及时成立事故调查组，并报告市人社局工伤保险科，一并介入调查取证和鉴定，经认定视同为工伤；最终按照《工伤保险条例》的规定，由市社保局将工伤保险待遇划至厂账户，然后，由公司对其亲属按照规定给予赔偿。是年，市局安委会起草编印《事故警示录》500册，由时任市局（公司）党组书记、局长、经理郑雄志作序，发放全市系统员工进行学习。

2011年4月1日，国家局颁布《烟草企业安全生产标准化规范》（YC/T 384—2011），全市系统随之贯标实施。各级分层签订“安全工作承包责任书”，共计1500余份；重要岗位人员签订“信息安全保密承诺书”，计40余份。市局先后组织16次安全大检查，其中仅对在郴州举办的全国现代烟草农业暨烟叶收购现场会参观沿线和现场开展安全检查11次。10月，全市系统应急指挥信息系统经过半年的硬件配置、软件开发、市县站三级联网等一系列工作，投入运行［部分县公司和站（点）因配套硬件未到位未入网］，通过将安全技防系统与信息系统平台的有机对接，实现安全事故、突发事件信息的快速传递与处置，本项目为湖南省烟草专卖局安排给郴州市局的重点研究任务，次年荣获省局（公司）科技进步二等奖，取得“报警信号综合采集”“建筑实景三维调度”“应急物资调度管理”“应急预案流程建模”“应急指挥服务管理”“专卖移动应急报警”6项软件著作权。全市系统全年累计开展各类安全检查774次，累计查出各类事故隐患393条，投入整改资金51.06万元，整改率达100%，其中汝城县局（分公司）整改安全隐患投入专项资金24.40万元。

2012年，郴州市开始推行网格化安全管理，实行多方联动、划片负责，对全市烟草商业系统各单位，以住宅小区、生产经营区为区域单元进行划片，自我管理为主，由公安机关、安监、环保、社区进行督导，管理力度加大。5月11日，市局印发《企业安全文化建设方案》，明确“福城郴州”建设“福星郴烟”的共同愿景，深入开展企业安全文化建设，促进员工做企业、家庭、社会“福星”安全文化理念的积淀形成。郴州市局被湖南省局确定为首家企业安全文化建设试点单位。自6月起，正式启动CZSYC—AWTX项目，6—9月制定发布安全承诺文件，组织全员学习，9—10月开展“企业安全我承担”活动，并完成岗位安全行为规范系统、“4S”要素系统设计，是年11月至2013年2月编制发布安全文化建设体系手册。是年，市局部署《烟草企业安全生产标准化规范》（YC/T384—2011）达标建设工作，在全员贯彻的基础上，市局（公司）根据基层站（点）散在、偏僻等实际情况，重点编写《烟草工作站安全生产基础管理》和《烟草工作站安全生产安全技术与现场管理》两个标准，在历经征求意见、试行、修改、审查等环节之后，申报发布和推广实施，5月20日，两个标准由省质量技术监督局作为湖南省地方标准正式颁布，全省商业系统推荐施行。两个标准的文号分别为DB43/T677—2012、DB43/T678—2012，随后两个标准的创新荣获省局（公司）科技进步三等奖。8月3日，举行标准实施推广会，并组织赴桂阳县仁义、樟市贯标试点烟草工作站现场学习观摩，全市系统20个标准化烟草站站长、6个产烟县的安全管理人员参会。年内，全市系统开展应急预案演练达78场次，参训、参练人员达2553人次。

2013年，运行安全文化建设体系的“4S”要素系统，市局（公司）顺利通过湖南省安监局组织的安全生产二级达标评审。成功承接省局（公司）在郴州举办的“全省烟草工作站安全生产标准化工作现场会”，全省烟草商业系统安全管理人员、烟草工作站站长等约120人赴桂阳县正和、仁义贯标示范烟草工作站学习观摩，郴州市局作贯标示范讲解、培训。安保科编写的《烟草工作站安全生产考核评价准则和方法》标准，在历经征求意见、试行、修改、审查等环节之后，由湖南省质量技术监督局作为省地方标准颁布施行，标准文号为DB43/T812—2013，本标准创新项目荣获湖南省烟草专卖局知识产权三等奖。7月，市局（公司）发布《企业安全文化可视化（各种安全警示图、警示语、警示标志等）管理手册》。10月，市局发布《职业健康安全管理目标和管理方案》和《安全管理制度汇编》。11月，完成安全文化建设体系运行状态评估和审核，12月，该项目成果通过验收。

2014年2月，市局（公司）对安全生产标准化达标工作有突出贡献的宜章、安仁、桂东、嘉禾县分公司给予表彰奖励。年内，市局（公司）经郴州市安全生产监督局组织鉴定后，成为全市首家安全文化示范企业。全市系统开展“全国安全生产月”“119”消防日等大型安全宣传活动，市局（公司）发放新《中华人民共和国安全生产法》《安全生产基础知识》《作业现场安全知识》，组织全体员工学习并考试。

2015年，天津发生“8·12”重大安全事故，中共中央总书记习近平提出对安全工作实行“党政同责，一岗双责”，全市系统及时进行学习贯彻。是年，对《安全管理标准》进行第二次修订，强化安全生产主体、监督“两个责任”和防控措施的落实。全市系统完成视频监控设备采购项目11个、消防报警设备采购项目3个、消防水泵房及网管设备项目1个、配电房建设项目3个、防雷避雷设施项目5个、其他安全设施项目 20 个，资本性预算投入 647 万元、消防警卫费投入 629 万元。开展安全自查工作 553 次，累计查出各类隐患（问题）509 条，投入整改资金 107 万元，整改率达 100%；市局组织综合检查和专项检查 10 次，累计查出各类隐患（问题）408 条，投入整改资金 239 万元,整改率达 100%。安保科组织编写的《湖南烟草商业系统小型发电房设计、施工和验收规范》《湖南烟草商业系统小型配电房设计、施工和验收规范》两个标准，在历经征求意见、试行、修改、审查等环节之后，12 月由省质监局作为省地方标准颁布施行。2019 年，本标准创新项目荣获湖南省烟草专卖局知识产权类创新三等奖。2015 年，“烟草工作站安全生产系列标准”创新项目荣获中国烟草总公司标准创新贡献三等奖。

2015 年度，市局（公司）火灾事故应急实战演练现场

2016 年，以深化平安单位、平安小区创建为重点，广泛开展“全国防灾减灾日”、“应急知识宣传月”、综治民调、“社会治安防控体系建设年”、“安全生产月”、“119”安全宣传周等活动；积极组织开展安全事故警示教育、安全知识培训、“6·16”安全生产宣传咨询日、消防应急演练、“身边隐患随手拍”等活动;充分运用宣传栏、网站、标语、温馨提示、短信等形式营造创建氛围。各单位深入开展安全宣传工作，推动新安全生产法及其配套法律法规、安全生产标准的普及，开展安全自查工作 256 次，投入整改资金 20.08 万元。市局组织对全市系统综合检查和专项检查 9 次，投入整改资金 40 万元，整改率达 100%。

2018 年，全市系统开展岗位达标评价活动，梳理岗位规范 584 份，梳理评价单元 33 个，岗位达标评价合格数 676 个，合格率达 100%。市局（公司）通过安全生产标准化二级达标复评。

2019 年，深化“平安单位”建设，全面推动双重预防机制建设。顺利通过国家局、省局安全大检查。5 月 30 日，市局（公司）对《安全管理标准》进行第三次修订，增加部门和岗位关键绩效考核指标。自 5 月起，组织全市系统开展“安全三问（时间、责任、行动） 我在行动”主题实践活动，并下达活动任务清单及考评细则，实行百分制考核。运用培训、宣传栏、网站、标语、温馨提示、短信等多种载体，大力开展“安全生产月”“消防宣传月”活动。市局组织开展综合检查和专项检查 7 次，各单位（部门）组织开展安全检查 129 次。全市系统从机关到烟草站共开展安全演练 67 场次，参练 1771 人次。年内兑现安全奖 277 人共 43 万余元。对履职不力形成的隐患（问题）落实责任追究，共扣罚绩效工资 152 人次、通报批评或约谈 110 人次。

2020 年，市局党组高度重视安全生产工作，将党建工作与安全生产紧密结合，坚持“党政同责，一岗双责，齐抓共管”的原则，将安全生产摆在全局工作突出位置，优先规划、优先安排、优先落实。按照体系建设要求，落实召开年度安全生产工作会议、每季度一次安委会会议，每月局务会专项听取安全工作汇报，研究部署月度安全重点工作，形成常态化、制度化。领导干部带头抓检查、督整改，局长高志强带队检查 8 次，亲签整改通知书 7 份，其他领导成员按照分管范围亲自参与安全检查和工作督促 16 次。市局安委会对领导班子成员和非领导职务干部的差异化安全生产责任清单予以公示，全市系统各单位（部门）在层层签订共性的安全生产和综治工作两个责任书的同时，签订安全承诺书，安全重点岗位签订个性指标安全责任书，使岗位责任事项更细致清晰、易操作考核，全方位的“安全生产责任网格”进一步织密。1月下旬，新冠肺炎疫情突如其来，市局出台《疫情防控应急预案》，全市系统通过会议、告示、微信、短信、“湘烟通群”等多种载体，动员员工落实防疫措施。在疫情得到基本控制后，市公司及时安排复工复产。是年，新出台《发现报告重大安全生产隐患奖励办法》，把“随手拍（照）”等隐患举报奖励制度化，兑现奖励11人次、7200元。全面修订完善管理标准37个、技术标准10个，结合新冠疫情防控新修订《卫生防疫管理规范》标准1个，对《安全生产可视化图册》予以更新，全面修订《安全生产事故应急预案》，在全省系统率先编制22项“风险和应急处置卡”，指导全市系统风险防控落实和应急处置。先后举办“安全三问”“全市系统安全知识、平安创建、疫情防控知识抢答赛”“全市系统安全内训师培训”“平安小区建设知识抢答赛”等活动。落实“双控机制”（风险分级防控和隐患排查），累计辨识出各类风险387项，评估定级橙区风险（高度风险）15项，黄区风险（中度风险）86项，蓝区风险（一般风险）286项，针对中高度风险，逐一制定风险管控方案和措施，督促落实到区域、部门和岗位层面；创新分级管控“对标对表自查”，制作自查表格清单11套，引导各级对标对表快速自查和确认。全市系统各单位（部门）累计开展安全检查215次，累计查出各类隐患（问题）143条，整改率达100%。为落实国务院、国家局、省局“安全生产专项整治三年行动”部署，市局制订《安全生产专项整治三年行动实施方案》，明确目标、任务、措施，把具体指标、任务分解明确到责任部门，限定完成时间，纳入单位（部门）绩效考核共同指标，年内全市系统安全生产建设和整改项目51个，共投资2093.92万元。其中，固定资产投入330.80万元，安防费用投入1763.12万元，基本完成进度计划。专项投资300万余元。对困扰多年的鸡公石库区电气线路隐患进行彻底整改；对资兴市局房屋结构风险排查发现的安全隐患，投资90万余元进行整改。全年累计开展各类安全预案演练26场次，演练参与1131人次；分级分层修订完善12个安全预案。市局5名注册安全工程师被郴州市政府聘任为市“安全专家组”成员，参与地方行政安全监督管理，其中1名被聘任为烟草安全分组组长。配合地方部门，完成人口普查、二代身份证指纹采集、综治民调、平安小区建设等多项活动。

第八章　基建管理

第一节　管理机构

2003 年，全市系统基建管理职能归口市局（公司）办公室。8 月 1 日，市局（公司）成立物业管理科。是时，全市系统正处在工商分设之后的“扭亏”之中，大中型基建投资处于控制状态，30 万元（不含）以下投资及基建维修项目由各县级局（公司）自行审批。

2004 年 2 月，全市系统基建投资计划、管理职能划归物业管理科。期间基建计划、审批均以“郴烟物业”文号呈报或下达。12 月 8 日，设立经济运行科。

2005 年 6 月 9 日，市局（公司）成立投资管理委员会，由分管副局长（副经理）任主任（其后随人事变动多次调整），其他副局长（副经理）、纪检组长、联合工会主席任副主任，机关各相关科室主要负责人为成员，下设投资建设办公室（物业科兼），物业科科长徐贵云任主任。投资委主要职责：审议全市系统长、中期投资建设规划；审议全市系统所属企业年度投资计划；审议全市系统所属企业重大投资项目，投资额 30 万元以上的新、扩、改建工程项目、技术改造项目和大型维修、装饰工程项目，投资额 10 万元以上的固定资产购置项目和大宗物资采购项目。

2006 年 1 月，县级公司法人资格取消，改制为县级营销部（县级局保留）。3 月 17 日，市局（公司）调整投资管理委员会，幸勤任主任，物业科科长徐贵云兼任投建办主任。8 月 15 日，物业管理科原负责的基建计划、投资、固定资产管理三方面工作职能，调整为经济运行科负责。同年 10 月，市局（公司）成立烟基办，专门负责全市各产烟区道路、烟田土壤改造、排灌、烤房、工场、水源、标准化烟草工作站等相关投资基建，专款专用，专线运作（本章仅将烟草站建设项目纳入，其余另述）。

2007 年 4 月 14 日，市局印发《投资建设管理办法》，规定：全市系统投资建设实行预算控制、统一规划、集中管理、分级实施的管理体制。公司设立投资管理委员会，分管领导任主任，其他副职领导任副主任，机关各相关部门主要负责人为成员；下设办公室（以下简称投资建设办），设在市公司经济运行科，科长兼任主任，副科长兼任副主任。6 月，市局（公司）设立基建办，主要负责市局（公司）本级整体搬迁基建事项。2009 年，市局（公司）本级基建和基础设施重大维修改造事务转为该办负责。

2009 年 7 月 13 日，市局印发《关于部分科室职能调整的通知》，市公司本级的固定资产修缮、基础设施改造工程项目实施业务归基建办负责；市公司本级的日常物业维护、水电维修业务归物业管理办负责；投资规划、年度投资计划、项目调研论证和立项报批、项目计划调整、项目设计、实施制度制定、实施进度控制与检查督导，仍归口市公司经济运行科。

各时期，市局（公司）各直属单位、各县局（分公司）皆设立相关股室管理本公司基建工作，投资大、基建项目多的单位专设基建办或基建股，投资小、项目少的单位由相关股室兼管。

第二节　基建投资管理政策

2003 年，基建工作仍执行烟草行业前期规定，基建项目立项按照投资额大小实行分级审批，300 万元（含）至 1000 万元由省局（公司）审批，1000 万元（含）以上由国家局、总公司审批，30 万元（含）至 300 万元（不含）由市局（公司）审批，30 万元（不含）以下由县级局（公司）领导班子集体决策审批。

凡50万元（含）以上基建项目建设必须进行招投标。全市系统工程建设和工程维修1万元以上项目，按照市局（公司）《经济评审制度》规定,纳入“经济评审”和“阳光工程”管理范围。基建资金来源一般为：自有资金，银行贷款，上级拨款（大型工程、急用工程资助一部分，普惠工程政策性补贴等），合作各方出资等。是年,《郴州市政府招投标暂行办法》发布，针对招标评审中存在的明招暗定问题，强力推行工程量清单招标和“合理低价”中标制度,全市系统遵照执行。招标按照《中华人民共和国建筑法》的规定，分为公开招标或邀请招标两种，至少邀请有资质的建筑公司3家以上（少于3家不可开标），中标单位中标后，随后与建设方签署工程建设合同，不得转包，但可以在征得建设单位同意后将非主体、非关键性工程（如绿化、道路、水电、土方、护坡、沟渠等）分包给其他合作单位。大中型基建项目，按照国务院《建设工程质量管理条例》（国务院令〔2000〕279号）的规定，实行工程监理制度，建、监双方签订合同，监理工程师进驻施工现场，跟班监督按设计要求规范施工、设备与建材质量等，上段工程质量不合格不得移交下段，标段工程项目完工后，施工单位需凭监理单位监理工程师签字的施工单方可结算。

自2004年1月起，执行郴州市建筑工程施工安全生产许可证制度。建筑施工工地开工前必须具备安全作业条件，然后申办安全生产许可证，持证方可开工。4月21日，郴州市计委、建设局等7委局发布《关于采用“合理定价评审抽取法”的通知》（郴计〔2004〕98号），作为工程施工招标评审办法。同年，市建设局又出台《郴州市房屋建筑和市政基础设施工程施工招标评估办法》，强力推行工程量清单招标和合理定价评审抽取法中标制度。自2004年11月26日起，工程造价标底概算执行《湖南省工程造价管理办法》（湖南省政府第192号令）。

2005年1月，全市系统在推行全面预算管理后，凡需出钱购买的物品、服务、大小基建工程皆列入“采购”范围，均需实行招标采购，工程项目招标实行“应招尽招”。

2006年5月18日，市局印发《投资建设管理暂行办法》，规定：投资额在1000万元（含）项目，通过省局上报国家局审批；投资额在300万～1000万元以下项目上报省局审批；300万元以下项目由市局审批。日后权限若有调整，按照相关文件执行。工程建设严格执行基建程序，坚持先勘察、后设计、再施工的原则，严禁“三边”工程，严格执行建筑安全“三同时”审批制度，凡先开后议、先增（面积）后批的项目一律不予补办手续。工程建设应严格遵守《中华人民共和国招标投标法》，实行工程监理制度，工程建设单位选用应严格遵守《中华人民共和国招标投标法》，严格施行项目工程监理制度，项目投资严格执行预决算管理制度。26日，鉴于县级公司法人资格取消，固定资产移交市公司管理，市局出台《郴州市烟草专卖局（公司）系统固定资产管理办法》，规定：添置固定资产审批权限：单项金额5万元以上或单项金额虽不足5万元但一次批量超过10万元的，由市局（公司）审批或上报审批，起点金额以下的由县级营销部自行审批办理；10万元以上的固定资产购置，必须以招标方式确定供应商。6月2日，省局印发《“十一五”标准化烟草站建设规划及设计标准》，全省烟叶年种植规划140万亩，年收购18.05万吨，其中郴州年收购计划5万吨。郴州59个烟草站（桂阳27个，嘉禾8个，永兴6个，安仁6个，宜章4个，临武3个，市烟叶公司5个），规划改扩迁建烟草站15个，其中新建无，扩建9个，改建（功能完善）5个，迁建1个（桂阳城郊站）。“十一五”规划期间，标准化烟草站建设必须按此规划，逐年安排建设。7月12日，国家局转发国务院办公室《关于进一步做好防雷减灾工作的通知》，要求烟草行业各单位健全防雷设施，并定期检查维护，建立管理台账，确保能有效使用。

2007年4月14日，市局印发《投资建设管理办法》，规定：基建计划按照“自下而上、分级申报、统一汇总、集中评审、上报下达”的程序进行。全市系统投资建设长、中期规划和年度计划，重大投资项目实施方案、其他有关投资建设事项，由投资建设办公室拟订计划和实施草案，提交投资管理委员会办公会审议决策。审批权限按照以往规定不变。单项投资额10万元以下的小型维修项目，经市局授权，由各营销部自行审批，但不得将项目进行化整为零处理。严禁无计划投资和超计划投资。超过预算的必须预先向市局申报，经市局审批后方可追加投资。投资项目批复文件下达后，超过两年不开工实施的，批准文件自动失效。投资项目总额300万元以上的，或单项合同估算价50万元以上的，或项目所需的设备、材料单项合同估价30万元以上的，或勘察、设计、监理合同估价10万元以上的，均需实行招投标。大中型项目应实行监理制。工程验收可分为交工验收和竣工验收两个阶段，交工验收试营业两年内必须进行竣工验收；小型工程可实行一次性竣工验收。同日，市局下达《固定资产投资建设管理考核指标及评分标准》，实行百分制考评，考评分乘以6%，计入全市系统目标管理考核。5月10日，国家局转发《中共中央办公厅、国务院办公厅关于进一步严格控制党政机关办公楼等楼堂馆所建设问题的通知》（国烟计〔2007〕217号）（以下简称《通知》），要求全国行业坚决执行《通知》精神，进一步控制党政机关办公楼等楼堂馆所建设，确因工作需要的办公用房建设，必须严格履行审批手续，先报当地政府审批后，再报行业上级审批。7月16日，省公司为贯彻《中国烟草总公司关于投资项目管理的规定（暂行）》（中烟办〔2007〕1号）文件及有关规定，印发《全省烟草系统投资项目管理规定》（湘烟计〔2007〕226号），主要规定：烟草专卖品的生产、经营、仓储、配送、物流项目，科研与教学投资项目，计算机软件与信息化工程项目及其他相关项目，纳入本规定适用范围；多元化经营投资项目另按相关规定。项目申请办法：由申报单位提交项目申请报告及相关文件一式两份。申请报告由申请单位或其委托的咨询、设计单位编制，内容包括：申报单位基本情况，项目基本情况及其建设投资的必要性，建设用地情况，原材料、能源耗用和公共设施情况，技术方案比较选择，项目实施进度安排，投资估算及资金筹措方案，经济效益分析与评价，社会影响分析与评价；含土地征购的申请报告附加拟选用地的基本情况；项目由多家企业投资的，附共同投资的初步协议。项目的审批和备案：投资项目按照投资金额分级管理，总投资额1000万元以上项目上报总公司审批，300万元（含）至1000万元（不含）项目报省公司审批并报总公司备案，300万元以下的项目由企业自主决定并报省公司备案。对于重大投资项目，由总公司组织专家论证并出具论证意见，项目批准后，设计方案由总公司或委托省公司组织有关部门审查并出具审查意见。其余项目由省公司组织专家对申请报告进行论证，项目批准后，组织有关部门对初步设计方案进行审查。经批准同意的项目，项目申报单位应根据地方人民政府有关规定办理项目备案手续，并依法办理城市规划、土地使用、环境评价、资源利用、安全生产等手续。手续办结后方可实施。项目申报单位应及时将上述有关材料抄报总公司。项目批准文件下发后两年内项目未实施的，该批准文件自动失效。项目实施与调整：已经批准的项目，在省公司下达（或转发）立项批准文件后的每个季度末，项目建设单位应书面报告项目实施的进度、资金支付、安全管理等情况，直至竣工验收。项目建设如有重大调整，如建设规模与项目主要内容调整的，技术方案变更的，建设地点变更的，土地征用面积超过批准上限的，总投资额超过批准额15%的，需报省公司（或总公司）同意后方可继续实施。项目参与土地竞拍时，竞拍价超过批准上限时不得继续竞拍，可在批准区域内另选他地竞拍；若批准区域内无土地可供选择，则该项目须重新申报。监督和责任：企业在项目实施过程中，要严格按照国家有关规定实行项目法人责任制、招标投标制、工程监理制、项目审计制等，并主动接受有关部门的管理和监督。对违反本规定，或以拆分项目、项目批准后追加投资等方式有意逃避监管的，对有关责任人根据情节轻重，给予严肃处理。

2008年8月28日，市公司印发《关于市本级固定资产投资业务等部门职能划分的通知》，规定：项目申报环节，本着“谁使用、谁负责”的原则，由使用部门申报；没有界定的公共设施项目，归口办公室申报；凡需向省公司、总公司申报的项目，归口经济运行科申报。项目审核、审批环节，计划立项、审核报批、招标评审、实物台账、固定资产投资报表、目标考核，由经济运行科负责；项目预算、项目决算审计，归口审计科负责；项目合同审核，归口办公室（法规科）负责。实施业务职能，市公司本级新建、改建、扩建土建工程项目的实施业务，归口基建办负责。鸡公石库区的维修、改造项目和市公司本级各类维修、美化等业务由物业部门负责，相关部门配合。卷烟分拣配送专用设备的维修、改造项目，由配送中心负责。机动车辆购置项目，归口办公室负责；信息设备采购项目归口信息中心负责，烟叶科研专用设备采购项目，归口烟科所负责。

2009年7月12日，市公司转发省公司《固定资产投资计划与项目立项审批（审核）暂行规定》，省公司规定：优先安排维持主业正常生产经营所需的设施设备的更新改造项目，坚持集中力量、有规划、分阶段、有步骤地推进卷烟配送中心、烟叶仓库和基层烟叶工作站的建设项目，严控楼堂馆所建设，逐步适度改善办公条件。烟叶仓库和基层站建设应符合全省烟叶发展规划，符合相关建设标准。烟叶收购量1000吨以上的乡镇方可批建烟草工作站（1000吨以下只可设点），烟草工作站应选在交通便利、金融和通信等服务设施较好的乡镇，建设面积一般应在20亩以上，可承担烟叶收购、中转、收购点烟叶集中、办公与居住功能，并兼顾专卖管理、卷烟销售、科普、培训、文体等功能。老烟草站可改造为标准化烟草站，不再设站的老烟草站可改造为育苗工场或烘烤工场。新烟区原则上不设收购点。对借租房开展经营的、鉴定为危房、城建规划急需搬迁、因自然灾害损毁、超过使用年限且折旧净值为零、现有业务用房少于3亩且人均不足10平方米的，可予以安排建设。新建要与固定资产处置结合考虑，原设施能利用的可保留利用，防止形成新的闲置。每年基建计划在10月前申报。8月29日，省公司在同意嘉禾县分公司购买该县审计局住宅基地并新建综合办公楼的批复中特别强调：不许建成城市标志性建筑，不许豪华装修。

2010年8月4日，市公司印发《工程建设投资项目管理程序规定》，规定：投资项目实行分级管理和项目法人制的管理体制。市公司投资管理职能（规划、论证、计划编制、设计、实施进度检查与控制等）归口企管科。项目实施单位为各直属单位，设施功能与设备配置项目分类归口5个部门，市本级基建项目归口基建办。市公司新建、扩建、迁建、购置楼堂馆所项目经所在地人民政府同意后报国家局（总公司）审批；县级分公司新建、扩建、迁建和购置楼堂馆所项目经所在地人民政府同意后，总投资1000万元以下项目报省公司审批，总投资1000万元以上的项目由省公司报国家局（总公司）审批。其他总投资300万元（含）以上项目报省局审批或由省局转报国家局审批；投资额10万～300万元（不含）内由市局（公司）审批，10万元以下投资项目或小型维修项目由各县级分公司根据年度财务预算情况自主决定。年度投资计划，由各分公司机关各部门于每年6月底报企管科，企管科考察、论证、初审后，汇总报市公司投资委员会审议、局党组审批，审批结果于每年10月底前报省公司备案批复。年度基建计划有3年以上投资项目没有完成的、有2年以上投资完成未达80%的、1年以上投资完成未达50%的不得申报新的投资项目，同一地点项目需完成70%以上方可申报下一个项目。批复文件下达后，需报地方人民政府备案的项目，由各实施部门按照规定办理相关手续；工程实施实行项目法人制，明确项目法人、项目负责人及其他组成人员，并明确审计、监督、安保等部门代表组成的监督机构、监督方式、方法和时间。项目招标、设计、合同签订与管理皆依法进行。项目实施进度实行定期报告制。对资金使用作出年度计划，按照审批权限和合同规定给付。竣工验收按照《烟草行业固定资产投资项目竣工验收管理办法》（国烟计〔1993〕147号）进行。项目验收由实施方提出申请、项目审批单位组织总体竣工验收并形成验收结论。验收完毕后，及时办理固定资产交付使用手续，并将所有竣工验收资料归档，及时办理资产权属证明。8 月 9 日，市公司又印发《项目招标投标管理办法》。规定：招标方式采用邀请招标和公开招标两种。凡项目总投资额 100 万元（含）以上、项目单项合同或物资采购合同 50 万元（含）以上、与项目相关的勘察、设计、监理等服务项目 30 万元（含）以上的均应进行公开招标。凡公开招标限额以下的但金额在 1 万元以上的固定资产投资、修缮、物资采购、服务项目和专业性强不宜公开招标等项目，均采取邀请招标方式，必须邀请 3 家以上参与竞标，1 万～ 10 万元（不含）由承办部门负责组织，10 万元以上项目由公司招标管理部门负责组织。10 月 18 日，市公司经过评审的方式，委托湖南洞庭招标代理有限公司郴州项目部、湖南信元工程项目管理有限公司郴州分公司、郴州湘南建设咨询有限责任公司 3 家招标代理机构作为全市系统招标代理定点服务机构（市公司整体搬迁项目除外）。

2012 年 6 月 10 日，市局（公司）成立本级项目招标评委库，评委共 156 人。其中，信息设备（工程）类评委 22 人，经济类评委 15 人，劳动用工类评委 21 人，烟用物资类评委 19 人，基建维修类评委 13 人，烟基建设类评委 17 人，科研设备类评委 14 人，安全设备（工程）类评委 19 人，宣传促销类评委 16 人。遇有招标事项，可在招标会前一天组织抽签决定。

2013 年 5 月 6 日，市公司印发《建立全市烟草商业系统固定资产投资专家审核制度的通知》，由市局（公司）主持，行业内外单位推荐，具有资质的专家个人申请，经过考核认定，吸收组建固定资产投资评审专家库，由市局（公司）按照规定进行统一管理。专家库成员分总图和土建工程、公用工程和设备、物流工艺和设备、技术经济、其他 5 类。专家具有独立发表咨询评价和建议的权利，参加咨询评价活动给予相应劳务报酬。专家库人员参与评审范围：对投资额在 300 万元以上的基建项目，在提交市局（公司）投资委员会审议之前，组织内部评估，进行立项审查；对 300 万元以上 2000 万元以下的基建项目和省局（公司）委托组织初步设计审查的项目进行初步设计审查，并出具审查报告。

2014 年 9 月 12 日，市公司印发《关于统一委托招标代理公司办理招标事项的通知》，为落实总公司、省公司关于规范采购管理的文件精神，促进全市系统各类招标代理业务规范化，市公司通过公开招标，确定湖南信元工程项目管理有限公司郴州项目部、湖南洞庭招标代理有限公司郴州项目部、湖南天平项目管理有限公司郴州分公司、湖南中技项目管理有限公司郴州分公司 4 家招标代理公司作为全市烟草商业系统招标代理定点服务机构。市公司原招标代理机构办理招标事项的通知废止。

2014 年 4 月 14 日，市公司印发《投资项目管理实施办法》，将单独立项的安防设施、信息设备、物流配送设施设备分别归口安保科、信息中心、物流配送中心。项目实施，市本级的归口市公司基建办，其余归口各相关单位。项目审批权限：国家局、总公司审批项目：总投资 1000 万元以上的新建、改扩建、迁建、购置经营业务用房项目，总投资在 5000 万元以上的其他固定资产投资项目，总投资在 3000 万元以上的信息化投资项目，总投资在 500 万元以上的多元化投资项目，总投资在 3000 万元以上的烟草主业企业间股权投资项目。省局（公司）审批权限：除国家局、总公司审批以外的总投资在 300 万元以上的项目。市局（公司）审批项目：除国家局、总公司、省局（公司）审批以外的总投资在 300 万元（不含）以下的、30 万元以上的投资项目。县级局（分公司）自主审批项目：30 万元（不含）以下的投资项目和小型维修项目（维修金额不超过资产价值的 50%以上的），根据市局（公司）下达的年度投资计划及年度财务预算情况决定。投资规划，应先由各分公司申报需求计划，市公司结合市本级投资计划，结合编制五年投资规划，上报省公司，待省公司批复下达后，再视资金存量、在建工程进度等情况进行年度安排。经营业务用房类项目报行业立项前需经项目所在地人民政府（地市级及以上）批复。其余规定基本如前。28 日，市公司印发《固定资产投资项目竣工验收管理办法》，对项目竣工验收进行进一步规范。

2015 年 9 月 24 日，市公司下发《关于进一步加强“三项工作”管理的通知》。规定：县级分公司合同金额 100 万元（含）以上项目的合同，在完成县级分公司审批流程后，不再以纸质文档报送，改为通过 OA 系统招标采购监管平台报市公司领导审批。计划金额 10 万元（不含）以下项目由县级公司自行组织招标，其评委可从公司内部评委库或地方政府评委库中随机抽取。计划金额 10 万元（含）以上的项目，必须委托招标代理公司进行招标。政府规定必须进入公共资源交易中心进行交易的项目，从其规定。委托招标，业主评委不得超过评委总数的三分之一。招标文件的拟订和审核：招标文件的拟订，属自行招标的由承办部门拟订，属委托代理招标的由承办单位（部门）与招标代理公司协商拟订；经济运行部门对招标办法和评分规则进行审核；审计部门对项目招标控制价进行审核，财务部门对价格结算和涉税约定进行审核，法规部门对招标文件中的合同文本条款进行审核。

2016 年 7 月 25 日，市公司印发《项目招标评委专家库管理办法》，对 2012 年评委库人员进行调整。重新确定 99 名具有中级以上专业技术职称人员列为市局（公司）项目招标专家库评委，按照专业性质分成三类：基建维修工程类 16 人，设备物资采购类 23 人，经济类 60 人。专家库评委受市局（公司）“三项工作”管委会管理，主要职责是担任公开招标项目的业主评委和自主招标项目的评委，在开标前一个工作日，由项目承办部门、“三项工作”管委办从专家库中随机抽取人员名单，填表记录，市局（公司）整顿办负责监督抽取过程，被抽中人员无特殊情况不得缺席参评。自主招标，项目金额 10 万元以下的，评委不得少于 5 人；定点二次询价项目或单一来源采购项目，评委不得少于 3 人。委托代理公司招标的项目，业主评委不能超过评委总人数的三分之一。各县级局（分公司）可参照此办法建立本级专家库和管理办法，如专业人才不足以建立专家库的，可从市局（公司）专家库抽取。7—11 月，市局（公司）部署开展工程建设项目专项治理工作，在招标、开标、中标、合同签订、合同履行五个关键环节及其他相关方面是否规范进行自查整改，建立完善廉政责任制，对记录不良的建筑市场各方主体，列入行业“黑名单”监管系统。

2017 年 12 月 27 日，全国人大常委会对《中华人民共和国招标投标法》进行修改。组织全市系统相关从业人员进行学习贯彻，新规定主要有：招投标范围扩大到工程以外项目。招投标接受行政监督部门监督。投标单位不受地域限制。工程项目需分标段进行的，应在招标书上标明标段、工期要求。取消自通知投标到投送投标书时间“20 天以上”限制。可以联合投标，但以资质最低单位确定其资质，工程项目发生问题，联合体各方共负连带责任。招标投标完成后，招标人和中标人应当自中标通知书发出之日起 30 日内，按照招标文件和中标人的投标文件订立书面合同。招标人和中标人不得再行订立背离合同实质性内容的其他协议。中标人应当按照合同约定履行义务，完成中标项目。中标人不得向他人转让中标项目，也不得将中标项目肢解后分别向他人转让。中标人按照合同约定或者经招标人同意，可以将中标项目的部分非主体、非关键性工作分包给他人完成。接受分包的人应当具备相应的资格条件，并不得再次分包。中标人应当就分包项目向招标人负责，接受分包的人就分包项目承担连带责任。

自 2018 年 6 月 15 日起，执行省局下发的《湖南省烟草商业系统投资项目管理实施办法》（湘烟计〔2018〕153 号）文件，其中规定：500 万元（含）以上、7000 万元以下的固定资产投资项目，应报省局（公司）批准后方可实施；7000 万元（含）应报省局（公司）审核，国家局（总公司）批准后方可实施；500 万元（不含）以下的固定资产投资，由市局（公司）审批后，方可实施。

2019 年 3 月 1 日，市公司印发《郴州市烟草商业系统投资项目管理实施办法》，对以往相关规定进行修订。主要修改点为审批权限。主业投资项目审批权限：市局（公司）500万元以下；省局（公司）500万元（含）以上、7000万元以下；国家局、总公司7000万元（含）以上。多元化投资项目审批权限：使用主业资金投资的，市局（公司）500万元以下；省局（公司）500万元（含）以上、5000万元以下；国家局、总公司5000万元（含）以上。使用控股企业自有未分配利润进行投资的，市局（公司）1000万元以下，省局（公司）1000万元（含）以上、2亿元以下；国家局、总公司2亿元（含）以上。境外投资项目审批权限：使用烟草行业境内资金投资项目，省局（公司）1000万美元以下；国家局、总公司1000万美元（含）以上；使用控股境外企业未分配利润进行投资的，省局（公司）2000万美元以下，国家局、总公司2000万美元（含）以上。信息化投资项目审批权限：市局（公司）300万元以下，省局（公司）300万元（含）以上、3000万元以下，国家局、总公司3000万元（含）以上。物流所需的控制、安全等基础设施建设不在本条款限定范围内。购买、建设经营业务用房项目的审批权限：省局（公司）1000万元以下，国家局、总公司1000万元（含）以上。其他规定，基本如前。

第三节　实施概况

一、市局（公司）本级

2003—2004年，全市系统正处于“扭亏”大环境，严控大中型基建项目投资。

2005年10月25日，国家局下达《关于郴州市烟草公司建设经营办公设施的批复》，同意郴州市公司征地59亩，建设经营办公设施，建筑面积18500平方米。其中，办公设施12000平方米，卷烟物流中心4500平方米，职工食堂1000平方米，锅炉、配电和水泵房等1000平方米。总投资控制在6788万元内，资金来源自筹。市局（公司）本级整体搬迁工作提上议事日程。搬迁选址先后考察过：郴州柴油机厂、郴州筑路机械厂、爱莲湖对面、王仙岭公园门口、樟树岭、七四二九工厂等地，均因地盘过窄、资产纠纷、原居民搬迁要求过高等原因，未成。

2007年6月，市局（公司）设立基建办，负责市本级整体搬迁事务。7月10日，市公司工会组织成立股份制企业金叶房地产开发有限责任公司，参与市地产交易中心土地拍卖的竞买摘牌。11月5日，拍得梨树山50号地块，但因政府规划在该地块插建小学、从中加修泄洪渠道等问题，反复协调未果，迟迟未能启动该地建设。

2009年，市局（公司）基建办新增本级重大维修工程项目管理业务。在人少事多的情况下，从完善管理模式、理顺管理机制着手，落实工程项目管理责任制，规定每个项目无论大小，都必须制订实施方案，列入绩效考核计划，根据项目特点和实施阶段明确各岗位责任，做到人员到位、管理到位、责任到位、考核到位；绩效考核实行部门二次分配，绩效工资适当向苦累岗位倾斜，奖勤罚懒。建立工程设计和预算专人编制、交叉审核多道关口控制，工程项目预算实行由部门预算员编制（中大型项目预算由造价专业咨询机构编制）、工程师审核、分管主任审查、主任审定，再报公司审计科审计的流程，确保预算在编制环节的科学合理、真实合法，防止损失浪费，节约建设成本。落实施工现场督办检查制度，深入施工现场第一线，加强施工现场安全管理、质量管理和进度管理，在施工过程中对项目管理工作采取定期和随机检查，发现问题当场责令整改。按照质量管理体系要求，严格执行建设法律法规和行业制度，规范岗位设置和业务流程操作，科学合理编制项目实施计划，设计办事流程，完善过程管理和考核机制，基建管理规范化水平得到提高。基建部门开展经常性党风廉政教育，严格按照程序和流程办事，打造廉洁团队，严格落实“三不准”，不准借职务和工作之便向施工方索要钱物和收受其他好处；不准向施工方单位强行介绍施工人员或强行推销建筑材料；不准参加施工方组织的高消费娱乐活动。从源头上和制度上预防和制约违纪违规行为发生。是年，针对市局（公司）整体搬迁项目原摘牌购置的梨树山50号地块，再次进行实地考察和全面分析论证，经广泛征求各方意见，取得共识，决定退让该地块，另与湖南华盛建设工程（集团）有限公司（以下简称华盛集团）合作、联合摘牌选址。3月19日，以市政府招商引资项目推介会为契机，与华盛集团签订《战略合作意向性协议》，之后双方签订《合作框架协议》，同年华盛集团在郴州成立全资子公司郴州华盛麓峰房地产开发有限公司，全面负责该项目相关工作。经向市政府领导请示和与国土、财政等有关职能部门进行反复协调，同意原梨树山50号地块的土地出让金全部退回。之后，郴州金叶房地产公司与郴州华盛麓峰房地产开发有限公司以联合摘牌、分开办证模式，投标摘牌福城新区（高铁西站新区）拟选地块的土地使用权。是年，从第三季度开始，原市局（公司）物业管理办管理的维修工程项目业务划归基建办负责。基建办调整充实技术力量，接手年内实施的土建和维修工程项目21个，投资总额1330.02万元。同和烟草站验级棚和地面硬化工程、鸡公石水池工程、鸡公石护坡工程、鸡公石地面硬化工程5个土建工程项目按期完成验收并投入使用。鸡公石5号、6号仓库屋面防水隔热工程，鸡公石经警房维修工程，鸡公石6号、13号仓库墙体维修工程，鸡公石厂棚维修工程，三元里住宅楼屋面维修工程，卷烟配送仓库维修工程，营销中心装修工程，同心路围墙修缮工程8个维修项目完成验收，投入使用。下湄桥轻钢结构仓库项目完成整改和后期扫尾工作，如期验收投入使用。鸡公石综合楼项目完成立项、设计、报建，并进入施工招标程序。华塘烟草站新建仓库项目按计划办理立项手续。年内，对部分基建遗留问题进行处理。由于原摘牌的梨树山50号地块退让，原交付给北湖区工业园管委会的押金需要退回。通过多次协调，与北湖区工业园达成解除土地出让合同和按计划还款的协议，但因该单位账户无足够资金支付致一直拖延，基建办采取每月派两人上门坐催的办法，收回51万元。下湄桥轻钢结构仓库项目主体工程竣工后两年多都无法办理验收决算手续，无法交付使用，经基建办牵头，多次召开专题会议研讨、协商，完成整体验收，投入使用。

2010年，市局（公司）根据国家新修法令和以往基建实践经验，汇编规章制度，新增《签证管理制度》《安全施工十项规定》《档案管理制度》等，并制定《项目实施和竣工验收流程》《招投标实施流程》《施工合同签订流程》等20个工作流程，为基建管理工作提供有力的制度保障。全年基建实行总体方案为龙头，各项目又制定阶段目标，全面推行目标任务岗位责任制，完善奖罚激励考核机制，建立健全工程质量、安全追究制度，认真落实工程质量、安全行政领导人制度、项目法人责任制、参建单位工程质量领导人责任制和工程质量终身责任制。对在建工程实施定期组织专业技术人员进行检查和现场督导，并按照省局要求，于每季度末上报工程进展情况。对工程监理，改变原来只在施工阶段监理的传统做法，把监理工作前移，贯穿至基本建设项目的全过程，以提高项目决策的合理性。坚持质量、效率优先原则，统筹协调，优化施工日程，确保各项工程按进度达到预期目标。11月29日，市公司调整整体搬迁工作机构，成立以郑雄志为组长，各副局长、副经理、纪检组长及副调研员黄新民为副组长，各部门负责人为成员的领导小组，下设工作办和监督办，工作办下设项目工程、财务管理、计划管理3个组。是年，完成市局（公司）整体搬迁经营业务用房卷烟配送中心项目的地方政府立项批复，取得“建设用地规划许可证”，完成初步规划方案设计。年内，各项维修工程开工29个。主要项目：新建鸡公石综合楼项目1个，建设面积255平方米，完成投资金额250余万元，7月交付使用。华塘站收购库建设项目，完成立项、设计、报建、施工招标等工作，12 月开工建设，2011 年 7 月 30 日前完工并交付使用。

2011 年，市局（公司）本级基建任务繁重，基建办增加人员，经培训后上岗。通过项目任务和岗位责任相结合的管理方式，建立目标任务岗位责任制、施工监管报表和巡视日志制、科室周例会和班组每日碰头会制、24 小时现场值班轮班制、对基建有重大贡献的人员记功激励制、人人签订廉政承诺书等一系列规范制度和措施，全年先后完成各类土建和维修工程项目 20 余个，投资额数千万元，对外签订合同上百份，各类招标、报审、报批文件材料数百份。自 4 月起，基建办人员取消周末和双休，施工监管员轮流跟班，日夜巡查施工细节，对地基隐蔽工程尤为重视，施工用材（钢筋型号、混凝土混配比等）、桩坑清基等必须由施工监管员、监理工程师验证为达标并签字后方可纳入核算成本。

2012 年，市局（公司）基建管理部门进一步加强绩效管理工作，明确专人负责考核，全面修订绩效管理基础资料、岗位说明书、年度绩效计划、部门年度绩效合约、部门季度绩效合约、各岗位季度绩效合约，制定科室绩效考核细则，拟订工资二次分配办法，有效地调动各岗位人员的积极主动性，从而推进整体工作有序进行。是年，市局（公司）整体搬迁项目完成向国家局重新申报工作，在国家局专家论证会议上获得认可。经营业务用房和卷烟配送中心项目，完成人防图纸设计和省、市人防办设计图图审及报批交费，其南面挡土墙工程，完成设计与专家评审，办毕相关报建、招标、合同、施工手续，施工进展顺利。院区景观设计初步完成进入评审。是年，华塘标准化烟草站扩容提质改造项目、鸡公石中心烟叶仓库验级棚和屋面维修工程完工。对各批准项目均做好前期准备工作。

2013 年 4 月，卷烟物流中心的配套项目地下人防及车库项目工程获得省局批准，随后完成勘探、设计、对孔探岩及桩基工程。6 月 8 日，卷烟物流中心建设项目通过国家烟草专卖局投资委员会审核，8 月 19 日获得国家局批复。随后完成项目规划初步设计的行业评审及地方评审，着手建设许可证、规划许可证等项目手续办理。是年，完成烟叶生产经营部配套用房的勘探、设计、图审及原配套用房的拆除；完成两区烟叶生产经营部同和收购点散烟收购线改造、华塘收购点改造等收购设施改造项目 6 个，烟叶生产经营部 1 号钢棚、6 号仓库采光改造等基础设施改造及新建项目 6 个，完成建设投资 586 万元。多次组织专家优化实施方案，节约项目建设成本 150 万余元。是年 7 月 14 日，中共中央办公厅、国务院办公厅联合下发《关于党政机关停止新建楼堂馆所和清理办公用房的通知》，规定："5 年内，各级党政机关一律不得以任何形式和理由新建楼堂馆所。"市局（公司）整体搬迁规划中的办公大楼建设计划就此搁置。

2014 年 3 月，地下人防及车库项目开标，由湖南华盛建设工程（集团）有限公司中标承建。31 日，签订合同并开工。因施工区出现大面积岩石，不能爆破，人防面积由原 5800 平方米缩减至 3800 平方米，总建筑面积由原 7200 平方米缩减至 5300 平方米，并经省人防设计院重新进行人防设计。5—6 月，完成该项目给水设备、消防安装项目招标。至年底，该项目基本完工，但因施工单位问题扫尾工程未能按期完工，至 2016 年项目才经市人防办进行竣工验收。

2014 年 7 月，卷烟物流中心建设项目初步设计概算分别通过国家局财审司、国家局计划司相关评审，获得批复，同意卷烟物流配送中心项目总建筑面积 9756 平方米，投资 14593 万元。11 月 20 日，该项目完成公开招标，确认湖南沙坪建筑工程有限公司中标，12 月 31 日，该项目完成合同签订。7 月 28 日，鸡公石中心仓库配套用房工程全面完成主体工程建设及二次装修施工，经地方质监、建设等部门验收，项目在工期比常规缩短 9 个半月的情况下，被评为优良工程。年内，市公司本级完成鸡公石仓库道路改造、鸡公石仓库园林绿化、卷烟物流配送中心卸烟遮雨钢架棚、栖凤渡收购点道路及附属工程改造、小溪烟草站新建门卫工程、市局机关办公楼局部维修等 19 个项目，完成建设投资 1875 万元，通过优化方案，加强成本控制，节约成本约 200 万元，实现安全、质量、进度、程序管理上水平。北湖区工业园原收的梨树山 50 号地块押金 1500 万元应予退还一案，对其代收款机构槐海公司依据程序办理催收欠款委托风险代理，通过多次上门协商、提交郴州仲裁委仲裁等多种方式来加大催款力度，年内全部予以追回。

2015 年，基建工作重点加强廉政、安全管理。严格规范建设过程中各项权力运行，严格遵守市局党组对工程建设的“约法三章”：一是任何人不能随意变更工程项目；二是任何人不得向施工、监理等工程建设单位索拿卡要，打造“阳光工程”；三是不得拖欠农民工工资。全体基建部门从业人员均按照市局工程建设廉洁自律要求，签署“十不”承诺书。坚持安全第一、预防为主、综合治理的方针，履行安全生产主体和监管双重责任，健全完善“一岗双责”制度，形成“安全生产，人人有责”的项目安全管理制度体系，科室主要负责人每月至少 1 次带队检查安全生产工作；各基建工地切实加强现场安全管理，在施工合同签订的同时与施工承包方签订安全承诺书和职业健康安全告知书，明确安全责任。根据施工各阶段的特点和要求，明确监管安全工作思路和重点，各施工区域完善安全告知、安全标识、危险源管控、安全防护、安全警戒等安全措施，确保安全无事故。是年，市公司对卷烟物流配送中心建设项目计划增加面积（辅助用房加一层），经协调，获得省局、国家局支持，批准新增面积 1262 平方米，新增投资 462.60 万元。该项目 3—6 月顶着长期降雨施工，完成基础工程；10 月底主体工程顺利封顶，随后进行地面与屋顶修整、内部装修等附属工程施工，次年 3 月完工。年内，市公司本级共完成鸡公石仓库路面改造、鸡公石仓库辅助用房、下湄桥仓库道路及附属工程改造、栖凤渡收购点钢架棚、市局办公大楼一楼等维修改造项目建设 19 个，投资 1100 余万元。7—9 月，根据市局（公司）决定，进行金叶房地产公司解散清算审计，股本加红利全部退回。9 月，郴州金叶房地产有限责任公司注销。

2016 年，市公司卷烟物流配送中心项目，调度、督促 20 多家建设单位协同配合，克服长期低温阴雨困难，按照总体设计规划和进度要求，保质保量，加快建设。至年底，基本完成土建工程，物流和信息设备进入调试阶段，顺利通过竣工验收，并被郴州市建筑工程质量安全监督站评定为安全优良工程。该项目土建工程总计完成投资约 6000 万元，其中主体工程约 5000 万元、附属工程（包括空调、电梯、高低压配电、安防和绿化工程）约 1000 万元。年内，按照年度投资计划，严格规范项目管理，全年共完成 14 个维修项目建设，投资额共计约 1097 万元。鸡公石仓库库区铺沥青及排水沟改造项目 172 万元；鸡公石封闭六库屋面防水项目 48 万元；鸡公石仓库 16 号、21 号仓库屋面隔热层拆除及维修项目 55 万元；鸡公石封闭仓库 1 ～ 6 号仓库电路改造项目 114 万元；鸡公石 5 号仓库改造及储存库地面维修改造项目 20 万元；新建烟叶样品储存冷库及样品分级室项目 32 万元；鸡公石新建围墙及消防水池项目 23.50 万元；鸡公石库区园林绿化项目 10 万元；栖凤渡收购点搭建钢架棚及附属设施项目 43 万元；栖凤渡收购点仓库地面改造项目 24 万元；栖凤渡收购点院内铺沥青路面项目 15 万元；下湄桥 6 号、11 号、12 号仓库电路改造项目 90 万元；下湄桥 11 号、12 号仓库维修改造项目 159.20 万元；下湄桥 6 号、11 号、12 号仓库屋面防水维修项目 292 万元。并着手两区烟叶生产经营部的五里牌烟草站建设的前期准备工作，进行 15 次考察，8 处选址，形成选址报告。

2017 年，市局（公司）下达卷烟物流配送中心项目必须在年内实现试运行的工作目标，基建办制定主体工程封顶后的工作任务责任清单，协调土建、物流、信息等建设主体，明确责任，各司其职，全力以赴，认真落实相关工作任务。室内外地面平整硬化、室内装修、水电线路布设、中央空调安装、环境绿化美化、以及附属用房食堂、空架层、廊桥等后期设计调整工程经过严格招标程序，均全面进入施工，各类设备安装、调试陆续进行。9 月 18 日，市公司卷烟物流中心进驻开业。21 日，物流中心新食堂试营业。12 月，部分科室从燕泉路搬迁至物流中心办公楼办公。年内，共完成市局机关年度基建维修项目12个，总投资额约678万元。具体项目:鸡公石库区绿化工程23万元;两区烟叶生产部华塘收购点屋面防水维修项目56万元;鸡公石库区5号、10号仓库屋面防水维修工程62万元；鸡公石库区仓库维修改造项目53万元；鸡公石14号仓库危房改造项目35万元；鸡公石7号、8号、31号仓库地面防尘改造项目72万元；鸡公石库区挡土墙工程95万元；物流中心卷烟物流配送中心联合工房外窗防护网安装10万元；市局建设职工活动场所项目74万元；新建卷烟物流配送中心路灯工程项目43万元；市局本级绿化工程改造项目96万元；地下人防及车库入口钢结构挡雨棚项目59万元。完成五里牌烟草站的新建选址，拟征地20亩，8月，形成可行性研究报告及基建计划上报省局待批。

2018年，市公司烟叶生产技术中心项目启动，项目拟选用桂阳县方元烟草站老站场地，对场内建筑实施拆除改建。3月，在建筑形式、体块、功能布局、交通、建筑物位置等设计方面形成初步意见；5月，完成项目可行性报告和初步设计方案。五里牌烟叶基地单元标准化烟草站新建项目，1月，根据省局投资委员会办公室的要求，重新概算，总投资调整为2867.70万元，3月获得省局批复；之前初拟选址放弃，4—6月重新考察选址，选定舒源村五组位于五栖路十字路交会处以南地块为新建地址；8月，得到乡国土所评估论证，9月，得到苏仙区国土资源分局审批；10—12月，先后完成征地审批初步协议、规划论证及专家评审。年内，根据市局（公司）下达的年度投资计划，严格按照“三项工作”的规定和程序，做好市公司本级维修项目建设。全年共承建项目10个，总投资额633万元：鸡公石库区13号仓库屋面防水维修工程37万元；两区烟叶生产部华塘收购点地面改造工程18万元；卷烟物流配送中心搭建临时轻钢机构板房及其附属工程98万元；卷烟物流配送中心绿化提质工程62万元；市局机关区域园林绿化改造工程96万元；市公司48号地临时围挡及垃圾池工程40.6万元；市局机关区域维修改造工程81.64万元；鸡公石8～9号、22～23号仓库钢架棚72万元；卷烟物流配送中心空调系统改造项目30万元；良田烟草工作站办公区域维修改造工程98万元。对市公司本级不动产登记手续不全、房屋和土地发生变更的项目实施证件补办。完成香山坪站、燕泉北路19号办公楼、同心路35号仓库、鲁塘烟草站、郴州市工业大道土地（地号1—5—18）等7宗土地和房屋不动产产权办理，鸡公石烟叶仓库综合用房、配套用房完成规划验收和土地落宗工作；针对资料遗失无法补齐的下湄桥六层烟叶仓库和华塘烟草站烟叶仓库，积极协调市、北湖区房产部门论证采取遗留问题特办程序办理。华塘烟草站烟叶仓库完成建筑质量检测和鉴定工作。对全市5个标准化烟草站进行实地考察、调研，对进一步完善功能撰写调研报告。

2019年，市公司烟叶物流中心项目前期论证工作启动。5月，分别编制鸡公石中心仓库原有设施的改建方案和华塘镇油山村周边地块的新建方案，对项目可行性进行初步探索；8月，全面考察本市系统烟叶仓储设施，并到永州市公司考察其新建烟叶物流中心项目建设情况，借鉴经验，12月提供调研报告及建议供领导决策参考。五里牌烟叶工作站新建项目，因拟选地价和政府对地块建设规划条件较高，超出项目投资计划购地预算，调规报建难度极大等因素，需在当地政府与省局两头反复协调，导致进展缓慢。卷烟物流配送中心项目，4月完成现场审计和省局审计。8月、9月、12月，分别完成卷烟物流配送中心安防设备采购安装、高低压配电采购及安装、中央空调采购与安装等项目审计，土建、绿化等项目年底前完成并报送省局初审。年内，市公司本级维修、改造项目开工25个，完成投资1200万元，均完工，其中办理结算10个。不动产补办手续工作取得部分进展，为华塘烟草站新建烟叶仓库办毕不动产证，鸡公石中心库项目产权完成确权，下湄桥六层烟叶仓库不动产手续需待政府协调，部分不动产需由“划拨用地”改为“出让地”手续的，因所需金额大，暂未办理。

2020年，按照“三项工作”管理流程做好市公司本级基建项目管理，完成投资700万元。对栖凤渡烟草工作站收购线完成改造升级，对华塘辅助用房、同和专业化分级场所、栖凤渡烟草工作站站内改造等维修项目顺利完成。五里牌烟叶基地单元烟叶工作站项目用地，经与苏仙区政府多次协商，对规划布局进行初步调整后重新上报。市公司本级6个定点项目和鸡公石中心仓库电线线路整改项目等重大项目完成招投标。卷烟物流配送中心项目的空调、土建、绿化工程，完成本级结算审计，并于年底完成省局财务结算审计。

2003—2020年，全市系统（不含郴州复烤厂）共完成基建、维修改造、功能扩展投资6.19亿元，其中，市本级（市公司本部及直属单位）1.73亿元。主要投资方向：市公司新卷烟物流工房、鸡公石烟叶中心库配套设施及直属两区烟草站建设。

二、各县（市）局（分公司）重点工程简介

烟草站员工宿舍

2003—2020年，全市系统县级分公司共完成基建、维修改造、功能扩展项目4.46亿元。主要项目有：部分局（分公司）办公、经营设施搬迁或改造，标准化烟草站建设，新建基层站烟叶仓库，老烟草站设施扩展或改造，基层站员工宿舍建设，各站临时收购厂棚，遮雨廊道，新增或改造安防设施（视频监控系统、消防池、围墙、防雷工程等），供水系统（自来水管道改造、增压站、水塔、水井）建设，卫生间改造，信息化设施（微机房及光缆布设等），供电系统（配电房等）改造，少量文体设施等。各重点工程项目简介如下：

（一）桂阳县局（分公司）

1. 县局（分公司）整体搬迁项目

1997年，购买桂阳县原农械厂地块59亩，预留规划。2006年2月23日，办公经营及烟叶科研设施（新办公大楼）经省公司批复立项。2007年5月开工建设，2009年12月经竣工验收合格并投入使用，建筑面积6207.92平方米，完成投资2659.64万元。

2. 各标准化烟草工作站建设项目

新建六合烟草站项目。仓库项目于2006年7月经市公司批复立项，2007年11月经桂阳县发展和改革局批复立项，2008年10月通过挂牌出让方式购买土地8187.30平方米，2009年2月开工建设，2009年7月经竣工验收合格并投入使用，建筑面积2627.65平方米，投资247.86万元。六合烟草站办公楼于2009年11月经省公司批复，2010年7月开工建设，2012年4月经竣工验收并投入使用，建筑面积1386.15平方米，投资186.72万元。

新建城郊烟草工作站项目。2010年11月经省公司批复立项，新征地43亩，于2010年12月开工建设，2011年5月经竣工验收合格并投入使用，总建筑面积8078.06平方米（含联合工房2960.16平方米、配套辅助用房2706.05平方米、办公及功能用房2411.85平方米），总投资6102.79万元。

新建方元烟叶基地单元烟叶工作站项目。2012年12月经省公司批复立项，新征地25.05亩，2012年12月开工建设，2013年10月经竣工验收合格并投入使用，总建筑面积6502.80平方米（含收购工房3818平方米、生活配套用房1085平方米、办公用房1316平方米、动力用房151平方米、公共厕所56.20平方米、大门传达室76.60平方米），完成投资2831.89万元。

洋市基地单元烟叶工作站改扩建项目。2011年2月经省公司批复，在洋市烟草站原址扩建，联合工房于2011年4月正式开工建设，2012年8月经竣工验收合格并投入使用，建筑面积2831平方米；配套用房于2012年5月正式开工建设，2012年12月经竣工验收合格并投入使用，建筑面积2115.30平方米。项目总建筑面积4946.30平方米，总投资1037.57万元。

流峰基地单元烟叶工作站改扩建项目。2015年1月经桂阳县发改局批复，2015年4月经省公司批复立项，在桂阳县流峰烟草站原址改扩建，2015年5月开工建设，2015年10月经竣工验收合格并投入使用，建筑面积为2209.07平方米（含收购工房2037.05平方米、配电房消防泵房及大门传达室172.02平方米），总投资为675.96万元。

欧阳海烟叶基地单元烟叶工作站改扩建项目。2015年4月经省公司批复立项，2016年5月开工建设，2016年12月经竣工验收合格并投入使用。项目建筑面积为2511平方米（含收购工房1500平方米、配套辅助用房913平方米、大门及传达室98平方米），总投资869.72万元。

新建春陵江烟叶工作站项目。位于桂阳县春陵江镇春陵江大道，2014年4月经省公司批复立项，2016年通过挂牌出让方式购买土地13576.80平方米。2016年11月开工建设，2021年6月经竣工验收。该项目累计完成投资1792万元（不含税金额），实际总建筑面积3861.67平方米。

3. 各重大维修改造工程

泗洲标准化烟草站扩建项目。2006年7月经市公司批复立项，2008年10月通过挂牌出让方式新购土地6193.50平方米，2009年3月开工建设，2009年8月经竣工验收合格并投入使用，建筑面积2244.95平方米，投资235.57万元。

桥市标准化烟草站扩建项目。2006年7月经市公司批复同意新建多功能收购仓库，2008年10月通过挂牌出让方式购买土地7701.20平方米，2009年3月开工建设，2010年4月经竣工验收合格并投入使用，建筑面积2064.95平方米，投资242.78万元。

新建敖泉烟草站办公楼项目。2007年8月经市公司批复立项（原址新建），2008年5月开工建设，2009年1月经竣工验收合格并投入使用，建筑面积1366平方米，投资178.30万元。

樟木烟草站扩建办公楼项目。2007年8月经市公司批复立项，2009年2月开工建设，2009年7月经竣工验收合格并投入使用，建筑面积1534.62平方米，投资151.82万元。

余田烟草站仓库建设工程。2009年1月经市公司批复立项（原址新建），2009年2月开工建设，2009年6月经竣工验收合格并投入使用，建筑面积1460平方米，总投资175.42万元。

扩建桂阳县分公司和平烟草站。2009年11月经省公司批复立项，2010年6月通过挂牌出让方式购买土地9565.60平方米，2010年11月开工建设，2013年2月经竣工验收合格并投入使用，办公楼建筑面积2394.69平方米，仓库2251.41平方米，总投资639.24万元。

浩塘烟草工作站辅助用房工程。2011年5月经市公司批复立项（原址新建），2012年3月开工建设，2012年7月经竣工验收合格并投入使用，总建筑面积1610.16平方米，总投资267.34万元。

樟市烟叶工作站团结收购点新建配套用房项目。位于樟市镇团结圩，2012年4月23日经市公司批复立项，在桂阳县团结烟草站原址新建配套用房，2012 年 6 月正式开工建设，2013 年 7 月经竣工验收合格并投入使用，总建筑面积 783.37 平方米，投资 160.64 万元。

仁义烟叶工作站银河收购点配套用房项目。2012 年 6 月 14 日经市公司批复立项，在桂阳县银河烟草站原址新建配套用房 1 栋。该项目于 2013 年 2 月开工建设，2013 年 9 月经竣工验收合格并投入使用，建筑面积为 1660.38 平方米，总投资 282.73 万元。

改建方元烟叶工作站燕塘收购点项目。2014 年 2 月经桂阳县发改局批复，2014 年 1 月经市公司批复立项，在桂阳县燕塘收购点内原址改建，2014 年 4 月开工建设，同年 8 月经竣工验收合格并投入使用，总建筑面积 1885.57 平方米（含收购工房 835.85 平方米、配套用房 1049.72 平方米），完成投资 380.24 万元。

（二）嘉禾县局（分公司）

1. 县局（分公司）经营业务用房建设项目

2007 年 8 月 6 日，嘉禾县局（分公司）向县政府和市公司呈报用地申请和新建办公楼规划。11 月 14 日，市公司批复：同意嘉禾县局（分公司）购买嘉禾县审计局旧址土地 3321 平方米及其附着物，投资总额控制在 298 万元，资金自筹。2009 年 3 月 18 日获得县改革和发展局批准。8 月 26 日，县局（分公司）经营业务用房项目获得省公司《关于郴州市烟草公司嘉禾县分公司经营业务用房的批复》（湘烟计〔2009〕267 号）批准立项，同意新建综合办公楼，规划总建筑面积 5000 平方米，总计划投资 963 万元。2010 年 4 月动工兴建，2011 年 6 月竣工。办公楼位于郴州市嘉禾县体育路 48 号，共 7 层，无地下室，建筑面积 5017.20 平方米，经审计结算金额为 8281265.95 元。2012 年 1 月 12 日投入使用。

2. 标准化烟草工作站建设项目

普满、广发两个烟草站经改扩建，均成为标准化烟草工作站。城关、坦坪、石桥点均经维修改造，经营条件改善。龙潭、行廊、肖家点无重大维修改造。

（三）临武县局（分公司）

1. 县局（分公司）经营业务用房建设项目

临武县局（分公司）原于组建初期建有的办公、经营设施院区占地仅 3.50 亩；卷烟仓库设在办公楼二楼，面积不足 100 平方米；卷烟配送中心租用县人武部门面，仅 20 平方米；基础设施落后。2001 年启动整体搬迁项目，选址位于临武县东云路；2002 年 1 月动工兴建，2003 年 3 月竣工验收，县局（分公司）六层办公大楼（一楼为门面）及配套设施建成，建筑面积 5400 平方米，完成投资 750 万元。2003 年 5 月 9 日，县局（分公司）迁入办公。

2. 员工集资建房项目

1997 年，县烟草公司以员工集资的形式，建成 2 栋住宅楼共 48 套，面积 6160 平方米，总投资 308 万元。

3. 临武县卷烟物流配送中转站建设项目

2015 年 4 月湖南省公司以《关于郴州市公司新建临武县分公司卷烟物流配送中转站项目的批复》（湘烟计〔2015〕89 号）同意立项，选址位于临武县官山北路与环城西路交会处，征地面积 12.228 亩，规划设计总建筑面积 2123 平方米，批复投资 3086.42 万元。至 2020 年，已陆续完成项目土地购置、“三通一平”、工程设计及图审、工程初步预算、公开招投标等，进入施工及监理招投标阶段。

（四）桂东县局（分公司）

1. 购买二手办公楼及增建经营用房项目

桂东县局组建初期，建有办公经营区，场地不足 3 亩，且地处旮旯，属全省系统办公经营场所较小的县局（分公司）之一。2004 年，市公司下达《关于桂东县烟草公司购买房地产的批复》（郴烟物业〔2004〕17 号），同意购置二手房产整体搬迁项目。2005 年 1 月 6 日，以 163 万元（含土地受让金）购买湘赣路 16 号建设银行桂东分理处办公综合楼和宿舍，土地性质为出让，面积 1458.99 平方米（作价 50 万元）；办公楼共四层，建筑面积 988.74 平方米；宿舍 158.12 平方米。购得该处房产后，为适应经营业务需要，在该地建设一栋三层的卷烟仓库，建筑面积为 769.67 平方米。

2. 卷烟物流中转站（烟草工作站）项目

位于桂东县沤江镇桂东大道，2013 年项目启动，2015 年 8 月开工建设，2017 年 8 月 31 日竣工验收，2019 年 6 月 30 日交付试运行。项目总建筑面积为 2419 平方米，其中物流中转区 939 平方米，辅助管理区 1163 平方米，其他配套区 317 平方米。项目总投资概算 2853.65 万元。其中，建筑工程费 1278.28 万元，设备购置及安装费 463.70 万元，工程其他费 958.94 万元，预备费 152.73 万元。运行状况良好。

3. 各重大维修改造项目

沤江工作站维修项目：投资 25 万元，2018 年 12 月动工，2019 年 1 月投入使用。沙田工作站维修项目：投资 63 万元，2018 年 12 月动工，2019 年 5 月投入使用。

（五）汝城县局（分公司）

1. 县局（分公司）办公、经营用房整体搬迁项目

2011 年获得省公司批复立项。征地 25 亩，已完成基桩工程。自 2013 年 7 月起，为贯彻中央关于党政机关停止新建楼堂馆所的规定，停建。

2. 汝城标准化物流中转站（烟草工作站）项目

位于汝城县卢阳镇神龙大道以南、九龙大道以东。2011 年 3 月，鉴于汝城县启动“县城行政中心南移”，原经营场所地域狭小、多部门合署拥挤办公等原因申请建设立项，5 月 18 日获得县发改局批准，2012 年 10 月获得市公司批准，2012 年 11 月 19 日获得省公司批复同意立项，2015 年 7 月开工建设，2016 年 12 月 25 日竣工验收，2017 年 9 月 1 日交付试运行。项目总建筑面积 1873.12 平方米，其中仓库建筑面积为 917.78 平方米、附属用房面积为 816.95 平方米、值班室建筑面积 36.87 平方米、设备房 101.52 平方米。项目总投资发生额为 2552.46 万元。在用。

3. 各重大维修改造项目

职工食堂维修改造项目：投资 25 万元，2020 年 7 月动工，2020 年 9 月投入使用。物流中转站篮球场项目：投资 40 万元，2019 年 7 月动工，2019 年 9 月投入使用。

（六）永兴县局（分公司）

1. 标准化烟草工作站建设项目

柏林标准化站。该项目位于郴州市永兴县柏林镇荷塘村，场址通过东临省道 S212 线，北往安仁，南至永兴县城，离县城 29 千米。该项目总占地面积 17000 平方米，2013 年 10 月开工建设，2014 年 6 月经竣工验收合格并投入使用，总建筑面积 5627.01 平方米。其中，烟叶收购联合工房 2773.18 平方米、科普楼食堂 1677.39 平方米、员工宿舍 813.36 平方米、设备用房 280 平方米、大门 83.08 平方米。经审计项目最终完成总投资额 2206.32 万元。拥有 2 条收购线，年收购量约 900 吨。

高亭标准化站。该项目位于马田镇塘前村，北临 053 县道，交通便利，2015 年经省公司《关于郴州市公司新建永兴县高亭烟叶基地单元烟叶工作站的批复》（湘烟计〔2015〕212 号）同意立项，规划总建

筑面积 4110 平方米，其中收购区联合工房 3031 平方米、管理辅助用房 925 平方米、其他配套用房 154 平方米；设计最大烟叶收购量 2000 吨，批复总投资额 2087 万元，后经省公司《关于郴州市公司永兴县分公司高亭烟叶基地单元烟叶工作站项目调整的批复》（湘烟计〔2018〕314 号），同意将总投资额调整为 2553.18 万元。该项目征地面积 19.40 亩，2020 年 12 月主体工程竣工验收，但附属设施未完善。

2. 重大改扩建工程

金龟安福收购点改建项目：2012 年获得市公司批复立项，2013 年 3 月开工建设，2013 年 12 月竣工验收，建成后实际新增总建筑面积 1629.04 平方米，实际完成投资 324.23 万元。油麻收购点改建项目：2016 年获得市公司批准立项，2018 年 6 月竣工验收，2019 年投入使用，实际购置土地面积 4251 平方米、新增配套用房建筑面积 411.32 平方米，并配套建设挡土墙、室外管线、道路、围墙及绿化等，实际完成投资 278.46 万元。

（七）安仁县局（分公司）

1. 卷烟物流配送中转站建设项目

2013 年 2 月 6 日，经省公司《关于郴州市公司投资新建安仁县分公司卷烟物流中途转运站（仓库）的批复》（湘烟计〔2013〕39 号）同意立项，2016 年 3 月 15 日开工，2017 年 1 月 20 日竣工验收。征地面积 18024 平方米，实际建成总建筑面积 2274.24 平方米，共 4 栋建筑。其中，仓库工程为 1 层框架结构，建筑面积 1265.49 平方米；门卫工程为 1 层框架结构，建筑面积 58.59 平方米；配套用房工程为 2 层框架结构，建筑面积 820.72 平方米；设备用房为 2 层框架结构，建筑面积 129.44 平方米。累计完成总投资 2958.35 万元，其中建安总投资 1301.99 万元、竞买土地投资 1482.82 万元。2018 年 7 月正式投入使用，运行情况良好。

2. 安平烟叶基地单元烟叶工作站建设项目

2012 年 4 月 16 日，经省公司《关于郴州市公司新建安仁县分公司安平烟叶基地单元烟叶工作站的批复》（湘烟计〔2012〕109 号）同意立项，同年 6 月 1 日开工建设，2014 年 12 月 16 日竣工验收，2015 年 10 月 28 日取得《工程竣工验收备案表》，经各单位共同认定竣工验收合格。该项目总用地面积 13333.32 平方米，总建筑面积 6681.83 平方米，共 5 栋建筑。其中，联合工房为 1 层框架结构，建筑面积 2923.88 平方米；门卫工程为 1 层框架结构，建筑面积 83.08 平方米；配套用房工程为 3 层框架结构，建筑面积 1677.39 平方米；设备用房（消防水池、配发电房工程）为 2 层框架结构，建筑面积 280 平方米；职工宿舍工程为 4 层框架结构，建筑面积 1717.48 平方米；附属工程包含片石挡土墙、围墙、排水渠道、室外附属工程等。累计完成投资 2915.11 万元，其中建安总投资 2326.38 万元、竞买土地投资 341.52 万元。该项目于 2015 年 10 月 29 日正式投入使用，运行情况良好。

3. 新建灵官烟叶基地单元烟叶工作站建设项目

2015 年 10 月 20 日经省公司批复立项，同年 12 月 15 日，省公司下达《关于郴州安仁县灵官烟叶基地单元烟叶工作站建设项目初步设计的批复》，批复项目用地位于安仁县龙海镇平山村新屋坪组 S312 省道旁，总用地面积征地 12598.84 平方米（折合 18.90 亩），新建总建筑面积为 4475.33 平方米，其中烟叶收购工房 2980.45 平方米、配套辅助用房 1258.47 平方米、大门传达室 47.36 平方米、设备用房 189.05 平方米。项目概算总投资为 1996.80 万元，其中建筑安装工程费 771.75 万元、设备购置费 70.25 万元、工程其他费 1117.70 万元、预备费 37.10 万元。2017 年 9 月通过安仁县发改局立项批复，2019 年 1 月取得《建设用地批准书》，同年 4 月取得“建设用地规划许可证”。2020 年 12 月动工新建。

（八）资兴市局（分公司）

卷烟配送中心（兼办公楼）改建项目

该改建项目在资兴市东江中路 39 号（今资兴大道 263 号）局（分公司）原办公经营院内进行。2004 年 11 月 23 日获得市公司批复立项，12 月 8 日获得资兴市发展和计划局批复同意。2005 年 8 月动工兴建，2006 年 7 月经竣工验收合格，2008 年 10 月 9 日投入使用。办公楼共 7 层，无地下室，建筑面积 4893.15 平方米，其中办公用房面积 373.77 平方米。

（九）宜章县局（分公司）

2003—2020 年，主要为基层烟草站维修改造项目。其中，2003 年里田点员工宿舍、仓库建设，耗资 153.70 万元；2004 年黄沙点综合楼建设，耗资 54.65 万元；2007 年赤石站综合楼、仓库建设，耗资 397 万元。2020 年在文明南路建设门球场 1 座，耗资 37.98 万元。

第九章 后勤管理

第一节 车辆管理

2003年，全市系统共有大小车辆174辆，其中生产经营用车75辆、小轿车99辆。各单位均建有《车辆管理制度》，普遍实行调度派车制、油耗按月公示核算制、安全定期检测考核制、维修鉴定报批和张榜公示制（1万元以下维修需由驾驶员申请，车队管理员现场鉴定，财务、审计部门审核，分管领导审批，维修过程由车队派专人跟踪监督；1万元以上的维修增加经济评审组审议、单位主要领导审批；维修项目、次数和金额上栏公示）、日常保养责任制。车辆在节假日除公务用车外，一律收缴车钥匙入库，严禁公车私用。新购车辆实行“进一退一”（新购一台、处置一台），严格控制车辆编制。是年，市局（公司）制定《交通安全管理规定》，要求各单位车队开展安全行车教育不少于每月1次；车辆行驶安全被纳入单位年度目标管理考核范围，如发生负主责的严重安全事故，则实行年终考核“一票否决”，取消单位、部门、个人年度评先资格，扣发年终奖；对年度安全达标、油料节约显著、出勤率高、安全行驶里程长的驾驶员在年终予以奖励。7月，根据国家局文件精神，对全市系统在岗驾驶员进行交通法规、专业技术考核，对考试合格者，发放上岗证，凭证上岗。是年，市局（公司）机关车队被郴州市交警支队评为“2003年度郴州市先进车队联组”。

2004年，市局（公司）制定《安全行车管理制度》，全市系统各车队与在岗驾驶员签订安全责任书，设置安全员岗位，建立车辆维修档案和车辆技术性能检查档案，组织学习《安全交通法规》，定期召开事故案例分析会。并实行统一购油制度。

2006年3月，市局发函规定：各下属单位车辆报废和出售，均归口市局办公室统一办理，不得自行处置；新购非生产经营车辆，需报市纪委廉政办办理控购手续。自5月起，执行国家局《关于加强道路机动车辆安全管理的通知》精神，明确各单位主要领导为车辆交通安全的第一责任人，分管领导为直接责任人，其他相关人员为相关责任人承担各自责任；完善交通安全责任制，逐级签订安全责任书，把责任落实到人；对交通安全实行全员、全方位、全过程、全天候管理；健全领导安全责任制、驾驶员选聘标准和审验制度、驾驶员安全责任制、车辆使用安全管理制度、机动车辆交通事故的处理规定、行车安全奖惩规定、行车安全台账档案管理制度、车辆定期保养和维护检查制度、安全例会制度、安全千米考核制度、安全承包制度、安全教育和培训制度等。对车辆技术档案、车辆保险档案、驾驶员档案、行车日志档案、事故档案等安全管理基础资料，实行“一车一档”，进行规范化管理，新聘驾驶员必须进行岗前培训并取得“烟草行业驾驶员上岗资格证”方能上岗。驾驶员每月必须进行1次安全教育。健全车辆技术档案、台账和选型、使用、保养、维修、考核标准，车辆实行例保，随时保持良好状态，不许带故障出车，超使用期和无法恢复基本技术等级的车辆予以强制报废。严格派车单调度出车制度，不超载、超员运行，不许疲劳驾驶（特殊情况可派两个司机轮流驾驶），车辆加装行车记录仪、卫星定位系统等运行监控设备；节假日期间，对非生产经营车辆和非值班车辆实行“三交一封”（交车辆钥匙、交行车证、交上岗证、定点封存车辆）制度。7月，市局经“郴州市领导干部廉洁自律工作领导小组办公室”批准，按照“退一进一”的原则，更换新车11台。

2008年，市局（公司）下发《规范劳动用工管理的意见》，提出后勤（包括汽车驾驶）等用工可以探索面向社会人力资源公司或有关业务对口单位招标、派遣方式。

2010 年 12 月至 2015 年 6 月，金叶物业公司先后租赁市公司本级和桂阳、安仁、资兴、永兴、汝城、桂东分公司公务用车 27 辆，雇佣社会驾驶员提供代驾服务，费用包干，由相关公司支付服务费。

2013 年，市局（公司）全面推行按照行车里程、出车次数和工作质量等要素分配绩效工资的驾驶员绩效因素分配法。

2014 年，市局（公司）出台《公车私用十条禁令》，完善公务派车制度，并对公车使用情况进行明查暗访，下发检查通报 11 期；处置 3 辆超标车，新购 4 辆小轿车和 15 辆送货车；加强车辆安全教育，开展“关爱生命、文明出行”交通安全知识竞赛。

2016 年，市局（公司）公务车辆减少 5 辆，对车辆进行进一步整合，保障重点“两烟”生产经营用车。永兴等县分公司开始试行汽车驾驶业务外包模式。2017 年，对全市系统的公务车辆进行安全隐患排查，查出问题车辆 18 辆，报省局批复处置。

2018 年，市局（公司）制定公车改革方案，召开公车改革推进会，严格落实车辆编制配额和相关工作要求，市公司本级所有公务用车统一收编办公室管理。2 月 1 日，通过招投标，市公司本级汽车驾驶业务全面实行外包，由郴州市安顺运输有限公司接管，市公司本级车辆除专卖稽查办案车因涉密由稽查员兼驾外，其余驾驶员全部改行充实到生产经营部门。是年，共处置车辆 18 辆，其中公开拍卖 15 辆、报废处理 3 辆，新购 15 辆。2019 年，市局处置 10 辆到达年限车辆。

2020 年，车辆运行实行统一调度，用车满意度提高。依法依规公开拍卖车辆 21 辆。对车辆运行实施精益化管控，自有车辆连年削减后，各单位因公务需要多用车时，均可向本地汽车租赁公司及时租赁，大大节省养车费用。是年，出台《车辆用油管理办法》，燃油、保险、维修费用分别同比减少 66.21 万元、9.11 万元、10.96 万元。

2020 年郴州市烟草商业系统自有车辆统计表

表 5–18　　　　单位：辆

单位	货车	轿车	合计
市公司本级	53	18	71
桂阳	—	7	7
嘉禾	—	1	1
永兴	—	1	1
安仁	—	1	1
宜章	—	1	1
临武	—	3	3
资兴	—	3	3
汝城	—	3	3
桂东	—	1	1
合计	53	39	92

说明：市本级货车 53 辆为大型拖挂甩箱式干线运输车 3 辆、小型终端送货车 50 辆

第二节　食堂管理

2003年，全市系统各单位及主要基层站（点）均办设食堂，本着“保本经营”的原则，对内部员工及其家属开放就餐，以利员工尤其是单身、远居员工就餐。

2007年，市局（公司）机关食堂由于场地狭窄，租赁隔壁的原筑路机械厂厂棚，打通围墙，建立临时板房一排，内设总务室、操作间、就餐厅、包厢，可进行一般接待就餐，节省部分接待费用。厨工业务实行招标外包。

2009年2月底，市局（公司）与郴州筑路机械厂签订租用其办公大楼1050平方米协议，经装修后，机关食堂迁往该处，购置厨具、家具、家电等相关设施设备投资46.15万元。新食堂厨工业务实行外包，用餐环境大为改善，菜式品种、口味得到员工好评；设有包厢用于公务接待，利于节省接待费用。

2010年7月，市局（公司）新职工食堂经过试营业、磨合期运行，逐步走向正轨；先后修订出台《食堂接待用餐管理办法》《食堂管理制度》《厨房食品加工卫生管理制度》《餐厅卫生管理制度》《食堂员工管理制度》《食堂内部安全考核制度》等，明确各岗位工作职责和工作内容，明晰责权。

2011年，由于物价上涨，市局（公司）工作餐标准由每餐8元提高到12元（员工个人每餐自费2元），员工就餐卡充值由每月200元提高到300元。

2014年，为贯彻落实中央“八项规定”，全市系统各单位食堂普遍实行就餐审批、公函、明细单“三同步”；倡导“杜绝浪费”“文明餐桌”“光盘行动”“主动提醒按需点餐”，包厢剩余食品免费打包。公务接待用餐费用明显下降。

2016年，对接国家局、省局各项公务接待制度，食堂管理进入标准化管理。严格审核接待用餐，对于审批手续不全、接待超标准、接待饮酒等违反规定的情况，不予办理，并做好解释工作，食堂报餐、就餐、报账流程进一步理顺。根据市局要求，对前三年食堂收支进行自查和审计，对发现的7个问题整改落实到位，应由外包方负责的，坚决按照考核办法予以处罚。并撤销食堂便利店。

2017年上半年，随着月形社区烟草物流中心建成，市局（公司）着手食堂分拆搬迁前期准备，做好新食堂设施装修和设备采购安装，以及业务外包招标谈判、合同签订。6月，完成物流新区职工食堂设施设备安装验收，按时完成场地交接，9月21日试营业。年底，部分科室搬迁至物流新区办公，新食堂正式运行。由于物流新区与华盛新世纪千余户员工住宅区毗邻，涉及面广，新食堂不对员工家属和退休人员开放，只允许在岗员工和在本片区上班的业务外包方人员就餐。早餐按照成本价收费；中餐（工作餐）采用自助餐模式，正式员工刷卡收取1元，其他人全费；晚餐，全费；星期日、节假日不开餐。经营模式：厨工业务（服务）实行招标外包，餐料自购，保本经营，持卡消费，所有就餐者卡款由个人充值。外包费用每月结算，合同一年一签，如服务质量满意可续签。与此同时，市局（公司）老院区机关食堂搬离筑路机械厂，在院内重新移址开办，鉴于院内住户少，允许员工家属和退休人员全费就餐，其经营模式与上同。

2019年，随着猪肉价格飚涨，中午工作餐标准提至15元/人，员工个人付费1元。

全市系统各单位机关及其基层站（点）的食堂，在2006年实行全市系统统一核算之后，基本参照市局（公司）食堂经营模式和开餐标准运行。

第三节　物业管理

2003年年初，市局（公司）本级物业管理仍由办公室兼管，8月1日成立物业管理科，接管物业事务。物业经常性事务包括：食堂、水电管理及核算、公共区域保洁、绿化、房屋及其他设施维修（含公房装修）、锅炉供热等。新成立的物业管理科一并承担市公司本级的基建事务。是年，“非典”流行，全市系统加强防范，无人染疫。

2006年，市局（公司）物业管理科参与本级一系列重大维修改造工程项目：将下湄桥原六层烟叶仓库改造成卷烟储存、分拣、包装、配送中心仓库，并开通宽带联网；如期完成小溪烟草站肥料生产厂棚及其配套设施的扩改建工程；完成2家金叶连锁店装修；对下湄桥烟叶公司拟建二层钢架构3300平方米原烟库完成用地勘探、图纸设计、进入招标；完成多个小区水电、门卡、排污、房屋漏水等维修162次。庭院美化及“三清一化”责任落实到位，市局（公司）荣获“郴州市文明卫生单位”“郴州市中心城区绿化活动先进单位”；“7·15”特大洪灾后，查明本级所属地域设施受损情况，及时向保险公司申请理赔，获赔34万余元；对锅炉、电梯实施定期安检，确保安全；在市公司投资委员会的领导下，参与全市系统投资项目的审议和实地考察评估，对市局（公司）整体搬迁用地进行考察、评估。

2008年，金叶物业公司成立，先后与市局（公司）、天泰复烤公司、金叶商贸公司分别签订物业管理服务合同；4月，顺利接管上述单位的物业管理服务工作。公司共聘请保洁人员17名、绿化人员3名，对办公区及生活区实施跟踪保洁服务并定期对草皮苗木进行修剪、除病虫害等养护工作，为业主创造优雅、舒适的环境。年内，参与全市系统闲置资产全面清理。受理业主房屋、水电及公共设施设备维修294次。

2009年，市局（公司）成立物业管理办公室（以下简称物管办），接管市公司本级各单位物业管理，内部修订岗位职责，签订年度、季度绩效合约，严格职责考核。全年共完成房屋、水电设施维护保养和修缮改造项目217项（次），投入资金97万余元。其中，10万元以上6项（次）；1万元以上突发事故抢修2项（次）；用水、用电设施设备及办公设备、公共设施设备维修209项（次）。完成鸡公石封闭库钢架厂棚维修改造工程和消防水管改造工程，投资118万元；对配送中心分拣仓库及停车坪进行维修，投资14.80万元；完成信息中心“3G”项目服务监控大厅建设，投资17万元；完成职工食堂装修项目，投资115.65万元；完成局机关配电房设施改造增容，投资22.40万元；完成局办公楼、食堂、停车场视频监控系统整合，投资13.05万元；完成对第一至第六支部办公室维修，投资5.60万元。年内，招标采购办公用品19万元，对新增3个办公点的办公用具以调剂使用、修好再用为主，点滴节约。对水电供应注意巡回检查，杜绝偷漏，对10月电费87万元经过复查认定系误收多收，减少损失81万元；对市本级安保、保洁绿化业务通过招标，分别外包给郴州市诚信物业公司和市保安公司；对烟叶生产经营部（含鸡公石片区）的安保、保洁绿化服务及市公司本级后勤保障工作（包括招待所、食堂、水电维修、交通运输等），通过招标，整体外包给当地的松发服务有限公司。收取市公司本级及所属烟草站（点）60余个门面租金100万余元。对原免费安装在金叶大酒店楼顶的三大通讯公司的电讯发射基站，经过协商谈判，改为收取租金，是年收取其电费和租金13万余元。

2010年，对后勤业务实施外包，采取费用限额包干制，其中对鸡公石片区后勤项目进行拆分外包。为确保各承包单位的服务质量，市局（公司）物管办不定期组织检查、考核合同的履行情况。全年采购各类办公设备122.54万元；收取门面租金92.83万元、电信基站电费和租金9万余元；响应政府号召，投资 9.60 万元，对市局（公司）临街办公楼进行外景 LED 亮化，并配合开展全国第六次人口普查工作。与安保部门合作，投入资金 5.80 万元，进行安全整改 10 项（次）。全年共完成水电及零星维修、水电设施维护保养和修缮改造项目 361 项（次），投入资金 70 万余元。

2011 年，投资 10.6 万元对本级办公楼内墙及外墙进行美化；投资 2 万余元对市局机关楼宇对讲系统和防盗门进行改造；对 501 院区道路进行维修，并对 501 院区及金叶后山片区化粪池进行清理；对市公司本级所辖的鲁塘、华塘、栖凤渡等烟草站（点）的水电系统进行改造，水电各成“一户一表”。投资 58 万余元，完成郴桂路 16 号院、燕泉路 19 号院 200 户居民自来水分户、分表改造项目，取消二次加压供水，此项目每年可节约电费 5 万余元，为水电管理社会化迈出重要一步；投资 8.50 万余元，对城区所辖区域进行节能灯改造，每年可为公司节约电费 15 万元。收缴出租房屋、门面租金 35.20 万余元。是年，市局（公司）机关院内锅炉供热项目，因向环保部门缴纳排污费逐年攀高而停办，锅炉房被拆除，锅炉工改任他职。

2012 年，市公司本级有 10 个办公住宅区、7 个烟叶收购站（点）（原乡镇烟叶收购点有 10 处闲置资产），城内有 687 户居民（外住户 88 户），点多、线长、面广，管理维护任务繁重。在烟叶收购前，投资 16.50 万元对华塘、香山坪、栖凤渡烟草站进行维修改造；投资 4.60 万元对华塘烟草站食堂进行改造及修缮；投资 2.40 万元对华塘烟草站消防主水管和仓库总电源控制柜进行改造；投资 18 万元对物流配送中心设施设备进行维护；投资 32.10 万元对物流配送中心用电双回路进行改造；投资 12 万元对专卖办、水源办、工会、烟叶生产技术中心等部门办公场所进行调剂和修缮，克服办公场所紧张的困难。对 9 个住宅小区用水实施“公、私分开，一户一表”。取消郴桂路住宅区二次供水加压设施设备，此项每年可节省费用 5 万元。组织 2 次水管爆裂抢修。收取门面租金 23.50 万元，对部分安全标准不达标的门面、仓库予以停租。对部分资产缺乏权证的收集资料，协调办理。

2013 年，在烟叶收购前期，投资 20.30 万元，对烟叶生产经营部、烟叶中心、收购站（点）的水、电、住房、仓库、下水道、化粪池进行维修或清理。投资 11.90 万元，对卷烟物流配送中心分栋车间安装防滑钢板、修缮物流分拣站台、维修电器线路。投资 11 万元，对专卖等部门办公室进行重新粉刷。投资 12 万元，对各小区老年活动室以及室外活动场所、各小区值班室、公共卫生间进行全面装修、维修改造。对各办公区的电器、空调、电梯及防雷设备进行全面检修。配合财务科完成闲置资产盘点处置。针对市局（公司）机关人多车多就餐多、场地狭窄的情况，在获悉相邻的郴州筑路机械厂整体搬迁后对原址办公楼及其周边场地有意出租的信息后，及时派人协商，通过招标获得该处租赁权，随后实施装修和水电线路改造，部分科室搬迁于此。及时处置停电、水管爆裂等事故 2 起。全面完成各小区自来水社会化改造，全年同比节电 12.40 万元，节水 17.50 万元。

2014 年，实行报修 24 小时内处理。进一步加大物资采购审核把关力度，机关各部门设立办公用品领用台账，实行专人管理，申领办公用品时需携带台账，逐笔登记，不许超额。成立外包业务考核小组，对业务外包方实行季度、年度考核，并与管理部门具体岗位实行绩效挂钩。

2015 年，市局（公司）物管办与相关部门配合，按照烟草站改造提质标准，投资 140 万余元，完成华塘站、栖凤渡站、良田站的综合楼改造；投资 4.70 万元，对鸡公石职工食堂排污沟进行维修改造；投资 12.30 万元，对鸡公石中心仓库封闭库 1 ～ 6 号仓库四周新建护栏及对南面围墙进行维修；投资 7.80 万元，对卷烟配送中心分拣仓库电梯进行维修、配电房安全隐患整改；投资 5.80 万元，改造良田烟草站主给水管；投资 2.20 万元，对机关办公院安装加压水泵；投资 50.60 万元，分别对五里牌烟草站散烟收购线、卷烟配送分拣设备电源线路、栖凤渡烟草站职工住房等进行维修改造；投资 51.80 万余元，完成市局各办公区、业务用房、电控门及蓝牙停车管理系统、市局主给水管、三园路7号院办公楼卫生间等安全整改和维修改造；通过招标，完成华盛新区市公司6套业务用房装修。对新贵华城建设方提出的间墙拆除重建需分担250万元费用，通过友好协商，全部归开发商承担。

2016年，投资25.50万余元，对华塘站新老仓库以及综合楼主给水管进行维修；投资28.70万元，对下湄桥烟叶储备库进行维修、安装钢架雨棚，安装新变压器；投资3.30万元，对栖凤渡站设施进行维修改造；投资9.30万余元，对烟叶生产经营部中心仓库屋面进行维修。为加强水电管理，对各院区场地道路清洗和绿化用水实行审批制，将室外水龙头一律拆除，杜绝居民随意乱占公家便宜的行为。对出租门面、公房适当调价，重签合同。按照局务会要求，与复烤集团签订资产管理移交协议，完成国家烟叶储备库区域、复烤厂生产区域资产管理交接，并将其移交给金叶商贸公司管理。

2017年，根据国务院、省、市人民政府颁发的文件精神和行业上级关于职工家属区"三供一业"（供水供电供汽、物业管理）分离移交工作的指导意见，全市系统迅速开展"三供一业"基本情况摸底、信息统计，制定分离移交方案并向当地政府请示，与供水、供电部门主动对接沟通，部分单位与水电汽供应部门达成移交协议。其中，市局（公司）7月与郴州市电业局签订供电分离移交框架协议，电业局经勘查，出具维修改造方案和设计图。年内，投资8.50万余元，对新物流配送中心职工食堂安装燃气管网设施，为新食堂的正常运转打下基础；投资18.20万元，对下湄桥卷烟仓库库区消防水池防水加固抢修；投资11万元，对鸡公石仓库进行零星维修；投资13万元，对机关院内进行美化亮化，绿化提质改造、房屋外墙清洗；投资7.60万元，对三元路专卖会议室进行维修。根据省局局务会议精神，与省复烤集团友好协商，将原郴州复烤厂整体场地租赁给复烤集团，双方对资产进行清查、盘点，现场移交，12月签订场地整体租赁合同。年底，市局（公司）部分科室搬迁到物流新区办公，严格按照程序做好办公家具、办公卡座的采购安装。

2018年，市公司本级物业管理移交市公司资产管理办。1—3月，开展对借用、占用公房的清退行动。全市系统"三供一业"分离移交工作，加紧推进。市本级上半年投资190万元，对"三供一业"项目进行维修改造，加快情况摸底和造册，分离移交方案经评议组审议后报省局审核顺利通过，由北湖区政府签字背书。年中，行业上级将政策调整为"先移交，后改造"，市本级于9月14日与湘诚物业公司签订移交协议，其后投资591万元进行物业管理分离移交改造；年底，基本完成"三供一业"分离移交。7月，筑路办公区租赁合同到期，市局（公司）机关在此办公的科室全部搬离，随即对闲置资产进行清理处置，23日，筑路办公区整体如期移交原主。

2019年5月，市局（公司）成立重点办，市公司本级物业管理由资产办移交重点办。鉴于系"三供一业"分离移交实质运作的第一年，各方诉求不一，矛盾凸显，共接待来访20余人次，召开现场协调会8次，处理突发性事态事件4起。对全市系统闲置资产进行再清查，更新台账，并提出处置方案。市公司本级资产收取租金194.80万元，公房租赁收入9.20万余元。年内，市公司本级零星维修406次，总金额130万元。制定下发《市本级水电管理办法》，水电费同比下降2.15%。

2020年年初，新冠肺炎疫情突发，全市系统各单位高度重视，内部建立领导负责、部门主抓、划分责任区、动员全体科学防疫机制，建立物业公司、社区、业主委员会、烟草公司"四位一体"的联防联控控机制，党员带头参加社区值班，及时组织发放防疫物资，落实防控措施，实现零感染。10月，郴州市成功创建"全国文明城市"，在此前后，市公司本级响应政府号召，大力开展环卫提质行动，投资33万元，用于绿化养护提质；投资5万余元，为办公楼和业务接待场所摆放花卉植物；并按照社区要求，做好院内和“门前三包”保洁工作，参与街道清扫、文明劝导。年内，全市系统“三供一业”按照国务院国企改革要求，加紧实施“三年过渡期”内完成分离移交扫尾工作。全市系统各小区物业移交社会物业公司接管后，物业项目维修改造在年内均全面扫尾，同当地政府签订资产移交协议，均与物业公司签订《物业服务合同》。6 月，市公司本级与国网郴州市北湖区供电公司签订 7 个职工家属区“三供一业”供电分离资产无偿移交协议。年底，全市系统“三供一业”工作分离移交全面完成。在烟叶收购前段，投资 11.90 万元，对两区生产经营部、栖凤渡和华塘烟草站进行维修；投资 15.50 万元，对烟叶生产经营部鸡公石烟叶仓库进行维修；投资 4.80 万元，对物流配送中心设施进行维修；投资 1.20 万元，对专卖营销工作站和专卖科设施进行维护和维修。年内，市本级辖区内完成零星维修项目 448 项（次），维修资金 40.30 万元；采购办公用品、办公桌椅、沙发、空调等设备共 50 万元；收取门面、公房、办公场地租金 227 万元；对原 6 套公房予以拍卖处置，对下湄桥原复烤厂区再次签订整体出租合同，对香山坪烟草站等闲置资产再次进行招租。

第十章　多元化经营

第一节　郴州金叶商贸有限责任公司

郴州金叶商贸实业有限责任公司（以下简称金叶商贸公司），由郴州市烟草专卖局（公司）于2002年11月29日批准组建，于2003年1月9日注册，1月19日挂牌开业。公司以“为企业改革、机构撤并、主业人员安置分流，为职工谋福利，为社会创造税收”为基本定位，注册资本为300万元，股本金371万元，全部系郴州市烟草公司系统职工个人入股，法人代表为邓少文。公司经营范围主要包括：农药、化肥、烟叶生产专用调理肥生产及销售、物业管理、代理房屋租赁服务、其他食品、烟酒、土特产品销售等。公司共为主业分流安置29人，按照《郴州金叶实业商贸有限责任公司章程》，实行股东会、董事会、监事会制度，公司高管实行委派制，首任总经理为邓国钧；内设综合部、财务部、业务部三个部门。在开业之年，全面完成全市烟草系统农业物资和原烟包装麻片、复烤叶片包装纸箱的调运分拨（供应计划由市公司烟叶科摸底汇总提供）任务，并按照市烟草公司烟科所提供的配方配制育苗液120吨分销于基层烟草站；5月23日，开办第一家自营“金叶连锁”店，主营名酒名烟（卷烟限零售，后同）和土特产，年内共开业5家，通过考试面试招录社会营业员16名，创收73万元；受托管理的门面租赁等其他收入创收33.20万元。全年累计完成销售收入6387.60万元，实现毛利458.50万元，利润410.75万元。完成目标任务的116.14%，开局良好。年底为1232名股东每3000股分配红利2000元。但是，公司年内应当地有关部门之邀，入股郴州市福泉度假有限公司，投资100万元，股权占7.27%，尚无收益。

2004年，金叶商贸公司再为主业接纳分流人员9人，正式员工达38人。新开金叶连锁店3家，达到8家，再招录社会人员16人作为金叶连锁店员工，8家连锁店营业人员达47人。4月15日，金叶商贸公司根据《关于清理在关联企业参股、入股问题的通知》（国烟监〔2004〕207号）和省局、市局（公司）党组的要求，以及《郴州市金叶商贸有限责任公司章程》的有关规定，依法按照程序对职工入股进行清理，公司股本金3714720元全部退还股东，每3000股分配红利1029元。公司办理工商登记变更，注册资金由300万元改为80万元，股金来源由个人股改为法人股。在创立不久即遇到突变的情况下，公司加强思想政治教育，凝聚人心，坚持目标管理不动摇，做好主营业务，积极探索开创新的业务增长点。全年共调入各类烟用物资2.50余万吨，保证全市20余万亩烤烟生产各类物资需要。连锁店业务得以扩展，在稳定卷烟零售的基础上，开拓名优酒类代理。在北湖区原小溪烟草站建成年产育苗基质1000吨、育苗营养液1000吨的加工基地，商标定为“盛丰”，是年生产育苗基质700吨、漂浮育苗营养液134吨，产品除销本市各产烟区外，还初步在广东五个县、省内一市四县打开销路，实现销售收入140万元。门面租赁管理由上年的48个扩展到71个（部分为“两区”基层烟草站乡间门面），积极联系租户，尽力减少闲置，实现68个出租，租金收入增加到53万元。全年实现销售收入8407.64万元，完成年度目标任务的140.13%；全年实现毛利598万元，比上年增收30%，实现利润426.29万元。年内经沟通协调，取得国税机关3年免税批复文件，并争取到2003年度退税144.57万元、2004年度退税168.55万元的优惠。入股的郴州市福泉度假有限公司再贷款1100万元扩股，经营处于亏损状态；10月，金叶商贸公司再次应邀投资20万元，与上年投资合计120万元，股权比例下降到2.3%。

2005年3月14日，金叶商贸公司再次办理工商变更登记手续，注册资本为80万元，由3家股东出资，分别是郴州市烟草公司出资 8 万元，占 10%；郴州市烟草公司工会出资 61 万元，占 76.25%；桂阳县烟草公司工会出资 11 万元，占 13.75%。法人代表为刘名勤。截至是年 4 月，该公司共有在岗员工 78 人。其中，主业分流人员 34 人、外聘人员 44 人。业务开展以烟用物资采购、供应为主，下设 8 个金叶连锁店。7 月，由市局（公司）审计科对金叶商贸公司进行审计，认定该公司总体运行良好，对在外投资、滞销货物处理、车辆处置、大额支付以现金结算等问题提出整改意见。年底，按照国烟办文件通知，开展烟草行业多元化投资清理，登记上报。

2006 年，公司按照市局（公司）下达的年度经济与工作目标管理方案，将任务按业务分块分解到部门，并制定奖罚措施。安全工作实施目标管理责任制，驾驶员实行上岗证制度和准驾制度，4 台车辆安全运行无事故；门店均安装报警器，与公安机关“110”联网。通过经理办公会和职代会，修订或制定 9 项管理制度，并形成《制度汇编》，强化管理。公司实行全面预算管理，对成本费用指标实行包干；实施“阳光采购”，各项大宗物资采购均实行招标采购；结算资金全部通过银行进行，并实行定期核对制。金叶连锁店扩张到 9 家，所经营的卷烟实行限价销售，加之周边单位多实行招待费限额管理，使酒类业务大幅下降，部分连锁店出现亏损。为此，将金叶连锁 1 店、3 店改为省公司“636”零售连锁店，关闭 3 家租赁到期门店。同时，对酒类代理由贵州“征服”转为宜宾五粮液酒厂的“王者风范”，经过经营策略调整，连锁自营店下半年扭亏为盈。积极配合相关部门，完成审计和税务稽查，并成功获得企业所得税减免。执行市烟草公司烟叶科下达的计划单 72 份，累计合同额 12355 万元，共调入硫酸钾 2755 吨，烟叶大田地膜 921 吨，大棚膜 730 床，大棚架 145 个，漂浮池 42460 个，漂浮育苗盘 246530 张，塑料漂浮盘 3261600 张，各类农药 228 吨。农用物资组组织自制生产育苗基质 959 吨、烟草营养液 248600 瓶，为公司创收 63 万元。包装物资组组织调拨麻片 56 万套，麻绳 75 万付，麻线 17.80 吨，为全市烟叶生产和收购提供坚实物质基础。全年完成销售收入 14300 万元，完成全年任务的 179%，比上年增长 1%；实现销售毛利 1100 万元，毛利率为 7.69%；实现利润 300 万元（开拓性业务创利润 185 万元），完成年度目标任务的 150%，同比下降 21%。

2007 年，曹桂华接任公司总经理。公司分解下达目标管理责任，对各业务部门实行绩效挂钩，部门收入分为两块：“以基本营收创利指标为轴心，完成既可得工资和基本奖金；基本指标之上的超收，按照超出部分的 5% 比例提取超收奖，20 万元封顶；基本指标之下的减收，按照每减少毛利 10 万元扣减 5% 年终奖，但最多不超过 30%”，超额奖金由部门进行二次分配；开拓性创利奖，超额部分按照部门平均数的 1.5 ～ 1.8 倍计算。是年，为适应门市店经营需要，面向社会招聘 30 名营销人员，按照劳动部门有关规定，对此批人员实行劳务代理制，将劳动关系设在郴州林邑人力资源开发服务有限公司，劳动管理、社会保险等劳动关系均由林邑公司负责。8 月，学习贯彻省公司下发的《多元化企业重大事项管理暂行办法》（湘烟投〔2007〕254 号），进一步规范管理。

2007 年 5 月 19 日，鉴于郴州市烟草公司本级物业归口管理需要，市烟草公司决定成立郴州市金叶物业服务有限责任公司（以下简称金叶物业公司）作为金叶商贸公司的全资子公司，朱瑞华任筹备小组负责人。6 月，朱瑞华任该公司总经理，副总经理为李淑慧、朱春玲、黄小平。7 月 10 日，市公司成立金叶房地产开发有限责任公司，法人代表和总经理为李冀卫，彭寿权任副总经理；属股份制企业，注册资金 800 万元，股东为郴州金叶商贸公司、市公司工会、市公司本级烟草职工个人；注册资本 864 万元，其中金叶商贸出资 400 万元，占股份 46.30%；市公司工会出资 80 万元，占股份 9.26%；烟草职工出资 384 万元，占股份 44.4%；金叶商贸公司为其主要控股股东。是年 12 月 5 日，金叶物业公司在郴州市工商行政管理局登记注册，取得企业法人营业执照，注册号:431000000005557，注册资本 300 万元，法人代表为曹桂华，批准经营范围：物业管理服务、水电安装、房屋维修、房屋租赁、绿化、保洁、办公服务、汽车租赁。

2008年3月25日，金叶物业公司经市房产管理局批准为三级物业资质，证书编号：湘建（房物）郴字第097号。4月，正式接管市烟草公司本级所属各单位（部门）城区办公点、居民区的物业管理（含食堂、水电、绿化、保洁、房屋维修等），由市烟草公司按照市价给予物业管理费。

2009年1月，市局（公司）成立物业管理办公室（以下简称物管办），4月正式接管市公司本级各单位物业管理。

2010年5月，朱瑞华接任金叶商贸公司总经理兼金叶物业服务公司法人代表。鉴于市本级物业管理业务转为由市公司物管办负责，金叶物业公司业务随之转为以汽车租赁服务为主。同年12月1日，金叶物业公司租赁市本级、桂阳、安仁、资兴、永兴、汝城、桂东县分公司公务用车12台，雇佣社会驾驶员提供代驾服务和费用控制包干，由相关公司支付服务费；2011年3月再增租资兴2台，2012年7月增租市局（公司）本级2台，2014年增租市局（公司）本级4台，2015年再增租7台。先后共有27台公务用车由金叶物业公司提供代驾与管理服务。

2015年6月17日，金叶物业公司股东会议决定：注销该公司；成立以朱瑞华为组长的7人（含湖南鹏程会计事务所郴州分所邓盛华等人）清算组，对金叶物业公司进行清算，并在《郴州日报》等媒体发布注销、清算公告，通知债权人申报债权。30日，金叶物业与各相关单位签订终止租赁业务合同，预收的服务费按照实际服务期结算，余款全部退回。9月14日，清算结束，发布清算报告，认定：该公司资产账实相符，没有盘盈、盘亏，债权全部收回，没有坏账损失。15日，湖南鹏程会计事务所郴州分所发布对金叶物业公司审计报告，结论如前。24日，北湖区国税局下达北国税〔2015〕1070号文件，批准注销金叶物业公司税务登记。25日，郴州市工商行政管理局批准金叶物业公司注销，批文号为注核字〔2015〕第15089号。9月28日，金叶物业公司向郴州市房产管理局提出注销资质申请，10月10日，郴州市房产管理局下达（郴房）物销字〔2015〕第01号，准予金叶物业公司注销物业资质。

是年6月23日，郴州市金叶房地产开发有限责任公司召开股东会决定：注销该公司；成立以齐铭为组长的8人（含湖南鹏程会计事务所郴州分所邓盛华等人）清算组，对金叶房地产开发有限责任公司进行清算，并在《郴州日报》等媒体发布注销、清算公告，通知债权人申报债权。清算自2015年7月3日开始，至9月14日结束，发布清算报告，认定：在偿还所有债务及费用后，金叶房地产公司无负债，剩余财产（净资产）8861263.06元，全部为银行存款；未分配利润221263.06元，按照各自实际出资比例分配。清算组按照程序办理税务注销登记、工商注销登记，以及资质证书的注销手续、组织机构代码、银行账户的注销手续。9月14日，按照《中华人民共和国公司法》和公司章程的规定，郴州市金叶房地产开发有限责任公司股东会决议：同意注销郴州市金叶房地产开发有限责任公司；同意清算组《郴州市金叶房地产开发有限责任公司清算报告》；同意公司剩余财产分配、支付方案。

自2016年起，金叶商贸公司根据省局在全省系统内清理整顿三产的精神和指示，停止一切经营活动，原安置在公司的主业分流人员陆续回归主业，派遣工陆续遣散，仅安排少量留守人员值守，等待上级指示并做好清算准备。

2018年12月10日，根据湖南省烟草公司文件精神，股东郴州市烟草公司工会委员会三届五次会员（职工）代表大会决议：注销金叶商贸公司，并成立清算组进行清算。清算组长为朱瑞华，清算组成员为：罗茜、刘卫华、李友文、林爱武、郭海玉。随即，清算组入驻，并聘请湖南鹏程会计事务所郴州分所邓盛华、朱赐福等人一同进驻审计。12月12日，在郴州市工商行政管理局进行注销清算备案，同日在《郴州日报》

刊登注销公告，通知债权人申报债权。2019年12月2日，北湖区税务局出具〔2019〕17号《清税证明》，结清公司所有税务事项。3日，清算组发布清算报告。11日，郴州市行政审批服务局出具（郴州）登记内注核字〔2019〕第1488号、第1508号《准予注销登记通知书》，分别注销郴州金叶商贸公司金叶连锁二店（其他各店已于2013年7月注销）营业执照和郴州金叶商贸公司企业法人营业执照。31日，注销公司建行账号。2020年1月7日，注销公司农行账号。13日，湖南鹏程会计事务所发布《郴州金叶商贸有限责任公司清算审计报告》，结论：至2019年12月31日（清算基准日）止，金叶商贸公司在偿还所有债务及费用后，剩余财产38404367.43元。其中，银行存款35955645.71元，固定资产账面净值2448721.72元，账实相符。16日，金叶商贸公司银行存款3595万余元和全部固定资产（含3处11个门面、小溪烟草物资生产基地、车辆5台、其他资产等，按照账面净值）全部移交给郴州市烟草公司工会，工会按照郴州市烟草公司2019年11月15日《关于同意接收机关工会原所属郴州金叶商贸有限责任公司资产的决定》，将接手的资金、资产全部移交给郴州市烟草公司。原郴州金叶商贸公司留守的在编正式员工全部移交给郴州市烟草公司。

第二节　金叶大酒店

1991年，由郴州市烟草公司牵头，郴州地区烟叶生产购销公司在郴桂路立交桥旁已征购地盘内，动工新建郴州烟叶生产技术培训中心。历经三年多的建设，于1994年完成主楼（17层）、裙楼、附楼主体工程建设，建筑面积19147平方米，总投资2068万元，定名为金叶大厦。但由于附属配套工程（水电汽、电梯、车库、消防设备、娱乐场所、员工休息房等）完善及主体工程装修的后续资金缺乏，一年多未开业。1996年3月20日，郴州市烟草公司与长沙三华物业发展有限公司签署《关于合作经营“郴州金叶大酒店娱乐实业公司”的协议书》（从合同条款看，实为租赁经营，但“合作”二字，为日后经营纠纷埋下祸根），成立金叶大酒店娱乐实业公司（以下简称金叶大酒店），为三星级酒店，主营：客房住宿、会务接待、餐饮酒吧、娱乐休闲等。由长沙三华物业发展有限公司出资对主体工程进行装修、安装空调、购置被服、招募员工等，做好开业准备。委托长沙三华物业有限公司经营，每年分缴经营利润。5月23日注册，6月18日试营业。8月8日，长沙三华物业方负责人文斌致信湘南烟草集团，提议与外商海南立达（美国）发展有限公司合资经营，以享各项优惠政策。11月13日，湘南烟草集团、海南立达、长沙三华物业三方达成合资经营协议，但海南立达（美国）发展有限公司未实际出资。1997年1月8日，被批准为外商合资企业；6月18日在试营一周年之际正式营业。11月14日，湘南烟草（集团）有限责任公司与长沙三华物业发展有限公司达成补充协议，由湘南烟草（集团）有限责任公司一次性出资1700万元，完善配套设施设备。至2002年7月，长沙三华物业发展有限公司经营金叶大酒店6年多，每年以经营亏损（累计亏损499万元）为由，未向郴州市烟草公司缴纳分文利润，并拖欠郴州市烟草公司水电费等达200万余元，甚至还提出要烟草方分担亏损；与其协商转给市烟草公司经营，又以“二十年经营合同期未满”为由，拒绝转手。经查，长沙三华物业发展有限公司还擅自以金叶大酒店为资产质押，在银行贷款1300万元（在郴州贷款900万元，在长沙贷款400万元），且其在长沙面临另两起还贷逾期官司可能使金叶大酒店成为诉讼保全封存对象，成为巨大隐患。8月，市烟草公司成立以邓少文为组长的处理金叶大酒店遗留问题领导小组，指定专人负责摸清情况、各方协调和与对方谈判，以图协商解决。2003年4月11日，双方签订《关于解除〈合作经营“郴州金叶大酒店娱乐实业官司协议书”〉的意向书》，确定以烟草方出资收购三华方资产的框架。6月6日，双方举行高级别谈判。16日，郴州市烟草公司工会委员会听取、审议市局（公司）金叶大酒店遗留问题领导小组提交的《关于处理金叶大酒店遗留问题的初步意见》，同意以出资收购对方资产的方式，协商解决相关遗留问题。18日，向省局（公司）专题请示。在其后的协商谈判中，因三华方要价过高、“少于2000万元免谈”等因素致协商解决无法进行。8月26日，郴州金叶娱乐有限责任公司及其分支机构营业执照被郴州市工商行政管理局吊销，终止其法人资格和经营资格；但三华方仍非法经营。10月14日，湖南省烟草专卖局对郴州市烟草公司《关于处理金叶大酒店遗留问题的请示》作出批复：原则同意郴州市烟草专卖局（公司）出资收购对方的资产，但应注意评价金叶大酒店的现状与前景，包括债务和负债；计算双方投资经营过程中的现金流量；充分考虑对方的财务背景，找准谈判时机；采用经济与行政相结合的实施方式，以确保国有资产不流失。11月3日，市烟草公司向房产交易中心申请冻结金叶大酒店房产。10日，市烟草公司对长沙三华物业方对金叶大酒店夜总会进行改造装修予以反对和制止。21日，郴州市人民政府、市中级法院联合牵头举行郴州金叶娱乐有限责任公司（金叶大酒店）有关遗留问题的专题协商会议，市财政局、市审计局、市外经贸局、市工商管理局、市地税局、市烟草公司、长沙三华物业发展有限公司参加，会商决议：长沙三华物业发展有限公司应尽快与市烟草公司协商处理金叶大酒店的有关遗留问题，双方对金叶大酒店资产进行全面清算；如果经双方清算和协商后达不成一致协议，则依司法程序，提请市中级人民法院依法裁决；为防止国有资产流失，市审计局对金叶大酒店的国有资产部分进行依法审计。2004年5月，市中级人民法院依法裁定对金叶娱乐有限公司进行特别清算。21日，清算组启动清算。6月7日，债权人郴州农行北湖区支行和郴州市烟草公司向郴州市中级人民法院申请债权保护，法院受理后，清算组接管金叶大酒店，并委托郴州金叶商贸公司经营。至2005年2月4日，清算工作基本结束，认定：金叶娱乐有限公司负债总额3292.69万元，已严重资不抵债。12月16日，市中级人民法院依法裁定金叶娱乐有限公司破产还债，郴州市烟草公司的对外投资4595万元成为不良资产。12月25日，市公司向省公司发文请示：拟将对金叶大酒店的4595万元投资的产权整体划转给郴州市国资委，由郴州市国资委处理善后事宜，所划转的对外投资4595万元在财务上冲减资本公积，减少所有者权益。2007年2月，金叶大酒店破产程序终结。2009年8月，中国烟草总公司批复同意将金叶大酒店资产整体划转给郴州市国资委。11月，郴州市烟草公司与郴州市国资委签订金叶大酒店产权划转协议，正式移交。

第六篇　党群与精神文明建设

第一章　党建工作

第一节　组织建设

一、党组的领导作用

2003—2020年，市级、县级局（公司）均设党组［县级局（公司）党组均于2002年12月11日改设］。党组成员由批准设立党组的上级党委（或党组）任免。党组为局（公司）领导机构，其职责、组织原则、决策程序等均按照党章和《中国共产党党组工作条例》的规定进行。党组的职责是：发挥把方向、管大局、保落实的领导作用，全面履行领导责任，加强对本单位党的建设和业务工作的领导，推动党的主张和重大决策转化为法律法规、政策政令和社会共识，确保党的理论和路线方针政策的贯彻落实。党组讨论和决定本单位下列重大问题：贯彻落实中共中央以及上级党组织决策部署的重大举措；制定、拟订法律法规规章和重要规范性文件中的重大事项；业务工作发展战略、重大部署和重大事项；重大改革事项；重要人事任免等事项；重大项目安排；大额资金使用、大额资产处置、预算安排；职能配置、机构设置、人员编制事项；审计、巡视巡察、督查检查、考核奖惩等重大事项；重大思想动态的政治引导；党的建设方面的重大事项；其他应当由党组讨论和决定的重大问题。国有企业党组讨论和决定重大事项时，与《中华人民共和国公司法》《中华人民共和国企业国有资产法》等法律法规相符合，并与公司章程相衔接。重大经营管理事项必须经党组研究讨论后，再由董事会或者经理层作出决定。党组实行集体领导制度，凡属党组职责范围内的事项，必须执行少数服从多数的原则，由党组成员集体讨论和决定，任何个人或者少数人无权擅自决定。党组按照集体领导、民主集中、个别酝酿、会议决定的原则作出决策，实行科学决策、民主决策、依法决策。党组作出重大决策，一般经过调查研究、征求意见、充分酝酿等程序，按照规则由集体讨论和决定。党组讨论和决定人事任免事项，严格按照《党政领导干部选拔任用工作条例》等有关规定执行。党组决策一经作出，坚决执行。党组督促推动本单位领导班子依法依章程及时全面落实党组决策。党组成员在职责范围内认真抓好党组决策贯彻落实。党组建立有效的督查、评估和反馈机制，确保党组决策落实。党组决策“三重一大”（重大决策、重要干部任免、重要项目安排和大额度资金的使用）事项实行“三重一大”报告制度，须报上一级党组审核或备案。

二、党组织机构

（一）市局（公司）党组

2003年，郴州市烟草专卖局（公司）党组书记、成员及副处级以上领导干部依然属于省局管理的干部。省局对副处级以上领导干部的选拔、任免、管理和考核基本模式不变。其选拔、任免由省局党组组织进行，需到地方党委组织部及直属工委报备。日常管理和年度考核由省局党组和地方党委共同进行。是年，仍由姜孝清任党组书记；党组成员有黄继生、刘名勤、邓少文、宋艳。

2005年4月，增补曹健为党组成员；邓少文任党组纪检组长；黄继生退居二线，免去其党组成员职务；免去宋艳党组成员职务，调回湖南省烟草专卖局（公司）任职。

2006年2月，刘名勤调往永州市烟草专卖局（公司）任职，免去其党组成员职务；增补幸勤、周国生为党组成员。

2007年3月，邓少文调往湘西自治州局（公司）任职，免去其党组成员职务，幸勤接任党组纪检组长；增补王建平为党组成员。

2008年1月，郑雄志接任党组书记。

2011年9月，周国生调往湖南复烤公司任职，免去其党组成员职务。12月，增补周志成为党组成员。

2012年1月，增补阳关云为党组成员，接任党组纪检组长。4月，增补刘湘江为党组成员。

2013年4月，郑雄志调往岳阳市政府任职，黄国联接任党组书记。是月，免去周志成党组成员职务，调往娄底市烟草专卖局（公司）任职。

2017年9月，黄国联升任湖南省烟草专卖局（公司）党组成员，高志强接任党组书记。

2018年4月，刘湘江调往岳阳市烟草专卖局（公司）任职，免去其党组成员职务；张伟军接任党组纪检组长。7月，增补李武进、曾小晖为党组成员。

2003—2020年郴州市烟草专卖局（公司）党组成员任职情况表

表6-1

年份	党组书记	党组成员
2002.2—2008.1	姜孝清	黄继生（2002.2—2005.4） 邓少文（2002.2—2007.3） 刘名勤（2002.2—2006.2） 宋　艳（2002.11—2005.4） 曹　健（2005.4—2008.1） 幸　勤（2006.2—2008.1） 周国生（2006.2—2008.1） 王建平（2007.3—2008.1）
2008.1—2013.4	郑雄志	王建平（2008.1—2013.4） 幸　勤（2008.1—2012.4） 周国生（2008.1—2011.9） 曹　健（2008.1—2013.4） 周志成（2011.12—2013.4） 刘湘江（2012.4—2013.4） 阳关云（2012.1—2013.4）
2013.4—2017.9	黄国联	刘湘江（2013.4—2017.9） 阳关云（2013.4—2017.9） 曹　健（2013.4—2016.9） 王建平（2013.4—2017.9）
2017.9—	高志强	刘湘江（2017.9—2018.4） 阳关云（2017.9—　） 王建平（2017.9—2018.9） 张伟军（2018.4—　） 李武进（2018.7—　） 曾小晖（2018.7—　）

（二）市、县局（公司）纪检监察组织

2003 年，全市系统纪检监察组织机构沿袭前制。市局（公司）党组设纪检组，领导全市系统廉政建设、纪检监察工作；下设监察科，经办廉政、纪检监察事务；市局纪检组由市局党组直接领导和管理，在业务上服从行业上级专职纪检监察部门和郴州市纪委的指导。各县（市）局（公司）党组设纪检组，下设监察股。

2006 年 2 月，省局党组下发《关于对全省系统纪检监察机构和工作实行统一管理的实施方案》（湘烟党〔2006〕9 号）（根据国烟党〔2005〕40 号文件制定），市（州）局（公司）纪检监察机构及其工作接受所在单位党组和省局纪检组监察处双重领导，由省局纪检组监察处管理和领导为主。实施监督和查办案件工作直接向省局纪检组监察处请示、汇报，并报送工作计划、总结、报表、动态信息等，对发现涉及所在单位领导班子成员和科级干部违反党纪政纪问题、其他重要情况的，可直接向省局纪检组监察处报告；其他职责略有调整。4 月，根据《对全市系统纪检监察机构和工作实行统一管理的实施方案》，改革管理体制，县级局（营销部）纪检监察机构及其工作接受所在单位党组和市局纪检组监察科的双重领导，由市局纪检组监察科统一管理和领导。市局（公司）纪检监察机构设监察科长、副科长各 1 人；监察科长一般担任纪检组副组长；按照有关规定配备正、副科级纪律检查员、监察员，为实职，享受所在单位同级干部待遇。烟叶主产区（桂阳、嘉禾、永兴、宜章、安仁）县级局（营销部）单独设立纪检监察机构，配备纪检组长、监察股长、纪检监察专干各 1 人（桂阳配备专干 2 人）；其他县级局（营销部）和天泰公司配备纪检组长 1 人，纪检监察机构与综合股合署办公，实行“两块牌子、一套人马”，明确 1 人负责纪检监察工作。按照有关规定配备正、副股级纪律检查员、监察员，享受所在单位同级干部待遇。从 2006 年 6 月开始，根据“党政领导班子全面负责，正职负总责和谁主管谁负责”的党风廉政建设领导机制和工作要求，每年印发《领导班子成员落实党风廉政建设责任制责任分解方案》，并根据实际需要，调整相关内容。

自 2008 年 9 月起，市局（公司）建立兼职纪检监察员制度，每个部门聘用 1 名兼职纪检监察员，聘期 3 年，纳入本单位纪检监察机构管理范围，并根据人员岗位变动等情况予以调整。

2009 年 1 月，聘请齐铭等 17 人为市局机关兼职纪检监察员，任期 3 年。2012 年 4 月，聘任周义云等 17 人为市局机关兼职纪检监察员。2014 年 7 月予以解聘。

2014 年 6 月，兼职纪检监察员聘期改为与单位人力资源改革同步，新增向纪检监察机构负责的内容。是年，调整纪检组长职责分工，强化各级纪检组预防、监督、执纪、问责的力量。

2015 年，根据省局部署，建立完善县级局纪检组长提名考察工作流程及新任纪检组长异地任职、下级纪检组向上级纪检组报告工作和定期述职等制度。是年，调配县级局纪检组长 5 名，充实县级局纪检组长 2 名；清查纪检监察部门牵头或参与的议事协调机构 61 个，发文退出 27 个。

2016 年，市局围绕全面从严治党向基层延伸的新要求和深化纪律检查体制改革的新形势，在桂阳县局（分公司）进行试点，建立基层烟草站纪检监察组织机构。

2018 年，市局按照“12136”工作思路（成立一个组织机构，明确“两个责任”清单，建立一本操作手册，突出三个监督重点，健全六大保障机制），完善桂阳县局（分公司）基层纪检监察组织建设试点工作，并逐步推广到其他县级局。

2019 年 5 月，市局（公司）监察科改为纪检监察科，各县（市）局（分公司）监察股改称纪检监察股。是年，从市局机关提拔 5 名年轻干部到县局担任纪检组长，对 3 个县局的纪检组长进行交叉异地任职。市局（机关）重新下文聘任 25 名兼职纪检监察员（含基层站所）；桂阳县局重新配备 26 名兼职纪检监察员。

3个县局从基层烟草站选调2名新进大学生、1名烟草站副站长充实纪检监察队伍。

2020年，市局纪检监察科配备正、副科长各1名，纪检监察干事2名，案件审理员1名。其中，5个县级局（桂阳、嘉禾、永兴、安仁、宜章）单设纪检监察室，桂阳县局配备主任、副主任各1名，纪检监察干事5名；其余4个县级局（临武、资兴、汝城、桂东）纪检监察室编制均为2人，且与综合室合署办公，未配备专职纪检监察干事。

2003—2020年郴州市烟草商业系统纪检监察领导任职情况表

表6-2

单位	职务名称	姓名	任期
郴州市局	纪检组组长	邓少文	2002.2—2007.3
		幸　勤	2007.3—2012.1
		阳关云	2012.1—2018.4
		张伟军	2018.4—
	纪检组副组长	刘典模	2002.8—2007.6
		李海平	2007.6—2009.6
		许清孝	2009.6—2012.3
		刘红日	2012.3—2018.12
		齐　铭	2019.4—
桂阳县局	纪检组组长	王月祥	2002.12—2005.1
		赵德斌	2005.1—2010.5
		齐　铭	2010.5—2012.7
		邓春明	2012.7—2019.4
		冯文俊	2019.4—
嘉禾县局	纪检组组长	刘春琴	2003.2—2010.5
		廖仁卓	2010.5—2012.4
		李　辉	2012.4—2015.6
		胡永春	2015.6—2019.4
		王秀兰	2019.4—
永兴县局	纪检组组长	李小平	2002.12—2004.1
		周建华	2004.1—2007.6
		彭　智	2007.6—2015.6
		曹庆华	2015.6—2019.4
		陈前军	2019.4—

续表 6-2

单位	职务名称	姓名	任期
安仁县局	纪检组组长	何晓明	2002.12—2007.6
		周建华	2007.6—2008.11
		陈瑞忠	2008.11—2010.10
		李盛元	2010.10—2019.4
		李苏颖	2019.4—
宜章县局	纪检组组长	龙四坤	2007.6—2008.1
		李祝云	2008.1—2010.5
		李　丹	2010.5—2015.6
		彭　智	2015.6—2019.4
		王湘渝	2019.4—
临武县局	纪检组组长	李红玲	2002.12—2005.3
		林述平	2005.1—2009.6
		李军斌	2009.6—2015.4
		龙伟军（兼）	2017.8—2019.5
		唐和俭	2019.4—
资兴市局	纪检组组长	崔建军	2002.12—2006.8
		李军斌	2005.7—2009.6；2010.6—2019.4
		林述平	2009.6—2010.6
		胡永春	2019.4—
汝城县局	纪检组组长	邓开卫	2005.7—2007.2
		邱黎明	2007.2—2011.9
		刘　宇	2012.3—2018.12
		樊　警	2019.4—
桂东县局	纪检组组长	傅金浩	2017.8—

（三）县级局（分公司）党组

2003 年，郴州市烟草专卖局（公司）下属各县（市）烟草专卖局（公司）党组成员、副科级以上干部依然属于市局管理的干部。市局对县级局（公司）副科级以上领导干部的选拔、任免、管理和考核，由市局（公司）党组为主负责。其选拔、任免需到地方党委组织部及县直属工委报备。

2003—2020 年各县级局（分公司）党组成员任职情况表

表 6-3

单位	党组书记	党组副书记（主持工作）	党组成员
桂阳县局（分公司）	王建平（2002.12—2007.3） 曹圣金（2007.6—2011.8） 邓小强（2011.12— ）	邓小强（2011.8—2011.12）	阳正林（2002.9—2007.6） 彭本英（2002.12—2004.8 ） 王月祥（2002.12—2005.1） 欧阳政新（2002.12—2012.2） 唐和俭（2002.9—2007.6） 廖建平（2002.12—2010.7） 赵德斌（2005.1—2010.5） 邓小强（2005.5—2011.8） 邓永辉（2007.6—2012.2） 齐　铭（党组副书记）（2010.5—2012.7） 陈瑞忠（2012.2—2019.2） 邓春明（2012.3—2019.4） 王祖程（2012.7— ） 冯文俊（2012.7— ） 侯建林（2019.5— ） 黄文波（2019.6— ）
嘉禾县局（分公司）	刘红日（2002.1—2007.6） 阳正林（2007.6—2010.5） 彭海峰（2011.3—2015.4） 罗传龙（2015.4— ）	彭海峰（2010.5—2011.3）	李　园（内退）（2002.9—2003.7） 彭海峰（2002.9—2010.5） 龙伟军（2003.2—2011.9） 刘春琴（2003.2—2010.5） 王怡明（2003.2—2012.3） 廖仁卓（2010.5—2012.4） 邹济臻（2010.5—2015.4） 何爱国（挂职）（2010.5—2012.2） 邱黎明（2011.9—2012.12） 李　辉（2012.4—2015.6） 何爱国（2012.3—2019.3） 曾　勇（挂职）（2013.10—2014.10） 李　辉（2014.11—2019.4） 许京文（2015.4—2019.4） 胡永春（2015.6—2019.4） 李　鸽（2019.4— ） 王秀兰（2019.4— ） 王建平（2019.6— ）

续表 6-3

单位	党组书记	党组副书记（主持工作）	党组成员
永兴县局（分公司）	李友文（2002.12—2007.5） 曾小晖（2007.5—2009.6） 谷文南（2010.5—2015.4） 陈小康（2015.4—2020.4） 何爱国（2020.4— ）	李宏光（2009.6—2010.5）	肖小明（2002.12—2003.2；2010.5—2019.4） 李小平（2002.12—2003.2） 周建华（2002.12—2007.6） 廖仁卓（2003.2—2010.5） 彭　智（2005.1—2015.6） 李宏光（2006.1—2009.6） 唐和俭（2007.6—2010.5） 李祝云（2010.5—2012.11） 李永刚（2010.5—2012.2） 欧阳政新（2012.2—2015.6） 曹志辉（2012.11—2019.4） 曹庆华（2015.6—2019.4） 李　斌（2015.6— ） 陈前军（2019.4— ） 唐文平（2019.5— ）
安仁县局（分公司）	周忠生（2002.12—2006.6） 李晓燕（2006.6—2008.11） 曾广庆（2009.6—2012.2） 阳正林（2012.2—2019.2） 陈瑞忠（2019.12— ）	曾广庆（2008.11—2009.6） 陈瑞忠（2019.2—2019.12）	李晓燕（2002.12—2006.6） 何晓明（2002.12—2008.11） 曾广庆（2002.12—2007.6） 唐雄鹰（2005.1—2008.11） 周建华（2007.6—2008.11） 戴兴武（2007.6—2008.6） 李盛元（2008.6—2010.10） 陈瑞忠（2008.11—2012.2） 刘　旭（2008.11—2015.4） 肖石文（2009.6—2019.4） 李盛元（2010.10—2019.4） 唐和俭（2012.3—2019.4） 李苏颖（2019.4— ） 李　辉（2019.4— ） 张国丽（2019.5— ）
宜章县局（分公司）	曹　健（2002.12—2005.4） 张建文（2005.5—2009.6） 雷捌金（2009.6—2019.2） 欧阳资春（2019.2— ）		张建文（2002.12—2005.5） 曹志强（2005.5— ） 邝国鹏（2002.12—2011.7） 黄宜平（2002.12—2019.4） 龙四坤（2007.6—2008.1） 李祝云（2008.1—2010.5） 李　丹（2010.5—2019.4） 王会好（2011.9—2015.4） 彭　智（2015.6—2019.4） 黄　忠（挂职）（2018.1—2020.2） 王湘渝（2019.4— ）

续表 6-3

单位	党组书记	党组副书记（主持工作）	党组成员
临武县局（分公司）	谷文南（2002.12—2007.5） 贺　强（2007.5—2009.6） 阳正林（2010.5—2012.2） 曾广庆（2012.2—2020.4） 柳　超（2020.4— ）	朱少文（2009.6—2010.5）	彭　智（2002.12—2005.1） 冯文俊（2002.12—2010.12） 李红玲（2002.12—2005.3） 林述平（2005.1—2009.6） 王会好（2005.7—2011.9） 李军斌（2009.6—2015.4） 赵德斌（2010.5—2019.4） 龙伟军（2011.9—2019.5） 唐和俭（2019.4— ） 雷渊红（2019.4— ） 罗方斌（2020.12— ）
资兴市局（分公司）	曹桂华（2002.12—2007.5） 谷文南（2007.5—2010.5） 欧阳资春（2010.5—2012.2） 刘勇智（2012.2—2015.4） 彭海峰（2015.4—2020.4） 罗　茜（2020.4— ）		崔建军（2002.12—2006.8） 周小杰（2002.12—2003.2） 熊三进（2002.12—2004.12） 肖小明（2003.2—2010.5） 李军斌（2005.7—2009.6；2010.6— ） 曾广庆（2007.6—2008.11） 林述平（2009.6—2015.4） 雷渊红（2010.5—2019.4） 刘　旭（2015.4—2019.4） 胡永春（2019.4— ）
汝城县局（分公司）	朱瑞华（2002.12—2007.5） 孙仕林（2007.5—2009.6） 阳关云（2009.6—2012.2） 裴怀璞（2012.10—2018.12） 林述平（2018.12— ）	裴怀璞（2012.2—2012.10）	王会好（2002.12—2005.7） 裴怀璞（2002.12—2012.1） 李祝云（2005.7—2008.1） 邓开卫（2005.7— ） 邱黎明（2007.2—2011.9） 刘　宇（2012.3—2018.12） 樊　警（2019.4— ）
桂东县局（分公司）	孙仕林（2002.12—2007.5） 雷捌金（2007.5—2009.6） 欧阳诚军（2010.5—2012.2） 张小军（2012.10—2019.3） 何泽仁（2019.12— ）	欧阳诚军（2009.6—2010.5） 张小军（2012.2—2012.10） 何泽仁（2019.3—2019.12）	黄　超（2002.12—2010.5） 扶晓波（2002.12—2019.4） 傅金浩（2010.5—2020.12） 黄利民（2020.12— ）

（四）基层党组织与党员队伍

2003年，郴州市局（公司）直属机关党委归属市局（公司）党组和郴州市直属机关委员会直接领导和管理，是郴州市局（公司）机关（包括2003—2011年的郴州烟叶复烤企业）党建和党务日常管理的专门机构。由邓少文任机关党委书记，刘才军任副书记。是年，全市系统基层党组织共有党总支6个，支部49个，每个支部视情况划分党小组，中共党员（含退休党员）898名。党务工作由各级党组抓总，各支部对党员进行日常教育、监督、管理和考核评议。党员被纳入相关支部，结合党员民主评议活动评先进、树榜样，大力开展党员“争先创优”活动。在发展新党员工作中，遵循“一个制定、两个贯彻、三个把关、四个倾斜”（各支部年初制订发展党员计划，贯彻“坚持标准、保证质量、改善结构、慎重发展”的方针和“成熟一个发展一个”的原则，严格把好发展对象的“考察关、政审关、培训关”，向生产一线倾斜、向专业科技人员倾斜、向35岁以下的青年倾斜、向薄弱环节倾斜）的原则。

2004年2月，郴州复烤厂独立分设，时有中共党员44人，设立党总支，下设生产支部和机关支部。2005年1月，市局（公司）机关各党支部完成换届调整，共设立7个党支部。

2007年11月，市局（公司）机关和城区直属单位成立1个党总支委员会［天泰公司总支委员会（下设2个党支部）］和10个党支部，共有党员340名。

2008年1月7日，市局直属机关委员会由幸勤、刘才军、刘红日、李海平、阳关云、李友文、许清孝、刘勇智、邓国钧9人组成，幸勤任机关党委书记，刘才军任副书记。

2009年3月，市局机关原10个党支部调整设置为24个。明确各党支部党员人数在4人以下的，只设支部书记1名；4～10人的，设委员3名（支部书记1名、委员2名）；11人以上的，设委员5名（书记1名、委员4名）；离退休、离岗休息党员所组成的党支部设委员3名（书记1名、委员2名）。

2011年，各单位加强对党（总）支部、党小组工作的考核，探索建立支部工作量化管理模式。市局直属机关党委对机关各党支部组织、思想、作风、制度和反腐倡廉建设5个方面实施考核，并纳入目标考核范畴。9月，郴州烟叶复烤厂党务工作划归湖南烟叶复烤有限公司管理。

2012年6月，市局机关24个党支部完成换届调整。9月12日，中共郴州市烟草专卖局（公司）党员代表暨直属机关党委换届选举大会召开，郴州市直工委有关领导应邀出席会议。会议审议通过《市局（公司）第二届直属机关党委工作报告》《党费收缴、使用管理情况报告》，表决通过《选举办法》和《监票人、计票人、唱票人建议名单》，以无记名投票方式选举产生第三届直属机关委员会委员。阳关云任机关党委书记，杨淑琼任副书记。

2015年4月，配备直属机关党委专职副书记，统筹管理机关党务工作。5月，谷文南任专职副书记。

2016年6月，市局机关有374名党员、26个党支部，并进行换届选举。7月，召开市局直属机关四届一次党员代表大会，完成机关党委的换届选举，机关党委由刘湘江、谷文南、刘红日、许清孝、贺强、欧阳诚军、杨淑琼7名委员组成，刘湘江任机关党委书记，谷文南任副书记。8月，全市系统所辖5个党总支、47个党支部完成换届调整，时有中共党员1125名（含退休党员）。11月，落实市直工委要求，开展机关“在职党员进社区”活动，市局对口社区为燕泉街道——燕北社区，为期五年，党员做到“四个一”（至少直接联系1户社区群众，认领1个服务岗位，每年至少参加1次社区公益活动，确保每个机关在职党员要真正为社区至少做1件实事），并争当“八大员”（政策法规的宣讲员、社区发展的参议员、文明建设的示范员、公益事业的促进员、困难群体的帮扶员、科教文体的普及员、沟通联络的信息员、社区稳定的安全员）。11月，开设市局机关及所属县级局党组织党费专用账户。

2017年9月，全市系统共设立基层党组织87个，含2个党委、4个党总支、81个党支部，烟草站等基层党支部同比增加38个。确定“一站一部、一岗双责、五好五化”（支部班子好、党员管理好、组织生活好、制度落实好、作用发挥好；科学化制定重点任务、普遍化开展教育培训、常态化加强督查指导、示范化培育先进典型、制度化巩固工作实效）的整体思路，推进基层党组织“五化”建设，凡是拥有3名以上党员的基层烟草站（点）均设立党支部；设立“党员先锋岗”“党员责任区”79个，到所在社区“双报到”的党组织有32个，建立党员活动室62个。

2018年5月，贯彻国家局、省局的文件精神，对照基层党组织“五化”建设目标要求，市局党组印发《基层党组织“五化”建设操作指南》，制定《基层党组织“五化”建设考评细则》。7月，印发《关于开展基层党建示范点考评验收工作的通知》，16个基层党支部通过首批基层党建示范点验收。11月28日，阳关云接任机关党委书记。12月，桂阳县局设立机关党委1个、党支部35个，该局时有党员314人。

2019年1月17日，召开市局直属机关四届二次党员代表大会，黄正国补选为机关党委委员，同时成立机关纪律检查委员会，纪委委员由黄正国、陈前军、谢英3人组成，黄正国任纪委书记。5月，市局机关完成26个党支部换届改选工作，原机关第23党支部（资产办）的组成部门调整为重点办，其他党支部设置保持不变。有正式党员7人及以上的党支部，设立党支部委员会，党支部委员会一般由3～5人组成，设置书记、组织委员、宣传委员、纪检委员等，必须设置纪检委员，必要时设置1名副书记；正式党员不足7人的党支部，仅设置1名书记，必要时设置1名副书记。6月，市局机关第6～26党支部名称由原“中共郴州市烟草专卖局（公司）机关第 × 支部委员会”统一变更为“中共郴州市烟草专卖局（公司）机关 ×× 部门（如办公室）支部委员会”；第1～6党支部（市局机关各老年支部）名称保持不变。8月15日，召开市局直属机关四届三次党员代表大会，免去谷文南机关党委专职副书记职务，免去杨淑琼、黄正国机关党委委员职务，齐铭、阳正林、唐跃进3人补选为机关党委委员，齐铭、唐跃进任机关党委副书记。免去黄正国机关纪委书记职务，免去陈前军机关纪委委员职务，刘旭、齐铭、柳超、彭敏4人补选为机关纪委委员，齐铭任机关纪委书记。

2020年4月，贯彻落实《中国共产党国有企业基层组织工作条例（试行）》《中国共产党党支部工作条例（试行）》。6月，出台《全市系统党支部标准化规范化建设实施方案》《全市系统示范党支部创建活动实施方案》《党建工作责任清单》《构建联动党建工作考核体系实施方案》。是年，按照国有企业离退休人员社会化管理要求，离退休人员支部全部移交社区管理，市局机关党支部调整为20个；推进党支部标准化规范化建设，成功创建全省系统示范党支部2个；拓宽共建共享模式，与中烟工业公司、零售户诚信互助小组、烟农专业合作社、种烟村党支部、基层联系点党组织开展支部结对共建和党员“1+1”帮扶。至是年底，全市系统共有党总支5个，基层党支部78个，党小组19个，中共党员844名。

2003—2020年市局（公司）直属机关党委（委员会）任职情况表

表6-4

姓名	职务	任期
邓少文	党委书记	2002.11—2008.1
幸　勤	党委书记	2008.1—2012.9
阳关云	党委书记	2012.9—2016.6；2018.11—

续表 6-4

姓名	职务	任期
刘湘江	党委书记	2016.6—2018.11
刘才军	党委副书记	2002.11—2012.9
杨淑琼	党委副书记	2012.9—2019.8
谷文南	党委专职副书记	2015.5—2019.8
齐　铭	党委副书记	2019.8—
唐跃进	党委副书记	2019.8—

2003—2020 年市直单位党组织成员任职情况表

表 6-5

<table>
<tr><th>单位名称</th><th>姓名</th><th>职务</th><th>任期</th></tr>
<tr><td>郴州市烟叶购销公司</td><td>李冀卫</td><td>党总支书记</td><td>2002.12—2005.3</td></tr>
<tr><td>郴州市烟叶购销公司</td><td>李海平</td><td>党总支书记</td><td>2005.3—2007.6</td></tr>
<tr><td>郴州市烟叶购销公司</td><td>徐贵云</td><td>党总支副书记</td><td>2002.12—2007.6</td></tr>
<tr><td>北湖区经营部</td><td>黄新民</td><td>党总支书记</td><td>2002.12—2004.1</td></tr>
<tr><td>北湖区经营部</td><td>黄长永</td><td>党总支副书记</td><td>2002.12—2004.1</td></tr>
<tr><td>苏仙区经营部</td><td>彭文胜</td><td>党总支书记</td><td>2002.12—2004.1</td></tr>
<tr><td>郴州烟叶复烤厂</td><td>刘勇智</td><td>党总支书记</td><td>2004.3—2006.6</td></tr>
<tr><td rowspan="6">天泰烟叶复烤有限责任公司</td><td>刘勇智</td><td>党总支书记</td><td>2006.7—2008.6</td></tr>
<tr><td>崔建军</td><td>党总支书记</td><td>2008.6—2009.7</td></tr>
<tr><td>崔建军</td><td>党委书记</td><td>2009.7—2011.9</td></tr>
<tr><td>李红玲</td><td>党总支副书记</td><td>2007.12—2009.7</td></tr>
<tr><td>朱自坚</td><td>党委副书记</td><td>2009.7—2011.9</td></tr>
</table>

2020 年郴州市烟草商业系统党组织情况统计表

表 6-6　　单位：个

单位名称	党总支	支部	党小组	党员
市局机关	0	20	8	221
桂阳县局	1	33	0	250
嘉禾县局	1	6	0	70
永兴县局	1	6	1	60
宜章县局	1	4	0	45

续表 6-6

单位名称	党总支	支部	党小组	党员
安仁县局	1	4	0	86
资兴市局	0	1	3	30
临武县局	0	2	4	38
汝城县局	0	1	0	23
桂东县局	0	1	3	16
合计	5	78	19	844

三、领导班子建设

领导干部年度述职述廉及民主测评会议

2003年，市、县局（公司）领导班子及成员的年度考核依照前制，每年由上级考核组根据“双目标管理”的考核结果和年度述职述廉大会由中层干部、职工代表打分的民主测评，初定考核结果，报上级党组审核确定。对考核与测评优秀的，予以奖励、续任；对考核与测评不达标的，由行业上级领导予以诫勉谈话，存在较大问题的予以专项调查，依调查结果视情况处理。领导班子成员每年参与所在党支部民主评议，接受党员评价。每半年召开1次民主生活会（后改为一年1次），在领导班子成员内部开展批评与自我批评，相互交心，交换意见，加强班子内部的自我约束和自我完善。领导班子每季度组织1次中心组学习，学习新法规、新政策、新规定，以提高管党治企水平。议事和决策机制按照《中国共产党党组工作条例》进行。各单位或各单位班子成员个人的重大事项需向上级党组报告；干部选拔严格按照《领导干部选拔任用工作条例》进行，在改革和实践中考察和识别干部，把德才兼备、实绩突出、群众公认的优秀干部及时选拔配备到各级领导班子中。党组必须保证党的各项方针政策在本单位的贯彻落实，确保政令畅通，严格执行上级党组的决定。主持全面工作的领导成员离任时，上级委派审计组对其在任期间工作业绩进行全面审计，作出审计结论。上述基本方法一直在沿用。是年，开展创建“三强五好”（创造力强、凝聚力强、战斗力强、思想好、能力好、作风好、形象好、廉洁自律好）领导班子活动。贯彻从严治党、从严治政的工作方针，贯彻“两个务必”和“八个坚持、八个反对”要求，领导干部要自觉按照“四大纪律”（党的政治纪律、组织纪律、经济工作纪律和群众工作纪律）、“八项要求”（要同中共中央保持高度一致，不阳奉阴违、自行其是；要遵循民主集中制，不独断专行、软弱放任；要依法行使权力，不滥用职权、玩忽职守；要廉洁奉公，不接受任何影响公正执行公务的利益；要管好配偶、子女及身边的工作人员，不允许他们利用本人的影响谋取私利；要公道正派用人，不任人唯亲、营私舞弊；

要艰苦奋斗，不奢侈浪费、贪图享受；要务实为民，不弄虚作假、与民争利）办事，严格遵守国有企业领导人员“不得在企业改组改制和破产、资本营运、产权交易过程中擅自决策或为个人和亲友谋取私利；不得在招标采购中收取回扣；不得在企业重组改制和破产中损害国家和职工合法权益”的新规定，开展学习党内两个《条例》[《中国共产党党内监督条例（试行）》《中国共产党纪律处分条例》] 活动，预防职务犯罪。

2004 年，市局领导班子向全市系统作出六项廉政承诺：认真执行党风廉政建设责任制；认真执行党的干部路线，坚决抵制“跑官要官”歪风；认真执行“四大纪律、八项要求”，带头遵守党纪国法；严于律己，坚决拒收红包、礼金；严格管教，从严约束亲属和身边工作人员；廉洁奉公，严禁在经济活动中以权谋私。11 月，明确凡是领导班子成员特别是主要负责人参与赌博的，一律给予党纪政纪处分。凡是对直接管辖范围内党员和干部参与赌博的问题不制止、不查处或者隐瞒不报、压制不查，以致所辖地方和单位党员和干部参与赌博之风屡禁不止的，严肃追究党政领导班子主要负责人及其他有关负责人的责任。

2005 年 2 月，市局党组行文，明确要求：领导干部不许违反规定收送现金、有价证券和支付凭证；不许“跑官要官”；不许放任、纵容配偶、子女和身边工作人员利用领导干部职权影响经商办企业或从事中介活动谋取非法利益；不许参与赌博；不许借婚丧嫁娶之机收钱敛财，违反规定的严肃查处。同时，严厉整治“跑官要官”“买官卖官”的不正之风，坚决防止和杜绝干部“带病上岗”和“带病提拔”的现象。

2006 年 6 月，根据省局党组文件，对七种“不在状态”情况的处级干部分别采取免职、轮换、交流任职等组织措施。12 月，通过民主测评方式对科级干部的“德、能、勤、廉、绩”进行考核，并对单位（部门）进行年度目标考核，考核结果分为“优秀、称职、基本称职、不称职”四档。在考核中被评定为“基本称职”且得分在班子中居末位的，由市局（公司）党组对其进行谈话；在市局（公司）机关部门的正职得分居末位的，副职得分居倒数第一、第二位的，由市局（公司）党组对其进行谈话；在考核中被评定为“不称职”的，经组织核实后，责令辞职。

2007 年，开展“领导干部‘两个至上’在岗位，抓班子、带队伍、促发展、创和谐”主题实践活动。12 月 13 日，对获奖选手进行颁奖。

2008 年，开展学习型领导集体创建活动。把执行“一岗双责”作为考核和评价各级领导干部的重要指标。从 2008 年开始，将主体责任落实情况纳入干部年度述职述廉报告，把党风廉政建设责任制的相关内容列入年度综合考核。

2009 年 2 月，市局党组行文明确中心组学习内容、次数和时间等要求，以提高各单位领导班子中心组学习质量。3 月，对全市中层干部进行考核。考核居前 2 位的正职、前 3 位的副职，在下年度奖励职级工资薪酬档上浮一档或按照上浮的金额标准发放一次性奖励。在总体评价中“不称职”票数超过三分之一的或被考核评定为“不称职”的，经组织核实后，责令辞职。4 月底，组织学习贯彻国家局《烟草行业干部选拔任用工作廉政监督暂行规定》（国烟党〔2009〕19 号），坚持德才兼备、注重实绩、群众公认的选人用人原则，防止和纠正选人用人上的不正之风，各级纪检监察机构对本单位的干部选拔任用程序和结果实施廉政监督、审核。是年，对永兴、安仁、宜章、临武、桂东、汝城 6 个县局（分公司）的正职进行交流调整，全市共调整交流正科级干部 6 人、副科级干部 5 人；新提任正科级干部 2 人、副科级干部 9 人、非领导职务 12 人，优化市局党组管理干部的年龄、知识和专业结构；结合人力资源体系建设，对安仁县局（分公司）和天泰公司的 9 个副科级职位进行公开选拔；安排 3 人到基层烟草站挂职锻炼（副站长）。

2010 年，全市系统开展科级管理人员跟班学习活动。共 40 名科级管理人员从 3 月起分 5 期（每期 2 个月），分别到长沙或常德卷烟厂跟班学习先进管理经验。4 月，完成全市系统科级管理人员后备干部民主推荐工作，建立后备干部人才库，并实行动态管理，安排5人到基层站挂职锻炼（副站长）。5月，面向全市系统进行副科级管理人员公开选拔工作，经过笔试、面试、考察和市局党组研究决定，16人被选拔到中层管理岗位。是年，对嘉禾、永兴、资兴、临武、桂东5个县局（分公司）的正职进行交流调整，对9个县级局和天泰公司的领导班子进行调整充实，调整补充市局部分科室正、副职。是年，调整交流22人，新提拔副科级领导干部16人，提任“一把手”2人、非领导职务8人，到年龄免职13人。

2011年，把落实“两项工作”情况作为领导干部及其所在单位（部门）工作业绩考核的重要内容。各级领导班子成员在具体工作中做到“五个不准”（不准违背党组议事规则，严格按照规定的程序议事；不准在工程招标、物资采购等工作中向有关部门打招呼；不准配偶、子女个人经营与卷烟有关的业务和利用本人的影响与职权谋取私利；不准在提拔任用干部的过程中违背《党政领导干部选拔任用条例》和国家局《机关及直属单位领导干部选拔任用工作实施办法》；不准擅自决定对外投资、借贷、担保等重大事项）。

2012年，首次把经营管理和党风廉政建设两项成果作为考核和评价单位和干部业绩的主要标准。自2012年起，将“三重一大”制度落实情况纳入班子民主生活会内容、述职述廉、监督职责权限、日常督查，并作为对直属单位领导人员考核、考察和任免的重要依据。

2013年4月，贯彻中央密切联系群众、改进工作作风的“八项规定”精神，严禁公款高消费、公款旅游、超规格接待、超标用房、公车私用等。5月，明确每位领导干部每个月至少1次到联系点开展督导工作，采取听取工作汇报、深入调查研究、实地督导检查、总结推广经验、解决实际问题等方式，推动开展联系点各项工作，并做到“八要八不要”和“六不准”。出台制度明确党组会议题范围、要求及报审程序，提高党组会议事质量和效率。

2014年，贯彻落实国家局《关于加强行业基层服务型党组织建设的意见》要求，建设基层服务型党组织，达到“六有”目标（有坚强有力的领导班子，有本领过硬的骨干队伍，有功能实用的服务场所，有形式多样的服务载体，有健全完善的制度机制，有群众满意的服务业绩）。12月，贯彻落实省局要求，将党组中心组学习参学人员范围扩大至各单位（部门）主要负责人。党组会坚持民主集中制、少数服从多数、充分发扬民主、不临时动议、严格保密纪律、“一事一议”等原则，主议“三重一大”及其他需党组研究的事项；把直接联系群众工作情况列入基层党建工作范围，作为民主评议党员和党员干部年度述职述廉的重要内容。

2015年5月，市局党组部署全市系统处级以上干部“三严三实”专题教育，并结合作风大提质活动开展。由党组书记带头讲专题党课，党组中心组开展专题学习研讨，突出在“修身做人、为官用权、干事创业”三方面的作风整改。按照《党政领导干部选拔任用工作条例》和行业有关制度规定，制定《市局（公司）机关部门副职空缺岗位竞争上岗工作实施方案》。规范干部选拔任用程序，防止“带病提拔”。是年，每月安排1天作为局领导接待日，由局领导轮流值班接待，建立完善干部值班、安全保卫值班“双岗制”，落实24小时值班制。

2016年，将严格落实意识形态工作责任作为党组中心组学习督查、党组书记述党建和机关党建工作责任制考核的重要内容；按照省局部署，将五大发展理念作为各级党组中心组学习的重要内容。严格执行领导干部谈话、提醒、函询、个人事项报告等制度。开展干部选拔任用全程纪实。对“三超两乱”、个人事项报告、兼职和出国（境）管理等进行专项整治。全面自查干部职工任职回避情况、领导干部亲属经商及在与烟草行业有业务关联单位从业情况。是年，完成市局5个部门主要负责人的选拔任用工作。

2017年，印发《严肃党员领导干部党内政治生活实施细则》，禁止党员领导干部党内政治生活自由主义、分散主义、好人主义、个人主义；将所有选人用人工作纳入党组会决策范围。把民主生活会开展情况纳入领导班子及其成员履行全面从严治党责任考核范围。落实政治纪律工作报告制度；实行党内请示报告制度。将党建监督检查结果和问题处理情况作为党建责任考核、党风廉政建设责任制考核、年度综合考核的重要内容；将指导基层联系点党建工作作为履行“一岗双责”的重要内容。

2018 年 4 月，各级党组把理论学习中心组学习列入重要议事日程，纳入党建工作责任制和意识形态工作责任制。8 月，学习贯彻国家局《关于进一步激励广大干部新时代新担当新作为的意见》，重点解决干部不想为、不能为、不敢为等问题，并建立容错纠错机制。11 月，贯彻落实省局巡查要求，围绕落实“两个维护”、学习贯彻习近平新时代中国特色社会主义思想、选人用人和基层党组织建设、党风廉政建设等方面开展政治体检。

2019 年，在全市系统开展“抓班子　带队伍　强素质”学教活动。开展集中学习、专题辅导讲座、专题讨论、“大家谈”征文比赛、结对帮扶、选树榜样、巡回宣讲等系列活动，签订“抓班子　带队伍　强素质”责任状，在内网设置活动专题，刊发《浓香》专刊，梳理印发风险隐患、问题清单，针对性开展整改。

2019 年 7 月，全市系统党组中心组学习警示教育在桂东县军规广场举行

2020 年 3 月，出台《县级局领导班子和领导干部考核工作方法》。按照干部管理权限，采取平时考核、年度考核、专项考核、全面考核等形式，对各县级局领导班子和领导干部的政治素质、履职能力、工作成效、作风表现等进行了解、核实和评价，并作为加强县级局领导班子和领导干部队伍建设的重要依据。考核结果为基本称职的，进行诫勉谈话；连续两年为不称职的，予以免职。4 月，贯彻落实《中共中央关于加强党的政治建设的意见》和国家局党组制定的具体措施，加强对领导班子民主生活会的督导，探索实施“叫停机制”，并开展政绩观专题教育。28 日，市局（公司）党组书记、局长、经理高志强主持召开党组扩大会议，部署政治生态突出问题全面整改。6 月，贯彻落实《中国共产党重大事项请示报告条例》要求，明确县（市）局党组向市局党组请示、报告、报备事项清单及全市系统党员、领导干部向党组织请示、报告事项清单。

第二节　政治思想建设

2003 年，全市系统各单位将领导班子建设和党务、廉政、职工思想政治教育、培训、宣传工作纳入政工目标考核范围，做到党员与非党员职工的政治思想建设有机结合；年终进行考核，不达标者，取消单位评先评奖资格。从 3 月开始，在全市系统贯彻落实行业上级和市直工委要求，组织干部职工学习贯彻中共十六大精神，兴起学习贯彻“三个代表”重要思想新高潮活动。开展“两个务必”再教育和“三德”（社会公德、职业道德、家庭美德）教育，突出“优质服务、敬业诚信、创建文明行业”主题活动。年中，结合党员评议，继续开展表彰全市系统先进基层党组织、优秀共产党员、优秀党务工作者活动，此后各年成为惯例。是年，贯彻落实市委要求，在全市系统开展“三个倍加”（倍加顾全大局，倍加珍惜团结，倍加维护稳定）学习教育活动和市直机关党建“创先争优”活动。8—9月，开展“三个代表”重要思想专题讨论35次，在《郴州烟草》开辟“三个代表”重要思想学习专栏，学习《民主集中制的组织原则》《“三个代表”重要思想学习纲要》《关于加强和改善党的作风建设的决定》等几十篇文章。组织党员学习修订后的《中国共产党章程》。

2004年5月，贯彻落实市委、市政府的要求，开展“三看三想三帮”教育活动，市局（公司）党组结合实际，新增“三帮”内容（帮助贫困地区改变贫困面貌，帮助困难户和低收入家庭改善生活状况，帮助犯错误的人振奋精神，改正错误）。11月，组织学习贯彻中共十六届四中全会精神。是年，组织400余名党员参加《中国共产党党内监督条例（试行）》理论考试，组织副科级以上党员干部参加“三个代表”重要思想理论考试。

2005年1月，中共中央决定：用一年半左右的时间，在全党开展以实践“三个代表”重要思想为主要内容的保持共产党员先进性教育活动。3月，印发《关于举办“做时代先锋　展郴烟风采”优秀共产党员先进事迹巡回报告会的工作方案》和《关于举办“永葆共产党员先进性促进郴州烟草发展”论坛活动的工作方案》，确定6名优秀共产党员组成先进事迹巡回报告团，评选12篇论坛论文。自4月起，全市系统开展社会主义荣辱观教育，学习贯彻“八荣八耻”，并纳入年度政工目标考核和“四好”领导班子评比的重要内容。6月，根据国家局、省局精神，开展“牢固树立‘国家利益至上、消费者利益至上’的价值观”大讨论，开展“两个至上”专题教育活动。7月，在全市系统开展“四好”（政治素质好、经营业绩好、团结协作好、作风形象好）领导班子创建活动，明确与加强党建工作、与开展保持共产党员先进性教育活动相结合，每两年评选1次，每次评选2个。10月，省委、省经委、省国资委、省总工会授予市公司“湖南省思想政治工作优秀企业”。

自2006年4月起，贯彻落实市委要求，在全市系统开展“创建学习型党组织，争当学习型党员”活动。5月，执行国家局党组下达的《关于加强烟草行业党的先进性建设的意见》（国烟党〔2006〕31号），开展党的先进性建设工作，建立学习教育、队伍管理、行业先锋、联系群众、民主参与、激励引导、组织工作、组织建设“八大机制”。7月，开展向烟草行业践行社会主义荣辱观模范职工王兵及烈士高荆洪学习的活动。

2008年8月，市局党组印发《创建市级基层党建示范点工作方案》，在全市系统开展践行“两个至上”，建设“三个之家”（党员之家、干部之家、人才之家），树立“四可”（可靠、可信、可亲、可敬）形象活动。

2009年3—8月，贯彻落实中央、省委、市委指示精神，在全市系统开展深入学习实践科学发展观活动。5月，印发《全市系统职工思想动态信息收集上报和反馈工作管理办法（试行）》。针对职工关注的热点、难点、焦点问题，开展思想政治工作，并实行月（季）报表和督办制度，此举一直在沿用。

2010年4月，印发《廉政文化进烟站活动实施方案》。通过开展廉政文化教育，提高员工思想觉悟和廉政意识。自6月起，按照中央、省局和市委统一安排，用两年半时间在全市系统党的基层组织和党员中开展“讲党性、重品行、做表率”创先争优活动，要求先进基层党组织做到“五个好”（领导班子好、党员队伍好、工作机制好、工作业绩好、群众反映好），优秀共产党员做到“五带头”（带头学习提高、带头争创佳绩、带头服务群众、带头遵纪守法、带头弘扬正气）。7月，将党的基层组织和党员“创先争优”活动的考核评比情况作为优秀基层单位创建“四好”领导班子评比、领导干部年度考核和综合考核的重要内容。

2011年7月，加强对党组和行政领导班子贯彻落实上级有关政策决定、落实党风廉政建设责任制、民主集中制的监督，对局（公司）领导班子成员（含副处级干部）廉洁自律、个人重大事项报告、述职述廉的监督。是年，将践行“两个至上”共同价值观纳入领导干部思想政治建设和年终述职述廉述学内容，作为“四好”班子建设和年度综合考核的重要内容。

2012年8—10月，在全市系统开展“235”（践行“两个至上”、做到“三个始终”、树立“五种意识”）主题教育实践活动。“三个始终”，即始终把维护烟农利益放在心上，始终把为零售户提供优质服务作为流通企业根本任务，始终把调动全体员工积极性、主动性、创造性作为一切工作出发点。“五种意识”，即责任意识、忧患意识、公仆意识、民主意识、创新意识。是年，建立“党员先锋示范岗”“先进基层党组织示范窗口”；开展党员佩戴党徽活动；组织1期新任支部书记业务培训。

2013年，不再签订《政工目标管理责任书》，将党务、廉政、政治思想教育等纳入党建工作考核范围。出台《政工党群工作信息系统建设方案》，使党的组织建设和群团组织工作更加规范高效。4月，开展“两型”示范机关创建活动，通过“创先争优”，巩固“党建创先争优活动先进基层党组织”荣誉。加强经常性教育，推进中心组学习制度化、规范化、常态化，使学习有计划、有目标、有报告、有痕迹、有效果。是年，深入推进学习贯彻中共十八大精神和新《中国共产党章程》；并在全市系统贯彻中央“八项规定”精神，改进工作作风。5—11月，贯彻落实市委、市政府要求，开展“四型”机关创建工作。建立党员干部学习档案，将党员干部的学习情况作为分析评议党员、年度考核、评先评优和提拔使用的重要依据。9月，做好政工党群工作信息系统模块设计、资料收集、预算等工作；“四型”机关创建活动顺利通过市委创建办阶段性考核。

2014年2月，成立党的群众路线教育实践活动领导小组。党组书记、局长、经理黄国联任组长，党组成员曹健、刘湘江、王建平、阳关云任副组长，并建立实践活动联系点。3月，省局（公司）群众路线教育实践活动第一督导组进驻市局（公司）指导党的群众路线教育实践活动；召开全市系统群众路线教育实践活动动员大会，全面启动党的群众路线教育实践活动。12月，市局机关建立“学习日”制度，将每周五下午定为学习日时间。通过集中学习、调查研究、兴趣小组、个人自学等方式学习政治理论、业务、法律法规等知识。其中，局机关统一组织的集中学习每年不少于4次，各部门或党支部每月至少集中学习1次以上。是年，按照中共中央部署，开展培育和践行社会主义核心价值观学习教育活动。按照省局部署，抓好“三型”（学习型、服务型、创新型）党组织创建工作；获得市直机关“‘四型’机关创建工作先进单位”和“党建创先争优活动先进单位”；获得全省系统“心系群众、行在作风”征文活动一等奖1人、二等奖2人；获得全省系统“心系群众、行在作风”演讲比赛二等奖（第三名）。

2015年4—12月，在全市系统开展“崇德守法·感恩奉献”主题教育活动。8月，在全市系统开展“讲主题党课、倡感恩奉献”微型党课宣讲活动，共制作微型党课视频13部。9月，开展学习省局“八个更加懂得”（更加懂得珍惜、感恩、学习、奋斗、敬畏、坚强、尊重、舍得）见行动活动。具体活动内容为“在岗位、讲奉献”“在服务、讲尊重”“我想说、制作郴烟公开课”“大家谈、写体会”。10月，根据党员干部常态化学习制度要求，规范党支部月度工作学习重点、计划等。是年，在全市系统全体党员干部中开展“三严三实”专题教育；《悟道爱莲说》荣获全省系统“讲主题党课、倡感恩奉献”微型党课一等奖。

2016年5月，召开全市系统“两学一做”（学党章党规、学系列讲话，做合格党员）学习教育动员大会。明确市、县两级党组领导班子成员联系基层抓党建、带头参加基层党内活动的工作要求。党组主要负责人严格履行“第一责任人”责任，带头履行全面从严治党主体责任。发放新《中国共产党章程》《习近平

2016年7月，全市系统“两学一做”推进会召开

总书记系列重要讲话读本（2016年版）》《关于新形势下党内政治生活的若干准则》《中国共产党党内监督条例》等学习书目1143套。6月，市局（公司）制作推荐的《恒养好习惯 功成好作风》荣获全省系统“两学一做”主题党课宣讲比赛二等奖。7月，以庆祝建党95周年为契机，开展“重温入党誓词”“手抄党章”系列活动；专项部署2008年以来党费补缴工作，根据中组部相关标准清理测算，全体党员每人补缴数百元、上千元不等。是年，市局机关成立党支部工作考核领导小组，机关党委书记任组长，机关党委委员和各党支部书记任成员。按照中央和省、市直工委对党建工作的要求，把党支部工作分解为组织建设、思想建设、作风建设、制度建设、反腐倡廉建设、“两学一做”6大项33小项进行量化考核。

2017年，规范党员教育管理制度。6月，推进全市系统“两学一做”学习教育常态化制度化。7月，组织为期3～7天的基层党组织书记轮训。是年，按照国家局、省局要求，把党建工作要求写入公司章程，明确组织、机构、编制和党务工作人员设置；将“三会一课”等党内政治生活落实情况纳入对县级局（分公司）和机关支部党建工作的考核范畴，明确党建工作考核办法；进一步明确基层支部党内教育、支部活动、讨论交流、谈心谈话、组织生活会、民主评议党员等具体要求。开展基础党务“标准化、规范化、痕迹化”评比交流活动和困难帮扶、现场交党费等主题党日活动，不断提高党员政治觉悟和思想意识。10—12月，学习贯彻中共十九大精神，发放中共十九大文件及辅导读物3900余册。是年12月至2018年3月，在全市系统开展“领导分队带头宣讲中共十九大精神”活动。31个领导分队深入基层联系点、扶贫点开展专题宣讲50余场。

2018年3—4月，市局对各单位学习贯彻中共十九大精神进行专项督查，对每个县级局均延伸抽查1个党支部。教育引导干部职工强化“四个意识”、坚定“四个自信”、强化“三个担当”、做到“三个带头”、突出“五个过硬”。是年，创新搭建“五个一”（一个楼层阵地、一个宣传专栏、一条音频广播、一个微信平台、一个宣讲团队）宣传平台。市局机关建立党建微信平台；资兴市局以“八有”标准打造党员活动室；桂阳、嘉禾、永兴、安仁县局推进“一站一部”党组织建设模式，合理构建全市系统“大党建”工作格局。购发《十九大党章学习手册》《中国共产党第十九次全国代表大会文件汇编》《习近平谈治国理政》（第二卷）等辅导读本；开辟内部网站和内刊专栏，运用“郴烟党团服务干线”微信公众号等新媒体宣传中共十九大精神；桂阳县局“金叶之光”连续10期刊发中共十九大精神解读；嘉禾县局开设“夜校课堂”，用“大白话”送中共十九大精神进烟区、入农户；宜章烟草施行中共十九大精神“日周月”集中学习计划。市局（公司）拍摄行业党员教育电视片《把支部建在烟站上》《共产党员的担当》和党建宣传片《初心前行》，其中《把支部建在烟站上》荣获行业党员教育电视片观摩交流活动三等奖。

2019年3月，制定《全市系统党建工作责任制实施办法》《基层党建工作考核实施细则》。形成各级党组履行主体责任、党组书记承担第一责任、分管领导承担直接责任、班子成员分管负责、各级基层党组织齐抓共管的党建工作格局，建立党建工作责任落实情况报告制度，各级党组每年向上级党组报告党建工作责任落实情况，党组班子成员每年向所在党组报告党建工作履职情况，并将党建工作考核纳入领导班子和领导干部综合考评体系，考核权重不低于20%，考核结果与职务任免、薪酬、奖罚等挂钩。6月，征集“悟初心、守初心、践初心”微党课作品13部。从10月开始，在全市系统开展“不忘初心、牢记使命”主题教育。11月，举办“重温党史国史、铭记初心使命”经典诵读会。是年，开展为党员过“政治生日”活动；开展党员志愿服务活动19场，586人次，为身边群众办实事好事268件；召开全市系统党的建设工作会，对381个问题的整改情况进行“回头看”。年内，征集建言献策主题文章152篇，推荐“好班子好团队”31个、“干事创业”好典型好模范53人。

2020年3月，贯彻落实省局要求，开展全市系统党员干部政绩观专题教育。4月，组织党员听取省局“中共十九大会议精神宣讲团”讲课，并学习《中国共产党党员教育管理工作条例》《2019—2023年全国党员教育培训工作规划》；举办全市系统党组织生活创新案例分享交流会，现场分享19个案例。6月，出台《全市系统2020—2022年党员轮训工作方案》。9—10月，全市系统学习贯彻中共中央总书记习近平在湖南考察时的系列重要讲话指示精神。12月，巩固深化“不忘初心、牢记使命”主题教育成果，学习贯彻中共十九届五中全会精神；贯彻落实省局党组《关于进一步落实“三会一课”制度实施意见的通知》。是年，采取“线上＋线下”“课堂＋基地”等形式，分层分类开展党员轮训；发放《习近平谈治国理政》（第三卷）《党的十九届五中全会〈建议〉学习辅导百问》等书籍1700余册。开展全市系统党员教育电视片观摩交流活动，征集13部作品，其中《微光》获得全省系统第三届党员教育电视片观摩交流活动一等奖；组织参加市直单位“学用新思想、建功新时代”党建理论知识竞赛活动；市局（公司）党建工作经验刊发于《郴州机关党建》2020年第4期经验交流栏目。

第三节　制度建设

2003年，全市系统政治工作和廉政监督制度根据形势发展需要，与时俱进，停用和废止部分过时制度，及时建立、修订、出台新规章。2月，印发《关于在全市系统实行“谈话提醒制度”的决定》。3月，印发《关于确保政令畅通实施责任查究的暂行办法》《关于巩固和深化预防职务犯罪工作的决定》《关于在全市系统全面推行政务公开的意见》《政务公开工作考核办法》和《关于对政务公开工作中违纪行为追究党纪政纪责任的规定》。4月，印发《党组工作规则》和《重大事项报告制度》。年内，修订《组织生活制度》《三会一课制度》《民主评议党员制度》《廉政制度》《发展党员制度》和《两公开一监督制度》等制度。

2004年4月，贯彻落实国家局《烟草系统领导班子后备干部管理办法》（国烟党〔2004〕25号）。9月，贯彻落实省局《五项廉政承诺》（湘烟党〔2004〕233号）。11月，贯彻落实中纪委、组织部《关于严肃查处党员和干部参与赌博的通知》精神；印发《烟草专卖行政执法纪律及违纪处理办法》《诚信首问（首办）责任制实施办法》。

2005年2月，贯彻落实省纪委、组织部《关于切实解决领导干部廉洁自律和干部选拔任用方面突出问题的通知》；印发《关于禁止赌博的规定》。3月，印发《党风廉政建设责任保证金制度》。5月，印发《效能监察暂行办法》，以“六化”（决策科学化、行政规范化、管理制度化、管理高效化、行政服务化、行政诚信化）为目标，推行政务公开制度、一次性告知制度（对来人办事须将程序、所需证件资料等一次性告知）、办事和审批限时办理制度、首问责任制度和首办责任制、服务承诺与诚信服务制度、考勤制度、廉政制度、工作纪律、责任追究制度、投诉查处制度、机关效能建设监督员制度、评议考核制度等。11月，印发《效能责任追究暂行办法》《效能投诉处理暂行办法》《效能建设投诉中心工作制度》《聘请效能监督员制度》等。

2006 年 4 月，联合市人民检察院印发《关于深化烟草行业预防职务犯罪工作实施方案》。6 月，第一次修订《党组工作规则》。

2007 年 10 月，为加强重点领域的防腐廉政监管，印发《合同管理办法》。对各相关人员职责和权限、合同办理程序、合同委托代理、合同履行、违约与纠纷处理、合同监督与检查等方面进行规范。

2008 年 4 月，印发《关于开展“服务基层促发展、创优环境保和谐”活动的意见》。9 月，印发《行风监督员选聘及管理办法》。10 月，印发《机关工作过程考核实施细则（暂行）》。12 月，印发《日常监管工作方案》，创新推行“一案双报告”制度，实现信息共享；印发《表彰奖励管理暂行办法》，对表彰奖励的分类、形式、申报评定程序、各层次获奖的奖金标准等作出规定；印发《推行“明示与承诺”制度实施方案及暂行办法》和《推行“明示与承诺”制度资料汇编》。是年，制定和修订《固定资产购置物业维修投资建设项目审批及业务流程的有关事项规定》《招标采购活动廉政监督工作暂行规定》《对打叶复烤企业内部管理监督实施办法》《烟叶收购、二次验收、销售工作纪律及违纪责任追究暂行规定》等 19 项制度。

2009 年 2 月，贯彻国家局《烟草行业干部选拔任用工作廉政监督暂行规定》（国烟党〔2009〕19 号）；印发《党组中心组学习制度》。4 月底，贯彻执行国家局要求，印发《关于加强物资采购、工程投资项目廉政监督工作的通知》。10 月，印发《评先评优管理暂行办法》，专门明确评选“十佳员工”“明星员工”“先进集体”的条件、名额比例、评选程序、奖励额度。是年，根据国家局和省局有关法规和政策，结合郴州实际，出台《关于加强领导班子建设的实施意见》《全市系统科级管理人员选拔任用工作暂行办法》《全市系统科级管理人员交流暂行办法》《全市系统科级管理人员后备干部管理暂行办法》《全市系统县级局领导班子及科级领导干部综合考核评价办法》；第二次修订《党组工作规则》。

2010 年 7 月，印发《表彰奖励管理办法》，明确奖励认定程序、奖项分类和奖金标准。是年，对领导干部年度考核制度进行重大改革：实行末位淘汰制。考核末位者，任同级职务满三年的正职被免职或解聘后改任主任科员，聘任为副职；副职被免职或解聘后改任副主任科员。8 月，印发《物资设备采购管理程序规定》。

2011 年，重申《党政领导干部选拔任用条例》和国家局《机关及直属单位领导干部选拔任用工作实施办法》。7 月，贯彻国家局、省局文件精神，印发《深入推进办事公开民主管理工作实施办法（试行）》，包括《公开事项预审制度》《依申请公开制度》《民主管理监督制度》《工作评议制度》《问责制度》《办事公开（对外、对内）公开名录》，此后，每年根据实际情况调整公开名录；印发《加强纪检监察监督管理办法》和《采购项目审计管理办法》，对审计部门在采购项目（含投资项目）的事前、事中、事后开展审计监督进行规范。11 月，印发《廉政风险防控管理工作考核暂行办法》，实行百分制考核。12 月，印发《工程投资、物资采购、宣传促销项目管理办法》和《运行湖南烟草商业招标采购监管系统实施细则》。是年，完成《“两项工作”考核细则（试行）》等 34 项制度的废、改、立。

2012 年 3 月，印发《工作人员作风问责暂行办法》。7 月，印发《全市系统关于贯彻落实“三重一大”决策制度的实施意见》。11 月，印发《廉政风险防控管理工作考核暂行办法》。是年，基本完成《2008—2012 年惩防体系实施纲要》及《实施意见》中明确的工作事项，基本建立较完善的反腐倡廉制度体系；印发《“三项工作”管理委员会工作职责和议事规则》，梳理基层党委（党总支）、支部工作制度，健全党组（党委）议事规则 7 个，完善党内信息库。

2013 年 4 月，按照市委及市直属单位《开展“两型”示范机关创建活动实施方案》要求，制定《党建“创先争优”考核细则》。5月，印发《关于建立领导干部联系点制度的通知》和《进一步规范和完善党组会议制度》。6月，印发《认真贯彻落实〈十八届中央政治局关于改进工作作风、密切联系群众的八项规定〉的实施细则》。8月，印发《采购管理实施办法》。9月，印发《标准化党务工作流程》。10月，再次修订《合同管理办法》。11月，印发《工作人员违法违纪行为处理规定（试行）》。12月，中央印发《建立健全惩治和预防腐败体系2013—2017年工作规划》，国家局印发《贯彻落实中共中央〈建立健全惩治和预防腐败体系2013—2017年工作规划〉实施办法》，此后，市局每年根据工作实际印发分解方案。

2014年，将领导干部每月至少1次到联系点开展工作的制度要求，调整为每月至少2次到联系点或其他基层单位开展工作，每年调研时间调整为不少于60天。3月，印发《行政审批电子监察工作责任追究暂行规定》。4月，根据国家局新下发的《烟草行业办事公开民主管理工作补充规定》，把“八个必须”（采购目的、采购内容、关键节点、公开范围、公开时间、公开方式、公开载体、监督渠道八个方面内容必须公开）要求落实到具体环节。6月，印发《兼职纪检监察员选聘及管理办法》。7月，印发《物资、工程和服务采购项目供应商管理办法》，对供应商的参与招标的资质、信用评议考核进行规范。12月，修订《工作人员作风问责办法》。12月，制定和修订《机关常态化学习制度》《党组中心组学习制度》《党组议事规则》。根据中共中央《关于完善党员干部直接联系群众制度的意见》和“八项规定”、国家局“九条要求”有关精神，印发《关于完善党员干部直接联系群众制度的意见》。是年，修订《公车私用十条禁令》《公务接待管理办法》等12项制度。

2015年1月，第三次修订《党组工作规则》；印发《优化内外发展环境首问责任制度》《局领导接待日制度和干部值班制度》。3月，公布相关规范性文件清理结果：对1983—2013年发布的规范性文件进行清理，经过各职能部门和规范性文件清理工作领导小组办公室核定，共清理367份。其中，继续有效的133份，废止206份，失效28份。4月，修订《郴州市烟草商业系统问责规定》《项目建设廉政风险防控一览表》。5月，印发《廉政风险预警管理办法》。6月，出台《关于处理与烟农专业合作社关系的十条禁令》。8月，修订《合同管理办法》。9月，为全市系统各单位签订合同提供范本，印发《经济合同范本》，共7大类23例；印发《法律风险识别清单》，列出法律风险识别点237项。10月，修订《党员干部常态化学习制度》，发放《关于党和国家工作人员操办婚丧喜庆事宜的暂行规定》等制度汇编手册1800份。

2016年4月，印发《机关党支部工作考核办法》《加强党组织关系接转管理暂行办法》《全市系统党建工作制度汇编》。建立健全“三会一课”、组织生活、党员发展等14项制度，并进一步扩大办事公开项目。7月，贯彻落实总公司“三个保障机制”，印发《“办事公开 民主管理”工作评价评估办法》。8月，印发《烟用物资采购廉政风险责任制度》。9月，印发《工作人员违纪违法受处理期间待遇规定》。10月，健全烟用物资采购交易结果的公示信息和交易价格公开制度。12月，创新编发《落实主体责任操作手册》和《落实监督责任操作手册》；第四次修订《党组工作规则》。

2017年4月，印发《基层党建示范点创建工作实施方案》。8月，印发《坚持党的领导加强党的建设实施细则》《基层党组织书记轮训制度》。9月，印发《关于严肃党内政治生活的实施细则》《严肃党员领导干部党内政治生活实施细则》《贯彻落实“三重一大”决策制度监督管理实施细则》《全市系统纪检监察部门监督执纪工作流程》《市局（机关）纪检监察联席会议制度》《全市系统党建工作述职评议考核办法（试行）》《关于试行离退休党支部主题党日的意见》《关于试行离退休党支部“三会一课”纪实管理的意见》《关于试行离退休党员积分管理制度的意见》《关于试行离退休党支部书记“双述双评”工作的意见》，修订《全市系统基层党建工作考核办法》《党建工作述职评议考核工作细则》《市局党组认真贯彻落实十八届中央政治局关于改进工作作风、密切联系群众的八项规定实施细则》《全市系统贯彻落实“三重一大”决策制度监督管理实施细则》；第五次修订《党组工作规则》。10月，印发《谈话提醒工作实施办法（试行）》和《实施谈话与函询暂行办法》。

2018年2月，印发《贯彻落实中央八项规定实施细则的实施办法》。4月，修订《党组（党委）理论学习中心组学习制度》《直属机关委员会党费收缴、使用和管理实施细则》《市局党组党员干部直接联系群众制度》。5月，印发《郴州市基层党组织“五化”建设操作指南》《基层党组织“五化”建设考评细则》；修订《工作人员违法违纪受处理期间薪酬待遇规定》。7月，印发《关于开展基层党建示范点考评验收工作的通知》。8月，印发《因私出国（境）管理规定》；修订《党组（党委）理论学习中心组学习制度》。是年，废除不适用文件73个；先后建立健全16个方面、60多项制度规定，包括公务接待、转变作风、政务公开、党建、工程建设、物资采购、项目管理、干部人事管理、纪律规矩等规章制度，并形成规章制度汇编。

2019年2月，修订《合同管理办法》。3月，修订《采购管理实施办法》和《全市系统党建工作考核评价办法（试行）》；印发《全市系统党建工作责任制实施办法》《网上转移和接收党员组织关系办法（试行）》《党员积分管理办法（试行）》《基层党建工作考核实施细则》《机关党务公开办法》。是年，全市系统制定和修订制度52项。

2020年3月，制定《构建联动党建工作考核体系实施方案》《全市系统党支部标准化规范化建设实施方案》。4月，第六次修订《党组工作规则》；制定《市局机关2020年党建工作责任清单》《全市系统2020—2022年党员轮训工作方案》。5月，制定《关于进一步规范党支部主题党日活动的指导意见》。6月，制定《全市系统示范党支部创建活动实施方案》。7月，修订《问责工作实施办法（试行）》；制定《2020年度全市系统党建工作考核评分细则》。11月，印发《县级局纪检组考核办法（试行）》《关于加强和改进县级局纪检监察工作具体举措的通知》。12月，印发《巩固深化“不忘初心、牢记使命”主题教育成果实施方案》，转发《中共湖南省烟草专卖局党组关于进一步落实“三会一课”制度实施意见的通知》。是年，全市系统建立和修订涉及全面整改工作制度72项；编写《监督执纪文件汇编》，涵盖17个最新党纪条规和省、市局有关监督执纪制度。

第四节　作风纪律与廉政建设

一、作风纪律与廉政教育

2003年，市局（公司）根据效能监察工作的需要，将严肃工作纪律、改进工作作风与规范行业经营管理行为相结合，纳入企业管理工作的整体部署，大力开展作风纪律整顿和廉政教育。通过持续的教育，使党员、干部、员工从思想上树立起拒腐防变的防线。5月，开展“预防警示教育月”活动，组织干部职工学习温家宝在国务院廉政工作会议上提出的“四个不准”和“五个严禁”、省纪委《关于省属国有企业领导人员廉洁从业的有关规定（试行）》及市纪委《关于党员领导干部廉洁自律“十不准”的规定》《中国共产党纪律处分条例（试行）》和《烟草行业行政处分暂行规定》等党纪政纪条规，观看《现身说法说纪》和《共和国反贪风云》等警示教育录像，制作预防职务犯罪大型宣传画50幅、广告语1000张、烟叶“封闭式收购”流程图30幅及《预防职务犯罪工作手册（续集）》，开办确保政令畅通和政务公开栏30

个，创办反腐倡廉和预防职务犯罪文化走廊。此后，每年开展“预防警示教育月”活动。7月，由领导干部带头，组织党员、干部学习中共中央《廉政准则》和中纪委《党政机关县（处）级以上领导干部廉洁自律“五条规定”“新五条规定”“四条补充规定”》，以及企业领导干部廉洁自律的“四条规定”“省属企业领导人员廉洁从业的有关规定”和市委《关于严禁共产党员、国家公务员赌博的暂行规定》，贯彻执行纪委“不要打牌赌博，不要涉足色情场所，不要给建筑领域批条子、打招呼，不要利用职权参与经商办企业，不要收受红包礼金”要求。开展贯彻中共十六大精神推进反腐倡廉调研活动，确定13个重点调研课题。9—11月，按照郴州市委部署，在全市系统开展行风评议活动，分动员、自查、整改、验收四阶段进行，经14位行风评议监督员、6位行风特邀监督员和86位行评代表，向228个相关部门和个人分发《意见（建议）征求表》，群众问卷调查行风满意度达90%以上，市局（公司）被评为行风优秀单位。

2004年5月，全市系统开展学习两个《条例》[《中国共产党党内监督条例（试行）》和《中国共产党纪律处分条例》] 宣传教育月活动。年内，组织学习中纪委“四大纪律”“八项要求”和胡锦涛提出的“为民、务实、清廉”要求。在全市系统建立45个预防职务犯罪文化走廊和工作项目。其中，“封闭式收购预防职务犯罪”被最高人民检察院评为“全国检察系统预防职务犯罪工作百优项目”之一。

2005年2月，全市系统深入开展效能监察，分为宣传学习、建立效能监察工作运行机制、调查研究，选题立项、调查核实，分清责任，建章立制，改进管理、跟踪落实、评估与奖惩、总结提高等阶段。5月，学习贯彻中共中央《建立健全教育、制度、监督并重的预防腐败体系实施纲要》及其《辅导读本》。6—10月，贯彻落实省局精神，在全市系统纪检监察干部中开展“正风气、树形象、强素质”活动。是年，效能监察立项19个，下发调研课题11个。

2006年3月，学习贯彻省纪委、市纪委精神，在全市系统纪检监察人员中开展以“查思想、查作风、查纪律”为主要内容的思想作风纪律整顿，纪检监察人员增强“五种意识”、做到“五个坚持”（增强发展意识，坚持围绕发展抓监管、抓好监管促发展的指导思想；增强员工意识，坚持把维护群众利益作为工作的第一目标；增强法纪意识，坚持科学依法依纪办案的工作理念；增强责任意识，坚持是非分明、奖罚分明的工作原则；增强“以人为本”的意识，坚持优质高效服务）。4月，开展创建基层文明烟草站活动，强化预防警示教育，努力创建预防文化。

2007年，继续开展创建基层文明烟草站活动，持续提高全体员工，尤其是党员的廉洁自律意识。8月，学习贯彻省纪委《省纪检监察系统内部监督工作规则（试行）》和《对纪检监察机关（机构）及其工作人员的信访举报受理和调查处理办法（试行）》。

2008年11月，学习贯彻国家局《烟草行业招标采购活动廉政监督工作暂行规定（试行）》（国烟监〔2008〕127号）。12月，围绕“创优环境，服务发展”的学习教育主题，进一步改进机关和干部作风。年内，组织观看警示电教片2次、4部、1300人次；举办全市系统基建从业人员和纪检监察人员培训班，80余人参训；开展“清风拂金叶”主题廉政征文活动，征文56篇。

2009年4月，学习贯彻国家局《烟草行业干部选拔任用工作廉政监督暂行规定》（国烟党〔2009〕19号）。6月，邀请市检察院预防局专家为收购人员上预防教育课。6—7月，以省局编写的《清风拂金叶》和《警示和戒鉴》为教育读本，开展“读书思廉”教育活动；参加省局网上知识竞赛活动和廉政短信征集活动。9月，学习贯彻《中国共产党巡视工作条例（试行）》《关于实行党政领导干部问责的暂行规定》等条例规定。按照国家局党组提出的“节奏要快、标准要高、工作要实、状态要好”的要求和省局党组的统一部署，印发《关于开展“四要”作风建设活动实施方案》，在全市系统开展作风整顿。11月，开展纪检监察干部业务培训，邀请省局监察处副处长陈新田，市纪委、市检察院多位专家授课。

2010年3月，开展廉政书画征集活动。4月，开展廉政文化进烟草站活动，选择桂阳和平站和嘉禾普满站作为试点，5月验收评估，6—7月在全市1万担以上的烟草站推广实施。各站（点）做到“八个一”（建立一面廉政文化墙，创建一个廉政文化活动室，张贴一批廉政文化标语，建立一套廉政制度，完善一个廉政公示栏，成立一个烟草站民主管理委员会，人手一册廉洁从业手册，一人一篇“读书思廉”心得）。

2011年，参与《全省系统党风廉政建设知识测试题库》汇编，选送7人参赛；在全市系统通报上年3起烟叶收购案件，以身边案例开展警示教育。

2012年10月，贯彻学习《郴州市纪检监察信访监督暂行办法》。组织全市系统1519名干部职工参加廉政风险防控知识网上答题活动，20人居全省系统前100名；资兴市局开展“我的价值观”“我的家庭观”主题教育活动，嘉禾县局开展“四性”（针对性、震撼性、实效性、长效性）惩防腐败警示教育，临武县局“四抓好四增强”推进廉洁文化建设，永兴县局开展廉政警示教育月活动。

2013年4月，市局组织70人参加烟叶技术中心原科研技术员彭某桥受贿案法庭庭审旁听活动。6月、11月，按照省局“纪检监察干部素质提升年”要求，先后组织2期纪检监察干部和兼职纪检监察员培训班，240人参训。8月，全省系统廉政风险防控工作观摩会在郴州召开，打造“五个一工程”（一个廉政教育展示厅，一个烟叶收购风险防控现场，一个廉政风险防控研究课题，一个廉政风险防控体系建设汇报片，一套会议资料）。省局党组成员、纪检组长罗高社在现场观摩结束后指出：郴州市局在党风廉政方面做了大量卓有成效的工作，在推进廉政风险防控工作中的具体做法和经验，值得在全省系统推广应用。市纪委书记龚凤祥在市委局机关第四季度工作季报会上，把市纪委监察局联合市局建成的“清风廉政教育展厅”（位于桂阳县局正和烟草站）作为当年市纪委的一项工作亮点，并明确提出将“清风廉政教育展厅”作为郴州市作风建设和反腐倡廉建设的教育基地。为发挥“清风廉政教育展厅”的教育警示功能，市局将11月定为“警示教育月”，此后一直在沿用。年内，清风廉政教育展厅共接待行业内、外参观者41批1720人次。

2014年，两次修改完善清风廉政教育展厅展示内容，年内接待参观者51批2100余人次，其中包括国家局局长凌成兴和中纪委驻中国社科院纪检组组长张英伟等副部级以上领导，并得到充分肯定。年内，该展厅被市纪委授予“郴州城镇群廉政教育基地”。是年，开展“树清风、倡廉洁”廉政微电影征集创作展播，拍摄作品10部；桂阳县局组织党员干部观看教育片《周恩来的四个昼夜》；嘉禾县局开展集体廉政谈话、“读书思廉”活动和廉政书画作品征集展览活动；宜章县局组织干部员工开展党风廉政知识考试；桂东县局开展党风廉政知识征文比赛；安仁县局组织开展烟叶收购期间廉政风险防控专题教育培训，召集站（点）长、定级员开展廉政约谈，实施预警提醒。

2015年11月，在全市系统开展党风廉政和规范管理知识竞赛活动。是年，召开纪检监察工作座谈会11场次，开展与纪检监察干部个别谈话73人次。分别对9个县级局（分公司）主要负责人、纪检组组长进行“一对一”廉政谈话。

2016年4月，市局贯彻落实省委关于开展“党内法规学习教育年”活动；举办“学准则条例　严纪律规矩”党风廉政建设知识漫画比赛，评选作品12幅；开展警示预防教育40场，廉政文化活动11次、6800人次，市县局党组书记上廉政党课34场次；组织召开纪检监察工作座谈会11场次，与纪检监察干部个别谈话71人次；桂阳县局开展“纪检监察组织建设经验交流会”；宜章县局组织兼职纪检监察员进行专题培训；嘉禾县局聘请专业人士开展预防职务犯罪教育授课讲座；桂东县局开展“征廉政语录、谈廉政故事、写廉政心得”活动，发放《廉洁过节倡议书》；安仁县局组织重点岗位、重点领域党员干部赴桂阳监狱、第一军规广场等廉政教育基地开展警示教育；资兴市局打造楼道廉政文化阵地，通过展厅电子显示屏定期更新版面开展廉政宣教。

2017 年 11 月，开展“崇尚清廉美德、弘扬金叶典范”廉政故事宣讲竞赛活动。是年，开展警示预防教育 75 次，廉政文化活动 26 次、7800 人次。

2018 年 4 月，持续整治“四风”变种问题，开展树新风活动、“工作落实年”作风督查和崇俭戒奢移风易俗活动。组织多轮、多层次学习贯彻新颁布的《中国共产党纪律处分条例》；全市系统开展警示预防教育 86 次，廉政文化活动 25 次、8700 人次；开展“‘诵勤廉典型、弘清风正气’廉洁郴烟人”廉政文化竞赛活动。

2019 年 3 月，市局（公司）举办“廉洁郴烟人”文化知识竞赛

2019 年，开展警示预防教育 68 次，廉政文化活动 57 次、3800 人次，其中永兴县局开展廉洁下基层活动和“唱红歌、颂清廉、扬正气”廉政歌曲比赛；开展任前廉政谈话 145 人次。12 月，为贯彻落实中纪委国家监委和驻部纪检组、国家局、省局工作要求，召开全市系统警示教育暨政治生态突出问题全面整改动员部署视频会议，深刻汲取赵某顺等腐败案件的惨痛教训，全面启动对政治生态突出问题的整改工作。

2020 年 8 月，开展全市系统烟叶收购警示教育大会。11 月，开展“不忘初心、警钟长鸣”主题警示教育月活动；开展全市系统党纪党规知识竞赛活动，教育干部职工算好清廉“七笔账”（政治账、经济账、名誉账、家庭账、亲情账、自由账、健康账）；以汝城县局原专卖股股长戴某忠生产、销售伪劣假烟案件为原型，拍摄廉政教育片《贪欲之祸——“戴某忠违法犯罪案件”反思录》。是年，全市系统开展警示教育活动 54 场、3200 余人次；开展廉政审核 598 人次。

二、预防监督

2003 年，将党风廉政建设纳入目标管理考核内容。各级党组成员实行“签字背书”。市局党组书记与各单位（部门）负责人签订“党风廉政建设责任书”。该措施每年开展，并根据实际需要不断修订目标管理考核的内容，以及责任书的条款内容。纪检与监察部门的工作重点是开展效能监察，即对企业各项事务的运作和履职行为的效能进行事前、事中、事后监督，并以事前介入、事中监督为主，亦即“预防职务犯罪工作”。2 月，对党员、干部中，发现有违纪苗头的，进行谈话提醒。个别谈话提醒按照党员、干部管理权限逐级负责的原则进行；对领导班子集体谈话由上级党政领导共同进行。对经谈话提醒无效、无改进者，出具“纪律检查建议”，或依纪依规予以立案调查处理。3 月，为确保政令畅通、达到令行禁止的目的，按照分级负责、实事求是、“谁主管，谁负责”、依纪办事、层层签订承诺责任书的原则，对党务、政务、廉政、生产经营等方面 24 种违纪行为实行领导责任追究，一经查实，由市局（公司）确保政令畅通工作领导小组下达《查究通知书》，被查究的责任单位一年内取消评先资格；受处分的个人，在处分期内不得晋升职务、不得评先，直至解除劳动合同。发布《关于巩固和深化预防职务犯罪工作的决定》，在巩固烟叶收购环节预防职务犯罪工作成果的同时，把烟叶调拨销售、卷烟销售经营、专卖执法管理、财经秩序、基建项目等环节，纳入预防职务犯罪工作重点范围，把预防职务犯罪工作引向深入。5月，贯彻执行国家局、省局《关于进一步严明人事和劳资工作纪律的通知》要求，加强人事、劳资纪律，并加强监督检查，严肃查处违法违纪行为，坚决杜绝有令不行、有禁不止的行为，确保政令畅通；出台《财经秩序专项整顿工作方案》，从6月起，组织全市系统各单位开展财经秩序专项整顿工作复查，复查2000年以来的财务活动、罚没收入、各类未入账的财物、工业回扣奖励及礼品、"账外账""小金库"和"五条纪律"执行情况等。开展"狠刹公款大吃大喝"专项治理。从7月开始,在全市系统开展禁赌工作。12月，省局纪检组转发省纪委文件，规定省垂直管理部门（行业）、单位的党风廉政建设责任制考核工作，实行属地管理与垂直管理相结合的原则，由地方党委考核、行业上级党委（党组）配合。是年，建立健全重大决策失误追究制度、领导干部离任审计制度、财务审批制度、物资设备公开竞价采购制度和基建工程项目招标投标制度。按照国家局的统一安排，推行行政审批制度改革，取消不必要的行政审批权，防止以权谋私；不断规范权力运行程序，各个岗位和各项职权相互制衡，防止暗箱操作；对工程招标、物资采购比质比价等方面，凡是能够通过市场机制的运作代替行政手段的，均用市场手段来处理；实行"阳光采购"，对建设工程单个5000元、合计1万元以上的，各类设备和配件采购单次3000元、合计1万元以上的，办公用品单个2000元、合计1万元以上的，以及1万元以上的大型活动经费、各种维修、变卖，都必须经本单位经济评审小组进行论证、多家对比评估后方能实施。市局（公司）与市检察院联手，在全市系统形成一个预防职务犯罪工作网络体系，烟叶收购案发率为零，得到省人大、省检察院领导的充分肯定，并将全市系统预防职务犯罪和实行封闭式微机密码收购烟叶的做法作为典型在全省检察系统总结推广。

2004年4月，将清理整顿财经秩序专项工作与预防职务犯罪工作、《中华人民共和国会计法》的执法检查、处理工商分设遗留问题、烟叶货款的清欠工作、卷烟体外循环的专项治理工作相结合。层层签订"专项治理卷烟体外循环工作目标责任书"，建立规范财经秩序的长效机制。6月，根据市委、市政府精神，成立机关作风整顿工作领导小组。主要整顿不思进取，得过且过；作风漂浮，工作不实；以权谋私，以烟谋私；执法不廉，滥用职权；道听途说，污蔑诽谤；贪图享受，参与赌博等不良现象，并印发14项检查验收标准。

2005年3月，市局下发《关于深入开展效能监察工作的通知》，基本形式分事前、事中、事后监察，重点为事前监察。基本方法为直接参与（事前监察）法、效能审计法、综合分析法、目标考评法，要求年内全面建立此机制。下发《2005年度纪检监察工作目标管理考核方案》。出台党风廉政建设责任保证金制度，实施范围为副科级以上干部（县级公司延伸至副股级以上干部），实施办法为单位设立廉政奖励基金，每人每年缴纳一定数额保证金：处级1000元，副处级800元，正科级600元，副科级400元。由纪检监察部门收取，专户存入银行，后交财务保管，纪检监察部门定期检查账户余额，每年通报一次收支情况；个人违纪受到处分，扣除保证金。5月，落实国家局《关于清理在关联企业参股入股问题的通知》精神，对全市系统干部职工在关联企业参股入股者责令一律退出。6月，印发《2005年度整顿规范市场经济秩序工作方案》，成立工作领导小组，下设5个工作组，对烟叶生产经营秩序、卷烟体外循环、财经秩序、工程招标、卷烟市场五个方面进行全面整顿治理，并再次开展"小金库"清理。6月，落实省局《机关干部下基层廉洁自律规定》（共九条），对干部下基层时，发生索拿卡要、收受礼品礼金、接受高档住宿和宴请、公款娱乐、打牌赌博、借车学驾、个人发票到基层单位报账等行为，进行约束，违者予以处分。

8月，执行国家局《关于严格执行购买商业保险管理规定的通知》要求，对利用工资节余为员工购买商业保险、变相发奖的行为予以制止和纠正；贯彻落实市纪委、市监察局要求，严禁党员干部利用子女升学之机大操大办借机敛财。9—10月，建立市局领导班子成员和市局（公司）主管科室定点联系县局（公司）内管监督工作制度。9月，出台《效能建设绩效考核办法》。11月，出台《效能责任追究暂行办法》。

2006年4月，以群众反映强烈的问题和苗头性、倾向性问题为工作重点，加大对烟叶生产经营的监控力度，规范基层烟草站的管理。贯彻落实省局《关于加强对同级领导班子和领导干部监督的暂行办法》。明确对领导班子的监督重点：贯彻落实法律法规和上级政策规定，党风廉政建设责任制，民主集中制，对同级领导班子成员的监督重点是:廉洁自律“十不准”，个人重大事项报告，述职述廉，“三重一大”报告。5—11月，落实省局纪检组转发省纪委、监察厅、财政厅《关于清理“小金库”的通知》要求，开展自查自纠工作。6月，落实省局党组《关于印发贯彻落实中共中央〈建立健全教育、制度、监督并重的惩治和预防腐败体系实施纲要〉的具体意见》（湘烟党〔2006〕18号）文件精神。10月，严禁领导干部利用婚丧喜庆事宜大操大办借机敛财。12月，明确各单位领导班子成员一律不配专车，小车实行“退一进一”，新购车报省局纪检组审批，并严格配置标准。12月，省局纪检组通报，没收桂阳县分公司年初违规购买的两台奥迪小汽车，并责成做出深刻检讨；开展烟叶生产物资的清产核资工作。

2007年4月，按照国家局总体部署，执行省局《关于2007年度全省系统整顿规范和加强内部管理监督工作的意见》，开展推进整顿规范和内部管理监督工作和“两项检查”（烟叶种植收购合同签订和管理，烟草物资购销与生产投入及工程项目建设）工作。对在整顿中查出的问题，边整边改，针对性修改补齐制度，大要案及时查处，以惩治促预防。6月，贯彻执行中央纪委驻国家局纪检组转发中纪发《关于严格禁止利用职务上的便利谋取不正当利益的若干规定》，成立全市系统政务公开领导小组，姜孝清任组长；下设办公室，阳关云任主任。7月，出台《切实改进机关作风工作实施方案》。切实改进机关思想作风、学习作风、领导作风、工作作风和生活作风，聘请黄晓平等19人为市局机关作风监督员。明确收严重混部位、混颜色、混等级的“三混”烟和掺杂使假的“五子烟”的烟草站站长一律降职，正式职工、临时工一律解除劳动合同，单位主要负责人、分管领导一律降职；开展诚信服务和“切实为基层单位办实事”活动。9月，对烟草行政公开的范围、内容、公开形式与程序、制度建设与责任进行规定。明确各部门主管事务可公开事项、公开形式、公开周期、公开程序。

2008年，首次对党风廉政建设责任制进行责任分解，建立健全分级、分线目标负责制，实行“一岗双责”制度。此后，每年均对党风廉政建设责任目标进行分解。是年，把党风廉政建设和反腐败斗争纳入全年工作总体部署，落实《党风廉政建设责任制追究制度》，把抓源头治理工作作为重点，坚持把案件查处作为反腐败斗争的中心环节，将主体责任落实情况纳入干部年度述职述廉报告，把党风廉政建设责任制的相关内容列入年度综合考核范围。各单位根据实际需要聘任行风监督员5～7名，任期3年，续聘一般不超过2届。主要监督行业的社会认同情况，专卖执法人员依法行政情况，生产经营人员优质服务、规范经营情况，从业人员执行廉洁自律、行为道德、作风纪律情况。4月，全市系统开展“服务基层促发展、创优环境保和谐”活动，严肃干部下基层工作纪律。明确不准收受任何礼品；不准打牌赌博；不准参加高消费娱乐活动；不准在基层单位报销任何费用；不准酗酒，中午禁止饮酒，无外单位客人原则上在单位食堂就餐；不准采用打招呼、写条子等形式干扰基层单位正常管理和改革工作。6月，遵照市委、市政府关于对公职人员通信工具捆绑办公电话问题进行清理纠正的通知，市公司本级配置在册的48部“小灵通”移动电话全部上缴市局监察科；成立“烟叶收购工作纪律督查组”，对存在的问题开展自查自纠。是年，从工程规划、设计、招投标、工程质量、资金监管和工程验收等环节对“烟叶基础设施配套工程”建设进行全程监督。针对天泰公司烟叶调进、加工、废弃烟叶及生产废料处理等环节出现的数据偏差较大的问题，市局成立检查调研组，提出整改建议，“客户满意度”由80%提升至100%。9月，成立机关招标采购活动廉政监督工作小组，由纪检监察、审计、法规等部门人员组成，对招标、采购活动进行法规法纪和廉政纪律监督。对固定资产购置、物业维修、“账销案存”资产处理、投资建设项目等项目监督达90余项次，金额达5000万余元。10月，出台机关工作过程考核实施细则，监督考核各部门执行考核的情况、受理和处理有关考核的投诉。对作风效能进行检查监督，禁止在上班时间内发生迟到早退、脱岗虚岗、串岗私岗现象；根据市纪委部署，开展“‘灾后重建下基层，情系百姓解民忧’集中解决信访问题”活动。11月，贯彻执行国家局《烟草行业招标采购活动廉政监督工作暂行规定》。印发通知，重申根据行业工资调控政策和纪律，任何单位和个人不得领取地方政府及相关机构发放的奖金和补贴（科技进步奖除外），要求已领的予以退回，拒不执行该规定的，解除劳动合同。

2009年1月，市局聘请曹卫国等12人为行风监督员。3月，市局（公司）成立以郑雄志为组长的新一届全市系统预防腐败体系建设工作领导小组。增加新规：对物资采购、工程投资项目的实施各环节，需对照廉政监督要求填写《合同廉政监督表》《后续工作廉政监督表》。4月，对天泰公司内部专卖管理情况和派员驻厂制度落实情况进行再监督检查；出台《烟叶收购巡查、驻点督查工作方案》。贯彻执行总公司《关于烟草行业全面预算管理办法和工商企业全面预算管理规程（暂行）的通知》，一切开支均纳入预算管理，形成“先预后用”“无预不支”，从制度上遏制腐败行为的开支来源。5月，重点对全市系统烟草农用物资2006年清产核资报损情况和2007—2009年购销存情况进行核查，对存在的问题下发《监察建议书》，要求限期整改。6月，按照国家局的要求，对重大工程项目实行“一把手”总负责制和分管领导分工负责制，严把规模关、资金关、验收关。加强对现代烟草农业建设项目和招标采购活动的监督。全市系统各单位由纪检监察、审计、法规、整顿办等部门人员组成招标、采购廉政监督工作小组，对招标、采购活动进行全程监督，并对不作为、乱作为行为实行问责制。各单位成立物资采购领导小组，建立完善采购决策程序，各单位选择具有良好记录的供应商，定期综合评价，不合格者予以淘汰。开展“小金库”自查自纠，共查处收缴安保罚款、奖励尾款、未入账门面租金等“小金库”资金40723元。12月，将制度执行力、工程建设、物资采购、广告促销、重大决策、重要人事任免、重大项目安排、大额资金使用、烟叶收购纪律督查、卷烟销售纪律督查、专卖内管监督、烟基建设监督、重大事项招投标现场监督纳入监管重点。每季度抽查，列表记录，发现问题下达《监察建议书》督促整改，监管工作纳入年终考核范围。同月，为规范全市系统干部职工从业行为，着力解决“两烟”体外循环等不规范问题，实行全员明示与承诺，分为宣传教育、实施、完善监督机制三个阶段进行。年内，建立预防职务犯罪监控体系、监控程序、监控周期，建立健全纪检监察、人事、专卖、整顿、审计等部门的案件线索通报、移送制度。

2010年上半年，市、县两级纪检监察部门重点加强对重大工程项目和烟叶“双控”落实情况的监督检查，探索“以资金监管为重点，以科技手段为支撑，变事后案件查处为源头治理，实时监管”的工程建设“制度反腐”模式，重点检查“五个金额数字”（立项概算、设计概算、审核预算、拦标价和中标价）。5月，对12名新任中层副科级管理人员进行任前集体廉政谈话。将日常监管工作的广告促销和专卖内管监督两类改为宣传促销、专卖内管再监督。贯彻执行市委、市政府《关于严禁国家公职人员参与赌博、工作日早午餐饮酒、大办婚丧喜庆事宜的规定》，明确对于七种违规行为，一律予以开除公职。7月，出台《办事公开民主管理实施方案》，明确各部门可公开项目和公开的程序、方法等。是年，开展“小金库”专项治理工作，重点清理控股企业、所属社会团体“小金库”问题。

2011年3月，市局（公司）被列为全市开展制度廉洁性评估工作试点单位，开展制度廉洁性评估工作。4月，把贯彻落实“两项工作（物资采购、工程投资）”与落实党风廉政建设责任制相结合。5月，再次开展“小金库”清理活动。8月，遵照国家局《烟草行业工程投资、物资采购和宣传促销项目管理程序规定（试行）》，把“三项工作”所有环节全面纳入监管范围，并成立市局（公司）工程项目、物资采购、宣传促销管理委员会，党组书记、局长、经理郑雄志任主任，曹健、幸勤、王建平等班子成员任副主任，各部门主要负责人任委员。对公开招标、邀请招标、竞争性谈判、询价、单一来源采购五种方式的适用范围进行界定；开展“两项工作”自查自纠工作，对烟叶收购暨现代烟草农业现场会的所有项目进行检查。是年，纪检监察部门参与和监督中层管理人员公开选拔任用、异动的任前考察、公示和廉政谈话，参与人事制度改革方案、薪酬福利分配方案的制定和实施，参与各项可控费用预算方案的制定，参与大额资金（30万元以上）的招标采购项目，参与固定资产的投资及处置，并严格责任追究。

2012年3月，开展全市系统作风大整顿。对违规违纪、精神不振、政令不畅、纪律不严、工作不实、创新不力、正气不足、为政不廉、贻误工作或造成不良形象的人和事进行追责，视情节轻重分别给予批评教育、扣绩效工资、书面检讨、诫勉谈话、通报批评、责令道歉、停职检查、责令辞职、免职、待岗、解除劳动合同等处罚。明确加强全市系统重点岗位和关键环节廉政风险防控，从岗位职责、工作流程、制度机制等方面查找潜在的廉政风险点，建立前期预防、中期监控、后期处置“三道防线”，形成覆盖全市系统的风险防控体系。7月，明确“三重一大”事项必须由领导班子集体作出决定。市本级廉政风险防控管理考核工作被纳入机关本级绩效考核范畴，每半年考核1次；县（市）局则纳入年度纪检监察工作目标任务考核范围。作为省局重点岗位和关键环节廉政风险防控项目试点的四家单位之一，探索建立具有“两烟”区特色的廉政风险防控模式，取得初步成效，通过排查各岗位，确定权力运行关键环节25个，廉政风险事项84个；对“三项工作”管委会，进一步明确管理职责、管理范围、议事规则、审批程序和项目采购方式，并强调决策过程要形成会议纪要。是年，按照省局部署，开展领导干部家属经商和与关系企业任职兼职自查清理工作；落实省局开展“三项工作”专项检查工作提出的15条建议，完成整改；完成对市局机关现有多元化企业的自查清理工作；开展针对规范卷烟经营行为的督查工作。

2013年，首次明确党组书记、局长、经理对全市系统党风廉政建设和反腐败工作负总责，对市局（公司）领导班子及其成员的党风廉政建设负直接领导责任，对各直属单位正职的反腐倡廉建设负主要领导责任，各分管领导对各自分管部门的党风廉政建设和反腐败工作负直接领导责任。6月，印发《认真贯彻落实〈十八届中央政治局关于改进工作作风、密切联系群众的八项规定〉的实施细则》《开展“改进作风年”活动实施方案》，明确组织机构和责任，以强化大局观念、改进工作作风、密切联系群众、高效廉洁履职为主题，查找问题，落实整改措施。9月，印发《加强监督检查确保会员卡专项清退活动成果的通知》，将会员卡清退活动扩大到纪检干部职工以外的其他干部职工，做到“零持有”。11月，全市系统开展办公用房专项清理，处理超标用房。12月底，贯彻执行中央《建立健全惩治和预防腐败体系2013—2017年工作规划》和国家局《贯彻落实中共中央〈建立健全惩治和预防腐败体系2013—2017年工作规划〉实施办法》。此后，市局每年根据工作实际印发分解方案。是年，贯彻中共中央“八项规定”精神及国家局的“九条要求”，开展超标接待、公车私用、公费旅游、公款请客送礼、高档娱乐消费、超标配车配房、文山会海等治理工作；开展“三重一大”贯彻落实情况专项检查活动、烟草行业干部员工执行《党和国家工作人员操办婚丧喜庆事宜的暂行规定》情况督查活动；初步构建起具有“两烟”区特色的廉政风险防控模式。

2014年3月，明确电子监察系统对行政审批超时限、违反审批程序、违反政务公开规定，对符合条件的申请人不予回复等违规行为，分别发出“预警”“黄牌”和“红牌”信号，被市纪委监察局黄、红牌全市通报的，核实后启动问责程序，对相关责任人和部门分管领导、主要负责人进行问责处理；建立并启动干部廉政信息系统，对干部廉政信息进行收集汇总、实时查询、综合分析、预警提示和廉政评价；探索建立“三级预警”工作机制，对重点岗位员工不廉洁问题实行预警，对苗头性问题及时进行提醒谈话、诫勉督导、询问核查，为干部任用和客观公正评价干部等提供决策依据。4月，开展“三重一大”事项和制度执行力专项检查，开展对行政处罚案卷评查、烟叶种植合同签订检查、经济责任审计等进行再监督，建立再监督通用模板和相关记录表格，上报再监督成果运用案例5个；印发《六个专项整治工作方案》，专项整治违规职务消费和公款吃喝、工作“慵懒散”、公款送礼、“门难进、脸难看、事难办”、政令不通等问题。11月，印发并实施《副科级以上干部廉政信息系统实施方案》。

拟任职干部任前廉政谈话

2015年1月，成立新一届党风廉政建设和反腐败工作领导小组，明确纪检组长负监督总责。把优化内外发展环境、首问责任制的落实情况纳入目标管理考核评比范围，作为评先评优和考核干部的重要依据之一。3月，聚焦纪律作风建设，禁止“耍小聪明、搞小动作、结小圈子、贪小便宜”行为，完善作风检查制度、责任倒查制度、廉政信息管理制度。针对项目建设的重要领域和关键环节，查找确定廉政风险11个，明确防控措施56项，制定《项目建设廉政风险防控一览表》，建立岗位廉政风险信息档案库。4月，根据国家和行业的有关规定，出台《问责规定》，各单位均设立问责委员会和申诉委员会。明确对72种违规事项予以问责，其中综合管理类16项，烟叶生产经营类7项，卷烟经营类8项，专卖管理与行政执法类6项，违背社会公德给单位造成不良影响类9项，“慵懒散”类17项，廉政“两项工作”履职不力类9项。违者，视情节轻重，分别按照9种方式予以问责。5月，根据廉政风险预警管理办法，对各项检查和监察部门发现的违规苗头、收到举报、群众和服务对象反映强烈等问题，进行廉政预警，分一、二、三级，视问题严重程度，分别进行短信预警、会议口头提醒、提醒谈话、询问核查、通报批评、发出督导通知书、诫勉谈话、下达诫勉通知书、下达纪律检查建议书等措施，及时予以纠正，避免问题演化发展成违纪违法行为。6月，对9名拟提拔干部进行集体任前廉政谈话。9月，对县级局（分公司）年度考核增加党风廉政建设“两个责任”的内容。是年，运用烟用物资管理再监督、烟叶种植合同签订情况检查再监督和卷烟打扫码检查再监督3个模板，发现问题16个，提出监察建议12条。

2016年，把党风廉政建设和反腐败工作纳入总体工作布局。3月，印发《“纠‘四风’、治陋习”作风大提质主题活动实施方案》。重点整治党员干部职工存在的违规用权、跑官要官、在岗不为、违规吃喝、谋私逐利、索拿卡要、涉赌涉毒7个方面的陋习。7月，各县级公司主要负责人对超标准支出、超范围支出、虚假接待业务报销的问题自查整改结果签字背书。开展干部职工违规多头取酬问题自查清理工作，清查范围为2013年1月1日至2016年6月30日。自查清理本单位存在不规范问题的银行账户和存款，并采取撤销银行账户、变更银行账户、完善管理手续、纠正不规范行为等分类处理方式，建立银行账户和存款管理“集体研究决策、公开透明操作、公平有序竞争、账户只减不增、严格规范管理”的运作机制。开展纪检监察再监督工作，按照省局要求对专卖行政执法案件审查、内管系统预警处理、烟用物资管理、烟叶种植合同专项检查、烟叶收购规范情况检查等5个再监督模板进行运用，发现问题14个，提出监察建议11条。开展规范管理工作自查整改，通报整改问题126个，提出整改措施71条。7—11月，开展烟用物资采购专项治理行动，对自2003年1月起的全市系统各单位烟叶配套物资、烟草物流配送物资的重大采购行为进行清查。8月，加强烟用物资采购廉政风险防控，明确“一把手”为烟用物资采购廉政风险第一责任人，负主要领导责任；严禁“一把手”直接分管烟用物资采购，不得干预烟用物资采购实施过程。7—12月，开展“雁过拔毛”式腐败问题专项整治，重点整治各单位（部门）、各基层站（点）、专卖行政执法、卷烟营销、烟叶生产经营管理、项目建设、物资采购、财务资产管理、经济运行等容易滋生“雁过拔毛”式腐败问题的单位（部门）和个人。12月，开展谈话与函询工作，对谈话函询结果执行情况进行监督检查。推行县级局纪检组组长向市局纪检组组长定期汇报工作制度，定期汇报工作29人次。

2017年，首次签订“落实全面从严治党主体责任责任书”，取代“党风廉政建设责任书”，要求更加严格、责任更加明确。贯彻《中国共产党纪律检查机关监督执纪工作规则（试行）》，出台市局（机关）纪检监察与各重点部门联席会议制度，原则上每半年召开1次，收集违规案件线索，对发现的问题，实行查、审分离，专案处理。出台《谈话提醒工作实施办法》，按照“谁主管，谁负责”的原则，根据谈话对象确定主谈人；例行谈话提醒坚持“三个必谈”原则（上级“一把手”与下级“一把手”必谈，党政正职与班子成员必谈，班子成员与分管领域的干部必谈），对人、财、物、权较集中的关键岗位主要负责人，重点进行谈话提醒，每年至少谈话1次，原则上采取“一对一”的方式进行。3月，推进全面从严治党落细落小，并出台实施方案，重点解决懒政怠政、僵化封闭、政令不通、内外勾结、享乐奢靡、宽松软六个方面突出问题。9月，开展系统性廉洁风险防治工作。12月，开展贯彻落实中共中央“八项规定”精神专项检查，重点检查办公用房、公务用车、公务接待、违规公款购买消费高档白酒违规情况，并将检查情况报告省局。是年，落实“两个责任”双报告制度，把完成“两个责任”清单、《操作手册》使用情况纳入责任制考核范围；市局党组会研究决策“三重一大”事项33项，修订完善廉政风险点12个，完善防控措施7个；印发涵盖党建、贯彻执行、工程建设、物资采购、项目管理、干部人事管理、纪律规矩等方面的规章制度22项；开展廉政谈话56场次、189人次。

2018年2月，进一步开展超标准乘坐交通工具问题自查清理工作。7—11月，开展重点领域系统性廉洁风险防治工作，排查廉洁风险点83个，完善防控措施122条。11月，再次开展贯彻落实中央“八项规定”精神专项检查；开展集中整治形式主义、官僚主义工作和往来账款专项清理。是年，运用再监督模板5个，发现问题11个，提出监察建议17条。县级局纪检组组长向市局纪检组组长报告工作39人次。开展廉政谈话51场次、238人次。

2019年1月，贯彻落实中纪委遏制“节日腐败”、违反中共中央“八项规定”精神典型问题等有关文件的要求。3月，进一步强化“党务公开”，市局党组将党务公开工作情况作为履行全面从严治党政治责任的重要内容，对全市系统各单位党组及其主要负责人进行考核。机关党委党务公开一级目录7项、二级目录14项、三级目录19项；党支部党务公开一级目录10项、二级目录19项。全市系统各单位党组将党务公开工作情况纳入向市局党组报告工作和抓党建工作专题报告的重要内容。全市系统各级党组织将党务公开工作情况作为履行全面从严治党政治责任的重要内容，对下级组织及其主要负责人进行考核。10月，为推动全面从严治党向基层延伸，对标对表国家局、省局巡视巡察工作要求，出台《中共郴州市烟草专卖局党组关于开展县级局综合督察工作方案》，着手对县局（分公司）开展综合督察，主要从党的建设、党风廉政建设、选人用人、财经纪律、企业管理和重点工作六大方面发现问题，解决问题。11月，首次在资兴市局（分公司）进行试点。

2020年，全面对政治生态突出问题开展整改，深入开展“九个有无”问题自查自纠和中共十八大以来问题线索清理处置工作。明确采取日常考核、专项考核、年度考核等形式，对各县级局纪检组开展监督情况、执纪审查情况、问责和处置情况、协助落实主体责任情况、自身建设情况及其他方面情况进行考核，并将纪检组组长的年度考核与县级局纪检组的工作考核挂钩。构建大监督体系，探索推进纪检监察职能、方式、作风的转变。贯彻国家局《关于加强烟草行业纪检监察工作的意见》和《烟草行业直属单位纪检组考核办法》，构建联动党建工作考核体系。9月，开展落实国家局党组接受中央巡视整改工作。8—9月、11月，开展第二轮综合督察。督察对象为上年未开展综合督察的桂东、汝城、临武3个纯销区县局（分公司），督察重点不变。是年，将中共中央重大决策部署及国家局、省局、市局党组工作要求贯彻落实情况纳入监督检查重点内容。开展领导干部配偶、子女及其配偶经商办企业情况核实，专项开展样品卷烟用途异化的治理，严肃纠正和查处违规批条销售紧俏烟等以烟谋私问题，分步分类建立烟草企业供应商“黑名单”制度。开展全市系统第二轮选人用人专项检查。防治工程项目、物资采购、营销费用、大额资金管理等重点领域关键环节的廉洁风险，强化监督执纪问责，整治纪检监察信访举报受理工作中的形式主义、官僚主义问题。开展对“上下互相吃请”“接受老板吃请”“第二顿饭”及以出差为名专程看望异地任职干部等问题的整治，巩固“风清气正”的良好政治生态。

三、执纪问责

2003年3月，贯彻落实国家局《关于开展财经秩序专项整顿工作有关问题的通知》精神，全市系统全面清查“账外账”和“小金库”。4月，开展专项治理卷烟体外循环工作，执行落实卷烟到货确认制度，查处违法违规经营行为。5月，执行全国烟草行业财经秩序专项整顿工作精神。印发《关于严禁卷烟体外循环的紧急通知》，明确卷烟工商企业不得违反有关烟草专卖法规，以任何理由向非正常渠道供货，搞体外循环，违者，一经查实，视情节轻重分别给予企业主要领导和有关责任人记过、记大过、降级、撤职、留用察看、直至开除的处分。6月，开展专项治理卷烟体外循环复查工作。整治公务接待中的奢侈浪费现象，并完善公务接待规定，核定公务接待费用年度总额。8月，因卷烟销售体外循环问题，通报批评3家单位，给予行政警告处分1人。10月，因私设“小金库”问题，给予行政警告处分2人、行政记大过处分1人、行政留用察看1人。全市系统信访工作立案13件，给予行政处分19人、党内严重警告处分1人、开除党籍处分1人、解除劳动合同4人、行政留用察看5人、行政记大过处分2人、通报批评2人；对5名副科级以上干部进行谈话提醒；4名参赌人员受到调离工作岗位、通报批评、罚款及扣发奖金的处理。

2004年4月，省局对市、县两级公司进行复核，工业反馈让利资金、奖售烟以及捐赠的固定资产共计233笔，金额714.98万元。企业实收各种让利资金、奖售烟以及固定资产共计452笔，金额1422.43万元。其中，接受让利资金269笔，金额1149.51万元；接受奖售烟75笔，数量305.3箱，金额146.88万元；接受固定资产108笔，金额126.04万元。工业提供，商业未收到的各种让利共计11笔，金额80.31万元。商业已自查出来工业未提供的让利共计230笔，金额788.75万元。自查、复查已补税合计296万元，其中增值税127.67万元，所得税168.48万元。是年，贯彻落实国家局“要有长期作战的准备，一年不行两年，两年不行三年，不彻底整顿好，绝不收兵”的要求，继续开展财经秩序专项整顿工作，将整顿内容扩展到各项收入、成本费用、投资、往来款项、工资政策等财务管理和会计核算的各方面，处分 21 名违纪干部职工；给予行政记大过处分 9 人、开除党籍 1 人、留党察看 1 人、行政开除 5 人、行政记过 2 人、行政撤职 2 人、行政留用察看 1 人、行政警告 1 人，处分违纪违规党员 4 人次。

2006 年，全市系统通报批评 27 人，扣罚绩效 21 人。

2007 年，全市系统给予除名处理 1 人、行政警告 3 人、行政记大过 2 人、留用察看两年 3 人。

2008 年，通过烟叶收购工作纪律督查组，共发现和处理违规收购、调拨问题 31 起，下发“整改通知单”14 份，处理违纪人员 11 人，其中行政处分 5 人；全市系统共受理群众来信、来访、来电 22 件次，上级转办 7 件次，立案 7 件，结案 7 件，给予政纪处分 7 人。

2009 年，重点查处发生在领导机关和领导干部中滥用职权、贪污受贿、腐化堕落、失职渎职的案件，官商勾结、权钱交易的案件，利用人事权、行政执法权、行政审批权索贿受贿、徇私舞弊的案件，领导干部干预招标投标获取非法利益的案件，在物资采购、工程建设、宣传促销等活动中谋取私利案件，国有企业重组改制中隐匿、侵占、转移国有资产以及企业领导人员同业经营、关联交易案件，多元化经营清产核资和产权交易中违法违规造成国有资产流失、损失的案件，侵害群众利益、严重违反政治纪律与组织人事纪律案件。是年，通过加强烟叶收购巡查和驻点督查，在收购初期，针对桂阳县局浩塘烟草站存在提级上调的情况，立即责成免除站长职务；在收购中期，针对市局烟叶生产经营部栖凤渡烟草站司磅员克扣烟农重量的情况，立即责令待岗一年。在巡查期间，共下达整改通知书 22 份，处理当事人 73 人，收缴罚款 13670 元。贯彻执行总公司《关于烟草行业全面预算管理办法和工商企业全面预算管理规程（暂行）的通知》（中烟办〔2009〕281 号）精神，重点检查 2006 年年底在清产核资中盘存的报损烟用物资（账销案存物资）的处理情况，2007 年 1 月至 2009 年 4 月肥料、农药、育苗物资、农膜、烤房设备、收购包装物资等烟叶农用物资进、销、存情况；全市系统共通报 4 起违规违纪案件，并下发《纪律检查建议书》或《监察建议书》；全市系统共受理群众来信来访 17 件，上级转办 2 件，立案 5 件，结案 5 件，了结 14 件，给予政纪处分 11 人。

2010 年，全市系统共受理群众来信来访 3 件，上级转办 2 件，立案 3 件，结案 1 件，了结 1 件；给予行政记过处分 3 人、行政记大过处分 1 人、开除留用察看一年处分 1 人、留用察看一年处分 1 人、待岗一年处理 1 人、留用察看两年处分 2 人、通报批评 12 人、扣罚绩效 20 人。

2011 年 3 月，市局查处 3 起严重违规违纪收购烟叶案件，给予留用察看两年处分 1 人、留用察看一年处分 1 人、行政记大过处分 1 人、行政撤职处分 2 人、通报批评 1 人、扣罚绩效 1 人。10—12 月，扣罚绩效 10 人、停职检查 1 人、免职 1 人、通报批评 4 人、责令作出书面检讨 2 人。是年，全市系统共受理群众来信来访 3 件，上级转办 2 件，初查了结 5 件。

2012 年 3 月，对全市系统工作人员在企业各项活动中，违反有关法律法规、规章制度、岗位规范和工作纪律，精神不振、政令不畅、纪律不严、工作不实、创新不力、正气不足、为政不廉，贻误工作或造成不良影响的进行问责。9—12 月，给予撤职处分 1 人、降低岗位等级 1 人、行政处分 2 人、解聘职务 1 人、诫勉谈话 2 人、扣罚绩效 12 人，通报批评 2 个单位、9 人，责令作出书面检查 1 个单位、7 人。开展烟叶收购流程纪律督查工作，对全市 56 个烟叶收购站（点）巡回督查 193 次，下达整改通知书 27 份，兑现经济处罚 67500 元；全市系统因作风问题问责 117 人次，其中科级干部 11 人，职工 97 人，解聘临时工作人员 1 人。市本级共受理信访件 12 件，其中重复信件 3 件，初查了结 9 件。

2013 年 7 月，责令书面检查 1 人、通报批评 1 人、扣罚绩效 1 人。全市系统共受理信访件 6 件、投诉件 2 件，初查了结 8 件；作风问责 27 人。

2014 年 4—7 月，市局开展超标配备公车及公车私用等突出问题、公款送礼、“门难进、脸难看、事难办”“慵懒散”问题、“政令不畅”问题、违规职务消费和公款大吃大喝问题六个专项整治。10 月，出台《党的群众路线教育实践活动整改方案》。完成 19 项专项整治任务。全市系统共受理信访举报 9 件，其中涉及科级干部 2 件，科级干部以下 7 件，初查了结 9 件，解除劳动合同 1 人；作风问责 55 人次。

2015 年 5 月，对全市系统贯彻落实中央“八项规定”精神以及国家局、省局党组“九条要求”情况开展专项检查，下达督办整改单 27 份，落实整改事项 146 项。6—9 月，给予免职处理 2 人、警告处分 2 人、扣罚绩效 5 人、诫勉谈话 3 人。严格落实“首问首办”责任制，问责处理 4 人。根据省局要求，对 2010—2014 年以来掌握的反映全市系统科级以上领导干部的问题线索进行清理，清理问题线索 7 条；全市系统调查处理信访件 11 件，了结 9 件，立案查处 3 件，对直属单位下达函询 1 份，下发处分决定书 5 份、案件通报 1 份，处分科级干部 5 人，诫勉谈话科级干部 7 人；问责处理 128 人次，其中副科级以上干部 17 人次。

2016 年 7 月，市公司开展奢侈浪费和公务接待费超高问题专项治理工作。严格执行总公司相关文件要求，对超标准支出、超范围支出、虚假接待业务报销的问题足额退款，对内部审批程序不规范问题，能补齐相关手续和凭证的由相关人员补齐，不能补齐的，由相关人员将款项及时足额清退。问题金额 1645716.02 元全部足额退款到位；开展超标准乘坐交通工具专项整治工作。按照总公司和市公司的《差旅费管理办法》，共计退款 73434.58 元；根据群众信访举报，查处 1 起嘉禾县广发烟草站侵吞烟农烟用物资的典型“雁过拔毛”式腐败案件。8—11 月，给予留用察看两年处分 1 人、留用察看一年处分 1 人、行政记大过处分 1 人、扣罚绩效 4 人、调离岗位 1 人、通报批评 3 人、诫勉谈话 1 人、责成相关单位解聘临时工 1 人。是年，中央巡视组视察烟草行业，提出巡视整改意见，市局逐层传达，制定《落实国家局党组接受专项巡视整改实施方案》，认领问题，自查自纠，细化措施，梳理完善干部队伍建设、干部选拔任用、干部交流等 4 项人事工作制度及其他制度，建立整改问题清单、任务清单和责任清单。对专卖行政执法案件审查、内管系统预警处理、烟用物资管理、烟叶种植合同专项检查、烟叶收购规范情况检查等 5 个再监督模板进行运用，发现问题 14 个，提出监察建议 11 条；开展规范管理工作自查整改，通报整改问题 126 个，提出整改措施 71 条；作风问责处理 36 人次，其中副科级以上干部 6 人次；查处烟叶收购违纪违规人员 74 人次，合作社处罚 46 人次，下发整改通知书 15 份，警示通知书 7 份，对员工处罚金 39090.86 元，对合作社处罚金 78550 元，电话督办收购区域外烟叶问题线索 6 起，下发交办函 6 份，对员工处罚金 262000 元，对合作社处罚金 6000 元，给予免职 2 人、警告处分 1 人；全市系统共受理信访件 7 件，了结 7 件，其中立案调查 5 件、结案 4 件，落实处理市纪委督办函 1 份，下发处分决定书 6 份、典型案件通报 2 份，作出纪律处分 4 人，诫勉谈话 1 人，提醒谈话 2 人，约谈 5 人。

2017 年 1 月，开展落实国家局党组接受专项巡视整改“回头看”。“回头看”4 大方面、30 个问题、82 项整改任务。开展党的建设缺失问题、不按规定交纳党费问题、党员管理不规范问题、基层党组织长期不换届问题、工程建设项目问题、烟用物资采购问题、卷烟产品宣传促销问题、奢侈浪费和公务接待费超高问题、超标准乘坐交通工具问题、“近亲繁殖”问题 10 项专项整治和治理。5—9 月，接受市政协民主监督。对市政协反馈的 5 个方面 11 个问题，建立整改台账，明确主责部门、完成时限，形成整改问题清单和责任清单。5—11 月，开展“四风”变种问题专项整治。8 月，印发《专项巡视整改实施方案》。对照国家局党组专项巡视反馈的 5 大方面问题、6 条意见，领取任务、承担责任，细化分解为 5 大方面、28 个问题、75 项整改任务，并建立台账制度、周报制度、销号制度、公开制度；印发《工程投资、物资采购、项目管理专项整治工作方案》。以国家局专项巡视关于“工程投资、物资采购不规范，项目管理不到位”问题的具体整改要求为重点，开展为期2个月的专项整治；开展卷烟销售货款结算专项治理。9月，开展为期4个月的清理国家公职人员违规参与涉矿等经营性活动专项整治。全市系统共受理信访件11件，其中落实省局转办件6件，市纪委转办件1件，县纪委转办件1件，市本级收到3件，立案2件，结案2件，给予政纪处分2人，免职1人，诫勉谈话正科级干部1人，批评教育、扣罚绩效4人；作风问责处理36人次，其中副科级以上干部3人次。

2018年2月，进一步开展超标准乘坐交通工具问题自查清理工作。5月，开展违反中央“八项规定”精神突出问题专项治理及贯彻落实中央“八项规定”精神专项检查和金融领域以权谋私问题专项整治活动。7月，“回头看”巡视中发现问题的整改情况；8月，完成2个方面、15个问题、47项整改任务。在烟叶收购前对烟叶合同真实性及烟叶测产准确性进行督查，对2个烟草站予以通报批评、扣罚绩效；运用再监督模板5个，发现问题11个，提出监察建议17条；全市系统共受理信访件15件，转立案12件，给予党纪处分2人，政务处分19人，函询4人，诫勉谈话10人，责令作出书面检查1人，免职3人，开除1人；作风问责处理17人次，其中副科级以上干部3人次。

2019年4月，完成省局党组巡察整改6大类107个问题整改工作，问责45人次，扣减绩效133人次，清退违规违纪资金13.10万元，退赔不合规开支103.39万元。4—11月，开展“天价烟”问题专项整治。对照省局专项检查组反馈意见，对4个方面11类问题进行整改，问责7人次，扣减绩效18人次、绩效工资5.7万元。立案1件，给予行政处分2人；对“有过帮助亲朋好友打招呼、以市场零售价买烟的情况”的干部职工开展批评教育71人次。7月，印发《烟站专项巡察整改实施方案》，整改8大类73个问题，问责218人次，扣减绩效103人次，清退违规违纪资金1.62万元，立案4起，结案2起。给予行政处分3人，党纪处分2人。11月，启动行业政治生态突出问题全面整改工作。主动认领21项整改任务，制定72条具体措施。2019年11月至2020年6月，运用“四种形态”给予处理、处分36人次。其中，第一种形态处理34人次，诫勉谈话2人次，批评教育43人次；第二种形态处理2人次，给予党内严重警告和行政记过处分1人，给予党内警告处分和行政警告处分1人。推动巡视巡察工作向基层延伸。对所属县级局启动综合督察工作，截至2020年，对资兴、桂东、汝城、临武县局开展综合督察，共发现6大类198个问题。开展全市系统案卷质量和受处分决定执行情况自查工作，对所属县级局启动综合督察工作，发现6大类123个问题。是年，落实省局9个专项整治工作要求，整治侵害烟农零售户等基层群众利益、基层党组织软弱涣散、“天价烟”谋取私利、形式主义、官僚主义、违规经商办企业等突出问题，部署开展对黑恶势力为“卷烟零售大户”充当“保护伞”、党员带头参与真烟非法流通和违法违规大户治理2个专项治理活动，梳理42项问题清单，明确责任领导、牵头部门、整改举措和完成时限，实施跟踪督办、挂账销号，整改完成19项，其余转入持续整改。运用第一种形态谈话函询、批评教育169人次；全市系统共受理信访件8件，了结8件，立案13件，结案11件，党纪处分4人，政纪处分11人，开除1人，函询7人，诫勉谈话2人，解除处分决定11人；作风问责处理4人。

2020年9月，开展落实国家局党组接受十九届中央第五轮巡视整改，完成27项整改任务。是年，调查处理信访件7件，了结7件，立案5件；上年未结案3件，结案1件，未结案2件；党纪处分3人次，政纪处分8人次；给予党政纪处分2人、诫勉谈话2人，运用第一种形态批评教育、谈话函询21人；给予行政记过处分1人、行政开除处分1人；运用监督执纪“四种形态”处理226人次，其中，第一、第二、第三种形态分别为215人次、9人次、2人次。

第二章　群团组织

第一节　工会

一、组织机构

2003 年，全市系统各单位工会组织基本与上年度一致：市局（公司）本级设机关工会，段定喜任主席，刘才军任副主席。各市直单位和各县局（公司）设工会。市局（公司）建立工会委员会工作条例，坚持和完善以职工代表大会为基本形式的民主管理制度，代表职工签订集体合同，组织职工参与企业的民主管理和企业改革，切实维护职工的民主权利，制定劳动用工制度、分配制度、医疗保险制度等多项制度。

2004 年 3 月，成立市公司工会烟叶复烤厂分工会委员会。

2005 年，筹备成立全市系统联合工会，段定喜负责筹备工作。

2006 年 12 月 22 日，为加强对全市系统工会工作的领导和相关业务指导，成立郴州市烟草商业第一届工会联合会，下设 3 个工会委员会及 10 个分工会。分别是：市局机关工会委员会、金叶商贸有限责任公司工会委员会、天泰公司工会委员会、烟叶公司分工会、桂阳县局（营销部）分工会、永兴县局（营销部）分工会、嘉禾兴县局（营销部）分工会、安仁县局（营销部）分工会、资兴市局（营销部）分工会、临武县局（营销部）分工会、宜章县局（营销部）分工会、桂东县局（营销部）分工会、汝城县局（营销部）分工会。单位会员人数为 500 人以上的，按照会员的 20% 产生代表；100 ～ 500 人的，按照会员的 25% 产生代表；100 人以下的，召开全体会员大会。一线职工代表占会员代表的 50% 以上。

2007 年 1 月 5 日，召开工会联合会第一次职工（会员）代表大会，刘典模当选第一届联合工会委员会主席。3 月 17 日，市局机关工会设置 9 个工会小组。9 月 23 日，刘才军、杨淑琼当选第一届联合工会委员会副主席。

2008 年 12 月 26 日，印发《郴州市烟草商业工会联合会工作规则》，明确工会联合会作为社团法人，依法独立享有民事权利和开展各项活动的权利。

2009 年 3 月，召开工会联合会一届三次职工（会员）代表大会。幸勤当选第二届联合工会委员会主席，朱咸军为副主席兼机关工会主席。

2014 年 9 月，贯彻落实全国总工会文件精神，市局工会联合会印发《关于规范工会经费使用管理的通知》。要求各级工会在银行开设单独账户，专款专用，依法独立管理工会经费。严禁多头开户，各工会的各项收入、支出和往来款项必须纳入工会经费账户进行管理和核算，不得私设“账外账”和“小金库”。同时，明确工会经费收支范围，定期接受审计。

2015 年 7 月 24 日，召开市局机关工会委员会三届一次职工（会员）代表大会，杨淑琼当选第三届机关工会委员会主席。8 月 12 日，召开工会联合会第三届职工（会员）代表大会，阳关云当选第三届联合工会委员会主席，杨淑琼当选副主席。

2019 年 4 月 15 日，召开工会联合会三届九次职工（会员）代表大会，推选高志强、阳关云、李武进等 17 人为省公司第二届工会职工（会员）代表。6 月 25 日，召开市局机关工会委员会四届一次职工（会员）代表大会，唐跃进当选第四届机关工会委员会主席。

2020 年 7 月 10 日，召开工会联合会四届一次职工（会员）代表大会。阳关云续任第四届联合工会委员会主席，唐跃进当选副主席。

2003—2020 年郴州市烟草商业系统各级工会领导任职情况表

表 6–7

单位名称	姓名	职务	任期
郴州市烟草商业联合工会委员会	刘典模	主　席	2007.1—2009.3
	幸　勤	主　席	2009.3—2012.4
	阳关云	主　席	2015.8—
	刘才军	副主席	2002.11—2009.3
	杨淑琼	副主席	2007.9—2009.3；2015.8—2020.7
	朱咸军	副主席	2009.3—2015.8
	唐跃进	副主席	2020.7—
郴州市局（公司）机关工会	段定喜	主席（兼）	2002.11—2006.1
	杨淑琼	主　席	2008.1—2009.3；2015.7—2019.6
	朱咸军	主　席	2009.3—2015.7
	唐跃进	主　席	2019.6—
	刘才军	副主席	2002.11—2008.1
	何楚金	副主席	2002.11—2004.10
郴州市烟叶购销公司	李冀卫	主　席	2002.8—2004.3
	李海平	主　席	2005.4—2007.5
	李小英	副主席	2002.8—2004.3
	周胜瑜	副主席	2005.4—2007.5
郴州烟叶复烤厂（天泰公司）	李冀卫	主　席	2002.8—2004.3
	刘建国	主　席	2006.12—2009.8
	朱自坚	主　席	2009.8—2011.9
	李小英	副主席	2002.8—2004.3
	何　青	副主席	2004.3—2006.12
金叶商贸有限责任公司	黄长永	主　席	2007.1—
	李　鸽	副主席	2007.1—
桂阳县局（分公司）分工会	廖建平	主　席	2003—2008
	赵德斌	主　席	2008—2010
	齐　铭	主　席	2010—2015
	邓春明	主　席	2015—2019
	冯文俊	主　席	2019—2021.10
	王田纯	副主席	2003—2008
	陈麟玉	副主席	2008—2010
	邓国华	副主席	2010—2015
	刘兰青	副主席	2015—2019
	曾淑君	副主席	2019.7—

续表 6–7

单位名称	姓名	职务	任期
嘉禾县局（分公司）分工会	刘春琴	主　席	2003.1—2010.5
	廖仁卓	主　席	2010.6—2013.10
	李　辉	主　席	2013.10—2015.9
	胡永春	主　席	2015.9—2019.8
	王秀兰	主　席	2019.9—
	李柏石	副主席	2007.1—2013.10
	董先锦	副主席	2013.11—2019.8
	李志军	副主席	2019.9—
永兴县局（分公司）分工会	廖仁卓	主　席	2003.1—2004.9
	周建华	主　席	2007.1—2007.6
	彭　智	主　席	2007.6—2015.5
	曹庆华	主　席	2015.6—2019.3
	陈前军	主　席	2019.4—
	唐和平	副主席	2003.1—2004.1
	罗卫国	副主席	2004.2—2007.6
	邓名洲	副主席	2007.7—2015.5
	李建群	副主席	2015.6—2020.4
	谭林彬	副主席	2020.5—
安仁县局（分公司）分工会	曾广庆	主　席	2003.8—2005.12
	周建华	主　席	2006.1—2011.6
	陈瑞忠	主　席	2009.8—2012.5
	李盛元	主　席	2012.7—2019.7
	李苏颖	主　席	2020.2—
	肖石文	副主席	2003.8—2005.12
	廖文斌	副主席	2007.1—2009.6
	龙四清	副主席	2009.7—2012.7
	阳安宁	副主席	2012.7—2019.7
	曹小明	副主席	2020.2—
宜章县局（分公司）分工会	黄德才	主　席	2003.1—2004.3
	张建文	主　席	2004.3—2005.5
	黄宜平	主　席	2005.5—2013.3
	李　丹	主　席	2013.4—2019.4
	王湘渝	主　席	2019.4—

续表 6-7

单位名称	姓名	职务	任期
资兴市局（分公司）分工会	熊三进	主　席	2003.1—2005.7
	李军斌	主　席	2005.7—2009.5；2015.4—2019.4
	林述平	主　席	2009.5—2015.4
	胡永春	主　席	2019.4—
临武县局（分公司）分工会	李红玲	主　席	2003.1—2005.1
	林述平	主　席	2005.1—2009.6
	李军斌	主　席	2009.6—2015.4
	唐和俭	主　席	2020.3—
	唐国林	副主席	2007.1—2015.4
	周小飞	副主席	2015.4—2020.3
	谢培林	副主席	2020.3—
临武县局（分公司）分工会	邓开卫	主　席	2005.7—2007.2
	邱黎明	主　席	2007.2—2011.9
	刘　宇	主　席	2012.10—2020.6
	樊　警	主　席	2020.6—
	何利祥	副主席	2012.9—2015.6
	何大生	副主席	2015.6—2020.6
桂东县局（分公司）分工会	扶晓波	主　席	2003.1—2012.10
	傅金浩	主　席	2012.10—
	罗惠林	副主席	2003.1—2012.10
	方少锋	副主席	2012.10—

说明：资料来源于郴州市烟草公司党群工作科

二、民主管理

2003 年，全市系统民主管理模式如前。各单位通过职工（会员）代表大会，依法参与本单位的民主管理和民主监督。职工（会员）代表大会的主要职能为：选举或改选工会领导及工作委员会成员，审议本单位年度工作报告、财务预算及执行情况、招待费开支情况，以及生产经营计划、重要规章制度、生产经营责任制方案、劳动人事和分配制度改革、福利改革方案等，讨论决定对严重违法违纪员工的责任追究等重大事项。职工（会员）代表大会召开前和会议期间，工会向职工（会员）代表广泛征集提案，对合理化提案（建议）移交企业行政参考，或融入决策；对不尽合理的提案则由企业行政领导在职工（会员）代表大会上作出解释。此外，对本单位中层以上干部在其年度述职述廉、民意测评、竞岗演说等场合，职工（会员）代表参与评议或打分，为组织考察干部提供依据。职工（会员）代表大会依照前制每年由工会组织召开 1 ～ 2 次。是年 2 月 24 日，工会委员会审议通过《职工医疗管理暂行规定》。3 月 14 日，一届一次职工（会员）代表大会审议通过《职工代表大会章程》《岗位责任制和工作目标管理方案》《市局 2003 年努力做好的十件大事》。

2004 年 2 月 29 日，召开一届二次职工（会员）代表大会暨 2004 年工作会议，市委副书记李新泉、市政府副秘书长陈荣寿、总工会副主席段荣生、市烟办主任邓余德出席会议并讲话，审议通过《市局（公司）四支队伍建设规划》《市局（公司）诚信体系建设方案》《2004 年全市系统要努力做好的十件大事》。9 月 24 日，职工代表大会审议通过《市局（公司）机关和直属单位竞争上岗、人员聘用工作实施方案》。

2005 年 2 月 25 日，一届三次职工（会员）代表大会审议通过《市局（公司）系统 2005—2009 年五年发展规划》。6 月 9 日，临时职工（会员）代表大会审议通过《郴州烟叶复烤厂改制方案》《烟叶复烤厂改制富余人员安置方案》。

2006 年 2 月 16 日，一届四次职工（会员）代表大会审议通过《职工慰问金的有关规定》。是年，县级公司取消法人资格后，职工（会员）代表大会多以市局（公司）工会组织召开为主，各直属单位和各县局（分公司）派代表参加。

2007 年 1 月 18 日，工会联合会一届一次职工（会员）代表大会审议通过《市局（公司）富余人员分流有偿解除劳动关系实施方案》《烟叶生产经营富余人员分流有偿安置实施方案》。4 月 19 日，工会联合会委员会审议通过新的《职工慰问金有关规定》。4 月 29 日，工会联合会一届二次职工（会员）代表大会审议通过《市局（公司）系统现代人力资源管理体系建设实施方案》。12 月 21 日，职工（会员）代表大会审议通过《集体劳动合同》《劳动合同集体协商条例》《劳动争议调解条例》《关于实行综合计算工时工作制和不定时工作制》等劳动管理制度。

2009 年 3 月 30 日，工会联合会一届三次职工（会员）代表大会和工会联合会委员会议分别审议通过《劳动用工规章制度汇编》（包括《招聘管理制度》《工作纪律管理制度》《劳动合同管理制度》《员工教育培训规定》《工作时间、休息休假和考勤管理规定》《人事调配管理规定》《保密和竞业限制规定》《保险福利管理规定》《岗位管理规定》《劳动安全卫生管理制度》《企业员工守则》11 个制度）和《选举办法》。

2010 年 12 月 1 日，机关工会委员会一届三次职工（会员）代表大会审议通过《市局（公司）本级人力资源整合方案》。

2011 年 8 月 12 日，机关工会委员会一届四次职工（会员）代表大会审议通过《市公司企业年金方案》。11 月 9—15 日，工会联合会选举市局（公司）第二届职工（会员）代表大会职工（会员）代表 173 人，其中副科级（含）以上人员 35 人，其他代表 138 人。11 月 18 日，机关工会委员会二届一次职工代表大会审议通过《市局（公司）二届一次职工（会员）代表大会职工代表资格审查报告》《市局（公司）第四轮全员竞争上岗实施方案》（包括《工作方案》《领导班子副职竞争上岗工作方案》《领导班子副职以下岗位竞聘工作实施细则》《机构、岗位设置与人员编制方案》《竞聘工作配套措施》《薪酬管理办法》《绩效管理办法》《全员综合考核评价办法》《岗位任职资格要求》《单位组织脱产学习人员待遇标准》10 个方案、制度）。

2012 年 10 月 26 日，工会联合会二届二次职工（会员）代表大会审议通过《市公司内部补充医疗保险基金暂行办法》。

2013 年 6 月，工会联合会二届三次职工（会员）代表大会审议通过《关于加强烟草行业企业年金管理的通知》《关于企业年金整改有关问题的通知》。10月28日，工会联合会二届四次职工（会员）代表大会审议通过《市局（公司）工作人员违法违纪行为处理规定》。12月20日，机关工会委员会二届二次职工（会员）代表大会审议通过《市局（公司）关于对彭某桥因受贿被追究刑事责任的处理意见》。

2014年4月11日，工会联合会二届五次职工（会员）代表大会审议通过《市公司内部补充医疗保险基金管理暂行办法》《职工慰问金标准》。

2015年3月20日，工会联合会二届六次职工（会员）代表大会审议通过《郴州市烟草商业系统问责规定》。

2016年1月29日，工会联合会三届二次职工（会员）代表大会审议通过《"十三五"规划》。9月2日，工会联合会三届三次职工（会员）代表大会审议通过《市公司员工休假、考勤管理制度》《市公司内部补充医疗保险基金管理暂行办法》《市局（公司）工作人员违纪违法受处理期间待遇规定》《市局（公司）教育培训管理工作实施办法》。12月16日，工会联合会三届四次职工（会员）代表大会审议通过《市公司企业年金方案》《市局（公司）明示与承诺书》。

2018年4月19日，工会联合会三届五次职工（会员）代表大会审议通过《工作人员违法违规受处分期间薪酬待遇规定》。7月11日，机关工会委员会三届四次职工（会员）代表大会审议通过《关于开展工会会员慰问相关事项的通知》。9月28日，工会联合会三届六次职工（会员）代表大会审议通过《内部专卖管理监督责任追究办法》。11月16日，工会联合会三届七次职工（会员）代表大会审议通过《专卖管理问责办法》；机关工会委员会三届五次职工（会员）代表大会审议通过《对金叶商贸有限责任公司进行注销清算事项》。

2020年7月10日，工会联合会四届一次职工（会员）代表大会审议通过《市公司补充医疗保险管理办法》《全市系统问责工作实施办法（试行）》。

三、妇女工作

自2003年起，全市系统对女员工在做好"四期"照顾和注意不安排有毒有害、长期繁重、长期浸水作业岗位等女工保护工作的同时，各单位均组织女职工参加生育保险、"两癌"保险，依法依规享受产假；行政、工会每年均安排所属女职工例行妇检、妇科"两癌"体检1次，并发放特殊津贴。计划生育被列为各单位年终考核"一票否决"指标。各单位均成立计划生育工作领导小组，主要负责人任组长，工会及其女工委设专人主抓，并成立计生协会，各部门计生联络员参加，分片负责，形成相对严密的工作网络。计生工作的主要任务是：宣传计生工作政策，落实计生工作措施，办理计生工作事务，搞好计生工作服务，建立育龄妇女档案，关注计生实时动态，做好计生工作台账及报表，并对在本单位务工人员及其家属等流动人员做好计生服务管理工作。由于各级高度重视，工作到位，基本未出现违反计生政策的事件，并通过省检，全市系统各单位计生工作均达标，共被当地政府计生管理部门表彰百余次，其中市本级18次。

2006年4月，天泰公司被湖南省总工会授予"芙蓉标兵岗"称号。2010年9月，市局、宜章县局被湖南省妇女"巾帼建功"活动领导小组授予"巾帼文明岗"称号。2013年，宜章县局客户服务（物流配送）分部荣获2012年"全国巾帼文明岗"；市局烟草服务中心在郴州市第六轮"芙蓉杯"女职工"强素质创一流"竞赛中，被郴州市总工会授予"郴州市2012年度芙蓉标兵岗"称号。

四、送温暖活动

2003年，全市系统各工会把“送温暖”当作为职工解忧排难、稳定职工队伍的重要工作。年内，对家庭发生特大困难的职工予以及时慰问，给予困难补助；对住院职工及时看望，对职工及其供养直系亲属病故及时慰问并协办相关事务，对家庭、邻里纠纷及时调解；对在职和退休职工，定期组织体检。在“六一”儿童节、重阳节等节日，分别组织开展相关活动。

2006年4月，市局根据《中华人民共和国工会法》及有关政策法规，印发《职工慰问金的有关规定》。

2007年1—6月，全市系统开展爱心互助倡议活动，对自愿有偿与单位解除劳动关系的人员予以友情赞助，受捐标准不低于2万元/人。4月，印发新的《职工慰问金有关规定》，提高慰问标准。

2009年6月，贯彻落实国家局、省局要求，开展新中国成立60周年走访慰问活动。2011年春节前，走访慰问107人，发放慰问金10.25万元。2012年春节前，走访慰问108人，发放慰问金14.76万元。

2013年春节前，走访慰问131人，发放慰问金23.72万元。“三八”妇女节、“六一”儿童节、“八一”建军节等节日发放慰问金23.19万元。制定职工子弟升学奖励方案，发放奖励金1.60万元。6—8月，组织职工体检，协办员工子女入学手续。9月，开展“爱心助学”捐赠活动，其中，市局机关187名干部职工捐款2万余元，帮扶困难职工子女4人。

2014年春节前，走访慰问126人，发放慰问金24.54万元；发放员工子弟升学奖励金1.70万元。4月，再次调整职工慰问金标准。8月，选择最佳体检套餐，并探索建立困难职工救助机制和职工互助基金，为困难职工及社会困难群体提供救助。

2015年春节前，走访慰问148人，发放慰问金40.02万元。7月，发放员工子女升学奖励金1.50万元。12月，开展困难职工摸底，配套制订相应的帮扶和新入职员工培养计划。是年，开展职工生日慰问活动，此后一直在沿用。

2016—2018年，分别走访慰问困难职工200人、186人、150人，均视困难程度给予慰问金。积极落实职工医疗互助、防癌保险。

2019年，走访慰问135人，发放慰问金24.50万元。3月，举办“三八”妇女节女性健康公益讲座。8月，召开机关复转军人“八一”座谈会；开展“助残一日捐”公益活动，募集善款19950元。9月，开展“走基层、战高温、保安全”走访慰问活动，走访、慰问一线职工140人，发放物资价值27132元。

2020年，市局为做好新冠疫情防控工作，为员工防护发放口罩12.30万只、消毒液1075升、酒精290.25升、橡胶手套3515双；对在职员工进行新冠病毒Igm抗体检测1次、咽拭子抗体检测2次。组织开展职工健康体检819人次、女职工妇检357人次，举办心理健康讲座1期、心理健康咨询和体检报告解读2次。是年，严格执行全总、省总关于工会经费的管理办法，合理合规保障职工福利，疫情期间按照要求发放一次性电子消费券价值89.04万元；组织开展“走基层、战高温、保安全”走访慰问活动，走访基层站（点）25个，慰问一线员工155人，发放慰问物资价值3.41万元；开展员工生日慰问383人次，发放蛋糕券共计11.49万元；开展住院慰问、丧事慰问及退休、生子慰问97人次，发放慰问金9.70万元；开展困难职工春节慰问121人次，发放慰问金23.85万元。

五、文体设施及活动

2003年1月，举办迎新春文艺晚会“金色欢歌”，市局（公司）直属单位1200余名职工和家属参加。3月，举办市局（公司）直属单位女职工拔河比赛，90名选手参赛。4月，为庆“五一”，加强国防教育，组织市局机关150多名职工参加射击训练。5月，组织29名职工参加钓鱼活动。

2004年，市局（公司）新建老年活动中心，购置各种活动设施。是年，举办市局（公司）成立20周年庆典晚会，市委、市政府领导亲临观看，节目在郴州电视台播放。

2005年4月，举办市局（公司）直属单位职工乒乓球比赛。7月，到长沙参加全省系统在职员工乒乓球比赛。

2009年4月，工会委员会印发《职工兴趣爱好小组管理办法》。凡本公司职工（含离退休、离岗休息人员）均可报名参加，每人最多报2个小组，人数少于30人的小组暂不成立，一年内未开展活动的小组予以取消。8月，开展庆祝新中国成立60周年大型书画、摄影、征文活动；新中国成立60周年“唱红歌、颂祖国、促发展”歌咏比赛；参加市委、市政府主办，市局协办的“祖国颂、党恩颂、郴州颂”大型文艺演出。

2010年2月，举办迎新年大型综合游艺活动。4月，第二届男子篮球联赛在桂阳县体育馆鸣金收兵。经过激烈角逐，桂阳县局（分公司）代表队蝉联冠军。

2011年，全市系统开展庆祝中国共产党建立90周年系列文体活动。2012年，举办“践行‘两个至上’，唱响企业之歌”比赛。

2013年，为庆祝湖南烟草成立30周年，举办全市系统第三届“636杯”篮球比赛、“636杯”摄影、书法比赛等庆祝活动。征集摄影、书法比赛作品86幅，向省局选送27幅。是年，举办拔河比赛、健美操、太极拳培训等活动；市局（公司）代表队荣获全省系统第四届“636杯”男子篮球赛冠军。

2014年5月，举办全市系统第二届“636杯”羽毛球比赛，荣获全省系统第二届“636杯”羽毛球赛团体三等奖、女双冠军、男双亚军、混双和男单第六名；市局（公司）男子篮球队荣获郴州市直机关第一届创建“四型”机关干部职工篮球赛冠军。7月，开展“心系群众、行在作风”征文活动，共收集征文64篇。10月，健身培训班正式开班，市局机关440余名在岗职工报名参加。是年，为庆祝郴州烟草成立30周年，开展“我与郴州烟草三十年”主题征文活动和“辉煌三十年，和谐共发展”主题照片征集活动，共收集主题征文29篇，主题照片176幅，分别评选优秀征文6篇，主题照片18幅。

2015年2月，举办“郴烟好声音——唱响郴烟梦”比赛活动，庆祝郴州烟草专卖局（公司）成立30周年，在全市范围营造心齐气顺、风清气正、团结和谐的氛围。4月，开展全市系统第一届“636杯”乒乓球比赛活动。5月，组队参加市直机关第一届创建“四型”机关法律知识抢答赛。上半年，组织机关健美操、太极拳培训。6月，市局（公司）代表队勇夺全省烟草商业系统第一届“636杯”乒乓球赛一等奖。7月，开展“崇德守法、感恩奉献”主题辩论赛。10月，组队参加市直机关第二届创建“四型”机关干部职工篮球比赛。

2016年3月，组织开展苏仙岭登山健身和“三八”妇女节主题观影活动。4月，举办全市系统第四届“636杯”篮球比赛，重组市局篮球队。5月，开展市局机关“工间操”竞技比赛；荣获全省系统第五届“636杯”男子篮球赛冠军。8月，开展“身边的榜样”纪实摄影征集活动，共征集摄影作品13组。9月底，以“降本增效”为主题，面向全市系统开展“金点子”征集活动。11月，为真实再现基层一线模范事迹，编排《勇斗冰雹创新篇》快板情景剧。

2017年，实施“健身健康”工作计划。举办“庆元宵”趣味牌类比赛、“五一健步行”竞技比赛、全市系统第三届“636杯”羽毛球比赛等系列活动。组建市局机关羽毛球兴趣小组，开设健身形体舞蹈、太极拳培训班；开展“模范职工之家”“模范职工小家”“优秀职工‘娘家人’”创建评比活动。

2018年年初，举办“新春年会暨‘八个更加懂得’报告会”。是年，开展“拥抱新时代，展现新作为”主题书画摄影大赛，征集参赛作品152幅，选送省局40幅。其中，绘画类荣获全省系统二等奖1人，荣获优秀奖4人；摄影类荣获三等奖2人，荣获优秀奖7人；书法类荣获优秀奖4人。开展“我与高质量发展”主题征文及“金点子”征集评选活动，征集主题征文105篇，“金点子”建议50篇，选送省局5篇，其中荣获全省系统“我与高质量发展”主题征文比赛二等奖1人；荣获全省系统第六届“636杯”篮球比赛二等奖。8月，市局（公司）代表队荣获全省烟草商业系统第二届“636杯”乒乓球赛团体一等奖。

2019年，组建篮球、羽毛球、乒乓球、瑜伽4个兴趣小组，累计开展活动176场次。开展“感恩奋进新时代、争做最美郴烟人”主题工会活动。举办全市系统职工书画比赛，组队参加全省烟草商业系统“庆祝新中国成立70周年”羽毛球比赛。

2020年，开展“荔枝微课”“战疫情·迎‘五一’”健步行、庆中国共产党建立99周年“乒羽大赛”、庆“八一”、中秋主题观影等节日庆祝活动，累计参加活动410人次；开展“阅读马拉松”系列活动，举办阅读专题讲座1期、读书分享会1期，发放书籍216册，征集读书心得49份；荣获全省系统职工书画摄影三等奖3人、优秀奖9人；参加全省系统线上健步走活动，获奖218人；开展篮球、羽毛球、乒乓球、瑜伽、古筝兴趣小组活动，累计参加2400余人次。

2020年，全市系统健身抗疫乒羽赛现场

第二节 共青团

一、组织机构

2003年，全市系统各单位均设立共青团支部，并由政工部门代管。其中，市烟叶购销公司和桂阳县公司等青年员工多的单位设立团总支。

2004年，郴州复烤厂分设独立后，设立团总支，刘建国（工会主席）兼任书记，曾丽娅任副书记，下设3个团支部。2009年经改选，林朗（公司副总经理）兼任团总支书记，团员26名，设立2个团支部。

2013年，筹备成立市局团委。11月，共青团郴州市委员会下发《关于同意成立共青团郴州市烟草专卖局（公司）委员会的复函》（郴团组函〔2013〕21号）及《郴州市烟草专卖局关于成立团组织暨第一届团委（青年工作委员会）的通知》（郴烟政〔2013〕144号）。

2015年8月，市局印发《关于成立共青团郴州市烟草专卖局委员会的通知》（郴烟政〔2015〕94号），经召开市局团委成立暨第一次团员代表大会，市局团委宣告成立。市局团委与政工科合署办公，下设10个团支部：第一团支部（市局机关）、第二团支部（桂阳县局）、第三团支部（嘉禾县局）、第四团支部（宜章县局）、第五团支部（资兴市局）、第六团支部（永兴县局）、第七团支部（安仁县局）、第八团支部（汝城县局）、第九团支部（桂东县局）、第十团支部（临武县局）。根据共青团郴州市委员会《关于同意共青团郴州市烟草专卖局第一届委员会选举结果的复函》（郴团组函〔2015〕11号）文件精神，共青团郴州市烟草专卖局委员会由王湘渝、王湘琴、冯玉海、李根、余磊、周路、岳修强、陈重、罗为、唐娟、曾伟平11人组成，王湘渝任团委书记，王湘琴、余磊任组织委员，陈重、岳修强任宣传委员，罗为、唐娟任学习委员，冯玉海、周路任文体委员，曾伟平、李根任纪检委员。各支部负责人为：王湘琴任第一团支部书记；冯玉海任第二团支部书记；罗为任第三团支部书记；陈重任第四团支部书记；余磊任第五团支部书记；周路任第六团支部书记；岳修强任第七团支部书记；唐娟任第八团支部书记；曾伟平任第九团支部书记；李根任第十团支部书记。同月，编发《团委工作制度汇编》，用于指导工作。

2016年3月，市局印发《共青团郴州市局委员会工作细则》。明确：市局（公司）团的机构设置分为市局团委、团支部、团小组三级，市局设团委，领导各单位团的工作；全市系统设立10个团支部，团支部书记一般为专职，也可按兼职配备，各支部酌情设3～5名委员；支部下设团小组，团小组负责人为兼职；各级换届选举周期为：市局团委每3～5年召开1次；团支部每2～3年召开1次，采取差额选举办法。是年，开展争创“青年文明号”、争当“青年岗位能手”活动，此后，每2年评选表彰1次。

2017年，按照市团委“团员管理系统”数据库要求，完成对全市系统35岁以下339名团员、青年基本信息的采集工作。市局团委的团员基本信息管理系统同期建成运行。

2018年3—8月，市局团委指导9个县级局团支部完成换届选举：雷永亮任第二团支部（桂阳县局）书记；罗为任第三团支部（嘉禾县局）书记；胡镕东任第四团支部（宜章县局）书记；程璐任第五团支部（资兴市局）书记；杨旭任第六团支部（永兴县局）书记；孙梦为任第七团支部（安仁县局）书记；叶婷、朱伟文先后任第八团支部（汝城县局）书记；曾伟平任第九团支部（桂东县局）书记；李根任第十团支部（临武县局）书记。

2020年，贯彻团中央《关于新形势下推进从严治团的规定》，开展团风团纪教育。做好团委换届和青工委成立的准备工作。

二、主要活动

2003—2007年，全市系统各共青团支部根据本单位实际，各自开展活动，形式多样。主要活动有：团组织生活、团课教育、“五四”青年节、社会志愿、“自学成才”、QC攻关、青年突击队、演讲宣传、科普、文体、驻村“三带三同”指导烟叶生产等。

从2008年开始，市局（公司）持续开展团青品牌活动。每年5月举办一届“金叶青年论坛”活动。至2020年，已成功举办12届。

2013年5月第五届金叶青年论坛

2011 年 5 月，开展“我与专家面对面”活动。10 月，开展“青年思想大碰撞”活动。

2013 年 5 月，举办“636”志愿者组织成立暨授旗仪式。7 月，携手市第一人民医院等 6 个单位开展青年联谊活动。

2015 年 11 月，携手市电业局、移动公司、第一人民医院及烟厂联合举办青年联谊会。

2016 年 5 月，市局团委对全市系统 9 名优秀团干部和 9 名优秀团员予以表彰。10 月，组织团员和青工参加郴州市机关事业单位青年联谊会专场活动，并承办全省烟草工商系统青年联谊交友活动。是年，市局团委引导青年开展“双创”活动。桂阳县局蒋建军被评为郴州市“青年岗位能手”，李赛、罗为分别获得市级优秀团员和优秀团干部称号。

2017 年，市局召开团委第二次委员（扩大）会议，学习贯彻中共十九大精神，激励青年职工为实现中国梦、郴烟梦贡献青春力量。成立青年职工“浓香·悦读”读书会，吸纳首批会员 43 名。开展“金叶情缘、相伴有你”青年职工联谊、“青春践行十九大”户外拓展活动。是年，探索搭建群团共建信息载体，研发集党建园地、学习园地、活动园地、调查测评、投票推送等实用功能于一体的党团微信 App；荣获全省系统“在懂得中成长，在岗位上成才”青年博文朗读比赛二等奖。

2018 年年初，市局团委建立组织学习、活动定期考核评估通报机制，印发团支部工作、学习手册 400 余本，制发团委组织学习、活动计划 2 期。5 月，举办全市系统第二期“青春践行十九大”主题拓展活动，36 名团员参加。11 月，组织青年员工赴衡阳参加全省系统第六季联谊交友活动。是年，升级改造“郴烟党团服务干线”微信公众号，推出手机 App；多次组织团员到寿水村红色根据地过团日，走访慰问贫困户学生和留守儿童，并到延寿中学赠送图书；汝城县局建立“团青主题黑板报”，展现青年员工学习践行中共十九大精神的进取形象。

2019 年 3 月，永兴县局团支部开展爱心助学活动；安仁、汝城县局团支部开展义务清洁活动。是年，市局（公司）协调推进机关青年工作委员会的组建成立事宜。2020 年 3 月，桂阳县局团支部积极响应团县委号召，组织团青年志愿者开展“爱心助蜂农、支援防疫复产”主题活动。11 月，资兴市局团支部开展以“青春飞扬”为主题的团建活动。是年，全市系统开展“新时代向上向善好青年”评选活动，郭婷荣获郴州市“新时代向上向善——勤学上进好青年”称号。

第三节　学术团体

一、烟草学会

2003 年，郴州市烟草学会是由市民政局注册登记的社会团体法人，挂靠郴州市烟草专卖局（公司）开展工作，业务上接受省烟草学会、市科学技术协会。市局党组成员、副局长黄继生任理事长，何田松任秘书长，邓国钧任副秘书长，邓小燕为专职干事；本级设立 5 个专业学组。全市系统有会员 236 名，其中中国烟草学会会员 31 人、省烟草学会会员 145 人。市公司各直属单位、各县（市）公司均设立综合学组，共 12 个。

2004 年，北湖、苏仙区局（公司）撤销，其学组亦撤销。复烤厂分立单列，增加 1 个学组。单位综合学组为 11 个。11 月，市局（公司）开展第一轮人事改革竞岗，何田松内退（因修志未完成，继续留用），雷捌金竞得秘书长岗位，待选举。

2005年1月，市烟草学会召开第三届会员代表大会，修改、审议通过《郴州市烟草学会章程》，选举产生第三届理事会，刘名勤任理事长。3月18日，雷捌金任秘书长。

2007年9月28日，因刘名勤调离，经选举，周国生任理事长。是年，史雄彬为专职干事。2008年8月18日，市烟草学会第三届理事会决定：邓正平任秘书长，龙四坤任副秘书长。

2011年10月24日，免去邓正平秘书长职务。12月，举行换届选举，李宏光任秘书长，黄长永任副秘书长，李丽娟为兼职干事。

2012年6月20日，因人事变动，周国生不再担任理事长，由周志成接任理事长，并推荐其担任省烟草学会理事。2013年4月，因周志成调离，由曹健担任理事长。

2015年3月，资兴市局局长刘勇智调任市烟草学会秘书长，李丽娟仍为兼职干事。2016年9月，因曹健调离，由王建平担任理事长。2018年9月，因王建平退居二线，由李武进担任理事长。2019年4月12日，何爱国兼任秘书长，许淘莎为兼职干事。

2020年6月23日，市烟草学会召开第五次会员代表大会，张伟军任第五届理事会理事长，彭海峰任副理事长兼秘书长，许淘莎为兼职干事，并选举成立第一届监事会，齐铭任监事长。至是年末，郴州市烟草学会共有会员466人，其中，新发展会员196人。

2003—2020年，郴州市烟草学会发挥“三主一家”（学术交流主渠道，科普工作主力军，科技创新主网络与会员和科技工作者之家）作用，围绕烟草中心任务，组织会员开展工作。主要工作有：发展会员，吐故纳新，保持团体活力，并向省烟草学会、中国烟草学会举荐优秀会员；承接国、省烟草学会下达的学术研究课题，并结合本市烟草科技进步与改革发展中遇到的问题，自找热点、难点，自创调研课题，综合分解下达至学组，对每年评选得奖的优秀学术论文定期编纂出书，供领导和各学组会员参考借鉴。各学组组织会员开展相关科研和调研后，撰写学术论文，各展真知灼见或科研结论，市烟草学会对上报的论文，每年组织专家进行评审，分别评出一、二、三等奖，予以奖励，并择优向市局（公司）领导层、省烟草学会、中国烟草学会推荐，建言献策，召开年会及优秀论文交流会，组织学术研讨，开展学术交流；组织科普和“送科技下乡”活动。每年举行“全国科普活动周”时期，市烟草学会均参与市科协组织的科普宣传，邀请会员专家精心选编适合社会公众需要、关注、喜爱的科普资料，打印成宣传单或制成小册子，上街摆点发放或利用赶集日下乡到农村圩场设点发放，年发放科普资料5000～10000份；编修郴州烟草志，并为《郴州市志》《湖南省烟草志》《中国烟草通志》《郴州市科技志》《郴州市农业志》等志书提供修志资料。上届《郴州市烟草志》是市辖区集烟草工商业、科研、专卖等方面为主要内容的历史典籍，由郴州市烟草专卖局（公司）、郴州卷烟厂、郴州市农科所（市烟科所）三家合作，组成编委会，下设编纂组，由市烟草学会秘书长何田松任主编，成书84万字，2006年经湖南人民出版社出版发行，被列入国家图书库和国家电子图书库，获得国家图书馆“收藏荣誉证书”。2020年7月2日，《郴州市烟草商业志（2003—2020）》编纂工作正式启动。

二、职工思想政治工作研究会

2003年，郴州市烟草专卖局（公司）职工思想政治工作研究会（以下简称政研会）从理论和实践上，探讨新时期烟草系统思想政治工作的特点、规律和历史经验，建言献策，为各时期职工思想政治工作开展服务。政研会一般先选举出若干理事，由市局分管思想政治工作的局领导担任理事长，市局直属党委主持日常工作的副书记（或政工科长）任秘书长。政研会根据实际情况的变化和需要适时进行换届选举。是年，开展思想政治工作调研，21 个会员单位分 5 个调研组（第一组为市公司），实行课题承包办法，10 月底上报调研结果。对圆满完成任务者，下拨经费，给予表彰奖励。12 月，全市系统选送一批政研论文参加湘南片区烟草政研论文交流会。其中，获得一等奖 1 篇（宜章县公司），二等奖 2 篇（烟叶公司），三等奖 3 篇（桂东、资兴、宜章县公司）。

2007 年 4 月底，市局（公司）罗淞尹的《郴烟文化——“心”的经营》和李鸽的《企业文化建设与思想政治工作》均荣获省局 2006 年度政研论文二等奖；永兴县局（公司）李友文和李宏光的《烟草服务文化之我见》荣获三等奖。

2008 年 4 月，湖南烟草职工思想政治工作研究会评比 2007 年领导干部“两个至上”心得体会文章，其中，市局荣获一、二等奖各 1 篇。

2010 年 10 月 25 日，市局（公司）承办全省烟草商业系统思想政治工作现场会暨政研年会。省局党组成员、副局长张志刚，湖南省委宣传部思想政治工作研究会秘书长郭天保出席会议。

2011 年 3 月底，市局下发政研论文调研课题 14 个，征集政研论文 35 篇。2012 年 3 月，市局下发政研课题 14 个，征集政研论文 34 篇。

2013 年 3 月，市局下发政研课题 14 个；开展以“争创‘三个一流’、实现‘三个优秀’”为主题的“金点子”征集活动，共征集“金点子”66 篇，其中论文 34 篇，建议 32 篇，并分别评选优秀论文及建议各 6 篇。10 月，完成全市系统 43 篇政研课题的评选工作，其中临武县局和政工科联合调研的“基于员工心理援助计划（EAP）的心理疏导工作探析”荣获全省系统 2013 年度政研课题一等奖。自 2013 年起，郴州市烟草专卖局（公司）政研会由阳关云任理事长。

2014 年 10 月，市局完成全市系统 43 篇政研论文的评选工作，共评出优秀论文 12 篇，其中政工科撰写的《解放思想、转变观念，进一步优化郴烟发展环境探析》荣获全省系统 2014 年度政研课题一等奖。

2015 年，市局开展“崇德守法、感恩奉献”主题政研论文征集活动，共征集主题论文 56 篇、政研论文 35 篇。是年，市局荣获全省系统主题征文及政研论文一等奖，实现自 2013 年以来政研工作三连冠。

2016 年 4 月，市局征集调研论文 41 篇。12 月，市局（公司）《浅谈培养良好习惯与作风建设的关系》荣获全省系统优胜奖。

2017 年，市局组织全市系统 13 个课题小组开展专题调研，征集调研论文 23 篇。

2018 年，市局组织全市系统 14 个课题小组开展专题调研，征集政研论文 32 篇，择优报送省局 3 篇。12 月，市局（公司）岳修强荣获“全省系统政研工作先进工作者”。

2019 年，市局组织全市系统 13 个课题小组开展专题调研，征集调研文章 23 篇，其中市局（公司）《新时代国有企业增强意识形态工作凝聚力和引领力调查研究》荣获全省系统政研论文二等奖。

2020 年 10 月，市局征集政研论文 21 篇，其中市局（公司）《加强干部职工“八小时之外”监督管理的几点思考》获得全省系统政研论文三等奖。

第三章　文明创建

第一节　企业文化建设

2003年6月，市公司印发《关于进一步落实诚信体系建设的通知》。以国家局创建“诚信烟草”精神为指导，突出“诚信服务是企业生存与发展的生命线”的活动主题，本着对烟农、零售户、消费者、烟厂及员工社会负责的诚信文化理念，弘扬“厚德诚信，客户至上，服务为本”的诚信价值观，强化职业道德建设，建立全员诚信的思想体系、制度体系和监督保障体系，打造“诚信郴烟”的品牌形象，提升企业的核心竞争力。以建立烟叶生产经营、复烤环节的ISO 9000质量认证体系为契机，强化烟叶信用机制。建立卷烟营销、专卖管理诚信体系、全市系统会计信用标准和诚信信息网络。组织全市系统签订《联合诚信承诺书》，承诺做到“五讲五做到”（讲道德修养，做到倡导诚信、奉献社会；讲法律法规，做到守法经营、文明执法；讲商业信誉，做到守信经营、互重互赢；讲真话实话，做到规范经营、照章纳税；讲整体意识，做到公平公正、服务创值），并将贯彻落实情况纳入确保政令畅通的承诺责任制考核范围。是年，创建预防职务犯罪工作文化平台，把预防工作作为企业文化建设的一项重要内容，将预防理念作为员工素质教育的一项重要内容。7月，为加强全市系统职工子弟的思想教育，市局（公司）成立关心下一代协会。是年，全市系统学习贯彻《公民道德建设实施纲要》，开展以“优质服务、敬业诚信、创建文明行业”为主题，以“领导干部的思想品德、干部职工的职业道德和社会公德”为主要内容的“三德”教育活动（塑造良好的社会公德、职业道德、家庭美德），促进行风转变。继续倡导“敬业、爱岗、服务、奉献”的行业职业道德规范。

2004年3月，印发《诚信首问（首办）责任实施办法》《烟叶生产收购诚信办法》《卷烟访销配送人员诚信等级管理办法》《专卖执法人员诚信服务管理办法》《烟叶购销公司诚信承诺办法》《烟叶复烤厂诚信承诺办法》等系列诚信经营管理制度。11月，开展“诚信在郴烟、道德伴我行”活动，在全市系统开展“诚实做人、诚信做事”和“诚信兴烟、文明服务”宣传教育，建设“诚信郴烟”文化走廊40套，自创《诚信之歌》，编印《诚信在郴烟》手册，在《郴州烟草》开辟“诚信郴烟大讨论”“诚信在郴烟”“诚信郴烟办实事”等专栏。该活动得到国家局、省局及省市有关部门的高度重视，《中国烟草》、《湖南烟草》、湖南卫视、廉政频道等媒体均进行专题报道，省局局长杨先杰专门批示要大力推广。是年，开展公民基本道德规范教育，即“爱国守法，明礼诚信，团结友爱，勤俭自强，敬业奉献”。

2004年11月举行的“诚信在郴烟、道德伴我行”全员签名活动

2005年8月，市局（公司）结合“牢固树立国家利益、消费者利益至上的价值观”大讨论活动，深

入学习温家宝对烟草行业作出的重要批示精神。

2006年6月，根据国家局、省局《关于在全行业开展“两个维护”在岗位主体实践活动的意见》，印发活动方案，开展“两个维护（维护国家利益、维护消费者利益）在岗位”主题实践活动。市局确定专职领导负责，由政工部门牵头，各部门齐抓共管，全体动员，大抓宣传，开展演讲、征文和文明创建、技术练兵活动，做到“四个结合”：与学习社会主义荣辱观、学党章、党的先进性教育、学国务院文件相结合。9月，根据国家局《中国烟草企业文化建设纲要》和省局《湖南省烟草系统2006—2010年企业文化建设规划》及省局将郴州市公司作为首批企业文化创建试点单位的要求，成立以局长、经理姜孝清为组长的郴州市烟草商业系统企业文化创建工作领导小组，工作办设在市局政工科，科长刘才军主持具体事务，聘任办事员1人，与云南蓝泰信息技术有限公司专家团队合作，开启企业文化创建工作。10月，印发《企业文化建设工作实施方案》，开展相关调研。11月，初稿创成，经局务会多次讨论修改。12月，经局党组会讨论审定，发布《企业文化手册》和《员工手册》等体系文件，印发2000余册，并制作宣讲光碟多套。

自2007年1月起，市本级开展大规模的企业文化宣贯和培训。全市系统企业文化遵从的行业理念是：国家利益至上，消费者利益至上；企业核心价值观是：责任，奉献；企业精神是：厚德诚信，服务至上，人本兴业；企业愿景是：创一流品牌，做优秀企业；企业长远目标是：求发展，谋利益，成就员工；战略目标是：做优品牌，做大市场，做强企业；企业口号是：做实事，求实效，强实力；企业运作总要求是：严格规范，富有效率，充满活力；工作总要求是：节奏要快，标准要高，工作要实，状态要好；仪表要求是：着装整洁，言行得体，精神饱满，举止文明；工作纪律要求是：恪尽职守，严谨细致，遵守规章，注重协作；待人接物要求是：尊重对方，彬彬有礼，坦诚以待，友善融洽；工作环境要求是：环境美化，现场整洁，卫生环保，文明有序；安全准则是：预防为先，严谨规范，勤作检查，排除隐患；对员工个人素质修养要求是：遵纪守法，顾全大局，诚实守信，低调谦和，雷厉风行，高效执行，终身学习，提高自我。《员工行为规范》分门别类，皆有具体要求，言辞简洁明了，朗朗上口，易学易记。4月，郴州市烟草商业系统企业文化创建经验在全省系统政工会议上作典型经验介绍。8月，印发《郴烟文化理念体系宣贯实施方案》，在全市系统宣贯实施。

2008年6月，市局召开员工恳谈会，103人与市局领导班子成员进行面对面恳谈交流。8月，贯彻落实国家局高度重视自律，努力使行业更加严格规范；转变发展方式，努力使行业更加富有效率；完善体制机制，努力使行业更加充满活力的总体要求，印发《创建“严格规范、富有效率、充满活力的郴州烟草”活动实施方案》。是年，建立“金叶青年论坛”，其是以建言献策、竭智尽力、企业发展、个人成长为主旨，把年轻有文化的管理人员及骨干组织起来的文化平台；激励员工以“责任、诚信”为中心，规范作为，奋发向上。8月，全市系统为树立“为群众服务、为基层服务、为客户服务”的意识，开展“讲文明、迎奥运、树新风”活动。

2009年10月，举办全市系统“郴烟企业文化使者”选拔大赛。2010年是文明创建年，是全省系统“担当”企业文化宣贯年。市公司开展“故事郴烟”系列活动，以厚德载物为主线，宣传系统内典型人物及事例，并做好视觉识别系统建设工作。以“努力建设自强不息、厚德载物、与时俱进的郴州烟草”为主题，开展学习大讨论活动。

2011年，将“两个至上”共同价值观纳入领导干部考核的重要内容。4月，全市系统学习宣贯《湖南烟草企业文化践行手册》。11月，印发《企业文化评价体系实施方案》，成立企业文化评价体系领导小组、工作办公室、技术小组，分为筹备（安装企业文化评价体系管理平台软件等）、评价实施（启动平台，发布评价统测信息、开展网上问卷等）、总结分析（撰写总结分析报告）、结果应用（根据《完善计划》持续推进并执行）四个阶段。是年，按照《中国烟草企业文化发展规划（2011—2015年）》的要求，提高零售户、烟农、消费者、工业企业、员工终端服务能力，全面打造终端服务模式。

2012年4月，全市系统开展“企业文化建设年”活动，市公司成立“企业文化建设年”活动领导小组，经理郑雄志任组长。8月，印发《企业文化建设三年（2012—2014年）工作规划》。是年，根据国家局建设“企业文化中心、党团活动中心、工商协同中心和网络营销中心”的要求，市本级建设企业文化中心和党团活动中心，各县级公司建设“企业文化室”。是年，开展“讲责任、讲奉献、讲纪律”教育活动，宣传贯彻《烟草行业行为规范》。

2013年，全市系统将“自强厚德，凝心聚力”作为企业精神。2月，市公司举办“感动郴烟——最美郴烟人”颁奖盛典，通过VCR展示十大感动郴烟个人及团队先进事迹。4月，印发《全市系统“道德讲堂”建设工作方案》，加强全市系统干部职工“四德”建设，其中社会公德建设主要包括：践行“两个至上”，承担社会责任、自觉奉公守法、弘扬厚德诚信等；职业道德建设主要包括：尽责奉献、敬业务实、团结协作、廉洁正身等；家庭美德建设主要包括：夫妻和睦、孝敬长辈、关爱子女、邻里团结、勤俭持家等；个人品德建设主要包括：正直宽容、自强进取、谦虚友善、自律守信等。活动被纳入年终考评范围。全市系统各单位采用授课讲堂、舆论讲堂、活动讲堂的方式，各开讲6期以上，“道德讲堂”建设覆盖率达100%。9月，部署“解放思想、转变观念”大讨论活动，围绕怎么看、看什么、怎么干“三大主题”开展讨论，联系实际，做好优化“发展环境”这篇文章，推进郴州烟草“大干三年，实现大变样”；在全市系统树立“四多四少”理念，即“多帮助、少指责”的成人之美观念；“多包容、少埋怨”的换位思考观念；“多谋事、少谋人”的实干兴企观念；“多干事、少议论”的谨言慎行观念。

2014年4月，全市系统开展“一树三送四满意”活动。9—10月，开展“倡廉洁、树清风”廉政微电影剧本征集和创作展播。

2015年，在全市系统开展培育和践行社会主义核心价值观学习教育活动。2月，在北湖区政府礼堂举办“郴烟好声音——唱响郴烟梦”决赛；参加全省系统“心系群众、行在作风”活动，并获得演讲比赛二等奖，征文一等奖1人、二等奖2人。同月，市局（公司）内部刊物《浓香》正式创刊，成为介绍郴烟文化的重要载体。4—12月，在全市系统开展“崇德守法·感恩奉献”主题教育活动，以“四德”（社会公德、职业道德、家庭美德和个人品德）教育、法治教育和感恩教育为重点，营造崇德向善、文明和谐的企业氛围，践行“责任、忠诚、奉献”的价值观。9月，市局印发《开展“八个更加懂得”见行动活动实施方案》，围绕省局局长樊剑锋提出的“八个更加懂得”，即更加懂得珍惜、更加懂得感恩、更加懂得学习、更加懂得奋斗、更加懂得敬畏、更加懂得坚强、更加懂得尊重、更加懂得舍得，开展“八个更加懂得”在岗位、在服务、我想说、大家谈及“金点子”征集活动。12月，市公司“浓香书屋”面向社会开放营业。

2016年年初，市公司制定《企业文化中心建设工作实施方案》，拨出专款，加强员工文化基础设施建设。3月，为落实“36545”行动计划［三大机制（了解员工期盼、关心员工健康成长、帮助员工实现愿望）、六项计划（干部职工读书学习、教育培训、休假休闲、健身健康、家庭建设、职业发展）、五个感受（让广大干部职工在完成每一项具体工作的过程中感受到幸福和快乐，在为烟农和零售户提供增值服务的过程中感受到幸福和快乐，在企业创新、技术创新、管理进步的过程中感受到幸福和快乐，在构建和谐批售、农商、企业关系的过程中感受到幸福和快乐，在企业持续稳定健康发展的过程中感受到幸福和快乐）、四个机会（人生出彩的机会、梦想成真的机会、自我价值实现的机会、同企业一起成长和进步的机会）、五个拥有（拥有一个健康的身体、一个良好的心态、一身过硬的本领、一个和谐的工作氛围、一个美满幸福的家庭）],制定《关于落实开展“读书学习”“休假休闲”“健身健康”“家庭建设”工作计划的实施方案》,开展“‘阅’生活”读书学习、“‘乐’时光”休假休闲、“‘跃’行动”健身健康、“‘悦’幸福”家庭建设系列主题活动。一季度，购置各类图书1012册，印发《“浓香书屋”图书借阅管理办法》，开放外带借阅功能。4月，根据省局要求，面向全市系统开展“身边的榜样”推荐及“好家风、好家规、好家训”征集活动，征集“家风家训”17条，推荐38个先进典型和优秀团队，桂阳县局史纯华入选全省系统“身边的榜样”巡回宣讲团。8月,《“两学一做”创新出佳绩》荣获全省系统“身边的榜样”纪实摄影征集活动三等奖。

2017年，市公司打造社会主义核心价值观主题庭院。配合省局做好《在探索中前进》的编撰工作，得到省局领导的高度认可。

2018年2月，作为全市纳税大户，接受郴州电视台专访，介绍近年来服务地方经济发展、促进烟农脱贫致富情况，并在郴州《新闻联播》播出。5月，全市系统开展“郴烟发展、我的责任”大讨论、主题征文等活动，征集论坛作品及心得53篇，评选表彰12篇。8月，以“不忘初心齐奋进·牢记使命谱新篇”为主题，举办“道德讲堂·烟草专场”活动。

2019年6月，全市系统弘扬自创的“感恩、奉献、推崇、谦让”新风尚，并在各重要场所、基层烟草工作站上墙宣传。以“珍惜·感恩·奉献”为主题，举办庆祝新中国成立70周年征文比赛，收集征文67篇。

2020年5月，为推行“感恩、奉献、担当、进取”的企业新风尚，在物流中心办公楼打造文化长廊。创作《我们都懂得》情景剧及主题歌曲,荣获全省系统“八个更加懂得”成果交流二等奖。是年,制定《全市系统软实力建设实施方案》，启动“系统提升企业软实力”咨询项目，在文化、品牌、人力、管理体系等软实力提升方面寻求突破。

第二节　文明单位创建

一、市局（公司）

2003年4月，市局（公司）印发《创建文明单位活动方案》。提出：创建文明单位分阶段进行，目标是2003年创建市直文明单位，2004年创建市级文明单位，2006年力争创建省级文明单位。主要举措：加强领导班子建设，加强职工队伍建设，开展以“两烟”生产经营、行政审批、政务公开等领域优质服务活动为主要内容的作风建设，加强基础设施建设以创造优美环境，开展多种健康向上的文体活动，在全市系统广泛开展以创建“文明科室”“文明家庭”“文明员工”等互比互学竞赛活动，打牢文明风尚基础。8月，开展“文明科（股）室、文明家庭、文明职工”评比活动。10月，组织全体人员开展爱国卫生活动周活动。是年，市公司开展“三优一创”（优良作风、优质服务、优美环境、创文明机关）活动，全面推进企业精神文明建设；被郴州市直机关文明委员会评为“市级文明单位”。此后，每年评选表彰年度先进集体（文明科室)、先进个人（文明员工)、文明家庭若干。

2004年6月，印发《创建文明卫生单位实施方案》，成立以姜孝清为组长的创建工作领导小组。12月，市局（公司）被湖南省爱国卫生运动委员会评为“湖南省文明卫生单位”，并被中共湖南省委、湖南省人民政府评为“湖南省文明单位”。2004—2005年，响应省局号召，开展“省级文明行业”创建工作。

2005年3月，市局被郴州市创建国家园林城市领导小组评为“2004年城市绿化月活动先进单位”。8月，印发《创建文明行业实施方案》。围绕诚信、创新、业绩、和谐核心理念，争创市直文明行业和市级文明行业。

2006年3月，市局被郴州市直机关文明委评为2005年度文明行业，被中共郴州市委、郴州市人民政府评为“撤地建市十周年市中心城区绿化活动先进单位”。4月，印发《“文明烟草站”创建活动实施方案》。以提高烟草站的管理水平和执行力为目标，围绕“生产标准化、管理规范化、服务优质化、站容站貌整洁化”的总体要求，推进烟草站“三个文明建设”，努力把烟草站建设成经济发展、管理规范、服务优质、执行有力、环境优美、职工文明的文明烟草站，并通过基层烟草站的建设，树立郴州烟草诚信和谐、健康进步、科学发展的良好形象。是年，全市共有56个烟草站，要求通过1～2年的工作，使所有烟草站达到合格标准，通过3～5年的建设，使50%的烟草站达到优秀标准。同时，建立创建工作领导机制、考核奖惩机制和资源整合机制。12月，市局被中共湖南省委、湖南省人民政府评为“湖南省2006届文明标兵单位”；被郴州市爱国卫生运动委员会评为“爱国卫生工作先进单位”。

2007年1月，市局被郴州市文明委评为“2006届文明行业”。3月，市局授予桂阳仁义烟草站等15个烟草站（桂阳：仁义、樟市、和平、浩塘、流峰；嘉禾：坦坪、肖家、普满；宜章：黄沙、里田；永兴：鲤鱼塘、柏林；烟叶购销公司：良田、华塘、栖凤渡）“文明烟草站”称号。

2008年4月，市局印发《精神文明创建工作实施方案》。要求市局争创“国家级文明单位”，全市系统创建省级文明单位3个、市级文明标兵单位1个，建设成文明烟草站35个。

2009年，市局被中央精神文明建设指导委员会办公室评为“全国精神文明建设工作先进单位”。2011年12月，市局被中央精神文明建设指导委员会评为“全国文明单位”，并于2015年、2017年、2020年多次通过复查验收。2012年2月，市局被郴州市爱国卫生运动委员会评为“2011年度市城区爱国卫生工作先进单位”。是年，开展“文明从我做起”活动。

2012年2月，郴州市局（公司）获得全国文明单位的授牌仪式

2014年，市局印发《精神文明创建工作实施意见》，要求各相关单位做好上级文明委的创建申报及复查验收工作，全市系统共5家单位上报（重报）省级文明单位。4月，印发《“文明小区”创建活动实施方案》。成立6个活动创建小组，聚焦文明建设、卫生建设、平安建设。开展学习、宣传、实践《公民道德建设实施纲要》《市民文明公约》等系列活动。经常性开展社会公德、职业道德、家庭美德和文明行为规范教育活动，居民自觉遵守《市民手册》《文明公约》《郴州市民“十禁止”通告》等。明确活动创建小组工作职责、“文明小区”创建工作先进个人评选标准及“文明小区”评分细则。是年，市局配合相关部门举办“文明小区”创建活动知识抢答赛；资兴市局开展“勤俭创企业、厉行节约、反对浪费”主题学习活动。

2015年11月，按照郴州市文明办关于创建全国文明城市的相关要求，做好创建资料的收集报送工作。是年，指导全市系统做好上级文明委的复查验收及申报工作。

2016年11月，市局（公司）开展“全民卫生日”和“三清一化”（大清除、大清扫、大清洗，同时做好美化工作）活动，并对车窗抛物不文明行为开展专项整治。

2018年5月，全市系统开展“推动移风易俗、树立文明新风”活动，落实婚礼事前报告、婚丧事宜事后报告制度，组织全体干部职工签订“推动移风易俗树立文明新风承诺书”。2018年12月至2019年，围绕郴州市二次创文，做好迎检准备。

2020年，市局（公司）在投入巨资开展烟基建设、助力烟农脱贫致富的同时，继续开展结对帮扶、志愿者公益活动等，在全市系统贯彻《新时代爱国主义教育实施纲要》，学习践行《新时代公民道德建设实施纲要》，开展作风优化、环境美化等群众性文明创建活动，保持郴州烟草的良好社会形象。

二、各县（市）局（分公司）

2004年12月，宜章县局被中共湖南省委、湖南省人民政府评为“省级文明单位”。2005年3月，桂阳、嘉禾、永兴、资兴、汝城县（市）局被中共郴州市委、郴州市人民政府评为“2004届市级文明单位”。4月，宜章县局被中共湖南省委、湖南省人民政府评为“2004年度文明单位”。

2006年8月，临武县局被郴州市爱国卫生运动委员会评为“文明卫生单位”。11月，嘉禾县局被湖南省爱国卫生运动委员会评为“文明卫生单位”。12月，嘉禾、永兴县局被中共湖南省委、湖南省人民政府评为“湖南省2006届文明单位”；嘉禾县局被湖南省建设厅评为“省级园林式单位”。是年，桂东县局被中共郴州市委、郴州市人民政府评为“文明单位”；汝城县局被中共郴州市委、郴州市人民政府评为“文明标兵单位”，并被郴州市爱国卫生运动委员会评为“文明卫生单位”。

2007年1月，安仁、汝城县局被郴州市文明委评为“2006届文明标兵单位”。2月，安仁县局被湖南省爱国卫生运动委员会评为“文明卫生单位”。3月，资兴市局，临武、桂东县局被郴州市文明委评为“2006届文明单位”。12月，宜章、汝城县局被湖南省爱国卫生运动委员会评为“文明卫生单位”。是年，永兴县局被中共湖南省委、湖南省人民政府评为“2006年度湖南省文明单位”。

2008年8月，临武县局被湖南省爱国卫生运动委员会评为“文明卫生单位”。12月，临武、桂东县局被中共湖南省委、湖南省人民政府评为“湖南省2008届文明单位”。是年，桂东县局被中共郴州市委、郴州市人民政府评为“文明标兵单位”。

2009年2月，资兴市局被中共湖南省委、湖南省人民政府评为“全省文明单位”。12月，临武县局被湖南省住房和城乡建设厅评为“省级园林式单位”。

2010年3月，宜章县局被郴州市人民政府评为“市级园林式单位”。12月，永兴、安仁、宜章、汝城县局被中共湖南省委、湖南省人民政府评为“湖南省2010届文明单位”。

2011年2月，安仁、宜章、汝城县局被湖南省文明办评为“省文明单位”；汝城县局被郴州市人民政府评为“市级园林式单位”。3月，宜章县局被湖南省人民政府评为“省级文明单位”。12月，永兴县局被湖南省爱国卫生运动委员会评为“省级文明卫生单位”；永兴、宜章县局被湖南省住房和城市建设厅评为“省级园林式单位”；临武县局被中共临武县委、临武县人民政府评为“和美创建工作先进单位”。

2012年12月，桂阳县局被郴州市人民政府评为“市级园林式单位”。桂东县局被郴州市爱国卫生运动委员会评为“市级文明卫生单位”。

2014年12月，桂阳、嘉禾、桂东县局被湖南省精神文明建设指导委员会评为“湖南省2014届文明单位”。

第三节 社会共建

一、信访工作

2003年10月，按照市委、市政府和省局要求，建立研究处理维护稳定和上访问题联席会议制度；印发《关于重要情况及时报告的通知》，针对重要情况和突发性事件，必须在第一时间向市局（公司）报告；贯彻落实国家局《信访工作管理（暂行）办法》和省局《关于进一步做好当前信访工作维护企业和社会稳定的通知》《关于预防和处置系统集体上访维护社会稳定工作的实施意见》精神，按照“分级负责、归口办理”“谁主管、谁负责”和“就地依法解决问题”的原则，制订工作预案，建立健全不稳定因素排查分析制度、信访信息收集和报送制度、责任追究机制。是年，全市系统加强信访举报工作，发挥信访查案的主渠道作用，加大“直查快办”的力度，对上级机关批转的信访件，认真核查，并在规定时间内上报核查结果。

2004年5月，召开全市维护稳定工作会议和专题会议，分析不稳定因素，化解已浮现和潜在矛盾，对有政策依据的及时予以解决，对无法解决的做好疏导工作，对邪教活动继续实施监控。

2006年7月，市局（公司）成立信访工作领导小组。将防邪教、防爆工作纳入年度安全目标管理范围。

2007年，经市信访局审查同意，印发《信访工作管理办法》。坚持实事求是、保护信访人信访权利、疏导教育、“属地管理、分级负责，谁主管、谁负责”的原则，明确信访人、工作职责、信访受理、受理时限信访秩序、奖励与处罚等，纳入目标管理考核范围，制定相关预案。

2009年5月，市局印发《全市系统职工思想动态信息收集上报和反馈工作管理办法（试行）》。针对职工关注的热点、难点、焦点问题，本单位（部门）存在的不稳定因素和隐患问题，职工提出的有关企业生产经营方面的意见和建议，信访、上访人员所反映的一些重大情况和问题等，坚持“反应迅速、信息准确、报送及时、处理恰当”的原则，开展思想政治工作，并实行月报表、季报表和督办制度，此制度一直在沿用。12月，市局印发《信访工作管理实施细则》，要求坚持依法办事、实事求是，统一领导、部门协调，统筹兼顾、标本兼治，分级负责、归口办理，“谁主管、谁负责”的属地管理原则，对不稳定因素以“预防为主”、疏导教育为主，依法及时化解，就地解决问题。

2015年1月，市局修订《信访工作管理办法》。成立信访工作领导小组和信访协调工作领导小组，建立研究处理信访问题联席会议制度。

2016年，在员工思想动态管理上，探索建立“反映问题—及时处理—跟踪督办—解决问题”的工作机制，并采取不定期督查、调研座谈、定期通报等方式，加大督办工作力度。

2020年11月，市局（公司）印发《健全社会心理服务体系源头防范化解社会矛盾实施方案》，开展前端心理健康普遍服务、中端心理咨询测试、末端心理异常精准干预，发布落实责任、做好职工和管理对象心理健康服务、信息上报三大类任务清单。

二、结对帮扶

（一）市局（公司）

1994—2003年，市局（公司）根据市委、市政府开展建整扶贫工作的部署，接连派出建整扶贫工作组，先后在永兴县马田镇中和村、桂阳县方元镇塘下村、桂阳县樟市镇樟市村、桂阳县和平镇瑶溪村（连派2次）开展建整扶贫工作，帮助定点村健全加强村支两委组织建设，改善治安，健全完善各项管理，出资帮助当地进行通路、通电、改善饮用水、维修塘坝、修建引水排涝沟渠、兴建公益设施、兴建学校教学楼（中和村、塘下村）等，并帮助当地开展种烟等产业扶持，帮助每村兴办村集体企业1个。市局每届参与建整扶贫，均获得市委授予的“市建整扶贫工作先进单位”称号，各届工作组组长何田松、王智文、邓正平、何文俊、刘建国等人均被中共郴州市委授予三等功1次。

2004年，按照市委部署，市局和市中级人民法院在苏仙区桥口镇白溪村联合开展农村基层组织建设和扶贫开发工作。市局选派卢智强参加驻村工作组，并捐助帮扶资金16.40万元。

2006年，按照市委部署，市局与市农开办合作负责安仁县龙海镇平山村基层组织建设与扶贫开发工作，仍由卢智强参加工作组驻点，并捐助2万元，用于该村修建水渠、机耕道、密集式烤房等，并对烟叶生产进行技术指导；“8·13”特大洪灾发生后，市局机关干部职工为该村捐款84850元、衣物3000余件，帮助抗灾重建。

2007年1月29日，市委办下达《关于选派2007年度市委农村基层组织建设、扶贫开发和新农村建设工作队的意见》，市局、市农开办联合工作队包点驻村地点仍为安仁县龙海镇平山村，市党政领导谭平、陈海平为工作指导联系人。

2008—2010年，改由彭桂生驻安仁县龙海镇平山村，捐助60万元，用于修路、密集式烤房、脐橙园发展等，并帮助该村首次试种烤烟30余亩，起到带动效应，开辟脱贫新途径。

2011—2012年，按照市委部署，市委、市直工委、市局包村地点为桂阳县荷叶镇高山村，仍由彭桂生驻点。市局捐助40万元，用于新建通组道路、村办公楼、村民住房墙面改造、清理煤矿垃圾恢复耕地等。

2013—2015年，市局委派吴荣华先后参加市“城乡示范村工作队”，到桂阳县仁义镇白云村、正和乡开展结对帮扶工作，捐助54万元。2015年9月，按照市委部署，改为驻点汝城县延寿乡新坡村开展精准扶贫工作，同市林业局（牵头单位）、市法制办、市建行一并组成驻村工作队。

市局参与汝城县延寿乡的村组公路建设项目纪念碑

2016年，汝城县延寿乡原新坡村、寿水村、坪坑村合并为寿水村，市局对口扶贫村相应更改为寿水村。

2017年，市局贯彻落实市委、市政府关于脱贫攻坚的工作总思路，开展“三走访三签字”活动，市局领导带头帮扶贫困群众10户。是年，用于帮扶寿水村建设公益款项总计263.86万元，整体工作得到对口联系的市政府领导“带着感情、扑下身子抓扶贫”的肯定评价。

2019年，市局开展科技下乡活动，在寿水村开展免费技能培训班，300余人次参加，帮助就业扶贫、异地搬迁和农村危房改造、社会保障兜底扶贫、医疗救助扶贫、生态扶贫、金融扶贫、产业扶贫、教育扶贫、光伏扶贫、基础设施扶贫等工程建设。

2020年，对口帮扶的寿水村贫困户120户、420人全部脱贫，其中产业帮扶68户、294人；保障兜底39户、56人；教育帮扶41户、64人；危房改造1户、4人；异地搬迁扶贫10户、38人；金融扶贫16户、74人；

生态扶贫 1 户、4 人；医疗救助 46 户、55 人；光伏扶贫 23 户、57 人；就业扶贫 100 户、184 人。自 2015 年起在汝城县延寿乡寿水村开展帮扶的五年间，共帮助修建通村通组公路 3 条、水渠 6000 余米、文化广场 3 个、村级服务平台 1 个、标准化油茶基地和生态养殖合作社各 1 个，对开国上将李涛故居、开国功臣宋裕和故居进行复古修缮，危房改造惠及全村 154 户、房屋修缮加固惠及 114 户，引进外来加工厂 6 家、家庭小作坊 36 个，年创产值 100 万元以上，解决 200 多人的就业问题，为 18 个自然村安装路灯 260 个。

（二）各县（市）局

1. 汝城县局

2003 年，向马桥乡上流村扶贫捐款 1.10 万元。2004 年，向盈洞乡扶贫捐款 1.20 万元。2005 年，向马桥乡扶贫捐款 1.09 万元。2006 年，向马桥乡大油头扶贫捐款 1.08 万元。2007 年，向三星镇仙居村扶贫捐款 2 万元。2008 年 2 月，汝城县局被中共汝城县委、汝城县人民政府评为“2007 年度建设扶贫先进包村单位”。是年，向三星镇扶贫捐款 1.50 万元。2009 年，向小垣镇走马村、中国扶贫基金会捐款 1.65 万元。2010 年，向小垣镇走马村扶贫捐款 1 万元。2011 年，向盈洞乡新民村扶贫捐款 1.40 万元。2012 年 2 月，向盈洞乡新民村扶贫捐款 2.10 万元。汝城县局被中共汝城县委评为“2012 年度农村基层组织建设和扶贫开发工作先进单位”。2013 年，向马桥乡珠目瑶族村扶贫捐款 2.20 万元。2014 年，向马桥乡珠目瑶族村扶贫捐款 2 万元。2015 年，向小垣乡白云村扶贫捐款 2.20 万元。2016 年，向延寿乡白云村扶贫捐款 3 万元。2017—2018 年，分别向马桥乡珠目瑶族村、冲头村、长春村扶贫捐款 6 万元、5.51 万元。2019—2020 年，分别向马桥乡珠目瑶族村、冲头村、长春村扶贫捐款 10.41 万元、10.40 万元。

2. 桂东县局

2006 年 12 月，建整扶贫捐款 1.13 万元。2007 年 10 月，向金洞村建整扶贫捐款 0.50 万元。2008 年，向金洞村建整扶贫捐款 1.03 万元。2009 年，建整扶贫捐款 0.72 万元。2010 年，向金洞村建整扶贫捐款 1.10 万元。2011 年，向流源乡芳村建整扶贫捐款 0.80 万元。2012 年，向流源乡芳村建整扶贫捐款 1.06 万元。2013 年，向沙田镇联洞村、周江村建整扶贫捐款 3.90 万元。2013 年 3 月，桂东县局扶贫队被中共桂东县委、桂东县人民政府评为 2012 年度农村基层组织建设和扶贫开发工作先进工作队。2014 年，向沙田镇联洞村、周江村等建整扶贫捐款 12.02 万元。2015 年，向网形村、英峰村、都辽村等建整扶贫捐款 6.20 万元。2016 年，向都辽村等建整扶贫捐款 7.70 万元。2017—2018 年，每年向下东村捐赠帮扶资金 4 万元。2018 年，桂东县局继续推行党员干部“1+5”帮扶挂钩联系制度，积极响应县委、县政府“空城行动”号召，11 名结对帮扶责任人走访慰问贫困户共计 500 余次，51 户对口贫困户全部通过国家脱贫验收。2019—2020 年，分别向敖山村、下东村、马坊村捐赠定点帮扶资金 4 万元、5 万元。

3. 宜章县局

2012—2020 年，共在 5 个村开展结对帮扶。黄沙镇大凤村：2012 年 6 月至 2018 年 5 月，派邝国鹏负责包村驻点；2018 年 5 月至 2019 年 12 月，派雷勇驻村；2020 年，派欧立新驻村。黄沙镇曹家坌村：2017 年 6 月至 2020 年年底，派宋作群任该村第一书记。黄沙镇大元村：2018 年 7 月至 2019 年 12 月，派徐道儒任该村第一书记；2020 年，派彭和平任该村第一书记。在对上述 5 村结对帮扶期间，共投入扶贫资金 120 万元，支持新农村建设项目 45 个。并组织全局干部职工爱心捐款 2 次，筹得爱心款 2.50 万元，帮助曹家坌小学安装净水饮水设施 2 套，帮助大元村小建立微机室，资助品学兼优的困难学生共 13 名。宋作群获得“宜章县 2020 年度扶贫工作先进个人”称号。

4. 临武县局

2015—2020年，临武县局派出曾广庆、柳超、赵德斌、龙伟军、唐和俭、雷渊红、唐国林、陈国良、周小飞、谢培林、黄凯荣、尹凯强12名扶贫责任人，先后派出谢培林、唐国林、陈国良、尹凯强4名驻村工作队队员，累计投入扶贫资金30万余元，帮助贫困村开展基础设施建设，帮助贫困户开展养殖、种植、就业、医疗保障等扶贫项目，成立药材种植合作社1个，帮助贫困户加入相关产业公司产业分红项目2个。帮助临武县万水乡门头村和南强镇赛塘村2个贫困村实现脱贫，累计帮扶贫困户总数43户、105人。

5. 安仁县局

2017年5月至2020年12月，派出唐雄鹰、李少华入驻安仁县金紫仙镇新洲村开展扶贫工作。累计投入帮扶资金61.3万元，对口帮扶村贫困发生率由25.05%降至0.47%，人均收入从2016年的2860元增至6400元，实现帮扶户、脱贫村退出目标。

三、慈善公益

2003年春节前后，市局开展“送温暖、献爱心”活动，为地方政府捐款8万余元。是年，市局局长姜孝清带队赴汝城县延寿瑶族乡的2个贫困村开展“三看三想”活动，捐款6000余元;汝城县局防治“非典”、各类赞助捐款5.32万元。

2004年，贯彻落实国家局《关于加强烟草行业国有资产管理的若干规定》精神，明确“10万元以上的捐款必须报省公司批准，50万元以上的捐款必须报国家局批准”。是年，汝城县局助残、各类赞助捐款7.51万元。

2005年8月，落实市政府《关于筹集燕泉河防洪治理资金的通知》精神，开展“党员献爱心、共建燕泉河”活动，处级干部、科级干部、一般员工分别捐款50元、30元、20元。是年，汝城县局助残、各类赞助捐款5.03万元。

2006年5月，市局（公司）党组成员、副局长幸勤，市局机关党委副书记刘才军、人教科科长曹圣金等一行到安仁县龙海镇平山村，捐赠衣物1000余套。同月，市公司与市教育基金会协商，设立“市公司资助贫困学生基金”，从6月起，连续三年，每年出资8万元用于资助当年度贫困大、中、小学生。7月，郴州遭遇五百年未见的“7·15”“7·26”特大洪涝灾害，国务院总理温家宝亲临资兴市何家山等地视察灾情。全市系统各单位响应政府号召，积极捐款捐物赈灾，开展“奉献爱心、捐款捐物”活动，处级干部、正科级干部、副科级干部、股级干部、一般员工分别捐款500元、400元、300元、200元、100元。8月，市公司向灾区捐款45万元，帮助烟农、零售户减轻损失。是年，汝城县局洪灾、绿化、河道清理等捐款3.60万元。

2007年8月，桂东县局向县残疾人联合会捐款540元。12月，响应市政府号召，经省公司批准，向9月遭洪灾袭击的烟农捐款200万元用以重建家园和恢复烟基设施。是年，汝城县局助残、修路等捐款2.68万元。

2008年1—2月，郴州市境内发生特大冰灾，温家宝亲自到郴州视察。全市系统踊跃捐款救灾。5月12日，四川汶川发生大地震，全市系统再次捐款。11月，嘉禾县分公司向嘉禾县教育基金会捐款10万元。是年，桂东县局助残、减负等捐款1.39万元；汝城县局人行道改造、修路等捐款2.87万元。

2009年1月，向省公司请示向冰灾受灾烟农捐款150万元，用于烟区烟农重建家园和恢复烟田基础设施。2月，市公司通过慈善机构为郴州烟区社会主义新农村建设捐款100万元。12月，向省公司请示向市教育基金会捐款 200 万元。是年，桂东县局捐款 1.82 万元；汝城县局捐款 8.26 万元。

2010 年 12 月，市公司通过市慈善总会向受灾烟农捐款 200 万元。是年，桂东县局“6·20”洪灾、“芙蓉学子”慰问等捐款 3.86 万元；汝城县局修路、老龄事业等捐款 5 万元。

2011 年，市公司发放“金叶慈善医疗卡”430 张，总价值 21.5 万元。此后，每年发放医疗卡数百张（每张金额 500 元），专门资助贫苦且长期重病社会人员。是年，桂东县局“芙蓉学子”慰问、绿化行动等捐款 2.20 万元，汝城县局生态、修路、“慈善一日捐”等捐款 3.60 万元。

2012 年 3 月，向省公司请示为郴州烟叶产区社会主义新农村建设捐款 150 万元。6 月 21 日，省公司批复同意捐款 200 万元给慈善机构用于救助郴州市 5—6 月受洪灾影响的烟农。8 月，向省公司请示为受灾烟农捐款 2083.45 万元。9 月 2 日，市公司印发《对外捐赠管理办法（试行）》（郴烟财〔2012〕173 号），规定：捐款实行预算管理，严禁超预算捐赠；县分公司单笔捐款金额在 2 万元（含）以上的，由县分公司报市公司审批；30 万元（含）以上的，由市公司报省公司进行审批。10—12 月，全市系统开展“扶贫帮困，责任郴烟”献爱心活动。全市系统各党（总）支部开展“手拉手”结对帮扶活动。通过“一帮一”“群帮一”等形式，帮助困难大学生、农村在校困难学生、留守儿童、困难烟农、困难零售户以及孤寡老人、残疾人等困难群众解决生产生活中遇到的困难。12 月，向省公司请示为郴州烟叶产区社会主义新农村建设捐款 200 万元。是年，市公司发放“金叶慈善医疗卡”480 张，总价值 24 万元；建立“金叶图书室”和“金叶学子”助学基金，此后每年在重点种烟乡村捐建 1 个“金叶图书室”，捐助 20 名贫困大学生；开展“手拉手”结对帮扶活动，市局工会领导联系 1 ～ 2 个基层单位和 2 户困难职工，各分工会主席每人联系 1 个单位（部门）2 户困难职工，1 个乡镇，1 户困难烟农或零售户；桂东县局“芙蓉学子”慰问、绿化、救济等捐款 2.94 万元，汝城县局绿化攻坚、“慈善一日捐”等捐款 5.89 万元。

2013 年 5 月，按照省局“636”志愿服务总队总体部署，举行全市系统“636”志愿服务组织成立暨授旗仪式，建立市、县两级志愿服务组织体系，指导志愿服务组织开展活动，如组织全市系统部分“636”志愿者对北湖区福利院进行走访慰问，市局机关志愿者积极参与城市“交通文明劝阻”“守护生态环境、建设美丽郴州”户外公益活动；宜章县局、安仁县局志愿者情系雅安灾区开展募捐活动；嘉禾县局组建专业化分级“志愿者”上门服务；临武县局组织志愿者开展县内长河水库上游环保行动。下半年，按照市委文明办的要求，成立网络文明传播志愿组织，侧重展示本单位网络文明传播活动内容，编写、转发优秀文明微博、博文 800 余篇。

2013 年 5 月，举行“636”志愿者服务队成立暨授旗仪式

此后，持续推进市、县两级志愿服务组织体系建设。11 月，向省公司请示对 2013 年度受灾烟区烟农捐款 1323.01 万元。是年，发放“金叶慈善医疗卡”480 张，总价值 24 万元。用于新农村建设、统筹城乡发展示范村建设、城乡绿化攻坚、社区管理、捐资助学、慈善医疗救助及湖南省志愿服务基金会捐助等社会性捐款共计 512.30 万元。

2014 年 6 月，向省局请示，对绝收、重灾的烟田分别按照 400 元 / 亩、200 元 / 亩的标准予以捐款，通过市慈善总会向受灾烟农捐款1100万元。12月，向省公司请示为烟叶产区社会主义新农村建设捐款200万元。是年，按照省局要求，全市系统各类慈善、公益活动统一由“636”冠名。“636”志愿服务组织开展30多次环境保护、文明劝导、走访慰问、爱心助学等志愿服务。发放“金叶慈善医疗卡”400张，总价值20万元。市局机关全体党员干部职工为“慈善一日捐”和“爱心助残一日捐”捐款47980元、爱心助学捐款30551元。是年，用于新农村建设、统筹城乡发展示范村建设、城乡绿化攻坚、社区管理、捐资助学、慈善医疗救助以及省志愿服务基金会捐助等社会性捐款共计391.48万元。

2015年6月，开展“636”青年志愿服务活动，发动青年志愿者捐款8076元；组织全市系统青年志愿者代表前往市朝阳培智学校看望残障儿童，走访慰问部分困难零售户。上半年，共发放“金叶慈善医疗卡”400张，总价值20万元。发动职工群众开展“天天慈善一元捐”“助残一日捐”、爱心助学等公益募捐活动，累计捐款18.57万元。是年，用于新农村建设、统筹城乡发展示范村建设、城乡绿化攻坚、社区管理、捐资助学、慈善医疗救助以及省志愿服务基金会捐助等社会性捐款共计234.50万元。

2016年3—4月，市局开展“青年志愿者服务月”活动，累计开展助农移栽、打假宣传、社区帮扶等服务活动16次，捐款8506元。6月，发放“金叶慈善医疗卡”400张，总价值20万元。12月，根据国家局《关于加强行业对外捐赠管理的通知》（国烟办综〔2011〕147号）和省公司《全省系统对外捐赠管理办法》（湘烟财〔2012〕111号）规定，市公司印发《对外捐赠管理实施细则》（郴烟财〔2016〕115号）。按照地方党委、政府的要求，量力提供救济性捐赠、公益性捐赠和其他捐赠。通过依法成立的公益性社会团体和公益性非营利的事业单位或县级以上人民政府及其组成部门进行对外捐赠，实行集体决策，且纳入年度预算，严禁超预算捐赠。县分公司单笔捐赠金额在2万元（含）以上的，由县分公司上报市公司审批；单笔捐赠金额在30万元（含）以上的，由市公司上报省公司审批。市本级1万元（含）以上对外大额捐赠、赞助必须提交党组会议审议。按照“一事一档”妥善保管捐赠相关凭据。对超预算、超权限、不按规定程序捐赠的行为，严格追究有关责任人的责任。是年，用于帮扶新农村建设、公益活动等各类款项共计233.75万元。

2017年3月，全市系统开展“学雷锋”志愿服务月活动，组织志愿者赴湘阴缅怀抗战英魂，弘扬革命传统，累计开展助农移栽、打假宣传、社区帮扶等服务活动17次。做好“金叶慈善医疗卡”发放摸底工作，发放300张，总价值15万元。发动职工群众开展“助残一日捐”、爱心助学等公益募捐活动，捐款47170元。是年，汝城县局爱心助学等捐款44000元。5月8日，市公司印发《对外捐赠管理实施细则》。新增统筹管理制度，且所有对外捐赠事项必须经本单位党组会议研究同意后方可执行。单笔捐赠报省公司审批标准提至50万元（含）以上。

2018年3月，全市系统开展“学雷锋看行动、志愿服务在岗位”主题活动，广大团员青年、“636”志愿者累计开展文明劝导、打假宣传、社区帮扶、环保公益等服务活动17次。面向全市范围发放“金叶慈善医疗卡”300张，总价值15万元。是年，汝城县局爱心助学、创卫等捐款44900元。12月，向省公司请示向嘉禾县政府捐款100万元，用于嘉禾县体育休闲广场建设；向省公司请示向公安部门有关基金会捐款200万元，其中湖南省公安民警基金会郴州办事处捐款100万元，郴州市金盾辅警基金会捐款100万元。

2019年12月底，根据总公司《机关公益捐赠管理办法》（中烟办〔2019〕88号）和《全省系统公益捐赠管理办法》（湘烟办〔2019〕150号），市公司印发《全市系统公益捐赠管理细则》。规定：捐赠应遵循自愿无偿、量力而行的原则，年度捐赠总额预算被列入单位重大事项资金使用计划；捐赠单位和受赠单位就公益捐赠项目的具体捐赠事宜、资金交付、协议期限等内容签署书面捐赠协议，有效期一般为一年，最多不得超过三年（含）。是年，向省公司请示通过郴州市慈善总会向受灾烟农捐款 581.60 万元；向省公司请示向省公安民警基金会郴州办事处捐款 50 万元，向郴州市金盾辅警基金会捐款 150 万元，合计 200 万元。是年，开展助农移栽、打假宣传、社区帮扶等活动 17 次。1—11 月，用于帮扶建设、慈善捐赠各类款项 131 万元。

2020 年 11 月，向省公司请示向桂阳县欧阳海基地和永兴县柏林基地受灾烟农捐款 191 万元。12 月，向省公司请示向省公安民警基金会和市金盾辅警基金会分别捐款 150 万元和 50 万元。组织干部职工参加扶贫帮困、爱心捐赠、义务献血、文明劝导、生态保护等社会公益活动。是年，发动志愿捐赠 13 场，累计捐赠物资 11 批次、价值 14.41 万元，捐款 48.08 万元。组织“党员志愿集中服务月”活动，发动党员为贫困村村民捐赠衣柜 40 个。组织干部职工参与文明创建、脱贫攻坚、扶贫帮困、“九九公益日”“爱心助残一日捐”、义务献血等社会公益活动，累计捐款 162 万元。11 月，郴州市慈善总会通报表彰 23 家慈善爱心企业，郴州市局（公司）荣获 2020 年度慈善奉献奖“爱心捐赠企业”称号。

2003—2020 年郴州市烟草商业系统对社会捐款情况统计表

表 6-8　　单位：万元

年度	小计	市局	桂阳	嘉禾	永兴	安仁	宜章	临武	资兴	汝城	桂东
2003	58.00	—	—	—	—	—	—	—	—	—	—
2004	96.00	—	—	—	—	—	—	—	—	—	—
2005	48.82	—	—	—	—	—	—	—	—	—	—
2006	290.30	—	—	—	—	—	—	—	—	—	—
2007	597.14	—	—	—	—	—	—	—	—	—	—
2008	481.00	—	—	—	—	—	—	—	—	—	—
2009	623.00	—	—	—	—	—	—	—	—	—	—
2010	499.99	334.50	39.20	35.27	29.23	25.93	11.15	4.06	9.70	6.00	4.96
2011	1286.91	1199.46	16.73	15.74	14.99	15.56	9.86	2.00	4.58	5.00	3.00
2012	2332.21	2133.91	89.64	24.27	20.71	19.00	12.09	5.95	14.50	7.99	4.00
2013	1309.82	1110.30	52.73	24.28	35.88	25.70	19.93	13.00	10.00	13.00	5.00
2014	1485.18	1208.98	69.58	46.87	46.00	29.92	25.99	14.88	21.00	8.96	13.00
2015	517.17	259.18	22.42	41.82	55.00	34.80	45.97	14.98	23.84	11.16	8.00
2016	447.51	254.69	13.40	25.35	54.88	39.51	20.50	16.92	4.66	9.60	8.00
2017	415.88	263.86	17.74	27.05	27.98	28.86	17.00	14.99	4.00	10.40	4.00
2018	735.25	333.40	116.77	127.99	56.19	52.80	21.40	15.20	4.00	3.51	4.00
2019	981.56	804.01	12.72	40.00	29.64	30.00	24.03	19.95	4.20	13.00	4.00
2020	570.41	353.58	9.28	42.00	63.43	30.00	28.98	20.95	4.20	12.99	5.00
合计	12776.15	8255.86	460.21	450.64	433.92	332.08	236.90	142.88	104.69	101.61	62.96

说明：因 2010 年财务软件更新，致 2003—2009 年捐款明细不详

第七篇　人物与荣誉

第一章　人物

第一节　人物立传

程孔任　男，汉族，湖南省宜章县人，1934年出生，中共党员，初中文化，经济师，1955年8月参加工作，1964年2月入党。先后任宜章县黄沙区政府收购员，县手工业管理处办事员，地区农具改革办干事，地区农业机械局科员，地区财贸办干事，地区手工业局科员、计统科副科长，地区农机手工业服务站组长，地委公交办公室干事，地区农机厂党总支副书记、厂革委会副主任。1978年7月调至郴州卷烟厂，先后任副厂长、厂长、党委副书记。1984年8月调任郴州地区轻纺公司副经理。1984年12月至1985年8月任郴州地区烟草专卖局（分公司）局长、经理、党委副书记。1985年9月改任局（分公司）党委副书记。1990年8月至1993年2月兼任郴州地区烟叶生产购销公司经理、郴州烟叶复烤厂厂长。1992年5月加任郴州地区烟草专卖局（分公司）副局长、副经理。1995年3月退休。2010年12月因病逝世，享年76岁。

第二节　人物简历

（一）副处级以上干部

姜孝清　男，土家族，湖南省慈利县人，1954年出生，大专文化，经济师。曾任基层供销社培植员、主任，慈利县烟草专卖局（公司）副局长（副经理）、局长（经理），张家界市烟草专卖局（公司）副局长（副经理）、局长（经理）、党组书记。2002年2月调任郴州市烟草专卖局（公司）局长（经理）、党组书记。2004年4月，因郴州市烟草公司扭亏为盈业绩显著，被郴州市人民政府授予“郴州市劳动模范”称号。2005年6月兼任郴州天泰烟叶复烤有限责任公司首任董事长，7月被国家烟草专卖局授予“全国烟草系统劳动模范”荣誉称号。2007年升任湖南省烟草专卖局（公司）助理巡视员（副厅级）。2008年4月10日，郴州天泰烟叶复烤有限责任公司董事会批准其辞去董事长职务的请求。2014年退休。

郑雄志　男，汉族，湖南省宁远县人，1969 年 4 月出生，中共党员，大学文化，中央党校政法专业，高级政工师，1991 年 7 月入党。1986 年 8 月在零陵卷烟厂参加工作，任科研所工人、工艺员。1988 年 3 月任厂武装部干事。1992 年 3 月任厂纪委干事。1993 年 6 月任厂纪委副科级纪检员。1996 年 3 月任制丝车间支部书记、分工会主席。1998 年 11 月任厂纪委副书记。2000 年 8 月任厂党委委员、纪委书记。2004 年 7 月任湖南省烟草专卖局（公司）监察处副处级干部，2005 年 3 月任监察处副处长，2005 年 12 月任人事劳资（离退休管理）处处长。2008 年 1 月任郴州市烟草专卖局（公司）党组书记、局长、经理。

黄国联　男，汉族，湖南省涟源县人，1967 年 11 月出生，中共党员，大学文化，高级政工师、高级农艺师。1989 年 7 月参加工作，1994 年 8 月入党。在株洲市烟草专卖局（公司）先后任销售科副科长、省外经营部主任、销售科科长、销售经理部主任、人事教育科科长，2001 年 8 月任株洲市烟草专卖局（公司）党组成员、纪检组组长，2006 年 2 月任株洲市烟草专卖局（公司）党组成员、副经理。2007 年 6 月调入岳阳市烟草专卖局（公司），先后任党组成员、副局长和党组副书记、副局长、副经理（主持工作）。2009 年 2 月任岳阳市烟草专卖局（公司）党组书记、局长、经理。2013 年 4 月任郴州市烟草专卖局（公司）党组书记、局长、经理。自 2018 年起任湖南省烟草专卖局（公司）党组成员、副总经理。

高志强　男，汉族，湖南省慈利县人，1964 年 12 月出生，中共党员。1985 年 7 月参加工作，1988 年 7 月入党。先后在湖南省慈利县烟草专卖局、湖南省大庸市烟草专卖局（分公司）工作。1996 年 3 月任张家界市烟叶购销公司经理（正科级），1999 年 3 月任张家界市烟草专卖局（公司）办公室主任，2000 年 3 月任张家界市烟草专卖局（公司）党组成员、副局长、副经理（兼任湖南烟草武陵源科技培训中心副主任）。2007 年 6 月任株洲市烟草专卖局（公司）党组成员、副经理，2008 年 1 月任株洲市烟草专卖局（公司）党组成员、副局长，2011 年 3 月任株洲市烟草专卖局（公司）党组书记、局长、经理。2016 年 8 月任湖南省烟草专卖局（公司）办公室（外事办公室）主任。2017 年 9 月任郴州市烟草专卖局（公司）党组书记、局长、经理。

周国生　男，汉族，湖南省宁远县人，1957 年 6 月出生，中共党员，大专文化，高级农艺师。1981 年 8 月在宁远县农业局土肥站参加工作。1984 年 3 月在宁远县原种场工作，先后任原种场副场长、场长、党支部副书记。1991 年 4 月任永州市烟草专卖局（公司）烟科所副所长兼烟叶质检站副站长，1995 年 1 月任烟科所所长。1999 年 3 月任中国烟草中南农业试验站副站长，基于多年科研成就突出，获得国务院“有科技突出贡献专家”称号，享受特殊津贴。2000 年 8 月任永州市烟草专卖局（公司）副经理、党组成员兼中国烟草中南农业试验站副站长。2006 年 2 月调任郴州市烟草公司副经理兼郴州天泰烟叶复烤有限责任公司副董事长，2008 年 4 月兼任郴州天泰烟叶复烤有限责

任公司董事长。2011 年 9 月，任湖南烟叶复烤有限公司总经理、党组书记。2016 年 9 月，调任永州市烟草专卖局（公司）副局长、副经理（正处级）。

曹　健　男，汉族，湖南省永兴县人，1962 年 11 月出生，本科文化，农艺师，1981 年 1 月参加工作，1994 年 4 月入党。曾在永兴县黄泥供销社、棉麻日杂公司工作，先后任永兴县供销社会计、财务基建股副股长，永兴县烟草专卖局财务统计股股长、副局长（副经理），宜章县烟草专卖局第一副局长（副经理）、局长（经理）等职；2005 年 4 月任郴州市烟草专卖局（公司）党组成员、副经理。2016 年 9 月调任湖南烟叶复烤有限公司党组副书记、副经理（主持工作）。2017 年 8 月 3 日，湖南烟叶复烤有限公司董事会决定，聘任曹健为湖南烟叶复烤有限公司总经理。2017 年 8 月，由省局（公司）党组行文，任命为湖南烟叶复烤有限公司党组书记。2020 年 12 月，转任郴州市烟草专卖局（公司）调研员。

邓少文　男，汉族，湖南省邵阳市人，1957 年出生，中共党员，大专文化，政工师。2002 年 2 月从湘西自治州烟草专卖局（公司）交流到郴州市烟草专卖局（公司）任党组成员、纪检组组长，2005 年 4 月兼任副局长，同年被国家烟草专卖局（公司）评为“全国烟草系统优秀政研工作者”。2006 年 2 月任郴州市烟草专卖局（公司）正处级纪检员。2007 年 3 月调任湘西自治州烟草专卖局（公司）党组书记、局长、经理。

黄继生　男，汉族，湖南省宜章县人，1949 年 12 月出生，中共党员，大专文化，特级飞行员，政工师。1966 年 6 月入伍，历任轰炸机飞行员、飞行中队长、飞行大队长、师政治部副主任等职。1990 年 8 月转业到郴州卷烟厂任副厂长，分管后勤、基建和安全保卫等工作。1995 年 11 月被国家烟草专卖局评为“全国烟草系统安全工作先进个人”。1996 年 4 月任郴州市烟草专卖局（公司）副局长。2002 年 2 月任郴州市烟草专卖局党组成员、副局长。2005 年 4 月退居二线。2009 年 12 月退休。

刘名勤　男，汉族，湖南省永兴县人，1954 年 8 月出生，中共党员，中科院商业管理专业在职研究生结业，助理农艺师。1972 年 12 月参加工作，1975 年 7 月入党。1972 年 12 月至 1978 年 9 月在部队服役。1978 年 10 月至 1987 年 6 月，在永兴县供销社碧塘分社工作，后任分社主任、书记。1987 年 6 月调至永兴县烟草专卖局（公司）工作，先后任副股长、股长。1991 年 5 月任永兴县烟草专卖局（公司）副局长、副经理。1994 年 1 月任永兴县烟草专卖局（公司）局长、经理、党总支书记。1996 年 6 月任桂阳县烟草专卖局（公司）局长、经理、党总支书记。1996 年 11 月明确为郴州市烟草专卖局（公司）副处级干部。2001 年 1 月任郴州市政府烤烟办副主任兼湘南烟草集团烤烟办副主任。2002 年 2 月任郴州市烟草专卖局（公司）党组成员、副经理。2006 年 2 月调任永州市烟草专卖局（公司）党组成员、副局长。2011 年 12 月明确为永州市烟草专卖局（公司）正处级干部、

党组成员、副局长。2012 年 10 月调离永州市烟草专卖局（公司），转任郴州市烟草专卖局（公司）调研员。2014 年 8 月退休。

宋　艳　女，汉族，湖南省长沙市人，1968 年 10 月出生，中共党员，大学文化，高级经济师。1990 年 7 月参加工作，2003 年 12 月入党。2001 年 4 月任湖南省烟草专卖局（公司）销售管理处主任科员。2002 年 10 月任郴州市烟草专卖局（公司）副经理。2005 年 4 月调离郴州市烟草专卖局（公司），任湖南省烟草质量监督检测站副站长。

王建平　男，汉族，湖南省桂阳县人，1960 年 7 月出生，中共党员。1987 年 7 月参加工作。曾任湖南省湘南烟草集团烟叶公司仓储科副科长兼鸡公石仓库主任，1998 年 4 月任桂阳县烟草专卖局（公司）副局长、副经理。2002 年 12 月任桂阳县烟草专卖局（公司）党组书记、局长、经理。2004 年 12 月任副处级干部。因在桂阳县公司任职期间，扭亏为盈业绩显著，2004 年 4 月被郴州市人民政府授予“郴州市劳动模范”称号。2007 年 3 月任郴州市烟草专卖局（公司）党组成员、副局长。2011 年 12 月任郴州市烟草专卖局（公司）党组成员、副经理。

幸　勤　男，汉族，湖南省隆回县人，1968 年 7 月出生，中共党员，大学文化。1989 年 11 月参加工作，2000 年 12 月入党。2005 年 8 月任邵阳市隆回县烟草专卖局（分公司）党组书记、局长、经理。2006 年 2 月任郴州市烟草专卖局（公司）党组成员、副局长。2007 年 3 月任郴州市烟草专卖局（公司）党组成员、纪检组长。2011 年 12 月任郴州市烟草专卖局（公司）党组成员、副局长。2012 年 3 月调离郴州，任邵阳市烟草专卖局（公司）党组成员、副局长。2013 年 11 月任邵阳市烟草专卖局（公司）党组成员、副局长、纪检组长。2016 年 8 月任永州市烟草专卖局（公司）党组副书记、副局长、副经理（主持全面工作）。2018 年 1 月任永州市烟草专卖局（公司）党组书记、局长、经理。

刘湘江　男，汉族，湖南省新邵县人，1971 年 9 月出生，中共党员，大学文化。1995 年 5 月入党，1996 年 7 月参加工作。先后任岳阳市烟草专卖局（公司）办公室副主任兼烟草学会副秘书长、办公室主任兼法制办主任。2006 年 2 月任岳阳市烟草专卖局（公司）党组成员、纪检组长。2008 年 4 月任岳阳市烟草专卖局（公司）党组成员、副局长。2012 年 4 月任郴州市烟草专卖局（公司）党组成员、副局长。

周志成 男，汉族，湖南省桃江县人，1969年12月出生，大学文化，中共党员，高级农艺师。1993年7月参加工作，2002年1月入党。2000年5月任永州市烟草公司烟叶公司生产部部长。2003年4月任永州市烟草公司副总农艺师。2007年1月任湖南省烟草专卖局（公司）管理处（科技处、烟基办）高级农艺师。2007年12月任湖南省烟草专卖局（公司）科技处副处长。2008年2月任湖南省烟草专卖局（公司）科技处副处长、中南站副站长。2010年2月任湖南省烟草专卖局（公司）外事办（办公室）副主任。2011年12月任郴州市烟草专卖局（公司）党组成员、副经理、总农艺师。2013年4月调离郴州，任娄底市烟草专卖局（公司）党组副书记、副局长、副经理（主持工作）。

阳关云 男，汉族，湖南省衡山县人，1975年5月出生，中共党员，大学文化，高级经济师。1995年9月参加工作,2000年8月入党。先后任郴州市烟草专卖局（公司）办公室主任、法规科科长，汝城县烟草专卖局（分公司）党组书记、局长、经理。2012年1月任郴州市烟草专卖局（公司）党组成员、纪检组长。2018年4月任郴州市烟草专卖局（公司）党组成员、副局长。

张伟军 男，汉族，湖南省桃源县人，1974年11月出生，中共党员，大学文化，经济师。1994年7月参加工作，2000年6月入党。2006年1月任湖南省烟草专卖局（公司）人事劳资处副主任科员。2009年2月任湖南省烟草专卖局（公司）人事劳资处主任科员。2013年2月任湖南省烟草专卖局（公司）机关服务中心副主任。2016年8月任湖南省烟草专卖局（公司）办公室（外事办公室）副主任。2018年4月任郴州市烟草专卖局（公司）党组成员、纪检组长。

李武进 男，汉族，湖南省宁远县人，1969年9月出生，中共党员，大学文化，经济师。1989年1月参加工作，2002年1月入党。2000年12月任永州市烟草公司烟叶公司办公室主任。2002年11月任宁远县烟草专卖局（分公司）党组书记、局长、经理。2006年12月任永州市烟草专卖局专卖科（稽查支队）科长（支队队长）、内管办主任。2013年1月任永州市烟草专卖局（公司）烟叶生产经营部主任。2018年7月任郴州市烟草专卖局（公司）党组成员、副经理。

曾小晖　男，汉族，湖南省宜章县人，1971年9月出生，中共党员，经济师。1994年6月入党，1994年7月参加工作。2000年12月任郴州市烟草专卖局专卖科（稽查支队）副科长（副支队长）。2002年8月任郴州市烟草公司卷烟销售科副科长。2004年11月任郴州市烟草专卖局（公司）经济运行科（整顿办）科长（主任）。2006年3月任郴州市烟草专卖局（公司）办公室主任。2007年5月任永兴县烟草专卖局（营销部）党组书记、局长、经理。2009年6月任郴州市烟草公司烟叶生产经营部主任。2012年3月任郴州市烟草专卖局（公司）经济运行科（烟草服务中心）科长（主任）。2015年4月任郴州市烟草专卖局（公司）办公室主任。2018年7月任郴州市烟草专卖局（公司）党组成员、副经理。

段定喜　男，汉族，湖南省郴县（今苏仙区）人，1950年8月出生，中共党员，大专文化，经济师。1969年1月入伍，1970年3月入党。先后任成都军区某部战士、参谋、股长、副团等职。1986年11月转业到郴州地区烟草专卖局（公司），先后任纪检秘书、办公室主任。1990年2月任郴州地区烟叶生产购销公司副经理。1993年3月任郴州地区烟叶购销公司经理、郴州烟叶复烤厂厂长。1996年5月至2002年2月任湘南烟草（集团）有限责任公司组织部部长、总经理助理。湘南烟草（集团）有限责任公司撤销后，2002年2月任郴州市烟草专卖局（公司）工会主席，2002年5月改任助理调研员。2006年1月离岗休息。

刘红日　男，汉族，湖南省嘉禾县人，1965年4月出生，中共党员，大学文化，高级政工师、农艺师。1984年9月参加工作，1989年1月入党。1996年9月任嘉禾县烟草专卖局（公司）党组成员、副局长、副经理。2003年2月任嘉禾县烟草专卖局（公司）党组书记、局长、经理。2007年6月任郴州市烟草专卖局（公司）人劳科科长、党组秘书。2012年3月任郴州市烟草专卖局（公司）纪检组副组长、监察科科长。2018年12月任郴州市烟草专卖局专卖科（稽查支队）科长、支队队长。2020年11月任郴州市烟草专卖局（公司）副调研员。

刘典模　男，汉族，湖南省桂阳县人，1955年5月出生，中共党员，助理政工师。1974年12月参加工作，1978年3月入党。1995年7月任郴州市烟草专卖局（公司）监察科副科长。1996年任湘南烟草集团（公司）监察部副部长。1998年3月任宜章县烟草专卖局（公司）局长、经理。2000年2月，任湘南烟草集团（公司）监察部部长。2002年4月任郴州市烟草专卖局（公司）纪检组副组长、监察科科长。2006年6月，任郴州市烟草专卖局（公司）助理调研员。2015年5月退休。

曹圣金 男，汉族，湖南省永兴县人，1963年4月出生，中共党员，大专文化，农艺师。1982年7月参加工作,1991年6月入党。2000年5月任郴州市烟草专卖局(公司）办公室主任。2006年3月任郴州市烟草专卖局（公司）人事教育科科长。2007年6月任桂阳县烟草专卖局（营销部）党组书记、局长、经理。2010年7月任郴州市烟草专卖局（公司）副处级干部、桂阳县烟草专卖局（分公司）党组书记、局长、经理。2011年8月任郴州市烟草专卖局副处级干部、专卖科（稽查支队）科长、支队队长、内部专卖管理监督科科长。2012年1月任郴州市烟草专卖局（公司）副处级干部。2018年7月任郴州市烟草专卖局（公司）副调研员。

吴　江 男，汉族，湖南省桂阳县人，1954年10月出生，中共党员，中专文化，会计师。1976年8月参加工作，1987年4月入党。1996年6月任桂阳县烟草专卖局（公司）副局长、副经理。2001年1月任桂阳县烟草专卖局（公司）正科级干部。2002年8月任郴州市烟草专卖局（公司）财务科科长。2006年3月任副总会计师。2008年12月任郴州市烟草专卖局（公司）正科级干部。2009年2月任郴州市烟草专卖局（公司）副调研员。

周忠生 男，汉族，湖南省安仁县人，1950年8月出生，大专文化，政工师。1970年参加工作，先后在汝城钨矿担任工人、区长、党支部副书记。1975年任入城钨矿团委副书记。1980年任安仁县坪上乡党委副书记、副乡长。1989年任安仁县坪上乡乡长。1994年任安仁县烟草专卖局（公司）党组书记、局长、经理。2006年2月任郴州市烟草专卖局（公司）副处级干部。

黄新民 男，汉族，湖南省郴县（今苏仙区）人，1957年11月出生，中共党员，中专文化，会计师。1980年3月参加工作，1985年入党。1988年9月任郴州地区烟草专卖局（公司）财务科副科长。1993年2月任郴州地区烟草公司卷烟经理部副经理、北湖区烟草专卖局副局长。1995年7月任郴州地区北湖区烟草专卖局（公司）局长、经理，兼任郴州市卷烟销售分公司副经理。1996年9月任郴州地区北湖区烟草专卖局（公司）局长、经理、执行董事。2001年1月任湘南烟草集团有限责任公司北湖区经营部经理。2002年2月任郴州市烟草公司北湖区经营部经理。2002年2月任郴州市烟草专卖局（公司）物业管理科科长。2006年3月任郴州市烟草专卖局（公司）经济运行科（整顿办）科长（主任）。2009年1月任郴州市烟草专卖局（公司）审计科科长。2010年7月任郴州市烟草专卖局（公司）副调研员。

朱咸军　男，汉族，湖南省桂阳县人，1958 年 3 月出生，中共党员，高中文化。1976 年 12 月参加工作，1979 年 1 月入党。先后在海军某基地通信站任三连政治指导员、参谋。1994 年 12 月任海军某基地直属政治处正营职干事。1995 年 6 月任海军某基地直属政治处副团职干事。1998 年 8 月调入郴州市烟草专卖局(公司)任专卖科副科长。2000 年 5 月任郴州市烟草专卖局（公司）专卖科科长、稽查支队队长。2007 年 6 月任郴州市烟草专卖局（公司）专卖科科长、内部专卖管理监督科科长、稽查支队队长。2009 年 1 月任郴州市烟草专卖局政工科（公司）科长、机关党委副书记、联合工会副主席。2011 年 2 月任郴州市烟草专卖局（公司）副调研员。

（二）省级劳动模范

阳正林　男，汉族，湖南省衡山县人，1966 年 2 月出生，大学文化，中共党员，农艺师。1991 年 8 月参加工作，2002 年 6 月入党。1996 年 12 月任桂东县烟草专卖局（公司）副局长、副经理。2001 年 11 月任桂阳县烟草专卖局（公司）总农艺师。2007 年 6 月任嘉禾县烟草专卖局（公司）局长、经理、党组书记。2012 年 2 月任安仁县烟草专卖局（公司）局长、经理、党组书记。2019 年 2 月任郴州市烟草专卖局（公司）烟叶生产经营部主任。因长期从事烟叶科研多次获得科研奖，指导烟叶生产业绩显著，2005 年 4 月被湖南省人民政府评为“先进工作者”。2006 年 2 月被湖南省人民政府评为“2005 年度劳动模范”。

第二章 名录

第一节 高级专业技术职称资格人员

2003—2020年郴州市烟草商业系统高级专业技术职称资格人员一览表

表7-1

分类	姓名
经济系列	姜孝清、高志强、阳关云、杨　辉
政工系列	郑雄志、邓少文、刘红日、张建文
会计系列	朱俊苏、罗淞尹
审计系列	许京辉
工程系列	周义云、周寅晴
农业系列	邓正平、阳正林、谭方利、李宏光、曹志辉、方　明、匡传富、余金龙、肖艳松、吴文信、王生才、陈瑞忠、曾维爱
高级技师	何　斌、何志红、徐　峰、周　虹

第二节 省级以上技术能手

2003—2020年省局（公司）以上颁证在岗技术能手一览表

表7-2

单位	姓名	参赛时间	赛会名称与名次	技术能手名称	颁证单位
市烟叶购销公司	罗　军	2004.11	湖南省首届烟叶分级技能竞赛第一名	全省烟草技术能手	湖南省烟草公司
市烟叶购销公司	罗　军	2004.11	湖南省首届烟叶分级技能竞赛第一名	全国烟草技术能手	中国烟草总公司
市公司	罗安娜	2004.11	湖南省首届烟叶分级技能竞赛第四名	全省烟草技术能手	湖南省烟草公司
市公司	罗安娜	2005.6	全国烟草行业烟叶分级技能竞赛第七名	全国烟草行业烟叶分级技术能手	中国烟草总公司
桂阳县分公司	尹小斌	2007.8	第三届全国烟草行业烟叶分级职业技能竞赛第二十四名	全国烟草技术能手	中国烟草总公司
市公司	何志红	2008.6	湖南省第二届烟叶分级技能竞赛第五名	全省烟草技术能手	湖南省烟草公司
市公司	何　斌	2008.6	湖南省第二届烟叶分级技能竞赛第三名	全省烟草技术能手	湖南省烟草公司
桂阳县分公司	彭迎春	2008.6	湖南省第二届烟叶分级技能竞赛第十二名	全省烟草技术能手	湖南省烟草公司

续表 7-2

单位	姓名	参赛时间	赛会名称与名次	技术能手名称	颁证单位
市公司	何　斌	2009.6	全国第四届烟叶分级技能竞赛第九名	全国烟草技术能手	中国烟草总公司
市公司	何志红	2010.12	湖南省第三届烟叶分级技能竞赛第四名	全省烟草技术能手	湖南省烟草公司
市公司	曹红梅	2010.12	湖南省第三届烟叶分级技能竞赛第五名	全省烟草技术能手	湖南省烟草公司
市公司	何志红	2011.1	湖南省第三届烟叶分级技能竞赛第四名	全国烟草技术能手	中国烟草总公司
市公司	曹红梅	2011.1	湖南省第三届烟叶分级技能竞赛第五名	全国烟草技术能手	中国烟草总公司
市公司	林利斌	2012.3	全省系统第四届烟叶分级技能竞赛第一名	全国烟草技术能手	中国烟草总公司
桂阳县分公司	史纯华	2012.3	全省系统第四届烟叶分级技能竞赛第二名	全国烟叶技术能手	中国烟草总公司
桂阳县分公司	唐友成	2012.3	全省系统第四届烟叶分级技能竞赛第三名	全国烟草技术能手	中国烟草总公司
桂阳县分公司	蒋建军	2012.3	全省系统第四届烟叶分级技能竞赛第四名	全国烟草技术能手	中国烟草总公司
桂阳县分公司	彭迎春	2012.3	全省系统第四届烟叶分级技能竞赛第六名	全省烟草技术能手	湖南省烟草公司
市公司	李怀珍	2012.3	全省系统第四届烟叶分级技能竞赛第七名	全省烟草技术能手	湖南省烟草公司
市公司	宋盛云	2012.3	全省系统第四届烟叶分级技能竞赛第十一名	全省烟草技术能手	湖南省烟草公司
宜章县分公司	段水明	2012.3	全省系统第四届烟叶分级技能竞赛第十四名	全省烟草技术能手	湖南省烟草公司
桂阳县分公司	彭迎春	2012.6	第十届全国烟草行业职业技能竞赛暨第五届烟叶分级职业技能竞赛第二十九名	全国烟草技术能手	国家烟草专卖局、中国烟草总公司
桂阳县分公司	王　攸	2012.7	全省系统第二届专卖管理技能竞赛第十三名	全省烟草技术能手	湖南省烟草专卖局
安仁县分公司	张国丽	2012.9	全省系统第四届卷烟商品营销职业技能竞赛第十四名	全省烟草技术能手	湖南省烟草公司
宜章县分公司	贺　仪	2015.2	全省系统第五届烟叶分级职业技能竞赛第十五名	全省烟草技术能手	湖南省烟草公司
桂阳县分公司	蒋建军	2015.6	全国烟草第六届烟叶分级技能竞赛第十五名	全国烟草技术能手	中国烟草总公司
市公司	何志红	2016.12	烟叶分级工国家职业资格（一级）鉴定	一级烟叶评级技师	中国烟草总公司
市公司	何　斌	2016.12	烟叶分级工国家职业资格（一级）鉴定	一级烟叶评级技师	中国烟草总公司
市公司	徐　锋	2016.12	专卖管理国家职业资格（一级）鉴定	一级专卖管理师	国家烟草专卖局
桂阳县分公司	范光奖	2018.7	全省系统第六届烟叶评级职业技能竞赛第一名	全省烟草技术能手	湖南省烟草公司

续表 7-2

单位	姓名	参赛时间	赛会名称与名次	技术能手名称	颁证单位
宜章县分公司	李　文	2018.7	全省系统第六届烟叶评级职业技能竞赛第二名	全省烟草技术能手	湖南省烟草公司
宜章县分公司	安华平	2018.7	全省系统第六届烟叶评级职业技能竞赛第三名	全省烟草技术能手	湖南省烟草公司
市公司	王轩宇	2018.7	全省系统第六届烟叶评级职业技能竞赛第八名	全省烟草技术能手	湖南省烟草公司
永兴县分公司	万定海	2018.7	全省系统第六届烟叶评级职业技能竞赛第十名	全省烟草技术能手	湖南省烟草公司
永兴县分公司	蒋　帅	2018.7	全省系统第六届烟叶评级职业技能竞赛第十五名	全省烟草技术能手	湖南省烟草公司
市公司	李　文	2019.5	第十七届全国烟草行业职业技能竞赛暨第七届烟叶评级职业技能竞赛第一名	全国技术能手	中国烟草总公司
永兴县分公司	万定海	2019.5	第十七届全国烟草行业职业技能竞赛暨第七届烟叶评级职业技能竞赛第二名	全国技术能手	中国烟草总公司
桂阳县分公司	范光奖	2019.5	第十七届全国烟草行业职业技能竞赛暨第七届烟叶评级职业技能竞赛第十一名	全国烟草行业技术能手	中国烟草总公司
宜章县分公司	吴楚杰	2019.5	第十七届全国烟草行业职业技能竞赛暨第七届烟叶评级职业技能竞赛第十四名	全国烟草行业技术能手	中国烟草总公司
宜章县分公司	安华平	2019.5	第十七届全国烟草行业职业技能竞赛暨第七届烟叶评级职业技能竞赛第十八名	全国烟草行业技术能手	中国烟草总公司
安仁县分公司	刘腾辉	2019.6	全省烟草行业烟叶调制职业技能竞赛第二名	全省烟草技术能手	湖南省烟草公司
桂阳县分公司	卿　敏	2019.6	全省烟草行业烟叶调制职业技能竞赛第五名	全省烟草技术能手	湖南省烟草公司
桂阳县分公司	李　生	2019.6	全省烟草行业烟叶调制职业技能竞赛第七名	全省烟草技术能手	湖南省烟草公司
宜章县分公司	李　磊	2019.6	全省烟草行业烟叶调制职业技能竞赛第八名	全省烟草技术能手	湖南省烟草公司
桂阳县分公司	刘　璐	2019.6	全省烟草行业烟叶调制职业技能竞赛第十二名	全省烟草技术能手	湖南省烟草公司
桂阳县分公司	姚策耀	2019.6	全省烟草行业烟叶调制职业技能竞赛第十五名	全省烟草技术能手	湖南省烟草公司
市公司	廖文广	2020.10	第六届湖南省烟草专卖局（公司）烟草制品购销职业技能竞赛第一名	全国烟草行业技术能手（申报）	中国烟草总公司
市公司	廖文广	2020.10	第六届湖南省烟草专卖局（公司）烟草制品购销职业技能竞赛第一名	全省烟草技术能手（申报）	湖南省烟草公司
市公司	何　腾	2020.11	第一届湖南省烟草专卖局（公司）烟草物流岗位技能竞赛“仓储入库作业”项目组第一名	全省烟草物流岗位技术能手	湖南省烟草公司
安仁县分公司	刘腾辉	2020.11（申报）	全省烟草行业烟叶调制职业技能竞赛第二名	全国烟草行业技术能手（申报）	中国烟草总公司
桂阳县分公司	卿　敏	2020.11（申报）	全省烟草行业烟叶调制职业技能竞赛第五名	全国烟草行业技术能手（申报）	中国烟草总公司

第三节　个人荣誉

2003—2020 年郴州市烟草商业系统获厅级以上个人荣誉一览表

表 7-3

授奖年月	获奖人	获奖名称	授奖单位
2003.2	朱少文　鄢益资	全省系统专卖管理先进个人	湖南省烟草专卖局
2003.2	张建文	全市宣传思想先进工作者	中共郴州市委
2003.4	曹圣金	2002 年度全市政府系统办公部门先进个人	郴州市人民政府
2003.5	周余松　侯全源 张建文	2002 年度全省行业安全工作先进个人	湖南省烟草专卖局（公司）
2003.5	朱咸军　刘思军	2002 年度全市依法行政工作先进个人	郴州市人民政府
2003	邓少文	预防职务犯罪工作先进个人	湖南省预防职务犯罪领导小组
2003	邓少文	全省烟草系统纪检监察工作先进个人	湖南省烟草专卖局（公司）
2003	姜孝清	郴州市优秀共产党员	郴州市人民政府
2003	曹圣金	烟草工作先进个人	中共郴州市委　郴州市人民政府
2004.1	陈佑明	全省依法统计先进个人	湖南省统计局
2004.2	崔建军	2003 年度全市烟草工作先进工作者	中共郴州市委　郴州市人民政府
2004.2	张建文	全市整顿和规范烟草市场秩序工作先进个人	郴州市人民政府
2004.2	李福林	三等功	中共郴州市委
2004.2	姜孝清	2003 年度发展开放型经济先进个人	中共郴州市委　郴州市人民政府
2004.2	姜孝清　黄继生 朱咸军　刘　宇 柳志双　何　勇 首四清等 11 人	2003 年度整顿和规范烟草市场秩序工作先进个人	郴州市人民政府
2004.3	周斌祥	2003 年度全市政府法制工作先进个人	郴州市人民政府
2004.4	姜孝清　刘名勤	2003 年度工商交接烟叶等级质量先进个人	湖南省烟草专卖局（公司）
2004.4	姜孝清	郴州市劳动模范	郴州市人民政府
2004.4	王建平	郴州市劳动模范	郴州市人民政府
2004.4	曹圣金	2003 年度全市政府系统办公部门先进个人	郴州市人民政府
2004.5	陶世礼　罗宏松	全国烟草行业书画影联展铜奖	中国烟草学会　中国收藏家协会
2004.7	黄继生　王建平	湖南省烟草商业系统 2003 年度安全工作先进个人	湖南省烟草专卖局（公司）
2004.11	张建文	学术年会优秀论文奖	中国烟草学会
2005.1	姜孝清	2004 年度市直帮扶工作优秀领导干部	中共郴州市委　郴州市人民政府

续表 7–3

授奖年月	获奖人	获奖名称	授奖单位
2005.1	姜孝清　张建文 黄建军　肖小明 黄红章　黄宏刚 黄　超等 37 人	“两烟”市场整治工作先进个人	郴州市人民政府
2005.1	曹　健	全省系统先进个人（记二等功）	湖南省烟草专卖局（公司）
2005.2	张建文	“十佳政工师”（记二等功）	中共郴州市委　郴州市人民政府
2005.3	谭　娟	人民防空警报建设与维护管理先进个人	郴州市人民政府
2005.4	阳正林	湖南省先进工作者	湖南省人民政府
2005.4	阳正林	湖南省劳动模范	湖南省人民政府
2005.4	姜孝清　刘名勤	2004 年度工商交接烟叶等级质量工作先进个人	湖南省烟草公司
2005.4	朱咸军	2004 年度全市依法行政工作先进个人	郴州市人民政府
2005.5	张建文	去冬今春卷烟打假专项行动先进个人	湖南省烟草专卖局　湖南省公安厅
2005.5	彭海峰	工商管理培训优秀学员	湖南省烟草专卖局（公司）
2005.7	李友文　成晓红 张建文　刘勇智	2004 年度全省系统安全工作先进个人	湖南省烟草专卖局（公司）
2005.9	吴　江	2002—2004 年度全国烟草行业财会工作先进工作者	国家烟草专卖局
2005.9	姜孝清	2003—2004 年度全省优秀企业思想政治工作者	中共湖南省委
2005.10	匡传富	湖南省烟草行业 2001—2005 年度优秀科技工作者	湖南省烟草学会
2005.10	李友文	2004 年度郴州市优秀企业经营者	郴州市人民政府
2005.11	邓少文	2003—2005 年度郴州市优秀职工思想政治工作者	中共郴州市委　郴州市人民政府
2005	邓少文	全省烟草系统优秀政研工作者	湖南省烟草专卖局（公司）
2005	周益安（周义云）	安全生产工作先进个人	湖南省烟草专卖局
2005	杨淑琼	全市党建“创先争优”先进工作者	中共郴州市委
2006.1	姜孝清	优秀包村单位领导	中共郴州市委　郴州市人民政府
2006.1	卢智强	建整扶贫工作先进工作者　优秀工作队员（记三等功）	中共郴州市委　郴州市人民政府
2006.1	曹圣金	2005 年度全市政府系统办公室工作先进个人	郴州市人民政府
2006.2	阳正林	2005 年度劳动模范	湖南省人民政府
2006.2	姜孝清　邓少文	2005 年度全市执行党风廉政建设责任制优秀领导干部	中共郴州市委　郴州市人民政府
2006.3	朱咸军　王卫健 廖斯洛　张建文	2005 年卷烟打假先进个人	湖南省烟草专卖局　湖南省公安厅

续表 7-3

授奖年月	获奖人	获奖名称	授奖单位
2006.3	黄继生	全省系统“四五”普法依法治理先进个人	湖南省烟草专卖局（公司）
2006.3	姜孝清　王建平　李友文	2005 年度“两烟”工作先进个人	中共郴州市委　郴州市人民政府
2006.3	杨淑琼	直属机关党委党建“创先争优”先进工作者	中共郴州市委
2006.3	阳关云　朱咸军　刘红日　廖仁卓　黄　超	2005 年度“两烟”市场管理工作先进个人	郴州市人民政府
2006.4	朱咸军　张建文	卷烟打假工作先进个人	湖南省烟草专卖局　湖南省公安厅
2006.4	朱少文　鄢益资　廖仁卓	专卖管理工作先进个人	湖南省烟草专卖局
2006.4	曹圣金	2005 年度全市信访工作先进个人	中共郴州市委　郴州市人民政府
2006.5	李福林	全省老龄工作先进个人	湖南省人事厅
2006.5	刘红日　阳正林	全市科技工作先进个人	中共郴州市委　郴州市人民政府
2006.7	阳关云	2006 年度《中国烟草》通联发行工作先进个人	中国烟草杂志社
2006.7	阳关云　王俊生　赵　文　张建文　何　毅	首届优秀通讯员	中华合作时报社《烟草周刊》
2006.8	宋云初	全省系统财务工作先进个人	湖南省烟草专卖局
2006.9	李福林	全省老龄工作先进个人	湖南省老龄委　湖南省人事厅
2006.9	李晓燕	中共郴州市委第三次代表大会党代表	中共郴州市委
2006.10	周　虹	全省系统首届卷烟营销职业技能竞赛个人三等奖	湖南省烟草专卖局（公司）
2006.10	曾柏春　尹有军　宋云初　秦玉英　刘卫华	2003—2005 年全省烟草商业系统财会工作先进工作者	湖南省烟草专卖局
2006.11	张建文	郴州市优秀企业家	郴州市人民政府
2006.12	姜孝清	全市抗洪救灾工作先进个人（二等功）	中共郴州市委　郴州市人民政府
2006.12	阳正林	郴州市第四届党代会党代表	中共郴州市委
2006	陈佑明	2005 年度全省统计系统先进个人	湖南省统计局
2006	江祥伟	农村工作综合目标管理考核先进个人	中共郴州市委　郴州市人民政府
2006	何　勇	先进工作者	郴州市人民政府
2007.1	姜孝清	2006 年度优秀包村单位领导（二等功）	中共郴州市委　郴州市人民政府
2007.1	张建文	烟叶基础设施建设工作先进个人	郴州市人民政府
2007.2	刘红日	2006 年度社会治安综合治理工作记三等功	中共郴州市委　郴州市人民政府
2007.2	胡丽萍	2006 年度市城区绿化月活动先进个人	郴州市人民政府

续表 7-3

授奖年月	获奖人	获奖名称	授奖单位
2007.3	姜孝清　幸　勤 贺　强　欧志文 段恒生　刘昌禄 廖仁卓　首四清 何　斌　周国平 骆亚飞　朱建红 王会好等	2006 年度全市“两烟”市场管理工作先进个人	郴州市人民政府
2007.3	刘才军	党建“创先争优”先进工作者	中共郴州市委
2007.3	戴兴武 王建平（三等功） 张建文　江祥伟 侯建林　周明志 李金保　肖清华 等（嘉奖人员）	2006 年度全市农村工作烟草工作先进个人	中共郴州市委　郴州市人民政府
2007.4	邵志强	2006 年度安全保卫工作先进个人	湖南省烟草专卖局
2007.4	刘才军　唐国林	2006 年度优秀政研会工作者	湖南烟草职工思想政治工作研究会
2007.4	雷捌金　匡传富	优秀学会工作者	湖南省烟草学会
2007.4	阳关云	2006 年度《湖南烟草》杂志优秀通讯员	湖南省烟草学会
2007.4	黄宜平　刘万军	“两烟”市场管理工作先进个人	郴州市人民政府
2007.5	李福林	全国烟草行业老干部工作先进个人	中共国家烟草专卖局（总公司）党组
2007.6	何泽仁	2006 年度全市信访工作先进个人	中共郴州市委　郴州市人民政府
2007.11	崔建军　刘永能 王汝华　李一谦 胡春祥	2007 年全省烟叶工作先进工作者	湖南省人民政府
2007.11	崔建军　刘永能 王汝华	2007 年全省烟叶生产基础设施建设工作先进工作者	湖南省人民政府
2007.11	李福林	2001—2006 年度老龄工作先进个人	郴州市人民政府
2007.12	张建文	红云杯和谐烟草征文比赛三等奖	中国烟草杂志社
2007.12	曾柏春	2007 年度会计知识大赛先进个人（三等奖）	湖南省烟草专卖局
2007	刘才军	2006 年度优秀政研工作者	湖南省烟草学会
2007	廖仁卓	2006 年度办公室工作先进个人	郴州市人民政府
2007	李祝英	全市档案工作先进个人	中共郴州市委　郴州市人民政府
2008.2	袁奇志	全省档案工作优秀个人	湖南省档案局
2008.2	刘思军	2007 年度全市信访工作先进个人	中共郴州市委　郴州市人民政府
2008.3	姜孝清	优秀包村单位领导（三等功）	中共郴州市委　郴州市人民政府
2008.3	李承爱（三等功） 周国生（三等功）等	2007 年度全市农业农村工作烟草工作先进个人	中共郴州市委　郴州市人民政府

续表 7-3

授奖年月	获奖人	获奖名称	授奖单位
2008.3	幸 勤 朱咸军	2007 年度全市依法行政工作先进个人	郴州市人民政府
2008.3	廖仁卓 方少锋	2007 年度“两烟”市场管理工作先进个人	郴州市人民政府
2008.3	张建文	农业农村工作先进个人	中共郴州市委 郴州市人民政府
2008.4	欧志文	卷烟打假先进个人	湖南省烟草专卖局 湖南省公安厅
2008.4	曹 健	2007 年度全市优秀领导干部	中共郴州市委
2008.5	崔建军 唐跃进	全国烟叶生产基础设施建设先进个人	中国烟草总公司
2008.5	曹 健（三等功） 曾 凌	全市抗冰救灾工作先进个人	中共郴州市委 郴州市人民政府
2008.6	余桂雄 雷亚谦 雷渊红 谭明芝 唐国林 王爱香 杨 超 周智斌 杨卓琅	省烟草行业明星员工	湖南省烟草专卖局 湖南省中烟工业有限责任公司 湖南省经贸工会工作委员会
2008.6	张建文 齐 铭	省烟草行业“两个至上”在岗位先进工作者	湖南省烟草专卖局 湖南省中烟工业有限责任公司 湖南省经贸工会工作委员会
2008.7	曹志辉	全省系统先进个人（二等功）	湖南省人事厅 湖南省烟草专卖局
2008.7	王传阳	全省系统“老有所为”先进个人	湖南省烟草专卖局
2008.9	刘红日	2007—2008 年度湖南省职业教育培训机构“优秀教育工作者”	湖南省劳动和社会保障厅
2008.10	刘红日 胡永春	全省系统人事劳资业务知识竞赛个人二等奖	湖南省烟草专卖局
2008.10	许 湘	全省系统人事劳资业务知识竞赛个人三等奖	湖南省烟草专卖局
2008.10	张建文	2007 年度郴州市优秀企业家	郴州市人民政府
2008.12	曹圣金 欧阳卫国 李宏光 曾毅平 吴亚初	全省烟叶工作先进工作者	湖南省人民政府
2008.12	欧书锋 周丽燕 汤 厚 欧阳政新 唐跃进	全省烟叶生产基础设施建设先进工作者	湖南省人民政府
2008.12	郑雄志	党风廉政建设责任制优秀领导干部	中共郴州市委 郴州市人民政府
2008.12	周国生	全市农业农村工作二等功	中共郴州市委 郴州市人民政府
2008.12	曹 健	全市抗冰救灾先进个人	中共郴州市委 郴州市人民政府
2008.12	幸 勤	市直机关党建“创先争优”先进工作者	中共郴州市委
2008	江祥伟	全市科技工作先进个人	中共郴州市委 郴州市科学技术协会
2009.1	阳关云 何泽仁	优质服务竞赛先进个人	湖南省烟草专卖局

续表 7-3

授奖年月	获奖人	获奖名称	授奖单位
2009.2	邓正平　张建文 姜军青	全市农业农村工作先进个人	中共郴州市委　郴州市人民政府
2009.3	黄建军　何　斌	金叶卫士	湖南省烟草专卖局　湖南省公安厅
2009.3	邓小强	卷烟打假工作先进个人	湖南省烟草专卖局　湖南省公安厅
2009.3	唐国林	全省系统“清风拂金叶”主题廉政征文活动二等奖	湖南省烟草专卖局（公司）
2009.3	郑雄志	执行党风廉政建设责任制优秀领导干部	中共郴州市委　郴州市人民政府
2009.4	杨淑琼	优秀工会工作者	湖南省经贸工会
2009.4	幸　勤	全市信访工作先进个人	中共郴州市委　郴州市人民政府
2009.4	何　彬	全市劳动模范	郴州市人民政府
2009.5	阳正林	全国烟草系统劳动模范	国家烟草专卖局
2009.6	资　斌　李　维	全省羽毛球男双冠军	湖南省烟草专卖局
2009.6	简　宏　柏义军	全省羽毛球混双冠军	湖南省烟草专卖局
2009.6	肖明利	全省羽毛球男子单打第三名	湖南省烟草专卖局
2009.6	陈艳萍　李海燕	全省羽毛球女子双打第三名	湖南省烟草专卖局
2009.9	宁世清	2009 年度通联发行优秀个人	中国烟草杂志社
2009.10	张建文	科学技术进步三等奖	郴州市人民政府
2009.11	成军平	2009 年度全市农业农村工作先进个人	中共郴州市委　郴州市人民政府
2009.12	林　郁	全省烟叶工作先进工作者	湖南省人民政府
2009.12	麻冬生	全省烟叶收购工作先进工作者	湖南省人民政府
2009.12	幸　勤	全省劳动竞赛优秀组织者	湖南省经贸工会工作委员会
2009.12	欧志文	“五一先锋”	湖南省经贸工会工作委员会
2009.12	郑雄志	全省系统质量管理体系建设知识竞赛优秀管代	湖南省烟草专卖局
2009.12	李淑惠	全省系统质量管理体系建设知识竞赛优秀选手	湖南省烟草专卖局
2009.12	幸　勤	全市党建“创先争优”先进工作者	中共郴州市委
2009.12	欧书锋	全市烟叶基础设施建设工作先进个人	郴州市人民政府
2009.12	欧阳任辉　李向平 李　峰　胡铁龙 李永刚　何　斌 胡尧斌	全市烟叶收购工作先进个人	郴州市人民政府

续表 7-3

授奖年月	获奖人	获奖名称	授奖单位
2009	曾小晖　王淮军　林　郁	烟叶收购流程质量监管优化创新三等奖	湖南省烟草专卖局
2010.1	幸　勤　刘红日　齐　铭　胡永春	劳动用工管理制度与运用三等奖	湖南省烟草公司
2010.1	陈前军	2009 年政务信息工作先进个人	湖南省烟草专卖局
2010.1	何楚金	全市综治工作先进个人	郴州市人民政府
2010.2	何泽仁	2009 年度全市政府系统办公室工作先进个人（记三等功）	郴州市人民政府
2010.2	江祥伟	郴州市创业创新标兵	郴州市人民政府
2010.3	周义云	全省系统安全保卫先进个人	湖南省烟草专卖局
2010.3	樊　警	全市推进依法行政和行政程序建设工作先进个人	郴州市人民政府
2010.3	郑雄志	2009 年度全市调研成果三等奖	郴州市人民政府
2010.3	崔建军	2009 年度全市农业农村工作先进个人	中共郴州市委　郴州市人民政府
2010.4	李培媛　邓艳辉	全国烟草系统“质量管理体系”大赛二等奖	国家烟草专卖局
2010.4	欧志文	2009 年度全省卷烟打假先进个人	湖南省烟草专卖局　湖南省公安厅
2010.5	何泽仁	全市信访工作先进个人	中共郴州市委　郴州市人民政府
2010.6	幸　勤	劳动竞赛优秀组织者	湖南省经贸工会委员会
2010.6	欧志文	“五一先锋”	湖南省经贸工会委员会
2010.9	罗淞尹	湖南省优秀教育工作者	湖南省人力资源和社会保障厅
2010.9	童丽军　罗　媛	全省系统第三届会计知识大赛三等奖	湖南省烟草专卖局
2010.11	陈晓梅	全国老年人运动会柔力球比赛集体项目金奖	全国老年人运动会
2010.11	李　辉	全市农业农村先进工作者	郴州市人民政府
2010.12	胡春祥	2010 年度烟叶工作先进工作者	湖南省“两烟”协调领导小组
2010.12	刘才军　戴兴武　颜晓军　周春柏	现代烟草农业建设先进个人	湖南省“两烟”协调领导小组
2011.1	张建文	全市社会治安综合治理工作先进个人	郴州市人民政府
2011.1	樊　警	2010 年度全市信访工作先进个人	中共郴州市委　郴州市人民政府
2011.3	李细成	2008—2010 年度全省内部审计先进工作者	湖南省审计厅
2011.3	曾晓峰	全省系统安全保卫先进个人	湖南省烟草专卖局
2011.3	郑雄志	党务工作“最佳指导者”	中共郴州市委
2011.3	幸　勤	2010 年度全市“三大活动”服务工作先进个人	中共郴州市委　郴州市人民政府
2011.3	幸　勤	全市党建工作“创先争优”先进个人	中共郴州市委

续表 7–3

授奖年月	获奖人	获奖名称	授奖单位
2011.3	朱咸军	全市“思想政治工作”先进个人	中共郴州市委
2011.3	刘红日	全市 2009—2010 年度优秀政工师（二等功）	中共郴州市委　郴州市人民政府
2011.3	陈前军	2010 年度全市政府系统办公室工作先进个人	郴州市人民政府
2011.7	张建文	全国烟叶收购暨现代烟草农业建设现场会先进个人	中共郴州市委　郴州市人民政府
2011.7	黄建军	2010 年度全市烟叶市场管理工作先进个人	郴州市人民政府
2011.8	雷捌金	2010 年届湖南省文明标兵单位负责人记二等功	湖南省人力资源和社会保障厅
2011.11	余金龙　王生才	国家级烟叶标准化生产示范区建设突出贡献人员	国家烟草专卖局
2011.11	黄红章	全省卷烟打假工作先进个人	湖南省烟草专卖局　湖南省公安厅
2011.12	吴晓江	全省现代烟草农业先进个人	湖南省“两烟”协调领导小组
2012.2	张建文	安全保卫工作先进个人	湖南省烟草专卖局
2012.3	张建文	管理创新成果二等奖	湖南省烟草专卖局
2012.12	周丽燕	全省现代烟草农业先进个人	湖南省“两烟”协调领导小组
2012	周义云	安全保卫工作先进个人	湖南省烟草专卖局
2012	陈前军	优秀特约通讯员	《东方烟草报》社有限公司
2013.3	张建文	科学技术进步二等奖	湖南省烟草专卖局
2013.4	王会好	全省卷烟打假工作先进个人	湖南省烟草专卖局　湖南省公安厅
2013.11	郭彦平	全省系统第二届“636 杯”摄影比赛入围奖	湖南省烟草专卖局（公司）
2013.12	张建文 何爱国	2013 年度湖南省烟叶工作先进工作者	湖南省“两烟”协调领导小组
2013.12	唐　堃	2013 年度全市烟叶工作先进个人	郴州市人民政府
2014.7	何永秋	全国烟草行业优秀小组活动成果发布会一等奖	中国烟草总公司
2014.8	唐国林　曾广庆 杨淑琼　何　毅	2013 年度中国烟草职工思想政治工作研究会课题研究成果三等奖	中国烟草职工思想政治工作研究会
2014.11	张建文	知识产权奖三等奖	湖南省烟草专卖局
2015.3	邓小强	湖南省先进工作者	湖南省人民政府
2015.3	曾晓峰	全省系统 2014 年度安全保卫工作先进个人	湖南省烟草专卖局
2015.5	罗传龙	全国卷烟打假工作先进个人	国家烟草专卖局　公安部
2015.12	张建文	标准创新贡献奖三等奖	国家烟草专卖局
2015.12	史纯华	最美志愿者	湖南省文明委 湖南省志愿服务工作委员会

续表 7-3

授奖年月	获奖人	获奖名称	授奖单位
2015.12	张建文	知识产权奖一等奖	湖南省烟草专卖局
2015.12	张建文	科学技术进步一等奖	郴州市人民政府
2016.1	袁奇志	湖南省档案工作先进个人	湖南省人力资源和社会保障厅 湖南省档案局
2016.5	罗方斌	全省卷烟打假工作先进个人	湖南省烟草专卖局　湖南省公安厅
2016.12	张建文 唐　堃	2016 年湖南省烟叶工作先进工作者	湖南省“两烟”协调领导小组
2016	廖立志	雷锋式标兵	湖南省文明委　湖南省直工委
2017.6	黄建军	全省卷烟打假先进个人	湖南省烟草专卖局　湖南省公安厅
2017.6	廖津民　邝　维	湖南省烟草商业系统第三届“636 杯”羽毛球男子双打第二名	湖南省烟草专卖局
2017.7	周寅晴	湖南省优秀 QC 小组长	湖南省质量协会
2017.11	张建文	知识产权奖二等奖	湖南省烟草专卖局
2017.12	史纯华	中国好人	中央文明委
2017.12	雷捌金	全省烟叶工作先进个人	湖南省“两烟”协调领导小组
2018.3	张建文	QC 小组活动成果一等奖	湖南省烟草专卖局
2018.3	曾晓峰	全省系统 2017 年度安全生产保卫工作先进个人	湖南省烟草专卖局
2018.12	罗传龙　周春柏 欧　义	2018 年度湖南省烟叶工作先进个人	湖南省“两烟”协调领导小组
2018.12	张建文	科学技术进步二等奖	湖南省烟草专卖局
2019.1	张建文	技术发明奖三等奖	国家烟草专卖局
2019.3	周寅晴	2017—2018 年度“十优”科技工作者	湖南省烟草专卖局
2019.3	邓　微	全省系统“最美物流人”	湖南省烟草公司
2019.10	廖津民　邝　维	庆祝新中国成立 70 周年湖南省烟草商业系统羽毛球比赛 70 组男子双打二等奖	湖南省烟草专卖局
2019.12	罗传龙	2019 年度湖南省烟叶工作先进个人	湖南省“两烟”协调领导小组
2019.12	李日华	2019 年度湖南省烟叶工作先进个人	湖南省“两烟”协调领导小组
2020.3	段雅云	2019 年度全省系统安全生产（保卫）工作先进个人	湖南省烟草专卖局
2020.4	袁奇志	湖南省档案工作先进个人	湖南省人力资源和社会保障厅 湖南省档案局
2020.8	高志强	全省系统担当作为优秀干部	湖南省烟草专卖局（公司）

说明：根据全市系统各单位、各部门报送资料整理

第四节　集体荣誉

2003—2020 年郴州市烟草商业系统获厅级以上集体荣誉一览表

表 7-4

授奖年月	获奖单位	获奖名称	授奖单位
2003.2	桂阳县烟草专卖局 汝城县烟草专卖局	全省系统专卖管理先进集体	湖南省烟草专卖局
2003.2	嘉禾县分公司	2002 年度烟叶基地建设工作特等奖	中国烟草总公司青州烟草研究所
2003.3	郴州市烟草专卖局	2002 年度依法行政先进单位	郴州市人民政府
2003.4	汝城县烟草专卖局	全省烟草专卖管理先进集体	湖南省烟草专卖局
2003.5	永兴县分公司 临武县分公司	2002 年度全省行业安全工作先进单位	湖南省烟草专卖局
2003.5	郴州市烟草专卖局	2002 年度全市依法行政工作先进单位	郴州市人民政府
2003.6	郴州市烟草公司	2002 年度全国烟叶工作先进单位	国家烟草专卖局　中国烟草总公司
2003	桂阳县烟草专卖局	2000—2002 年专卖管理三年阶段性“全省烟草专卖管理先进集体”	湖南省烟草专卖局
2003	宜章县烟草专卖局 汝城县烟草专卖局	省特级档案室	湖南省档案局
2003	郴州市烟草公司	郴州市烟草工作先进单位	中共郴州市委　郴州市人民政府
2003	郴州市烟草专卖局	郴州市社区联点扶建工作先进帮扶单位	中共郴州市委　郴州市人民政府
2003	桂阳县烟草专卖局	承办省第三届农民运动会先进单位	中共郴州市委　郴州市人民政府
2004.2	郴州市烟草公司 桂阳县烟草公司	2003 年度纳税过千万元企业	中共郴州市委　郴州市人民政府
2004.2	郴州市烟草公司	2003 年度郴州市“企业纳税贡献奖”	郴州市人民政府
2004.2	郴州市烟草专卖局	行风建设合格单位	中共郴州市委　郴州市人民政府
2004.2	郴州市烟草公司	首届郴州市价格诚信单位	郴州市人民政府
2004.2	郴州市烟草专卖局	2003 年度整顿和规范烟草市场秩序工作先进单位	郴州市人民政府
2004.2	永兴县烟草专卖局	2003 年度全市社会治安工作治安模范单位	中共郴州市委　郴州市人民政府
2004.3	郴州市烟草专卖局	2003 年度全市政府法制工作先进单位	郴州市人民政府
2004.4	郴州市烟草专卖局	2003 年度预防职务犯罪工作优秀项目单位	湖南省人民检察院 湖南省预防职务犯罪工作领导小组办公室
2004.4	郴州市烟草专卖局（公司）	2003 年度工商交接烟叶等级质量先进单位	湖南省烟草专卖局（公司）
2004.7	郴州市烟草专卖局	全省烟草商业系统 2003 年度目标管理考核一等奖	湖南省烟草专卖局（公司）

续表 7–4

授奖年月	获奖单位	获奖名称	授奖单位
2004.7	郴州市烟草公司 桂阳县分公司 永兴县分公司 宜章县分公司	湖南省烟草商业系统 2003 年度安全工作先进单位	湖南省烟草专卖局（公司）
2004.11	郴州市烟草专卖局	省特级档案室	湖南省档案局
2004.12	郴州市烟草专卖局 宜章县烟草专卖局	省级文明单位	中共湖南省委　湖南省人民政府
2004.12	嘉禾县烟草专卖局 临武县烟草专卖局	省特级档案室	湖南省档案局
2004.12	郴州市烟草专卖局 临武县烟草专卖局	湖南省文明卫生单位	湖南省爱国卫生运动委员会
2004.12	嘉禾县分公司	郴州市再就业先进企业	郴州市人民政府
2004	桂阳县烟草专卖局	全国烟草系统学习“三个代表”先进集体	国家烟草专卖局
2004	桂阳县烟草专卖局	全国部分替代进口烟叶专家吸评国内第一名	国家烟草专卖局　中国烟草总公司
2004	郴州市烟草专卖局	2000—2003 年度纪检监察工作先进集体	湖南省烟草专卖局
2004	郴州市烟草专卖局	郴州市 2004 年度农村基层组织建设和扶贫开发工作先进包村单位	中共郴州市委　郴州市人民政府
2005.1	桂阳县烟草专卖局 资兴市烟草专卖局	全省系统先进集体	湖南省烟草专卖局　湖南省人事厅
2005.1	郴州市烟草专卖局（公司）	全省系统首届烟叶分级技能竞赛团体第二名	湖南省烟草专卖局（公司）
2005.1	郴州市烟草专卖局	全省系统纪检监察工作先进单位	湖南省烟草专卖局
2005.1	郴州市烟草专卖局	2004 年度整顿和规范烟草市场秩序工作先进单位	郴州市人民政府
2005.1	郴州市烟草专卖局	2004 年度市直先进包村单位	中共郴州市委　郴州市人民政府
2005.1	郴州市烟草专卖局 宜章县烟草专卖局	“两烟”市场整治工作先进单位	郴州市人民政府
2005.2	郴州市烟草公司 桂阳县分公司	2004 年度郴州市纳税过千万元企业	中共郴州市委　郴州市人民政府
2005.2	汝城县烟草专卖局	2004 年度全市宣传思想工作先进单位	中共郴州市委
2005.3	桂阳县烟草专卖局 嘉禾县烟草专卖局 永兴县烟草专卖局 资兴市烟草专卖局 汝城县烟草专卖局	2004 届文明单位	中共郴州市委　郴州市人民政府
2005.3	资兴市烟草专卖局	2004 年度全市城乡基层基础暨产业化建设工作先进包村单位	中共郴州市委
2005.4	郴州市烟草专卖局 宜章县烟草专卖局	2004 年度文明单位	中共湖南省委　湖南省人民政府

续表 7-4

授奖年月	获奖单位	获奖名称	授奖单位
2005.4	郴州市烟草公司	2004 年度工商交接烟叶等级质量工作先进单位	湖南省烟草公司
2005.4	郴州市烟草专卖局	2004 年度档案工作目标管理评审省特级	湖南省档案局
2005.4	郴州市烟草专卖局	2004 年度全市依法行政工作先进单位	郴州市人民政府
2005.5	郴州市烟草专卖局	去冬今春卷烟打假专项行动先进集体	湖南省烟草专卖局　湖南省公安厅
2005.7	郴州市烟草专卖局 永兴县烟草专卖局 安仁县烟草专卖局 汝城县烟草专卖局	2004 年度全省系统安全工作先进单位	湖南省烟草专卖局（公司）
2005.8	郴州市烟草专卖局	湖南省烟草商业系统 2004 年度目标管理考核一等奖	湖南省烟草专卖局（公司）
2005.9	郴州市烟草公司	2003—2004 年度全省思想政治工作优秀企业	中共湖南省委
2005.9	郴州市烟草专卖局	湖南省第一届烟草专卖队伍岗位技能竞赛组织奖	湖南省烟草专卖局
2005.10	郴州市烟草公司 桂阳县分公司	ISO 9001 质量管理体系认证	北京中经科环质量认证有限公司
2005.10	郴州市烟草公司	湖南省思想政治工作优秀企业	中共湖南省委宣传部 湖南省经济委员会 湖南省国有资产监督管委会 湖南省总工会
2005.10	宜章县分公司	2004 年度郴州市优秀企业	郴州市人民政府
2005.11	宜章县烟草专卖局	2003—2005 年度郴州市职工思想政治工作先进单位	中共郴州市委　郴州市人民政府
2005.12	临武县分公司	2004 年度湖南省“守合同重信用”单位	湖南省工商行政管理局
2005.12	桂阳县烟草专卖局 永兴县烟草专卖局	省特级档案室	湖南省档案局
2005	郴州市烟草公司	湖南省纳税信用等级 A 级单位	湖南省国家税务局 湖南省地方税务局
2005	郴州市烟草专卖局	信息化建设先进单位	郴州市人民政府
2005	天泰公司	市级园林式单位	郴州市人民政府
2006.1	郴州市烟草专卖局	2005 年度市直农村基层组织建设先进包村单位	中共郴州市委　郴州市人民政府
2006.1	郴州市烟草专卖局	2005 年度纪检监察综合内勤工作先进单位	湖南省烟草专卖局纪检组
2006.2	郴州市烟草专卖局	2005 年度全市宣传思想工作先进单位	中共郴州市委
2006.2	郴州市烟草专卖局	郴州市 2005 年度以信息化带动工业化工作先进单位	郴州市人民政府
2006.2	郴州市烟草专卖局	2005 年度执行党风廉政建设责任制优秀领导班子	中共郴州市委　郴州市人民政府

续表 7–4

授奖年月	获奖单位	获奖名称	授奖单位
2006.2	郴州市烟草公司	2005 年度纳税贡献突出企业	郴州市人民政府
2006.2	嘉禾县烟草专卖局	2005 年度全市社会治安综合治理工作先进单位	中共郴州市委　郴州市人民政府
2006.2	郴州市烟草专卖局	全市依法行政工作先进单位	郴州市人民政府
2006.3	郴州市烟草专卖局	2005 年卷烟打假先进集体	湖南省烟草专卖局　湖南省公安厅
2006.3	宜章县烟草专卖局	文明卫生单位	湖南省爱国卫生委员会
2006.3	宜章县分公司	2005—2006 年湖南省消费者信得过单位	湖南省消费者委员会
2006.3	郴州市烟草专卖局	2005 年度党建“创先争优”活动先进单位	中共郴州市委
2006.3	郴州市烟草专卖局	撤地建市十周年市中心城区绿化活动先进单位	中共郴州市委　郴州市人民政府
2006.3	宜章县烟草专卖局	2005 年度“两烟”市场管理工作先进单位	郴州市人民政府
2006.4	天泰公司	芙蓉标兵岗	湖南省总工会
2006.4	郴州市烟草专卖局	卷烟打假先进集体	湖南省烟草专卖局　湖南省公安厅
2006.4	郴州市烟草专卖局	2003—2005 年度全省专卖证件管理工作先进单位	湖南省烟草专卖局
2006.4	郴州市烟草专卖局	2005 年度全市信访工作先进单位	中共郴州市委　郴州市人民政府
2006.6	郴州市烟草专卖局（公司）	全省卷烟销售网络建设整体推进工作合格单位	湖南省烟草专卖局（公司）
2006.7	郴州市烟草专卖局	2006 年度《中国烟草》通联发行工作先进单位	中国烟草杂志社
2006.8	郴州市烟草公司	2005 年度经济运行业绩考核一等奖	湖南省烟草专卖局（公司）
2006.10	郴州市烟草公司	湖南省消费维权示范点创建单位	湖南省消费者委员会
2006.10	郴州市烟草专卖局	2003—2005 年全省烟草商业系统财会工作先进集体	湖南省烟草专卖局
2006.11	嘉禾县烟草专卖局	文明卫生单位	湖南省爱国卫生委员会
2006.11	郴州市烟草专卖局	2001—2005 年全市普法依法治理工作先进单位	中共郴州市委　郴州市人民政府
2006.12	郴州市烟草专卖局	湖南省 2006 届文明标兵单位	中共湖南省委　湖南省人民政府
2006.12	嘉禾县烟草专卖局 永兴县烟草专卖局	湖南省 2006 届文明单位	中共湖南省委　湖南省人民政府
2006.12	嘉禾县烟草专卖局	烟叶工作先进单位	湖南省人民政府
2006.12	嘉禾县烟草专卖局	全省科普文明大院	湖南省科学技术协会
2006.12	嘉禾县烟草专卖局	省级园林式单位	湖南省建设厅
2006.12	郴州市烟草专卖局（公司）	全省系统企业文化知识竞赛优胜奖	湖南省烟草专卖局（公司）

续表 7–4

授奖年月	获奖单位	获奖名称	授奖单位
2006.12	郴州市烟草专卖局	全市抗洪救灾工作先进集体	中共郴州市委　郴州市人民政府
2006.12	郴州市烟草专卖局	郴州市年鉴工作先进单位	中共郴州市委　郴州市人民政府
2007.1	安仁县烟草专卖局 汝城县烟草专卖局	文明标兵单位	中共郴州市委　郴州市人民政府
2007.1	郴州市烟草专卖局	2006 年度全市宣传思想工作先进单位	中共郴州市委
2007.1	郴州市烟草专卖局	2006 年度农村基层组织建设、扶贫开发和新农村建设工作先进包村单位	中共郴州市委　郴州市人民政府
2007.1	宜章县分公司	郴州市优秀企业	郴州市人民政府
2007.2	安仁县烟草专卖局	2006 年度文明卫生单位	湖南省爱国卫生委员会
2007.2	安仁县烟草专卖局	省特级档案室	湖南省档案局
2007.2	宜章县分公司	省级“重合同守信用”单位	湖南省工商行政管理局
2007.3	郴州市烟草专卖局（公司）	2005—2006 年度“四好”领导班子	湖南省烟草专卖局（公司）
2007.3	郴州市烟草专卖局	2006 年度专卖管理工作先进单位	湖南省烟草专卖局
2007.3	郴州市烟草专卖局	2006 年度党建“争先创优”活动先进单位	中共郴州市委
2007.3	郴州市烟草专卖局	2006 年度全市烟草工作第一名	中共郴州市委　郴州市人民政府
2007.3	桂阳县烟草专卖局	2006 年度全市烟草工作第二名	中共郴州市委　郴州市人民政府
2007.3	嘉禾县烟草专卖局	2006 年度全市烟草工作第三名	中共郴州市委　郴州市人民政府
2007.3	资兴市烟草专卖局 临武县烟草专卖局 桂东县烟草专卖局 天泰公司	2006 年度市级文明单位	中共郴州市委　郴州市人民政府
2007.3	郴州市烟草专卖局 资兴市烟草专卖局	2006 年度全市“两烟”市场管理工作先进单位	郴州市人民政府
2007.3	郴州市烟草公司	郴州慈善奖	郴州市人民政府
2007.4	郴州市烟草专卖局	2006 年度全省系统安全保卫工作目标考核优秀单位	湖南省烟草专卖局
2007.4	郴州市烟草专卖局（公司）	2006 年度优秀政研会	湖南省烟草职工思想政治工作研究会
2007.5	郴州市烟草公司	湖南省经贸建设系统工会工作先进单位	湖南省经贸工会
2007.5	郴州市烟草专卖局	2006 年度全市依法行政工作先进单位	郴州市人民政府
2007.6	郴州市烟草专卖局	2006 年度信访工作先进单位	中共郴州市委　郴州市人民政府
2007.6	郴州市烟草公司	捐资 60 万元参与实施 2007 年“慈善医疗金叶卡”助医项目	湖南省慈善总会
2007.8	郴州市烟草公司	2006 年度经济运行业绩考核二等奖	湖南省烟草专卖局（公司）

续表 7-4

授奖年月	获奖单位	获奖名称	授奖单位
2007.9	郴州市烟草专卖局	依法办事示范窗口单位	湖南省依法治省领导小组
2007.10	郴州市烟草专卖局 桂阳县烟草专卖局 永兴县烟草专卖局	郴州市 2006 年度烟叶生产基础设施建设工作先进单位	郴州市人民政府
2007.10	郴州市烟草专卖局	2001—2006 年度全市老龄工作先进单位	郴州市人民政府
2007.11	郴州市政府 桂阳县政府	2007 年烟叶工作先进单位	湖南省人民政府
2007.11	郴州市烟草专卖局 永兴县烟草专卖局	全省烟叶生产基础设施建设先进集体	湖南省人民政府
2007.12	桂阳县分公司	国家级烟叶标准化生产优秀示范区	国家标准化管理委员会 国家烟草专卖局
2007.12	宜章县烟草专卖局 汝城县烟草专卖局	文明卫生单位	湖南省爱国卫生委员会
2007	永兴县烟草专卖局	2006 年度湖南省文明单位	中共湖南省委　湖南省人民政府
2007	桂阳县烟草专卖局	2006 年度全市烟草工作第二名	中共郴州市委　郴州市人民政府
2007	临武县烟草专卖局	打假打私先进单位	郴州市人民政府
2008.2	郴州市烟草专卖局	2007 年度信访工作先进单位	中共郴州市委　郴州市人民政府
2008.3	郴州市烟草专卖局	2007 年度党建“创先争优”活动先进单位	中共郴州市委
2008.3	市农业开发办 市局工作队	2007 年度全市农村基层组织建设、扶贫开发和新农村建设工作先进工作队	中共郴州市委　郴州市人民政府
2008.3	郴州市烟草专卖局	先进包村单位	中共郴州市委　郴州市人民政府
2008.3	桂阳县烟草公司 嘉禾县烟草公司 安仁县烟草公司	2007 年度全市农业农村工作烟草工作先进单位	中共郴州市委　郴州市人民政府
2008.3	郴州市烟草专卖局	2007 年度全市依法行政工作先进单位	郴州市人民政府
2008.4	郴州市烟草专卖局	《抗冰颂》获全国烟草行业第四届文艺汇演二等奖	国家烟草专卖局
2008.4	郴州市烟草专卖局	《欢欣鼓舞》获全国烟草行业第四届文艺汇演三等奖	国家烟草专卖局
2008.4	郴州市烟草专卖局 宜章县烟草专卖局	卷烟打假特殊贡献奖	湖南省烟草专卖局　湖南省公安厅
2008.4	桂阳仁义烟草科普示范站 嘉禾普满烟草科普示范站 嘉禾石桥烟草科普示范站	省烟草科普示范（工作）站	湖南省烟草专卖局
2008.4	郴州市烟草专卖局	创建“三型机关”工作先进单位	中共郴州市委
2008.5	郴州市烟草公司	全国烟叶生产基础设施建设先进单位	中国烟草总公司
2008.5	桂阳县仁义镇梧桐烟水工程	全国烟叶生产基础设施建设优质工程	中国烟草总公司

续表 7-4

授奖年月	获奖单位	获奖名称	授奖单位
2008.5	郴州市烟草专卖局 桂阳县烟草专卖局	全市抗冰救灾工作先进集体	中共郴州市委　郴州市人民政府
2008.5	桂东县烟草专卖局	湖南省档案工作规范化管理省特级	湖南省档案局
2008.6	郴州市烟草公司	全省烟叶分级职业技能竞赛团体第三名	湖南省烟草专卖局（公司）
2008.7	郴州市烟草公司	金叶慈善医疗卡 2008 救助项目捐资	湖南省慈善总会
2008.7	郴州市烟草专卖局（公司）	2007 年度全省烟草系统经济运行业绩考核三等奖	湖南省烟草专卖局（公司）
2008.7	郴州市局机关离退休党支部	全省系统离退休先进党支部	湖南省烟草专卖局（公司）
2008.8	临武县烟草专卖局	文明卫生单位	湖南省爱国卫生运动委员会
2008.8	郴州市烟草专卖局	《金叶雄鹰》获全省系统第五届文艺汇演二等奖	湖南省烟草专卖局
2008.9	郴州市烟草专卖局办公室	2008 年度《中国烟草》通联发行工作先进单位	中国烟草杂志社
2008.10	郴州市烟草专卖局	全省系统人事劳资业务知识竞赛团体一等奖	湖南省烟草专卖局
2008.12	临武县烟草专卖局 桂东县烟草专卖局	湖南省 2008 届文明单位	中共湖南省委　湖南省人民政府
2008.12	郴州市人民政府	全省烟叶工作先进单位	湖南省人民政府
2008.12	永兴县烟叶基础办	全省烟叶生产基础设施建设先进集体	湖南省人民政府
2008.12	郴州市烟草专卖局	湖南省创建学习型组织 争做知识型职工活动十佳学习型组织	湖南省创争活动领导小组
2008.12	郴州市烟草专卖局	全省系统第二届会计知识竞赛二等奖	湖南省烟草专卖局
2008	桂阳县分公司	湖南省纳税 50 强企业	湖南省人民政府
2008	桂阳县烟草专卖局	文明标兵单位	中共郴州市委　郴州市人民政府
2009.1	郴州市烟草专卖局	全国精神文明建设工作先进单位	中央精神文明建设指导委员会办公室
2009.1	郴州市烟草专卖局（公司）	办公室优质服务竞赛 接待工作先进单位	湖南省烟草专卖局（公司）
2009.1	郴州市烟草专卖局（公司）	办公室优质服务竞赛先进单位	湖南省烟草专卖局（公司）
2009.1	郴州市烟草专卖局	2008 年度全市先进包村单位	中共郴州市委　郴州市人民政府
2009.2	资兴市烟草专卖局	全省文明单位	中共湖南省委　湖南省人民政府
2009.2	宜章县分公司	湖南省 2007—2008 年“守合同重信用”单位	湖南省工商行政管理局
2009.2	郴州市烟草专卖局	全市政府法制工作先进单位	郴州市人民政府
2009.3	郴州市烟草专卖局	2008 年度党建“创先争优”活动先进单位	中共郴州市委
2009.3	郴州市烟草专卖局	全省卷烟打假工作特殊贡献奖	湖南省烟草专卖局　湖南省公安厅

续表 7–4

授奖年月	获奖单位	获奖名称	授奖单位
2009.3	郴州市烟草专卖局	2008 年度执行党风廉政建设责任制优秀领导班子	中共郴州市委　郴州市人民政府
2009.3	郴州市烟草专卖局	全市政府系统办公室工作先进单位	郴州市人民政府
2009.3	郴州市烟草专卖局	全市离退休干部先进党支部	中共郴州市委　郴州市人民政府
2009.4	郴州市烟草专卖局	全省系统烟草专卖行政执法工作先进单位	湖南省烟草专卖局
2009.4	郴州市烟草专卖局	2008 年度全市信访工作先进单位	中共郴州市委　郴州市人民政府
2009.4	郴州市烟草公司	全市劳动关系和谐企业	郴州市人民政府
2009.5	郴州市烟草专卖局 永兴县烟草专卖局	2007—2008 年度湖南省经贸建设系统工会先进单位	湖南省经贸工会
2009.6	郴州市烟草专卖局	2008 年度信息化专业学术活动先进单位	湖南省烟草学会
2009.6	郴州市烟草专卖局 宜章县烟草专卖局	全省档案宣传工作先进单位	湖南省档案局
2009.6	郴州市烟草专卖局	全省羽毛球比赛团体冠军	湖南省烟草专卖局
2009.6	郴州市烟草公司	2007—2008 年度郴州慈善奖	郴州市人民政府
2009.7	郴州市烟草公司	捐赠 80 万元支持“金叶慈善医疗”救助项目	湖南省慈善总会
2009.7	郴州市烟草专卖局（公司）	2008 年度全省烟草系统工作业绩考核三等奖	湖南省烟草专卖局（公司）
2009.7	宜章县烟草专卖局（黄沙、赤石站）	科普烟草站	湖南省烟草专卖局
2009.7	宜章县烟草专卖局（赤石站）	示范性标准化烟草站	湖南省烟草专卖局
2009.8	桂东县烟草专卖局	2009—2010 年依法办事示范窗口单位	湖南省依法治省领导小组
2009.9	郴州市烟草专卖局办公室	2009 年度《中国烟草》通联发行工作先进单位	中国烟草杂志社
2009.9	郴州市烟草专卖局	全省系统羽毛球比赛团体冠军	湖南省烟草专卖局
2009.9	郴州市烟草专卖局	全省系统礼仪礼节礼貌知识竞赛二等奖	湖南省烟草专卖局
2009.9	郴州市烟草专卖局	全省系统书画、摄影比赛组织奖	湖南省烟草专卖局
2009.10	郴州市烟草专卖局	全省系统首届老年门球赛团体第三名	湖南省烟草专卖局
2009.12	桂阳县烟草专卖局	全国科普惠农兴村先进单位	中国科协　财政部
2009.12	临武县烟草专卖局	省级园林式单位	湖南省住房和城乡建设厅
2009.12	永兴县分公司 临武县分公司	2008—2009 年度湖南省“守合同重信用”单位	湖南省工商行政管理局
2009.12	郴州市烟草专卖局	全省“工人先锋号”	湖南省经贸工会工作委员会
2009.12	郴州市烟草专卖局	湖南省劳动竞赛优秀组织单位	湖南省经贸工会工作委员会

续表 7-4

授奖年月	获奖单位	获奖名称	授奖单位
2009.12	郴州市烟草专卖局	全省系统突发公共事件应急演练工作二等奖	湖南省烟草专卖局
2009.12	郴州市烟草公司	全省系统质量管理体系建设知识竞赛团体一等奖	湖南省烟草专卖局
2009.12	郴州市烟草专卖局	全市思想政治工作先进单位	中共郴州市委　郴州市人民政府
2009.12	宜章县烟草专卖局	烟叶基础设施建设工作先进单位	郴州市人民政府
2009.12	桂阳县烟草专卖局 宜章县烟草专卖局	烟叶收购工作先进单位	郴州市人民政府
2009.12	郴州市烟草公司	全市质量管理和标准化工作先进单位	郴州市人民政府
2009	郴州市烟草公司 桂阳县分公司	2008 年度湖南省纳税 50 强企业	湖南省人民政府
2010.1	宜章县分公司	湖南省 2008—2009 年“守合同重信用”单位	湖南省工商行政管理局
2010.1	安仁县烟草专卖局（安平站）	优秀烟叶收购站	湖南省烟草专卖局（公司）
2010.1	郴州市烟草专卖局（公司）	2009 年政务信息工作一等奖	湖南省烟草专卖局（公司）
2010.1	郴州市烟草专卖局（公司）	2009 年应急预案演练工作二等奖	湖南省烟草专卖局（公司）
2010.1	郴州市烟草专卖局	2009 年度社会治安综合治理工作先进单位	中共郴州市委　郴州市人民政府
2010.2	郴州市烟草专卖局	执行党风廉政建设责任制优秀领导班子	中共郴州市委　郴州市人民政府
2010.2	郴州市烟草专卖局	2009 年度全市反腐倡廉建设先进单位	中共郴州市委　郴州市人民政府
2010.2	郴州市烟草专卖局	2009 年度政府系统办公室工作先进单位	郴州市人民政府
2010.3	天泰公司技术中心	国家级实验室	中国合格评定国家认可委员会
2010.3	天泰公司	湖南省质量信用 A 级单位	湖南省企业质量信用等级评定委员会
2010.3	郴州市烟草公司	湖南省第二次经济普查先进集体	湖南省第二次经济普查领导小组
2010.3	郴州市烟草专卖局	全市推进依法行政和行政程序建设工作先进单位	郴州市人民政府
2010.3	宜章县烟草专卖局	市级园林式单位	郴州市人民政府
2010.4	郴州市烟草专卖局	全省卷烟打假工作先进集体	湖南省烟草专卖局　湖南省公安厅
2010.5	郴州市烟草专卖局（公司） 桂阳县烟草专卖局（分公司） 宜章县烟草专卖局（赤石站）	优秀烟叶收购站	湖南省烟草专卖局（公司）
2010.5	天泰公司	湖南省优秀打叶复烤企业	湖南省烟草专卖局（公司）
2010.5	郴州市烟草专卖局	2009 年度全市信访工作先进单位	中共郴州市委　郴州市人民政府

续表 7-4

授奖年月	获奖单位	获奖名称	授奖单位
2010.5	桂东县烟草专卖局	优秀县级烟草专卖局	湖南省烟草专卖局（公司）
2010.5	宜章县分公司 安仁县分公司 临武县分公司	优秀县级分公司	湖南省烟草专卖局（公司）
2010.6	桂阳县分公司	2009 年度湖南省纳税 50 强企业	湖南省人民政府
2010.6	郴州市烟草专卖局（公司）	“工人先锋号”	湖南省经贸工会委员会
2010.6	汝城县烟草专卖局（分公司）	“五一先锋集体”	湖南省经贸工会委员会
2010.6	郴州市烟草商业工会联合会	劳动竞赛优秀组织单位	湖南省经贸工会委员会
2010.6	郴州市烟草专卖局 宜章县烟草专卖局	全省档案宣传工作先进单位	湖南省档案局
2010.6	郴州市烟草专卖局	郴州市热情支持教育基金会工作先进单位	郴州市人民政府
2010.7	郴州市烟草专卖局	郴州市 2009 年度标准化工作先进单位	郴州市人民政府
2010.7	郴州市烟草专卖局（公司）	2009 年度全省烟草系统工作业绩考核一等奖	湖南省烟草专卖局（公司）
2010.7	郴州市烟草专卖局（公司）	全省系统第三届男子篮球赛第三名	湖南省烟草专卖局（公司）
2010.9	郴州市烟草专卖局 宜章县烟草专卖局	“巾帼文明岗”	湖南省妇女“巾帼建功”活动领导小组
2010.9	郴州市烟草专卖局	全省商业系统第三届会计知识竞赛二等奖	湖南省烟草专卖局
2010.10	郴州市烟草专卖局（公司）	国家烟草优质烟叶生产科技示范基地	国家烟草专卖局　中国烟草总公司
2010.12	永兴县烟草专卖局 安仁县烟草专卖局 宜章县烟草专卖局 汝城县烟草专卖局	湖南省 2010 届文明单位	中共湖南省委　湖南省人民政府
2010.12	郴州市烟叶基础设施建设办公室	湖南省现代烟草农业建设先进单位	湖南“两烟”协调领导小组
2010	郴州市烟草公司	2009 年度湖南省纳税 50 强企业	湖南省人民政府
2010	郴州市烟草专卖局	清风杂志理事会常务理事单位	清风杂志社
2011.1	永兴县烟草专卖局 宜章县烟草专卖局 临武县烟草专卖局 汝城县烟草专卖局	优秀县级烟草专卖局	湖南省烟草专卖局（公司）
2011.1	汝城县分公司 桂东县分公司	优秀县级分公司	湖南省烟草专卖局（公司）
2011.1	嘉禾县烟草专卖局	优秀烟叶收购站	湖南省烟草专卖局（公司）

续表 7–4

授奖年月	获奖单位	获奖名称	授奖单位
2011.1	郴州市烟草专卖局	2010 年度全市社会治安综合治理工作先进单位	中共郴州市委　郴州市人民政府
2011.1	郴州市烟草专卖局	2010 年综合绩效评估先进单位	中共郴州市委　郴州市人民政府
2011.1	郴州市烟草专卖局	2010 年度全市信访工作先进单位	中共郴州市委　郴州市人民政府
2011.1	桂东县分公司 汝城县分公司	优秀县级分公司	湖南省烟草专卖局（公司）
2011.1	嘉禾县烟草专卖局	优秀烟叶收购站	湖南省烟草专卖局（公司）
2011.2	安仁县烟草专卖局 宜章县烟草专卖局 汝城县烟草专卖局 天泰公司	省文明单位	湖南省文明办
2011.2	郴州市烟草专卖局	2007—2010 年度全省系统纪检监察工作先进集体	湖南省烟草专卖局
2011.2	郴州市烟草专卖局	市反腐倡廉建设先进单位	中共郴州市委
2011.2	郴州市烟草专卖局	市落实党风廉政建设责任制优秀领导班子	中共郴州市委
2011.2	汝城县烟草专卖局	市级园林式单位	郴州市人民政府
2011.2	桂阳县烟草专卖局	2011 年度全市烟叶基础设施建设工作先进单位	郴州市人民政府
2011.3	宜章县烟草专卖局	省级文明单位	湖南省人民政府
2011.3	郴州市烟草专卖局	2010 年度构筑社会消防安全“防火墙”工程建设先进单位	郴州市人民政府
2011.3	郴州市烟草专卖局	2010 年度党建“创先争优”活动先进单位	中共郴州市委
2011.3	郴州市烟草专卖局	2010 年度思想政治工作先进单位	中共郴州市委
2011.3	郴州市烟草专卖局	2010 年度农村建设帮扶先进集体	中共郴州市委
2011.3	郴州市烟草专卖局	2010 年度全市政府系统办公室工作先进单位	郴州市人民政府
2011.3	郴州市烟草专卖局	2010 年度全市依法行政工作先进单位	郴州市人民政府
2011.3	郴州市烟草专卖局（公司）	2010 年度安全保卫工作先进单位	湖南省烟草专卖局（公司）
2011.4	天泰公司技术中心	全国“工人先锋号”	全国总工会
2011.4	天泰公司	湖南省安康杯优胜单位	湖南省总工会
2011.5	郴州市烟草公司	博士后科研流动站协作研发中心	湖南省人力资源和社会保障厅 湖南省博士后工作管理委员会
2011.5	永兴县烟草专卖局	优秀县级烟草专卖局	湖南省烟草专卖局
2011.6	郴州市烟草专卖局 宜章县烟草专卖局	2011 年度全省档案宣传工作先进单位	湖南省档案局
2011.7	郴州市烟草专卖局	先进基层党组织	中共郴州市委

续表 7–4

授奖年月	获奖单位	获奖名称	授奖单位
2011.7	桂东县烟草专卖局	湖南省烟草专卖局系统先进单位	湖南省人力资源和社会保障厅 湖南省烟草专卖局
2011.7	宜章县分公司	2010 年度省级“守合同重信用”单位	湖南省工商行政管理局
2011.8	宜章县烟草专卖局	2011—2012 年度全省依法办事示范窗口单位	湖南省依法治省领导小组
2011.8	郴州市烟草专卖局（公司）	2010 年度全省烟草系统工作业绩考核一等奖	湖南省烟草专卖局（公司）
2011.12	郴州市烟草专卖局	全国文明单位	中央精神文明建设指导委员会
2011.12	桂阳县分公司	国家级烟叶标准化生产示范区	国家烟草专卖局
2011.12	嘉禾县烟草专卖局	全省烟叶工作先进单位	湖南省“两烟”协调领导小组
2011.12	永兴县烟草专卖局	省级文明卫生单位	湖南省爱卫委
2011.12	永兴县烟草专卖局 宜章县烟草专卖局	省级园林式单位	湖南省住房和城市建设厅
2011.12	郴州市烟草学会	湖南省烟草学会 2011 年度先进集体	湖南省烟草学会 湖南省烟草学会信息化专业委员会
2011.12	郴州市烟草公司	湖南名牌 桂阳烟叶牌 烤烟	湖南省质量技术监督局
2011.12	嘉禾县分公司	2011 年度全市烟叶基础设施建设工作先进单位	郴州市人民政府
2011.12	宜章县烟草专卖局	2011 年度全市烟叶生产收购工作先进单位	郴州市人民政府
2011.12	嘉禾县烟草专卖局 永兴县烟草专卖局	2011 年度全市烟叶生产收购工作先进单位	郴州市人民政府
2011	汝城县分公司	2010—2011 年度纳税信用 A 级单位	湖南省国家税务局 湖南省地方税务局
2011	桂阳县烟草专卖局	郴州市 2011 年全国烟叶收购暨现代烟草农业建设现场会先进单位	中共郴州市委 郴州市人民政府
2011	桂阳县烟草专卖局	2011 年度全市烟叶生产收购工作先进单位	郴州市人民政府
2012.1	嘉禾县烟草专卖局	优秀县级烟草专卖局	湖南省烟草专卖局（公司）
2012.2	桂阳县烟草专卖局	全省系统烟草工作站标兵单位	湖南省烟草专卖局
2012.2	郴州市烟草专卖局	2011 年度全市社会治安综合治理工作先进单位	中共郴州市委 郴州市人民政府
2012.2	郴州市烟草专卖局	2011 年度党建“创先争优”活动先进单位	中共郴州市委
2012.2	郴州市烟草专卖局	2011 年度落实党风廉政建设责任制优秀领导班子	中共郴州市委 郴州市人民政府
2012.2	郴州市烟草专卖局	2011 年度全市综合绩效评估先进单位	中共郴州市委 郴州市人民政府
2012.2	郴州市烟草专卖局	2011 年度争资立项工作先进单位	中共郴州市委 郴州市人民政府
2012.2	郴州市烟草专卖局	2011 年度信访工作先进单位	中共郴州市委 郴州市人民政府
2012.2	郴州市烟草公司	全市农业产业化优秀龙头企业	中共郴州市委 郴州市人民政府

续表 7–4

授奖年月	获奖单位	获奖名称	授奖单位
2012.2	郴州市烟草专卖局	郴州市 2011 年度政府系统办公室工作先进单位	郴州市人民政府
2012.2	嘉禾县烟草专卖局	2011 年度农业科技示范优秀单位	郴州市人民政府
2012.3	郴州市烟草公司	全省系统第四届烟叶分级职业技能竞赛团体第一名	湖南省烟草公司
2012.3	永兴县烟草专卖局	第三届湖南省质量法制协会会员单位	湖南省质量法制协会
2012.3	郴州市烟草公司	全省系统第四届烟叶评级职业技能竞赛团体第一名	湖南省烟草公司
2012.3	郴州市烟草专卖局	2011 年度全市依法行政工作先进单位	郴州市人民政府
2012.4	永兴县分公司 宜章县分公司	2011 年度湖南省“守合同重信用”单位	湖南省工商行政管理局
2012.4	郴州市烟草专卖局	全市查处取缔无证无照经营工作先进单位	郴州市人民政府
2012.6	郴州市烟草专卖局 宜章县烟草专卖局	2011 年度全省档案宣传工作先进单位	湖南省档案局
2012.7	郴州市烟草专卖局（公司）	2011 年度全省系统工作业绩考核一等奖	湖南省烟草专卖局（公司）
2012.7	嘉禾县分公司	2009—2011 年度全省烟草工作站标兵单位	湖南省烟草公司
2012.7	汝城县分公司	2009—2011 年度全省系统县级烟草分公司标兵单位	湖南省烟草公司
2012.12	嘉禾县烟草专卖局	全省现代烟草农业建设突出贡献单位	湖南省“两烟”协调领导小组
2012.12	桂阳县烟草专卖局	市级园林式单位	郴州市人民政府
2012.12	嘉禾县烟草专卖局 永兴县烟草专卖局	2012 年全市烟叶生产收购工作先进单位	郴州市人民政府
2012.12	宜章县烟草专卖局	2012 年度全市烟叶生产收购烟叶基础设施建设工作先进单位	郴州市人民政府
2012	桂阳县烟草专卖局	2012 年度全省档案宣传工作先进单位	湖南省档案局
2012	桂阳县分公司	优秀县级分公司	湖南省烟草公司
2012	桂阳县烟草专卖局	优秀县级烟草专卖局	湖南省烟草专卖局
2013.1	郴州市烟草专卖局	全市依法行政工作先进单位	郴州市人民政府
2013.2	郴州市烟草专卖局	2012 年度全市综合绩效评估先进单位	中共郴州市委　郴州市人民政府
2013.2	郴州市烟草专卖局	2012 年度全市水利建设先进单位	中共郴州市委　郴州市人民政府
2013.3	宜章县局客户服务（物流配送）分部	“全国巾帼文明岗”	中华全国妇女联合会 全国妇女“巾帼建功”活动领导小组
2013.4	郴州市烟草专卖局	全省卷烟打假工作特殊贡献奖	湖南省烟草专卖局　湖南省公安厅
2013.4	桂东县烟草专卖局	湖南省模范职工之家	湖南省总工会

续表 7-4

授奖年月	获奖单位	获奖名称	授奖单位
2013.5	永兴县分公司 宜章县分公司 临武县分公司	2012 年度湖南省“守合同重信用”单位	湖南省工商行政管理局
2013.6	郴州市烟草专卖局 宜章县烟草专卖局 汝城县烟草专卖局	2013 年度全省档案宣传工作先进单位	湖南省档案局
2013.7	郴州市烟草专卖局（公司）	2012 年度全省烟草系统工作业绩考核二等奖	湖南省烟草专卖局（公司）
2013.12	汝城县烟草专卖局	2013—2015 年全省依法办事示范窗口单位	中共湖南省委法制湖南建设领导小组
2013.12	永兴县烟草专卖局	湖南省现代烟草农业建设优秀单位	湖南省“两烟”协调领导小组
2013.12	桂阳县烟草专卖局 永兴县烟草专卖局 宜章县烟草专卖局	全市烟叶工作先进单位	郴州市人民政府
2013.12	郴州市烟草专卖局	全市烟叶市场管理工作先进单位	郴州市人民政府
2013	郴州市烟草专卖局 桂阳县烟草专卖局	2013 年度全省档案宣传工作先进单位	湖南省档案局
2013	桂阳县分公司 汝城县分公司	湖南省“守合同重信用”单位	湖南省工商行政管理局
2013	桂阳县分公司	全国价格监测定点单位	湖南省物价局
2013	桂阳县烟草专卖局	优秀烟草工作站	湖南省烟草专卖局 中国烟草总公司湖南省公司
2013	郴州市烟草专卖局	全省系统“636 杯”男子篮球赛冠军	湖南省烟草专卖局（公司）
2014.2	宜章县分公司	湖南省 2013 年“守合同重信用”单位	湖南省工商行政管理局
2014.3	郴州市烟草公司	安全生产标准化二级企业	湖南省职业健康安全协会
2014.3	郴州市烟草专卖局	2011—2013 年全省系统纪检监察工作先进集体	湖南省烟草专卖局
2014.3	郴州市烟草专卖局	2013 年度全省系统安全保卫工作先进单位	湖南省烟草专卖局
2014.4	郴州市烟草专卖局	全省卷烟打假工作特殊贡献奖	湖南省烟草专卖局 湖南省公安厅
2014.4	宜章县烟草专卖局	全省健康食堂	湖南省全民健康生活方式行动领导小组
2014.5	临武县分公司	2013 年度湖南省“守合同重信用”单位	湖南省工商行政管理局
2014.6	郴州市烟草专卖局 桂阳县烟草专卖局 永兴县烟草专卖局 宜章县烟草专卖局 汝城县烟草专卖局	2014 年度全省档案宣传工作先进单位	湖南省档案局
2014.7	郴州市烟草专卖局（公司）	2013 年度全省系统工作业绩考核三等奖	湖南省烟草专卖局（公司）

续表 7-4

授奖年月	获奖单位	获奖名称	授奖单位
2014.10	郴州市烟草专卖局	2011—2013 年全省内部审计先进集体	湖南省内部审计师协会
2014.11	永兴县烟草专卖局	湖南省烟叶工作优秀单位	湖南省“两烟”协调领导小组
2014.11	宜章县烟草专卖局	全省烟草农业建设优秀单位	湖南省“两烟”协调领导小组
2014.12	桂阳县烟草专卖局 嘉禾县烟草专卖局 桂东县烟草专卖局	2014 届文明单位	湖南省精神文明建设指导委员会
2014	桂阳县分公司	全国价格监测定点单位	湖南省物价局
2014	郴州市烟草专卖局	全省系统第二届“636 杯”羽毛球赛团体三等奖	湖南省烟草专卖局（公司）
2014	郴州市烟草专卖局	全省系统第二届“636 杯”羽毛球赛女双冠军、男双亚军	湖南省烟草专卖局（公司）
2015	郴州市烟草专卖局	全省系统“讲主题党课、倡感恩奉献”微型党课一等奖	湖南省烟草专卖局（公司）
2015.3	郴州市烟草专卖局（公司）	全省系统 2014 年度安全保卫工作先进单位	湖南省烟草专卖局
2015.4	郴州市烟草专卖局	全省卷烟打假工作特殊贡献奖	湖南省烟草专卖局　湖南省公安厅
2015.4	郴州市烟草公司	2014 年度全省系统卷烟营销工作先进单位（三等奖）	湖南省烟草公司
2015.5	郴州市烟草专卖局（公司）	全省系统优秀市级局（公司）	湖南省烟草专卖局（公司）
2015.5	郴州市烟草公司	全省系统离退休人员先进集体	湖南省烟草公司
2015.6	郴州市烟草专卖局 桂阳县烟草专卖局 永兴县烟草专卖局 宜章县烟草专卖局 桂东县烟草专卖局	2015 年度全省档案宣传工作先进单位	湖南省档案局
2015.6	宜章县分公司	2014 年度湖南省“守合同重信用”单位	湖南省工商行政管理局
2015.7	郴州市烟草专卖局（公司）	2014 年度工作业绩考核一等奖	湖南省烟草专卖局（公司）
2015.7	郴州市烟草专卖局	全省系统第一届“636 杯”乒乓球比赛混合团体一等奖	湖南省烟草专卖局
2015.7	郴州市烟草公司	精益求精 QC 小组荣获全省优秀质量管理小组	湖南省经济和信息化委员会 湖南省质量技术监督局 湖南省总工会 湖南省科学技术协会 共青团湖南省委员会 湖南省质量协会
2015.12	宜章县烟草专卖局	全省现代烟草农业建设先进单位	湖南省“两烟”协调领导小组
2015	汝城县分公司	省级“守合同重信用”单位	湖南省工商行政管理局

续表 7-4

授奖年月	获奖单位	获奖名称	授奖单位
2016.3	嘉禾县分公司	全省系统 2013—2015 年度规范管理工作先进单位	湖南省烟草公司
2016.5	郴州市烟草专卖局	全省系统“六五”普法先进单位	湖南省烟草专卖局
2016.5	郴州市烟草专卖局	全省系统第五届“636 杯”男子篮球赛冠军	湖南省烟草专卖局（公司）
2016.5	郴州市烟草专卖局	全省卷烟打假工作特殊贡献奖	湖南省烟草专卖局 湖南省公安厅
2016.6	郴州市烟草专卖局 桂阳县烟草专卖局 宜章县烟草专卖局	2016 年度全省档案宣传工作先进单位	湖南省档案局
2016.6	宜章县分公司	2015 年度湖南省“守合同重信用”单位	湖南省工商行政管理局
2016.6	郴州市烟草专卖局	全省系统“两学一做”主题党课宣讲比赛二等奖	湖南省烟草专卖局（公司）
2016.8	郴州市烟草专卖局	全省系统“身边的榜样”纪实摄影征集活动三等奖	湖南省烟草专卖局（公司）
2016.12	郴州市烟草专卖局	全省依法办事示范窗口单位	中共湖南省委法治湖南建设领导小组办公室
2016.12	宜章县烟草专卖局	现代烟草农业建设先进单位	湖南省“两烟”协调领导小组
2017.4	桂阳县烟草专卖局	全省烟草商业系统离退休干部工作先进集体	湖南省烟草公司
2017.6	郴州市烟草专卖局	全省卷烟打假工作特殊贡献奖	湖南省烟草专卖局 湖南省公安厅
2017.8	宜章县分公司	2016 年度湖南省“守合同重信用”单位	湖南省工商行政管理局
2017.9	郴州市烟草专卖局 桂阳县烟草专卖局 宜章县烟草专卖局 汝城县烟草专卖局	2017 年度全省档案宣传工作先进单位	湖南省档案局
2017.11	桂阳县烟草专卖局	全市“五好”离退休干部党支部	中共郴州市委
2017	郴州市烟草专卖局	全省系统“在懂得中成长，在岗位上成才”青年博文朗读比赛二等奖	湖南省烟草专卖局（公司）
2018.3	郴州市烟草专卖局（公司）	全省系统 2017 年度安全生产保卫工作先进单位	湖南省烟草专卖局
2018.3	郴州市烟草公司	2017 年度全省系统卷烟营销工作先进单位（三等奖）	湖南省烟草公司
2018.4	桂阳县分公司	湖南省烟草商业系统模范职工之家	湖南省烟草公司
2018.5	郴州市烟草专卖局（公司）	2017 年度工作业绩考核先进单位	湖南省烟草专卖局
2018.7	郴州市烟草公司	全省系统第六届烟叶分级职业技能竞赛团体第二名	湖南省烟草公司
2018.10	郴州市烟草专卖局 桂阳县烟草专卖局 嘉禾县烟草专卖局	2018 年度全省档案宣传工作先进单位	湖南省档案局 湖南教育报刊集团

续表 7–4

授奖年月	获奖单位	获奖名称	授奖单位
2018.10	宜章县分公司	2018 年度湖南省“守合同重信用”单位	湖南省工商行政管理局
2018.12	桂阳县烟草专卖局 宜章县烟草专卖局	2018 年度湖南省烟叶工作优秀单位	湖南省“两烟”协调领导小组
2018	郴州市烟草专卖局	党建案例片三等奖	国家烟草专卖局
2018	郴州市烟草专卖局（公司）	全省系统“我与高质量发展”主题征文比赛二等奖	湖南省烟草专卖局（公司）
2018	郴州市烟草专卖局（公司）	全省系统“636 杯”篮球比赛二等奖	湖南省烟草专卖局（公司）
2019.3	郴州市烟草专卖局	2016—2018 年度全省系统规范管理工作先进单位	湖南省烟草专卖局
2019.5	郴州市烟草专卖局（公司）物流配送中心	全省“工人先锋号”	湖南省总工会
2020.1	郴州市烟草专卖局 桂阳县烟草专卖局	2019 年度全省档案宣传工作先进单位	湖南省档案局
2020.1	桂阳县分公司 宜章县分公司	2019 年度全省系统先进工作站	湖南省烟草公司
2020.3	郴州市烟草专卖局	2019 年度全省系统安全生产（保卫）工作先进单位	湖南省烟草专卖局
2020.3	永兴县烟草专卖局（分公司） 资兴市烟草专卖局（分公司） 桂东县烟草专卖局（分公司）	全省系统 2019 年度县级局对标改善提升优秀单位	湖南省烟草专卖局（公司）
2020.4	郴州市烟草专卖局（公司）物流配送中心	全国“工人先锋号”	全国总工会
2020.8	郴州市烟草专卖局	湖南省烟草商业系统先进集体	湖南省烟草专卖局
2020.10	郴州市烟草专卖局（公司）	第六届湖南省烟草专卖局（公司）烟草制品购销职业技能竞赛团体第二名	湖南省烟草专卖局（公司）
2020.11	郴州市烟草专卖局（公司）	第一届湖南省烟草专卖局（公司）烟草物流岗位技能竞赛团体第一名	湖南省烟草专卖局（公司）
2020.12	郴州市烟草专卖局	2017—2019 年全省内部审计先进集体	湖南省内部审计师协会
2020	郴州市烟草专卖局	《微光》获全省系统第三届党员教育电视片观摩交流活动一等奖	湖南省烟草专卖局

说明：根据全市系统各单位、各部门报送资料整理

附 录

郴州市人民政府办公室
关于撤销苏仙、北湖两区烟草经营部有关问题的会议纪要

（第 114 期）

受副市长易佩康委托，12 月 22 日，市政府副秘书长陈荣寿在市政府 814 会议室主持召开会议，专题研究撤销苏仙、北湖两区烟草经营部的有关问题。市政府办公室、苏仙区政府、北湖区政府、市烟草办、市国税局、市财政局、市烟草专卖局及苏仙区烟草经营部、北湖区烟草经营部的负责人参加了会议。会议认为，撤销两区烟草经营部既是省烟草专卖局的要求，也是烟草行业进一步深化改革的大势所趋，有利于市烟草公司整合资源优势，加强经营管理，提高效益，做优做强郴州烟草产业。

会议研究议定了如下事项：

一、同意撤销苏仙、北湖两区烟草经营部。从 2004 年 1 月 1 日起，依法注销苏仙区烟草经营部、北湖区烟草经营部的营业执照。两区经营部的烟叶收购业务上划到市烟草公司，两区经营部的人员、资产和一切债权、债务全部由市烟草公司接收。两区烟草经营部在撤销过程中，要严格执行财经纪律，不得私分和转移国有资产，不得滥发钱物，违者，将追究有关人员责任。

二、两区经营部撤销后，两区有关烟叶业务的税收由市烟草公司依法缴纳。

三、关于苏仙、北湖两区烟叶业务所涉及税收的分配。一是烤烟特产税部分，按两区行政所辖区域内烟草站收购的实际数量、金额由两区财政部门依法征收。二是增值税按保既得利益的原则，以 30 万元的 70% 为基数（即两区各 21 万元），市国税局从市烟草公司实现的税收中调剂到两区。

四、市烟草部门要以此为契机，进一步加强对两区烟叶生产、收购工作的指导和管理，加大扶持力度，促使两区烟叶生产、收购工作不断上台阶；两区政府要按“属地管理”和“守土有责”的原则，一如既往地支持市烟草部门加强卷烟、烟叶市场管理，打击假冒卷烟、走私卷烟、非正常渠道流入卷烟以及违法收购、贩运烟叶行为，维护烟草市场的正常秩序。

五、市烟草部门要按这次会议要求，认真做好两区烟草经营部撤销的各项工作，妥善安置人员，保持社会稳定。

2003 年 12 月 30 日

国家烟草专卖局
关于成立郴州天泰烟叶复烤有限责任公司的批复

国烟法〔2005〕493号

湖南省烟草专卖局：

《湖南省烟草专卖局关于成立郴州天泰烟叶复烤有限责任公司的请示》（湘烟法〔2005〕244号）收悉。经研究，现批复如下：

一、同意成立郴州天泰烟叶复烤有限责任公司，公司经营范围为烟叶委托加工。

二、郴州天泰烟叶复烤有限责任公司注册资本为16122.07万元。其中，湖南省烟草公司郴州市公司出资11122.07万元，占68.98%；上海烟草（集团）公司出资2000万元，占12.41%；广东卷烟总厂出资2000万元，占12.41%；长沙卷烟厂出资1000万元，占6.20%。

三、原则同意郴州天泰烟叶复烤有限责任公司章程，请按有关法律法规和此批复进一步修改、完善。

四、郴州天泰烟叶复烤有限责任公司成立后，应按《公司法》的有关规定建立健全法人治理结构，建立现代企业制度，加强管理，提高经济效益。

五、请据此批复，抓紧办理申请烟草专卖许可证、工商注册登记、税务登记等相关手续。

2005年8月10日

国家烟草专卖局关于取消湖南省烟草公司郴州市公司所属9家县级烟草公司法人资格的批复

国烟法〔2006〕78号

湖南省烟草专卖局：

《湖南省烟草专卖局关于取消湖南省烟草公司郴州市公司所属县级烟草公司法人资格的请示》（湘烟法〔2005〕428号）收悉。经研究，现批复如下：

一、同意取消湖南省烟草公司郴州市公司所属下列9家县级烟草公司的法人资格：郴州市烟草公司桂阳县公司、郴州市烟草公司嘉禾县公司、郴州市烟草公司永兴县公司、郴州市烟草公司安仁县公司、郴州市烟草公司临武县公司、郴州市烟草公司宜章县公司、郴州市烟草公司汝城县公司、郴州市烟草公司桂东县公司、郴州市烟草公司资兴市公司。上述9家县级烟草公司取消法人资格后，设立相应的营销部。

二、上述9家县级烟草公司的全部资产，无偿划转至郴州市烟草公司。9家县级烟草公司所在地的县级烟草专卖局予以保留，负责辖区内烟草专卖管理工作。

三、上述9家县级烟草公司法人资格取消后，郴州市烟草专卖局（公司）要进一步完善卷烟营销管理体制，不断加强专卖管理和烟叶生产经营工作。

四、请你局据此批复，抓紧落实资产划转报批工作，及时办理工商、税务、烟草专卖许可证等相关手续。

2006年1月24日

湖南省烟草专卖局关于湖南省烟草公司郴州市公司建立母子公司体制改革实施方案和公司章程的批复

湘烟法〔2007〕195号

郴州市烟草专卖局、湖南省烟草公司郴州市公司：

你局《郴州市烟草专卖局关于母子公司体制改革的实施方案和公司章程的请示》（郴烟审〔2007〕87号）收悉。经研究，现批复如下：

一、原则同意《湖南省烟草公司郴州市公司建立母子公司体制改革的实施方案》和《湖南省烟草公司郴州市公司章程》。

二、湖南省烟草公司郴州市公司是中国烟草总公司湖南省公司的全资子公司，是由原湖南省烟草公司郴州市公司改制成立的国有企业。湖南省烟草公司郴州市公司所属桂阳、嘉禾、永兴、安仁、临武、宜章、汝城、桂东、资兴营销部，改为湖南省烟草公司郴州市公司的分公司，名称分别为郴州市烟草公司桂阳县、嘉禾县、永兴县、安仁县、临武县、宜章县、汝城县、桂东县、资兴市分公司。

三、湖南省烟草公司郴州市公司的出资人变更为中国烟草总公司湖南省公司。湖南省烟草公司郴州市公司的国家资本变更为国有法人资本。

四、湖南省烟草公司郴州市公司工商注册的经营范围：卷烟、雪茄烟经营；烟叶生产经营；烟草农用物资经营。

五、湖南省烟草公司郴州市公司的注册资本，应与国家烟草专卖局、中国烟草总公司批复的企业所有者权益中的实收资本数一致。

六、湖南省烟草公司郴州市公司的领导班子和领导成员由湖南省烟草专卖局、中国烟草总公司湖南省公司负责管理。

七、相关要求

1. 要依照湖南省烟草专卖局、中国烟草总公司湖南省公司的有关规定，充分发挥投资委员会、预算委员会、薪酬委员会的作用，明确职责，规范运作，实现科学决策、民主决策、依法决策。

2. 要加强烟叶生产经营管理和卷烟销售网络建设，提高服务水平，把公司打造成为充满生机和活力的市场经营主体。

3. 要切实按照《烟草专卖法》《公司法》、行业政策和公司章程的有关规定，在湖南省烟草专卖局、中国烟草总公司湖南省公司的监督管理下，依法组织生产经营，对全资企业、控股企业、参股企业和国有股权行使出资人权利，加强管理和监督，承担国有资产保值增值的责任。

4. 要按照省局的有关要求，积极稳妥地推进现代人力资源管理体系建设，依法规范劳动关系，加强劳动合同管理。

5. 要按照实施方案、《公司章程》和本批复及国家烟草专卖局、中国烟草总公司有关文件精神组织实施，积极争取地方人民政府和有关部门的支持，及时办理工商注册、税务登记、专卖许可证变更手续和资产划转的审批手续。

6. 请将体制改革工作进展情况和在改革过程中遇到的问题及时反馈给省局。

附件：1. 湖南省烟草公司郴州市公司建立母子公司体制改革的实施方案

　　　2. 湖南省烟草公司郴州市公司章程

2007 年 6 月 25 日

郴州市烟草专卖局关于变更各县（市）营销部名称的通知

郴烟办〔2007〕24号

各县（市）烟草专卖局（营销部）:

为进一步理顺产权关系，转变职能，建立“归属清晰、权责明确、流转顺畅”的现代产权制度，根据《湖南省烟草专卖局关于湖南省烟草公司郴州市公司建立母子公司体制改革实施方案和公司章程的批复》（湘烟法〔2007〕87号）文件要求，将湖南省烟草公司郴州市公司所属各县（市）营销部名称变更如下：

原湖南省烟草公司郴州市公司桂阳营销部变更为郴州市烟草公司桂阳县分公司；

原湖南省烟草公司郴州市公司嘉禾营销部变更为郴州市烟草公司嘉禾县分公司；

原湖南省烟草公司郴州市公司永兴营销部变更为郴州市烟草公司永兴县分公司；

原湖南省烟草公司郴州市公司安仁营销部变更为郴州市烟草公司安仁县分公司；

原湖南省烟草公司郴州市公司临武营销部变更为郴州市烟草公司临武县分公司；

原湖南省烟草公司郴州市公司宜章营销部变更为郴州市烟草公司宜章县分公司；

原湖南省烟草公司郴州市公司汝城营销部变更为郴州市烟草公司汝城县分公司；

原湖南省烟草公司郴州市公司桂东营销部变更为郴州市烟草公司桂东县分公司；

原湖南省烟草公司郴州市公司资兴营销部变更为郴州市烟草公司资兴市分公司。

请各县市（营销部）积极争取地方人民政府和有关部门的支持，及时到工商部门办理名称变更，税务名称变更手续，到市局专卖科办理有关烟草专卖许可证变更手续。

2007年7月23日

郴州市人民政府
关于加强烟叶收购专卖管理的通告

郴政通〔2009〕8号

为做好全市烟叶收购工作，维护正常的烟叶收购秩序，根据《中华人民共和国烟草专卖法》及其《实施条例》等相关法律法规，结合我市实际，现就加强今年烟叶收购专卖管理有关事项通告如下：

一、烟叶属国家法律规定的专卖品，国家对其实行计划种植、合同收购、专卖管理制度。烟农生产的烟叶，必须凭烟草公司与烟农签订的《烟叶种植收购合同》和身份证，在指定的烟叶收购站（点）统一收购。其他任何单位和个人不得收购烟叶，违者，由烟草专卖行政主管部门依法处以罚款，没收违法收购的烟叶和违法所得；情节严重，构成犯罪的，移交司法机关追究刑事责任。

二、严禁超计划收购烟叶。若因生产技术和管理水平高，确有丰产烟叶的，由产烟县区政府摸清底子，报经市政府批准后下达丰产烟叶收购计划。丰产烟叶收购计划将抵扣明年的收购计划。

三、各烟叶收购站（点）及工作人员必须严格执行烟叶国家标准、国家价格政策和省、市有关收购政策，坚持按合同收购，做到公平、公正收购，不得提级提价、压级压价或短斤少两，严禁收"人情烟""关系烟"。对滥用职权、徇私舞弊、玩忽职守的，给予相应的行政处分；情节严重，构成犯罪的，依法追究刑事责任。

四、全面推行烟叶上户预检、预约收购、集中运输、批量交售、方便烟农的收购组织管理方式，认真执行"约时、定点、定量"的收购办法。凡不按合同约定到指定的烟叶收购站（点）交售烟叶的，依照《合同法》的相关规定承担违约责任。

五、加强烟叶流通秩序管理。市内调拨运输烟叶的，必须持有县级以上烟草专卖行政主管部门出具的"调运单"或相关手续。严禁无烟草专卖品准运证运输烟叶，违者，依法处以罚款；情节严重的，没收违法运输的烟叶和违法所得，并对承运人处以罚款。

六、产烟区各级政府要加强对烟叶收购工作的领导，烟草、公安、工商、质监等部门（单位）要密切配合，通力协作，严厉打击非法倒卖、贩运烟叶行为，依法维护烟叶收购秩序。对聚众闹事、损毁烟叶收购设施、殴打烟叶收购人员、冲击烟叶收购站（点）、破坏烟叶收购秩序者，由公安机关依照《中华人民共和国治安管理处罚法》的相关规定予以处罚；对以暴力、威胁方法阻碍国家机关工作人员依法执行职务或煽动群众暴力抗拒国家法律、行政法规实施构成犯罪的，由司法机关依法追究刑事责任。

七、对举报、协助查处违法收购、运输烟叶行为的有功单位和个人按有关规定给予奖励。全国烟草违法案件举报电话：12313，本市举报电话：2330207。

2009 年 7 月 7 日

国家烟草专卖局　中国烟草总公司
关于湖南省公司打叶复烤企业体制改革的批复

国烟法〔2011〕356号

中国烟草总公司湖南省公司：

《中国烟草总公司湖南省公司关于打叶复烤企业体制改革的请示》（湘烟法〔2011〕169号）收悉。经研究，现批复如下：

一、原则同意《中国烟草总公司湖南省公司打叶复烤企业重组整合方案》。

二、同意将郴州天泰烟叶复烤有限公司、永州天顺烟叶复烤有限责任公司重组合为湖南烟叶复烤有限公司，取消郴州天泰烟叶复烤有限责任公司、永州天顺烟叶复烤有限责任公司法人资格，变更为湖南烟叶复烤有限公司所属的非独立法人分支机构，分别是：

湖南烟叶复烤有限公司郴州复烤厂；

湖南烟叶复烤有限公司永州复烤厂。

三、湖南烟叶复烤有限公司经营范围为烟叶复烤加工。

四、湖南烟叶复烤有限公司的注册资本为133013.21万元。

五、同意将湖南各地市级烟草公司在原郴州天泰烟叶复烤有限责任公司和原永州天顺烟叶复烤有限责任公司的股权转为中国烟草总公司在湖南烟叶复烤有限责任公司的投资；同意其他股东在原郴州天泰烟叶复烤有限责任公司和原永州天顺烟叶复烤有限责任公司的股权转为在湖南烟叶复烤有限公司的投资。各股东在湖南烟叶复烤有限公司的股权比例按2010年12月31日原股权投资额对应账面净资产及新增加现金投资占公司净资产总额度的比例确定，出资比例分别为：

中国烟草总公司湖南省公司占17.40%；

湖南中烟工业有限责任公司占12.81%；

广东中烟工业有限责任公司占9.47%；

上海烟草集团有限责任公司占9.47%；

红塔烟草（集团）有限责任公司占7.52%；

浙江中烟工业有限责任公司占7.52%；

山东中烟工业有限责任公司占5.63%；

江苏中烟工业有限责任公司占4.60%；

红云红河烟草（集团）有限责任公司占3.76%；

安徽中烟工业有限责任公司占3.76%；

川渝中烟工业有限责任公司占3.76%；

贵州中烟工业有限责任公司占2.26%；

陕西中烟工业有限责任公司占2.26%；

吉林烟草工业有限责任公司占2.26%；

甘肃烟草工业有限责任公司占2.26%；

广西中烟工业有限责任公司占2.26%；

河北中烟工业有限责任公司占1.50%；

江西中烟工业有限责任公司占1.50%。

六、原则同意《湖南烟叶复烤有限公司章程》。湖南烟叶复烤有限公司要建立现代企业制度，完善董事会、监事会、经理层各司其职、有效制衡、高效运作的法人治理结构。

七、湖南烟叶复烤有限公司要以卷烟工业需求为导向，努力适应卷烟工业企业的要求。

八、湖南烟叶复烤有限公司要按照《国家烟草专卖局关于进一步深化烟草行业收入分配制度改革的意见》（国烟人〔2007〕204号）中“分类管理、科学设岗、明确职责、严格考核、落实报酬”的总体要求，推进用工分配制度改革，努力构建和谐劳动关系。组建湖南烟叶复烤有限公司所需人员从烟草系统内调剂解决，不得从系统外调入。

九、中国烟草总公司湖南省公司要加强领导、统筹兼顾，依照有关法律法规，充分发挥企业职工代表大会和工会组织的作用，妥善处理各方面的利益关系，促进打叶复烤企业重组整合工作顺利实施。

请按照有关法律、法规及本批复，办理企业登记、烟草专卖许可证变更等相关手续，并请将重组整合工作中遇到的问题及时报国家局、总公司。

2011年8月1日

后记

2020年5月28日，郴州市烟草专卖局印发《郴州市烟草商业志（2003—2020）编纂实施方案》，组建以党组书记、局长、经理高志强为组长，各副局长和各副经理为副组长、市局（公司）各部门及各县（市）主要负责人为成员的编纂委员会，下设修志办，本志编纂工作提上议事日程。

2020年7月2日，召开本志编纂业务启动会。之后筹备办公场地、设备、培训资料和草拟编纂大纲。15—16日，开展全市系统修志工作人员及联络员培训。20日，正式开展编纂实务。对全市系统2003—2020年的各单位、市局（公司）机关及其各部门的年度工作总结和市局（公司）的红头文件、汇报材料、工作方案、规章制度、业务操作流程、年度报表等择其要点全面摘录，对国家局、总公司、省局（公司）部分相关文档进行查阅摘录，并针对某些记载不明事项采访部分经办人和知情人形成口碑材料，部分需要各县局、机关部门配合的下达任务清单，限期提供。在修志办副主任彭智的协调带领下，编纂人员多次深入基层站烟叶生产、烘烤、收购、调拨验收现场及物流中心分拣车间、科研中心等，进行实地考察、观摩、采访，并拍摄大量照片，积累一批来自生产经营一线的基础资料。至2021年6月，资料采集工作告一段落，共计采集摘录资料180余万字。按照分管范围各自依据已采资料进入编纂，分门别类编排，理顺时序，去粗取精，删繁就简。7月下旬，汇编形成《资料长编》（第一稿），主编在完成分管章节编纂初稿的基础上，进入统稿阶段，对各分纂稿进行全面修改；其余人员继续对分管章节加紧编纂，并对部分资料尚未查录到位的边补边纂。至9月30日，形成初稿（第二稿），打印草稿本供领导审阅。经继续增补修改，至11月5日，形成第三稿，配图片，交付印刷厂赶制20本（评议稿），作为全省系统党建工作郴州现场会展品。经过继续补充、修改、完善，12月10日形成评审稿（第四稿），印制交付各评委。2022年1月12日，召开评审会；之后按照评审意见完成最后修改，形成印刷稿（第五稿）。

本志编修采取划块分纂、主编汇稿统修、协作编纂办法。何田松负责拟订编纂大纲和培训资料，并撰写《概述》（与彭智合作）、《大事记》、《附录》及正文16章49节，即烟叶复烤章5节，专卖篇6章13节，管理创新章10节，烟政管理篇第3～10章21节。邹昌阶负责撰写10章36节，即烟叶篇6章25节，卷烟购销篇3章8节，烟草科技章3节。胡潇负责撰写7章23节，即烟政管理篇第1～2章7节，党群与文明建设篇3章10节，人物与荣誉篇2章6节，并负责修志期间各阶段《修志工作简报》、情况汇报材料的撰写，《资料征集清单》下达、各单位（部门）报送资料的收取分送及清样校稿工作。黄爱玲负责文字录入和部分图表制作（至2021年9月退出）。图片由各单位（部门）报送，胡潇收集，彭海峰、彭智协调初选，何田松终选、编辑。志稿第二版统稿，由主编何田松、执行主编彭智负责。其后的第三、第四版统稿，由各分纂人自修分纂章节并提供增补资料，何田松负责增补取舍、复核纠错、精炼就简、归类调整和言辞修改、格式把关。第五版充分吸收省局修志办、市史志办、市“两烟”办、省复烤集团、市农科所、方志出版社、市局20个部门、9个县（市）局（分公司）共35个单位（部门）的评委意见进行修改，由何田松、彭智、邹昌阶、胡潇合作完成。因时间紧、任务重，全体编纂人员在修志期间加班加点、废寝忘食、呕心沥血、忘我工作，在 2021 年 8—9 月放弃双休节假日；其中主编在统稿集中期的 2021 年 7—12 月加夜班 100 余次，放弃双休节假日 28 天。

本志在编修的过程中，得到各级领导、各单位（部门）的高度重视和大力支持，市局领导高志强、张伟军、曹圣金等亲自主持多次编纂工作部署会、培训会和督办会，市局领导班子成员多次到修志办慰问修志人员；省烟草学会秘书长肖和元亲临修志办指导工作；市史志办副主任张让前亲授培训课；修志办主任彭海峰、副主任彭智等对修志工作遇到的各种问题做大量协调工作，积极予以解决，其中副主任彭智多次与各部门沟通协调，督促修志工作平稳有序开展，提出诸多建设性意见，并对志书进行总审核把关；修志办周路阔、许淘莎、袁奇志等参与具体协调工作和原始文档资料提供、图片优选；市局各部门和各县（市）局主要负责人对修志工作予以高度配合，指定专人对分管范围志稿进行认真审核修改，修志联络员对修志办下达的任务均如期完成。部分历史事件经办人、知情人对咨询提供口碑资料。在此一并表示最诚挚的感谢！

本志声明：所采用的图片，均采自郴州市烟草商业系统各单位工作人员历年工作期间所拍摄的照片和本届修志办人员补拍照片，均系职务行为作品。如有照片著作权争议，概与方志出版社无关。

本志为原《郴州市烟草志（1593—2002）》的续修版（因本市烟草工商分设，未含卷烟工业），五易其稿出版。但因编修时间仓促，前后历时仅一年零八个月，所纂范围时限为 2003—2020 年共计 18 年，涉及期间事物发展的方方面面，编修难度较大；加之编者对某些事物缺乏亲身认知，某些原始资料文档、报表实难找到或主管部门无法提供导致部分史实遗漏、表格数据不全，个别事物因时间仓促核实不够，故而疏漏难免。某些方面为从“资料性”角度考虑，精简不够。敬请阅者诸君批评指正。

《郴州市烟草商业志》 修志办

2022 年 2 月